Theo Sommer

China First

Theo Sommer

China First

**Die Welt auf dem Weg
ins chinesische Jahrhundert**

C.H.Beck

Mit 12 Abbildungen, 6 Grafiken und 8 Karten

© Theo Sommer, Hamburg 2019
Für diese Ausgabe:
© Verlag C.H. Beck oHG, München 2019
Gesetzt aus der ITC Legacy bei Fotosatz Amann, Memmingen
Druck und Bindung: GGP Media GmbH, Pößneck
Umschlaggestaltung: Kunst oder Reklame, München
Umschlagabbildung: Hauswand in Schanghai mit Plakaten von
Chinas Staatspräsident Xi Jinping, März 2016. © picture alliance/AP Photo
Gedruckt auf säurefreiem, alterungsbeständigem Papier
(hergestellt aus chlorfrei gebleichtem Zellstoff)
Printed in Germany
ISBN 978 3 406 73483 0

www.chbeck.de

Meinen Enkelkindern
Jan, Jonathan, Freddie, Greta, Rupert und Konstantin,
die das chinesische Jahrhundert erleben werden

Inhalt

Vierter Teil
Gefährliche Spannungsfelder

Vorwort

Dies ist nicht das Buch eines Sinologen. Es ist das Werk eines Journalisten, der seit fast sieben Jahrzehnten die Weltpolitik begleitet, sie an ihren Brennpunkten erlebt und in Aberhunderten von Analysen, Leitartikeln und Vorträgen kommentiert hat. Asien war eines der großen Themen meines Lebens. Den Zugang dazu habe ich mir buchstäblich mit der Brechstange eröffnet: Als ich 1951 einen Sommer-Job in der Bibliothek der University of Chicago fand, musste ich mit diesem Werkzeug riesige Holzkisten öffnen. Sie enthielten die Akten des Tokioter Kriegsverbrecherprozesses, des Gegenstücks zu den Nürnberger Prozessen. Ich las mich fest in den Dokumenten über die deutsch-japanischen Beziehungen während des Dritten Reiches. Zunächst wurde daraus der Entwurf einer Magister-These, dann in Tübingen meine Doktorarbeit: «Deutschland und Japan zwischen den Mächten, 1935–1940». Sie wurde ins Japanische übersetzt und brachte mir 1962 eine erste Einladung ins Reich des Tenno. In den folgenden Jahren flog ich öfter nach Japan, erschloss mir aber nach und nach auch die Nachbarn Korea, Taiwan und Hongkong. Mehrfach berichtete ich für die *ZEIT* von der Dschungelfront des Vietnamkrieges.

Der Blick auf China faszinierte mich schon damals. Im Tross von Helmut Schmidt kam ich dann bei dessen Staatsbesuch in der Volksrepublik 1975 zum ersten Mal nach Peking, Nanking und Urumtschi. In den nächsten vier Jahren – den Umbruchsjahren nach Maos Tod 1976 und vor dem Beginn der Öffnungs- und Reformpolitik Deng Xiaopings Ende 1978 – war ich regelmäßig dort. Anfang 1979 veröffentlichte ich mein Buch *Die chinesische Karte*. Noch war China Steinzeit, aber es zeichnete sich bereits ab, dass es sich mit aller Macht in die Moderne und zu neuer weltpolitischer Größe katapultieren würde.

Seitdem war ich immer wieder in der Volksrepublik, meist in politisch-journalistischen Angelegenheiten, das letzte Mal jedoch 2016 als touristischer Mitfahrer auf einer Teilstrecke der von der *ZEIT* und China Tours organisierten Busreise Schanghai–Hamburg. Zugleich jedoch hatte ich China immer aus der Warte seiner Nachbarn im Blick: als Mitglied des Deutsch-Japanischen Forums (seit seiner Gründung 1993), Vorsitzender der Deutsch-Indischen Beratungsgruppe (1996–2007), Mitgründer, Vorsitzender (2002–2007) und bis heute Mitglied des Deutsch-Koreanischen Forums; als Vorsitzender der Gesellschaft für Asienkunde (2003–2007) übrigens auch aus wissenschaftlicher Sicht.

Der Wiederaufstieg des Reichs der Mitte verändert nicht nur das globale Mächtemuster, er hat auch tiefen Einfluss auf das Alltagsleben der Menschen in allen Erdteilen. In diesem Buch erzähle ich die Geschichte des chinesischen Erwachens, schildere das phänomenale Wirtschaftswunder der zurückliegenden vierzig Jahre und beschreibe den unbändigen geopolitischen Ehrgeiz der Pekinger Führungselite. Der Höhenflug Chinas – ein Ereignis von weltgeschichtlicher Bedeutung – stellt den Westen vor eine beispiellose Herausforderung. Noch ist sie nicht ganz in unser Bewusstsein gedrungen. Es ist höchste Zeit, sich darauf einzustellen, wenn wir uns in dem heraufdämmernden chinesischen Jahrhundert behaupten wollen.

Hamburg, im November 2018   *Theo Sommer*

Die Chinesen kommen? Sie sind schon da!

Die Menschheit erlebt derzeit den dramatischsten geopolitischen, geo-strategischen und geoökonomischen Wandel seit einem halben Jahr-tausend. Genau genommen ist es die dritte historische Machtverschie-bung der neueren Geschichte. Die erste war der Aufstieg Europas, der sich um das Jahr 1500 anbahnte, als Kolumbus Amerika entdeckte und Vasco da Gama über den Seeweg den indischen Subkontinent er-reichte. Die zweite Machtverschiebung setzte Ende des neunzehnten Jahrhunderts ein, als die Vereinigten Staaten auf die Weltbühne tra-ten, die sie dann hundert Jahre lang beherrschten – politisch, ökono-misch und militärisch. Heute sind wir Zeugen der dritten histori-schen Wandlung: einer gewaltigen Verschiebung von Macht und Wohlstand vom Westen zu den aufstrebenden Ländern der übrigen Welt. *The West and the Rest*, in Niall Fergusons einprägsamer Formulie-rung, finden sich mit einem Mal in einem völlig neuen Verhältnis zu-einander wieder.

Das neunzehnte Jahrhundert war das Jahrhundert Europas, das zwanzigste das American Century. Das einundzwanzigste Jahrhun-dert, so lauteten die meisten Vorhersagen um die Jahrtausendwende, werde das Jahrhundert Asiens.

Irrtum: Es wird das chinesische Jahrhundert.

Immer wieder steht in den Schlagzeilen: «Die Chinesen kommen». Das ist der zweite Irrtum. Die Chinesen sind schon da. In den letzten vierzig Jahren haben sie einen in der ganzen Weltgeschichte beispiel-losen Aufschwung genommen. Seit dem Beginn von Deng Xiaopings Wirtschaftsreformen und der Öffnung Chinas zur Welt Ende 1978 ist das Bruttoinlandsprodukt um das Vierzigfache gestiegen, das Pro-

Kopf-Einkommen hat sich verhundertfacht, ebenso der Export. Seit 2010 ist China die größte Handelsmacht und seit 2012 die zweitgrößte Volkswirtschaft der Erde. Im Laufe des nächsten Jahrzehnts wird es Amerika überholen und seinem Sozialprodukt nach wieder das sein, was es bis Anfang des neunzehnten Jahrhunderts gewesen ist: die größte Nationalökonomie auf unserem Planeten.

Der Aufbruch hat China verändert: 700 bis 800 Millionen der 1,4 Milliarden Chinesen haben sich über die Armutslinie in den Mittelstand hochgearbeitet, alle, die noch in Armut leben, sollen bis 2020 daraus befreit werden. Die Grundbedürfnisse der Menschen sind erfüllt, für 2021 ist das Ziel ein «umfassender bescheidener Wohlstand» mit einem Pro-Kopf-Einkommen von 12 000 Dollar. Bis 2035 will das Land sich ins Mittelfeld der starken Industrienationen vorarbeiten, bis 2049 an deren Spitze treten. Von der exportgetriebenen Entwicklung schwenkt China nun um auf einen gesteigerten Binnenkonsum und den Ausbau des «Internets der Dinge». Entschlossene Digitalisierung soll der Wirtschaft einen entscheidenden Schub nach vorn geben. Auf den Forschungsfeldern Künstliche Intelligenz, Quantencomputer und Big Data prescht das Land machtvoll voran; bis 2030 will China das führende KI-Zentrum der Welt sein.

Im März 2015 veröffentlichte die Regierung ihren Masterplan «Made in China 2025». Es ist ein gigantisches Aufholprogramm, das die alten Industriestaaten bis Mitte des nächsten Jahrzehnts abhängen soll. Zehn Schlüsselindustrien sollen bis dahin an die Weltspitze gehievt werden: Informationstechnologie, Robotik, Luft- und Raumfahrt, Meerestechnik und Schiffbau, Hochgeschwindigkeitsschienenverkehr, alternative Automobilantriebe, Energieerzeugung, neue Werkstoffe, Landwirtschaftsmaschinen, Biomedizin und medizinische Geräte. So soll 2025 der Anteil der chinesischen Hersteller an Hightech-Produkten auf dem einheimischen Markt 70 Prozent erreichen; auch sollen bis dahin die meisten wichtigen Werkstoffe im Lande produziert werden. Dabei greift der Staat den künftigen *global champions* mit Fördergeldern in Höhe von vielen hundert Milliarden Dollar unter die Arme. Allein ein Forschungsfonds für Halbleiter erhält über 100 Milliarden Dollar. Der Sektor Künstliche Intelligenz (KI) soll bis 2030 zu einer 150-Milliarden-Industrie hochgepäppelt werden, die weltweit führend ist und auch die Standards für die anderen setzt. «China führte einst die Welt an, und es wird dies bald wieder tun,» prophezeit Tang Xiao'ou, der Gründer des Pekinger KI-Pioniers Sensetime. Darauf ist auch der Ehrgeiz des Staatspräsidenten Xi Jinping gerichtet.

Im April 2018 stand Xi in Yichang auf dem Drei-Schluchten-Damm und erklärte den versammelten Arbeitern im Blaumann, China werde seinen eigenen Weg zur technologischen Supermacht gehen. Das Weiße Haus fest im Blick, sagte er: «In der Vergangenheit haben wir den Gürtel enger geschnallt, die Zähne zusammengebissen, Atombomben, Wasserstoffbomben und Satelliten gebaut. Auch beim nächsten Schritt in die Zukunftstechnologie müssen wir alle Illusionen fahren lassen und uns ganz auf uns selbst verlassen.»

Machen wir uns nichts vor: «Made in China 2025» ist auch eine Kampfansage an die westlichen Industrienationen, die Bundesrepublik eingeschlossen. Zwar darf man wohl bezweifeln, dass die Chinesen ihr Ziel bis 2025 erreichen; es wird mit Sicherheit länger dauern. Das räumt sogar Ministerpräsident Li Keqiang ein. Den deutschen Sorgen, dass chinesische Firmen, wenn sie sich erst einmal die fortgeschrittene Technologie angeeignet hätten, über Nacht zu Konkurrenten würden, hielt er beschwichtigend entgegen, die chinesische Fertigung müsse «bis zum Einstieg in die Middle- und High-End-Produktion noch einen recht langen Weg gehen, und zwischen beiden Ländern wird die Komplementarität in Industrie und Technik noch lange Bestand haben». Aber schaffen werden es die Chinesen am Ende. Und dann?

Torsten Benner vom Berliner Global Public Policy Institute mag übertrieben haben mit seiner Aussage: «Wenn ‹Made in China 2025› gelingt, können wir zusammenpacken und nach Hause gehen.» Das Gleiche gilt für die Aussage von Peter Navarro, dem Handelsdirektor im Weißen Haus: «China hat Amerikas Zukunftsindustrien aufs Korn genommen, und Präsident Donald Trump versteht besser als sonst einer, dass Amerika keine wirtschaftliche Zukunft haben wird, wenn China die neu aufsteigenden Industrien erobert.» Doch dürfen wir die Herausforderung auch nicht auf die leichte Schulter nehmen. China ist nicht länger nur ein riesiger Absatzmarkt für uns und ein Produktionsstandort mit unerschöpflichen Kapazitäten, es ist ein mächtiger, potentiell erdrückender Konkurrent geworden.

Auch weltpolitisch strebt China an die Spitze. Die Pekinger Führung will die Größe und Würde der chinesischen Zivilisation wiederherstellen und die Demütigung überwinden, die es nach seiner gewaltsamen Öffnung durch den Westen im Opiumkrieg von 1839–1842 rund hundert Jahre lang hat erfahren müssen. Die fremden Mächte zerstückelten das Reich der Mitte in protektoratsähnliche Einflusszonen und überzogen es – erst die Europäer, dann die Japaner – mehrfach mit Krieg. Sie annektierten riesige Gebiete und entrissen der Staatsverwaltung zentrale Bereiche. Bis 1930 übten sie die Zollhoheit aus; das Seezollamt und das Salzinspektorat standen noch länger unter ausländischer Kontrolle. Erst im Zweiten Weltkrieg wurden die juristische Exterritorialität und andere Sonderprivilegien der Westmächte abgeschafft, und noch lange danach wehte die sowjetische Flagge über Port Arthur. Seine Souveränität hat China erst nach dem Sieg der Kommunisten zurückerlangt. Damit war die schmähliche Epoche vorbei, in der jeder nach Lust und Laune durch die «offene Tür» nach China hineinspazieren konnte. In den Schulen werden den Kindern bis heute die vier Zeichen *wuwang guochi* eingebläut – «Nie die nationale Erniedrigung vergessen!».

Der britische Autor Tom Miller schrieb 2016 das Buch *China's Asian Dream*. Die Chinesen träumten davon, war seine These, ihren historischen Status als Asiens Vormacht wiederherzustellen. Doch seitdem ist klar geworden, dass der Traum von neuer Größe weit über die Grenzen der alten Tribut- und Vasallenstaaten hinausreicht. Staatspräsident Xi Jinping macht überhaupt kein Geheimnis daraus. «Die chinesische Nation erhebt sich mit neuem Selbstbewusstsein im Osten der Weltkugel», verkündete er auf dem 19. Parteitag der chinesischen Kommunisten. Und er wirft nun das ganze wirtschaftliche Gewicht seines Landes in die Waagschalen der Weltpolitik. Sein Führungswille verändert das globale Mächtemuster, er hat Großes vor mit der Volksrepublik. Nicht länger sieht er sie als Regionalmacht, vielmehr will er sie ins «Zentrum der Weltbühne» rücken. Zur mächtigsten Militärmacht will er sie machen, zur größten und führenden Wissenschaftsmacht, zur Innovationsgroßmacht, zur Infrastruktur-Supermacht, zum Anführer im Kampf gegen den Klimawandel, zur Weltkulturmacht und zur Weltfußballmacht. Eine «Schicksalsgemeinschaft der Menschheit» will er aufbauen, der er «weise chinesische

Ideen für Problemlösungen» anbietet und eine «Harmonie der Vielfalt», was nichts anderes heißt als die kompromisslose Anerkennung aller chinesischen Positionen.

Das alles war so dick aufgetragen, dass es überall im Westen Argwohn und Kritik erregte. Dies veranlasste die Partei Mitte 2018, die Medien anzuweisen, Chinas Ziele und Errungenschaften nicht mehr so überschwänglich anzupreisen. Arroganz mache ein Land nicht mächtig, hieß es nun. Deswegen solle nicht mehr behauptet werden, die Volksrepublik rücke «ins Zentrum der Welt» und sei «in vielen Bereichen die unangefochtene Nummer eins». Auch darf der Masterplan «Made in China 2025», der die alten Industriestaaten zu einschneidenden wirtschaftspolitischen Gegenmaßnahmen bewog, nicht mehr erwähnt werden. Es handle sich dabei nur um das Papier einiger Wissenschaftler, die damit «die Führung, die Öffentlichkeit und sogar sich selbst getäuscht haben». Doch soll Staatspräsident und Parteichef Xi Jinping, der den ganzen Rummel schließlich selbst losgetreten hatte, wirklich von ein paar Ökonomen hereingelegt worden sein? Einleuchtender ist da schon die Erklärung, dass er es angesichts der westlichen Gesetzesinitiativen gegen seinen Technologie-Feldzug angebracht fand, eine verbalkosmetische Korrektur vorzunehmen – ohne freilich im Geringsten von seiner auf Weltgeltung und Innovationsführerschaft angelegten Politik abzugehen.

Ebenso wenig wird Xi von dem neuen Modell der «Großmachtbeziehungen» lassen, das er seit seinem Amtsantritt propagiert. Es verlangt Respekt vor Chinas «Kerninteressen». Dazu gehören Taiwan, Tibet und Xinjiang, die Inbesitznahme der Inselwelt des Südchinesischen Meeres und der aggressiv verfochtene Anspruch auf die von Japan verwalteten Senkaku-Inseln im Ostchinesischen Meer, darüber hinaus aber auch Chinas «eigener Entwicklungsweg». «Harmonie» und «Respekt» versteht Xi als Hinnahme, ja: Billigung seines weltpolitischen Konzepts, seiner Ziele, seiner Methoden. Dass auch andere Staaten Kerninteressen haben, die zu respektieren sind, blendet er gern aus.

Unter den Staatslenkern unserer Gegenwart ist Xi Jinping der einzige, der ein weltpolitisches *grand design* hat und diesen Entwurf mit einer *grand strategy* zielstrebig zu verwirklichen sucht – nach einer Pentagon-Analyse der «ehrgeizigsten Strategie, der sich ein Staat in neuerer Zeit verschrieben hat». Sein Entwurf wird bewusst oder unbewusst von zwei Theorien unterfüttert, die vor China noch keine andere Nation gleichzeitig zur Grundlage ihrer auswärtigen Politik gemacht hat: den Gedanken des amerikanischen Seestrategen Mahan und des britischen «Herzland»-Theoretikers Mackinder. In seinem 1890 erschienenen Buch *The Influence of Sea Power on History* hatte der US-Admiral Alfred Thayer Mahan, der «Clausewitz der Meere», die Seemacht zur bedeutendsten geopolitischen Gestaltungskraft erklärt. Hundertzwanzig Jahre danach ließ die chinesische Staatsführung Mahans Ideen wiederaufleben: Wer die Meere beherrscht, der beherrscht die Welt. Zudem griff sie die Heartland-Theorie des Geographen Halford J. Mackinder auf, die der Urheber des Begriffs «Geopolitik» 1904 in seinem Aufsatz «The Geographical Pivot of History» umrissen hatte: «Wer über das östliche Europa herrscht, beherrscht das Herzland» – die Weiten Zentralasiens; «wer über das Herzland herrscht, beherrscht die Weltinsel»– Zentralasien plus Afrika. Auf die Beherrschung der Meere und des Herzlandes zielt Xi Jinpings Seidenstraßen-Initiative.

Der geopolitische Entwurf des chinesischen Präsidenten kommt unter dem harmlosen Banner «One Belt, One Road» daher, «Gürtel und Straße» in Pekings gedrechselter deutscher Übersetzung. Er knüpft an die alten Handelsrouten an, die das Reich der Mitte einst mit dem Westen verbanden, Marco Polos Seidenstraße im Norden und die maritimen Expeditionsrouten des Admirals Zheng He im Süden. Ursprünglich sollten «Gürtel und Straße» nur das pulsierende Wirtschaftszentrum Ostasiens mit dem Wirtschaftszentrum Westeuropa und der Küstenregion Ostafrikas verbinden. Inzwischen hat Xi praktisch die ganze Welt in den Blick genommen. «Alle Länder, ob in Asien, Europa, Afrika oder den Amerikas, können Zusammenarbeitspartner der Gürtel-und-Straße-Initiative sein», heißt es nun. Neuerdings ist sogar der Plan für eine «Polare Seidenstraße» in der Arktis umrissen worden.

So haben die Chinesen rund hundert Länder und Organisationen dazu aufgerufen, sich am Ausbau der neuen Seidenstraßen zu florierenden Wirtschaftskorridoren zu beteiligen. Mit über achtzig Staaten wurden bereits Kooperationsverträge abgeschlossen. «Konnektivität», Vernetzung, ist die Parole, Ausbau der Infrastruktur das Ziel: Eisenbahnen und Straßen, Pipelines, Kraftwerke, Staudämme und Glasfasernetze sollen zur Grundlage für einen beispiellosen Wirtschaftsaufschwung in sechs Korridoren werden, die nach Südostasien und Südasien, nach Eurasien und dem Mittleren Osten, Europa und Afrika führen. China hat bisher schon über 115 Milliarden Dollar dafür ausgegeben, doch insgesamt steht für 900 Seidenstraßen-Vorhaben die gewaltige Summe von rund 1000 Milliarden Dollar bereit. Zum Vergleich: Für den Marshall-Plan genehmigte der US-Kongress 1948 bis 1952 alles in allem 13 Milliarden Dollar, nach heutigem Wert etwa 131 Milliarden. Allerdings gab es in Europa nur sechs Empfängerländer der Marshall-Gelder, China hingegen will über achtzig Staaten mit seiner Billion bedenken.

Die Chinesen arbeiten sich dabei Schritt für Schritt vor, Region für Region, Sektor für Sektor – nach dem alten chinesischen Grundsatz «Mit den Füßen nach den Steinen tastend den Fluss überqueren» – anders als Mao, der stets zum Großen Sprung ansetzte und dabei jedes Mal ins Wasser fiel. Und sie denken in langen Zeiträumen. «Zweimal hundert Jahre» ist Xi Jinpings Schlachtruf. Bis zum hundertsten Gründungstag der Kommunistischen Partei im Juli 2021 soll «bescheidener Wohlstand für alle» erreicht sein, ehe dann die sozialistische Modernisierung bis 2035 «im Wesentlichen vollendet» wird. Zum hundertsten Gründungstag der Volksrepublik China am 1. Oktober 2049 soll das Reich der Mitte dann «reich, mächtig, demokratisch, kultiviert, harmonisch und schön» dastehen. Zudem sind die Chinesen ausdauernd. Nicht von ungefähr zitierte Xi in einem Toast auf Trump die alte chinesische Weisheit: «Keine Entfernung, auch nicht ferne Berge und weite Ozeane, können Leute mit Beharrlichkeit daran hindern, ihr Ziel zu erreichen.» Einen dazu passenden Spruch Benjamin Franklins brachte er ebenfalls noch an: «Wer Geduld hat, kann kriegen, was er will.» Langmut rühmt er auch in dem Band *Xi Jinping erzählt Geschichten* als nachahmenswerte Tugend. In einer der 109 Erzählungen geht es um einen alten Mann und einen Berg, der ihm die Aussicht versperrt. Also beginnt er, den Berg mit Schaufel und Eimer abzutragen. Als ihn die Nachbarn verlachen, denn so werde er es nie schaffen, erwidert er, dann würden es eben seine Kinder und Kindeskinder und deren Nachkommen vollbringen. Die Geduld und die Ausdauer des Alten rühren den Allmächtigen so sehr, dass er den Berg versetzt.

Noch gehen bei uns die Meinungen auseinander, wie dem Aufstieg der Volksrepublik zu begegnen sei. Auch die Einkaufstour der Chinesen, bei der sie sich die Rosinen aus dem westlichen Industriekuchen herauszupicken suchen, wird noch sehr unterschiedlich beurteilt. Einige Unternehmen sehen chinesische Investitionen als belebende oder gar rettende Finanzquelle. Viele blicken in erster Linie auf China als einen riesigen Absatzmarkt für die eigenen Erzeugnisse, was alle anderen Erwägungen erstickt. Doch immer öfter blitzt auch schon eine beunruhigende Schrift an der Wand auf: Macht euch nichts vor, ihr seid willkommene Steigbügelhalter, bis China im Sattel sitzt, dann aber werdet ihr an die Wand gedrängt. Überall im Westen wächst die Entschlossenheit, der chinesischen Einkaufskampagne Schranken zu setzen.

Auch Pekings Seidenstraßenprojekt ist nicht so harmlos, wie es aussieht. Mit seinen Zuschüssen, Krediten und kompletten Finanzierungspaketen schafft sich China Einflusssphären rings um den Globus. Es ist überall willkommen, wo das Geld knapp ist und wo politische, besonders menschenrechtliche Auflagen der Geldgeber unwillkommen sind. Den armen Ländern erscheint es wie der reiche Onkel, der keine Fragen stellt. Während der Westen Strukturreformen verlangt, die Beachtung der Menschenrechte einfordert und Freihandelsabkommen als wirksamstes Instrument bevorzugt, setzt China auf den Bau von Infrastruktur. Seine enormen Kapitalreserven, sein Ingenieurs-Knowhow, seine Produktions- und Baukapazität geben der Globalisierung ein chinesisches Gesicht. Dies gestattet Xi Jinping, sich zum Herold des Multilateralismus aufzuwerfen.

Weltweit kaufen oder finanzieren und bauen die Chinesen Häfen, Eisenbahnen und Stromnetze. Ihre Hafenstrategie verschafft ihnen mehr und mehr bestimmenden Einfluss auf die Seefrachtrouten rund um den Globus. Eisenbahnen bauen sie in Südostasien, Russland, in der Türkei und im Iran, auf dem Balkan, in Afrika und Lateinamerika. Ferner suchen sie überall Beteiligungen an Stromnetzen. Allein in Europa steckten sie seit 2008 nach der Berechnung von *Le Monde* 34,5 Milliarden in den Energiesektor. In Portugal gaben sie knapp 10 Milliarden Euro für Anteile am den elektrischen Netzen des Landes aus, in Italien 2,1 Milliarden; bei Eandis in Belgien und 50Hertz in Deutschland kamen sie jedoch nicht zum Zug. In Dänemark investierten sie in die Windkraft, und am britischen Atomkraftwerk Hinkley Point, das von Energie de France (EDF) erbaut wird, übernahmen sie für 7 Milliarden Euro 33,5 Prozent der Anteile. Nicht zuletzt sind sie dabei, eine die eurasische Landmasse umspannende «digitale Seidenstraße» zu bauen, wobei Alibaba in Russland in einem Gemeinschaftsunternehmen mit mail.ru und dem Russian Direct Investment Fund den Vorreiter macht.

Zugleich reklamiert China mit seinem Infrastruktur-Kreuzzug Einflusszonen für sich, in denen es nicht nur um Seide und Gewürze oder Fernstraßen, Bahnlinien und Stromnetze geht, sondern um dominierende Gestaltungsmacht. Immer kräftiger rütteln sie an dem nach dem Zweiten Weltkrieg entstandenen internationalen System. Es geht ihnen um eine neue Weltordnung (siehe Kapitel 10 «Die neuen Seidenstraßen»). Und wo der Westen in Pessimismus versinkt, strotzen sie vor Optimismus. Bei einer Umfrage 2017 sagten 87 Prozent, ihr Land bewege sich in die richtige Richtung (in 27 anderen Ländern lag der Durchschnitt bei 40 Prozent, wobei die Westeuropäer besonders pessimistisch waren).

Von Amerika bis Australien werden Chinas Aufstieg, seine Außenpolitik und seine unaufhörliche Aufrüstung vielfach als potentielle oder gar aktuelle Bedrohung wahrgenommen. Dies gilt zumal für Pekings imperial-expansionistische Strategie in der von mehreren pazifischen Nationen beanspruchten Inselwelt des Südchinesischen Meers und im Ostchinesischen Meer. Auf beiden Konfliktfeldern beschwört das chinesische Vorgehen zudem eine Konfrontation mit den Vereinigten Staaten herauf, bei der es, beabsichtigt oder unbeabsichtigt, zu bewaffneten Zusammenstößen kommen könnte. In Peking wie in Washington gibt es einerseits Hardliner und andererseits Ausgleichsbefürworter; die Ersteren halten einen regelrechten Krieg zwischen China und den Vereinigten Staaten für unausweichlich, die Letzteren warnen beschwörend vor ihm. Auf jeden Fall steigen die Spannungen.

Viele Beobachter sehen bereits einen neuen Kalten Krieg heraufdämmern. Mit dem Ost-West-Konflikt zwischen Moskau und der freien Welt hätte er freilich wenig gemein. Die Sowjetunion war militärisch und politisch eine Großmacht, doch ökonomisch war sie für den Westen ohne Bedeutung; es tat ihm nicht weh, die UdSSR mit Embargos, Boykotten oder Sanktionen zu belegen. Ganz anders

China, dessen Wirtschaft mit den Nationalökonomien der übrigen
Welt so eng verflochten ist, dass schon ein Handelskrieg und erst
recht ein Kalter Krieg viele in den Ruin stürzen würde.
Was an Konfrontationszunder bleibt, sind die ideologischen Gegensätze. Die Erwartung, dass China mit wachsendem Wohlstand
eine Demokratie werde, wie wir dies in Südkorea und auf Taiwan
erlebt haben, hat sich als Illusion erwiesen. Ebenso wenig hat sich die
Hoffnung auf Wandel durch Handel erfüllt. Vielmehr hat sich gezeigt,
dass der Kapitalismus keineswegs unausweichlich zu einer freiheitlichen Ordnung nach westlichen Begriffen führt; er funktioniert auch
ohne Demokratie. Und so schwer uns diese Einsicht auch fallen
mag – der wachsende Wohlstand hat die Massen nicht in den Ruf
nach Demokratie ausbrechen lassen. Und zwar nicht, weil sie – abgesehen von der kleinen Schar von Dissidenten – brutal unterdrückt
werden, sondern weil sie zufrieden sind damit, dass das Regime ihnen
ein spürbar besseres Leben beschert hat. Schon als es China noch
schlecht ging, gab es nur wenige Regimekritiker. Seit es ihm gut geht,
ist die Zahl derer, die den Mangel an Gedankenfreiheit als Problem
empfinden, noch mehr geschrumpft.

Das Land wird heute von der Partei wieder so fest im Griff gehalten
wie zu Zeiten Mao Zedongs. Die Mehrheit der Chinesen jedoch, das ist
die durchgängige Erfahrung der in China lebenden und arbeitenden
Ausländer, kümmert sich überhaupt nicht um die Partei, solange es
weiter vorwärts und aufwärts geht (und soweit sie ihnen nicht als Kar-
riere-Sprungbrett dient). Minxin Pei, Politikprofessor und China-Spe-
zialist am Claremont McKenna College, bestätigt dies: «Die meisten
Chinesen, selbst Parteimitglieder, glauben nicht wirklich an irgend-
eine offizielle Lehre. ... Die Kommunistische Partei ist im täglichen
Leben der gewöhnlichen Chinesen praktisch irrelevant geworden.»
«Es gibt in der Volksrepublik keine mächtige Forderung nach Demokratie», befindet auch der französische Sinologe Jean-Pierre Cabestan.
Die neue Mittelklasse sei «lepenisiert» und stelle ihr Bedürfnis nach
Sicherheit über das Verlangen nach Freiheit. Wohl gebe es vielerlei ört-
liche Spannungen, doch habe die Partei die finanziellen Mittel und die
Unterdrückungsinstrumente, um damit fertigzuwerden. Die neurei-
che Wirtschaftselite dringe nicht auf Wandel, sondern sei in die Partei
eingetreten und finde dort Gehör und Unterstützung für ihre Anlie-

gen. Die Bildungselite sei mehr damit beschäftigt, dem Sozialismus chinesischer Prägung eine intellektuelle Fundierung zu geben, als ihn infrage zu stellen; sie rede den Machthabern nach dem Mund.

Der Pekinger Verfassungsrechtler Xu Zhangrun, Xi Jinpings schärfster Kritiker, der im Juli 2018 mit seinem Essay «Derzeitige Befürchtungen und unsere Hoffnungen» Aufsehen erregte, sieht dies genauso. Als soziale Wesen genössen die Chinesen Freiheit, schreibt er, nicht jedoch als Bürger: «In der Privatsphäre können die Menschen sich begrenzter persönlicher Freiheiten erfreuen, zumal der normalen Vergnügen wie Essen, seinen täglichen Geschäften nachgehen, sich hinter geschlossen Türen der Intimität hingeben. Sie können ihre Frisur und ihre Kleidung frei wählen, Massagesalons und öffentliche Bäder besuchen, sich mit Speisen vollstopfen und außereheliche Affären anfangen.» Xu zeigt sogar Verständnis dafür. «Man kann nicht einmal kritisieren», sagt er, «dass die Leute lieber normalen Alltagsvergnügungen frönen als gefährliche Forderungen nach Bürgerrechten zu erheben. Die Achtung der Privatsphäre erklärt zum großen Teil, dass sie sich mit dem gegenwärtigen politischen Arrangement abfinden.»

Dissidenten, denen unser Herz gehört – zwei Prozent oder fünf Prozent des Volkes? –, fallen gegenüber der passiven Mehrheit kaum ins Gewicht. Wohl auch, weil Xi Jinping kein blutrünstiger, ins Chaos verliebter und jegliche Ordnung immer wieder brutal auf den Kopf stellender Despot ist, kein chronischer Zerstörer, Vernichter und Verwüster wie einst Mao Zedong, der Große Steuermann; er ist ein rationaler, kaltblütiger, auf Ruhe und Ordnung bedachter Herrscher. Sein China ist ein anderes als dasjenige Maos, aber auch ein anderes als das China Deng Xiaopings.

In den fünf Jahren seiner ersten Amtszeit hat sich Xi Jinping von Dengs Prinzip der kollektiven Führung abgewandt und einen Personenkult wieder aufleben lassen, der – obwohl das Parteistatut jede Form von Personenkult ausdrücklich verbietet – an die Vergötterung Mao Zedongs erinnert, neben dessen Bildnis er neuerdings gern das seine zeigt. Die Trennung von Wirtschaft und Politik, die es eine Zeitlang in mehr als bloßen Ansätzen gab, hat er abgeschafft. Zielstrebig hat er alles wieder unter Kontrolle genommen: die Partei, die Armee, die Unternehmen, die Medien und das Internet, aber auch die aufblühenden Religionsgemeinschaften. Die Begrenzung der Amtszeit des

Staatspräsidenten auf zweimal fünf Jahre hat er aufheben und das «Xi-Jinping-Denken» in der Verfassung verankern lassen. Darüber hinaus ist er dabei, die Gesellschaft einer digitalen Gesinnungs- und Tugenddiktatur zu unterwerfen, die Orwells *1984* weit in den Schatten stellt. Unter ihm macht sich China auf den Weg vom autoritären zum totalitären Staat. Zugleich ist das United Front Work Department («Einheitsfront») zu einem machtvollen, technisch und finanziell hervorragend ausgestatteten Propaganda-Instrument zur Beeinflussung des Auslands und der chinesischen Diaspora geworden. Seit 2012, als Xi Jinping Generalsekretär wurde, ist das Department um 40 000 Mitarbeiter verstärkt worden. Mit seiner weltweiten Wühlarbeit erinnert es an die Komintern unseligen Angedenkens.

Vor allem jedoch hat Xi sich von Deng Xiaopings außenpolitischem Grundsatz *tao guang yang hui* abgewandt: Haltet euch zurück, drängelt euch nicht vor, wartet die Zeit ab. Mit Dengs Kultur der Zurückhaltung hat er Schluss gemacht. Aus einer Status-quo-Macht ist eine auftrumpfende, eine ausgreifende Macht geworden. Auch Xi Jinping will den Frieden, ist er doch die Voraussetzung für Chinas weiteres Aufblühen. Aber er will einen Frieden, den er selbst gestaltet und beherrscht. Außenpolitik heißt für ihn, «Diplomatie als Großmacht» zu betreiben (wobei die Scheckbuchdiplomatie für die Devisengroßmacht China der stärkste Pfeil im Köcher ist). Und wo Deng stets darauf bestand, dass China für niemanden ein Modell sei, preist Xi Jinping heute sein System als Vorbild für andere an – als Gegenentwurf zu dem des Westens, der gekennzeichnet sei durch «zerrissene Gesellschaften, endlose Machtübergänge und soziales Chaos».

Friedlich soll sich der Wiederaufstieg des Landes vollziehen, aber seine Interessen wird es beinhart vertreten. *China First* oder *Make China great again* könnte die Devise sein, Frieden durch Stärke das Motto. Daher wird auch rasant aufgerüstet. Pekings Sicherheitspolitik scheint auf Chinas Vorherrschaft mindestens im asiatisch-pazifischen Raum hinauszulaufen, was durchaus unfriedliche Konsequenzen haben könnte. Auf jeden Fall wollen die Chinesen mit den Großmächten, zuvörderst mit den Vereinigten Staaten, «auf gleicher Stufe» verkehren (wie Leopold von Ranke zu sagen pflegte, ehe das schiefe Bild von der «Augenhöhe» in Mode kam).

Kulturell will China an die internationale Spitze vordringen. Dafür baut es zielstrebig seine *soft power* aus. Vor dem 19. Parteitag verkündete Xi hochgemut: «Die Soft Power des Landes im Kulturbereich und der Einfluss der chinesischen Kultur wurden beachtlich verstärkt.» Der Begriff wurde einst von dem Harvard-Politologen Joseph Nye geprägt; er beschreibt die Fähigkeit, politische Ziele ohne Anwendung von Zwang oder Gewalt zu erreichen («Nicht deine Rüstung zählt, sondern deine Story»). Im Zeughaus der *soft power* gibt es vielerlei Waffen: Handel, Investitionen und Entwicklungsförderung ebenso wie die Entsendung von Ärzten nach Afrika, Werbung für chinesische Heilkunde (etwa Chi-Meds Antikrebsmittel Savolitinib), für Akupunktur oder für Kalligraphie. Auch hat China mit 600 000 Studierenden aus über 200 Ländern inzwischen die drittgrößte Anzahl ausländischer Hochschulbesucher, zehnmal mehr als 2003; weit über hunderttausend erhalten Stipendien. Der Pianist Lang Lang begeistert wie seine Kollegen Haiou Zhang und Yuja Wang in allen fünf Kontinenten das Publikum. Chinesische Artisten fehlen in keinem großen Zirkus. Und in Hongkong hat Alibabas Jack Ma die ob ihrer Qualität und Objektivität hoch angesehene *South China Morning Post* auch zu dem Zweck gekauft, Chinas angeschlagenes Image in der Welt zu verbessern. Er hat viel Geld in die Modernisierung des Blattes und die Aufstockung des Redaktionspersonals gesteckt. Manche Beobachter sagen, die Zeitung, die in der Volksrepublik legal nicht zu lesen ist, gebe seitdem regierungsfreundlichen Meinungsstücken mehr Platz.

Auch mit ökonomischen Argumenten sucht China seine *soft power* rund um den Globus zur Geltung zu bringen. Beim Davoser Weltwirtschaftsforum Anfang 2017 warf sich Staatspräsident Xi Jinping zum Protagonisten des Freihandels auf und wetterte, ohne ihn beim Namen zu nennen, gegen Donald Trumps protektionistisches Programm: «Protektionismus zu verfolgen, ist wie sich in einer Dunkelkammer einzuschließen. Wind und Regen bleiben draußen, aber auch Licht und Luft. Keiner wird aus einem Handelskrieg als Gewinner hervorgehen.» China habe ursprünglich Vorbehalte gegenüber der Globalisierung gehabt und sei sich nicht sicher gewesen, ob es der Welthandelsorganisation WTO beitreten solle. Aber es habe den Mut aufgebracht, sich in den weiten Ozean des Weltmarktes zu stürzen, habe manches Mal Wasser geschluckt und sei in Wirbel oder kabbelige Wellen geraten, doch es habe dabei Schwimmen gelernt. «China wird seine Tür weit offen halten», beteuerte Xi in seiner charmepolitischen Offensive. «Und wir hoffen, dass auch die anderen Länder ihre Türe offen halten werden.» Im Kongressgebäude des Graubündner Skiparadieses wurde Xis Plädoyer für eine *open door policy* kräftig bejubelt, wobei den Wenigsten bewusst war, dass genau dies vor 120 Jahren der Kernbegriff der amerikanischen Chinapolitik war. Konkrete Schritte zu weiterer Öffnung folgten der vollmundigen Ankündigung Xis allerdings erst nach über einem Jahr, als Donald Trumps Androhung eines Handelskrieges die Chinesen zu zaghaftem Einlenken brachte.

Im Dienste der chinesischen *soft power* stehen selbst die niedlichen, wiewohl in der Wildnis nicht ungefährlichen Panda-Bären, von denen noch fast 2000 in den tropischen Bambus-Dschungeln Chinas leben. Peking verschenkt oder verleiht die seltenen Tiere, Letzteres oft auch gegen eine Gebühr von 1 Million Dollar im Jahr pro Pärchen und mit der Auflage, eventuellen Nachwuchs zu repatriieren. Für die einzelnen Panda-Übergaben behält sich Xi Jinping die letzte Entscheidung vor; sie sind jedes Mal ein politisches Statement.

Seit Neuestem setzt das Regime jedoch ohne Skrupel seine *sharp power* ein. Sie ist weniger als militärische *hard power* und mehr als *soft power*, kulturelle Anziehungskraft. In letzter Zeit hat sich dafür auch der Ausdruck «Influencing» eingebürgert. Nach den Lehranweisungen, die der *Financial Times* und anderen Medien vorliegen, soll die Einheitsfront, in der auch die Konfuzius-Institute eine Rolle spielen, «freundlich und inklusiv alle Kräfte vereinen, die vereint werden können», doch zugleich rücksichtslos «eine eiserne Große Mauer» bauen gegen feindliche Kräfte im Ausland, die darauf aus seien, Chinas Territorium aufzuspitten oder seinen Aufstieg zu behindern. «Die Einheitsfront», heißt es in dem Manual, «ist eine große Zauberwaffe, mit der wir 10 000 Probleme loswerden können, um den Sieg zu erringen».

Seit China sich Ende der 1970er-Jahre zu öffnen begann, hat der Westen darauf gesetzt, dass es sich einfügen werde in die nach 1945 entstandene Weltordnung. Auch dies könnte sich noch als Illusion entpuppen. Die Volksrepublik wurde 1971 in die Vereinten Nationen aufgenommen, spielte dort indes lange nur eine eher unauffällige, rein reaktive Rolle. In den frühen Jahren ihrer Mitgliedschaft im UN-Sicherheitsrat legte sie nur dreimal ein Veto ein, und es dauerte dreiundzwanzig Jahre, bis sie zum ersten Mal einen eigenen Antrag einbrachte. Mittlerweile greifen die Chinesen immer öfter zum Veto. Sie sind nach den USA und Japan zum drittgrößten Beitragszahler geworden und stellen seit einigen Jahren die meisten Friedenstruppen. Seit 1980 ist China Mitglied der Weltbank und des Weltwährungsfonds, der 2015 den Yuan als eine der fünf Reservewährungen anerkannte; 2001 trat es dem Atomwaffensperrvertrag bei und wurde Mitglied der Welthandelsorganisation (WTO); von Beginn an (1999) war das Land Mitglied der G-20.

Es profitierte enorm von diesen Mitgliedschaften; so wurde es zum größten Kreditnehmer der Weltbank (was Donald Trump weidlich ärgert). Beim Londoner G-20-Gipfel im Jahre 2009 beteiligte sich China zum ersten Mal an einem internationalen Finanzrettungspaket; es kaufte für 50 Milliarden Dollar IWF-Bonds. 2015 gründete es die Asian Infrastructure Investment Bank (AIIB). Über 80 Länder, auch westliche, beteiligen sich daran. Die Bank ist eine multilaterale Einrichtung, wiewohl China de facto gegen einzelne Projekte sein Veto einlegen kann. Freilich ist die Zweifelsfrage nie ganz erloschen, ob China damit die bestehenden Finanzinstitutionen ergänzen oder aber ihnen Konkurrenz machen wolle. Überdies könnte sich das Seidenstraßenprojekt durchaus zum Gerüst eines Parallel-Netzwerks zur Weltbank ausbauen lassen, wenn die Entfremdung zwischen Peking und dem Westen dramatische Dimensionen annähme.

Fünf Leitlinien bestimmen nach Jürgen Osterhammel, dem Konstanzer Globalhistoriker und Asienfachmann, die «chinesische Weltordnung 2.0». *Erstens:* China, das über ein Jahrtausend an der Spitze der internationalen Hierarchie stand, hat das Recht, aufs Neue seinen «natürlichen» Platz als gleichberechtigte Großmacht und wohlmeinender asiatischer Hegemon einzunehmen. *Zweitens:* Die territoriale Einheit des Staates steht nicht zur Disposition; seine Grenzen umschließen auch die spät erst ins Reich eingegliederten Gebiete Taiwan, Tibet und Xinjiang. *Drittens:* Es ordnet sich nicht folgsam in die bestehenden Macht- und Institutionsstrukturen ein, sondern will Normen und Regeln nun selbst mitgestalten. *Viertens:* Der Wohlstand, dessen Vermehrung und Sicherung die wichtigste Legitimationsquelle der

Partei ist, wird durch Expansion über die eigenen Grenzen hinaus zum Leitwert der chinesischen Außenpolitik. *Fünftens*: China strebt wirtschaftlich und strategisch Parität mit den USA an.

Was diesen letzten Punkt angeht, so bleibt abzuwarten, ob sich die Chinesen mit Parität begnügen werden. Die Art, wie sie selbst ihre Ambitionen formulieren, legt den Schluss nahe, dass sie die Vereinigten Staaten als Weltführungsmacht ablösen wollen. Das Silicon Valley auf dem Feld der digitalen Technologie abzuhängen, ist dabei ein Schlüsselelement ihrer Strategie. Deswegen investieren sie massiv in Forschung und Entwicklung und subventionieren ihre Hightech-Industrie mit Hunderten von Milliarden. Durch Wirtschaftsspionage und Cyber-Diebstahl verschaffen sie sich weitere ihrer Entwicklung förderliche Erkenntnisse. Auf diese Weise haben sie sich mit der Installation von knapp 50 Milliarden Gigawatt im Jahr schon an die Spitze der Solarindustrie gesetzt und ihre Internet-Giganten Baidu, Alibaba und Tencent – ursprünglich chinesische Kopien von Google, Amazon und Facebook – herangezüchtet. Dabei wurden immer wieder die WTO-Regeln verletzt, ohne dass dies negative Folgen für China gehabt hätte. Die beschleunigte Digitalisierung aller finanziellen Vorgänge und gesellschaftlichen Beziehungen verschafft dem Staat nun riesige Mengen personalisierter Daten und damit auch beispiellose Möglichkeiten, seine Bürger unter ständiger und lückenloser Kontrolle zu halten: Big Brother trifft Big Data. Dies perfektioniert und sichert die Herrschaft des Regimes. Sigmar Gabriel traf den Nagel auf den Kopf, als er sagte: «Die digitale Revolution erlaubt es autoritären Regimes, noch autoritärer zu werden.»

«So wie Amerika an Anwälte glaubt, glaubt China an Ingenieure», sagt Pedro Domingo, dessen Buch *The Master Algorithm*, ein Standardwerk über Künstliche Intelligenz, im Bücherregal hinter Xi Jinpings Schreibtisch im Regal steht. «Einige von Chinas Führern sind Ingenieure. Für sie ist die Gestaltung einer Gesellschaft ein technisches Problem: Wir programmieren sie so, dass sie sich verhält, wie wir wollen.»

Ganz in diesem Sinne baut China einen Überwachungsstaat auf. Seit 2014 erprobt es ein «Sozialkreditsystem» oder «Bonitätssystem» – eine von Algorithmen gesteuerte Maschinerie, die das Verhalten aller Bürger, Unternehmen, Institutionen und Behörden überwacht, bewertet und, je nachdem, belohnt oder bestraft. In diesem «System der gesellschaftlichen Vertrauenswürdigkeit» erfasst der staatliche Datenkrake sämtliche Lebensbereiche. Als sich Bundeskanzlerin Merkel im Frühsommer 2018 über Chinas Digitalisierungs-Strategie informierte, entfuhr ihr beiläufig der Kommentar, George Orwells *1984*-Fantasien seien gegen die chinesische Realität bloß «ein laues Lüftchen». Über unsere Vorstellungen von Datenschutz können die Chinesen nur lachen. Das Kontrollmonstrum wird derzeit in 43 Gemeinden und Bezirken getestet. Der Staatsrat will es 2020 landesweit einführen. Im Niemandsland südwestlich von Peking baut sich Xi Jinping ein 300 Milliarden Dollar teures städtebauliches Denkmal – die Großstadt des 21., ja des 22. Jahrhunderts: durchdigitalisiert, mit sauberen Industrien, Supermärkten, die per Gesichtserkennung Zugang gewähren, Parkplätzen für selbstfahrende Autos und mit öffentlicher Kontrolle durch zigtausend Kameras – ein Prototyp überwachter Urbanität. Der Aufbau des chinesischen Techno-Polizeistaates mithilfe digitaler Bilderfassung, verbesserter Datenanalyse und Künstlicher Intelligenz ist nicht nur ein innerchinesischer Vorgang, er eröffnet auch eine neue Front geopolitischer Rivalität. Die Autokraten der Welt werden Chinas Orwell-Technologie begierig übernehmen, um ihre Bürger schärfer an die Kandare zu nehmen.

Im neunzehnten Jahrhundert standen die europäischen Mächte als Imperien-Bauer im Wettbewerb miteinander. Fast der ganze Weltatlas färbte sich in den verschiedenen Farben der Kolonialstaaten: rot für England, blau für Frankreich, grün für Portugal, ockerfarben für Belgien, braun für Deutschland. Sie eroberten, besetzten, unterdrückten riesige Landstriche. Dies verbietet sich heute. Die Chinesen haben jedoch eine zeitgemäße, dem Zeitalter der Globalisierung angemessene Form des Imperialismus gefunden: ökonomische Durchdringung. Es ist ein Mittelding zwischen *hard power* und *soft power*, nämlich *smart power*. Sie verlassen sich auf die Verlockung ihrer vollen Schatztruhen; deren Anziehungskraft enthebt sie der Notwendigkeit, Zwang auszuüben. Hinzu kommt, was in jüngster Zeit auch *sharp power* genannt wird: der Versuch, mit ausgefeilten Taktiken der Einflussnahme, subtilen Druckes und klandestiner Zersetzung Gewicht und Geltung zu gewinnen. Wie der *Economist* unnachahmlich britisch formulierte: Man erobert nicht mehr *foreign countries,* sondern *foreign minds*, fremde Geister statt fremde Länder.

Während der Westen sich immer verbissener nach innen wendet, bricht China mit dreitausend Jahren Geschichte und wendet sich entschieden nach außen. Wo Amerika unter Präsident Obama den *pivot to Asia* vollzog, eine geopolitische Achsendrehung in Richtung Osten, vollzieht China unter Xi Jinping einen Schwenk nach Westen. Dabei handelt er nach der Anweisung des Militärstrategen Sunzi aus dem fünften Jahrhundert: «Vermeide die Hauptmacht, dringe in die offenen Räume.» Es ist dieselbe Regel, die Yang Yuanqing, Chef des Computerherstellers Lenovo, seinem Unternehmen verordnet hat: *White attack* – «Wir greifen dort an, wo weiße Flecken sind».

Weder Amerika noch Europa weiß, wie es dem dynamischen Aufsteiger China begegnen soll. Donald Trump hat sich in Asien wie in Europa aus der amerikanischen Führungsrolle zurückgezogen und damit Leerräume geschaffen, in die China lustvoll hineinstößt. Eine seiner ersten Amtshandlungen als Präsident war es, die Transpazifische Partnerschaft (TPP) aufzukündigen, wodurch im Pazifik ein Vakuum entstand, das die übrigen elf Partner unter japanischer Führung nur mühsam ausfüllen konnten. Die Verwässerung seines transatlantischen Engagements und der Handelskrieg, den Trump auch gegen die europäischen Verbündeten vom Zaun brach, spielen China ebenfalls in die Hände. Die Europäische Union ist der chinesischen Herausforderung erst spät gewahr geworden. Sie hat bis heute keine einheitliche China-Politik. Vielmehr hat sie es zugelassen, dass Peking mit seinen Milliarden einen Keil in sie treibt. Mehrere EU-Mitglieder – allen voran Ungarn, Tschechien und Polen, aber auch Griechenland – haben nicht die Kraft aufgebracht, der dollarbewehrten autoritären Verlockung zu widerstehen.

In Wahrheit befinden wir uns nicht schon wieder in einem Kalten Krieg, wohl jedoch abermals in einem Wettbewerb der Systeme. Diesmal zählen nicht die Armeen und nicht die Atomarsenale, es zählt das Geld. Xi Jinping hat Handel und Investitionen zu Waffen gemacht. Seine Seidenstraßeninitiative schafft ihm eine Einflusssphäre vom Gelben Meer bis nach Europa und Afrika, während seine Hafenerwerbsstrategie die Handelsrouten weltweit unter chinesische Kontrolle zu bringen droht. Es ist höchste Zeit, dass die Brüsseler Gemeinschaft in aller Nüchternheit die wirtschaftlichen Chancen, die der Aufstieg Chinas bietet, abwägt gegen die allgemeinpolitischen und sicherheitspolitischen Risiken, die er heraufbeschwört. Wir dürfen die Augen nicht länger vor der chinesischen Herausforderung verschließen. Während sich Europa zerfasert, geplagt von Brexit-Ängsten, EU-Skepsis und Nationalpopulismus, verfolgt Chinas roter Kaiser mit seiner konfuzianischen Einheitspartei einen auf Jahrzehnte angelegten Plan, der sich neu herausbildenden Weltordnung ein chinesisches Gepräge zu geben.

Was kümmert es uns, wenn in China ein Sack Reis umfällt, pflegten wir früher zu sagen. Was im Reich der Mitte geschah, war für uns ohne Belang. Wenn heute in China ein Sack Reis umfällt, bebt die Erde.

Erster Teil

CHINA ERWACHT

1

Vier Jahrzehnte China im Visier

Zum ersten Mal war ich 1975 in China. Im Pressetross begleitete ich Helmut Schmidt beim allerersten Staatsbesuch eines deutschen Bundeskanzlers in der Volksrepublik. Es war noch ganz das alte China. Am Flughafen rollte die Maschine endlos aus, vorbei an Lehmziegelhäuschen, Kohlbeeten und Baumwollfeldern, aber daneben wurde schon an einem riesenhaften neuen Terminal gebaut, das 1979, zum dreißigsten Jahrestag der Volksrepublik China, eröffnet werden sollte. Bis dahin musste noch das alte, recht schäbige Empfangsgebäude herhalten. Im VIP-Saal, wo zur Begrüßung Tee gereicht wurde, prangten an der einen Stirnseite die beiden deutschen Rauschebärte Marx und Engels neben Lenin (in Zivil) und Stalin (in Marschalluniform). Die gegenüberliegende Wand schmückten Gemälde Mao Zedongs und Hua Guofengs, beide gleich groß, gleich rosig und rundlich. Im Foyer staubte eine beflissene Seele das überlebensgroße Mao-Standbild ab.

Die Fahrt in die Stadt führte durch ein Spalier von Weiden und Akazien, vorbei an Äckern, Lehmhütten und Teichen. Rostige Laster, vollgepackt mit Gemüse oder mit Menschen, die so dicht aneinandergedrängt standen, dass auch in den Kurven niemand umfallen konnte, tuckerten mit sechzig Kilometern pro Stunde in Richtung Hauptstadt. Pferdekarren, Lastrikschas, Bauersfrauen mit wippenden Nachtkübeln an ihren Tragestangen zogen am Straßenrand dahin, ununterbrochen angehupt von den Truckern. Zur Stadt hin verdichteten sich die Schwärme von Radfahrern. Dann tauchte der markante Turm der sechshundert Jahre alten Sternwarte auf, deren Instrumentarium der flämische Jesuit Ferdinand Verbiest im siebzehnten Jahrhundert modernisiert hatte (nach dem Boxeraufstand waren Teile nach Berlin gebracht und erst 1921 nach Peking zurückgeschafft worden). Wir bogen ein in die Prachtstraße Chang'an («Ewiger Frieden»), hinter deren Nobelfassaden sich noch die engen Gängeviertel mit ihren *hutongs* hinzogen, ein gepflasterter, grau ummauerter Hof neben dem anderen. Doch war bereits abzusehen, dass die Stadtplaner sie nicht lange würden stehen lassen; schon wuchs um die Altstadt ein Ring von Hochhäusern empor, der ihren baldigen Abriss ankündigte.

Peking hatte zu jener Zeit noch keine 23 Millionen Einwohner, es war eine eher ländliche Siebenmillionenstadt. Das typische Bild: Fahrräder wie Heuschreckenschwärme, kaum Autoverkehr; frühmorgens wurde man vom Geklingel Zigtausender von Radlern aus dem Schlaf gerissen. Berge von Chinakohl türmten sich auf den Gehwegen; die Läden waren höchst spärlich bestückt. Die Menschen trugen alle die blaue oder graue Mao-Einheitskluft, die Offiziere Uniformen ohne Rangabzeichen, von den Gemeinen nur dadurch zu unterscheiden, dass sie vier Taschen am Rock hatten statt zwei. Die Leute auf der Straße wirkten angespannt, niedergedrückt, unfrei. Riesige Propagandaplakate mit Mao-Sprüchen prangten an den Straßen und Häuserwänden. In den Volkskommunen hieß es: «Lieber sozialistisches Unkraut als kapitalistisches Korn.»

Die Volksrepublik nach der Kulturrevolution

Damals lebte Mao Zedong noch. Die Kulturrevolution, die das Reich der Mitte fast ein Jahrzehnt lang erschüttert hatte und in der an die zwei Millionen Menschen dem Mob-Terror der Roten Garden zum Opfer fielen, verebbte langsam, doch die Viererbande um Maos Frau Jiang Qing hatte immer noch großen Einfluss. Jegliche Entspannungs- und Gleichgewichtspolitik bezeichnete sie als «Vogel-Strauß-Politik». Der «Große Steuermann» selbst versuchte Bundeskanzler Schmidt einzureden, die Sowjets würden China eines Tages mit einem Atomkrieg überziehen. Nach seiner Begegnung mit Mao gehörte ich zu einer kleinen Gruppe, der er abends in der Botschaft darüber berichtete.

Mao, zweiundachtzig Jahre alt, war schon höchst hinfällig. Apoplektischer Insult, altersbedingte Zerebralsklerose, möglicherweise Parkinson, diagnostizierte Schmidts Leibarzt, als er die Schilderung des Kanzlers vernahm. Das war keine üble Ferndiagnose; heute wissen wir, dass es Amyotrophische Lateralsklerose war, ALS. Mao zeigte alle Anzeichen dieser seltenen Krankheit: Sein Mund stand offen, die Kinnlade hing herunter; wenn er sich setzen oder erheben wollte, musste er sich helfen lassen. Viel Stimme hatte er nicht mehr, nur mühevoll krächzend konnte er sprechen. Dies zwang ihn zu gedanklicher und sprachlicher Ökonomie. Drei Frauen, die zugegen waren, seine Nichte, die stellvertretende Außenministerin und seine Dolmetscherin, lasen ihm die Worte von den Lippen ab und vergewisserten sich dann bei ihm, ob sie ihn richtig verstanden hätten. Bestanden Unklarheiten, schrieb Mao mit weichem Bleistift auf einen Zettel, was er gemeint hatte. Ein Hustenanfall setzte der Unterhaltung nach hundert Minuten ein Ende. Im kleinen Kreis erzählte Helmut Schmidt hinterher, Maos Gabe, die Dinge auf die großen Linien zu reduzieren, habe ihn an de Gaulle erinnert. Ein paar Wochen später, im persönlichen Gespräch, fiel sein Urteil schärfer aus: «Mao war klug, aber Vernunft war seine Stärke nicht.»

Eine halbe Stunde lang hatten sie sich im philosophischen Disput über Kant, Haeckel und Clausewitz unterhalten. Zuweilen scherzte Mao. «Man hört nicht auf mich», klagte er. Schmidt zitierte zum Trost das deutsche Sprichwort «Steter Tropfen höhlt den Stein». Darauf Mao, leicht anzüglich: «Ich habe selbst nicht mehr genug Wasser. Aber vielleicht kann ja der Kanzler seines dazugeben ...». Dann ging es um Weltpolitik. Die Amerikaner verzettelten ihre Kräfte, indem sie versuchten, an zu vielen Stellen auf einmal anwesend zu sein, dozierte Mao: «Das ist so, als ob man mit zehn Fingern zehn Flöhe fangen will.» Die Russen jedoch? Sie seien keine Leninisten mehr. Sie besäßen zu viele Atombomben, das korrumpiere. Eines Tages werde die Versuchung übermächtig, sie auch einzusetzen. An China würden sich die Sowjets jedoch die Zähne ausbeißen. «Hören Sie auf mich», insistierte Mao: «Es wird Krieg mit der Sowjetunion geben. Ihre Abschreckungsstrategie ist nur hypothetisch ... Idealismus ist nichts Gutes.» Vergeblich widersprach ihm der Kanzler.

Der Vizepremier Deng Xiaoping, während der Kulturrevolution

aufs Land verbannt und eben erst aus dem Schweinekoben freige-
lassen, spitzte diese Analyse im Blick auf Deutschland noch zu. Zu
seinem Gespräch mit ihm nahm mich Schmidt, dem ich fünf Jahre
zuvor den Planungsstab im Verteidigungsministerium aufgebaut
hatte, in seiner Delegation mit. Ich notierte mir: «Es muss eines Tages
in Europa zum Krieg kommen.» Schmidt entgegnete, niemand brauche die Europäer über die Gefährlichkeit der Sowjets zu belehren, sie
hätten schließlich Deutschland geteilt. Die Verteidigungsfähigkeit und
der Verteidigungswille der NATO seien intakt. Er glaube nicht, dass
die Kremlführer einen Krieg vom Zaun brechen wollten, es müssten
denn Verrückte sein. Im Übrigen wisse er, dass die Sowjets ihrerseits
Angst vor einem chinesischen Angriff hätten. Mao und Deng blieben
freilich bei ihrer Ansicht. Es galt die Devise: «Tiefe Tunnel graben,
überall Getreidevorräte anlegen, niemals nach Hegemonie trachten.»

Ich machte – wie Max Frisch – damals die ganze Wirbelwindtour
des Bundeskanzlers mit, die uns auch nach Nanjing und Urumqi
führte. Zum ersten Mal der Kaiserpalast, die Verbotene Stadt, die
Große Mauer – Denkmäler der alten Zeit. Dann in Loki Schmidts
Damenprogramm die Musterkommune Roter Stern, wo der Weizen
des höheren Ertrags wegen von Hand gesetzt wurde, nicht gesät, und
wo die Mastenten, eingeklemmt zwischen die Beine einer stämmigen
Bauernmagd, für die zu Recht berühmte Peking Duck maschinell
genudelt wurden: 400 Gramm Kraftfutter bekamen sie binnen drei
Sekunden durch einen Schlauch in den Schlund geschossen – Ausweis
dafür, dass angeblich niemand mehr zu hungern brauchte, jedenfalls
die Funktionäre nicht. Nicht zu umgehen war die Besichtigung der
fast sieben Kilometer langen, erst 1968 fertiggestellten Brücke über
den Jangtse in Nanjing als Denkmal der neuen Zeit (nahebei hatte
Mao im Sommer 1966 den Fluss durchschwommen, Mutprobe und
Kraftbeweis zugleich). Die naturalistische Agitationsoper «Der Azale-
enberg» in Peking und der vaterländisch eingefärbte Heimatabend im
fernen Urumqi («Wacht am Pamir» und «Preis dem Vorsitzenden
Mao») erlebten wir als Zeugnisse einer raffiniert-perfekten Propagan-
dakunst.

In den vier Jahren nach diesem ersten Besuch war ich mehrere
Male in China. Einmal besichtigte ich die erst 1974 entdeckte Terra-
kotta-Armee, die seit zwei Jahrtausenden das Grab des Kaisers Qin

Shi Huang-di bewachte. Bauern, die einen Brunnen bohren wollten, um ihre Granatäpfel- und Persimonenbäume zu wässern, waren zufällig auf sie gestoßen. Noch gab es kein Dach über dem Ausgrabungsort, geschweige denn ein Museum; noch steckten die wenigen bis dahin ausgegrabenen Tonsoldaten bis zu den Knien im Lehm; und noch war die volle Stärke der Wachdivision – 8000 Mann, 520 Pferde und 130 Kampfwagen – unter dem Weizenfeld kaum zu ahnen. Bei anderer Gelegenheit besuchte ich das chinesische Atomforschungszentrum in Lanzhou, inspizierte die 196. Infanteriedivision bei Tianjin und bewunderte die Wandmalereien in den Grotten von Dunhuang. Dreimal hatte ich im Laufe weniger Jahre das Glück, an mehrstündigen Gesprächen mit Deng Xiaoping teilzunehmen, der – nach einer neuerlichen Verbannung – 1977 endgültig das Ruder übernahm und im Dezember 1978 die Öffnung zur Welt und die Transformation der kommunistischen Kommandowirtschaft in eine kapitalistische Marktwirtschaft in Gang setzte. Ministerpräsident Zhou Enlai hatte schon drei Jahre zuvor die Ziele der «Vier Modernisierungen» gesetzt – der Landwirtschaft, der Industrie, der Wissenschaft und Technik und der Landesverteidigung. Sie sollten China bis zum Ende des Jahrhunderts zu einem «modernen und starken sozialistischen Land» machen und es wirtschaftlich «in die Spitzengruppe der Welt» einrücken lassen. Damals war die Viererbande Zhou in den Arm gefallen. Doch nun hatten sein Nachlassverwalter Deng Xiaoping und dessen Nachfolger Jiang Zemin freie Hand.

Das unterschätzte Reich

Der Zufall wollte es, dass mich unser Botschafter Erwin Wickert, der Vater des früheren Tagesthemen-Moderators Ulrich Wickert, ausgerechnet im Oktober des Scharnierjahres 1978 mit neun deutschen Kollegen zu einer fünfzehntägigen Reise durch China einlud. Sie führte uns bis in die Taklamakan-Wüste, wo wir als erste Ausländer nach langen Jahren wieder in die Buddha-Höhlen von Dunhuang durften. Wohin wir auch kamen, überall war zu spüren, dass der politische Wind sich drehte.

**Besuch im Reich der Mitte: Theo Sommer wird im September 1984
von Deng Xiaoping begrüßt.**

Damals habe ich mich erkühnt, ein Buch über das erwachende
China, *Die chinesische Karte*, zu schreiben. Darin machte ich, wie viele
andere auch, einen gewaltigen Fehler. Ich sah wohl, dass die Entwicklung des Landes eine neue Richtung nahm, aber ich traute meinem
Urteil nicht so recht. «Ob die Öffnung zur Welt, das Abenteuer der
Modernisierung, der zaghafte Ansatz zur Liberalisierung von Dauer
sein werden», schrieb ich, «oder ob sich, was wie eine historische
Wende wirkt, bald wieder als bloße taktische Wendung entpuppt –
ich wage es nicht zu sagen. Mir scheint, der Wille zum grundsätzlichen Wandel ist diesmal stärker als je zuvor. Garantien gibt es dafür
indes nicht.»

Ich berichtete seinerzeit auch über die verblüffenden Zukunftsvorstellungen des chinesischen Reporters Yen Jiachi, veröffentlicht
unter dem Titel «Religion, Vernunft, Praxis» in der *Guangming Ribao*
vom 4. September 1978. Es war einerseits eine scharfe Verdammung
der Viererbanden-Ideologie und indirekt auch eine Kritik an der Politik des 1976 verstorbenen Mao Zedong («Wie konnte der Sozialismus

Journalistenpass für Ausländer: Theo Sommer konnte mit diesem Presseausweis im Herbst 1975 im Tross von Bundeskanzler Schmidt fünf Tage lang in die noch weitgehend verschlossene Volksrepublik reisen.

zu solch finsteren mittelalterlichen Ketzergerichten führen?»), andererseits ein Loblied auf den neuen Pragmatismus, wie er in Deng Xiaopings Leitspruch zum Ausdruck kam: «Egal, ob eine Katze schwarz ist oder weiß; Hauptsache, sie fängt Mäuse.» Zugleich jedoch ließen sich an dem Artikel die heimlichen Sehnsüchte der jahrzehntelang von Krieg und Bürgerkrieg gebeutelten, von brutalen Ideologen und dem sprunghaften Mao kujonierten Chinesen ablesen.

Auf einer Zeitreise in die Vergangenheit und Zukunft fliegt der Reporter Yen zuerst in das Rom des Jahres 1633 und beobachtet dort den Ketzerprozess gegen Galileo Galilei – die Analogie zielt auf die Viererbande, deren Wissenschaftsfeindlichkeit jener der katholischen Kirche zu Galileis Zeit nicht nachstand. Dann besteigt er ein Flugzeug nach Fu-er-na, dem Städtchen Ferney an der französisch-schweizerischen Grenze; dort langt er 1755 an, wird von Diderot abgeholt und nimmt in einer Rokoko-Halle – *lo-ko-ko* auf Chinesisch – an vielen philosophischen Disputationen zwischen Voltaire und Montesquieu teil; Voltaire predigt ihm die Religion der Vernunft, Montesquieu den Geist der Gesetze und den Sinn der Gewaltenteilung. Danach jedoch fliegt er in 42 Stunden aus dem Ferney des Jahres 1755 in das Peking des ausgehenden zwanzigsten Jahrhunderts. Seine Reiselektüre ist der *Anti-Dühring* von Friedrich Engels, der den Übergang «von der Herrschaft über Menschen zur Verwaltung der Dinge» als Ziel des Kommunismus definiert. Am 4. Mai 1994 trifft Yen wieder in Peking ein. Und so beschreibt er seine Eindrücke und Erlebnisse:

«Der Flughafen war neben dem Lung-tan-See. Die Stadt sah ganz anders aus als bei meiner Abreise. Alles war schön. Die Jugendorganisationen in Peking veranstalteten einen Ruderwettkampf, dem viel lärmendes Volk zusah. Mir fiel auf, wie die Leute angezogen waren: ganz anders als in den Siebzigerjahren. Die Kleidung war nicht einheitlich; es gab vielerlei Schnitte und Farben. Vor allem die Frauen und Kinder zeigten sich sehr bunt. Auf einer Seite sah ich einen 350 Meter hohen Turm, an dessen Seite ein Fahrstuhl sich nach oben bewegte. Das Gebäude enthielt Restaurants, Läden und eine Wetterstation. Es war ein Fernsehturm. Ich fuhr hinauf und betrachtete Peking. Peking! Wie verändert du warst! Die Kaiserstadt schien in einem tiefen Tal zu liegen, denn sie war auf allen Seiten von zwanzig- bis vierziggeschossigen Gebäuden umgeben, zwischen ihnen grüne Parks. Es war wunderschön. Mir fiel jedoch ein, dass ich Arbeit zu tun hatte, deshalb fuhr ich wieder hinab und stieg draußen auf den automatisch funktionierenden rollenden Gehweg...». Im Peking von 1994, so erfährt er, ist der Wohnraum pro Person auf 10 Quadratmeter gestiegen. Es gibt eine Untergrundstadt; Rolltreppen führen zu den in 60 Meter Tiefe gelegenen unterirdischen Straßen.

Auch die ideologische Lektion fehlt nicht. Ein Richter erklärt dem Reporter aus dem Jahr 1978: «Wir klammern uns nicht mehr an einzelne Sätze.» Und das chinesische Sprichwort vermittelt ihm die Erkenntnis: «Es ist schwerer, den Leuten das Maul zu stopfen, als einen Fluss zum Halten zu bringen.» Früher hieß es: «Im Büro sagt man nichts; auf der Straße mag man einen Witz machen; zu Hause spricht man die Wahrheit.» Das habe sich geändert.

Hier wurde sichtbar: Zur Zukunftsvorstellung der Chinesen – einiger Chinesen zumindest – gehörte auch eine gehörige Portion Freiheit. Wie viel Freiheit – ich wagte es nicht zu sagen. «Wo in dem

Vexierbild der Zukunft das Reich der Freiheit durchschimmert», war mein Resümee, «da mögen Geschichte, Gewöhnung, Veranlagung am Ende doch stärker sein als alle Sehnsucht nach Befreiung.» Wie ich überhaupt dem gewaltigen Modernisierungsprogramm Dengs Glück und Gelingen wünschte, aber skeptisch blieb, was die Verwirklichung anging.

Meine Skepsis galt in erster Linie den Möglichkeiten der wirtschaftlichen Entwicklung. Wenn man die Planziffern bis zur Jahrtausendwende hochrechnete, so ergab sich, dass China bis dahin in der Landwirtschaft ungefähr den Mechanisierungsgrad der Vereinigten Staaten im Jahre 1940 erreichen werde. Das Pro-Kopf-Einkommen würde bis 2000 nach dieser Rechnung von damals 350 auf höchstens 1000 Dollar ansteigen, was achtmal niedriger wäre als das westdeutsche Pro-Kopf-Einkommen 1978 und dem damaligen Niveau Mexikos und Brasiliens entsprach. Die Fakten schienen gegen die Vision zu sprechen. Die Exportfähigkeit des Landes, schrieb ich weiter, sei begrenzt. Es habe kaum genug Techniker und Facharbeiter, um die ausländische Technologie im gewünschten Umfang zu absorbieren; so werde es wohl ein Exporteur von Seide, Borsten und Nippes bleiben.

Mein Besuch im Atomforschungszentrum in Lanzhou ließ mich auch an der Leistungsfähigkeit der chinesischen Wissenschaft zweifeln. Wohl wusste ich, dass die Regierung nach 1949 die Forschungsgebiete Kernenergie, Halbleitertechnik, Computertechnik, Elektronik und Automatisierung vorangetrieben hatte; dass die Chinesen 1964 ihre erste Atombombe gezündet und drei Jahre später die erste Wasserstoffbombe getestet hatten; dass sie 1967 ihre erste ballistische Rakete erfolgreich testeten; dass sie 1970 schon den ersten von inzwischen etwa 190 Satelliten in eine Erdumlaufbahn schossen; auch dass chinesische Physik-Genies beim Deutschen Elektronen-Synchroton (Desy) in Hamburg, im Fermi-Labor in Chicago, bei CERN in Genf und in britischen wie japanischen Labors wertvolle Beiträge leisteten. Doch der Zustand des Kernphysik-Instituts in Lanzhou weckte Zweifel. Die Ausstattung war dürftig und alt. Ein französischer Kleincomputer war Gegenstand des Stolzes und Brennpunkt künftiger Hoffnungen. Das Labor wirkte wie ein altmodischer Handwerksbetrieb. Der Hof zwischen den Gebäuden: schmutzig, unaufgeräumt, voller Pfützen, ein Gewirr von rostigem Stahl. Bei den Mitarbeitern keiner

unter 35; auch beim wissenschaftlichen Nachwuchs hatte die Kulturrevolution sichtbar eine große Lücke geschlagen. Der Plan, bis 1985
ein Forschungspersonal von 800 000 Wissenschaftlern und Techni-
kern heranzuziehen, erschien da reichlich vermessen. «Es fehlt die
volkswirtschaftliche Infrastruktur», schrieb ich, «es fehlt die Zeit zur
Umgewöhnung eines Bauernvolkes an das Industriezeitalter, auch
fehlt der Bildungsunterbau. Und woher denn sollen all die Präzisions-
werkzeugmaschinen kommen, die hochgezüchtete Elektronik, das
Computer-Knowhow, die Heerscharen von Ingenieuren, Werkmeis-
tern, Programmierern?»

In dieser Hinsicht lag ich genauso schief wie in der Einschätzung
der wirtschaftlichen Entwicklungsmöglichkeiten des Landes. Auf
jeden Fall, meinte ich, sei es noch weit hin bis zur Verwirklichung der
Schreckensvorstellung des *Economist,* dass ein Volk von einer Milliarde Chinesen bei Zugrundelegung japanischer Pro-Kopf-Einkommen
ein jährliches Bruttosozialprodukt von 10 000 Milliarden Mark erwirtschaftet und davon 4 Prozent exportiert.

Ich bekenne: Wie so viele andere habe ich mich da gründlich
getäuscht. Und es ist mir kein Trost, dass der gefeierte schwedische
Soziologe Gunnar Myrdal derselben Täuschung unterlag. In seinem
1968 erschienenen, 2200 Seiten starken Werk *Asian Drama* sah er wenig Hoffnung für Asien, was er unter anderem damit begründete, dass
«die Epoche rasch wachsender Exportmärkte zu Ende ist» *(the epoch of
rapidly growing export markets has come to an end).* Heute hat China ein
Bruttoinlandsprodukt von 11,2 Billionen – 11 200 Milliarden – Euro,
wovon es 40 Prozent exportiert. Das Land ist inzwischen die größte
Handelsmacht der Erde und eine Supermacht des Geldes. Bald schon
wird es wieder die größte Volkswirtschaft der Welt sein.

Alles begann vor vier Jahrzehnten in Shenzen, einem Fischerdorf
von 20 000 Einwohnern an der Grenze zur britischen Kronkolonie
Hongkong. Der Reformpatriarch Deng Xiaoping erhob es 1980 zum
Labor der Volksrepublik, als er dort die erste von vier Sonderwirtschaftszonen des Landes einrichtete. Heute leben und arbeiten in
Shenzen fast doppelt so viele Menschen wie in der Siebenmillionen-
Stadt Hongkong. 1990 wurde der Schanghaier Stadtteil Pudong zur
zweiten Sonderwirtschaftszone erklärt. Auch er hat seitdem einen
phänomenalen Aufstieg genommen.

Das chinesischer Jahrhundert beginnt

Binnen vier Jahrzehnten ist China ein völlig anderes Land geworden als jenes, das ich in den 1970ern kennengelernt hatte. Der Rückstand der Landwirtschaft fiel damals besonders auf. Die Bauern beackerten den Boden noch ganz nach Urväter Art. Auf dem Land waren nur wenige Traktoren zu sehen, dafür an Zugtieren Hunderte von Ochsen, Eseln, Pferden, Kamelen und Wasserbüffeln. Überall wurde mit Sicheln geerntet. Was an Wasserbauten errichtet wurde, Deiche, Dämme, Kanäle und Bewässerungssysteme, entstand so gut wie ohne moderne Maschinen. Hacken, Schaufeln und Korbtragestangen waren die wichtigsten Hilfsmittel, Menschen ersetzten die Motoren.

Heute sieht alles ganz anders aus. Fahrräder bekommt man nur noch selten zu sehen, höchstens Elektroräder; dafür stauen sich in den Städten die Automobile. Die Menschen sind bunt gekleidet und frönen der westlichen Mode (mit der sie uns ja auch billigst versorgen). Nicht länger wirken sie trist. In den Städten tanzen, turnen und singen sie nachts auf den großen Plätzen. Die Chinesen sind ein ausgelassenes Volk geworden. Wenn man mit ihnen redet, tragen sie keine Einheitsmeinung mehr vor, die Diskussion ist unbekümmert, frisch und offen. Ich bekam bei vielen Begegnungen eine Ahnung davon, dass im privaten Bereich, aber auch in der akademischen Welt und sogar innerhalb der Partei und zwischen Parteimitgliedern kontrovers diskutiert wird. Die meisten Chinesen aber kümmern sich überhaupt nicht um die Partei, sondern richten sich unbesorgt in dem System ein (siehe das Kapitel «Und die Menschenrechte?»).

Als ich vor vierzig Jahren das erste Mal die Volksrepublik besuchte, war Pudong – der Kern des modernen Schanghai am Ostufer des Huangpu – großenteils noch ein moskitoverseuchter Sumpf mit vielen Ententeichen. Heute ist es Chinas Finanzdistrikt, der mit seinen Wolkenkratzern unweigerlich an Manhattan erinnert. Das 492 Meter hohe Shanghai World Financial Center, im Volksmund seiner Form wegen der «Flaschenöffner» genannt, war lange der dritthöchste Wolkenkratzer der Welt, der 632 Meter hohe Shanghai Tower der zweithöchste und der höchste Chinas. Ähnliche «Manhattans» sind in allen größeren Städten entstanden. Allein in Shenzen ragen 120 Wolkenkratzer von

Shenzhen im Jahr 2011: Bis 1979 lag hier, nördlich von Hongkong, ein Fischerstädtchen mit rund 30 000 Einwohnern. 1979 wurde das Gebiet als erste Sonderwirtschaftszone Chinas zur neuen Stadt Shenzhen («tiefe Entwässerungsgräben») erklärt. Heute ist es eine florierende 13-Millionen-Metropole.

über 150 Metern Höhe in den Himmel. Architektonisch weniger eindrucksvoll sind die Nullachtfünfzehn-Hochhaus-Wälder, die in den charakterlosen Metropolen emporgeschossen sind, selbst in den Oasen der Taklamakan und der Gobi. Fast zur Hälfte sind sie nicht fertiggebaut oder stehen leer – ein besorgniserregendes Anzeichen für eine möglicherweise heraufdräuende Immobilien-Blase. Nicht ohne Grund betonte Staats- und Parteichef Xi Jinping auf dem 19. Parteitag, Häuser sollten «zum Wohnen, nicht zum Spekulieren» dienen.

Das China, das ich in den Siebzigerjahren des vergangenen Jahrhunderts kennenlernte, gibt es nicht mehr. Es war alt, arm und armselig, auf dem Lande der Steinzeit näher als der Neuzeit. Nur ein knappes Fünftel der Bevölkerung lebte in Städten, heute ist es schon über die Hälfte. Inzwischen gibt es modernste Flughäfen, 25 000 Kilometer Hochgeschwindigkeits-Bahnstrecken, ein dichtes Autobahnnetz und riesige Containerhäfen, massenhaft Millionäre und Wolkenkratzer.

Schanghai ist seit über einem Jahrzehnt der größte Warenumschlagplatz der Welt. Die Autobahn von Schanghai bis zur kirgisischen Grenze kann uns Deutsche nur vor Neid erblassen lassen. Sie ist weithin achtspurig in jeder Richtung und auf den öden Strecken zwischen den Großstädten opulent vierspurig. Selbst mit der Lupe lässt sich kaum ein Schlagloch erkennen. Und mit archaisch anmutenden Strauchbesen wird Kilometer für Kilometer der blumen- und heckenbestandenen Autobahn von «Optickern», wie man in Hamburg die Leute nennt, die Abfall und Unrat von den Straßenrändern aufpieksen, sauber gehalten. An den Autobahnraststätten mit ihrem reichhaltigen Angebot leckerer Speisen einschließlich frisch handgedrehter Nudeln (und sogar an den Toiletten!) dürften wir uns gern ein Beispiel nehmen.

China begann seine Reformen 1978 unter dem längst legendären Deng Xiaoping. Indien folgte erst dreizehn Jahre später unter seinem damaligen Finanzminister Manmohan Singh. Bis heute hinkt es China weit hinterher. Als jemand, der in den letzten zweieinhalb Jahrzehnten viel in beiden Ländern unterwegs war, kann ich mit meiner Meinung nicht hinterm Berg halten, dass sich die Chinesen sehr viel besser darauf verstehen, ihr Land zu modernisieren, als die Inder. Deren Rundumreformen bleiben immer wieder im Ansatz stecken. Das gilt für Flughäfen und Häfen, für die Eisenbahnstrecken und die Autobahnen. Wohl gibt es Fortschritte, aber nur quälend langsam und punktuell. Eindeutig hat Indien einen Freiheitsvorsprung vor China, doch China hat definitiv einen Wohlstandsvorsprung vor Indien. Welches der beiden Milliardenvölker am Ende das Rennen machen wird, sowohl im Hinblick auf Freiheit als auch im Hinblick auf Wohlstand, und welches nationale Selbstverwirklichung am ehesten mit friedvoller Selbstbescheidung zu verbinden weiß – das ist eine der spannendsten Fragen des einundzwanzigsten Jahrhunderts.

Ich tippe auf China. Seine Führung hat den Ehrgeiz, Nummer eins zu werden. Sie hat auch den brutalen Durchsetzungswillen, die finanziellen und technischen Mittel – und den Zuspruch des Volkes, das in seiner allergrößten Mehrheit den Fortschritt hin zu Wohlstand und Weltgeltung aus vollem Herzen billigt. Nicht nur Indien wird sich der Herausforderung stellen müssen. Auch Europa und Amerika müssen sich Gedanken darüber machen, wie sie sich in dem heraufdämmernden chinesischen Jahrhundert behaupten können.

2

Und die Menschenrechte?

Im Jahre 1976 schrieb ich über die Chinesen in der *ZEIT*: «Sie wollen die Technik des Westens, nicht seinen freien Geist.» In den vier Jahrzehnten, die seitdem vergangen sind, hat sich daran nichts geändert. Das Thema Menschenrechte ist bis heute unverändert akut und heikel geblieben.

Ende der 1970er-Jahre hatte ich einmal Schwierigkeiten, ein Visum zu bekommen. Ein Absatz aus einem meiner Leitartikel in der *ZEIT* hatte großen Unmut erregt: «Am Maßstab der Menschenrechte gemessen, ist China ein gigantischer Archipel Gulag. Umerziehung, Demütigung als Methode, Gleichschaltung so raffiniert wie möglich – die Sowjetunion wirkt daneben fast liberal.»

Das System duldet keine Abweichler

Meine Meinung war nicht unbegründet. Nach einem Mao Zedong zugeschriebenen Wort aus dem Jahr 1956 waren in den ersten sechs Jahren seiner Herrschaft «zwei bis drei Millionen Konterrevolutionäre hingerichtet, ins Gefängnis gesperrt oder unter Aufsicht gestellt» worden; Zhou Enlai bezifferte die Zahl der Hinrichtungen bis 1954 mit 830 000. Der «Große Sprung» kostete 1957 45 Millionen Menschen das Leben, von denen 2,5 Millionen ermordet wurden; der Rest verhungerte. Der Kulturrevolution fielen weitere anderthalb Millionen zum Opfer. Willkürliche Verhaftungen, lange Untersuchungshaft, kleinliche Schikanen, durch Folter erzwungene Geständnisse, Gehirnwäsche und eingeschränkte Verteidigungsmöglichkeiten waren lange Zeit gang und gäbe. Mittlerweile gewährt das seither kodifizierte Recht ein Minimum an sozialistischer Gesetzlichkeit. Wo Bürger ihre Eigentumsrechte verletzt sehen, gibt es Gerichtsinstanzen, die ihnen zu ihrem Recht verhelfen können. Doch nicht nur in Tibet, auch in Xinjiang gelten brutalere Maßstäbe.

Auf dem Dach der Welt hält eine starke chinesische Militär- und Polizeipräsenz die Einheimischen unter Kontrolle. Identitäre Regungen der Tibeter werden schonungslos unterdrückt. Der Dalai Lama darf nicht erwähnt werden. Menschenrechtler beklagen die fehlende Religions- und Pressefreiheit und außergerichtliche Hinrichtungen, desgleichen die zielbewusste Sinisierung der Himalaya-Provinz.

In der Seidenstraßen-Provinz Xinjiang mit ihren 23 Millionen Einwohnern ist derweil ein digitaler Überwachungs- und Unterdrückungsstaat entstanden, der die elf Millionen Uiguren ihrer Freiheiten beraubt. Der chinesische Bevölkerungsanteil – 3 Prozent im Jahre 1950 – ist mittlerweile auf 41 Prozent gestiegen, der uigurische sank von 75 auf 45 Prozent. Eine Kultur wird ausgelöscht. Die Muslime, wird ein hoher Pateifunktionär zitiert, sollen «tiefgreifend zu einer gesunden Herzenseinstellung reformiert» werden. Die Behörden überwachen die religiösen Führer des uigurischen Turk-Volkes, aber auch die der kirgisischen und kasachischen Minderheiten, kontrollieren die Nicht-Chinesen an unzähligen Polizeiposten, bespitzeln sie durch Hausbesuche und Einquartierung von Han-Chinesen in ihren Wohnungen. Die Informationen über ihr Alltagsverhalten, ihre religiösen Praktiken, ihre Auslandskontakte und Reisen werden in einer hochmodernen Datenbank festgehalten. Im Kampf gegen die drei «bösen Kräfte» – uigurischer Separatismus, religiöser Extremismus und Terrorismus – kennt Peking keine Grenze (dies darf man buchstäblich nehmen, denn auch den anderthalb Millionen Uiguren, die im Ausland leben, wird nachspioniert und gedroht).

Die drakonischen Maßnahmen gegen Muslime gehen jedenfalls weit über alles hinaus, was zur Abwehr separatistischer Tendenzen und terroristischer Anschläge («Krebsgeschwüre entfernen» in der Sprache der chinesischen Obrigkeit) nötig wäre. Hunderttausende von Uiguren – bis zu 800 000 oder gar eine Million nach Einschätzung westlicher Beobachter – werden monatelang, manche über ein Jahr lang, in Hunderten von Umerziehungslagern eingesperrt. Dort müssen sie endlos Propaganda-Videos anschauen, ideologische Schulungen über sich ergehen lassen und die Nationalhymne singen; sie werden bedrängt, muslimische Alltagsgewohnheiten abzulegen und Chinesisch zu pauken; die ausgiebige Lektüre von Konfuzius ist noch das Harmloseste, was man ihnen zumutet. Sie «studieren», beschönigt das Regime die Gehirnwäsche. Der *Economist* nannte Xinjiang in einem ausführlichen Bericht – «Apartheid with Chinese characteristics» – rundheraus einen Polizeistaat. Das Regime bestritt zunächst alles, doch gibt es Satellitenaufnahmen und Zeugenaussagen, die derlei Dementis den Boden der Glaubwürdigkeit entziehen. Ein UN-Gremium befand, China habe Xinjiang «in ein massives Internierungslager verwandelt». Es ist das Werk des Parteisekretärs Chen Quangguo, der zuvor schon Tibet mit drakonischen Maßnahmen auf Parteilinie gebracht hatte. Xi Jinping schickte ihn mit dem gleichen Auftrag nach Xinjiang. Chen überzog die Provinz mit Sicherheitsabsperrungen, Überwachungskameras und einem Netzwerk von mehr als 60 000 Spitzeln, setzte Imame ab ließ Moscheen abreißen. Eine erste, noch verschwommene Verordnung zur «Entradikalisierung» der muslimischen Minderheiten erließ er im März 2017. Im Herbst 2018 wurde ein Gesetz verabschiedet, das die Existenz der lange geleugneten Umerziehungslager zur Abwehr gegen «religiösen Extremismus» einräumte und rechtfertigte. Die Legalisierung macht sie freilich nicht weniger unmenschlich.

Auch im übrigen China liegt weiterhin vieles im Argen. Noch im Zuge von Xi Jinpings Anti-Korruptions-Kampagne wurden massenhaft Beschuldigte nicht den ordentlichen Gerichten übergeben, sondern von Parteiinstanzen interniert, verhört und abgeurteilt.

Sind dies nur bedauerliche Exzesse des Systems oder wurzeln solche Vorgänge in dessen ganz normalem Funktionieren und in seinem urchinesischen Unterfutter? Menschenrechte – «eine scheinheilige Farce», donnerte vor vier Jahrzehnten die *Peking Rundschau*, «ein bürgerliches Schlagwort». Auf eine Diskussion ließen sich Gesprächspartner nicht ein. «Jeder hat da seine eigene Interpretation», bemerkte Deng kühl in einem Gespräch mit Helmut Schmidt, an dem ich teilnahm. «Das System duldet keine Abweichler», schrieb ich 1979. «Es ist

Konfuzius und die vollkommene Ordnung

«Zur Zeit, als der große Weg herrschte, war die Welt gemeinsamer Besitz. Man wählte die Tüchtigsten und Fähigsten zu Führern; man sprach die Wahrheit und pflegte die Eintracht. Darum liebten die Menschen nicht nur ihre eigenen Eltern und versorgten nicht nur ihre eigenen Kinder. Die Alten konnten in Ruhe ihrem Ende entgegensehen; die kräftigen Männer hatten ihre Arbeit; die Witwer und Witwen, die Waisen und Kinderlosen und die Kranken hatten alle ihre Pflege; die Männer hatten ihre Stellung und die Frauen ihr Heim. Die Güter wollte man nicht ungenützt verloren gehen lassen; aber man suchte sie nicht unter allen Umständen für sich selbst aufzustapeln. Die eigene Kraft wollte man nicht unbetätigt lassen; aber man arbeitete nicht um des eigenen Vorteils willen. Mit allen Listen und Ränken war es zu Ende; man brauchte sie nicht. Diebe und Räuber, Mörder und Totschläger gab es nicht. Darum hatte man zwar draußen Tore; aber man schloss sie nicht. Das war die Zeit der großen Gemeinsamkeit.»

Konfuzius, Das Buch der Riten IX
Aus dem Chinesischen von Richard Wilhelm

auf Konformität angelegt, nicht auf Pluralismus. Die Richtung mag wechseln, der Richtungsdruck nicht.» Das ist auch vierzig Jahre später nicht anders.

Was mich damals ins Grübeln brachte, war ein Gespräch mit einem befreundeten Diplomaten aus einem kleinen westeuropäischen Land. «Muss man nicht die Menschenrechte über ein sehr viel breiteres Spektrum sehen?», fragte er. «Gehören nicht auch die wirtschaftliche Entwicklung, die Sättigung und die Behausung von 500 Millionen zu den fundamentalen Menschenrechten? Und hat nicht das Argument vieler armer Länder etwas für sich, dass es in erster Linie um konkrete Besserung für alle geht, nicht um abstrakte Freiheiten für einzelne?»

«Wenn diese Freiheiten wirklich so abstrakt sind», entgegnete ich damals, «warum werden sie dann nicht auch in China immer wieder gefordert?» Damit spielte ich auf die *dazibao* an, die kritischen Wandzeitungen, in denen während einer kurzen Zeitspanne wieder einmal «hundert Blumen blühen» durften, bis sie im Frühjahr 1979 aufs Neue zu «parteifeindlichen, anti-sozialistischen Giftkräutern» erklärt wurden. «Gefordert von wem?», fragte er zurück. Und gab selbst die Antwort: «Von einigen wenigen Dissidenten. Zehntausende Leser haben die Wandzeitungen in Peking vielleicht, und höchstens 200 aktive und 2000 gelegentliche Autoren. Vergessen Sie eines nicht: In China stand seit jeher das Kollektiv obenan, nicht das Individuum. Der Einzelne zählte immer nur als Glied der Gemeinschaft, in der er sich verwirklichte und zu deren Nutzen er sich profilierte. Da hat der Kommunismus eine zweitausend Jahre alte Grundlage. Das Konfuzianertum regelte die Beziehungen der Menschen zueinander. Mit westlichem Humanismus hatte er nichts zu tun. Nicht der einzelne Mensch war das Maß aller Dinge, sondern der Mensch in seinen sozialen Bezügen. Ordnung hieß Einordnung: Lass Herrscher den Herrscher sein, Untertan den Untertan; lass Vater den Vater sein und Sohn den Sohn ...».

Mein Freund, muss ich einräumen, hatte die damalige chinesische Einstellung richtig beschrieben. An ihr hat sich bis heute nichts geändert. Man braucht nur nachzulesen, was Botschafter Shi Mingde im Mai 2018 der *Stuttgarter Zeitung* erklärte: «Der Westen hat keinen alleinigen Anspruch auf Demokratie und Menschenrechte. Wir haben Jahrhunderte für Freiheit und Menschenrechte in China gekämpft, die feudalen Verhältnisse abgeschafft, unsere sozialistische Marktwirtschaft hat 700 Millionen Menschen aus der Armut befreit – das war die größte Leistung zum Schutz der Menschenrechte in China. Wir sind durchaus bereit, mit Deutschland auch über andere Menschenrechtsfragen zu sprechen, aber nur auf der Basis gegenseitiger Achtung. Wir akzeptieren nicht, dass der Westen allein den Maßstab setzt. Sie haben Ihr System, wir haben unser System – keines dieser Systeme ist vollkommen.»

Zensur, Überwachung und die Suche nach dem Rechtsstaat

In den Augen Xi Jinpings ist die wirtschaftliche Entwicklung das entscheidende Kriterium für Menschenrechte, ein materiell besseres Leben der einzige Maßstab: Geht es den Menschen gut, erfüllt dies ihren menschenrechtlichen Anspruch. Dabei betont Xi den Doppelaspekt des Konzepts, nach der englischen Übersetzung der *Global Times* die *universality and particularity of human rights*. Was nichts anderes heißt, als dass jedes Land den Begriff auf seine eigene, besondere Weise auslegen kann. Das lässt Raum für Zensur, Überwachung und Unterdrückung.

Die Zensur ist ein Pfeiler der chinesischen Parteiherrschaft. Seit Xi Staatspräsident ist, das heißt seit 2013, ist sie massiv verstärkt worden. Das Bildungsministerium sieht junge Lehrer und Studierende als Ziele ausländischer Infiltration und verbannt daher westliche Konzepte wie Menschenrechte, Rechtsstaat und Zivilgesellschaft aus den Lehrbüchern. Von den über tausend akademischen Partnerschaften zwischen chinesischen und ausländischen Universitäten hat es mehr als ein Fünftel beendet. Bill Clintons Voraussage, das Internet werde aus China eine offene Gesellschaft wie Amerika machen, hat sich nicht bewahrheitet. Allein 2017 wurden 128 000 Webseiten abgeschaltet, berichtet Kai Strittmatter. Eine Unzahl ausländischer Medien ist blockiert, darunter Google, Twitter, Facebook und die *New York Times*. Vom Bildschirm verbannt sind Künstler, die als «unanständig, vulgär oder obszön» gelten, Rapper und sogar Sportler mit Tattoos – überhaupt alle, die den «Kernwerten der Partei» entgegenstehen. Unliebsame Plattformen werden geblockt. Wo die «Scheren im Kopf» nicht funktionieren, wird ohne Zögern robust nachgeholfen. Der Nachrichtenaggregator Tuotiao («Schlagzeilen heute») wurde drei Wochen lang abgeschaltet, in denen er seine pornographischen oder gewalttätigen Inhalte zu löschen hatte; danach stellte er 4000 Zensoren zusätzlich ein, was die Zahl seiner Schnüffler auf 10 000 erhöhte. Digitale Inquisition: Die Suchmaschinen Baidu, der Onlinehändler Alibaba und der Chat-Dienst Tencent beschäftigen längst viele Tausende solcher Sieber und Löscher von Text- und Bildmaterial. Angeblich durchstöbern zwei Millionen Zensoren permanent das Internet.

Die achtzehn größten sozialen Medien geben dafür jährlich schätzungsweise 2,5 Milliarden Dollar aus. Herausgefiltert und geahndet wird dabei Anstiftung zur Verletzung von Verfassung und Gesetzen, zum Sturz der Regierung oder des sozialistischen Systems, zur Spaltung des Landes, zum Schüren von Hass und zum Terrorismus; ferner die Verbreitung von Fake News, Gerüchten, feudalistischem Aberglauben, sexuell anzüglichem Material; schließlich die Verführung zu Spielsucht, Gewalt und Kriminalität.

Als biete all dies nicht schon ausreichenden Schutz vor elektronischer Unterwanderung und genug Instrumente der Überwachung, soll 2020 das «Sozialkreditsystem» oder «Bonitätssystem» zur Bewertung der «gesellschaftlichen Vertrauenswürdigkeit» eingeführt werden. Dabei geht es – anders als bei der deutschen Schufa – nicht nur um Bonitätsauskünfte über Kreditverträge und Zahlungsverhalten. Gesammelt, gespeichert und ausgewertet werden Smartphone-Daten, Gerichts- und Gesundheitsakten, biometrische Angaben, Reisepläne, Typ, Wagenfarbe und Nummernschilder der Autos, die Nutzung der sozialen Medien, Einkäufe per Kreditkarte oder Bezahl-App. Dazu kommt die Bild-Erfassung durch Gesichtserkennungskameras, von denen es 2016 schon 176 Millionen gab; 2020 sollen 600 Millionen installiert sein. Die Ausbeute des Systems Xue Liang – «Adleraugen» – wird von Supercomputern gesiebt, die bis zu 100 000 Kameras automatisch durchsuchen können; sie finden aus 50 000 Besuchern eines vollen Sportstadions eine gesuchte Person heraus. Außerdem hat das «Amt für Ehrlichkeit» natürlich Zugriff auf alle Daten der chinesischen IT-Giganten.

Ähnlich wie bei den Schufa-«Scores» werden Punkte und Noten vergeben – von AAA («vorbildlich») bis D («unehrlich»). Gesetzestreue, moralisches Wohlverhalten, soziales Engagement bringen Punkte, säumiges Zahlen, Betrug, politische Abweichlerei haben Punkte-Abzug zur Folge. Über 1000 Punkte ist optimal; wer unter 600 Punkte fällt, wird nach der Devise behandelt «Einmal unehrlich, überall eingeschränkt». Privatpersonen, die gegen irgendwelche Regeln verstoßen haben, kommen auf eine schwarze Liste, auf der schon zehn Millionen Namen stehen sollen; für die in der Wirtschaft tätigen Verantwortungsträger gibt es eine rote Liste.

Mitte der 1960er-Jahre hat Rüdiger Altmann, ein konservativer

Berater von Bundeskanzler Ludwig Erhard, einmal von der «formierten Gesellschaft» geschwärmt. Ihm ging es damals um die Rettung der Demokratie vor der Herrschaft der Verbände. Dem Regime in China geht es indes um die Niederhaltung und Gängelung jeglicher demokratischer Anwandlungen wie aller Anfälle «westlicher Dekadenz». Xis formierte Gesellschaft kommt dem totalitären Überwachungsstaat, den George Orwell in seinem Roman *1984* beschrieben hat, verstörend nahe. Es gibt nichts an Tugenden und Untugenden, was der Staat nicht wissen, bewerten, bestrafen oder belohnen will. So wird zur Rechenschaft gezogen, wer bei Rot über eine Ampel fährt, zu oft hupt oder nicht den Zebrastreifen benutzt; in Schanghai sollen 18 000 Roboter als «E-Polizisten» die Verkehrsverstöße festhalten und zur Ahndung gleich an die staatlichen Datenbanken weiterreichen. Desgleichen wird belangt, wer sich regierungskritisch äußert (Orwell nennt derlei Äußerungen «Gedankendelikte») oder an einer Demonstration teilnimmt; wer Hundehaufen nicht beseitigt oder sich weigert, «freiwillig» beim Pflanzen von Bäumen mitzuhelfen; wer Pornos schaut oder zu viel Zeit mit Computerspielen verdaddelt; wer seine Eltern nicht regelmäßig besucht; mancherorts sogar, wer allein in einer großen Wohnung lebt oder ein großes Auto fährt. («Wer in einem riesigen Mercedes zur Arbeit kommt, erhält weniger Punkte als derjenige, der ein Leihfahrrad nimmt», wird ein Beamter aus Xiongang zitiert.)

Drastische Sanktionen erwarten die Übeltäter. Sie werden auf vielfältige Weise benachteiligt. Sippenhaft ist an der Tagesordnung: Ihren Kindern wird der Besuch eines Kindergartens oder der nahen Grundschule verwehrt. Sie dürfen keine Schnellzüge und Flugzeuge mehr benutzen und nicht mehr in Hotels der gehobenen Klasse absteigen. Auch erhalten sie weder Kredite noch Kreditkarten; im schlimmsten Fall können sie ihren Job verlieren. Und sie werden – *naming and shaming* – in Wandzeitungen, im Internet und per telefonischer Information des Bekanntenkreises öffentlich an den Pranger gestellt. Den Punktsiegern hingegen winken öffentliche Belobigung, Beförderung, vergünstigte Kredite und bessere Krankenversicherungen. Erstaunlicherweise befürworten nach einer repräsentativen Online-Umfrage, die Genia Kostka vom Institut für Chinastudien der Freien Universität Berlin durchgeführt hat, 80 Prozent der chinesischen Internetnutzer das repressive Punktesystem, zumal die Gebildeteren, Wohlhabenderen und etwas Älteren. Sie versprechen sich davon eine transparente Messung ihrer Kreditwürdigkeit und damit eine Steigerung ihrer Lebenschancen. Auch kennen sie derlei Systeme schon von großen Online-Händlern wie Alibaba. Den Orwell-Effekt ignorieren sie.

Die kleine Minderheit von Unbeugsamen und Widerständigen wird gnadenlos unterdrückt. Das bekommen vor allem Schriftsteller, Journalisten, Künstler und besonders Menschenrechtsanwälte zu spüren. Gegen sie wird scharf vorgegangen. Die Obrigkeit scheut sich auch nicht, regimekritische Buchhändler aus Hongkong oder unliebsame taiwanesische Verleger aus Thailand entführen zu lassen. Die Stabilität und die Einheit des Landes sind dem Regime das Wichtigste, fundamentale Systemkritik ist tabu. Wer das Tabu verletzt, dem drohen Kaltstellung und Verfolgung.

Andererseits war in den letzten Jahren zu erkennen, dass sich allmählich doch ein gewisses Rechtstaatsbewusstsein durchzusetzen begann. Kein Wunder, denn wo Menschen Eigentum zu verlieren haben, wächst auch das Beharren darauf, das Eigene zu verteidigen. Der Rechtsstaat kommt vor der Demokratie. Außerdem wurde seit 1982 die gesamte Führungsmannschaft alle zehn Jahre ausgetauscht, was trotz mangelnder demokratischer Legitimation doch dafür sorgte, dass in regelmäßigen Abständen frischer Wind wehte. Inzwischen hat Xi Jinping allerdings eine Verfassungsänderung durchgesetzt, die ihm gestattet, lebenslänglich zu regieren, auf jeden Fall aber weit über 2023 hinaus. Es ist nicht auszuschließen, dass er auch wieder abschafft, was sich in Grenzen auf der Ebene der Dörfer und der kleineren Stadtgemeinden an basisdemokratischen Praktiken angebahnt hat. Dies wäre eine Enttäuschung für alle, die sich eine allmähliche Entwicklung zu mehr Demokratie erhofft hatten. Besonders brutal wurden etwa die Anhänger der in den 1990er-Jahren entstandenen buddhistischen Sekte Falun Gong verfolgt. Die Berichte, dass sie zu Zigtausenden verhaftet, gefoltert und getötet wurden – viele, um ihnen Organe für Transplantationen zu entnehmen –, haben nach der 1999 eingeleiteten Verfolgungswelle weltweit Empörung ausgelöst. Sie sind von Peking nie überzeugend widerlegt worden.

Auch Realisten wie Helmut Schmidt und Henry Kissinger war klar, dass das Regime an seinem «Menschenrechts-Entwicklungspfad chinesischer Prägung» unverbrüchlich festhalten würde. Schmidt glaubte nicht an eine Entwicklung zur Westminster-Demokratie, doch werde sich der Rechtsstaat «ziemlich deutlich und ziemlich sicher» herausbilden, und es werde «sogar ein bisschen Demokratie» geben – ganz unten in den Dörfern und ganz oben im Politbüro. Und Kissinger war sich stets der Tatsache bewusst, dass Amerikas Einfluss auf die innenpolitische Entwicklung in China in jedem Fall begrenzt bleiben würde, gleichgültig, ob es eine Politik der Konfrontation oder des Engagements verfolge. Weder Zuckerbrot noch Peitsche wird China von seinem eigenen Weg abbringen.

Humanitäre Gesten mit politischem Zweck

Vor vierzig Jahren fragte ich meinen Diplomatenfreund in Peking, wo es wohl in Zukunft mehr Freiheit, mehr Menschenrechte, mehr Menschlichkeit geben werde, in China oder in der Sowjetunion. «Auf jeden Fall in China,» antwortete er. «Die Chinesen haben einen Sinn fürs Vernünftige und fürs Praktische, und sie haben viel Menschliches an sich.» Doch ist jegliche Hoffnung auf schnelle Veränderung auf diesem Felde verfrüht. Die Staats- und Parteiführung wird sich unsere Argumente ungerührt anhören und dazu, wie Helmut Schmidt dies erlebte, «chinesische Gesichter machen». Gelegentlich wird sie sich, wenn es politisch nützlich erscheint, auch zu einem Zugeständnis herbeilassen, siehe ihre Ausreiseerlaubnis für Liu Xia zum Deutschlandbesuch des Ministerpräsidenten im Sommer 2018. Ihr Mann – Schriftsteller, Präsident des chinesischen PEN-Clubs, Literaturprofessor, 2008 Unterzeichner des Bürgerrechtsmanifests «Charta 08» – war 2009 zu elf Jahren Haft verurteilt worden. 2010 erhielt er den Friedensnobelpreis. Zwei Jahre vor dem Ende seiner Haftzeit starb er im Gefängnis an Leberkrebs. Seine Witwe, eine Dichterin und Fotografin, stand seit seiner Verhaftung unter Hausarrest, von allen Außenkontakten abgeschnitten, krank und depressiv. Ein Jahr nach dem Krebstod ihres Mannes wurde ihr urplötzlich die Freiheit gewährt. Immer wieder hatte sich Bundeskanzlerin Merkel leidenschaftlich dafür eingesetzt, zuletzt im Mai 2018, als sie sich in Peking auch mit den Frauen zweier verhafteter Menschenrechtsanwälte traf. Die Freilassung war erkennbar eine humanitäre Geste zum politischen Zweck. Nicht von ungefähr kam die Nachricht, dass Liu Xia nach Berlin ausreisen durfte, zu einem Zeitpunkt, in dem sich der chinesische Ministerpräsident Li Keqiang in der deutschen Hauptstadt aufhielt. Tags darauf wurde in Wuhan der Menschenrechts- und Demokratieaktivist Qin Yongmin, der bereits zweiundzwanzig Jahren hinter Gittern gessessen hatte, wegen Untergrabung der Staatsgewalt zu weiteren dreizehn Jahren Zuchthaus verurteilt – ein klares Signal, dass die Milde gegenüber der Witwe Liu keineswegs ein Ende des harten Vorgehens gegen Dissidenten bedeutet. Weiterhin sitzen Hunderte in Haft.

Das Regime wird sich indes nicht ändern. Wenn die EU in der Abschlusserklärung des EU-China-Gipfels 2018 die Formulierung durchgehen lässt, «Die EU und China fühlen sich der Aufrechterhaltung der drei Säulen des UN-Systems verpflichtet, nämlich Frieden und Sicherheit, Entwicklung und Menschenrechte», so ist das eine üble Vertuschung der Wirklichkeit. In China stoßen die Menschenrechte an Grenzen. An der Herrschaft der Partei lassen die Chinesen nicht rütteln. Die Einheit des Landes, die Aufrechterhaltung der öffentlichen Ordnung und Linientreue gehen der Führung über alles. Zu sehr sitzen ihr die tibetischen und uigurischen Abspaltungstendenzen samt der Erinnerung an das zerstörerische Toben der Roten Garden in der Kulturrevolution oder die ansteckende Aufmüpfigkeit der 1989 auf dem Tienanmen-Platz («Platz des Himmlischen Friedens») demonstrierenden Studenten in den Knochen.

In meinem Buch *Die chinesische Karte* schrieb ich 1979 «China ist wohl doch kein Archipel Gulag mehr. Aber noch ist es eine geschlossene Gesellschaft. Es mag sich zur Welt und zur Liberalität hin öffnen, aber nur allmählich, und ist dauernd vom Risiko eines Rückfalls bedroht.» Dieses Urteil steht vierzig Jahre später noch immer – oder wieder. Die Chinesen sind seitdem in ihrem Alltag weniger unfrei geworden, ihr System jedoch kaum freiheitlicher. Noch kann es den freien Geist des Westens nicht verkraften.

Zweiter Teil

WIRTSCHAFTLICHE
SUPERMACHT MIT PLAN

3

Chinas beispielloser Wirtschaftsaufstieg

Im Jahr 1817 weissagte der nach St. Helena verbannte Napoleon: «Wenn China erwacht, wird die Welt erzittern.» Am 1. Oktober 1949 war der napoleonische Moment gekommen. Auf dem Söller am Tor des Himmlischen Friedens verkündete Mao Zedong, der Vorsitzende der Kommunistischen Partei, die Gründung der Volksrepublik China. Die hunderttausend Menschen, die sich vor ihm auf dem Tienanmen-Platz versammelt hatten, ließen den Sieger des chinesischen Bürgerkriegs hochleben. Seine Kernbotschaft riss sie zu frenetischem Jubel hin: «Unsere Nation wird nie wieder eine gedemütigte Nation sein. China hat sich erhoben!»

Noch freilich erzitterte die Welt nicht. Nach der Revolution von 1911, die der mandschurischen Qing-Dynastie und zugleich der Monarchie ein Ende setzte, war China nicht zur Ruhe gekommen. Endlose Konflikte zwischen rivalisierenden Kriegsherren, vor allem jedoch der dreißigjährige Bürgerkrieg zwischen Mao Zedongs Kommunisten und Chiang Kai-sheks konservativer Kuomintang und die anderthalb Jahrzehnte lang auf chinesischem Boden geführte Widerstandskrieg gegen die Japaner hatten das Land ausgeblutet, die Wirtschaft zerrüttet und das Volk verarmen lassen. Als Mao die Volksrepublik ausrief, waren ihre damals 562 Millionen Einwohner schlecht behaust, schlecht ernährt, schlecht gekleidet. Das Pro-Kopf-Einkommen lag unter 50 Dollar. Die Sowjets hatten nach dem Zweiten Weltkrieg die Hälfte der Industrieanlagen in der Mandschurei, dem Fabrikationszentrum Chinas, demontiert und weggeschleppt. Die Industrie erbrachte nur noch 10 Prozent des Bruttoinlandsprodukts, und die Ernten blieben 25 bis 50 Prozent unter der Vorkriegserzeugung.

Von Mao zu Deng

Zunächst ließ sich der Wiederaufbau gut an. Zwischen 1949 und 1952 wurde die Industrieproduktion auf das Zweieinhalbfache gesteigert. Während der Jahre 1952 bis 1974 lag die jährliche Wachstumsrate bei rund zehn Prozent. Dennoch hielt sich der Fortschritt in Grenzen. Der Lebensstandard verbesserte sich wenig. Das stalinistische Entwicklungsmodell – Vorrang der Schwerindustrie vor dem Agrarsektor – wurde Mitte der 1950er abgelöst von der «gleichmäßigen Entwicklung» aller Bereiche, auch der Leichtindustrie und der Landwirtschaft. Dabei griff Mao auf die Autarkievorstellungen seiner Guerillazeit zurück. Er setzte auf die eigene Kraft, lehnte Auslandshilfe, ja sogar Außenhandel ab und verfolgte utopisch-egalitäre Vorstellungen – kein Leistungsprinzip, keine Appelle an das materielle Interesse der Menschen, stattdessen Selbstversorgung, Ablehnung des Expertentums («lieber rot als Spezialist») und revolutionäre Mobilisierung der Massen.

Diesem Geiste entsprang 1958 der «Große Sprung nach vorn» – der rauschhafte Versuch, die kommunistische Gesellschaft der Gleichen zu verwirklichen, die Bauern in die Volkskommunen zu treiben, in Gemeinschaftskantinen und Massenschlafsäle, und in Hinterhof-Lehmöfen die Stahlproduktion auf Weltniveau zu bringen. Es wurde ein Sprung ins wirtschaftliche Desaster. Die wohl größte Hungersnot der Menschheitsgeschichte forderte 1958/1961 bis zu 45 Millionen Tote. Während einer kurzen Spanne pragmatischer Wirtschaftslenkung suchte Deng Xiaoping – zeitweilig der Generalsekretär der Partei – anschließend den Karren aus dem Dreck des Dogmas zu ziehen, getreu seinem Leitsatz: «Was sich in der Praxis nicht bewährt hat, muss geändert werden, ganz gleich, wer es zuerst vorgeschlagen hat.» Doch schon 1966 löste Mao seine «Große Proletarische Kulturrevolution» aus, die das Reich der Mitte für zehn Jahre abermals ins Chaos stürzte, ungezählte Menschen quälte und Zigtausende umbrachte. Sie war eine Katastrophe für das Volk, für die Partei und für das Land.

Danach erst schlug die Stunde Dengs. Jahrelang war er verfemt worden als «Nummer 2 der Machthaber, die den kapitalistischen Kurs einschlagen», als Schlemmer und Völler, als Renegat und Agent fremder Staaten. Die Roten Garden hatten ihm eine Narrenkappe aufgesetzt und ihn durch die Straßen gezerrt, wobei sie ihn als «Dämon» und «Spottgeburt» verhöhnten; seinen Sohn Deng Dufang stürzten sie im Verhör aus dem Fenster; er blieb sein Leben lang querschnittsgelähmt. Es fehlte auch nicht an handfesten politischen Vorwürfen: Er habe die Kritik an Stalin nicht für völlig falsch gehalten; er rechne mit langen Fristen für Chinas Entwicklung; er wolle in der Erziehung das Schwergewicht auf Fachausbildung und Forschung legen; er befürworte Verständigung mit Amerika und Russland. Mao warf ihm vor, kein echter Marxist zu sein, weil er nicht den Klassenkampf als primäre Aufgabe der Partei verstehe, sondern der wirtschaftlichen Entwicklung, Einheit und Stabilität des Landes einen gleich hohen Rang einräume. Nach Maos Tod (1976) aber kam Deng zum dritten Mal und damit endgültig zum Zug mit seiner Ansicht, dass mit der Mobilisierung der Gefühle nichts zu gewinnen sei, sondern dass es darauf ankomme, technische Investitionen vorzunehmen, die Wirtschaft zu liberalisieren und das Land zur Welt hin zu öffnen. «Der Sozialismus soll etwas Gutes für das Volk leisten», war seine Meinung. «Er muss auch den Lebensstandard heben. Deswegen dürfen wir uns nicht länger mit der Rückständigkeit abfinden.»

Dengs Maxime lautete: «Die Wahrheit in den Tatsachen suchen und gewissenhaft aus den Fehlern der Linksabweichung lernen.» Ein andermal pointierte er, die Hauptaufgabe des Sozialismus sei die ständige Verbesserung der Lebensbedingungen und des materiellen Reichtums der Gesellschaft: «Daher ist reich werden keine Sünde. Unsere Politik erlaubt es einigen Menschen und einigen Orten, als erste zu prosperieren, um das Ziel, allgemeinen Wohlstand, schneller zu erreichen.» Allerdings beteuerte er in einem der drei Gespräche, die ich im Laufe der Jahre mit ihm erlebte, auch sehr entschieden: «Wir dürfen keine neue Bourgeoisie hervorbringen oder neue Kapitalisten schaffen.» Dass China eines Tages die meisten Millionäre der Welt haben würde, vermochte er sich wohl nicht vorzustellen. Sein Ziel jedoch, dass China bis zum Jahr 2000 wirtschaftlich «in den vordersten Reihen der Welt» stehen müsse, hat das Land voll und ganz erreicht, auch wenn er selbst – er starb 1997 – es nicht mehr miterlebte, wie seine Vorstellungen Wirklichkeit wurden.

Ein meteorhafter Aufstieg

Einen vergleichbaren ökonomischen Aufbruch und gesellschaftlichen Umbruch in so kurzer Zeit hat es in der gesamten Menschheitsgeschichte noch nicht gegeben. Ein Vergleich mit der amerikanischen Wirtschaftsentwicklung macht dies deutlich: Das Bruttoinlandsprodukt der USA erreichte 1969 1 Billion Dollar und stieg im Jahr 2000, einunddreißig Jahre später, auf 10 Billionen; das chinesische BIP erreichte 1 Billion im Jahr 2000 und kletterte dann in nur vierzehn Jahren auf die 10-Billionen-Stufe; 2017 belief es sich auf 11 973 Billionen Dollar. Im Jahr 2000 war die amerikanische Volkswirtschaft noch 8,5mal größer als die chinesische, 2015 war sie nur noch 1,6mal größer.

Auch ein anderer Vergleich ist höchst erhellend: 1980 war Chinas Wirtschaft kleiner als die der Niederlande, in jüngster Zeit entsprach allein das jährliche Wachstum Chinas der niederländischen Wirtschaftsleistung. Die chinesische Industrie machte noch 1990 gerade 2,7 Prozent der Weltproduktion aus, bis 2013 stieg ihr Anteil auf 20,8 Prozent. Heute erwirtschaftet die Volksrepublik 18,3 Prozent des Weltsozialprodukts. Das Außenhandelsvolumen, das sich 1980 auf ganze 44 Milliarden Dollar belief und noch 1999 erst 360 Milliarden ausmachte, schnellte von 3685 Milliarden Dollar 2016 auf 4280 Milliarden 2017 empor. Chinas Anteil am Welthandel wuchs von 1 Prozent im Jahr 1980 und bloßen 4,4 Prozent noch 2001 auf über 12 Prozent 2016 (Export 13,5 Prozent; Import 9,7 Prozent). Damit ist die Volksrepublik die größte Handelsmacht der Erde; für 130 Länder ist sie der wichtigste Handelspartner. Zum weltweiten Wachstum hat sie – ein einziges Land! – seit 2007 allein 40 Prozent beigetragen, selbst 2016 noch 33,2 Prozent. Die 2015 einsetzende Wirtschaftsschwäche im Reich der Mitte wirkte sich, kein Wunder, rund um den Globus aus. Sie hat uns drastisch vor Augen geführt, dass alle anderen zu husten anfangen, wenn China sich erkältet.

Mit seinem Bruttoinlandsprodukt hat China Deutschland 2009 überflügelt, 2011 Japan eingeholt und ist den USA dicht auf den Fersen. 2009 überholte es Deutschland auch als größten Exporteur und

Chinas Anteil am Weltsozialprodukt (in Prozent)

	China	Europa	Japan	USA	Indien
1820	32,9	26,6	3,0	1,8	16,0
1952	5,2	29,3	3,4	27,5	4,0
1978	4,9	27,8	7,6	21,6	3,3
2012 nominal	8,4	26,4	8,8	25,2	5,6
2012 nach Kaufkraftparität	14,5	20,2	5,5	18,6	5,7

2011 die Vereinigten Staaten als größte Handelsnation. Im Laufe des nächsten Jahrzehnts wird es mit seinem Sozialprodukt an Amerika vorbeiziehen. Dann wird China seinem Sozialprodukt nach wieder das sein, was es bis 1820/1830 gewesen ist: die größte Volkswirtschaft der Erde. Der frühere australische Ministerpräsident Kevin Rudd, ein China-Fachmann, der fließend Mandarin spricht und heute Präsident der Asia Society in New York ist, hat es auf den Punkt gebracht: Der meteorhafte Aufstieg Chinas sei wie der «gleichzeitige Ausbruch der Industriellen Revolution Englands und der weltweiten digitalen Revolution, beider Ablauf zusammengepresst nicht in dreihundert, sondern in dreißig Jahre».

Beim Pro-Kopf-Einkommen hinkt China allerdings noch weit hinterher. Es hat sich zwar seit 1978 verhundertfacht, von 76 auf 8600 Dollar (im Raum Schanghai liegt es sogar bei rund 10 000 Dollar, in entlegenen Provinzen wie Gansu dafür noch immer bei 3000 Dollar). Damit stand es laut IWF 2017 weltweit allerdings erst auf Rang 75. In Kaufkraftparität gemessen, kam es nur auf etwa ein Viertel des amerikanischen Pro-Kopf-Einkommens, nominell gemessen auf ein Siebtel. Die Chinesen haben also noch einen langen Weg vor sich, bis sie die USA einholen, nach manchen Schätzungen bis zum Ende des 21. Jahrhunderts.[*]

---

[*] Die Statistiken Chinas, der Weltbank, des Internationalen Währungsfonds und der Welthandelsorganisation sowie anderer Institutionen weichen öfter voneinander ab, unter anderem, weil Hongkong und Macau teils China zugerechnet, teils separat aufgeführt werden. Ich habe mich im Wesentlichen an die Angaben der Weltbank gehalten.

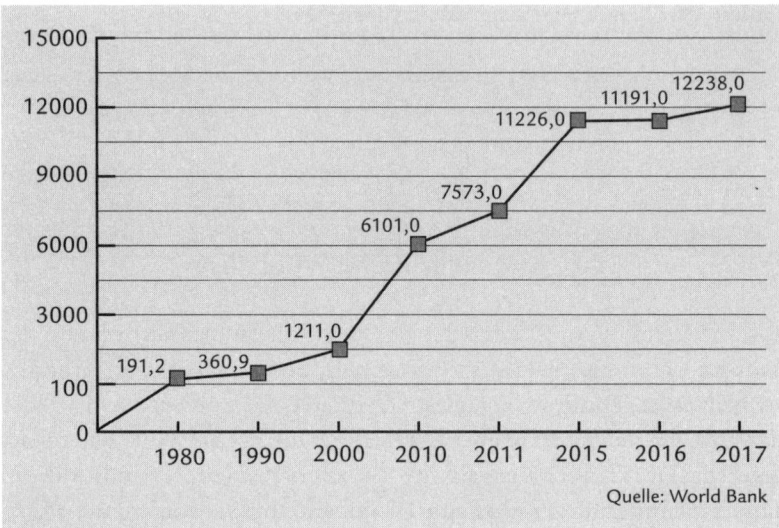

Chinesisches Bruttoinlandsprodukt in Milliarden US-Dollar, 1980–2017

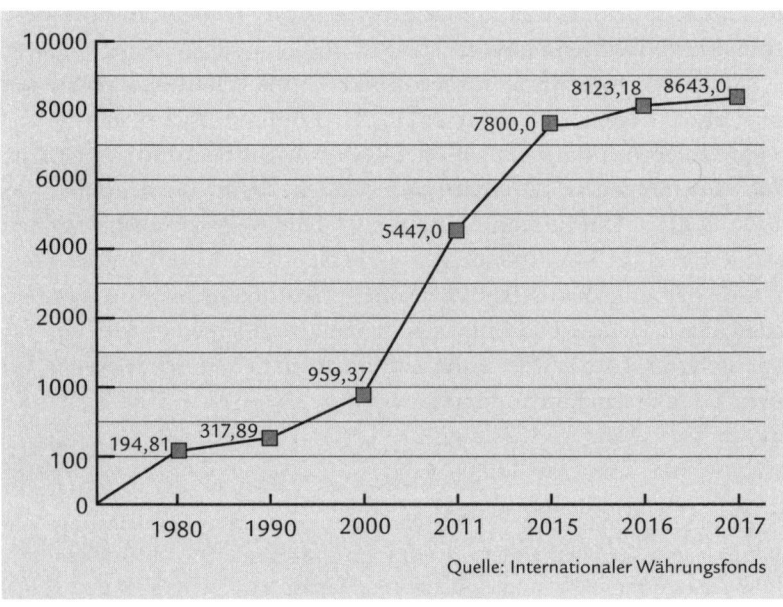

Pro-Kopf-Einkommen in China in US-Dollar

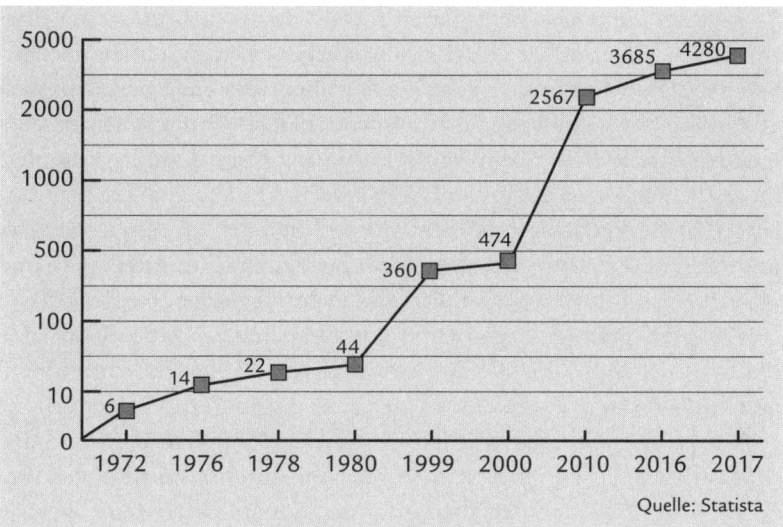

Quelle: Statista

Chinesischer Export in Milliarden US-Dollar

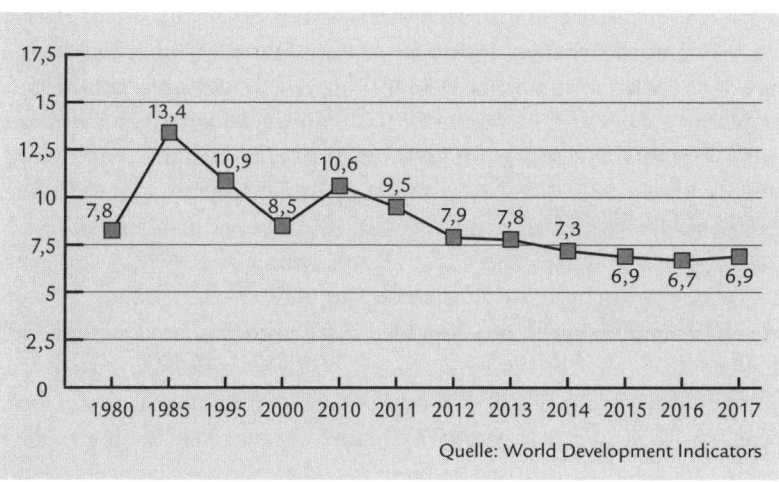

Quelle: World Development Indicators

Chinesisches Wirtschaftswachstum in Prozent

Indessen lässt sich nicht daran rütteln: In der Lebensspanne einer einzigen Generation ist aus einem ärmlichen, weithin landwirtschaftlich geprägten Entwicklungsland das industrielle Kraftwerk der Welt geworden. Noch vor zwanzig Jahren produzierte China in seinen boomenden Städten vor allem Reißverschlüsse, T-Shirts und Feuerzeuge (deren Fehlen Deng Xiaoping als Merkmal der Rückständigkeit beklagt hatte), heute marschiert es nicht nur bei mobilen Zahlungssystemen und fahrerlosen Autos, sondern auch bei Künstlicher Intelligenz und Quantentechnologie an der Spitze des technologischen Fortschritts.

Zwar ist Pekings sagenhafter Devisenschatz – 4300 Milliarden Dollar noch 2014 – bis Anfang 2017 auf 3100 Milliarden zusammengeschmolzen und kurze Zeit sogar unter die 3000-Milliarden Marke gerutscht. Die jährliche Wachstumsrate der Wirtschaft betrug in den fünfundzwanzig Jahren von 1992 bis 2016 durchschnittlich 9,6 Prozent. Nach offiziellen Angaben ging sie 2016 auf 6,7 Prozent zurück, stieg 2017 indes wieder auf 6,9 Prozent. Manche Experten, die den chinesischen Statistiken misstrauen, sprechen indes von 5 Prozent. Tatsächlich musste die Führung zugeben, dass mehrere Provinzen ihre Wirtschaftsstatistiken kräftig frisiert hatten. So räumte der Gouverneur der nordöstlichen Industrieprovinz Liaoning ein, dass die gemeldeten Steuereinnahmen in den Jahren 2011–2014 um mindestens 20 Prozent übertrieben waren. Inzwischen weiß man, dass die gemeldete Wirtschaftsleistung um 40 Prozent übertrieben war. Ähnlich geschönt waren auch die Erfolgsmeldungen der Inneren Mongolei, der Hafenstadt Tianjin und der Provinz Shanxi. Ministerpräsident Li Keqiang, der 2004 bis 2007 Chef der Provinz gewesen war, schreckte nicht davor zurück, die Statistiken einmal als «von Menschen gemacht» anzuprangern, im Klartext: als Erfindungen; er verließ sich lieber auf reale Indikatoren wie den Elektrizitätsverbrauch, das Frachtvolumen der Eisenbahn und die von den Banken ausgereichten Kredite. Aber auch 5 Prozent Wachstum wäre immer noch erheblich mehr, als die alten Industriestaaten und die meisten Schwellenländer vorweisen können. Selbst wenn die Jahreswachstumsrate im Lauf der Zeit auf 3 Prozent zurückgehen sollte, wie das in anderen aufsteigenden Ländern die Regel war, also auf jährlich etwa 330 Milliarden, so entspräche das noch immer der Jahreswirtschaftsleistung von Ägypten oder Südafrika. Vorerst sollte man trotz aller Schlagzeilen über

Chinas wirtschaftlichen «Einbruch» nicht übersehen, dass seine 2017 auf 6,9 Prozent gesunkene Wachstumsrate noch immer dreimal höher war als die deutsche und die amerikanische (2,2 und 2,3 Prozent).

Vom Fahrrad zum Elektroauto: Wohlstand und Wachstum

Der Aufbruch hat China verändert. 1978 gab es nicht ein einziges privates Unternehmen, doch schon 1994 waren es 30 Millionen, dazu städtische und kommunale Firmen mit 90 Millionen Arbeitnehmern. 2017 gab es 65 Millionen private Unternehmen. Die Privatfirmen erwirtschaften 70 Prozent des Bruttoinlandsprodukts und über die Hälfte des Steueraufkommens, tragen 60 Prozent zum Wachstum bei, 70 Prozent zu Innovationen. Die Lebenserwartung ist von einundvierzig Jahren (1950) auf sechsundsiebzig Jahre gestiegen. In vierzig Jahren wurden 700 bis 800 Millionen Menschen aus der Armut befreit. Nach den Angaben des Politbüromitglieds und Vizepremiers Liu He in Davos fiel die Zahl der Armen in den letzten fünf Jahren von 100 auf 30 Millionen, weniger als 4 Prozent der Bevölkerung; weitere zehn Millionen sollten 2018 aufsteigen. Die Schicht mit mittlerem Einkommen zählt nach Lius Angaben heute bereits 400 Millionen. Mitte 2018 gab es 802 Millionen Internetnutzer und über 1,2 Milliarden Handy-Besitzer (1991 waren es ganze 48 000 Telefoneigner).

Und Wohlstand bedeutet heute weit mehr als das, was die bescheidene Generation der Mütter und Väter in den 1970er- und 1980er-Jahren ersehnte: erst die «vier runden Sachen», Fahrrad, Armbanduhr, Nähmaschine, Waschmaschine, dann die «drei Elektros», Fernseher, Kühlschrank und Telefon. Längst sind das eigene Auto, der eigene Computer oder Laptop und das Smartphone hinzugekommen. Aus einem der rückständigsten, auf den eigenen Nabel konzentrierten Länder ist der dynamischste Wirtschaftsraum der Erde geworden. Seine Städte, in denen bereits über die Hälfte der Bevölkerung lebt, seine Häfen und Flughäfen, seine Fernstraßen und Eisenbahnen wurden zielstrebig modernisiert. Das Land ist nicht mehr im Entferntesten zu vergleichen mit dem ärmlichen, rückständigen, grau in grau vor sich hindämmernden China, das ich 1975 kennengelernt habe.

China ist seiner Fläche nach das viertgrößte Land der Welt, nach Russland, Kanada und den USA. Mit seinen 9,6 Millionen Quadratkilometern ist es 28 Mal größer als die Bundesrepublik Deutschland. An seinen 22 000 Kilometern Landgrenze hat es vierzig Nachbarn; seine Küste ist 18 000 Kilometer lang. Der Bevölkerung nach ist China das größte Land der Erde. Seine 1,4 Milliarden Menschen – 18 Mal mehr, als Deutschland Einwohner hat – werden bis Mitte des Jahrhunderts wohl noch auf 1,5 Milliarden anwachsen, ehe die Einwohnerzahl zurückgeht; bis dahin wird Indien die größere Bevölkerung haben. Die Chinesen machen derzeit 20 Prozent der Menschheit aus, sie besitzen jedoch nur 7 Prozent der Weltackerfläche; darin liegt eine der Erklärungen für ihren Drang in die Ferne. Seit dem Eintritt in die Welthandelsorganisation (WTO) im Jahr 2001 haben sie sich zunehmend in den Weltmarkt integriert.

Schon heute ist China der größte Produzent von 220 verschiedenen Industrieerzeugnissen, darunter Laptops, Fernseher, Mobiltelefone, Spielzeug, Textilien, Zement, Stahl, Aluminium, Schiffe und Möbel. In der Produktion von Computern, Halbleitern, Kommunikationstechnik und Pharmazeutik sind die Chinesen führend. In der Automobilproduktion haben sie sich an die Spitze gesetzt. Jetzt schicken sie sich an, auch ihre eigene Flugzeugindustrie aufzubauen.

Aus China kamen vor zwei Jahren 63 Prozent aller Schuhe, 70 Prozent aller Brillen, 90 Prozent der energiesparenden LED-Lampen. 2014 stellten Chinas sieben Millionen Textilarbeiter 2,9 Milliarden Büstenhalter her, 60 Prozent der Weltproduktion, dazu T-Shirts, Jeans, Blusen, Hemden, Bekleidung jeglicher Art. Chinas Anteil an der Weltproduktion von Computern, Klimaanlagen und Spielzeug betrug je 80 Prozent, von Farbfernsehern und Mobiltelefonen je 70, von Kühlschränken und Schuhen 50 Prozent. Auch werden 30 Prozent aller auf Kiel gelegten Schiffe in chinesischen Werften gebaut. Zugleich ist China Exportweltmeister für Tomatenkonzentrat; es steckt bei uns in Tomatenmark, Tomatensaft, Ketchup und Saucen. Selbst der Brötchenteig an Tankstellen und Kiosken kommt zum großen Teil aus China.

Das Land ist der größte Stahlkocher der Welt. Es produzierte bis vor Kurzem jährlich 808 Millionen Tonnen, das waren 49,5 Prozent der Weltproduktion (Russland 171, Japan 102, Deutschland 42 Millionen Tonnen). Seinen billigen Stahl wirft es zu staatlich subventionierten Dumping-Preisen auf den Weltmarkt, was zu einem riesigen Problem geworden ist. Wohl hat sich die Regierung angeschickt, im Kohle- und Stahlsektor 1,8 Millionen Arbeiter freizusetzen, jedoch lief der Abbau nur langsam an. Immerhin hat China seine Produktionskapazität um mehr als 150 Millionen Tonnen abgebaut und dabei Hunderttausende Stahlarbeiter entlassen. Indes blieb immer noch eine Überproduktionskapazität, die China weiterhin exportiert. Nach wie vor ist es mit Abstand der größte Stahlproduzent und Stahlexporteur der Welt. Sowohl die USA als auch die EU verhängten deshalb Strafzölle und zögerten, China den Status einer Marktwirtschaft zuzubilligen.

Die Chinesen sind Weltmeister beim Bauen. Zwischen 2011 und 2015 errichteten sie 32,3 Millionen Gebäude. Dafür verbrauchte das Land ein Viertel des in der ganzen Welt geförderten Sandes und 60 Prozent des Zements. Allein in den drei Jahren 2011, 2012 und 2013 wurden 6,4 Gigatonnen Sand benötigt; das ist mehr als die 4,4 Gigatonnen, die Amerika im gesamten zwanzigsten Jahrhundert verbaute. Die Wohnungsbauindustrie trägt je nach Rechnung ein Viertel bis ein Drittel zur gesamten Wirtschaftsleistung bei. Und es wird atemberaubend schnell gebaut; so wurden schon Wolkenkratzer mit 30 oder 50 Stockwerken in knapp drei Wochen hochgezogen; das Kongresszentrum in Tianjin stand nach acht Monaten Bauzeit. Zudem sind die Chinesen große Brückenbauer. Die längsten Brücken der Welt wurden im Reich der Mitte errichtet, zuletzt das Megaprojekt einer 55 Kilometer langen Überbrückung des Perlfluss-Deltas zwischen Macau und Hongkong.

Das Eisenbahnnetz wird bis 2020 eine Länge von 150 000 Kilometern erreichen. Die Hochgeschwindigkeitsstrecken – 24 000 Kilometer Ende 2017 – sollen bis 2020 auf 30 000, bis 2025 auf 38 000 Kilometer ausgebaut werden; ein längeres Hochgeschwindigkeitsnetz wird es in keinem Land der Welt geben (dem deutschen Bahntechnik-Konzern Vossloh, Spezialist für Weichen, Betonschwellen und Schienenbefestigungen, winken dabei gute Geschäfte). Für die 1300 Kilometer von Schanghai nach Peking brauchten schon die Züge des Siemens (ICE) und Kawasaki (Shinkansen) nachgebauten Modells *Hexie* («Harmonie») nur noch fünfeinhalb Stunden. Das Mitte 2017 in Dienst gestellte Nachfolgemodell *Fuxing* (»Verjüngung«) des Eisenbahngiganten China Railway Rolling Stock (CRRC) schafft die Strecke in viereinhalb Stunden; die Fahrzeit von Guangzhou nach Wuhan hat sich von elf auf drei Stunden verkürzt. Am Anfang des chinesischen Zugbaus 2004 stand allerdings der zwangsweise Technologietransfer; die eigene Entwicklung des mittlerweile weltgrößten Zugherstellers CRRC baut darauf auf. Jedes Jahr werden Dutzende Hochgeschwindigkeitszüge in Betrieb genommen. Bis 2020 werden außerdem 175 Milliarden Euro in die U-Bahn-Netze von 33 Städten gesteckt; Jahr für Jahr werden 25 Linien neu eröffnet. Ein halbes Dutzend Großstädte will Straßenbahnen einführen. In Delitzsch kooperiert der sächsische Güterwaggonbauer mit einem CRRC-Tochterunternehmen.

Doch nicht nur im Eisenbahnbau haben die Chinesen Erstaunliches geleistet. Zwischen 1996 und 2016 wurden auch 4,5 Millionen Kilometer Straßen gebaut; damit sind 95 Prozent der Städte und Dörfer miteinander verbunden. Das Netz der Schnellstraßen und Autobahnen, im Jahr 1988 noch null Kilometer, war bis Ende 2016 auf 131 000 Kilometer angewachsen (nach anderen Angaben 112 000). Auf einzelnen Streckenabschnitten werden dabei an die 30 000 Arbeiter eingesetzt.

Ferner hat China seit 2006 zu den 140 bereits vorhandenen 60 neue Flughäfen gebaut, und bis 2025 sollen noch einmal 124 dazukommen. Die Eröffnung des neuen Daxing Airport Peking ist nach nur vier Jahren Bauzeit auf den 15. Juni 2019 anberaumt. Entworfen hat das größte Flughafen-Terminal der Welt das Londoner Architektenbüro Zaha Hadid. Zunächst sollen dort jährlich 40 und später 100 Millionen Passagiere abgefertigt werden. Da können die Berliner mit ihrem von planerischen und technischen Pannen geplagten neuen Hauptstadtflughafen BER nur mit den Ohren schlackern.

Der Hafen von Schanghai ist mit einem jährlichen Umschlag von 37 Millionen Standardcontainern der größte Containerhafen der Welt (Hamburg: 8,5 Millionen) und nach seinem Gesamtumschlag von über 700 Millionen Tonnen der weltgrößte Hafen überhaupt. Von den zehn umschlagstärksten Häfen der Welt sind sieben in China.

China hat zwanzig Jahre gebraucht, um die Stromversorgungsrate von 30 auf 85 Prozent zu erhöhen; nach weiteren zwanzig Jahren erreichte es 2015 die 100 Prozent. Nach kurzem Anlauf, in dem es alle anderen überholt hat, ist China heute schon der größte Produzent von Elektrizität aus erneuerbaren Energiequellen; bis 2030 sollen diese 42 Prozent des benötigten Stroms liefern. Seit 2014 ist das Land bei der Produktion von Solarzellen, von Photovoltaik-Strom (43 Gigawatt), von Windkraft (Installationsziel 2020: 250 Gigawatt) und Wasserkraft, von Energie aus Biomasse und Geothermie führend in der Welt. 2006 produzierten Solaranlagen 70 Gigawatt; 2020 sollen es ebenfalls 250 Gigawatt sein. In Jinan gibt es eine erste Straße, die mit Solarzellen gepflastert ist, bei Huainan das größte schwimmende Solarkraftwerk der Welt, errichtet auf einem gefluteten Kohletagebaugelände. In der Bereitstellung von schnellen Hochspannungsleitungen ist uns China weit voraus; die State Grid Corporation, mit 1,7 Millionen Beschäftigten eines der größten Unternehmen der Welt, wird bis 2020 schon dreizehn und wenige Jahre danach achtunddreißig Übertragungsleitungen in Betrieb nehmen, die alle mit 800 Kilovolt die doppelte Kapazität der neuen deutschen Stromnetze haben. Allerdings sitzt das Land auf Hunderten von Kohlekraftwerken, von denen 70 Prozent erst seit 2005 gebaut wurden; sie müssen – Frühschrott im Wert von 90 Milliarden Dollar – geschlossen und zurückgebaut werden, lange bevor sie sich amortisiert haben. Doch weiterhin verbrennt China Kohle, als gäbe es kein Morgen. Noch 2015 kamen 72 Prozent der Energie aus der Verbrennung von Kohle, erst um 2040 wird ihr Anteil unter 40 Prozent fallen. Außerdem finanzieren und bauen die Chinesen von der Mongolei bis nach Zimbabwe über 200 Kohlekraftwerke und exportieren damit das Problem der Luftverschmutzung rund um den Globus.

Um von der Kohle loszukommen, wird auch die Atomkraft massiv ausgebaut. Der größte Atomreaktorbauer der Welt ist die China Nuclear Power Corporation. Gegenwärtig sind schon 30 Kernreaktoren in Betrieb, 21 weitere im Bau. Bis 2030 sollen nach dem letzten Fünfjahresplan 110 Atomkraftwerke am Netz sein. Zur Energieversorgung entlegener Küstenregionen im Südchinesischen Meer wird auch ein schwimmendes AKW entwickelt (was freilich ebenso wie die geplante Lieferung eines Kernreaktors an den Sudan einigen politischen Sprengstoff birgt). In England, Argentinien und der Türkei sind die Chinesen am Bau von Atomkraftwerken beteiligt.

China ist der größte Elektronikmarkt der Erde. Nirgendwo sonst werden so viele Laptops und Mobiltelefone hergestellt (jährlich 300 Millionen bzw. 2 Milliarden). Der PC-Absatz im Land belief sich 2014 auf 65 Millionen Stück. Schon heute gehören die Chinesen zu den weltweit größten und modernsten Mikroprozessor-Produzenten. Lenovo allein ist mit 22 Prozent des globalen Absatzes Weltmarktführer.

China: Größter Automarkt der Welt

Auch in der Autoproduktion ist das Reich der Mitte Weltspitze. 1972 hatte der angesehene China-Historiker John K. Fairbank prophezeit, dass die Volksrepublik niemals die amerikanische Autokultur übernehmen, sondern vielmehr die Amerikaner einiges über ein «neues Gleichgewicht von Mensch und Maschine» lehren werde. Er täuschte sich. Wie überall, hat Henry Ford auch hier gesiegt. Mit annähernd 25 Millionen jährlich hergestellter Pkws, SUVs und Nutzfahrzeuge, einem Viertel der weltweiten Produktion, war China 2017 der größte Autobauer, außerdem mit 24,2 Millionen im Lande verkauften Fahrzeugen der größte Automarkt der Welt; für 2018 wurde mit 29 Millionen Neuzulassungen gerechnet. Zum Vergleich: In Deutschland werden im Jahr etwa drei Millionen Autos abgesetzt, in der EU 14 Millionen, in den USA 17 Millionen, in Japan vier Millionen. Die Messe «Auto China» ist inzwischen die größte der Welt und wichtiger als der Genfer Autosalon und die Auto Show in Detroit.

In den 1980ern begannen die Amerikaner, in China Autos zu bauen, den Jeep und ein aufgemotztes Buick-Modell. Bald wurden sie jedoch von den europäischen Autobauern überholt. Martin Posth wurde zum Pionier der deutschen Automobilindustrie in China. Für Volkswagen baute er 1980–1984 in Schanghai das erste Werk auf, ein Gemeinschaftsunternehmen mit der Shanghai Automotive Industrial Corporation. 1983 lief der erste Santana, eine Passat-Version, vom Band, 300 000 Fahrzeuge im Jahr waren das Ziel. 1988 ging Posth ein weiteres *joint venture* mit den First Automotive Works (FAW) ein, wobei der Aufbau nicht einfach war. «Lust durch Frust» wurde zum Motto Posths, der sich mit Behörden, der Partei und der fremden Arbeitskultur herumschlagen musste. Aber *yilu yilu,* Schritt für Schritt, kam er voran und bahnte damit auch Audi und Porsche, Mercedes und BMW den Weg auf den chinesischen Markt.

Rund 45 Prozent der Autoproduktion im Land liegen heute in deutschen Händen. Die Volkswagen Group China, der größte Autobauer vor Ort, hat inzwischen 31 Werkstandorte in der Volksrepublik und will bis 2022 in sechs Fabriken mit der Produktion batteriegetriebener Elektroautos beginnen. Auf dem chinesischen Markt wurden 2017 über 4,18 Millionen Fahrzeuge abgesetzt; das sind rund 40 Prozent der vom Konzern weltweit verkauften 10,74 Millionen Autos. Die Werke in China trugen 4,7 Milliarden Euro zum operativen Ergebnis von 13,8 Milliarden bei.

Beim Bau von Elektrofahrzeugen sind die Chinesen auf dem besten Weg, Weltmarktführer zu werden. Die enorme Luftverschmutzung in den Städten hat die früheren Klimawandel-Skeptiker in Peking veranlasst, sich bei der Entwicklung der neuen Antriebstechnik brachial an die Spitze zu setzen. Die Produktion von 553 spritfressenden Automodellen wurde verboten, und ab 2020 muss der Benzinverbrauch aller Fahrzeuge unter fünf Litern pro hundert Kilometer bleiben. Die Regierung fördert die Elektromobilität aber nicht nur, um den Smog zu vermindern. Zugleich will sie auf dem Automobilmarkt Anteile von der internationalen Konkurrenz zurückerobern. Zwar meinte Martin Posth, der seit 1993 Ehrenbürger Schanghais war und Ende 2017 starb: «Was heißt schon chinesisches Auto? Es wird in China produziert, nicht kreiert.» Das ändert sich freilich. Nicht von ungefähr spricht John Pomfret von einem faustischen Handel der westlichen Automobilfirmen mit ihren chinesischen Partnern: «Um ins Geschäft zu kommen, waren sie gezwungen, den Chinesen ihre Technologie auszuhändigen und sie obendrein zu Konkurrenten auszubilden.» Werden diese Konkurrenten sie am Ende alle vom Markt verdrängen?

In den nächsten Jahren wird es vorwiegend um den Übergang zur Elektromobilität gehen. Da sind die Chinesen uns allem Anschein nach ein gutes Stück voraus. In Deutschland fuhren Anfang August 2018 erst 143 702 E-Autos; die für 2020 angestrebte Million wird wohl erst 2022 erreicht. In China waren es Ende 2017 schon 770 000 Personenwagen und Elektrobusse; der Marktanteil der Stromer stieg auf

2,7 Prozent (Deutschland 1,6%). In der Dreizehn-Millionen-Stadt Shenzhen fahren mittlerweile 17 000 Elektrobusse, auch ist die gesamte Taxiflotte elektrisiert. Bereits 2013 war das Ziel anvisiert worden, bis 2020 auf mindestens fünf Millionen Elektroautos zu kommen. Ursprünglich sollte eine Quote von acht Prozent schon zum 1. Januar 2018 eingeführt werden, doch sahen sich die großen Autobauer außerstande, diese Frist einzuhalten. Daraufhin gab die Führung nach. Nach der neuen Regelung muss nun von 2019 an jedes zehnte verkaufte Auto ein Elektro- oder Hybrid-Fahrzeug sein; 2020 soll die Quote auf 12 Prozent erhöht werden, bis 2025 sogar auf 25 Prozent. Auf der Pekinger Automesse 2018 waren 174 der gezeigten Modelle Elektrofahrzeuge, zu drei Vierteln von chinesischen Herstellern. Den Käufern winkt eine Anschaffungsbeihilfe von 60 000 Renminbi (7650 Euro) pro Fahrzeug; nur Norwegen zahlt mehr. Außerdem gibt es in mehreren Städten für Elektro-Fahrzeuge Autokennzeichen ohne Bezahlung und ohne Wartezeit. In Schanghai werden sonst alle zwei Monate 15 000 Neuzulassungen versteigert oder kostenpflichtig verlost, für die meist 1,5 Millionen Anträge vorliegen; in Peking gab es jüngst für 2,8 Millionen Teilnehmer an der Kennzeichen-Lotterie ganze 6460 Nummernschilder, deren Besitz die Voraussetzung für den Kauf eines Autos ist. Für Benziner werden sie kaum mehr vergeben; wenn doch, kostet das Nummernschild rund 10 000 Euro. Zuletzt allerdings sank 2018 der Absatz von E-Autos, weil der Staat seit Januar nur noch E-Autos mit einer Reichweite von über 150 Kilometern fördert. Offenbar hängt die Nachfrage doch stark von der Höhe der Subvention ab.

Sämtliche ausländischen E-Auto-Hersteller sind überdies Kooperationen mit chinesischen Firmen eingegangen, obwohl der Staat sie zwingt, ihre Technologie und auch den Gewinn mit den einheimischen Partnern zu teilen. Bis zur angekündigten Öffnung des chinesischen Automarkts und der Aufhebung des *Joint-venture*-Zwanges hatte zum Beispiel Volkswagen in seinen drei Gemeinschaftsunternehmen – mit SAIC in Schanghai, FAW in Changchun und JAC in Hefei – nur Anteile von höchstens 50 Prozent, in einem Fall sogar nur von 40 Prozent. Indes haben die meisten Beteiligungsverträge lange Laufzeiten, bei VW bis 2035, 2041 und 2042. Die Anteile könnten nur in Nachverhandlungen erhöht werden, der Zukauf wäre teuer, und die chinesischen Partner zeigen keine Neigung, ihre einträglichen Beteiligungen abzustoßen. Allerdings haben die Ausländer auch im bisherigen Rahmen nicht schlecht verdient – zu ihrer Gewinnhälfte kamen Lizenzgebühren, Erlöse aus dem Verkauf hochwertiger Zulieferkomponenten der Mutterfirmen zu Hause. Daher werden sich alle sehr genau überlegen, ob sie auf die Vorteile einer Partnerschaft verzichten wollen, die sich dadurch auszeichnet, dass einem Türen geöffnet werden, dass man billiger und schneller an Baugrundstücke kommt und dass über Staatskonzerne auch günstigere Kredite zu bekommen sind. Der Kölner Motorenbauer Deutz zog sich aus dem Gemeinschaftsunternehmen mit First Automotive Works (FAW) zurück, da er unzufrieden war mit der 50:50-Konstellation, in der er am kürzeren Hebel saß; er suchte danach einen Partner, der den Deutzern einen höheren Anteil und größere Unabhängigkeit einräumt.

Volkswagen wird bis 2025 in China zehn Milliarden Euro in die Entwicklung der Elektromobilität investieren. Bis dahin wollen die Wolfsburger 40 lokal produzierte E-Modelle auf den chinesischen Markt bringen und jährlich 400 000 davon absetzen; bis 2025 soll der Absatz sogar auf 1,5 Millionen im Jahr steigen. BMW hat bereits zwei gemeinsame Unternehmen mit dem chinesischen Autobauer Brilliance, in denen es 2019 in Shenyang 520 000 Fahrzeuge bauen will. Ein drittes Werk für 5000 Beschäftigte wird die Kapazität bis 2020 auf 650 000 Autos im Jahr steigern. Zugleich trafen die Bayern eine Abmachung mit Contemporary Amperex Technology (CATL), Chinas größtem Batteriehersteller, wonach sie bis zu 430 Millionen Dollar in die Firma investieren können; im Gegenzug nehmen sie CATL Batteriezellen im Wert von 4,7 Milliarden Dollar ab, von denen ein Teil in einem neuen Thüringer Werk produziert werden soll. (Niedersachsens Ministerpräsident Stephan Weil drängt wie die Bundeskanzlerin seit Längerem darauf, in Deutschland Batteriezellfertigung und -forschung zu etablieren). Ford und Tesla richten sich gleichfalls verstärkt auf den chinesischen Markt aus, ebenso der frühere BMW-Manager Carsten Breitfeld mit seinem Byton: «*Bytes on wheels*» ist sein Konzept. Nach der Aufhebung der Eigentumsschranken für Elektroautos beschloss Tesla den Bau einer Fabrik bei Schanghai, die pro Jahr 500 000 Fahrzeuge herstellen soll.

Allerdings stellen die Batterien noch ein Problem dar, da sie ausschließlich lokal produziert werden sollen und nicht im Ausland gekauft werden dürfen. Ende September 2018 gab es erst 190 000 Ladestationen, doch bis 2020 sollen 25 Milliarden Renminbi in ein landesweites Netz von Stromtankstellen investiert werden. Indes wird in den Großstädten mit ihren Wohnsilos das Angebot nicht so schnell ausreichen. Das 2014 gegründete Start-up Nio – das chinesische Tesla, das nach drei Jahren seinen Stadtgeländewagen ES8 vorstellte – setzt daher auf Wechselboxen, an denen leere Akkus binnen drei Minuten gegen volle ausgetauscht werden. Allerdings kam die Produktion sowohl des ES8 als auch der Wechselstationen noch schwerer in die Gänge als die von Elon Musks Tesla.

Doch die Chinesen preschen hemdsärmelig vor. Die Batterie-Firma GEM aus Shenzhen hat sich bei Glencore, dem größten Rohstoffkonzern der Welt, für die nächsten drei Jahre die Lieferung von 52 000 Tonnen Kobalt gesichert, fast die Hälfte einer weltweiten Jahresproduktion (2017: 110 000 Tonnen, über die Hälfte davon im Kongo). Für eine E-Autobatterie werden laut BMO Capital Markets etwa 10 Kilo Kobalt benötigt, um Überhitzung zu verhindern (in jedem iPhone stecken nur 10 Gramm). Ohnehin werden vier Fünftel der für die Herstellung von Lithium-Batterien benötigten Kobaltverbindungen in China verarbeitet, das fünfte Fünftel in Finnland, wo in Kokkola die zweitgrößte Kobaltraffinerie der Welt steht. Sie ist allerdings mehrheitlich in chinesischem Besitz, und das Rohmaterial kommt auch dort aus einem Bergwerk im Kongo, das ebenfalls einer chinesischen Firma gehört, der China Molybdenum. Zugleich suchen sie in Südamerika Zugriff auf die dortigen Vorkommen von Lithium, das in den Batterien den Ionenfluss ermöglicht. Die Regierung macht den Batterie-Entwicklern mächtig Dampf. Das Industrieministerium arbeitet bereits an einem Zeitplan für ein Totalverbot von Verbrennungsmotoren. Damit wird China zum Leitmarkt für Elektromobilität. Es verfügte 2018 über 69 Prozent der weltweiten Batterieherstellungskapazität, Amerika über 15 Prozent, die EU über weniger als 4 Prozent. Die «Batterie-Initiative» der Europäer kommt viel zu spät. Allerdings bleibt in China ein Problem ungelöst: Der größte Teil der Elektroenergie wird in Kohlekraftwerken produziert.

Beim Aufbau ihrer Flugzeugindustrie verfahren die Chinesen genauso wie in der Automobilbranche: Erst kaufen sie, dann montieren sie, schließlich produzieren sie selbst. Ihr Bedarf ist riesig. Der heutige Flottenbestand von 1500 Maschinen wird sich bis 2029 auf 5000 erhöhen, bis 2036 auf über 7000; bis dahin sollen 1,1 Billionen Dollar dafür ausgegeben werden. Da wird für Airbus und Boeing, Kanadas Bombardier und Brasiliens Embraer einiges abfallen, doch wächst ihnen eine ernst zu nehmende Konkurrenz heran. Bisher haben die Chinesen Airbus und Boeing zu gleichen Teilen mit Aufträgen versorgt (2017: 334 Airbusse, 300 Boeings). Airbus hat jedoch seit 2008 in Tianjin ein Montagewerk, ein Gemeinschaftsunternehmen mit der China Aviation Industry Corporation. Dort wird dem A320 aus Hamburg und dem A330 aus Toulouse die Kabine eingebaut und die Lackierung verpasst. (Boeing richtet ein ähnliches *completion center* in Zhouhang ein.) Zudem bot Airbus den Chinesen für den Riesenflieger A380 eine Industriepartnerschaft und die Errichtung eines Ausrüstungszentrums für Kabinenausbau und Anstrich an. Da die Endmontage nur 5 Prozent zur Wertschöpfung eines Flugzeuges beiträgt, sind die Arbeitsplätze in Hamburg und Toulouse noch nicht in Gefahr. Doch hat China begonnen, selbst Flugzeuge zu bauen. Der erste Mittelstrecken-Jet, die C919 des Staatsbetriebes Comac, hob 2017 zu seinem Jungfernflug ab und soll schon 2019 in Serienproduktion gehen. (Das Fahrwerk und das Belüftungssystem stammen vom schwäbischen Baumaschinenhersteller Liebherr.) Im Masterplan «Made in China 2025» ist die Luftfahrtindustrie als eine der zehn Schlüsselindustrien aufgeführt. Besonders China Southern, China Eastern und China Airlines werden mit staatlicher Unterstützung zu internationalen Luftfahrtgesellschaften großgezogen. Wo es 2007 erst 184 Millionen chinesische Flugpassagiere gab, waren es 2017 schon 549 Millionen, und bis 2036 sollen es nach Einschätzung der Internationalen Lufttransport-Vereinigung IATA 1,5 Milliarden werden.

Auf dem Weg zur bargeldlosen Gesellschaft marschiert China allen anderen voran. Es überspringt die Kreditkarten-Ära und setzt auf Bezahlung per Smartphone. Die Deutschen hängen am Baren; nach einer Untersuchung der Bundesbank zahlt nicht einmal jeder Zehnte an der Ladenkasse oder im Restaurant mit dem Handy. Die Chinesen sind da viel weiter. Schon im Jahr 2016 tätigten 470 Millionen Zahlungen in Höhe von 9 Billionen Dollar rein digital, 2017 waren es 800 Millionen und 21,8 Millarden Dollar, inzwischen sind es über eine Milliarde mobiler Zahler. Einen Großteil ihrer Rechnungen begleichen sie per Smartphone-App von Ant Financial, dem früheren Alipay (Alibaba), oder WeChat (Tencent) – vom Starbucks-Kaffee am Kiosk über das Leihfahrrad bis hin zur Strom-, Wasser- und Gasrechnung. Jeder siebte führt schon keine Scheine oder Münzen mehr mit sich; 40 Prozent tragen weniger als 100 Yuan bei sich. Der kassenlose Supermarkt wird Realität. In Großstädten ist es oft kaum noch möglich, Taxifahrten oder Restaurant-Rechnungen bar zu bezahlen, obwohl der Renminbi weiterhin gesetzliches Zahlungsmittel ist. Vor einigen Jahren erzählte man sich die Anekdote, wie ein Bettler, abgewimmelt mit der Bemerkung «Ich habe leider kein Bargeld dabei», sein Smartphone hervorholt und den Angesprochenen bittet, sein Almosen via QR-Code auf sein Alipay-Konto zu überweisen. Inzwischen ist die Anekdote alltägliche Realität geworden. Binnen fünf Jahren wollen die Online-Anbieter China in eine bargeldlose Gesellschaft verwandeln; der nächste Schritt ist Bezahlen durch Gesichtserkennung plus Einspeisung der Handynummer. Dem Staat ist es recht; er kann dann mühelos abgreifen, was seine Bürger kaufen und treiben. Auch die Kreditvergabe über das Internet nimmt rapide zu.

Patente und wissenschaftliche Publikationen: China holt auf

Bei der Zahl der Patentanmeldungen haben die Chinesen in den letzten Jahren ebenfalls kräftig zugelegt. Zuletzt meldeten sie 1,3 Millionen im Jahr an, 38 Prozent der weltweiten Patentanmeldungen; ihr Anteil in Chemie und Pharmazie stieg auf 10 Prozent. Zwar erwiesen sich die USA, Deutschland und Japan 2016 erneut als Top-Drei der erfindungsreichsten Länder, doch schob sich die Volksrepublik vor den Niederlanden und Südkorea auf den vierten Platz. Großzügige staatliche Forschungsförderung und steuerliche Begünstigung machten es möglich. Allerdings konnte ein Drittel aller chinesischen Patente im Qualitätsvergleich mit den alten Industriestaaten nicht mithalten, da sie oft in mehrere Patente unterteilt wurden, um die Zahlenvorgaben der Regierung zu erfüllen; man setzte auf Masse statt Klasse. Doch mittlerweile steigt die Qualität. Dies gilt besonders für die Anmeldungen der Unternehmen mit großen Forschungsabteilungen. So registriert die Weltorganisation für geistiges Eigentum (WIPO) als führende Patentanmelder mit Huawei und ZTE gleich zwei chinesische Telekommunikationsgiganten. China führte vor allem bei der Anmeldung von Blockchain-Patenten (2017: 225, USA 91). Huawei hat, dicht gefolgt von Siemens, 2017 in Europa 2398 Patente angemeldet, von denen 1262 erteilt wurden. Ohne Zweifel wird China seine Aufholjagd quantitativ und qualitativ fortsetzen. Auch ist es dabei, ein System zum Schutz geistigen Eigentums einzurichten; so wurden in kurzer Zeit 11 000 Patentprüfer eingesetzt. Dennoch schrecken noch immer viele westliche Unternehmen davor zurück, mit ihren neuesten Erfindungen nach China zu gehen.

In der Wissenschaft hat das Land jedoch selbst enorme Fortschritte gemacht. In den 1980er-Jahren entfiel kaum 1 Prozent der weltweiten Forschungsergebnisse auf die Chinesen, 2015 waren es 16 Prozent. Mit 293 000 Veröffentlichungen – von denen allerdings unverhältnismäßig viele wegen unredlicher Praktiken zurückgezogen werden mussten – standen sie an zweiter Stelle nach den USA mit 354 600 (Deutschland belegte mit 82 600 Veröffentlichungen den vierten Platz nach England). Seit 1999 wurden die Investitionen in die Forschung jedes Jahr um 20 Prozent gesteigert. Vom Bruttoinlandsprodukt werden 2 Prozent für Forschung und Entwicklung ausgegeben. Und ihre Erkenntnisse gehen rasch in die Wirtschaft. 168 Start-ups – *unicorns*, «Einhörner», im Wirtschaftsjargon Privatunternehmen mit mindestens 1 Milliarde Dollar Börsenwert – haben Unternehmen im Gesamtwert von 628 Milliarden Dollar aufgebaut; hinter 124 von ihnen stehen die drei Internetgiganten Baidu, Alibaba und Tencent. Typisch für die Aufsteiger aus dem Nichts sind die Drohnenproduzenten DJi, der 70 Prozent des weltweiten Verbrauchermarktes bedient, ferner eine von drei Studenten gegründete Firma, die Geräte zur Gesichtserkennung entwickelt, sowie der Mitfahrdienst Chuxing, der sich auch schon in Brasilien und Mexiko niedergelassen hat. Huawei will 2019 seinen Hochleistungschip Ascend 910 auf den Markt bringen. In der Finanzierung von Jung-Unternehmern im Forschungsbereich der Künstlichen Intelligenz hat China 2017 die Amerikaner hinter sich gelassen. Auch in der Biotechnologie macht es zügig Fortschritte. Auf dem Feld der Zelltherapie für die Krebsbehandlung ist das Land (wo 2015 über 4,3 Millionen Fälle von Krebs diagnostiziert wurden) anscheinend schon an den Amerikanern vorbeigezogen; zudem produziert es die Medikamente weit billiger. Und es zwingt die ausländischen Pharmahersteller, ihre Krebsmittel zu reduzierten Preisen abzugeben.

Fälschungsweltmeister und Hightech-Entwickler

Allerdings sind die Chinesen auch Fälschungsweltmeister. Von dort kommen nach wie vor vielerlei Fake-Artikel – Textilien etwa der Marke «Calvin Klain» (mit «ai» statt «ei») oder «Laocaste» statt Lacoste, Shampoo, falsche Louis Vuitton-Taschen, Sportschuhe, Brühwürfel, Medikamente, Möbel, Rolex- und andere Uhren, Computer-Software, Elektroartikel, iPhones und Tablets. Im Jahr 2016 beschlagnahmte allein der Hamburger Zoll 500 000 Flakons gefälschtes Parfüm mit einem Verkaufswert von 40 Millionen Euro. Markenrechtsverletzungen, unsauber nachgemachte und daher gefährliche Bauteile, aber auch komplett kopierte Maschinen oder Modeartikel sind an der Tagesordnung. Davon können der Kettensägenproduzent Stihl, der Kugellagerhersteller SKOF, die Spielzeugfirma Theo Klein oder das Klingenberger Unternehmen Wika, Spezialist für Druck- und Tempertaturmesstechnik, ein Lied singen. Nicht bloß Gucci und Yves Saint Laurent sind deswegen vor Gericht gezogen. Auch in der Autoindustrie ist Produktpiraterie ein ernstes Thema. Seit Jahren wehrt sich Jaguar Land Rover vergeblich dagegen, dass der SUV Landwind X7, eine augenfällige Kopie des Evoque, weiterhin über Chinas Straßen braust. Apple und Heineken gehören ebenfalls zu den westlichen Unternehmen, deren Klagen abgeschmettert wurden. Zwar bekamen der amerikanische Basketballspieler Michael Jordan und der US-Sportschuhhersteller New Balance recht, die wegen Missbrauchs ihres Namens oder Logos geklagt hatten, das waren jedoch Ausnahmefälle. Nach einer auf der jüngsten Hannover-Messe veröffentlichten Studie «Produktpiraterie 2018» entstand der deutschen Maschinenbau-Branche durch die Fälscher ein geschätzter Schaden von insgesamt 7,3 Milliarden Euro im Jahr. Der Fakepionier China bleibt dabei das Hauptproblem: 82 Prozent der befragten Firmen nannten die Volksrepublik als den häufigsten Herkunftsort von Plagiaten. Deren Online-Vertrieb habe bedenklich zugenommen. Westliche Industrieunternehmen beklagen sich vor allem über den Onlinehändler Alibaba und dessen Internet-Shopping-Plattformen, weil sie einen hohen Anteil an gefälschten Produkten anböten. Alibaba hält die Klagen für ungerechtfertigt. Sein Chef Jack Ma hat sich bei Gelegenheit aber auch schon gebrüstet, die *fakes* seien nicht nur billiger, sondern zudem besser als die Originale.

Es lässt sich nicht bestreiten, dass die Chinesen ihren wirtschaftlichen Aufstieg zum Teil mit hemmungslosem Abkupfern westlicher Produkte bewerkstelligt haben; von Urheberrechten hielten sie wenig. Davon will die Obrigkeit jetzt allerdings abrücken. Aus *copycats* sollen Innovatoren werden. Seit 2015 schreibt die Partei jedenfalls Innovation in zehn «strategischen Industrien» ganz groß. Ihre «Made in China 2025»-Strategie formuliert ehrgeizige Ziele in den industriellen Schlüsselbereichen, vor allem «einheimische Innovation» und Unabhängigkeit bei der Herstellung von Schlüsselkomponenten, unterstützt freilich durch forcierte Aufkäufe westlicher Technologie-Champions (im Jahr nach der Verkündung des Masterplans «Made in China 2025» schnellten die chinesischen Investitionen in Europa um 77 Prozent auf 35 Milliarden Euro in die Höhe). Doch das ist nur das Nahziel. Sie wollen die Hightech-Superpower der Welt werden und aus eigener Kraft die vierte Industrielle Revolution anführen, und sie lassen sich dies etwas kosten.

Auf jeden Fall bleibt es eine Tatsache, dass die Technologie der westlichen Welt das Fundament ihres Aufholprozesses bildet. «An Chinas Bestreben, seine Industrie mit westlicher Technologie aufzupeppen, kann es keinen Zweifel geben», befand die *Frankfurter Allgemeine*, «China klaut Technologie mit strategischer Absicht.» Zurückhaltender, doch nicht minder deutlich, sagte Cornelia Rudloff-Schäffer, die Präsidentin des Deutschen Patentamtes: «Ich bin mir sicher, die Chinesen haben Kuka gekauft, weil sie die Technologie dahinter lernen wollen.» Auch wollen sie an die rund tausend mittelständischen Weltmarktführer Deutschlands heran.

Wird die Kopie unseres Erfolgsmodells zur Bedrohung des Originals? Diese Frage beunruhigt auch Eberhard Sandschneider, den

Sinologen und früheren Forschungsdirektor der DGAP. «Es waren unsere Investitionen, unsere Technologie und unser Knowhow, die das chinesische Wirtschaftswunder ermöglicht haben. Jetzt stehen wir vor der Frage, wie wir gegen den immer erfolgreicheren Wettbewerber unsere eigenen Märkte und Interessen schützen können.»

Redlicherweise muss man eingestehen, dass im Zeitalter der Industrialisierung der Ideenklau auch unter den europäischen Nationen nichts Unbekanntes war. Das englische Gesetz, wonach deutsche Produkte die Aufschrift «Made in Germany» tragen mussten, war ursprünglich eine reine Abwehrmaßnahme gegen schlechte Ware und Plagiate aus Deutschland. Die Chinesen sind ein begabtes, fleißiges, strebsames Volk. Bis zur Mitte des sechzehnten Jahrhunderts waren sie dem Abendland in Wissenschaft und Technik weit voraus. Die Menschheit verdankt ihnen Rad und Kampfwagen, Schrift und Papier, Blockdruck und Druck mit beweglichen Lettern, Schießpulver und Seide, Mathematik und Medizin. Sie erfanden Gusseisen und Stahl, den Magnetkompass, den Wendepflug mit eisernen Pflugkappen, die Herstellung von Porzellan und die Anlage von Kanalsystemen. Und sie leisteten Hervorragendes auf den Feldern der Astronomie, Physik und Chemie, ehe sie zu Beginn des neunzehnten Jahrhunderts in lähmende Passivität und «Entwicklungslosigkeit» (Max Weber) verfielen, während die Industrielle Revolution im Westen die Welt veränderte.

Mit dieser Entwicklungslosigkeit ist es ein für alle Mal vorbei. Was Japan konnte, was Korea und Taiwan konnten, das können die Chinesen auch: den Fortschritt lernen. Jährlich bilden sie 300 000 Ingenieure aus. Für die Entwicklung planen sie – nach 1,6 Prozent 2012 und derzeit 2,1 Prozent – bis 2020 volle 3 Prozent ihres BIP auszugeben (Deutschland 2,85, USA 2,9 Prozent). Und sie kommen dabei voran. Zum Beispiel haben Alibabas Computer in Versuchen ein Leseverständnis erreicht, das die Verständnisfähigkeit normaler Sterblicher übertrifft; nur Microsoft hielt dabei noch mit. Gleichzeitig gelang es chinesischen Forschern, zweiundzwanzig Jahre nach dem Klonschaf Dolly zwei Langschwanzmakaken zu klonen: Zhong Zhong und Hua Hua. «Ich bewundere die großartige Innovationskraft des chinesischen Volkes», sagt Xi Jinping. China wird den Anschluss schaffen, auch ohne Ideenklau. Wir werden uns noch wundern.

Die Amerikaner hielten es bis vor Kurzem für selbstverständlich, dass ihr Militär, ihre Eliteuniversitäten und ihre Technologie-Unternehmen noch viele Jahrzehnte die Nase vorn haben würden. Ähnlich sind wohl auch die meisten Deutschen der Ansicht, dass sie mit ihrer Innovationskraft dem Aufsteiger in Fernost immer ein paar Schritte voraus sein werden. Aber in letzter Zeit wachsen doch Zweifel und Ängste. «Man kann nicht sagen, dass die Chinesen große Erfinder sind, das liegt nicht in ihrer Kultur» – der Satz Lee Kuan Yews überzeugt nicht mehr recht. Die Chinesen sind uns auf den Fersen. Vom Nachmacher haben sie sich zu einem eigenständigen Technologie-Giganten und Trendsetter entwickelt.

Ein Beispiel nur: Im Jahr 2017 hat die Regierung beschlossen, bis 2030 auf dem Feld der Künstlichen Intelligenz (KI) weltweit an der Spitze zu liegen. Selbstfahrende Autos und «smarte Städte» sind nur zwei der ehrgeizigen Ziele. Schumpeter, der Kolumnist des *Economist*, weist darauf hin, dass die chinesische KI-Expertenschaft zwar nur 6 Prozent der amerikanischen umfasst, dass die Zahl der Fachveröffentlichungen chinesischer Wissenschaftler auf diesem Gebiet indes schon 89 Prozent der amerikanischen erreicht hat. Die Hightech-Industrie Chinas veranschlagte er für 2017 auf 42 Prozent des US-Hightech-Sektors; noch 2012 seien es erst 15 Prozent gewesen. Seine Schlussfolgerung: «Bei Beibehaltung des gegenwärtigen Tempos wird Chinas Technologie-Industrie in zehn bis fünfzehn Jahren mit Amerika gleichauf liegen.»

Seine Entwicklungshilfe hat China ebenfalls geschickt eingesetzt. Laut Xi Jinping hat es seit 1950 über 400 Milliarden Yuan (51 Milliarden Euro) an Auslandshilfe geleistet, über 5000 Hilfsprojekte auf den Weg gebracht und in der Volksrepublik mehr als 11 000 Ausbildungskurse abgehalten, an denen 250 000 Ausländer teilnahmen. Eine eingehende Studie der Brookings Institution kommt allerdings zu davon abweichenden Schlüssen. Danach hat China bis Ende 2018 Kredite in Höhe von 675 Milliarden Dollar vergeben. Für Entwicklungshilfe gab es bis zur Weltfinanzkrise 2008 nur bescheidene Beträge aus; so weit stimmt der Autor mit Xis Angaben überein. Danach stiegen die Beträge für Official Development Assistance (ODA) jedoch beträchtlich an: auf 50 Milliarden Dollar 2009 und seitdem auf etwa 40 Milliarden jährlich. In letzter Zeit ging fast die Hälfte an die am Seidenstraßen-Projekt (*Belt and Road Initiative*) beteiligten BRI-Länder. Auf Afrika entfielen in den Jahren 2012–2014 rund 37 Prozent, auf das maritime Asien 25 Prozent, je 14 Prozent auf Lateinamerika und Zentralasien. Unter den zwanzig Hauptempfängern waren einige BRI-Staaten (Iran, Pakistan, Kasachstan, Indonesien), aber auch acht afrikanische Länder (Angola, Elfenbeinküste, Äthiopien, Kenia, Nigeria, Südafrika, Sudan und Tansania). Ein polit-geographisches Muster für Chinas Engagements ergibt sich daraus nicht unbedingt. Die Vergabe ist offensichtlich mehr von der Nachfrage bestimmt als von gezielten Angeboten aus eigener Initiative. Indessen hat es auch gezielte Vorschläge aus China gegeben, etwa für den Bau des Nicaragua-Kanals als zweite Verbindung zwischen Atlantik und Pazifik oder für eine Eisenbahnstrecke von Brasilien durch das Amazonas-Becken und über die Anden nach Peru.

«Die Chinesen kommen» – der Angstruf aus jener Zeit, da die «gelbe Gefahr» viele Gemüter beunruhigte, treibt auch heute wieder manch einen um. Doch die Chinesen kommen nicht, sie sind schon da. So stark freilich, wie es aussieht, sind sie auch wieder nicht.

4

Die Schattenseiten des Aufstiegs

Kaum einer hat sich vorstellen können, auf wie breiter Front, mit welcher Wucht und in welch unerhörtem Tempo China sich zur wirtschaftlichen Supermacht entwickeln würde. Man darf allerdings nicht vergessen, dass China nach wie vor das größte Entwicklungsland der Welt ist. Es gehört ja nicht nur den G-20 an, sondern beharrt weiterhin auf seiner Mitgliedschaft bei den «G-77», dem – inzwischen auf 134 Länder angeschwollenen – Verbund der armen Staaten der Erde. Unweigerlich werden sich die Schattenseiten des gegenwärtigen Zustandes hemmend auswirken: die Probleme der überschuldeten Banken und Staatsunternehmen (150 000, darunter viele «Zombies», die nur minus machen); die Kluft zwischen Stadt und Land, aufs Peinlichste sichtbar an den Nöten von 280 Millionen Wanderarbeitern; die wachsende Ungleichheit von Oben und Unten; die Überalterung der Ein-Kind-Gesellschaft; die Löchrigkeit des sozialen Netzes; die grassierende Korruption und nicht zuletzt die fortdauernde Rechtsunsicherheit der Bürger, die sich immer öfter in Protesten, Demonstrationen oder gar Ausschreitungen Luft machen. Auf dem Human Development Index der Vereinten Nationen ist China immerhin von Platz 95 auf Platz 86 vorgerückt.

Wo China hinterherhinkt (Stand 2018)	
Pro-Kopf-Einkommen:	Platz 74 (von 188)
UN-Human-Development-Index:	Platz 86 (von 189)
Korruption:	Platz 77 (von 180)

Beim Davoser Weltwirtschaftsforum räumte Xi im Januar 2017 unumwunden ein, dass die chinesische Wirtschaft unter Druck und vor vielen Schwierigkeiten stehe, so einem Übermaß an Produktionskapazität bei fehlender einheimischer Nachfrage, einem Mangel an internen Antriebskräften zur Wachstumsförderung, einer Häufung finanzieller Risiken und wachsenden Herausforderungen in einigen Landesteilen. Auch gab er zu: «Die sozialen Probleme haben sich merklich verschärft.» Doch betrachtete er all dies als «zeitweilige Bedrängnisse, wie sie auf dem Weg nach vorn» eben vorkämen. Der Schlüssel zur Lösung der Probleme liege in vertiefter Reform.

Was der Staatspräsident da nur sehr allgemein formulierte, sei im Folgenden an Hand konkreter Beispiele näher erläutert.

Chinas Schuldenberg drückt

Da ist zunächst einmal das massive Schuldenproblem des Landes. Nach Auskunft des Institute for International Finance hat 2016 die Gesamtverschuldung von Zentralstaat, Provinzen und Gemeinden, von staatlichen wie privaten Unternehmen und Banken und von privaten Haushalten 295 Prozent des Bruttoinlandsprodukts erreicht; noch 2008 waren es erst 171 Prozent. Seit der Finanzkrise von 2008 entfällt die Hälfte der weltweiten Neuverschuldung auf China, zum großen Teil, weil die Regierung die Wirtschaft mit immensen Finanzspritzen auf Hochtouren gehalten hat; Wachstum durch Verschuldung war das chinesische Modell. Zwischen 2007 und 2015 vervierfachten sich die privaten und öffentlichen Verbindlichkeiten von rund 6000 Milliarden Dollar auf 28 000 Milliarden. Die Schulden der Privathaushalte beliefen sich 2016 zwar nur auf 46 Prozent des Bruttoinlandsprodukts, die Staatsschulden lediglich auf 44,32 Prozent, die Verschuldung der Firmen stieg jedoch seit 2008 von 100 auf 170 Prozent. Davon entfielen fast drei Viertel auf die Staatsfirmen, die nur noch 10 bis 20 Prozent der Wirtschaftsleistung erbringen und eine dürftige Kapitalrente von gerade 2,9 Prozent schaffen; die Privatwirtschaft bringt es immerhin auf 10,2 Prozent. Allein die vier größten Banken haben laut *Economist* 940 Milliarden Dollar an Verbindlich-

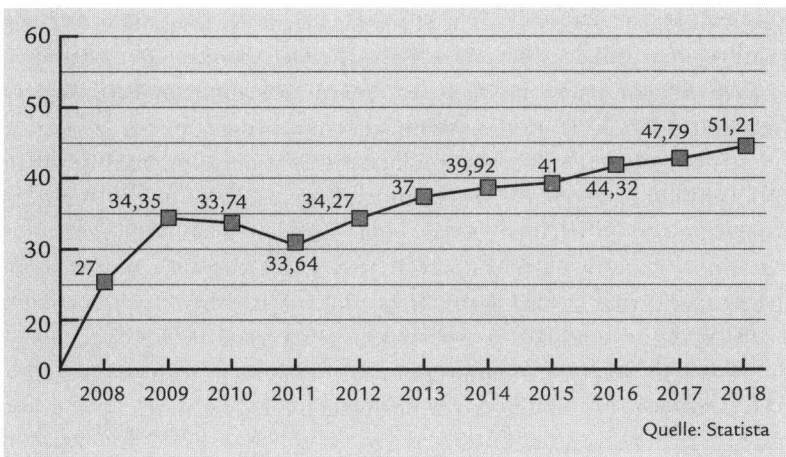

Quelle: Statista

Chinas Staatsverschuldung in Prozent vom Bruttoinlandsprodukt

keiten. McKinsey geht von einer Gesamtverschuldung von 282 Prozent aus, das Washingtoner Institute for International Finance nennt 304 Prozent, wovon der größte Teil auf den Unternehmensbereich entfällt. Der IWF sieht die Gesamtschulden bis 2022 auf 328 Prozent steigen.

Nach einem Stresstest, in dem 33 Banken daraufhin geprüft wurden, ob sie bei einem Einbruch der Wirtschaft über ausreichendes Eigenkapital verfügen, warnte der Währungsfonds 2017 vor einer möglichen Krise, da siebenundzwanzig Banken den Test nicht bestanden. Die Ursache: Auf Weisung der örtlichen Machthaber müssen sie oft auch verlustreichen Staatsbetrieben Kredite gewähren, damit die Arbeitslosigkeit nicht ansteigt. Diese Schuldenorgie hat, darf man wohl sagen, schon mehr als griechische Qualität, obgleich es interne Schulden sind, keine Auslandsschulden. Moody's hat denn auch im Mai 2017 die Bonitätsnote für das Land herabgestuft, im September folgte Standard & Poor. Finanzexperten vermuten, dass China eines Tages die Zeche aus dem Schuldenboom der vergangenen Jahre wird zahlen müssen. Das Pekinger Finanzministerium nannte die Konzentration der Kritiker auf die Kreditmenge und das galoppierende Anwachsen der Verschuldung indes ätzend «Geschwätz von gestern». Die Zentralbank stufte den IWF-Bericht zwar als «fair» ein, wies aber die Schlussfolgerung zurück, dass die Stabilität von Chinas Finanzsystem gefährdet sei; es habe in der Vergangenheit bewiesen, dass es Risiken zu bewältigen verstehe.

Chen Zhao von der kanadischen Beratungsfirma Alpine Macro stimmt dem insoweit zu, als er darauf hinweist, dass die Chinesen bei einer Sparquote von 48 Prozent (laut OECD 46,9 Prozent) jedes Jahr eine Summe von 6000 Milliarden Dollar zurücklegen, die von den Banken als Kredite zu niedrigen Zinsen für Investitions- oder Konsumzwecke weitergegeben werden können (und müssen). Pekings öffentliche Verschuldung nehme sich im Vergleich dazu harmlos aus. Da die staatlichen Banken, die Zentralbank und die Regierung alle miteinander zusammenhingen, räsoniert er, sei eine Schuldenkrise in China «beinahe unmöglich». Wer da recht behält, wird die Zukunft erweisen. Jedenfalls hat die Regierung inzwischen einschneidende Gegenmaßnahmen ergriffen; die Vergabe von Hypotheken wird seit 2017 weit restriktiver gehandhabt als zuvor.

Die Wohlstandslücke zwischen Stadt und Land

Dann ist da die Kluft zwischen Stadt und Land. Einerseits klafft eine große Wohlstandslücke zwischen den sieben Küstenprovinzen (Schanghai, Tianjin, Jiangsu, Zhejiang, Guangdong, Shandong und Fujian) samt der Inneren Mongolei und den übrigen Provinzen, deren Pro-Kopf-Einkommen 40 Prozent unter dem der reicheren Landesteile liegt. Andererseits hat sich der Wohlstandsabstand zwischen Städtern und Bauern in den letzten zehn Jahren ständig vergrößert. Das verfügbare Einkommen in den Städten ist inzwischen zweieinhalb- bis fünfmal so groß wie das auf dem flachen Land. Xi Jinping schrieb dazu schon 2014 in der *Volkszeitung:* «Einerseits müssen wir den Kuchen ständig größer machen, andererseits müssen wir den Kuchen richtig verteilen.» Dennoch steigt die Einkommensungleichheit auf dem Land drastisch, wo die besser gestellten Haushalte doppelt so hohe Einkünfte haben wie die schlechter gestellten (12 000 bzw. 5200 Yuan).

Xi hat sich vorgenommen, die ländliche Armut (jährliches Haushaltseinkommen unter 2300 Yuan oder 347 Dollar) bis 2020 zu beseitigen und die Einkommenskluft schrittweise zu schließen – ein höchst ehrgeiziges Ziel. In den Jahren 2012–2017 sank die Armutsquote laut Xi Jinping von 10,2 Prozent unter 4 Prozent. Beinahe 500 Millionen Menschen leben indes laut Weltbank immer noch von weniger als 5,50 Dollar täglich, 43 Millionen haben nach chinesischen Angaben weniger als 95 Cent pro Tag (vor fünf Jahren waren es noch 100 Millionen). Viele fristen auch unmittelbar oberhalb der offiziellen Armutsgrenze ein dürftiges Leben. Xi Jinping sieht in der Beseitigung der Armut auf dem Lande eine seiner Hauptaufgaben. Auf dem Marsch zum Wohlstand soll niemand zurückgelassen werden, sagt er. Doch ist der Regierung klar, dass die Reform der Einkommensverteilung ein «mühseliges und kompliziertes» Vorhaben ist. «Es kann auf keinen Fall über Nacht erreicht werden.»

Gleichzeitig klaffen nämlich auch die Bildungschancen sowie die Konsummöglichkeiten und die Beschäftigungsquoten weit auseinander: Der Oberschulbesuch ist auf dem Lande dreimal niedriger als in der Stadt und die Studierendenquote sogar siebzigmal niedriger. Nur 9,3 Millionen Jugendliche haben 2016 die Oberschule abgeschlossen, weniger als zwei Drittel des Jahrgangs. Viele von ihnen werden wegen Arbeitskräftemangels gezwungen, in den Fabriken zu arbeiten. Die Arbeitslosigkeit liegt in den Städten bei 4,1 Prozent, in den ländlichen Gebieten bei rund 50 Prozent. Und die Landwirtschaft hinkt der Modernisierung weit hinterher. Jetzt heißt es, die «Industrialisierung neuen Typs, die Informatisierung, die Urbanisierung neuen Typs sowie die landwirtschaftliche Modernisierung sollen sich parallel entwickeln».

Das Paradox der kommunistischen Milliardäre

Dann schafft die wachsende Ungleichheit von Oben und Unten Unruhe. «Die Armen werden ärmer und die Reichen reicher», befindet Zhou Xiaozheng, Professor für Soziologie an der Pekinger Renmin-Universität. Nach einer Studie der Peking Universität besitzt das oberste 1 Prozent der Bevölkerung ein Drittel des gesamten Landes-reichtums, während die unteren 25 Prozent auf gerade einmal 1 Pro-zent kommen. Im Jahr 2017 stiegen die Vermögen um 14 Prozent, nach 18,3 Prozent im Vorjahr immer noch der globale Spitzenwert. Der private Reichtum findet sich in wenigen Händen: Die reichsten 10 Prozent besitzen 70 Prozent allen Privatvermögens, 1995 waren es noch 40 Prozent. Wenn diese Diskrepanz bisher keinen Aufruhr aus-gelöst hat, so liegt dies an einem milderndem Umstand: *A rising tide lifts all the boats.* Tatsächlich hat der allgemeine Aufschwung die untere Hälfte des Volkes nicht ausgespart; ihr Einkommen hat sich seit dem Jahr 1978 verfünffacht.

Doch zählt ausgerechnet die kommunistische Volksrepublik welt-weit zu den Ländern mit dem größten Wohlstandsgefälle. Die Zahlen gehen zwar auseinander, doch der Befund ist eindeutig. Nach einer von der Schweizer Großbank UBS und der Beratungsgesellschaft PriceWaterhouseCoopers veröffentlichen Studie gibt es weltweit gut 1500 Dollar-Milliardäre, von denen 563 in den USA und 318 in China leben (Deutschland: 117). Davon abweichend gibt Forbes die Gesamt-zahl der Dollar-Milliardäre für 2017 mit 2043 an, 535 von ihnen leben in den USA und 387 in der Volksrepublik China einschließlich Hong-kong und Macau; 153 von ihnen sitzen im Nationalen Volkskongress, dem chinesischen Parlament. In Peking waren es mehr Milliardäre als in New York (94:86). Allein 2016 sollen 80 neue hinzugekommen sein. Von den weltweit 10 Millionen Dollar-Millionären sind laut Forbes rund 3,14 Millionen Chinesen, laut Global Wealth Report von Credit Suisse 2 Millionen, so viele wie in Deutschland. Sie alle haben sich Deng Xiaopings Parole «Reich werden ist ruhmreich» zu eigen ge-macht. Mit ihren Angehörigen machen sie angeblich sechs Prozent der Bevölkerung aus. Gerhard Koenen, Historiker des Kommunis-mus, will denn auch China nicht als kommunistischen Staat gelten lassen. Der kommunistische Anspruch, argumentiert er, sei eine bloße Legitimationsfassade, hinter der sich eine größere Ungleichheit entwickelt habe als im kapitalistischen Westen. Die Fakten geben ihm recht.

Der sogenannte Gini-Koeffizient – der Maßstab für Ungleichheit – hat mittlerweile den höchst gefährlichen Wert von 4,52 erreicht (liegt der Wert bei null, herrscht völlige Gleichheit, bei 10 völlige Ungleichheit; über 4 gilt laut Weltbank als schwerwiegende Einkommensdifferenz). Noch 1995 lag er bei 0,4. Chinesische Experten hatten den «Lamborghini-Koeffizienten», wie er mit Blick auf Chinas Superreiche genannt wird, schon längst mit alarmierenden 6 Punkten angegeben, 2014 erreichte er die Höchstmarke von 7,39. Laut *Economist* ist die Ungleichheit nur in einem Land größer als in China: in Südafrika. Die chinesische Regierungsstatistik platziert das Land an die vierte Stelle hinter Südafrika, Brasilien und Nigeria. Dem Regime scheint dies mittlerweile peinlich geworden zu sein. Von den 683 Golfplätzen des Landes sind von der Planungsbehörde letzthin 111 geschlossen worden, 507 weitere wurden «rektifiziert».

China wird alt, bevor es reich wird

Die Überalterung ist vielleicht das schwierigste Problem. China wird alt, bevor es reich wird. Die Zahl der Über-Sechzigjährigen wird sich bis 2030 von 200 auf 300 Millionen erhöhen und bis 2050 wohl auf 450 Millionen. Im Jahr 2000 waren 11 Prozent der Chinesen über sechzig Jahre alt, heute sind es 15,5 Prozent, 2025 werden es bereits 25 und 2050 den UN World Population Prospects zufolge 49,6 Prozent sein (Deutschland 2015: 27,1 Prozent; 2060: 38,2 Prozent). Die Stadt Schanghai mit ihren 24 Millionen Einwohnern, davon über 7 Millionen zeitweilige Einwohner, Wanderarbeiter also, hat schon 2014 die kritische Schwelle von 30 Prozent überschritten. Während die Bevölkerung wohl noch drei Jahzehnte weiter wächst, nimmt die erwerbsfähige Altersgruppe rapide ab. Bis 2026 wird sich die Zahl der Zwanzig- bis Neunundzwanzigjährigen von 200 auf 150 Millionen vermindern. Der Mangel an Fachkräften veranlasst bereits viele Unternehmen, Oberschüler illegal an den Werkbänken einzusetzen.

Jetzt rächt sich die 1979 eingeführte, mit brutalen Zwangssterilisationen und Zwangsabtreibungen durchgesetzte Ein-Kind-Politik. Deren Folgen waren fatal, denn sie führte zu einem massiven Männerüberschuss. Vor allem aber ist die normale Alterspyramide völlig aus dem Lot gebracht worden. Nach fünfunddreißig Jahren wurde die Ein-Kind-Politik deshalb aufgegeben. Seit Anfang 2016 ist es allen

Paaren wieder gestattet, zwei Kinder zu bekommen. Im Jahr danach führte dies zu einer Geburtensteigerung um 1,3 Millionen, doch hielt der Trend nicht an. Die junge Generation scheut die Kosten der Kindererziehung; auch ahnen viele, dass sie eines Tages beide Elternpaare werden unterstützen müssen. Der erwartete Baby-Boom blieb aus. Im Jahr 2017 fiel die Zahl der Geburten von 17,86 auf 17,23 Millionen, das waren 3,5 Millionen weniger als bei der Aufhebung der Ein-Kind-Politik prognostiziert und 630 000 weniger als im Jahr zuvor. Neuerdings wird darüber nachgedacht – in Provinzen wie Liaoning bereits dafür geworben –, den Familien drei Kinder zu erlauben. Die Provinzregierung von Shaanxi appellierte an Peking, die Geburtenbegrenzungen sogar ganz aufzuheben. Vieles deutet darauf hin, dass dies bald zur amtlichen Politik wird. So ist der Terminus «Familienplanung» aus der Bezeichnung der Gesundheitsbehörde gestrichen worden, und im Arbeitsbericht der Partei fehlt zum ersten Mal seit dreißig Jahren das Wort «Geburtenplanung». Als bedeutsamen Fingerzeig sahen viele das Erscheinen einer Sonderbriefmarke zum bevorstehenden Jahr des Schweins, auf der eine Schweinefamilie abgebildet ist: Eber, Sau und drei Ferkel. Als vor dem Jahr des Affen 2016 die Ein-Kind-Politik von der Zwei-Kind-Politik abgelöst wurde, war eine Briefmarke mit einer Affenmutter und zwei Jungen erschienen. Die Botschaft ist klarer als jede Meldung im Amtsblatt: «Plansoll fürs Schlafzimmer», formulierte die *Frankfurter Allgemeine Zeitung*.

In die Städte und in die Hochhäuser

Zugleich ist die Urbanisierung eine außerordentliche Herausforderung. Als Deng Xiaoping 1978 die Reform-Ära einleitete, lebten nur 18 Prozent der Bevölkerung in Städten, 800 Millionen Bauern lebten in vier Millionen Dörfern. Heute sind 54 Prozent Städter. China erlebt die größte Binnenmigration, den gigantischsten Urbanisierungsschub der Geschichte. Teils handelt es sich dabei um klassische Landflucht, wie sie alle Industriestaaten erlebt haben, teils jedoch um zwangsweise Entwurzelung. Die Integration der von der Landwirtschaft freigesetzten Landbewohner in die Stadtbevölkerung hat Xi

Jinping weiter beschleunigt. In den Jahren 2012–2017 zogen 80 Millionen Menschen vom Land in die Stadt, sodass die städtische Bevölkerung auf 58,52 Prozent anwuchs. Nach dem nationalen Urbanisierungsplan von 2014 sollen 2020 60 Prozent in den Städten leben, 2030 dann 70 Prozent – 1 Milliarde Chinesen. Bis dahin müssen an die 300 Millionen Bauern zu Stadtbewohnern werden, allerdings nicht länger nur durch Abwanderung, sondern nun vermehrt durch die Verstädterung der Dörfer. Ihre Häuser werden abgerissen, auf ihren Äckern entstehen Gewerbegebiete, Einkaufszentren, Bürogebäude, Wohnblocks. Fast ebenso viele Wanderarbeiter, die heute schon in den Städten leben, müssen rechtlich gleichgestellt und sozialverträglich integriert werden.

Von den 600 Städten Chinas sind über 150 Millionenstädte, darunter fünf Städte mit über zehn Millionen Einwohnern, 14 mit über fünf Millionen und 41 mit mehr als zwei Millionen. Ihr fortgesetztes Bevölkerungswachstum würde riesige Probleme schaffen. Deswegen sperrt zum Beispiel Peking weiteren Zuzug, reißt die Unterkünfte der Wanderarbeiter am Stadtrand ab und schiebt die wohnungslos gewordenen Migranten bei Eiseskälte brutal ins Umland ab, was heftigste Proteste auslöste. Die Einwohnerzahl der Hauptstadt soll bis 2035 bei 23 Millionen eingefroren werden, die Schanghais bei 25 Millionen. Die Regierung plant elf Ballungszentren, neue Megastädte und Metropolregionen in Dimensionen, die in der ganzen Weltgeschichte erstmalig und einmalig sind. Damit jedoch nicht alle in die Großstädte ziehen, sollen tausend Städte bis 2020 ihre «Besonderheiten» zur Profilierung nutzen; so können sie sich als «Schokoladenstadt», als «Kosmetikstadt», «Ledermodenstadt» oder auch «Kernkraftstadt» auszeichnen.

Das alles stellt die Obrigkeit vor enorme städtebauliche Probleme, Umweltprobleme und Probleme der Arbeitsbeschaffung, aber auch vor soziale Probleme: Die Dörfler fürchten die in den Städten übliche Einäscherung der Toten, lieber werden sie an den Berghängen neben den Gräbern ihrer Verwandten bestattet. Zudem fühlen sie sich ohne Gärten ganz von ihren ländlichen Wurzeln abgeschnitten. Überall schießen massenhaft Wohnblock-Türme in den Himmel. Zwischen ihnen bauen die Leute gern Gemüse an oder züchten Enten. Viele Wohnungen sind unbewohnt. So stehen nach einem Bericht der Wirtschaftsuniversität Chengdu 50 Millionen Wohnungen leer, darunter seit Jahren das Skelett eines fast 600 Meter hohen Wolkenkratzers in Tianjin, der einmal der fünfthöchste der Welt werden sollte – Ergebnis eines weit verbreiteten korrupten Spekulantentums, dem Xi Jinping – «Häuser sind zum Wohnen da, nicht zur Spekulation» – durch Einführung einer Grundstückssteuer zu Leibe rücken will.

Siedlungsdruck und Baugrund-Knappheit zwingen zum Bau von Hochhäusern und Wolkenkratzern. Nach Arabien ist China zum Skyscraper-Dorado der Welt geworden. Im Zeitraum 2010–2017 entstanden etwa 370 Gebäude über 200 Meter Höhe, 105 davon 2017 (die Gesamtzahl in den USA beträgt 189). Allein im Schanghaier Finanzzentrum stehen 249 Wolkenkratzer. Aus dem Reich der Mitte sei das Reich der Höhe geworden, kalauerte die *Süddeutsche Zeitung*.

Die geplanten Ökostädte stehen vielfach noch auf geduldigem Papier. Doch Jahr für Jahr drängen Millionen Kleinbauern in die konsumierende Mittelschicht und damit vor allem in die Städte. Ihre Sesshaftmachung und die Beschäftigung der nachwachsenden Generation bedeutet, dass China jedes Jahr 20 Millionen Arbeitsplätze schaffen muss, davon 7,6 Millionen für Hochschulabsolventen; es gibt jedoch im ganzen Land jährlich nur 13 bis 14 Millionen neue Stellen. Obendrein gehen die Fachleute davon aus, dass fünf bis sechs Millionen Arbeiter wegen der fortschreitenden Digitalisierung und Robotisierung in den nächsten Jahren ihren Job verlieren könnten.

Noch macht Stadtluft nicht frei

Das soziale Netz des Landes ist dünn und löchrig. Bis 2007 mussten 80 Prozent der Bevölkerung ärztliche Betreuung aus eigener Tasche bezahlen. Eine umfassende Gesundheitsversorgung wurde erst 2009 beschlossen; bis 2020 soll sie auch dem letzten Bürger zugute kommen. Schritt um Schritt ist zudem das System der Altersversorgung seit 2008 reformiert worden. 2017 hatten 900 Millionen Chinesen eine Rentenversicherung. Allerdings steht es schlecht um deren zukünftige Finanzierung. Nach einer gemeinsamen Studie der Bank of China und der Deutschen Bank werden 2033 rund 10,9 Billionen Dollar fehlen, was fast 40 Prozent des bis dahin zu erwartenden Bruttoinlandsprodukts entspricht.

Ein besonderes Problem sind die 280 Millionen Wanderarbeiter. Die meisten sind Kleinbauern, die sich in den Städten verdingen, Tausende Kilometer von ihrem Heimatort entfernt. Lange Zeit lebten sie in Schuppen auf den Baustellen oder in provisorischen Unterkünften der Fabriken, doch mittlerweile wohnen viele zusammengepfercht in den verslumten ehemaligen Dörfern am Rande der großen Städte. Neuerdings werden sie aus ihren Behausungen brutal vertrieben. Der neue Parteisekretär Pekings, der seine Bevölkerungszahl bei 23 Millionen deckeln will, hatte angekündigt, dass er diese unansehnlichen Nachbarschaften «wie Kohlblätter abreißen» werde. Zehntausende mussten ihre Unterkünfte bei eisigen Temperaturen Knall auf Fall verlassen, ganze Stadtteile wurden dem Erdboden gleichgemacht. Die meisten Wanderarbeiter haben keine Arbeitsverträge, werden schlecht bezahlt, malochen 12 bis 14 Stunden täglich sieben Tage in der Woche. Als Bürger zweiter Klasse sind sie ohne rechtliche und soziale Absicherung und genießen weder Versicherungsschutz noch Gesundheitsfürsorge. Einen Rentenanspruch oder das Recht, ihre Familie nachzuholen oder ihre Kinder an ihrem Arbeitsort zur Schule zu schicken, haben sie auch nicht. Eine Folge ist, dass 30 Millionen Kinder in ihrer Heimat auf dem Lande ohne ihre Eltern bei Verwandten aufwachsen, ein Zehntel davon sogar völlig allein. Das liegt an dem 1958 eingeführten Hukou-System, der Einwohnermeldepflicht oder Wohnsitzkontrolle, wonach sich jeder Chinese an seinem Geburtsort registrieren lassen muss. Nur dort hat er irgendwelche Versorgungsansprüche. Das System unterteilte die Bevölkerung in Agrarier und Nicht-Agrarier. Nur für Letztere übernahm der Staat die Verpflichtung, die Lebensmittelversorgung sicherzustellen; Erstere galten in den Volkskommunen als Selbstversorger. Die Volkskommunen gibt es längst nicht mehr, doch das Hukou-System gilt noch immer. Ein rundes Fünftel der Bevölkerung wird dadurch benachteiligt; in der Zehn-Millionen-Stadt Suzhou machen die Wanderarbeiter fast die Hälfte der Einwohner aus. Auch mit einer Aufenthaltsgenehmigung für die Stadt bleibt der als «Landbewohner» Registrierte bis heute weithin rechtlos.

Der Regierung ist klar, dass das sozialer Sprengstoff ist, zumal längst eine zweite Generation herangewachsen ist, die in den Städten geboren ist und kaum noch Verbindung zum Land hat. Die Pekinger Abriss- und Vertreibungsaktion stieß auf große Empörung in der Mittelschicht und in den sozialen Medien – nicht nur, weil die Bezirksregierung von «sozialem Abschaum» gesprochen hatte, sondern weil die Wanderarbeiter auf dem Bau, in Restaurants, als Reinigungskräfte und vor allen Dingen als Kurier- und Auslieferungsfahrer unersetzlich sind. Da die Partei die Urbanisierung mit Macht vorantreiben will, muss sie hier dringend etwas tun. Sie hat 2014 eine Reform des Hukou-Systems beschlossen, aber diese kommt nur schleppend voran. Noch macht Stadtluft nicht alle frei.

Xi Jinpings Kampf gegen die Korruption

Vor allem Korruption ist in China eine allgegenwärtige Erscheinung. Staatspräsident Xi Jinping warnte bei seinem Amtsantritt, das Problem der Korruption sei so groß, dass es den Machtanspruch der Kommunistischen Partei gefährden könne. Daniel Bell, Professor für Politische Wissenschaften an der Shandong-Universität, hat die herrschende Praxis beschrieben. Danach war es vor Xi Jinpings Amtsantritt im Jahr 2012 gang und gäbe, Funktionäre zu bestechen oder mit üppigen Mahlzeiten, Karaoke-Festivitäten und teuren Geschenken geneigt zu stimmen. Es war schwierig, zu guten Schulen und Krankenhäusern Zugang zu erhalten, ohne die Behörden zu schmieren. Auch für Beförderungen musste oft genug den Vorgesetzten einiges zugesteckt werden. Seitdem wurden 1,6 Millionen Ermittlungsverfahren eingeleitet, insgesamt 1,3 Millionen Beamte und Parteifunktionäre wurden laut Xinhua bestraft, zumeist von der Zentralen Disziplinarkommission der Partei. Nach diesem partei-internen Shuanggui-Verfahren, das oft Isolationshaft und monatelange Verhöre an geheimen Orten bedeutete, wurden mindestens 58 000 Funktionäre den ordentlichen Gerichten überstellt. Dieses System hat in den Rängen der Partei manch böses Blut gemacht. Im März 2018 wurde beschlossen, die Disziplinarkommission durch eine mit weit größeren Befugnissen ausgestattete Nationale

Überwachungskommission zu ersetzen. Diese Super-Schnüffelbehörde wird nun nicht nur auf Parteimitglieder Zugriff haben, sondern auf sämtliche Staatsbedienstete, und dies unter Umgehung der Justiz.

Erst nahm Xi ranghohe Politiker, Militärs, Richter und Chefs von Staatskonzernen aufs Korn: die «vornehme Staatspfründenschicht», um einen treffenden Begriff Max Webers aufzunehmen. Ein Beispiel ist der Wasserwerksmanager Ma, in dessen Kleiderschrank die Korruptionsfahnder 37 Kilo Gold fanden, dazu Grundbucheinträge für 68 Immobilien und 120 Millionen Yuan in bar. Über 440 Leute im Range von Vizeministern oder Generalen und darüber kamen hinter Gitter, darunter der frühere Sicherheitschef Zhou Yongkan, Mitglied des Ständigen Ausschusses des Politbüros und lange Zeit der drittmächtigste Mann im Lande. Wegen Korruption verfolgt wurden auch 18 der 250 Mitglieder des Zentralkomitees, mehrere Provinzgouverneure und die Justizministerin. Dann wurden 2015 über 300 000 kleine Beamte und Parteikader wegen Bestechlichkeit bestraft. Im Jahr darauf wurde die Antikorruptionskampagne auf die 90 Millionen Parteimitglieder ausgeweitet, von denen 2016 rund 415 000 Disziplinarstrafen erhielten. Unmittelbar vor dem 19. Parteitag haben Xi Jinping und sein damaliger Antikorruptionszar das Politbüromitglied Sun Zhengcai, Parteisekretär von Chongqing und Nachfolger des fünf Jahre zuvor abgestraften Bo Xilai, den Anklägern überstellt.

«*Tiger* und *Fliegen* wurden gemeinsam geschlagen sowie die *Füchse* verfolgt», erklärte Xi den 2300 Delegierten des Parteitages – «große Tiere» und «kleine Fische» würden wir auf Deutsch sagen, korrupte Funktionäre also von hohem und niedrigem Rang, Pfründenjäger, Schmarotzer und flüchtige Ganoven. Jedenfalls kann man ihm nicht vorwerfen, er fange die Goldfische, lasse aber die Wale in Ruhe. Auch die Geschäftswelt blieb nicht verschont.

Der Umfang und die Allgegenwärtigkeit der Korruption sind gewaltig, aber die Führung rückt ihr ernsthaft und entschlossen zu Leibe. Selbst der kritische Minxin Pei, Professor am Claremont McKenna College, erkennt dies an. In seinem Buch *China's Crony Capitalism* sagt er: «Die Korruption mag der größte Schwachpunkt der Partei sein. Aber ihre Reaktion darauf demonstriert vielleicht ihre stärksten Seiten.» Allem Anschein nach beeindruckt die Kampagne die Funktionäre, obwohl sie bei manchem Politiker auch großes Unbehagen und

Widerstand auslöst. In der Tat mag sie ja durchaus den Nebenzweck verfolgt haben, politische Widersacher innerhalb der Partei auszuschalten, etwa Bo Xilai, den ehrgeizigen Parteichef der 30-Millionen-Metropole Chongqing. Da handelte Xi ganz nach der klassischen Devise: «Wenn zwei Kaiser auftauchen, muss einer ausgemerzt werden.» Es fällt schon auf, wie oft die Antikorruptions-Keule seine Rivalen traf. Überdies hat Xi 2016 und 2017 auch außerhalb der Antikorruptionskampagne in der Führungsschicht kräftig aufgeräumt: Acht Minister wurden abgelöst, in den einunddreißig Provinzen siebenundzwanzig Gouverneure und zwanzig Parteisekretäre ersetzt. Sein Kampf gegen die Korruption und seine rigorose Personalpolitik sind auf jeden Fall ein Grund für die Popularität Xi Jinpings. Wieder einmal bestätigt sich der Satz des Konfuzius: «Befördere die Aufrechten und verjage die Krummen, dann wird das Volk sich fügen.»

Rechtsunsicherheit

Ein weiterer Schwachpunkt ist die Rechtsunsicherheit der Bürger. Wie die grassierende Korruption, so führt die Willkür der Behörden immer öfter zu Protesten, Demonstrationen oder gar Aufruhr. Die offizielle Statistik meldete zuletzt 180 000 derartige Vorkommnisse im Jahr 2010. Seitdem schweigt sich die Obrigkeit darüber aus. Es heißt jedoch, 2013/14 seien es ebenso viele gewesen. Meist geht es dabei um Landbeschlagnahmungen oder die Zerstörung von Häusern durch Kommunalverwaltungen, um Zwangszahlungen, die den Bauern eigenmächtig auferlegt werden, oder um ausstehende Lohnzahlungen. Aber auch Umweltschäden, Bestechungsfälle oder Probleme der ethnischen Minderheiten treiben die Leute auf die Straße. Zuletzt protestierten vielerorts auch zornige Veteranen, rote Fahnen schwenkend und ihren Soldateneid hinausbrüllend, gegen mangelnde Versorgung und schlechte Jobchancen. Die bloße Zusage, 80 Prozent der 57 Millionen früheren Soldaten in Arbeit zu bringen, und die Einrichtung eines Ministeriums für Veteranen konnte sie nicht besänftigen. Zugleich protestierten Studenten gegen die Verhaftung von Arbeitern in Shenzheng, die in ihren Betrieben Gewerkschaften einrichten wollten. Auch wurde eine Studentin unter Hausarrest gestellt, die gegen die Handhabung eines #MeToo-Falles von sexueller Belästigung an der Pekinger Universität aufbegehrte. Doch richten sich die meisten Demonstrationen nicht gegen die Zentralregierung oder die Kommunistische Partei, sondern gegen die örtlichen Behörden und einzelne Funktionäre oder Institutionen.

Vergangenheitsbewältigung? Bloß nicht!

Ein gravierendes Problem ist nicht zuletzt die Unfähigkeit, mit der eigenen Geschichte ins Reine zu kommen. Von Vergangenheitsbewältigung ist nur die Rede, wenn es darum geht, die mit dem Opiumkrieg 1839 bis 1842 beginnenden 110 Jahre der Demütigung und Erniedrigung durch ausländische Mächte zu überwinden. Die kommunistische Vergangenheit jedoch wird lieber nicht aufgearbeitet: nicht der «Große Sprung nach vorn», der 1957 bis 1961 bis zu 45 Millionen Menschen das Leben kostete; die meisten Opfer verhungerten, 2,5 Millionen wurden ermordet. Auch nicht die Große Proletarische Kulturrevolution, die Mao Zedong mutwillig vom Zaun brach und die von 1966 bis 1976 das Reich der Mitte in ein mörderisches Chaos stürzte. Hunderttausende von Funktionären wurden damals geschasst und geschunden, viele wurden umgebracht. Fünfzig Millionen Rote Garden zogen marodierend kreuz und quer durchs Land, ausländische Missionen gingen in Flammen auf, es herrschten bürgerkriegsähnliche Zustände. Insgesamt forderte die Kulturrevolution 1,5 bis 1,8 Millionen Todesopfer, möglicherweise sogar bis zu drei Millionen, und ebenso viele körperlich Versehrte und fürs Leben Traumatisierte. 22 bis 30 Millionen Menschen wurden zudem politisch verfolgt, viele aufs flache Land verbannt. Der Freiburger Sinologe Daniel Leese schätzt die Zahl der Todesopfer im Großen Sprung nach vorn auf 32 Millionen, die der Kulturrevolution auf 1,1 bis 1,6 Millionen. Zwar wurden nach dem Tod Maos Millionen zu Unrecht als «Konterrevolutionäre» Verurteilte rehabilitiert, doch ist das Thema tabu. Die Kulturrevolution wird offiziell verurteilt («ein Desaster für Land und Volk»), doch wird nicht offen darüber diskutiert. Auch die gewaltsame Niederschlagung der Proteste auf dem Tienanmen-Platz am 4. Juni 1989 ist bis heute nicht bewältigt. Bei dem Massaker wurden nach amtlichen Angaben 200 Menschen getötet, nach anderen Quellen mehrere Tausend. Die Werke des Schriftstellers Yan Lianke, der den Irrwitz der Mao-Zeit in seinen Romanen so brillant wie schonungslos beschreibt, sind in China zum großen Teil verboten. Jeder Versuch der objektiven Aufarbeitung ist als «historischer Nihilismus» verpönt und wird unter Strafe gestellt. Die Geschichte wird ausradiert.

Mangelware: Sauberes Wasser und reine Luft

Eines hat die Führung inzwischen eingesehen: China hat massive Umweltprobleme. Der wirtschaftliche Aufstieg hat die Flüsse des Landes verseucht und die Luft bis zur Unerträglichkeit verpestet. Im Jahr 1975 konnte ich morgens noch unerschrocken Joggen gehen, jetzt müsste man dazu meist eine Gasmaske anlegen. Blauen Himmel sehen die Pekinger fast nur noch, wenn wegen einer wichtigen internationalen Konferenz die Industrieproduktion vorübergehend eingestellt wird. Doch auch auf dem Land ist die Luft oft giftig, und 60 Prozent des Grundwassers gelten als schlecht. Bei den internationalen Klimakonferenzen hat sich Peking lange widerspenstig gezeigt, erst bei der Pariser Klimakonferenz im Dezember 2014 lenkte es ein. Inzwischen hatte man eingesehen, dass drastische Maßnahmen zum Klimaschutz ergriffen werden müssen, selbst wenn dies das Wirtschaftswachstum bremsen sollte. Seit der Klimakonferenz in Kopenhagen, wo China 2009 noch der große Neinsager war, hat die Führung auf dem Pfad der Erkenntnis einen weiten Weg zurückgelegt. Sie hat eingesehen, dass die Luftverpestung und die Kontaminierung des Wassers die Gesundheit des eigenen Volkes schädigen und damit auch die wirtschaftliche Leistungskraft des Lands unterhöhlen. Sie hat sich an die Spitze der Klimaretter gesetzt – nicht um westlichen Besorgnissen oder Bedürfnissen Rechnung zu tragen, sondern um dem eigenen Volk wieder sauberes Wasser zum Trinken und reine Luft zum Atmen zu verschaffen.

Die Lage ist dramatisch. Im Winter 2012 hing über weiten Teilen

Nord- und Zentralchinas eine giftige Smogwolke, in Peking wurde eine Feinstaubkonzentration von 1000 anstelle der von der Weltgesundheitsorganisation für noch unbedenklich gehaltenen 30 Mikrogramm gemessen. Nach einer Studie der Medizinzeitschrift *Lancet* verursachte die Luftverschmutzung 2015 1,8 Millionen vorzeitige Todesfälle. Die Regierung, vom Unmut der Menschen erschreckt, erließ darauf einen nationalen Aktionsplan gegen den Giftnebel. Als sich die Luftwerte erneut verschlechterten, ergriff sie drastische Maßnahmen. Um eine abermalige «Airpokalypse» zu verhindern, setzte sie im Herbst 2017 einen Winterschlachtplan gegen den Smog ins Werk, nach dem Zigtausende luftverschmutzende Fabriken und Baustellen vom 15. November bis zum 15. März geschlossen und Hunderttausende Arbeiter in einen unbezahlten Zwangsurlaub geschickt wurden. Zuvor waren schon 176 000 Unternehmen ganz geschlossen worden, die den Umweltauflagen nicht nachkamen. «Umweltverbrechen» werden nun strafrechtlich geahndet. Bis Ende 2017 sollte die Feinstaubbelastung um 25 bis 40 Prozent gesenkt werden. In Peking und in mehreren Provinzen wurde die Stahlproduktion um die Hälfte, die Zementherstellung um zehn Prozent verringert.

Die Obrigkeit träumt nicht nur von klaren Flüssen, grünen Bergen und sauberer Luft, sie handelt rigoros. Das ging so weit, dass in 28 Städten mehr als drei Millionen Haushalte von Kohle auf Gas umgestellt werden sollten. Bautrupps rückten an und montierten die Kohleöfen ab, aber das Gas kam nie, denn die Verlegung von Pipelines und der Ausbau der Gasversorgung konnten mit der Umrüstung nicht Schritt halten. Bei Wintereinbruch saßen viele Menschen in eiskalten Wohnungen. Auf dem Messaging-Dienst Wechat machten die Leute ihrer Empörung Luft. «Denkt einfach an den chinesischen Traum, und schon wird euch allen warm!», lautete ein sarkastischer Online-Eintrag – eine Anspielung auf Xi Jinpings ständig zitierte Leitidee. Die Behörden mussten das Heizverbot mit Kohle schleunigst wieder aufheben, aber da waren viele Öfen längst zerstört.

Doch es fehlt auch nicht an Erfolgsmeldungen. So hat Peking fürs Erste schon eine Verminderung des Feinstaubs um 35 Prozent bewerkstelligt, für die weitere Reduzierung hält die Regierung die sagenhafte Summe von 120 Milliarden Dollar bereit. Zudem bleiben die Anreize zur Planerfüllung unverändert bestehen. Nach der Rechnung des amerikanischen Klima- und Energiewissenschaftlers Michael Greenstone könnten allein die Pekinger 3,3 Jahre länger leben, wenn die Pläne zur Feinstaubreduzierung erfüllt würden. In anderen Städten brächte das sogar eine allgemeine Lebensverlängerung um 4,5 oder 5,3 Jahre.

Billiglohnproduktion wandert aus

Schließlich gibt es natürlich auch in China das Problem aller wirtschaftlichen Aufsteiger: Die Arbeit wird teurer. So hatte sich der durchschnittliche Stundenlohn eines Fabrikarbeiters zwischen 2006 und 2014 auf 3,60 Dollar verdreifacht; nach anderen Angaben stiegen die Löhne seit 2000 jährlich um 11 Prozent. Mittlerweile ist der Stundenlohn höher als in Brasilien (2,70 $) und Mexiko (2,10 $), liegt gleichauf mit den südafrikanischen und nähert sich 70 Prozent der Entgelte in den schwächeren Ländern der Eurozone. Nach der Rechnung der Beratungsfirma Oxford Economic liegen die Stückkosten nur noch 4 Prozent niedriger als in den USA. Das heißt, dass die Werkstätten der Welt sich allmählich von China wegverlagern werden. Die einfache Produktion wandert aus: nach Vietnam, Bangladesch und in andere Billiglohnländer. Nur eine stetige Steigerung der Produktivität durch Automatisierung und Robotik und eine weitere Verlagerung zur hochwertigen Produktion kann dies verhindern. Andererseits könnte der bevorstehende Digitalisierungsschub auch viele Arbeitsplätze in der Lohnfertigung vernichten, was die soziale Stabilität untergraben würde.

All diese Probleme sind real, belastend und dringend der Lösung bedürftig. Allerdings machen sie China nicht zum *failing state*. Ähnliche Probleme haben in der globalisierten und digitalisierten Welt viele Länder. Den Chinesen, ihrem Organisationstalent, ihrem autokratischen Durchsetzungswillen und ihrer brutalen Zukunftsentschlossenheit traue ich zu, dass sie mit den Herausforderungen fertigwerden.

5

Chinas rote Magnaten

«China kauft die Welt aus – die Vorstellung ist illusionär», schrieb ich 1979. Den Eindruck hatten mir Gespräche mit hochgestellten Funktionären vermittelt. Er war so irrig wie die Bemerkung des damaligen stellvertretenden Außenministers Yu Cheng: «Dass Ausländer in China Fabriken errichten, diese Möglichkeit besteht nicht.» Beides überstieg zu jener Zeit die Vorstellungkraft. Heute ist beides Realität.

Im *Kommunistischen Manifest*, das Marx und Engels 1848 veröffentlichten, findet sich die berühmte Passage: «Das Bedürfnis nach einem stets ausgedehnteren Absatz für ihre Produkte jagt die Bourgeoisie über die ganze Erdkugel. Überall muss sie sich einnisten, überall anbauen, überall Verbindungen herstellen.» Ersetzen wir «Bourgeoisie» durch «Volksrepublik China», so haben wir hier die treffendste Beschreibung der Politik des Pekinger Regimes.

Die Chinesen kommen als Aufkäufer von Hi-Tech-Firmen, Energieversorgern, Versicherungsgesellschaften, eingeführten Marken, Immobilien, ganzen Landstrichen auf verschiedenen Kontinenten – und auch als Kreditgeber, vor allem in Entwicklungsländern. Sie kommen millionenfach – und mit Milliarden.

Hinter dem Rücken der Weltöffentlichkeit haben die Chinesen ihre Wirtschaft allmählich auf den neuesten Stand gebracht. Um das Jahr 2000 stiegen sämtliche Entwicklungskurven steil an: Bruttoinlandsprodukt, Pro-Kopf-Einkommen, Handelsvolumen und Export (siehe Graphiken S. 64 f.). Mit staatlicher Förderung und billigen Krediten bauten sie Großunternehmen zusammen, deren Namen wir viel zu lange überhörten: Lenovo, Tencent, Alibaba und Baidu, dazu Wanda, Huawei, Fosun, HNA oder ZTE. An andere Namen werden wir uns noch gewöhnen müssen: so an Lei Jun, der 2010 Xiaomi gründete, inzwischen einer der fünf größten Smartphone-Hersteller der Welt; an Tony Cheng, der 2004 Oppo ins Leben rief und im August 2018 ebenfalls in die Smartphone-Produktion einstieg; an die von Shen Wei 2009 gegründete Vivo, die wie Oppo im Besitz der BBK Electronics ist; oder an den erst vor vier Jahren von Li Bin gegründeten Geländewagenbauer Nio. Die Fortune-Liste der 500 umsatzstärksten Unternehmen der Welt verzeichnet inzwischen 109 chinesische Konzerne (2001: 10). Den «FAANGs» – Facebook, Apple, Amazon, Netflix und Google – haben sich in der Spitzengruppe des weltweiten Technologiemarktes längst die chinesischen «BATs» hinzugesellt: Baidu, Alibaba und Tencent. Weitere chinesische Tech-Giganten werden es in diese Gruppe schaffen.

Sieben der kometenhaft zu Reichtum gekommenen Magnaten stechen aus der Masse der Aufsteiger hervor: Wang Jianlin von der Dalian Wanda Group, Jack Ma von Alibaba, Cheng Feng von der HNA Group, Wu Xiaohui von Anbang, Guo Guangchang von Fosun, Pony Ma von Tencent und Robin (Yanhong) Li von Baidu. Als Gründer und Vorsitzende des Vorstands oder Aufsichtsrats zählen sie zu den dynamischsten und profiliertesten, aber auch risikofreudigsten Privatunternehmern der Volksrepublik. Alle sind Kapitalisten reinsten Wassers, aber wie viel Leine sie haben, allein dem Profit nachzujagen, entscheidet letzten Endes die Partei. Sie setzt den Rahmen, in dem sie sich bewegen dürfen oder auch müssen.

Kommunistischer Uradel: Wang Jianlin

Wang Jianlin war lange Zeit der reichste Mann Chinas; inzwischen ist er auf Platz 5 der Hurun-Reichenliste zurückgefallen. *Forbes Billionaire's List* gab sein Vermögen 2016 mit 31,3 Milliarden Dollar an. Er gehört zum kommunistischen Uradel; sein Vater kämpfte während des «Langen Marsches» 1934/35 an der Seite Maos. Von 1970 bis 1986 diente Wang Jianlin in der Volksbefreiungsarmee, wo er es bis zum Regimentskommandeur brachte. Dann stürzte er sich, Parteimitglied seit 1976, in die Wirtschaft. Binnen weniger Jahre schuf er ein Unterhaltungs- und Immobilienimperium, das seinesgleichen sucht. In China erwarb er 168 Einkaufszentren, 82 Luxushotels, 213 Kinos, 99 Kaufhäuser und 54 Karaoke-Lokale. Ihm gehören mehrere Disneylands, Vergnügungsparks und Golfplätze. Es heißt, sein Grundeigentum umfasse 21,57 Millionen Quadratmeter.

Aber auch jenseits der chinesischen Grenzen gehört ihm einiges: in Amerika seit 2012 die Kinokette AMC Entertainment (2,6 Milliarden Dollar) und seit 2016 die Filmproduktionsgesellschaft Legendary Entertainment (3,5 Milliarden); das Edificio España in Madrid, Hotels in USA und in Indien. Insgesamt legte er in fünf Jahren 22 Milliarden Dollar im Ausland an. Der *Economist* nannte ihn einen «Mann von napoleonischem Ehrgeiz», und dies nicht von ungefähr. In London wollte er das höchste Wohngebäude bauen, in Qingdao die größte Filmstadt der Welt, Oriental Movie Metropolis, mit einem 20 000 Quadratmeter großen Studio und einer Unterwasserbühne.

Angeblich hat er schon als Jugendlicher auf dem Bolzplatz herumgekickt. Fußball ist jedenfalls seine Leidenschaft. Im Jahr 2015 erwarb er 17 Prozent der Aktien von Atlético Madrid (die er inzwischen wieder abstoßen musste), danach wurde er einer der sieben Spitzensponsoren des Weltfußballverbandes FIFA. Während der Fußballweltmeisterschaft in Russland rätselten viele Fernsehzuschauer, wer sich wohl hinter dem Namen Wanda verbarg, der an sämtlichen Banden der Arenen prangte. Zudem übernahm er die World Triathlon Corporation, bekannt als Ausrichter des «Ironman»-Wettbewerbs. Er ist Abgeordneter des Volkskongresses, hat ein Dutzend hoher Ehrenämter inne und ist zweimal der Geschäftsmann des Jahres geworden.

Jack Ma und Alibaba

Weil der Wert seines Aktienpaketes unvermutet in die Höhe schoss, verdrängte Jack Ma im Frühjahr 2017 den Wanda-Magnaten Wang vom Spitzenplatz des reichsten Chinesen. Der Gründer und Aufsichtsratschef der Internet-Plattform Alibaba war als Junge in seiner Heimatstadt Hangzhou täglich zu einem Hotel in der Nachbarschaft geradelt, um von dessen ausländischen Gästen Englisch zu hören.

Später studierte er die Sprache und dazu Betriebswirtschaft. Zehnmal lehnte Harvard ihn ab. Dreißigmal bewarb er sich danach vergeblich um einen Job. So wurde er Englischlehrer und eröffnete schließlich ein Übersetzungsbüro. Bei einem Amerikabesuch saß er 1995 zum ersten Mal vor einem Computer und entdeckte dabei das Web. Bei Freunden in Seattle tippte er die beiden Wörter «Beer» und «China» ein. Das Ergebnis faszinierte ihn. Wieder zu Hause, gründete er seine erste Internetfirma, die indes nach vier Jahren scheiterte. Unverdrossen machte er sich in seiner winzigen Wohnung mit 60 000 Dollar von siebzehn Freunden an seine nächste Gründung, die er Alibaba nannte. Sie sollte den kleinen Geschäftsleuten den Zugang zum Weltmarkt erschließen. Heute ist Alibaba ein 420-Milliarden-Dollar-Riese, das zehntgrößte Unternehmen der Welt. Zu Alibaba gehören auch die Webseite Taobao, das ist Chinas Ebay, und das Online-Bezahlsystem Alipay. Das Unternehmen hat Ebay aus dem Feld geschlagen, Amazon und Facebook hinter sich gelassen und ist ein gewaltiges Datenkonglomerat geworden, das Einkauf, Finanzen und Logistik verbindet und die Daten an Händler und Hersteller verkauft.

Ich habe Jack Ma im Herbst 2017 bei der Valdai-Konferenz in Russland persönlich erlebt. Er gilt als inoffizieller Soft-Power-Botschafter Chinas und macht diesem Ruf alle Ehre. Der schmächtige Mittfünfziger strahlt Enthusiasmus aus, Optimismus und Elan. Leichtherzige Zukunftsfreude verdeckt seine knallharte Geschäftsstrategie. *«We worry too much»*, sagte er in seinem flüssigen Englisch. «Vertraut doch den jungen Menschen. Und baut darauf, dass uns die Datentechnologie Nachhaltigkeit und Inklusivität ermöglicht. Die Welt bewegt sich von IT zu DT – in eine völlig neue Ära der Datentechnologie. IT ist smart, DT ist weise. Die Globalisierung ist nicht perfekt, sie nutzt derzeit nur 60 000 Unternehmen in der Welt. Das wird sich ändern. Schon heute gibt es 1,8 Milliarden Internetnutzer. Pflegt die Betriebe mit weniger als 30 Angestellten. Deswegen hat Alibaba Kredite von je 5000 Dollar an fünf Millionen kleine Geschäftsleute ausgereicht. *Small is powerful.»* Für einen, der selbst ein Großunternehmen mit weltweit 330 000 Mitarbeitern führt, ist das eine überraschende Einstellung. Sie hat indes viel für sich. Und seine Datenbegeisterung erklärt ganz sicher Jack Mas Erfolg. «Wenn Daten das neue Erdöl sind», pointierte die *Financial Times*, «dann ist Jack Ma der neue John D. Rockefeller.»

Doch nach einiger Zeit drang Ma in höhere Sphären vor. Bis 2020, kündigte er an, werde er in China, Amerika, Russland, Israel und Singapur 15 Milliarden Dollar in Forschungszentren investieren. Dafür wolle er, für den bereits 25 000 Ingenieure und Wissenschaftler arbeiten, 100 führende Forscher rekrutieren. Das DAMO-Programm seiner Academy for Discovery, Adventure, Momentum and Outlook soll Alibabas Stellung in den Sparten Künstliche Intelligenz, Quantencomputer, Finanztechnologie und Mensch-Roboter-Interaktion rasant voranbringen. Weitere 15 Milliarden wollte er bis 2022 in sein globales Logistiknetzwerk stecken. Er investierte in indische Start-ups, baute ein Handelszentrum in Malaysia und visierte mit dem Internethändler AliExpress Verbraucher in aller Welt an; zwei Milliarden sollen es in zwanzig Jahren sein. Heute schon ist AliExpress – kein Direktanbieter, sondern für Händler gedacht – Russlands größte elektronische Verkaufsplattform. In Spanien, Brasilien und Australien gewinnt sie ständig an Boden. Seit 2014 gibt es auch eine deutsche AliExpress-Plattform, die allerdings noch unter Übersetzungsschwierigkeiten leidet und sich öfter dem Vorwurf ausgesetzt sieht, einen hohen Anteil Fälschungen unters Volk zu bringen. Doch wie sagte Jack Ma? «Wir werden es schaffen, weil wir jung sind und nie aufgeben.»

Und Jack Ma ist ein Mann mit Ideen. Aus dem World Singles Day im November hat er ein Shopping-Festival sondergleichen gemacht. Im Jahr 2016 erzielte er an diesem Tag einen Online-Umsatz von 18 Milliarden Dollar. 2017 steigerte er dies auf 25,4 Milliarden, stündlich über eine Milliarde Bestellungen, jede Sekunde 325 000. Fünfzehn Millionen Einzelstücke, angeboten von 140 000 verschiedenen Marken und zu 90 Prozent per Handy bestellt, wurden in 770 Millionen Paketen versendet; ein Großbauer aus der Provinz Shandong verkaufte 400 000 Enteneier. Am Singles Day 2018 stieg der Umsatz auf 27,2 Milliarden. Mas kommerzieller Triumph signalisiert das Ende des Kaufhauses, der revolutionären Erfindung des neunzehnten Jahrhunderts. Zugleich manifestiert sich darin der Aufstieg einer konsumfreudigen und zahlungsfähigen chinesischen Mittelschicht.

Jack Mas Elan, sein Erfolg, sein Innovationsehrgeiz und seine bedachtsame Finanzpolitik haben ihn lange Zeit vor staatlichen Eingriffen bewahrt. Unter den Großkonzernen war er damit fast der einzige, dem die Regierung nicht in den Arm gefallen ist. Sein Erfolg hat ihn nicht übermütig werden lassen. Schrittweise will er sich aus der Führung seines Imperiums zurückziehen. Er könne zwar nicht so reich werden wie Bill Gates, erklärte er, aber eines könne er besser machen als dieser, nämlich sich früher zur Ruhe setzen. An der Harvard-Universität, die ihn so oft abgelehnt hatte, stellt er sich seine Zukunft vor: «Ich denke, eines Tages sollte ich dort unterrichten.» Wie weit sein Entschluss, sich aufs Altenteil zurückzuziehen, auch auf politischen Druck zurückzuführen ist, wurde nie ganz klar; vielleicht war er der Partei dann doch zu groß und vor allem zu unabhängig geworden.

Aggressiver Firmensammler: Chen Feng

Anders erging es dem Mischkonzern HNA. Dessen Chef Chen Feng gehören die Hainan Airlines und 13 Flughäfen in der Volksrepublik. Der Fünfundsechzigjährige, ein gläubiger Buddhist, erfreute sich bester Verbindungen in die Parteispitze, unter anderem zu Pekings früherem Finanz- und Antikorruptionszaren und nunmehrigem Vizepräsidenten Wang Qishan, der allem Anschein nach an der Gründung beteiligt war und zwei seiner Verwandten, Wang Jian und Wang Wei, in der Unternehmensführung unterbrachte. Gelernt hat Chen Feng bei der Luftwaffe, er war Angestellter des zivilen Luftfahrtamts, arbeitete für die Weltbank und den Gouverneur von Hainan und studierte angeblich an der Wharton Business School, der Maastricht School of Government, der Harvard Business School und dem Lufthansa College of Air Traffic Management. Dann gründete er, beginnend mit zwei Boeing-Maschinen, auf Chinas Tropeninsel Hainan sein eigenes Luftfahrtunternehmen, Hainan Airlines, an dem sich George Soros mit einer Anschubfinanzierung von 25 Millionen Dollar beteiligte. Zuletzt hatte HNA 850 Flugzeuge und Beteiligungen an Luftfahrtgesellschaften in den USA, der Schweiz, Frankreich und Brasilien, wo Chen Feng für 310 Millionen Dollar die Anteilsmehrheit an Rio de Janeiros internationalem Flughafen Galeao erwarb. Charakteristisch für den ehrgeizigen Aufsteiger ist dessen Ausspruch: «Uns gehören Flugrouten zu Orten, wo nicht einmal die Hasen hinscheißen.»

Doch hat Cheng darüber hinaus binnen weniger Jahre mit halsbrecherischer Geschwindigkeit eine weltweite Holding im Wert von 146 Milliarden Dollar zusammengerafft, die neben seinen Fluglinien Hotels, Logistikunternehmen, Finanzdienstleister, Einzelhandelsfirmen und New Yorker Wolkenkratzer umfasst; gut 50 Milliarden Dollar hat er im Ausland angelegt. Im Frühjahr 2017 erwarb er auch 9,9 Prozent der Deutsche-Bank-Aktien, wofür er 3,4 Milliarden Euro hingeblättert haben soll. Damit wurde er damals der größte von neun ausländischen Investoren des Frankfurter Bankhauses (über 10 Prozent hätten von Bafin genehmigt werden müssen, der Bundesanstalt für Finanzdienstleistungsaufsicht). Weiter übernahm er 25 Prozent der Hotelgruppe Hilton Worldwide (Preis: 6,5 Milliarden Dollar) und die Carlson-Hotelgruppe (1 Milliarde), außerdem engagierte er sich für 6,3 Milliarden Dollar bei Ingram Micro, der weltweiten Nummer eins im Distributionssektor für Informations- und Kommunikationstechnologie. In der Schweiz erwarb er 16,8 Prozent des Duty-free-Anbieters Dufry und den Flughafendienstleister Swissport. Von der Mainzer Landesregierung übernahm er für 15,1 Millionen Euro deren 82,5-Prozent-Anteil an dem chronisch defizitären rheinland-pfälzischen Regionalflughafen Hahn. Darüber hinaus interessierte sich der aggressive Firmensammler von der Insel Hainan für die Übernahme des Belgrader Flughafens, von Forbes, der HSH Nordbank und der maroden Air Berlin. Zeitweise gab es Berichte, dass er als Ankeraktionär oder gleich als Mehrheitseigentümer bei der Allianz einsteigen wollte, Deutschlands größter Versicherung; der Versicherer (Börsenwert 78 Milliarden Euro) winkte allerdings ab. «Wir wollen überall sein», ist Chen Fengs Leitspruch. Damit schoss er mit seiner HNA-Gruppe – Umsatz 90 Milliarden Dollar – von Platz 353 der Weltrangliste des US-Wirtschaftsmagazins *Fortune* auf Platz 170 im Jahr 2017; er wollte jedoch bald unter die ersten fünfzig kommen.

Alle Welt rätselt freilich, wem HNA wirklich gehört. Cheng selbst hält als «Senior Chairman» nur 14,98 Prozent der Anteile, ebenso viel wie sein verstorbener Mitgründer, der fürs Tagesgeschäft zuständige Wang Jian. Die Struktur des Unternehmens ist gewollt undurchsichtig – und mehr als verdächtig. Ein Recherche-Team der *Süddeutschen Zeitung* sprach von einem Wirtschaftskrimi: «Ein Weltkonzern – finanziert auf Pump. Zwei Strohmänner an der Spitze, die ihre Anteile

(29,75 Prozent) über Nacht einer wohltätigen Stiftung überschrieben. Vorwürfe von Korruption und Vetternwirtschaft. Die hohe Politik. Alles dabei.» (Die Leitung der rätselhaften wohltätigen Stiftung in New York, der Hainan Cihang Charity, hat überraschend der frühere FDP-Politiker, Bundeswirtschaftsminister und Vizekanzler Philipp Rösler übernommen, der dafür seinen einträglichen Posten beim Weltwirtschaftsforum aufgab). Angesichts der Verschuldung der HNA-Gruppe wurde es auch der Bank of America Merrill Lynch und Goldman Sachs mulmig, die beschlossen, keine Geschäfte mehr mit HNA zu machen. «Banken zucken zusammen und Investoren flüchten», titelte die *New York Times*. Die Ratingagentur Standard & Poor's senkte «wegen der aggressiven Finanzpolitik» die Bonität des Unternehmens von B+ auf B, fünf Stufen unter Investment-Grade. Dessen Vorstandsvorsitzender Adam Tan ließ sich davon nicht beeindrucken. So kaufte er in der Schweiz für 1,9 Milliarden Dollar zusätzlich den Airline-Caterer Gategroup, bot 1 Milliarde für das Logistikunternehmen CWT in Singapur und 300 Millionen für eine Kühlwagenfirma der Automotive Holdings Group. Insgesamt schloss er 2017 Kaufverträge über 12 Milliarden Dollar.

Die undurchschaubaren Besitzverhältnisse des Konzerns wollte oder konnte Tan jedoch nicht aufklären. Ein Gestrüpp von Überkreuzbeteiligungen macht es unmöglich, sich ein klares Bild davon zu verschaffen, wer wirklich hinter HNA steckt. Wie die *Süddeutsche Zeitung* kommentierte: «Manches kolumbianische Drogenkartell dürfte übersichtlicher strukturiert sein.» Die Europäische Zentralbank erwog deshalb, den größten Aktionär der Deutschen Bank einem Inhaberkontrollverfahren zu unterziehen – auch im Hinblick auf etwaige kriminelle Vorgänge. Weder in Europa noch in den USA und Hongkong gibt es schon konkrete Anschuldigungen, doch die staatlichen Regulierungsbehörden in mindestens sechs Ländern haben den Fall im Auge. Die Schweizerische Übernahmekommission forderte umfängliche Auskünfte über die Besitzverhältnisse an. Das Ergebnis: HNA musste wegen «unwahrer oder falscher» Angaben 50 000 Franken Verfahrenskosten bezahlen, und es wird weiter geprüft, ob die Mindestpreisvorschriften eingehalten wurden. Neuseeland untersagte die Übernahme einer Großbank. Aber auch auf seinem Heimatmarkt bekam HNA mittlerweile Ärger. Die chinesische Versicherungsaufsicht CIRC verhängte strikte Auflagen gegen die Tochtergesellschaft Bohai Life Insurance, und sieben von 16 HNA-Aktien wurden vom Handel ausgeschlossen. Wiederholt wurde berichtet, dass der Konzern mit Rückzahlung und Tilgung seiner Schulden in Verzug geriet; sein Liquiditäts-Engpass machte immer öfter Schlagzeilen. Jedoch hat Chen Feng wohl weiterhin Kredit, für den er dann allerdings 8,8 und sogar 11–12 Prozent Zinsen zahlen musste.

Offenbar genoss er nach wie vor politische Rückendeckung. Die Pekinger Führung will wohl um jeden Preis ein chinesisches Lehman Brothers verhindern. Die Medien wurden jedenfalls angewiesen, nicht mehr über die Geldsorgen von HNA zu berichten. Andererseits verstärkte das Regime den Druck auf HNA. Adam Tan musste einen Treueschwur auf die Partei leisten und sich auf einen einschneidenden Verkaufsplan einlassen, um den erdrückenden Schuldenberg von 90 Milliarden Dollar abzubauen, wovon binnen zwei Jahren 20 Milliarden fällig wurden. Vor allem musste er Erwerbungen wieder abgeben, die nicht in den von der Partei als strategisch bedeutsam erachteten Bereich fallen: Immobilien in New York und Hongkong, seinen Anteil an Dufry, überdies sein 26-Prozent-Anteilspaket an Hilton Worldwide. Er hatte indessen Schwierigkeiten, das Bordverpflegungs-Unternehmen Gategroup und den Luftfahrtdienstleister Swissport wieder loszuwerden. Notgedrungen stieß er Anfang 2018 in drei Schritten ein Fünftel seiner Deutsche-Bank-Aktien wieder ab; sein Anteil von 9,9 Prozent schrumpfte auf 7,9 Prozent. Die chinesische Regierung drängte jedoch auf einen kompletten Ausstieg, HNA solle sich wieder ganz auf das Fluggeschäft konzentrieren. Und Tan fraß Kreide: «Wir werden in nichts investieren, das die Regierung nicht unterstützt», erklärte er vor der Presse. Sein Vorstandskollege Wang Jian, der Anfang Juli 2018 während eines Provence-Urlaubs bei einem tragischen Unfall ums Leben kam, stellte die kritischen Berichte als eine große Verschwörung reaktionärer Kräfte im Inland wie im Ausland «gegen das Zentralkomitee der Kommunistischen Partei mit Xi Jinping im Zentrum» dar. Chen Feng, der Gründer und Aufsichtsratschef, verkündete in einer Videokonferenz mit tausend Führungskräften, HNA bewahre «bewusst die zentrale Autorität der Kommunistischen Partei mit Generalsekretär Xi Jinping als deren Kern», es folge «unbeirrt der Partei», «HNAs Geschäfte gehören der Partei, den

Menschen und der Menschheit». Sein Unternehmen versuche, sein eigenes Kapitel des «chinesischen Traums» zu schreiben. Wollte er verhindern, dass die hochverschuldete HNA unter Staatsaufsicht gestellt wurde, blieb ihm wohl nichts anderes übrig als Unterwürfigkeit.

Derlei Einschleimerei macht eines deutlich: Wirtschaft und Politik sind in China nicht länger getrennt – wenn sie es je waren. Die Geschäftswelt ist wieder zum langen Arm der Partei geworden. Schon Anfang 2017 verbreitete Xinhua eine gemeinsame Stellungnahme der Parteiführung und der Regierung, die man nicht anders denn als Patriotismus-Dekret bezeichnen kann. Die oberste Pflicht von Unternehmen, heißt es darin, sei die Liebe zum Vaterland. Nur für den, der einen stärkeren Einfluss der Partei akzeptiere, werde hinfort ein günstiges Marktumfeld geschaffen. Überall wurden daraufhin in den Unternehmen wieder Parteizellen eingerichtet, auch bei Privatunternehmen. Die Funktionäre haben seitdem mitzureden. Nicht nur in den Statuten der Bahn ist dies unmissverständlich verankert: «Wenn der Vorstand über materielle Fragen entscheidet, dann muss er zunächst die Stellungnahme des Parteikomitees der Firma einholen.» Die Eigentümerstruktur ist der Partei dabei weniger wichtig; ihr geht es in erster Linie um die operative Kontrolle.

Schöpfer eines undurchschaubaren Firmengeflechts: Wu Xiaohui

Ähnlich drängenden Ehrgeiz wie HNA entfaltete auch Anbang. Dessen Gründer und Aufsichtsratsvorsitzender Wu Xiaohui machte aus einem kleinen Autoversicherer in der Hafenstadt Ningpo die Nummer zwei der chinesischen Versicherungswirtschaft. Zuletzt verwaltete er nach eigenen Angaben ein Vermögen von rund 300 Milliarden Dollar. Er hatte in dritter Ehe eine Enkelin Deng Xiaopings geheiratet, was keine schlechte Voraussetzung für seinen Aufstieg war. Im Laufe der Zeit schuf Wu ein handelsrechtlich undurchschaubares Geflecht von 58 Firmen und Briefkastenfirmen, wirtschaftlich ein Konglomerat, das neben Versicherungen auch Banken, Immobilien und andere Branchen umfasste. In nur vier Jahren soll er 16 Milliarden Dollar in überseeischen Firmen angelegt haben. Dabei pflegte er

Geschäftsbeziehungen zu Jared Kushner, dem Schwiegersohn Donald Trumps.

Für 1,95 Milliarden Dollar erwarb Wu 2014 das New Yorker Waldorf-Astoria Hotel, offensichtlich mit offizieller Zustimmung, denn 2015 stieg Staatspräsident Xi Jinping dort ab. Inzwischen hat sich herausgestellt, dass Wu mindestens 40 Prozent mehr bezahlt hat als der nächsthöhere Anbieter. Im selben Jahr übernahm er den belgischen Versicherer Fidea, 2015 die niederländische Versicherungsgesellschaft Vivat, 2016 das Lebensversicherungsgeschäft der Allianz in Korea. Noch 2016 suchte er in den Vereinigten Staaten Immobilienkäufe im Wert von 20 Milliarden Dollar zu tätigen; so erwarb er von Blackstone für 6,5 Milliarden die Kette Strategic Hotels & Resorts.

In Deutschland wollte auch er sich an der Allianz beteiligen und ließ zudem die Bücher der HSH Nordbank prüfen. (Was übrigens die deutsche Finanzaufsicht Bafin mit großen Hoffnungen begleitete. Ihr Chef Felix Hufeld begrüßte den Einstieg langfristig orientierter chinesischer Geldgeber grundsätzlich als «eine positive Geschichte». Aus einleuchtendem Grund: Besser, das Geld für marode Banken kommt aus China als aus den Taschen des deutschen Steuerzahlers.)

Chinas Warren Buffet: Guo Guangchang

Die Firma Fosun, in den Neunzigerjahren von Absolventen der Schanghaier Elite-Universität Fudan gegründet, begann im Immobiliengeschäft und stieg dann in Bergbau und Pharmazeutik ein. Der Mitgründer und CEO Guo Guangchang stilisiert sich gern als Chinas Warren Buffet. Unter seiner Ägide hat Fosun seit 2010 in China wie in Übersee rund 38 Milliarden Dollar für Beteiligungen und Übernahmen ausgegeben, darunter beim Club Med in Frankreich und dem Cirque du Soleil in Kanada. Vier Tage lang war Guo im Dezember 2015 sang- und klanglos verschwunden, gegen ihn wurde wegen Korruption ermittelt. Nach seiner Entlassung machte er jedoch weiter wie zuvor. Auf seinem Einkaufszettel stand unter anderem der englische Fußballclub Wolverhampton Wanderers, in den er seit 2016 Millionen Pfund Sterling gesteckt hat, um ausländische Spieler einzukaufen, die Ticketpreise zu senken und den Club an die Spitze der zweiten Liga zu katapultieren. Für 86 Prozent des indischen Medikamentenherstellers Gland Pharma bezahlte er 1,3 Milliarden Dollar. Ein von Guo geleitetes Konsortium bot 1,38 Milliarden für 15 Prozent von Polyus, Russlands größtem Goldproduzenten. In der Bundesrepublik fasste Fosun ebenfalls Fuß. Es engagierte sich bei der traditionsreichen Privatbank Hauck & Aufhäuser, bei der Frankfurter Lebensversicherung und bei dem Hamburger Modekonzern Tom Tailor, außerdem bei dem Automobilzulieferer Koller. Gern hätte Guo auch den deutschen Landwirtschaftskonzern KTG Agrar übernommen, doch der ging unversehens bankrott, ehe es zu einem Abschluss kam.

Chinas Zuckerberg: Pony Ma

Merken sollte man sich auch den Namen Ma Huateng, besser bekannt als Pony Ma, Gründer und CEO des Internetgiganten Tencent. Mit Jack Ma ist er nicht verwandt, die beiden sind erbitterte Konkurrenten. An der Börse war Tencent im November 2017 mehr wert als Facebook, 522 Milliarden Dollar gegenüber Zuckerbergs 519 Milliarden. Zugleich wurde Pony Ma der reichste Chinese, der reichste Asiate und der neuntreichste Mann der Welt; Forbes bezifferte sein Vermögen 2017 auf 47,7 Milliarden Dollar. Jahrgang 1971, studierte er Computerwissenschaft, fing bei einem Telekom-Unternehmen mit einem Monatssalär von 176 Dollar an und gründete 1998, ein Jahr nach Alibaba und zwei Monate vor Google, seine eigene Firma. Tencent war ursprünglich ein Chat-Dienst für Smartphones. In den letzten zehn Jahren soll sich das Unternehmen, an dem Pony Ma 8,6 Prozent besitzt, bei über 500 Unternehmen engagiert haben. Seine Weixin-Plattform – WeChat auf Englisch, das chinesische Facebook – brüstet sich mit der regelmäßigen Inanspruchnahme durch 980 Millionen User, die jeden Tag über 90 Minuten auf der App verbringen.

Seine Marktdominanz verdankt Pony Ma ebenso wie Jack Ma der Tatsache, dass internationale Konkurrenten – Facebook, Youtube, Twitter – in China nicht zugelassen sind und Google sich nach Jahren wegen der scharfen Zensur zurückzog. Amazon gibt es, es kommt aber kaum voran, während eBay rasch aus dem Markt gedrängt worden ist. Pony Mas Angebote durchdringen mittlerweile sämtliche Facetten des chinesischen Alltags: vom Online-Bezahlsystem Paipai über Videospiele bis zu Finanzdienstleistungen aller Art. Allerdings ist auch er nicht gegen Unbill gefeit. Inzwischen sind Videospiele wie «Die Ehre der Könige», mit denen er gut ein Drittel seines Umsatzes erwirtschaftet, verboten worden – weil sie Kinder süchtig und kurzsichtig machen, aber wohl auch aus politischen Gründen. Das führte zu einem heftigen Kurseinbruch um 40 Prozent. Im Herbst 2018 war Tencent nur noch 348 Milliarden Dollar wert und gehörte damit nicht mehr zur Gruppe der zehn wertvollsten Börsenunternehmen der Welt.

Vom Bauernsohn zum Autobauer: Li Shufu

Und noch einen weiteren chinesischen Magnaten sollten gerade die Deutschen im Auge behalten: Li Shufu, den Gründer der Autofirma Geely. Als er im Februar 2018 überraschend enthüllte, dass er für annähernd 7,5 Milliarden Euro 9,69 Prozent der Daimler-Aktien erworben hatte, begrüßte ihn die *Süddeutsche Zeitung* als den in Deutschland «bekanntesten Unbekannten». Tatsächlich hatte kaum jemand ihn auf dem Schirm, obwohl er seit 2010 schon Volvo und seit 2017 Volvo Trucks besaß.

Der Geely-Chef, Jahrgang 1963, war bis vor Kurzem außerhalb Chinas kaum aufgefallen. Er ist der Sohn eines armen Reisbauern aus Tazhou. Das Einzige, was die Kinder zum Spielen hatten, war Lehm, erzählte er der *Bild am Sonntag*. Der kleine Shufu bewunderte die Autos am Rande eines nahegelegenen Flughafens und baute sie aus Lehm nach. Zum Trocknen stellte er sie unter sein Bett, denn in der Sonne hätten sie Risse bekommen. Seinem Vater gefiel die Schweinerei gar nicht, die er dabei anstellte. In seinen Zwanzigerjahren versuchter er sich als Fotograf und gründete 1986 eine Firma, die Kühlschrankteile fertigte. Er nannte sie Geely, was auf Chinesisch «Glück verheißend» bedeutet.

Doch seine Liebe zum Auto ließ ihn nicht los. Ende der 1980er-Jahre kaufte er eine alte Motorradfabrikund baute einfache Fahrzeuge mit Zweizylindermotoren, bis er 2001 die Lizenz zum Bau richtiger Autos erhielt. Anfangs wurde er weidlich verspottet, als er das 86-PS-Sportcoupé Beauty Leopard auf den Markt brachte, äußerlich ein Klon des Toyota Supra, aber mit Thron und Karaoke-Gerät ausgestattet. Dann erwarb er, fast unbemerkt, eine Mehrheitsbeteiligung an dem malaysischen Autobauer Proton und dessen britischem Rennwagenproduzenten Lotus, dazu die Werke der legendären London Taxi Company in Coventry, die er in London Electric Vehicle Company umbenannte und die seither in einem neuen Werk die ersten schwarzen Elektrotaxis produziert. Danach nahm er Volvo ins Visier, das er 2010 übernahm. Noch 2013 stand er auf der Hurun-Liste der reichsten Chinesen auf Platz 63, inzwischen hat er es unter die ersten zehn geschafft. Sein Vermögen wird auf 17 Milliarden Dollar geschätzt. Heute ist Geely der zweitgrößte heimische Autobauer auf dem größten Automarkt der Welt. 2017 setzte die Firma bereits 1,6 Millionen Fahrzeuge in China ab (der Marktführer Volkswagen 4,18 Millionen). Im ersten Halbjahr 2018, in dem alle chinesischen Konkurrenten – Chang'An, Brilliance, Great Wall, FAW und BAIC – schwer zu kämpfen hatten, stieg der Absatz um 44 Prozent auf 766 630 Automobile. Damit ließ Geely die japanischen Rivalen Nissan, Toyota und Honda hinter sich und schob sich nach Volkswagen und General Motors auf den dritten Platz der Autoverkäufer in China. Bis 2020 will Li Fushu den Absatz dort auf zwei Millionen Kraftfahrzeuge steigern.

Håkan Samuelson, der Chef von Volvo, pries den neuen Eigentümer in den höchsten Tönen. Ohne Li gäbe es Volvo wohl nicht mehr. Die Kombination des schwedischen Kultunternehmens in Göteborg mit dem Autobauer aus Hangzhou, eine Kombination von Tradition und technischem Knowhow mit langem Atem und viel Geld, soll beiden im beginnenden Zeitalter des Hybrid- und Elektroautos vielversprechende Zukunftsaussichten eröffnen.

Gleichzeitig verhandelte Li Shufu mit Daimler über einen Einstieg auf dem Wege einer Kapitalerhöhung. Dies wurde in Untertürkheim aber abgelehnt, man verwies ihn auf die Möglichkeit, Aktien an der Börse zu kaufen. Das tat er dann hartnäckig und stikkum, wie die Hamburger sagen, ohne viel Aufhebens davon zu machen und laut

Frankfurter Allgemeinen Zeitung unter Umgehung zweier Meldeschwellen. Im Februar 2018 überraschte er nicht nur die Welt, sondern auch Mercedes selbst mit der Nachricht, dass er sich über die Hongkonger Tenaciou3 Prospect Investment Ltd für 7,5 Milliarden Euro 9,69 Prozent der Daimler-Aktien gesichert hatte.

Daimler teilte mit, man freue sich, in Li Shufu «einen weiteren langfristig orientierten Investor» gewonnen zu haben, mit dem man «den industriellen Wandel konstruktiv diskutieren kann». Doch machte die Erklärung stutzig, mit der Daimler die Transaktion kommentierte. Selbstbewusst hieß es darin, dass man auf die industrielle Unterstützung eines chinesischen Investors nicht dringend angewiesen sei: «Daimler ist in China umfassend und breit aufgestellt und hat mit BAIC einen starken Partner vor Ort.» Gleichzeitig wurde bekannt, dass die Stuttgarter, für die China der größte Absatzmarkt ist, mit ihrem bisherigen Partner 1,9 Milliarden Dollar in die Erweiterung des gemeinsamen Pekinger Werks investieren werden. Mit dem Batteriehersteller BYD produzieren sie zudem das Elektroauto Denza auf der Basis der Mercedes-B-Klasse. Von ihrem neuen Hauptaktionär werden sie sich nicht die Butter vom Brot nehmen lassen. Man sei nicht willens, Technologie und Wissen mit Geely zu teilen, erfuhr die *Frankfurter Allgemeine Sonntagszeitung.*

Seit 1974 war Kuwait mit 6,8 Prozent größter Anteilseigner des schwäbischen Traditionskonzerns; es verfolgte jedoch nur finanzielle und keinerlei strategische Interessen. Anders liegen die Dinge bei Geely. Der Einstieg Li Shufus warf verschiedene Fragen auf, zum einen, «ob Daimler in Li Shufu und Geely die geeigneten Freunde und Partner zu erkennen vermag» *(Frankfurter Allgemeine Zeitung).* Daimler hatte einst gegen Li Shufu geklagt, weil der eine blasse Mercedes-Kopie auf den Markt gebracht hatte. Zum anderen stellte sich die Frage, ob Li Shufu einen Sitz im Aufsichtsrat beanspruchen könne. Dies würde ihm, der besonders bei Nutzfahrzeugen ein Konkurrent ist, Einblick in die Modellpolitik, die Expansionsvorhaben und die operative Planung von Daimler verschaffen. Nach der Geschäftsordnung der Untertürkheimer darf dem Gremium jedoch nicht angehören, wer «Organfunktionen oder Beratungsaufgaben bei wesentlichen Wettbewerbern des Unternehmens» ausübt. Li beteuerte zwar, für ihn habe der Sitz im Aufsichtsrat «überhaupt keine Priorität», er könnte allerdings, wenn er seinen Anteil um weitere 15 Prozent aufstockte, in der Hauptversammlung seinen Anspruch wohl durchsetzen (3 Prozent gehören ohnehin einem chinesischen Staatsfonds). Die Erklärung, er wolle seinen Anteil «derzeit» nicht erhöhen, hat jedenfalls nicht zur Beruhigung beigetragen.

Schließlich wurde wieder einmal die Frage gestellt, «wer die wahren Eigentümer eines Firmenkäufers sind, woher das Geld kommt, ob es überhaupt genug davon gibt und inwiefern der chinesische Staat seine Hände im Spiel hat» *(Die Welt)*. Es wurde gleich vermutet, dass die chinesische Regierung an dem Geschäft beteiligt ist, da schon seine Volvo-Übernahme zum größten Teil von staatlichen Investmentfonds und der China Construction Bank gefördert worden war. «Agiert er unabhängig oder im Auftrag Pekings?», fragte die *Financial Times*. «Ein Teil kommt direkt aus meinem Geldbeutel, ein anderer wurde über ausländische Banken finanziert», sagte er der *Bild am Sonntag*. «Vom chinesischen Staat kommt kein Cent.» Überdies wolle er nicht deutsche Technologie absaugen, sondern suche Zusammenarbeit bei der Entwicklung von Internet-Technologien im Autobau, um nicht dem Tesla-Chef Elon Musk das Feld zu überlassen. Dem chinesischen Fernsehen erklärte er indes, seine Beteiligung solle «die Entwicklung der chinesischen Autoindustrie unterstützen» und «unseren nationalen Strategien» dienen.

Li verfügt über beste Beziehungen zu Xi Jinpin. Es heißt, seine Frau sei die jüngste Schwester der Frau des Staatspräsidenten (andere behaupten, es handle sich um eine zufällige Namensgleichheit, die Li nach Kräften ausgebeutet habe). Von Berlin aus, wo er sich nach seinem Daimler-Coup der Bundesregierung vorstellte, flog er eiligst zurück, um an der Frühjahrssitzung des Nationalen Volkskongresses teilzunehmen – einer der vielen Milliardäre und Millionäre im chinesischen Parlament. Er vertritt dort die Provinz Zhejiang, in deren Hauptstadt Hangzhou Geely seinen Sitz hat. Als der heutige Staatspräsident dort Gouverneur war, hatte er sich schon für Geely-Taxis verwendet. Es ist schwer vorstellbar, dass Li Shufu seinen Daimler-Coup ohne Absprache mit dem alten Freund unternommen hat.

Sein Ehrgeiz ist nicht zu unterschätzen. Ein weltumspannendes Netz von Mobilitätsfirmen scheint sein Ziel zu sein. «Daimler ist der vielversprechendste der traditionellen Autokonzerne», sagte er

Bloomberg. Das Auto der Zukunft sei ein hochintelligenter Roboter auf Rädern, auf den sich all seine Anstrengungen richteten. Man könne zusammenarbeiten, wenn das Daimler-Management das wolle, aber man müsse nicht, die Dividendenausschüttungen seien ja auch ganz erfreulich. Im Übrigen: «Wer weiß, was die Zukunft bringt. Ich mag Herausforderungen.» Mitte April 2018 meldete er sich jedoch mit einem aufsehenerregenden Artikel in der *Frankfurter Allgemeinen* zu Wort: «Autohersteller müssen aufwachen». Von Hardware-Herstellern müssten sie sich in der Autowelt der Zukunft zu Technologieunternehmen entwickeln, die Online- und digitale Lösungen sowie Mobilitätsdienstleistungen anbieten. Dies erfordere mehr Realitätssinn und internationale Partnerschaften und Kooperationen: «Wir müssen aktiv die Möglichkeit umfangreicher Allianzen ausloten, anstatt uns der Realität zu entziehen und den Kopf in den Sand zu stecken.» Zum ersten Mal gab er zu erkennen, was er mit Daimler vorhat. Sein plump-rabiater Anstoß wurde von der Konzernspitze recht kühl aufgenommen. Die Frage blieb offen, ob er seinen Aktienanteil so weit zu erhöhen gedenke, dass er ein ihm genehmes und gefügiges Daimler-Management einsetzen kann, das seine Allianz-Strategie ins Werk setzt. Das Tauziehen kann spannend werden. Und spannungsreich. Nicht umsonst heißt Lis Hongkonger Unternehmen Tenaciou3: *tenacious* – «hartnäckig».

Auch ein zweiter Li ist hierzulande viel zu wenig bekannt: Robin (Yanhong) Li, der Mit-Gründer und CEO von Baidu, dem chinesischen Google. Er wurde 1968 als viertes von fünf Kindern eines Fabrikarbeiters geboren, studierte in Peking Informatik und machte in Buffalo seinen Master in diesem Fach. Als er kurze Zeit für Dow Jones arbeitete, entwickelte er die Software für den Online-Auftritt des *Wall Street Journal*. Im Jahr 2000 gründete er die Suchmaschine Baidu, die inzwischen zu den fünf in der Welt am häufigsten aufgerufenen Webseiten gehört. Das Pekinger Unternehmen hat einen Börsenwert von 94 Milliarden Dollar. Forbes führt Robin Li an 258. Stelle seiner Weltreichenliste; er gilt als achtreichster Chinese. *Time Magazine* schrieb über ihn, er helfe China, das einundzwanzigste Jahrhundert zu gewinnen.

Die Partei nimmt die Wirtschaft an die Kandare

Alle Welt hatte erwartet, dass chinesische Unternehmen, staatliche wie private, ihre Einkaufstour in aller Welt aggressiv fortsetzen würden (siehe Kapitel 6 «Die Chinesen auf Einkaufstour»). Das weckte einerseits Hoffnung bei vielen schwächelnden Firmen, die sich eine stärkende Finanzspritze und verbesserten Zugang zum Milliardenmarkt China erhofften. Andererseits löste es bei westlichen Regierungen von Berlin über Washington bis Canberra zunehmend auch sicherheitspolitische Besorgnisse aus.

Doch dann wendete sich das Blatt. Knall auf Fall drehte die chinesische Regierung den Geldhahn zu. Ohne viel Aufhebens führte sie Ende 2016 neue Regeln ein, die den freien Kapitalverkehr erheblich einschränkten und die gefürchtete Kapitalflucht unterbanden. Dies traf vor allem Unternehmen, die bei unklugen Deals mit Geld nur so um sich geworfen hatten. Die Kreditinstitute wurden angewiesen, Darlehen für spekulative Investitionen zu begrenzen. Kein Staatskonzern darf inzwischen mehr als eine Milliarde Dollar für den Erwerb oder die Beteiligung an einer ausländischen Firma aufwenden. Nur wenn ein Unternehmen in derselben Branche zukauft, dürfen es ausnahmsweise bis zu zehn Milliarden sein. Finanztransaktionen über höhere Summen werden seitdem scharfen Kontrollen unterworfen. Aber auch viele kleinere Deals, sofern sie Liegenschaften betreffen oder außerhalb des normalen Geschäftsfeldes der Unternehmen liegen, bedürfen nun einer Sondergenehmigung. Dies gilt künftig für alle grenzüberschreitenden Transaktionen im Wert von mehr als 5 Millionen Dollar statt zuvor 50 Millionen. Dazu zählen auch Gewinnrücküberweisungen, die Tilgung von Darlehen oder die Dividenden-Ausschüttungen deutscher Firmen an ihre Muttergesellschaften. Die Unübersichtlichkeit der neuen Kapitalverkehrskontrollen schuf da einige Unsicherheit.

Die Behörden wollten mit dem neuen Maßnahmenkatalog der Versuchung zu finanziellen Exzessen und leichtfertigem «Hebeln» von Krediten einen Riegel vorschieben. Sie dulden keine überhöhte Verschuldung, keine unzureichende Kapitalausstattung und keine ausfallenden Kredite mehr – überhaupt nichts, was sie zu einer staatlichen Rettungsaktion zwingen könnte, sagte Zentralbankchef Zhou Xiaochun. Für die Chinesen ist die Vorstellung ein Albtraum, dass einer der Großkonzerne bankrott gehen und damit das Überleben der im Ausland erworbenen Firmen gefährden könnte, was ein schwerer Schlag für das Ansehen Chinas wäre. Für jedes neue Projekt muss hinfort eine akribische Risikoanalyse vorgenommen werden. So wurden die Offenlegungs- und Rechenschaftspflichten verschärft und auch die Schattenbankaktivitäten einschränkenden Bestimmungen unterworfen. Nicht nur Banken, sondern künftig auch Versicherungsunternehmen müssen sich regelmäßige Stresstests gefallen lassen. Zugleich stoppten die Behörden den hemmungs- und bedenkenlosen Einkauf ausländischer Fußballgrößen, der manche der ohnehin schon von Wettskandalen gebeutelten Liga-Vereine in die Insolvenz gestoßen hatte; auf Anwerbungen über 7 Millionen Dollar wurde eine Transfersteuer von 100 Prozent aufgeschlagen. Schließlich erfuhren auch die Bestimmungen für Einzelpersonen eine Verschärfung. Sie dürfen künftig höchstens 50 000 Dollar im Jahr eintauschen – für Reisekosten, medizinische Betreuung oder Studiengebühren im Ausland. Außerhalb ihres Landes dürfen Chinesen nur noch begrenzte Summen aus Geldautomaten ziehen, alle Devisenauslagen über 1000 Yuan (130 Euro) müssen der Devisenaufsichtsbehörde gemeldet werden. Das soll verhindern, dass sie mit Kreditkarten größere Immobilien-Deals, teuren Schmuck und andere Luxusgüter bezahlen.

Einerseits war die Einführung der neuen Regeln wohl eine rein wirtschaftspolitische Entscheidung. Von dem gewaltigen Kapitalabfluss ging eine destabilisierende Wirkung aus. Binnen 30 Monaten war Chinas Devisenschatz von 4300 auf unter 3000 Milliarden abgeschmolzen: um 750 Milliarden Dollar allein im Jahr 2015, zuletzt noch im November 2016 um 70 Milliarden. Dann stellten die Regulierungsbehörden fest, dass es sich bei den Anlagen im Ausland in vielen Fällen um reine Kapitalflucht handelte, um Geldwäsche, die als Geschäftsübernahme getarnt wurde, eine raffinierte Methode, seine Millionen und Milliarden im Ausland in Sicherheit zu bringen. Viele Erwerbungen und Beteiligungen galten auf einmal als «unvernünftig». Hinzu kam, dass die meisten Übernahmen ja von den Staatsbanken üppig bezuschusst worden waren – zu einer Zeit, da die Gesamtverschuldung des Landes in schwindelnde Höhen stieg. All dies war allein schon

Anlass genug, die Spendierlust zu zügeln und die Schrauben der Kapitalverkehrskontrolle und Investitionsüberwachung anzuziehen.

Zum anderen aber verfolgte die Regierung mit den verschärften Kontrollen einen doppelten politischen Zweck. Der erste war offensichtlich: Die Privatunternehmer sollten wieder an die kurze Leine gelegt werden – nach dem Grundsatz, dass das Privatkapital dem Staat zu dienen hat. Begünstigt werden jetzt Unternehmen, die im Inland Wachstum schaffen, nicht länger Konzerne, die im Ausland Trophäen sammeln und damit die Devisenreserven dezimieren. Das Kapital soll wieder dorthin gehen, wohin der Staat es haben will. Das heißt jedoch: Auch wo in China Privatwirtschaft draufsteht, steckt immer ein Stück Staat drin, offen oder verdeckt. Gewiss sind nicht alle Unternehmen staatlich, und die Preise werden nicht von den Zentralplanern der Partei diktiert. Aber der Staat hat die Zügel in der Hand und hält die Marktkräfte im Zaum; sie stehen im Dienst seiner außen- wie innenpolitischen Zielsetzung. (So musste zum Beispiel Tencent einen Einkommens- und Kursverlust hinnehmen, weil die Genehmigung einer großen Anzahl von Computerspielen durch die Behörden auf sich warten ließ.) Der zweite Zweck lag darin, auf jeden Fall zu verhindern, dass sich die Devisenkrise zu einer Sicherheitsbedrohung auswuchs. Im April 2017 sagte Xi Jinping vor hohen Parteifunktionären, Finanzsicherheit sei ein wichtiger Teil der nationalen Sicherheit und die entscheidende Grundlage für eine stabile und gesunde Volkswirtschaft.

In der Demokratie setzt die Soziale Marktwirtschaft dem Kapitalismus einen ordnungspolitischen Rahmen, in der chinesischen Autokratie ist es wieder die Partei. Man kann das sogar nachvollziehen. Xi Jinping will verhindern, dass die neue chinesische Plutokratie den Reichtum seines Landes ebenso ins Ausland verschiebt, wie dies die russischen Oligarchen getan haben. Er kennt das deutsche Grundgesetz nicht, doch dessen Artikel 14.2 würde gut in seine jüngst auf ihn zugeschnittene Verfassung passen: «Eigentum verpflichtet. Sein Gebrauch soll zugleich dem Wohle der Allgemeinheit dienen.»

Die neue Härte bekamen mit aller Wucht die Internet-Magnaten und Finanzmogule zu spüren. Im Juni 2017 forderte die Pekinger Bankenaufsicht die Kreditinstitute des Landes auf, die «systemischen Risiken» zu überprüfen, die von der Kauforgie «einiger großer Unternehmen» ausgehen. Gemeint waren vor allem Wanda, HNA, Fosun und Anbang. Bis dahin waren sie von den staatlichen Medien als Vorreiter der Fortschritts und Vorbilder modernen Managements gefeiert worden, doch plötzlich wurden sie als abschreckende Beispiele unzulässigen spekulativen Wirtschaftens angeprangert und der Nähe zu kriminellen Korruptionsnetzwerken geziehen. Immer dringlicher wurden Fragen gestellt: Woher haben die eigentlich das Geld für ihre Fusionen und Übernahmen? Haben sie sich nicht übernommen mit ihrer Schuldenmacherei? Und birgt dies nicht enorme Risiken für das ganze Finanzsystem, nicht nur für die großspurig wirtschaftenden Konzerne selbst?

Beim Davoser Weltwirtschaftsforum hatte Wang Jianlin im Januar 2017 noch verkündet, er werde ein großes Hollywood-Studio kaufen und in den nächsten Monaten 10 Milliarden Dollar investieren. Schon ein halbes Jahr später stürzte ihn die neue Regierungspolitik in Finanznöte: Das Wachstum im Inland genoss nun Priorität, der Erwerb von überseeischen Trophäen, wenn nicht strategische Gründe dafür sprachen, wurde nicht länger staatlich begünstigt. Wanda geriet wie vier andere Großkonzerne wegen seiner übermäßigen Verschuldung und seiner aggressiven Ausdehnungsstrategie ins Fadenkreuz der Ermittler. Im Frühjahr untersagte die Regierung Wanda den Kauf des Hollywoodstudios. Zudem verwehrte sie der privaten Immobiliengruppe Zhonghong Zhuoye den Vier-Milliarden-Kauf der amerikanischen Seniorenheimkette Brookdale. Im Sommer wurde Wanda-Vorstandschef Wang Jianlin dann gezwungen, Hotels, Themenparks und Touristikunternehmen im Wert von 9,3 Milliarden Dollar an Sunac zu veräußern, um seinen gefährlich hohen Schuldenberg (10,7 Milliarden Dollar laut S&P Global Market Intelligence) zu verringern. Kleinlaut verkündete er, anstatt weiter massiv im Ausland zu investieren, werde er künftig vor allem Projekte entlang der Seidenstraßen fördern, dem Lieblingsvorhaben des Staatspräsidenten. Prompt rutschte er auf der Hurun-Reichenliste von Platz 1 auf Platz 5. Anfang 2018 begrenzte er seine Ziele noch weiter: Von nun an werde er sich ganz auf die Wanda Plazas konzentrieren, die Komplexe aus Kinos, Einkaufszentren und Wohnbauten, mit denen er Chinas Provinzstädte gepflastert hat. Außerdem verkaufte er weitere Anteile an seinen Filmunternehmen im Wert von 1,2 Milliarden Dollar.

Chinas Aufsicht ermittelte 2017 auch gegen den Beteiligungskonzern Fosun. Dessen Chef Guo Guangchang wurde wegen einer Korruptionsaffäre von der Polizei verhört, kehrte jedoch nach kurzer Zeit wieder ins Geschäft zurück. Er hielt es aber für angebracht, ebenfalls Kreide zu fressen: In einem offenen Brief pries er das Bemühen der Behörden, «unvernünftige» Aufkäufe der Großkonzerne zu unterbinden. Glimpflicher kamen die Internetgiganten Alibaba und Tencent davon, denen das Devisenamt je 95 000 Dollar Strafe aufbrummte, weil sie bei Geldüberweisungen ins Ausland nicht alle Vorschriften beachtet hatten.

Am schärfsten traf es den Versicherer Anbang. Nachdem dessen Chef, Wu Xiaohui, kurze Zeit in Untersuchungshaft gesessen hatte, legte er den Vorsitz nieder, aber im Juni 2017 wurde er erneut festgenommen. Dass er Deng Xiaopings Enkelin geheiratet hatte, bot ihm keinen Schutz mehr vor Strafverfolgung; die Familie war offenbar schon wegen seiner angeblichen ehelichen Untreue auf Distanz zu ihm gegangen. Auch die Fotos, die ihn dicht neben dem heutigen Staatspräsidenten Xi Jinping zeigen, helfen ihm nichts mehr. Das Unternehmen schien sich ohne Wu gerade wieder zu erholen, aber dann kam im Februar 2018 der Donnerschlag: Anbang wurde von der Versicherungsaufsicht unter Zwangsverwaltung gestellt. Der Konzern habe illegale Geschäfte betrieben, die seine Zahlungsfähigkeit ernsthaft gefährdeten, lautete die Begründung. Eine Arbeitsgruppe aus 31 Vertretern sämtlicher einschlägiger Behörden, von der Zentralbank, der Banken- und Börsenaufsicht bis zum Devisenamt, übernahm bis auf Weiteres die Konzernführung. Zugleich erhob die Staatsanwaltschaft wegen Anlagebetrugs und Unterschlagung Anklage gegen Wu. Ihm wird vorgeworfen, er habe seine Gläubiger um 10,3 Milliarden Dollar geprellt. Im Mai wurde er zu achtzehn Jahren Gefängnis verurteilt, sein Immobilien- und Aktienvermögen und seine Bankkonten wurden beschlagnahmt. Damit statuierte die Regierung ein abschreckendes Exempel für alle, die sich bis über beide Ohren verschuldeten, um sich im Ausland Hotels oder Filmstudios unter den Nagel zu reißen. Zugleich bewiesen die drastischen, aber ganz auf die Person Wus beschränkten Maßnahmen, dass Peking eine chinesische Lehman-Krise, die Chinas Wirtschaft ins Trudeln brächte und eine weltweite Erschütterung auslösen könnte, um jeden Preis verhindern will. Deswegen durfte wenigstens Anbangs Versicherungsgeschäft weiterarbeiten und erhielt aus einem Rettungsfonds Übergangszuschüsse, bis ein neuer Investor gefunden war.

Die chinesische Regierung hat freilich nicht alle Auslandsinvestitionen gestoppt, sondern lediglich wieder die volle Kontrolle über den Kapitalabfluss übernommen. Dazu gehört auch, dass die Kommunistische Partei neuerdings ihre Zellen in den Privatunternehmen wiederbelebt und die Firmenstatuten dergestalt überarbeiten lässt, dass die Einflussmöglichkeiten der Partei zusätzlich verstärkt werden. Auch in den deutsch-chinesischen Gemeinschaftsunternehmen und sogar in hundertprozentigen Tochterunternehmen ausländischer Firmen in China sollen die Parteisekretäre mit am Tisch sitzen und «proaktive Parteiaufbauarbeit» leisten. Xis Grundsatz «Norden, Osten, Süden und Westen – die Partei ist der Herrscher über alles» beendet drei Jahrzehnte fortschreitender Lockerung und Liberalisierung. Der Ölriese Sinopec, die Großbank ICBC, der Bahnkonzern China Railways Group, die drei Technologie-Riesen Baidu (Chinas Google), Alibaba, Tencent und Hunderte von anderen Unternehmen haben sich verpflichtet, die Parteizellen vor wichtigen Entscheidungen zu konsultieren. Sie betonen in ihren Statuten nun ausdrücklich, dass es die zentrale Rolle der Partei sei, den Unternehmen die Richtung zu weisen. Die Grauzonen, in denen vieles möglich war, verschwinden wieder. In ihrer Geschäftspolitik müssen die Firmen in erster Linie die Regierungslinie vertreten. So hat beispielsweise die China Venture Capital Corporation nach Angaben chinesischer Staatsmedien den Auftrag, die «nationalen Strategien durchzuführen und hauptsächlich in Vorhaben zur technologischen Innovation und industriellen Modernisierung zu investieren». Die Beraterfirma Trivium sagt: «Kein Unternehmen, ob staatlich oder privat, kann in China vorwärtskommen, wenn es sich nicht in den Dienst der Partei, ihrer Ziele und Strategien stellt.» Auch nicht, wenn es der Staatssicherheit die Übergabe von Daten verweigern würde. Selbst die über 2000 Partnerschaften von chinesischen mit ausländischen Hochschulen werden wieder von der Partei an die Kandare genommen: In allen wird ein Parteisekretär im Range eines Vizekanzlers mit Sitz und Stimme im Kuratorium installiert. Das Parteisekretariat führt die Aufsicht über das Universitätsgeschehen. Viele westliche Partner bangen jetzt, dass die Zusicherung akademischer Freiheit nichts mehr gilt.

Dem Pekinger Handelsministerium zufolge ließ China 2017 immer noch Auslandsanlagen von Staatsunternehmen und Privatkonzernen in Höhe von 120 Milliarden Dollar zu. Allerdings sind Chinesen Großmeister in der Umgehung von Vorschriften. Nach der chinesischen Immobilienplattform Juwai.com haben sie 2017 immer noch 40 Milliarden Dollar ins Ausland geschafft – als Sicherheit für ihre Kinder. Die Führung behält sich auf jeden Fall vor, aus geoökonomischen und geostrategischen Gründen erwünschte Aufkäufe auch weiterhin zu forcieren und zu finanzieren. Dabei unterscheidet sie drei Kategorien von Investitionen: «zu ermutigende», «zu beschränkende» und «verbotene». Das aber bedeutet: Auch wenn die Kauf-Orgie nicht im gleichen Tempo und Umfang weitergehen sollte wie zuvor, könnten chinesische Investitionen zum Problem werden – vielleicht sogar erst recht zum Problem, weil dann vornehmlich das Interesse des chinesischen Staates, an ausländische Technologie zu kommen, den Ausschlag gäbe, nicht mehr das bloße Profitinteresse privater Anleger.

6

Die Chinesen auf Einkaufstour

Nicht nur die chinesischen Industriemagnaten und Finanzmogule kaufen sich gern im Ausland ein, viele kleinere Unternehmer tun es ebenfalls. Und sie dürfen es weiterhin in Branchen, in denen dies Chinas Ziel dienlich ist, Weltklasseniveau zu erreichen.

Die Chinesen haben es langsam angehen lassen, aber dann legten sie los. Zwei Jahrzehnte lang waren sie vor allem Empfänger von ausländischen Anlagegeldern gewesen. Anfangs trieb sie ihr unersättlicher Hunger nach Rohstoffen, Nahrungsmitteln und Energie in sämtliche Kontinente hinaus. Rund um den Globus kratzten sie alles zusammen, dessen sie habhaft werden konnten: Kupfer, Eisenerz, Stahlschrott, Molybdän, Phosphate, Lithium. Mit ihrem Ressourcen-Imperialismus lieferten sie dem Rest der Welt scharfe Konkurrenz, was die ersten Reibungsflächen entstehen ließ. Noch vor der Jahrtausendwende gingen sie dann in zunehmendem Maß dazu über, Werkzeuge, Geräte und Maschinen einzukaufen.

Bald jedoch genügte ihnen dies nicht mehr. Seitdem die Regierung 1996 die Devise ausgab: «*Zou chu qu!*» – Schwärmt aus! – und «*Going Global*» zum Leitmotiv wurde, kaufen sie rings um die Welt Firmen auf oder beteiligen sich an Firmen, die Werkzeuge, Geräte und Maschinen herstellen. Staatskonzerne machten den Anfang, private folgten, beide auf undurchsichtige Weise kräftig vom Staat flankiert und alimentiert. Zunächst stürzten sie sich vor allem auf kleinere, oft auch schwächelnde Firmen. Dann jedoch nahmen sie Spitzenkonzerne der Hochtechnologie ins Visier. Danach gingen sie dazu über, in Banken, Versicherer, Hedgefonds und Asset-Management-Institutionen zu investieren. Zuletzt haben sie dann auch noch angefangen, überall Immobilien, selbst ganze Straßenzüge zu kaufen, teils als sichere Geldanlage, teils auch für den Eigengebrauch. In Europa sind Wohnungen weit billiger als in Peking oder Schanghai, und noch dazu echtes Eigentum. Wohnungsinhaber in China dürfen hingegen nur ein auf siebzig Jahre begrenztes, allerdings verkäufliches und vererbbares Nutzungsrecht haben, Grund und Boden gehören dem Staat. Deutsche Architekten mit «Nase» beginnen bereits, Feng Shui in ihre Grundrisspläne einzubauen.

Inzwischen wissen wir von Staatspräsident Xi, dass China seit Beginn der Reformen 1978 bis Anfang 2017 über 1200 Milliarden Dollar im Ausland investiert hat; im selben Zeitraum erhielt es 1799 Milliarden an ausländischen Direktinvestitionen. Im Jahr 2016 legten chinesische Investoren insgesamt fast 200 Milliarden Dollar (180 Milliarden Euro) in Übersee an, 40 Prozent mehr als im Jahr zuvor; davon flossen 46 Milliarden Euro in die USA und 35,9 Milliarden in die Europäische Union (2015: 30 Milliarden). 2017 waren es infolge der verstärkten Kontrolle chinesischer Kapitalabflüsse insgesamt nur noch 119 Milliarden Euro, 29 Prozent weniger.

Die Chinesen in Deutschland

Auf die Bundesrepublik, wo die Chinesen 2010 erst ganze 100 Millionen investiert hatten, entfielen 2016 rund 12 Milliarden Euro, etwa das Zwanzigfache dessen, was sie 2015 für Aufkäufe oder Beteiligungen in Deutschland ausgegeben hatten (663 Millionen). Trotz des verringerten Wachstums in China und der verschärften Kontrollen stieg die Investitionssumme 2017 laut Institut der Deutschen Wirtschaft auf 13,7 Milliarden. Die deutschen Direktinvestitionen in China bezifferten sich 2016 auf 4,6 Milliarden Euro, 2017 auf 3,4 Milliarden. Insgesamt haben die Chinesen in Europa bisher 46 Milliarden Dollar angelegt. Ihre Gesamtinvestitionen in Deutschland liegen bei 25,5 Milliarden Euro, die deutschen Investitionen in China bei insgesamt rund 70 Milliarden.

Bei den chinesischen Investoren ist Deutschland das beliebteste europäische Land; fast 40 Prozent ihrer Anlagen realisieren sie in der

Bundesrepublik. Hier finden sie gut ausgebildete Arbeitskräfte, verlässliche Zulieferer und fortschrittliche Forschungseinrichtungen. Gezielt investieren sie dabei in den Sektoren Energie, Automobil, Maschinenbau, Informations- und Kommunikationstechnik, Immobilien und neuerdings Finanzdienstleistungen, wobei sie sich vor allem für mittelständische, auf Hochtechnologie spezialisierte Branchenpioniere interessierten. Mittlerweile ist China der zweitgrößte ausländische Direktinvestor nach den Vereinigten Staaten.

Hierzulande haben die Chinesen in den letzten Jahren folgende Firmen übernommen: den Maschinenbauer KraussMaffei (925 Millionen Euro), den Gabelstaplerproduzenten Kion (43 Prozent für 430 Millionen), die Betonpumpenhersteller Schwing und Putzmeister, Letzterer ist Weltmarktführer (360 Millionen Euro), die Automobilzulieferer Kiekert, Koller, Sellner, FFT Produktionssysteme und Grammer (74 Prozent angeblich für 772 Millionen Euro), den schwäbischen Apple-Zulieferer Manz, die Bielefelder Industrienähmaschinen-Fabrik Dürkopp Adler (94,98 Prozent), den niedersächsischen Müllverwerter EEW (1,438 Mrd.), den Augsburger Robotik-Spezialisten Kuka (erstes Angebot: 4,5 Milliarden), Osram (400 Millionen), den Computerhändler Medion. Der Essener Energiedienstleister Ista ging für 5,8 Milliarden Euro an die Hongkonger Cheung Kong Property Holding, die Biotest AG für 1,3 Milliarden an die Creat Holding, der Küchenmöbelhersteller Siematic an die Nison-Gruppe. Seit 2012 gehört der fränkische Autoinnenausstatter Preh zu 100 Prozent der Joyson-Gruppe aus Ningbo. Der Aluminium-Spezialist Trimet verkaufte die Mehrheit seiner Anteile an die Bohai Automotive Systems. Für sein Hamburger Werk, das jährlich 10 Milliarden Halbleiter herstellt, erhielt der niederländische Besitzer NXP von den Firmen Jianaguang Asset Management und Wise Road Capital 2,15 Milliarden Dollar. Im Mai 2017 gingen 75,1 Prozent der Karlsruher Romaco Pharmatechnik an die Truking Group aus Changsha. Im ersten Halbjahr 2018 kam der deutsche Luxusmöbelhersteller Rolf Benz in chinesische Hände (51 Millionen Dollar), dazu die Pretzfelder Geiger Fertigungstechnologie (45 Millionen) und die Filderstädter SMK (30 Millionen). Geely erregte Aufsehen, als es im Februar für knapp neun Milliarden Dollar 9,69 Prozent der Daimler-Aktien übernahm. Für die Hamburger Steinway-Manufaktur interessierte sich die China Poly Group.

Der Investor Jonathan Pang hatte bereits 2007 den Flughafen Schwerin-Parchim übernommen. Er wollte ihn erst zu einer Drehscheibe für den Luftverkehr zwischen China, Europa und Afrika machen, später zu einer riesigen Shopping-Mall. Verwirklicht wurde beides bislang nicht. Der Baukonzern Schanghai Yiqian Trading versuchte, den chronisch-defizitären Regionalflughafen Frankfurt-Hahn zu übernehmen, um ihn zu einem Drehkreuz für chinesische Reisende auszubauen. Das Geschäft kam nicht zustande, da sich der Interessent als ein zahlungsunfähiger Betrüger erwies (was die rheinland-pfälzische Landesregierung in eine politische Krise stürzte). Am Ende wurde der chinesische Mischkonzern HNA Mehrheits-Eigentümer des maroden Flughafens im Hunsrück. HNA hofft, künftig angesichts des boomenden chinesischen Tourismus die Passagierflüge nach und von China ausbauen zu können, steckt aber in finanziellen Schwierigkeiten.

Going Global

Nicht allein in Deutschland langten die Chinesen zu. In der Schweiz haben sie Swissmetal und Swissport übernommen (2,8 Milliarden Dollar), dazu die Versicherungsgesellschaft Basler, und sie gehören zum Kreis der Interessenten für Schweizer Wasserkraftwerke. Dem staatseigenen Petrokonzern ChemChina haben die europäischen und amerikanischen Kartellbehörden die Übernahme – für 44 Milliarden Dollar *all-cash* – des Basler Agrochemie-Riesen Syngenta genehmigt, die bisher größte chinesische Transaktion dieser Art. Sie soll der Volksrepublik helfen, ihre landwirtschaftliche Produktion zu steigern. ChemChina, das neun Erdölraffinerien betreibt, ging zudem eine enge Verbindung mit dem Schweizer Rohstoffhändler Mercuria ein. In Italien hatte der Staatskonzern bereits den Reifenhersteller Pirelli (7,7 Milliarden Dollar) erworben, von dem er nach zwei Jahren 40 Prozent wieder abgab, außerdem den Maschinenbauer MCM sowie 75 Prozent des Luxusyachten-Herstellers Ferretti. Die Fincantieri-Werft baut mit der China Shipbuilding Corporation, der sie dafür Teile ihrer Produktionstechnologie übergeben musste, Kreuzfahrtschiffe in Schanghai. Tencent entdeckte Dänemark und ging mit Lego eine digitale Partnerschaft ein, zugleich erwarb der chinesische Großinvestor die dänische Saxo Bank.

Vor allem aber übernahm Geely 2010 in Schweden für 1,4 Milliarden Euro den Autohersteller Volvo Cars von Ford. Ende 2017 avancierte Geely überdies beim Nutzfahrzeughersteller Volvo Trucks zum größten Aktionär; laut *Dagens Nyheter* wurden für 8,2 Prozent der Anteile und 15,6 Prozent der Stimmrechte 3,3 Milliarden Euro gezahlt. Auch andere chinesische Kraftfahrzeughersteller, etwa Great Wall, Chery oder BYD, drängen mit Macht auf den Weltmarkt. Chen Anning, Chef des staatlichen Autoherstellers, will in der Nähe von Frankfurt ein Technologie- und Design-Zentrum für die Entwicklung von Chery-Autos errichten. Es ist erst ein Dutzend Jahre her, dass die Welt Hohn und Spott über «das gefährlichste Auto der Welt» ausgoss, als der Jiangling Landwind, ein Range-Rover-Klon, auf der Genfer Automobilausstellung vorgestellt wurde. Inzwischen lacht niemand mehr über chinesische Autos. Was den Japanern in den Siebzigerjahren gelang und den Koreanern in den Neunzigern – die Chinesen vollziehen es jetzt nach. Und es sieht ganz so aus, als ob sie den alten Auto-Nationen bei der Entwicklung von Elektrofahrzeugen den Rang ablaufen.

Doch die Chinesen warfen ihr Netz viel weiter aus. In Finnland holte sich Tencent für 8,6 Milliarden Dollar/7,4 Milliarden Euro den Onlinespiele-Entwickler Supercell, in Irland den Flugzeug-Verleiher Avolon (2,3 Milliarden Euro). In Portugal ging die Banco Espiritu Santo an Chinesen, und der Energiekonzern China Three Gorges (CTG) steuerte die komplette Übernahme des Versorgers Energias de Portugal an. In der Türkei kauften chinesische Firmen Marmorsteinbrüche und Kohlezechen. In Frankreich strebte die Schanghaier Beteiligungsgesellschaft Fosun eine Beteiligung von 10 bis 15 Prozent an dem Wintersportunternehmen Compagnie des Alpes an. Die Synutra-Gruppe steckte in der Bretagne 200 Millionen Euro in eine der größten Milchpulverfabriken Europas (sie kam jedoch schon ein Jahr später wegen Zahlungsverzugs, Produktionsverminderung und fragwürdigen Führungsstils ins Gerede: «Das chinesische Wunder lässt auf sich warten», titelte *Le Monde*). Der Bekleidungskonzern Shandong Ruyi Technology übernahm für 1,3 Milliarden Euro die Pariser

Modefirma SMCP. Und noch 2013 genehmigte Paris die Übernahme von Manoir, einem Spezialstahlhersteller für Atomkraftwerke. Fosun erwarb darüber hinaus einen Fünf-Prozent-Anteil an Thomas Cook, dem ältesten Reisebüro der Welt, den es rasch auf 8,2 Prozent erhöhte. Die chinesische WH Group, der Welt größter Schweinefleischverarbeiter, schnappte sich Pini, den führenden polnischen Schweinefleischbetrieb.

In Australien haben die Chinesen in diesem Jahrzehnt bereits 81 Milliarden Dollar angelegt: 32 Milliarden für den Kauf von 30 Unternehmen des Bodenschatzsektors, fast ebenso viel für Energieunternehmen und rund 3,4 Milliarden im Agrarsektor. Weitläufige Ländereien haben sich die Chinesen ferner in Bolivien, Zentralasien und sogar Sibirien gesichert. Die staatliche China Investment Corporation ist in London am Heathrow Airport und an Thames Water beteiligt und war bereit, Blackstone 12 Milliarden Euro für sein Lagerhaus-Imperium Logicor zu bezahlen. Anbang interessierte sich auch für die *Financial Times*. Eine Gruppe chinesischer Multimillionäre hat in Frankreich ein Chateau nach dem anderen gekauft, fast 200 Weingüter oder 3 Prozent der guten Bordeaux-Lagen sind in ihrer Hand. Ob Kohle- und Eisenerzbergwerke in Brasilien, Milchfarmen, Schlachthöfe oder Goldminen in Russland, Schlösser im Bordelais, Pizza Express, Kunstwerke, Hotels oder Brauereien – alles steht auf der Einkaufsliste, nichts ist vor den Chinesen sicher.

Und wie in ihren besten Jahren die Japaner, so haben sich die Chinesen schon früh auch in den USA festgesetzt. Legend Holdings erwarb bereits 2005 das PC-Geschäft von IBM und führte es unter der Marke Lenovo weiter («Schlange schluckt Elefant», hieß es damals, doch die Spötter verstummten bald). 2014 kaufte Lenovo von Google Motorola Mobility hinzu. Mit dem Erwerb von Fidelity und Guarantee Life drangen die Chinesen in den Versicherungssektor ein. Und auch sie erwarben, wie schon erwähnt, zwei amerikanische Wahrzeichen in Hollywood: für 3,5 Milliarden Dollar das Studio Legendary Entertainment (Wanda) und in New York für 1,95 Milliarden das Traditionshotel Waldorf Astoria (Anbang). Nach dem Verkauf stieg Präsident Obama dort nicht mehr ab, die Suiten hätten ja verwanzt sein können. Sogar das Elternhaus Donald Trumps im New Yorker Stadtteil Queens hat sich ein Chinese für zwei Millionen Dollar unter den

Nagel gerissen. 2016 legten Chinesen in den USA 46 Milliarden Dollar an, dreimal mehr als 2015. Mit ihrem Angebot von 14 Milliarden Dollar für Starwood Hotels & Resorts kamen sie jedoch nicht zum Zug. Es steht dahin, ob sie mit ihren Erwerbungen glücklicher werden als vordem ihre japanischen Nachbarn, die mit Columbia und Metro Goldwyn Mayer nie recht froh wurden und das Rockefeller Center in ihrer Verzweiflung schon nach zehn Jahren wieder abstießen. Aus Hollywood haben sich mittlerweile die ersten chinesischen Investoren auch schon wieder zurückgezogen.

Die Einzelaufzählung dieser Erwerbungen vermittelt einen Eindruck von Chinas Appetit. Ordnet man die Transaktionen jedoch nach sachlichen oder geographischen Gesichtspunkten, so zeigen sich die Umrisse einer brisanten Zielstrebigkeit. Die geoökonomische und geostrategische Ausrichtung der chinesischen Politik ist zumal an den grenzenlosen Aufkäufen von Seehäfen rund um den Globus und an dem stetigen Vordringen auf dem Balkan abzulesen.

Pekings Hafenstrategie

Als sich die Chinesen vor Jahren am Ausbau des Hafens von Venedig beteiligten, war dies in erster Linie wohl noch eine nostalgische Anwandlung, ein Akt romantischer Erinnerung an die Stadt Marco Polos. Noch gab es keine den Globus umspannende Hafenstrategie. In diese wurde Venedig allerdings inzwischen eingefügt: Ein italienisch-chinesisches Konsortium baut nun den venezianischen Offshore-Hafen. Doch schon ein Jahrzehnt vor Baubeginn hatte die halbstaatliche China Ocean Shipping Company (COSCO), die größte Reederei der Volksrepublik, den Anfang einer weit ausgreifenden maritimen Einkaufskampagne gemacht. Sie pachtete 2009 für fünfunddreißig Jahre die Hälfte des Hafens von Piräus, der Eintritt in das mediterrane Hafen-Netzwerk war ihr stattliche 647 Millionen Euro wert. Schon 2016 übernahmen die Chinesen den Hafen von Piräus ganz und zahlten dafür weitere 280 Millionen Euro. Seitdem wurden die Terminals erneuert, ein Terminal für Kreuzfahrtschiffe, das besonders für chinesische

Europa-Touristen gedacht ist, befindet sich im Bau, und der Containerumschlag hat sich verdreifacht. Auf der Weltliste der Containerhäfen hat sich Piräus von Platz 93 im Jahr 2010 auf Platz 38 im Jahr 2017 emporgearbeitet. Das chinesische Engagement habe 10 000 Arbeitsplätze geschaffen und dem griechischen Staat mehr als 600 Millionen Euro eingebracht, erklärte Außenminister Wang Yi 2018. Griechische und italienische Behörden untersuchen neben der EU aber auch den Verdacht, dass sich Chinas Firmen in Piräus durch Unterschlagung von Importzoll und Mehrwertsteuer des großangelegten Steuerbetrugs schuldig gemacht haben.

Piräus war indes nur der Anfang einer planvollen Strategie, im gesamten Mittelmeerraum Hafenbeteiligungen zu erwerben: in Thessaloniki, in Genua und Neapel, in Alexandria und Port Said (Ägypten), in Haifa und Ashdod (Israel) sowie im türkischen Kumport. Im algerischen Cherchell entsteht in einem Gemeinschaftsunternehmen für 3,3 Milliarden Dollar der Algerian Central New Port, ein mediterranes Verteilungszentrum, das jährlich 6,3 Millionen Container und 30 Millionen Tonnen Massengut abfertigen kann. In dem nordafrikanischen Land hat die China State Construction Engineering Corporation darüber hinaus mit Zehntausenden chinesischen Arbeitern nicht nur ganze Städte errichtet, sondern auch die größte Moschee mit dem höchsten Minarett der Welt. Außerdem hat ein chinesisches Konsortium den Zuschlag für das Jahrhundertprojekt einer Ost-West-Autobahn ergattert. Offensichtlich sucht China mit seiner muslimischen Minderheit von 20 Millionen Menschen Anschluss an autoritäre islamische Staaten, darunter die Türkei und Iran, die als «Brandmauern» gegen dschihadistische Terroristen und deren Eindringen ins unruhige Xinjiang dienen können.

«Nicht ein einziger chinesischer Hafen wird mehrheitlich von Europäern gehalten, doch immer mehr europäische Häfen fallen in chinesische Hand», stellte die *Financial Times* fest. Zuletzt waren dies Zeebrugge, nach Antwerpen Belgiens zweitgrößter Hafen, und Valencia. Auch im litauischen Klaipeda, dem früheren Memel, und in den polnischen Ostseehäfen haben sich Chinas maritime Unternehmen festgesetzt. Doch der chinesische Hafenexpansionismus durchdringt sämtliche Kontinente und Ozeane. Und mit dem Erwerb von Häfen gibt man sich nicht zufrieden, nun werden auch noch Speicher- und

Lagergebäude sowie Speditionen hinzugekauft. Allein 2017 verschafften sich die Chinesen in Europa, Asien und anderswo Objekte im Wert von über 20 Milliarden Dollar, was die Summe ihrer Aufkäufe im Logistikbereich auf 32,2 Milliarden erhöhte.

Cosco Shipping Ports soll weltweit bereits ein Netzwerk von 46 Container-Terminals gehören. Auch China Merchants Port Holdings hat kräftig zugegriffen. In ganz Südostasien stecken sie Milliarden in den Ausbau oder die Übernahme von Häfen, ob in Malaysia, Sri Lanka und Indonesien oder in Pakistan und Myanmar, desgleichen in Brasilien, wo sie für knapp eine Milliarde Dollar den Hafenbetreiber TCP Participações übernahmen, und in Dschibuti. Beiden Firmen geben die Staatsbanken billige Kredite, zudem können sie sich aus den Milliardentöpfen der Seidenstraßen-Initiative bedienen. Dies ermöglicht, die Hafengebühren zu drücken und damit die chinesischen Produkte wettbewerbsfähig zu machen; außerdem sichert es ihnen eine bevorzugte Abfertigung. Wer Häfen besitzt, bestimmt auch die Handelswege. Die bisherigen Platzhirsche, die Reedereien Maersk und Mediterranean Shipping Company (MSC), sehen sich plötzlich einer ernsten Herausforderung gegenüber.

Allein im ersten Halbjahr 2017 haben Firmen aus der Volksrepublik, allen voran wieder COSCO, 20 Milliarden Dollar für überseeische Häfen ausgegeben, mehr als doppelt so viel wie im Jahr zuvor und zumeist von der staatlichen Bank of China finanziert. Selbst im brasilianischen Itaqui und Bahia bauen chinesische Firmen den Hafen aus. Auch die Arktisroute nach Europa liegt in ihrem Blickfeld. Ein Tiefseehafen an der russischen Weißmeerküste mit Eisenbahnanschluss nach Sibirien ist seit Längerem im Gespräch. Außerdem kaufte COSCO für 6,4 Milliarden Dollar auch die Hongkonger Orient Overseas Container Line, deren 270 Schiffe jährlich 4,6 Millionen TEU bewegen.

Da COSCO für Häfen wie Schiffe beispiellose Höchstpreise zahlt, liegt die Vermutung nahe, dass es weniger um Seehandel und Seehandelssicherung geht als um geopolitische Ziele. In den Worten der *Financial Times*: «Chinas wachsende Beherrschung von Schifffahrt und Häfen dient der Protektion und der Projektion» – dem Schutz der Seerouten also, aber auch der Machtprojektion. «Dies hilft China in Zeiten von Konflikt und Spannung. Es ermöglicht der chinesischen Marine, ihrem Ehrgeiz freien Lauf zu lassen und regelmäßig in Gewässern fern der Heimat zu segeln.» Jonathan Hillman, Direktor des Center for Strategic and International Studies in Washington, ergänzt diese Einschätzung: «Hafenbesitz öffnet nichtkommerziellen Aktivitäten wie der Postierung von Seestreitkräften oder der elektronischen Aufklärung Tür und Tor.» Er eignet sich also hervorragend zur militärischen Unterstützung von Xi Jinpings maritimer Seidenstraße (siehe Kapitel 10 «Die neuen Seidenstraßen»).

Seitdem Cosco, inzwischen mit China Shipping und Orient Overseas International fusioniert, Piräus ganz übernommen hat, verschiffen viele chinesische Hersteller von Computern, darunter Huawei, Sony und Hewlett Packard, ihre Produkte nur noch über diesen griechischen Brückenkopf, wo sich der Umschlag mittlerweile fast vervierfacht hat. Der Hamburger Hafen hatte bereits zu spüren bekommen, dass das Container-Aufkommen zurückging, weil aus China weniger Massenware kam, dafür mehr und mehr Hightech-Güter. Die neue Balkanroute verstärkte den Rückgang. Dass eine COSCO-Tochter 35 Prozent am Rotterdamer Euromax-Terminal gekauft hat, ist eine weitere Bedrohung für Hamburgs bisherige Stellung als «Chinas Tor zu Europa». Der Hafenwirtschaft der Hansestadt war es auch ein Dorn im Auge, dass der Baukonzern China Communications Construction Company (CCCC) zusammen mit Alibaba im Mittleren Freihafen ein vollautomatisiertes Terminal bauen wollte. Die Hansestadt spürt schmerzlich die Veränderung der Handelsströme.

In aller Klarheit hat Matthias Iken im Hamburger *Abendblatt* die fatalen Auswirkungen der Pekinger Strategie aufgezeigt: weiterer Preisverfall in der maritimen Wirtschaft, Wettbewerbsverzerrungen, Umlenkung der Handelsrouten. «Immerhin», setzt er hinzu, «dämmert den Europäern, dass es so nicht weitergehen kann. Während man die *America-first*-Politik verdammt, hat man lange übersehen, dass die Partner in Fernost längst ein *China first* forcieren. *Made in China 2025* ist dafür nur ein anderer Name.» Selbst die *Frankfurter Allgemeine*, sonst eine strenge Verfechterin marktwirtschaftlicher Prinzipien, verteidigte die Berliner Lex China: «Hier muss Deutschland wachsam sein – nicht zum Schaden, sondern zum Schutz unserer Industrie.»

Stoßrichtung Balkan

Piräus ist zum Stoßkeil des chinesischen Vordringens auf dem Balkan geworden. Von dort aus versuchen Staatsunternehmen oder Privatfirmen mit Staatsbeteiligung, auf breiter Front ganz Südost- und Osteuropa aufzurollen.

Die von der EU vernachlässigte und zugleich von Moskau und Ankara umworbene Region, so modernisierungsbedürftig wie arm, lädt die Chinesen geradezu ein, dort Fuß zu fassen. Wiederum setzen sie dabei ihre dollarstrotzende Infrastruktur-Diplomatie ein.

Ein bedeutendes Projekt ist der größtenteils durch einen Kredit der chinesischen Exim Bank finanzierte Bau einer 350 Kilometer langen Hochgeschwindigkeitsbahnstrecke zwischen Budapest und Belgrad, der voraussichtlich 3,2 Milliarden Euro kosten wird; allein der ungarische Sektor kommt auf 1,8 Milliarden Dollar. Die Modernisierung soll die Fahrtzeit ab 2023 von bisher acht auf künftig drei Stunden verkürzen. Mit dem Vorhaben wollen die Chinesen beweisen, dass sie einwandfrei nach EU-Standards bauen können, möglichst die gesamte Strecke Athen–Budapest. In der ungarischen Hauptstadt wurde zugleich ein Zentrum für traditionelle chinesische Medizin eröffnet.

Die staatliche China Exim-Bank finanziert den Bau von Autostraßen in Mazedonien und Montenegro, desgleichen in Serbien. In Belgrad hat die China Road and Bridge Construction eine Brücke über die Donau gebaut, Kostenpunkt 170 Millionen Euro, wovon 85 Prozent durch einen chinesischen Kredit finanziert wurden. 700 Millionen flossen in ein Wärmekraftwerk, und auch das größte Stahlwerk des Landes in Smederovo wechselte in chinesische Hände. In Mazedonien investiert China 600 Millionen Euro in sein Balkanbahnprojekt. Chinas Gelder und Kredite würden angenommen, um einen europäischen Transitkorridor über das Staatsgebiet Mazedoniens zu bauen, sagt der mazedonische Präsident Gjorge Ivanov; Europa habe sich ja zurückgezogen (tatsächlich fließen aus Brüssel in den sechs Jahren 2014 bis 2020 nur 664,2 Millionen Euro in Richtung Skopje).

In Kroatien ist der Bau der eine halbe Milliarde teuren Pelješac-Brücke, der zu 85 Prozent aus EU-Mitteln gefördert wird, an einen chinesischen Konzern vergeben worden. Im rumänischen Ploeşti wurde eine Ölraffinerie übernommen, in Rovinari baut die China Huadong Engineering (CHEC) den Rumänen ein neues Kohlekraftwerk und in der Dobrudscha will die China General Nuclear Power Group zum Preis von 7,2 Milliarden Euro zwei Reaktoren für das Atomkraftwerk Černavoda entwickeln. In Albanien nahm die Geo Jade Petroleum den kanadischen Besitzern für eine halbe Milliarde Dollar Europas größtes Ölfeld Patos-Marinza ab, während die Staatsfirma China Everbright 2016 den internationalen Flughafen Nënë Tereza in Tirana kaufte. Die chinesischen Investitionen in Albanien summieren sich mittlerweile auf 6 Milliarden Dollar, rund 50 Prozent des Bruttoinlandsprodukts. Für die Kredite bietet China, so heißt es, lange Laufzeiten und niedrige 2 bis 2,5 Prozent Zinsen, außerdem verzichtet Peking auf alle politischen oder wirtschaftlichen Reformauflagen. Allerdings macht es zur Bedingung, dass die Vorhaben zu einem erheblichen Teil von chinesischen Unternehmen ausgeführt werden und die Kredite von der örtlichen Regierung garantiert werden *(sovereign guarantee)*. Die China Development Bank und die China Exim Bank, die beiden größten Projektfinanzierer, lassen sich jedoch in puncto Kreditrahmen und Zinsgestaltung nicht in die Karten schauen.

16+1: Chinas Spaltpilz in Europa

Für ihr Vordringen in Südost- und Osteuropa haben sich die Chinesen mit dem 2012 in Warschau ins Leben gerufenen Kooperationsverbund «16+1» einen lange Zeit kaum beachteten politischen Rahmen geschaffen. Darin umwerben sie sechzehn südost-, mittel- und osteuropäische Staaten, darunter elf EU-Mitglieder und die fünf Westbalkanländer Albanien, Bosnien und Herzegowina, Mazedonien, Montenegro und Serbien (nicht Kosovo, das Peking nicht anerkennt, weil es keinerlei Sezessionen gutheißt, auf die sich Uiguren und Tibeter in ihrem eigenen Unabhängigkeitsdrang berufen könnten). Als Bundesaußenminister hat Sigmar Gabriel nicht ohne Hintersinn darauf hingewiesen, dass die Chinesen von «1+16» sprechen.

In Wirklichkeit handelt es sich um ein ungemein hochgejubeltes

Projekt. Der Außenhandel Deutschlands mit den Visegrad-Ländern Polen, Tschechische Republik, Slowakei und Ungarn ist weit größer als der mit China. Zwar ist der chinesische Export in die sechzehn Länder 2017 auf 50 Milliarden Dollar angewachsen und die Ausfuhr der sechzehn nach China auf knapp 19 Milliarden, doch sind die EU-Nachbarn nach wie vor die größten Handelspartner. Auch bei den Investitionen liegt China keineswegs vorn. Abgesichert von den Staatsbanken, haben chinesische Firmen seit 2012 die Investition von schätzungsweise 11 Milliarden Dollar angekündigt, weitere 3 Milliarden stellte Ministerpräsident Li Keqiang Ende November 2017 beim sechsten Jahrestreffen der Siebzehn in Budapest in Aussicht. Geflossen sind bisher nach den Daten des chinesischen Handelsministeriums 9 Milliarden. Größter Empfänger ist das zerrissene Bosnien-Herzegowina (3,2 Milliarden Dollar), zweitgrößter Tschechien; es folgen Serbien, Bulgarien, Rumänien und Albanien. Die versprochene Summe macht indes nur einen Bruchteil dessen aus, was die EU in der 16+1-Region investiert. Die vier Višegrad-Staaten Polen, Tschechien, Slowakei und Ungarn erhielten seit 2007 rund 150 Milliarden Euro aus EU-Töpfen. Polen bekam 2017 rund 7,1 Milliarden Euro mehr aus Brüssel, als es einzahlte; die ausländischen Direktinvestitionen in der größten Volkswirtschaft Mittelosteuropas stammten zu 90 Prozent aus der EU, zu 5 Prozent aus den USA, nur rund 1 Prozent kam aus China. Rumänien bekam 6 Milliarden Euro mehr, als es einzahlte, Griechenland 4,3, Ungarn 3,6, Tschechien 3,3, die Slowakei 2 Milliarden. In Bulgarien, Rumänien, Ungarn und Litauen tragen die Überweisungen von der EU mehr als 3 Prozent zur nationalen Wirtschaftsleistung bei.

Nimmt man einen längeren Zeitraum in den Blick, erscheinen die chinesischen Angebote im Vergleich zu den Geldern, die den Sechzehn aus Brüssel zufließen, noch weit bescheidener. Die zehn osteuropäischen Neumitglieder haben in der Haushaltsperiode 2014–2020 Anspruch auf Fördermittel aus verschiedenen EU-Fonds in Höhe von 189 Milliarden Euro. Allein auf Polen entfallen davon 86 Milliarden; das sind 4 Prozent seines Bruttoinlandsprodukts. Die baltischen Republiken erhalten 18,5 Milliarden Euro, die Tschechische Republik 24 Milliarden, die Slowakei 15,9 Milliarden, Ungarn 25 Milliarden, Slowenien 3,9 Milliarden, Bulgarien 9,9 Milliarden und Rumänien

30,8 Milliarden. Und die EU-Zukunftskandidaten Albanien, Bosnien-Herzegowina, Montenegro und Serbien sowie Kosovo kommen jährlich bereits in den Genuss von milliardenschweren Vorbeitrittshilfen – fast 9 Milliarden Euro in den Jahren 2007 bis 2017, 1,07 Milliarden 2018. Zudem hat allein die Europäische Bank für Wiederaufbau und Entwicklung (EBRD) 10 Milliarden Euro in 600 Projekte auf dem Westbalkan gesteckt; dazu vergab die Europäische Investitionsbank (EIB) seit 2007 rund 7 Milliarden Euro. Gleichwohl schöpfen die Balkanstaaten alle gern auch aus der chinesischen Quelle. Aber der Eindruck trügt völlig, dass China die EU in Mittel- und Osteuropa längst als Hauptinvestor abgelöst hätte.

Die 16+1-Gruppierung schien Peking drei Vorteile zu bieten: die Möglichkeit, auf dem Westbalkan Projekte anschieben zu können, ohne sich auf EU-Regeln wie die Ausschreibungspflicht einlassen zu müssen; durch die Eröffnung einer Filiale der Bank of China in Belgrad dem Verbund ein Finanzzentrum für ganz Südost- und Osteuropa zu schaffen, das weder der EU-europäischen noch der amerikanischen Bankenaufsicht unterliegt; und schließlich die Chance, den gesamten Osten und Südosten Europas in Xi Jinpings Großprojekt der neuen Seidenstraßen einzubinden.

Allerdings wird nicht von ungefähr gesagt, außer einem jährlichen Fototermin mit dem chinesischen Ministerpräsidenten hätten die Sechzehn noch nicht viel von dem Verbund mit China gehabt. Vielen grandiosen Investitionsankündigungen folgte bisher weiter nichts, etwa bei den 2013 anvisierten Atom- und Kohlekraftwerken. Einer OSW-Studie des Warschauer Centre for Eastern Studies ist zu entnehmen, dass auch Pekings Hoffnungen sich bisher nicht erfüllt haben. Bei den elf EU-Mitgliedern unter den Sechzehn ist, was konkrete Projekte angeht, vieles nicht über Medienspekulationen hinaus gediehen. Zum Teil liegt dies daran, dass sich die EU-Länder bei bilateralen Abmachungen an die Regeln, Verordnungen und Festlegungen der Brüsseler Gemeinschaft in puncto staatliche Beihilfen und offene Ausschreibungen halten müssen. So gibt es zwar jede Menge Ministerkonferenzen, Thinktank-Symposien, Mediendialoge, Kunst- und Kulturaustausch, und in Warschau wurde ein Koordinationssekretariat für Meeresfragen angesiedelt. Viele Projekte stehen jedoch nach wie vor auf dem Papier. Überdies fließen die meisten chinesischen Investitionen weiterhin nach England, Frankreich, Italien und Deutschland.

Ungarn hat am ehesten profitiert, obwohl sich der Bau des ungarischen Teils der Bahnstrecke Belgrad–Budapest lange verzögerte, da die Brüsseler Untersuchung andauerte, ob im Vergabeprozess EU-Recht verletzt worden war. Für die fünf Nicht-EU-Mitglieder der Sechzehner-Gruppe ist ebenfalls nicht alles Gold, was glänzt. Zwar sind mit chinesischem Geld größere Bauprojekte – vor allem Kohlekraftwerke und Straßen – im Wert von sechs Milliarden Dollar angeschoben worden, wenn die chinesischen Vertragsfirmen jedoch von Steuern befreit werden und sie außerdem noch ihre eigenen Baumaterialien und Arbeitskräfte einsetzen, fließt ein Großteil des eingesetzten Kapitals wieder nach China zurück und kommt nicht der einheimischen Wirtschaft zugute. Schwierigkeiten schafft zudem die Auflage, dass die örtlichen Regierungen für die Bedienung der Anleihen geradestehen müssen. Nicht zuletzt ist die langfristige Verschuldung ein Problem, wie das Beispiel Montenegros zeigt: Bei einem Bruttoinlandsprodukt von 3,45 Milliarden Euro stieg die Staatsschuld nach Aufnahme eines chinesischen Kredits für den Bau einer Autobahn vom Adria-Hafen Bar nach Serbien um 23 Prozent auf über 4,25 Milliarden.

Chinas Seiteneingang nach Europa

Gleichwohl versuchten die Chinesen immer wieder ihr Glück. Wie seinerzeit der amerikanische Verteidigungsminister Donald Rumsfeld, so setzten sie jahrelang auf das «neue Europa» anstelle des «alten Europa». Ihr Motiv liegt auf der Hand: Der 16+1-Verbund ist ihr Seiteneingang in die Europäische Union. Ulrich Ladurner und Steffen Richter haben es in der ZEIT auf den Punkt gebracht: «Es geht ihnen um politischen Einfluss in Europa. China will künftig – indirekt – in der EU mitentscheiden. Dafür hat Peking eine offene Flanke entdeckt: Chinas Weg zu mehr Mitsprache in Europa führt unter anderem über Budapest, Athen und Warschau.» Reinhard Bütikofer, Europaabgeordneter der Grünen, gab ihnen recht: «China will im

Europäischen Rat am Tisch sitzen.» Sein Parlamentskollege Jo Leinen (SPD, Vorsitzender der Delegation für die Beziehungen zu China) befürchtet, dass chinesische Investitionen politische Abhängigkeiten schaffen. Noch weiter geht die französische China-Expertin Nadège Rolland: «Mit aller Macht versucht China, die postkommunistischen Länder zusammenzuschließen und den Ostblock wiederauferstehen zu lassen – unter seiner Schirmherrschaft.»

Der Begriff «Abhängigkeit» mag überspannt sein, die Wiederbelebung des Ostblocks übertrieben, aber Druckempfindlichkeit aufgrund chinesischer Infrastrukturinvestitionen lässt sich ebenso wenig leugnen wie eine gewisse ideologische Wahlverwandtschaft einiger osteuropäischer Politiker. Nicht alle können der «autoritären Versuchung» widerstehen, vor der schon Ralf Dahrendorf gewarnt hat, als er den Flirt mancher europäischer Konservativer mit dem neokonfuzianischen Paternalismus Lee Kuan Yews auf die Hörner nahm. Man lese nur einmal nach, was der ungarische Ministerpräsident Viktor Orban im Mai 2017 in Peking von sich gab: «Das alte Modell der Globalisierung geht seinem Ende entgegen, der Osten hat mit dem Westen gleichgezogen, und ein beträchtlicher Teil der Welt hat es satt, von den westlichen Industrienationen über Menschenrechte und Marktwirtschaft belehrt zu werden.» In Budapest erklärte er das Seidenstraßenprojekt für die «neue Form der Globalisierung, die [anders als Brüssel] nicht die Welt in Schulmeister und Schüler einteilt, sondern auf gemeinsamen Respekt und gemeinsamen Vorteil gründet.» Und in Berlin sagte er: «Mitteleuropa braucht Kapital, um neue Straßen und Pipelines zu bauen. Wenn die EU nicht in der Lage ist, genug Kapital bereitzustellen, dann sammeln wir es eben in China ein.»

Zu den Sympathisanten Pekings gehört auch der EU-kritische tschechische Präsident Miloš Zeman. Er hält die Seidenstraßen-Initiative für das «faszinierendste Projekt der jüngeren Geschichte». Die Tschechische Republik, erklärte er, hoffe zum «unversenkbaren Flugzeugträger der chinesischen Investitionsexpansion» in Europa zu werden. Václav Havels eindringliche Worte über China – «Einschüchterung, Propagandakampagnen und Unterdrückung sind kein Ersatz für vernünftigen Dialog» – gerieten in Vergessenheit, öffentliche Demonstrationen gegen Xi Jinping während dessen Staatsbesuch 2016 in Prag wurden rüde unterdrückt. Den chinesischen Großkapitalisten Ye Jianming, Chef der CEFC China Energy, ernannte Zeman zu seinem Wirtschaftsberater, einen Magnaten, der in Tschechien in eine Bank, einen Medienkonzern, eine Brauerei, zwei Hotels, mehrere Renaissance-Gebäude und eine Fluggesellschaft investierte; überdies erwarb er den Fußballklub Slavia Prag und dessen Stadion. Dabei war Yes Engagement rein politischer Art, wie er 2017 einräumte: «Wenn die Tschechische Republik sich eines Tages gegen China wenden sollte, müssten wir unsere Investitionen zurückziehen und unsere Strategie vor Ort überdenken.» Die Verhaftung Yes im Februar 2018 machte Zeman dann einen gewaltigen Strich durch die Rechnung. Von einer weiteren Investition ins Bankengeschäft des Landes, die Prag zu einem osteuropäischen Finanzzentrum machen sollte, nahm CEFC abrupt Abstand. Die Fachleute aber stellten mit einem Mal fest, dass die taiwanesischen Investitionen im Jahr 2017 fast dreimal größer waren als die aus der Volksrepublik. Enttäuschung machte sich breit, das Projekt eines riesigen Zentrums für chinesische Medizin in der mährischen Provinz stieß zunehmend auf Unmut, und der Ärger über Chinas politische Einflussnahme wuchs.

In der Tat wollen die Chinesen nicht nur wirtschaftlichen Einfluss, sondern erwarten für ihr Geld auch politisches Entgegenkommen – selbst wenn Li Keqiang sagt: «Da gibt es keine politischen Bedingungen als Prämisse. Wir wollen uns gar nicht einmischen.» Wenn einzelne Staaten sich chinafreundlich äußerten, sei dies «ihre eigene Entscheidung». Das Beispiel Griechenland legte jedoch eine ganz andere Lesart nahe. Niemand verstand so recht, was Bundeskanzlerin Merkel meinte, als sie 2017 in einem Interview mit der *Wirtschaftswoche* beklagte, dass China wirtschaftlich schwache Länder wie Griechenland unter Druck setze. Der Hintergrund war, dass die Griechen, von Peking genötigt, kurz zuvor eine gemeinsame Stellungnahme der EU zur Menschenrechtslage in China blockiert hatten mit der Begründung, sie sei «unkonstruktiv». In verschiedenen Gremien verweigerten auch ungarische Diplomaten jede öffentliche Kritik an China. Dabei ging es im März 2017 darum, im UN-Menschenrechtsrat einen Antrag zu unterstützen, der das brutale Vorgehen der Volksrepublik gegen Anwälte und Menschenrechtsaktivisten anprangerte. Am Tag der Menschenrechte im Dezember 2017 wiederholte sich dieses traurige Kapitel; wiederum vereitelte der Einfluss Chinas eine gemeinsame

EU-Stellungnahme. Dafür veröffentlichte die EU-Delegation in Peking eine Erklärung, der sich die Mitglieder freiwillig anschließen konnten. (Ungarn schloss sich ihr nicht an.) Darin hieß es: «Wir bleiben extrem besorgt darüber, dass China seinen Bürgern weiterhin fundamentale Menschenrechte vorenthält.» Auch das Urteil des Internationalen Seegerichtshofs zur Freiheit der Schifffahrt im Südchinesischen Meer und zur Unrechtmäßigkeit des aggressiven chinesischen Vorgehens in den dortigen Gewässern ließ sich in der Europäischen Union nicht einvernehmlich kommentieren, weil Griechenland und Ungarn, beides ausgesuchte Zielländer chinesischer Investitionen, nebst einigen anderen Staaten durch ihre Zustimmung nicht in Konflikt mit China geraten wollten. Ebenso stellte sich Athen gegen eine Verschärfung der Regeln für chinesische Investitionen in der EU.

Die Ironie der Geschichte liegt darin, dass Athen in der griechischen Schuldenkrise von der Troika – Internationaler Währungsfonds, Europäische Union, Europäische Zentralbank – zur Privatisierung geradezu gezwungen worden war. Als sich keine Käufer fanden, sprangen die Chinesen gern in die Bresche. Inzwischen haben sie 13,6 Milliarden in Griechenland investiert; außer in Piräus investieren sie auch in Energie- und Fremdenverkehrsunternehmen und engagieren sich in einem Konsortium zur Umstrukturierung des alten Athener Flughafens Ellinikon. «Wäre es besser gewesen, den Griechen einen Teil ihrer Schulen zu erlassen, statt sie zum Verkauf ihrer strategischen Infrastruktur zu zwingen?», fragte im Rückblick die *ZEIT*.

Immerhin zeichnete sich im Sommer 2018 eine Entspannung der Lage ab. Präsident Trumps Androhung eines Handelskriegs sowohl mit China als auch mit Europa veranlasste die Chinesen, den Schulterschluss mit der Europäischen Union zu suchen. Jedenfalls war Li Keqiang beim siebten Jahrestreffen der 16+1, das im Juli 2018 in Sofia stattfand, auffällig um Beschwichtigung bemüht. China habe keineswegs vor, die EU zu spalten, war seine Botschaft. Das Abschlusskommuniqué unterstrich denn auch, dass die Zusammenarbeit der CEEC eine «positive Ergänzung der umfassenden Strategischen EU-China-Partnerschaft» darstelle. Das Verhältnis der beiden solle «ausgewogen» fortentwickelt werden im Dienste von «Frieden, Wachstum, Reform und Zivilisation». (Dass der Begriff «Zivilisation» hier sonderbarerweise ohne nähere Definition in einem diplomatischen Dokument auftaucht, rührt daher, dass China sich als *«civilizational state»* versteht, für dessen Kultur, Tradition und Eigenheiten es Respekt und Zustimmung erheischt.)

Das Abschlusskommuniqué führt auf mehreren Seiten im Einzelnen auf, was unter dem 16+1-Dach alles unternommen werden soll. Die Agenda reicht von zahllosen Kommissionsgesprächen zu den unterschiedlichsten Themen über Tanz- und Jazz-Sommerlager bis hin zur Schaffung von Synergien zwischen Chinas Seidenstraßenprojekt und den EU-Partnerschaftsprogrammen. Es bleibt abzuwarten, was daraus wird. Papier ist geduldig, die Praxis holprig. Inzwischen hat die EU die Herausforderung erkannt. Eine eigene «Konnektivitätsstrategie» soll 2021 bis 2027 die Summe von 123 Milliarden Euro bereitstellen, um China auf dem Balkan wie in Zentralasien wirtschaftlich Paroli zu bieten.

7

Der Rückschlag: Wie viel China ist zu viel?

In Hemingways *The Sun Also Rises* fragt Bill seinen Freund Mike: «Wie bist du pleitegegangen?» Mike antwortet ihm: «Auf zweierlei Weise. Erst langsam und dann mit 'nem Ruck.»

Auf genau diese Weise hat sich der wirtschaftliche Aufstieg Chinas vollzogen: erst langsam, dann mit einem gewaltigen Ruck. Es hat über zwanzig Jahre gedauert, bis wir endlich merkten, was da vor sich ging. Der Irrtum mag verzeihlich sein, denn die exponentielle Entwicklung der Volksrepublik wurde in ihrem vollen Ausmaß erst nach dem Jahr 2000 schlagartig sichtbar. Von da an jedoch stiegen alle Kurven – Bruttoinlandsprodukt, Pro-Kopf-Einkommen, Export, Wirtschaftswachstum – mit einem Mal steil in die Höhe (siehe Graphiken auf S. 64 f.). Allerdings ist uns erst durch Chinas Kaufrausch in aller Welt ins Bewusstsein gedrungen, dass da nicht nur ein neuer Marktpartner herangewachsen ist, sondern ein ernsthafter, möglicherweise bedrohlicher Rivale. Dieser will lernen, um mit dem Gelernten Marktanteile zu erobern, konkret: sie den westlichen Unternehmen abzujagen.

Chinesische Investitionen: Chance oder Risiko?

Daraus folgt freilich: Je mehr die Chinesen in westliche Schlüsselindustrien investieren (oder investieren wollen), die aus Gründen der Sicherheit oder der eigenen Konkurrenzfähigkeit als schutzbedürftig erscheinen, desto schwieriger wird es aus mehreren Gründen, dafür die Akzeptanz zu erhalten. Zum einen gibt es immer noch keine volle Gegenseitigkeit des Marktzugangs, besonders bei öffentlichen Ausschreibungen. Zum anderen gibt es nach wie vor keinen wirksamen Schutz geistigen Eigentums (Markenrechte, Patente und Daten), lediglich eingeschränkte Vertragsfreiheit, unzulängliche Transparenz und mangelhafte Investitions- und Rechtssicherheit. Die Gefahr ist nicht von der Hand zu weisen, dass der Technologietransfer nach China auf die Dauer die eigene Wettbewerbsfähigkeit untergräbt, weil Partnerschaft zur Ausspähung von Industriegeheimnissen missbraucht wird.

Ärgerlich ist es auch, dass westliche Firmen in wichtigen Branchen nach wie vor nur mit chinesischer Beteiligung Unternehmen in der Volksrepublik betreiben dürfen und die Weitergabe ihres technischen Spezialwissens in der Regel eine Voraussetzung der Betriebszulassung ist. Die Regierung verlangt obendrein, dass dieses Spezialwissen an Ort und Stelle – also für sie zugänglich – gespeichert wird anstatt in der Heimat der Auslandsfirmen. Allein 2015 wurden 6000 Gemeinschaftsunternehmen neu gegründet. Immerhin ist der Joint-Venture-Zwang, der ja auch eine Teilung der Gewinne mit den chinesischen Partnern vorsieht, im Automobilbau für New Energy Vehicles 2018 abgeschafft worden. Ferner sollen die Anteilsbeschränkungen für Nutzfahrzeuge 2020 und für Pkw nach 2022 fallen, obendrein auch im Schiff- und Flugzeugbau. Donald Trumps Androhung eines Handelskrieges brachte dann weitere Bewegung in die chinesische Öffnungspolitik. Ende Juni 2018 standen nur noch 48 statt 63 Positionen auf der Negativliste; sie soll weiter reduziert werden. Mehrheitsbeteiligungen sind nun auch bei Banken und Finanzdienstleistern, in der Schwerindustrie und in der Landwirtschaft erlaubt. Dem Ludwigshafener Chemieriesen BASF wurde bei Li Keqiangs Staatsbesuch im Juli 2018 zum ersten Mal in der Branche für ein petrochemisches Megaprojekt in Guangdong eine 100-Prozent-Investition bewilligt; BMW erhöht seine Beteiligung beim Partner Brilliance von 50 auf 75 Prozent. Ansonsten blieb jedoch der Zwang zur Bildung von Gemeinschaftsunternehmen bestehen, der den Chinesen jahrzehntelang geholfen hat, zu den hochentwickelten Ländern aufzuschließen, gerade in forschungsintensiven Sektoren wie der chemischen Industrie, der Pharmabranche oder der Medizintechnik.

Auch beklagt weiterhin jedes zweite europäische Unternehmen in

China, gegenüber den einheimischen Konkurrenten durch massive Wettbewerbsverzerrung benachteiligt zu werden. Immer wieder erfahren die rund 750 deutschen Maschinenbauer in China, dass Investitionen in chinesische Firmen, Übernahmen gar, schwierig bis unmöglich sind. Von öffentlichen Aufträgen, Zuschüssen oder Forschungsgeldern bleiben sie ausgeschlossen. Heimische Firmen werden in vielfältiger Weise bevorzugt. «Durch eine Vielzahl von hohen Subventionen, angedockt an die Strategie ‹Made in China 2025› oder bei Staatsunternehmen generell, wird der lokale Wettbewerb verzerrt», warnte der Branchenverband VDMA. Beispielsweise können die staatlichen Krankenhäuser Medizintechnik nur aus einem Katalog bestellen, in dem man vergeblich ausländische Hersteller sucht, und bei Eisenbahn-Ausschreibungen erhalten chinesische Unternehmen automatisch Bonuspunkte. Laut OECD liegt China bei der Offenheit für Direktinvestitionen auf Platz 59 von 62. «Soll heißen», schrieb die *Süddeutsche Zeitung*, «der Markt ist dicht.»

Das Lamento über die Schwierigkeiten im Chinageschäft ist in vielen Branchen zu hören. Hinzu kommt die Sorge, dass die Parteizellen, die nun auch in allen Unternehmen mit ausländischer Beteiligung eingerichtet werden müssen, künftig bei Geschäftsentscheidungen über Standortwahl, Produktmengen oder Preisgestaltung mitreden wollen. Freie unternehmerische Entscheidungen seien indes die Grundlage für Innovation und Wachstum, schrieb die deutsche Außenhandelskammer und fügte drohend hinzu: «Sollte diese Art der Beeinflussung ... weiter fortschreiten, ist es nicht auszuschließen, dass sich deutsche Unternehmen aus dem chinesischen Markt zurückziehen oder Investitionsentscheidungen überdenken.» Worauf die chinesischen Behörden ihrerseits damit drohten, den Transfer von Gewinnen aus dem Land zeitweise zu verbieten. Hier zeichnete sich ein Konflikt ab, der an das Grundverständnis freien oder autoritären Wirtschaftens rührt.

Eine Bertelsmann-Studie kam im Frühjahr 2018 zu dem Ergebnis, dass von den 175 chinesischen Firmenbeteiligungen in Deutschland während der Jahre 2014 bis 2017 zwei Drittel in genau den zehn Schlüsselbranchen getätigt wurden, in denen China bis 2025 eine international führende Position erreichen will; in 124, das heißt 71 Prozent, dieser Firmen halten Chinesen die Mehrheit der Anteile. Innovative deutsche Mittelstands-Champions, vor allem in Baden-Württemberg, Nordrhein-Westfalen und Bayern, stehen dabei im Mittelpunkt des Interesses. Unklar sei, welche Rolle dabei die Regierung spiele. «Gegenwärtig dominiert die Angst vor technologischem Ausverkauf», sagt die Studienautorin Cora Jungbluth. Auswärtige Direktinvestitionen brächten zwar Kapital nach Deutschland und schüfen Arbeitsplätze, doch wüchsen «Befürchtungen, dass unter staatlicher Anleitung systematisch Schlüsseltechnologien aufgekauft werden», was möglicherweise zu Wettbewerbsverzerrungen durch politisch subventionierte Kaufpreise für unsere Firmen führe. In deutschen Wirtschaftskreisen, etwa in der Commerzbank, wird bereits die Frage diskutiert, ob die chinesischen Investitionen möglicherweise sogar eine Gefahr für Deutschland darstellen. Andererseits sehen die deutschen Maschinenbauer nach einem Bericht der *Frankfurter Allgemeinen Zeitung* Übernahmen aus China «unaufgeregt». Sie sehen keinen Fall, in dem die Chinesen ihre Zusagen in Bezug auf Investitionen, Modernisierung, Erhaltung von Arbeitsplätzen oder Zugang zum chinesischen Markt nicht eingehalten hätten. In der Branche heißt es daher hinter vorgehaltener Hand auch: «Lieber einen chinesischen Investor als einen amerikanischen Hedgefonds».

Doch wie anderswo, so löste der Kaufrausch der Chinesen auch in der Bundesrepublik eine hitzige Diskussion aus, ob deren Investitionen eigentlich ein Fluch oder ein Segen sind. Noch im Juli 2015 waren sie in einer Studie des Berliner Mercator Institute for China Studies (Merics) überschwänglich begrüßt worden. «Chinesische Investitionen stärken den Standort Deutschland», befand der deutsche Botschafter in Peking, Michael Clauß, in einem Grußwort. «Sie schaffen Arbeitsplätze, bringen Kapital und eröffnen über die resultierende stärkere Verflechtung mit China auch deutschen Unternehmen neue Chancen. Auch wenn ganz unterschiedliche Geschäftskulturen aufeinandertreffen. Die bisherige Bilanz kann sich sehen lassen.»

Viele sahen dies genauso. Manch einem schwächelnden Unternehmen halfen chinesische Investoren in der Tat auf die Beine, und aufstrebenden Mittelständlern, die an ihre Wachstumsgrenzen gestoßen waren, verschafften finanzkräftige chinesische Partner die Möglichkeit zur Expansion – ein Glücksfall, denn sie boten Geld, besseren Zugang zum chinesischen Markt und positive Zukunftsperspektiven. Sie hielten Tarifverträge ein, setzten keine Arbeiter auf die Straße, blieben den althergebrachten Standorten treu und investierten kräftig in Infrastruktur und Personal. «Wir begrüßen den Wechsel zu Chem-China als dem neuen Eigentümer», ließ KraussMaffei verbreiten. Das Unternehmen wurde inzwischen von der neuen Mutter in Schanghai an die Börse gebracht, wovon es sich einen idealen Zugang zu Kapital und damit auch zum Kapazitätsausbau in Deutschland verspricht. Und selbst die IG Metall befand, der Einstieg des chinesischen Investors bei EEW sei «eine gute Sache für die Mitarbeiter und für die Umwelt». Der Preh-Chef rühmte die neuen Eigentümer. Das ist kein Wunder, denn der Zugang zum chinesischen Markt erhöhte den Umsatz binnen sechs Jahren von 352 Millionen auf 1,3 Milliarden Euro, während die Belegschaft sich mehr als verdoppelte. Ebenso hat Kion, das zu 43 Prozent dem Industriekonzern Weichai Power gehört, seinen Absatz in China beträchtlich steigern können.

Manche haben indes auch weniger gute Erfahrungen gemacht. So hat Osram mehrere Werksschließungen über sich ergehen lassen müssen. Zuweilen ist denn auch von «Ausplünderung» die Rede – oder gar von «Aufkaufen und Ausschlachten». Bald schon überwogen jedenfalls Bedenken und Vorbehalte den ungezügelten Überschwang. In einer Merics-Studie zu Chinas neuer Industriepolitik «Made in China 2025» warnten die Verfasser nun vor dem chinesischen Technologie-Hunger. Politik und Wirtschaft sollten sich nicht von kurzfristigen Geschäftschancen täuschen lassen, argumentierten sie. Bei dem Masterplan «2025» handle es sich weniger um ein Wirtschaftsprogramm als um eine staatlich angeordnete Aufholpolitik. Letztlich, resümieren die Merics-Autoren, gehe es der Pekinger Führung darum, «ausländische durch chinesische Technologien zu ersetzen». Daher müssten Übernahmen aus China genauer geprüft werden.

Auch in den Chefetagen der Bundesrepublik ist beim Blick auf China die Gelassenheit geschwunden. «In das deutsche Verhältnis zur Volksrepublik ist Angst eingezogen», urteilte die *Frankfurter Allgemeine*. Wohl sind drei Viertel der für ein Elitepanel des Blattes von Allensbach befragten 511 Entscheider aus Politik und Wirtschaft noch immer der Ansicht, dass die Chancen auf dem chinesischen Markt die Risiken überwiegen. Jedoch empfinden zwei Drittel die zunehmende Abhängigkeit unserer Wirtschaft von China als «etwas beunruhigend».

Jeder Zweite wünscht sich einen stärkeren Schutz der deutschen Technologiefirmen vor der Übernahme durch chinesische Investoren. Über die Erfolgsaussichten der politischen Bemühungen um Reziprozität machen sie sich keine Illusionen. Nur zwei Drittel glauben, dass die Chinesen ihren Markt so weit öffnen werden wie die Deutschen den ihren.

Aggressive Industriepolitik

Die European Chamber of Commerce in China (EUCCC) sieht in Pekings aggressiver Industriepolitik ebenfalls eine Strategie des Staates, Einfluss auf das Marktgeschehen zu nehmen. Dazu gehörten Subventionen wie etwa zur Förderung der Windkraft- und Solarindustrie oder zur Finanzierung von Aufkäufen im Ausland, ferner der forcierte Zusammenschluss chinesischer Staatsunternehmen zu mächtigen Großkonzernen. Unmut schafft auch die Tatsache, dass chinesische Online-Händler ihre Produkte zum überwiegenden Teil ohne die Umsatzsteuer von 19 Prozent verkaufen, wodurch dem deutschen Fiskus nach Ansicht des saarländischen Finanzministers Stephan Toscani ein Schaden im dreistelligen Millionenbereich entsteht; nach Auffassung der Deutschen Steuergewerkschaft entgeht dem Bundesfinanzminister jährlich sogar mindestens eine Milliarde Euro. Zwar soll der Joint-Venture-Zwang im Automobilbau in den nächsten Jahren ganz abgeschafft werden, doch lassen die Ausführungsbestimmungen auf sich warten. Überdies bleiben auf jeden Fall viele andere Benachteiligungen erhalten.

In ihren Jahresberichten hat die Kammer immer wieder die Gravamina der europäischen Unternehmen dargelegt. Sie litten unter einer *promise fatigue,* nachdem sie in den letzten Jahren eine Litanei an Zusicherungen gehört hätten, aus denen nie recht etwas geworden ist. Worte müssten durch konkrete Handlungen ersetzt werden, der Zugang zu Märkten und Investitionen in beiden Richtungen offen sein. «Die chinesischen Behörden ummauern die ausländischen Investitionen mit Verwaltungsmaßnahmen wie 2017 dem *Foreign Investment Catalogue* und der *Free Trade Zone Negative List,* wohingegen Fortschritte bei der Aushandlung des EU-China Comprehensive Agreement on Investment auf sich warten lassen.» Die Negativliste, die festlegt, in welchen Bereichen Ausländer in China gar nicht oder nur begrenzt investieren dürfen, umfasste 2017 noch 63 Industrie- und Dienstleistungssektoren. 80 Prozent der US-Unternehmen, 70 Prozent der EU-Firmen und über ein Drittel der deutschen Investoren fühlten sich «in China weniger willkommen als früher». Die Hälfe der europäischen Firmen sagt, das Geschäft sei im zurückliegenden Jahr schwieriger geworden. Marktreformen hätten nicht mehr höchste Priorität. Vor allem entwickelten sich unzureichende Rechtssicherheit und unklare rechtliche Rahmenbedingungen zur unternehmerischen Hürde.

Auch Botschafter Clauß schlug bald schon härtere Töne an. In ungewöhnlicher Direktheit kritisiert er verschiedene Aspekte der chinesischen Politik. In Beiträgen für die in Hongkong erscheinende *South China Morning Post* nannte er das chinesische Internet «zunehmend isoliert und immer stärker überwacht» und bezeichnete die Seidenstraßen-Initiative als «sino-zentrisches Projekt». In einem Interview mit dem Blatt beklagte er Ende 2017, dass die chinesische Seite vereinbarte Konsultationen über Cybersicherheit verschleppe, in denen auch über verstärkte Cyberangriffe der Pekinger Nachrichtendienste gesprochen werden könnte. Weiter bedauerte er die häufige Störung und das angekündigte Verbot der Virtuellen Privaten Netzwerke (VPN) – der firmeneigenen Datenleitungen, in denen die ausländischen Unternehmen unter Umgehung der Zensur und der chinesischen Abhörmechanismen gesichert mit ihren Heimatzentralen verkehren können. Vor allem jedoch warnte er China davor, «in Richtung eines auf sich selbst zentrierten Wirtschaftssystems zu steuern, das letztendlich wenig Raum für ausländische Unternehmen lässt». Es gebe zahlreiche Hinweise darauf, dass sich die Bedingungen künftig «nicht zum Positiven» verändern würden. Besondere Sorge bereitete den ausländischen Partnern von Joint Ventures die Aufforderung, Parteizellen einzurichten und diesen eine Rolle in der Geschäftsleitung zuzuweisen. Schon bisher hatte die Partei deutsche Autobauer bedrängt, neue Werke tief im Inland zu bauen, nicht am strategisch günstigsten Standort. Da die Entwicklung des Hinterlandes nun Verfassungsrang hat, wird derlei Ansinnen in Zukunft schwerer zu widerstehen sein.

Eine Sprecherin des chinesischen Außenministeriums wies die

Vorwürfe unwirsch als unprofessionell, unverantwortlich und nicht konstruktiv zurück. Dies hielt den Botschafter nicht davon ab, im März 2018 in der chinesischsprachigen Ausgabe der *Financial Times* noch einmal nachzulegen. Abermals monierte er, dass das Cybersicherheitsgesetz Rechtsunsicherheit schaffe; dass sich Chinas technische Standards nicht an den internationalen Vorgaben orientierten, was bei ausländischen Unternehmen den Verdacht wecke, sie sollten in den zukunftsträchtigen IT-Branchen aus dem chinesischen Markt gedrängt werden, und dass die Vollsperrung der VPN-Verbindungen ab 1. April 2018 monatliche Kosten von bis zu 20 000 Euro für die erzwungene Anschaffung lizenzierter Leitungen verursache, was das Geschäftsmodell von kleineren und mittleren Unternehmen gefährden könne. Hubert Lienhard, der Vorsitzende des Asienausschusses der Deutschen Wirtschaft, unterstrich dies nachdrücklich. Die Anforderung, Daten wie Briefe, Berechnungen und Konstruktionspläne lokal in China zu speichern, und das Verbot, sie auf abhörsicheren eigenen Kanälen zu übermitteln, erschwere die Geschäftstätigkeit der international operierenden Unternehmen. Im Beisein der Bundeskanzlerin und des chinesischen Ministerpräsidenten brachten deutsche Manager ihre Befürchtung zum Ausdruck, dass ihre Geschäftsgeheimnisse abgesaugt werden könnten. Li Keqiang wiegelte ab: «Wenn Sie Probleme haben, rufen Sie mich einfach an.» Was Botschafter Clauß kurios vorgekommen sein musste, denn über ein Jahr lang hatte er vergeblich einen «substantiellen Dialog» über die strittigen Fragen angemahnt.

Mittlerweile hatten die Zahlen die volle Wucht der chinesischen Investitionsströme erkennen lassen. Und je mehr sich die Chinesen bei ihren Aufkäufen von Zulieferfabriken auf Hochtechnologie-Unternehmen verlegten, desto schwerwiegender wurden die Bedenken. Es dämmerte vielen, was die *Frankfurter Allgemeine* in schlichter Direktheit ausdrückte: «Je mehr die chinesischen Hersteller durch ihre Beteiligungen lernen, desto größer wird auch hier der Konkurrenzkampf werden.» Wird, in der Formulierung des Kommunistischen Manifestes, «der nationalen Industrie der Boden unter den Füßen weggezogen»? Steht der Ausverkauf des deutschen Mittelstandes bevor? Wird Deutschland verscherbelt?

Umstrittene Ankäufe: Kuka, Aixtron, Osram

Schwierigkeiten gab es zumal bei drei Großtransaktionen. Die erste betraf den Augsburger Roboterproduzenten Kuka, die zweite den Chip-Anlagenbauer Aixtron, die dritte den Leuchtmittelhersteller Osram.

Der chinesische Haushaltsgerätehersteller Midea, bekannt für seine Kühlschränke und Reiskocher, stieg 2015 mit einem kleinen Anteil bei Kuka ein. Für das Aushängeschild der deutschen Robotik und Logistiktechnik bot er im folgenden Frühjahr 4,5 Milliarden Euro, verschaffte sich dann jedoch auf dem Markt knapp 95 Prozent der Aktien – mit Krediten einer Staatsbank; es wäre ein Wunder, wenn die Regierung nicht dahinter gestanden hätte. Kuka wechselte für 4,7 Milliarden den Besitzer, nachdem der Versuch der Bundesregierung und des EU-Kommissars Oettinger fehlgeschlagen war, die Firma in deutschen oder europäischen Händen unterzubringen. Ein deutscher Interessent war nicht bereit, wie die Chinesen 30 Prozent über dem Marktpreis zu bezahlen.

Midea strafte bisher alle Lügen, die damals den baldigen Ausverkauf der deutschen Traditionsfirma voraussagten, die weltweit mehr als 13 000 Mitarbeiter hat, davon rund 4000 in Augsburg. Die Streichung von 250 Arbeitsplätzen in der Anlagensparte zum Karosseriebau hatte nichts mit der Übernahme durch Midea zu tun; sie ging auf hausgemachte Fehler des Managements zurück und wurde überdies sozialverträglich abgewickelt. Mitte 2017 kündigten die neuen Eigentümer ein 100 Millionen Euro umfassendes Investitionsprogramm für den schwäbischen Stammsitz an. Dort sollen eine Produktionshalle, ein Ausbildungszentrum, ein Büroturm und ein Parkhaus neu entstehen; in China werden rund 400 Millionen in ein Gemeinschaftsunternehmen investiert. Die Chinesen halten den bis 2023 gültigen Investorenvertrag getreulich ein, in dem sie die Selbstständigkeit der Firma, die Erhaltung der Augsburger Zentrale wie ihrer anderen Werke und den Schutz der Kuka-Patente zugesagt hatten. Im *Handelsblatt* lobte Kukas Vorstandschef Till Reuter den neuen Eigentümer in den höchsten Tönen: Midea eröffne der Firma einen gigantischen Markt in Fernost; im Blick auf das Ziel, dort die Nummer 1 zu werden, sei der Besitzerwechsel ein Riesenbeschleuniger; der Marktanteil werde von 15 auf 25 Prozent steigen. Zufrieden resümierte er: «Wir sind von einem schwäbischen Mittelständler zu einem Global Player geworden.» Der Betriebsratsvorsitzende Armin Kolb stimmte ihm zu: «Es läuft gut mit den Chinesen. Das Engagement der Asiaten sichert die Arbeitsplätze in Augsburg ab.» Auch Carl Martin Welcker, der Präsident des Deutschen Maschinenbau-Verbandes, lobte die Chinesen: «Der Kuka-Verkauf war kein Fehler. Ich sehe keine Entlassungswellen, sondern Investitionen.» Im Interview mit der *Augsburger Allgemeinen* unterstrichen die Midea-Chefs Paul Fang und Andy Gu ihre Zusage, dass Kuka ein deutsches Unternehmen bleibe: «Wir sind als langfristige Investoren gekommen, die Arbeitsplätze in Augsburg heute und morgen sichern wollen.»

«Ich hoffe, das bleibt so», kommentierte der Betriebsratsvorsitzende Kolb. Die Spitze der IG Metall teilt diese Hoffnung, beurteilt die zunehmende Übernahme deutscher Schlüsselindustrien allerdings mit großer Skepsis. Sie könne gefährlich werden, sagte Wolfgang Lemb, geschäftsführendes Vorstandsmitglied der Gewerkschaft, und sprach sich dafür aus, dass der Staat Investitionen ausländischer Firmen in Zukunft schon ab einer Beteiligung von 10 statt bisher 25 Prozent prüft.

Auf Aixtron, den mit 670 Millionen Euro bewerteten nordrhein-westfälischen Hersteller von Spezialmaschinen zur LED-Produktion, hatte Fujian Grand Chip schon länger ein Auge geworfen. Dann annullierte San'an Electronics, ein eng mit Fujian verbundenes Unternehmen und ebenfalls Empfänger von Regierungssubventionen, eine größere Order. Dies löste einen Absturz der Aixtron-Aktie aus, was natürlich den Verkaufspreis drückte. Dennoch erteilte das Bundeswirtschaftsministerium die Verkaufsgenehmigung. Es zog sie jedoch kurz danach wieder zurück, als die Amerikaner auf eine Gefährdung westlicher Sicherheitsinteressen hinwiesen und Präsident Obama sein Veto einlegte.

Hingegen gaben die US-Behörden dem Lichttechnikkonzern Osram nach längerer Prüfung grünes Licht für den Verkauf seiner Glühbirnensparte nach China. Das klassische Lampengeschäft mit seinen 9000 Mitarbeitern ging im Juli 2016 unter dem Namen Ledvance für mehr als 400 Millionen Euro an den chinesischen LED-Spezialisten MLS und zwei Finanzinvestoren. Osram habe den «besten Eigen-

tümer» für sein Lampengeschäft gefunden, hieß es damals. Keine
zwei Jahre später allerdings schlossen die neuen chinesischen Besitzer
die Werke in Berlin und Augsburg und nahmen bei den Produktions-
stätten in Eichstätt und Wipperfürth einen drastischen Stellenabbau
vor – eine schmerzhafte Erinnerung, dass Fusionen auch schiefgehen
können. In diesem Fall war die IG Metall gegen die Übernahme gewesen.

Zum nächsten Streitpunkt wurde das Begehren des Staatskon-
zerns State Grid Corporation of China (SGCC), 20 Prozent des Berliner Stromnetzbetreibers 50Hertz zu kaufen. Wiederum suchten
Kanzleramt und Wirtschaftsministerium nach Alternativen, weil sie
fürchteten, dass Chinas Regierung einen zu großen Einfluss auf das
Funktionieren des deutschen Stromnetzes erhalten könnte; 50Hertz
unterhält 10 000 Kilometer Elektroleitungen und versorgt 18 Millionen Menschen. Schließlich bewogen sie das belgische Versorgungs-
unternehmen Elia, das mit 60 Prozent an 50Hertz beteiligt ist, seinen
Anteil aufzustocken. Damit war SGCC fürs Erste aus dem Rennen,
griff aber bald schon nach den nächsten 20 Prozent. Die Bundesregierung jedoch ließ die chinesische Staatsfirma, die mit fast 350 Milliarden Dollar auf Platz zwei der Forbes Global 500-Liste steht, Mitte
2018 aus «sicherheitspolitischen Erwägungen und hohem Interesse
am Schutz kritischer Energieinfrastruktur» kalt auflaufen: Die staatliche Kreditanstalt für Wiederaufbau (KfW) übernahm die zweiten
20 Prozent. Ein chinesischer Investor blies den Einstieg bei dem Ahle-
ner Maschinenbauer Leifeld Metal Spinning ab, als sich ein vorsorg-
liches Veto abzeichnete, weil das Unternehmen auch Materialien für
Nuklearanlagen herstellt.

In der Wirtschaft mögen die meisten mit den Chinesen ja ganz gut
fahren. Die Politik jedoch ist alarmiert. Der Bundesverfassungsschutz
warnte, der Verkauf deutscher Firmen nach China könne nicht nur
auf Kosten des derzeitigen Technologievorsprungs gehen, sondern
auch zu Lasten der nationalen Sicherheit. «Wirtschaftsspionage ist
nicht mehr notwendig, wenn man unter Nutzung des liberalen Wirt-
schaftsrechts die Unternehmen einfach aufkaufen und sie dann aus-
weiden oder ausschlachten kann, jedenfalls, was das Knowhow dieser
Unternehmen angeht», mahnte der damalige Verfassungsschutzprä-
sident Hans-Georg Maaßen.

Politische Reaktionen in Deutschland und Europa

Die Wucht und Wirkung der chinesischen Aufkäufe wird in Deutschland seit der Verkündung des Masterplans «Made in China 2025» im März 2015 besonders hitzig diskutiert. Anfänglich wurde dieser Plan, demzufolge das Land binnen zehn Jahren an der Spitze von zehn Technologiebereichen stehen soll, in Berlin freudig begrüßt; man sah darin eine Parallele zum deutschen Konzept «Industrie 4.0». Doch änderte sich diese Einstellung, als die chinesischen Aufkäufe immer rasanter zunahmen und sich mehr und mehr auf Spitzentechnologie konzentrierten. Seit einer im Juli 2017 vom Kabinett beschlossenen Änderung des Außenwirtschaftsgesetzes kann die Bundesregierung in Zukunft Firmenübernahmen aus dem nichteuropäischen Ausland verbieten, wenn ein Käufer mehr als 25 Prozent erwerben möchte und sie sogenannte kritische Infrastrukturen – sicherheitsrelevante Unternehmen, Stromkonzerne, Trinkwasserversorgung, Häfen und Flughäfen – in Gefahr sieht. Ein Jahr darauf wurde diese Regelung verschärft; der Bund kann nun schon Geschäfte prüfen und die Genehmigung versagen, bei denen Nicht-EU-Ausländer nur 15 Prozent kaufen wollen (manche Kabinettsmitglieder hatten dafür plädiert, die Prüfschwelle auf zehn Prozent oder gar auf null herabzusetzen). Mit dem Vetorecht soll verhindert werden, dass wichtiges Knowhow und Schlüsseltechnologien verloren gehen. Es ist nicht zu verkennen, dass dies in erster Linie auf China gemünzt ist. In der Praxis bedeutet es, dass staatlich angeregte und gelenkte, vom Staat subventionierte, zu unrealistisch hohen Preisen ergatterte und auf industrielle Dominanz angelegte chinesische Investitionen untersagt oder an Auflagen gebunden werden können.

Wie der seinerzeitige Wirtschaftsstaatssekretär Matthias Machnig freimütig kommentierte: «Wir sind zwar eine offene Volkswirtschaft, aber wir sind nicht naiv.» Es gebe in Deutschland 2000 bis 2500 Mittelständler, die in ihrer Branche Weltmarktführer seien und großes technologisches Knowhow besäßen. Die chinesische Regierung strebe mit ihrer «Made in China 2025»-Strategie nach Technologietransfer, um die eigene Wertschöpfung zu erhöhen. Daher benötige Deutschland Instrumente, um den Ausverkauf von Kerntechnologien zu verhindern. «Wenn Deutschland und Europa auch in Zukunft wirtschaftlich erfolgreich und innovativ sein wollen, brauchen wir zügig die Möglichkeit, staatlich gelenkte strategische Firmenübernahmen anderer Staaten genauer unter die Lupe zu nehmen und notfalls auch untersagen zu dürfen.» Die Bundesregierung sieht darin eine europäische Aufgabe. Was Europa zu bieten habe, müsse unbedingt geschützt werden: «Wir müssen unsere nationalen und europäischen Schlüsseltechnologien schützen, hegen und ausbauen.»

Rückhalt fand er dabei in der öffentlichen Meinung. Typisch dafür der Kommentar des *Handelsblatts:* «In den Demokratien pflücken die Unternehmen aus den autoritären Ländern ungehindert die Früchte der Offenheit, indem sie sich an technologisch führenden Unternehmen beteiligen oder sie ganz übernehmen ... Ohne Gegenreaktion wäre in ein paar Jahren das Ergebnis vermutlich eine Weltwirtschaft, in der manche als emsige Bienen den Honig – sprich: neues Wissen – produzieren und andere ihn als Imker abschöpfen. Keine schöne Vorstellung.»

Im selben Sinne drückte sich im August 2017 der EU-Präsident Jean-Claude Juncker in seiner Rede zur Lage der Union aus: «Ja, Europa setzt auf offenen Handel, aber das muss auf Gegenseitigkeit beruhen. Lassen Sie es mich ein für alle Mal sagen: Wir sind keine naiven Freihändler.» Auf Initiative Frankreichs, Deutschlands und Italiens untersucht die EU, wie unerwünschte Übernahmen künftig untersagt werden können. Dazu Juncker: «Europa muss immer seine strategischen Interessen verteidigen. Deshalb schlagen wir einen neuen Europäischen Rahmen zur Überprüfung von Investitionen vor, ein ‹Investment Screening›, wie es so schön auf Englisch heißt. Wenn ein ausländisches Staatsunternehmen die Absicht hat, einen europäischen Hafen, einen Teil unserer Energie-Infrastruktur oder ein Unternehmen im Bereich der Verteidigungstechnologie zu übernehmen, dann sollte dies in aller Transparenz sowie nach eingehender Prüfung und Debatte geschehen. Es ist eine Frage der politischen Verantwortung, dass wir unsere kollektive Sicherheit schützen können, wenn es sein muss.» Die Übernahme von Unternehmen, die Geld aus dem EU-Budget erhalten haben oder Teil europäischer Projekte oder grenzüberschreitender Infrastruktur sind, will die Kommission selbst überprüfen, wiewohl die endgültige Entscheidung bei den Mitgliedsstaaten liegt.

Nach der Verschärfung der deutschen Außenwirtschaftsverordnung im Sommer 2017 wurde in Brüssel die Beratung einer entsprechenden europäischen Gesetzgebung aufgenommen. Das Europäische Parlament wollte dabei weiter gehen als die Kommission und schlug vor, die Liste der zu überprüfenden Sektoren auf Medien, Energie- und Wasserversorgung, Transportnetzwerke und Datenspeicherungsanlagen auszuweiten und auch die Automobilbranche, die Bahn- und Luftfahrtindustrie sowie Informations- und Kommunikationstechnologien in den Prüfprozess einzubeziehen. Zudem soll künftig untersucht werden, ob ähnliche Investitionen im Heimatland des Investors möglich wären. Der Parlamentsausschuss für internationalen Handel nahm Mitte 2018 Gespräche mit der Kommission und dem Rat der EU auf. Die neuen Vorschriften wurden im November 2018 vom Ministerrat verabschiedet.

Bundeskanzlerin Merkel hat immer wieder die Umsetzung der Absprachen über den Verzicht auf Wirtschaftsspionage und Markenpiraterie angemahnt. Die Bundesregierung hält Reziprozität für das Gebot der Stunde – gleiche Bedingungen also für unsere Unternehmen in China, wie chinesische Firmen sie in Deutschland vorfinden. Sie will nicht nur Handel, sondern fairen Handel. In der Auseinandersetzung darüber gedenkt Berlin, sich «nicht einfach wegzuducken». «Nur wer sich wie eine Marktwirtschaft verhält, verdient auch diesen Status» – die Warnung Sigmar Gabriels gilt nach wie vor.

Das Europäische Parlament hat China diesen Status im Hinblick auf dessen Dumping-Offensive bei Stahl, Aluminium, Zement, Alufolien, Waschmaschinen und Solarpaneelen bisher verweigert. Besonderen Kummer bereiten dabei die chinesischen Stahlkocher. China produziert jährlich 800 Millionen Tonnen Stahl, die Hälfte der Weltproduktion (1978 waren es noch 31,7 Millionen). Davon wurden 2015 143 Millionen Tonnen in die EU exportiert, fast so viel, wie in der EU selbst hergestellt wurde. Mit ihren unfairen Handelspraktiken drohten die Chinesen die europäische Stahlindustrie zu ruinieren. Der Bundestag forderte mit großer Mehrheit Schutz für die deutsche Stahlbranche; in England, wo mehrere Stahlwerke schließen mussten, wuchs der Unmut, desgleichen in den USA, die zuletzt 26 Prozent ihres Stahlbedarfs aus China bezogen. Wohl hat China 2016 beschlossen, seine Stahl- und Kohleproduktion binnen fünf Jahren um 10 Prozent herunterzufahren. 800 Millionen Tonnen Kohle und 100 bis 150 Millionen Tonnen Stahl sollen bis 2020 weniger gefördert werden als 2016, das heißt 20 bis 25 Prozent weniger. Offenbar liegt Peking damit im Plan. Viele bezweifeln jedoch, dass das ausreicht, die Stahloffensive zu beenden. Deswegen wird es bei der Verweigerung des Marktstatus bleiben. Der Grund: Würde er China zugebilligt, so fiele es viel schwerer, die Pekinger Preisschleuderei mit wirtschaftlichen Strafmaßnahmen zu ahnden. Daher haben sich Kommission, Parlament und Ministerrat der EU darauf geeinigt, selbst im Falle der Zuerkennung des Marktwirtschaftsstatus durch die WTO alle Staaten, die Unternehmen direkt oder indirekt kontrollieren, unmittelbaren Einfluss auf die Preise haben oder heimische Hersteller in irgendeiner Weise bevorzugen, wie bisher zu behandeln – also auch China. So sollen die handelspolitischen Schutzinstrumente der EU gegen eklatante Wettbewerbsverzerrungen gesichert bleiben.

Besonders in Frankreich wächst das Bedürfnis, den kaufwütigen Chinesen genauer auf die Finger zu sehen. So will Präsident Emmanuel Macron die Möglichkeit haben, gegen chinesische Investitionen und Übernahmen ein Veto einzulegen. Es könne nicht sein, dass China seine Märkte für europäische Firmen verschließe, aber seine Produkte in der EU verkaufe, erklärte der französische Finanz- und Wirtschaftsminister Bruno Le Maire. Die Europäer hätten bereits zugelassen, dass die eigene Solarindustrie zerstört wurde. Tatsächlich führte das chinesische Preisdumping zu über hundert Insolvenzen oder Werksschließungen in der europäischen Solarindustrie, auch in der deutschen. Eine Initiative des damaligen Umweltministers Peter Altmaier für ein Zusammengehen der europäischen Fotovoltaikproduzenten, um auf die Herausforderung der chinesischen Konkurrenz zu reagieren, stieß noch 2012 auf wenig Gegenliebe. Das Ergebnis: Kein bedeutender Anbieter hat überlebt. «Das wird sich nicht wiederholen», betonte Le Maire. Er verwies darauf, dass der chinesische Bahn-Gigant CNCR 2016 alle Ausschreibungen auf dem amerikanischen Markt gewonnen habe und nun eine Offensive in Europa beginne. «Da können wir nicht einfach die Arme verschränken. Und genau deshalb brauchen wir eine stärkere Koordinierung unserer Wirtschaftspolitik und die verstärkte Kontrolle von Investitionen aus Drittländern.»

Auch die Briten haben ihre Haltung verändert. Als David Cameron Premierminister war, wurde um chinesische Investoren regelrecht
gebuhlt. Der Immobilienentwickler CC Land Holdings aus Chongqing kaufte für 1,15 Milliarden Pfund einen Glaspalast, den die Londoner «Cheesegrater» nennen, Käsereibe, und die Hongkonger LKK
Health Products Group, berühmt wegen ihrer Lee Kum Kee Austern-
sauce, erwarb für 1,7 Milliarden Dollar den «Walkie-Talkie», zwei der
ikonischen neuen Wolkenkratzer Londons. Um Norman Fosters
«Gherkin» bemühten sich die Chinesen vergeblich, doch ging das
KPMG-Hauptquartier in Canary Wharf für 535 Millionen Dollar an
chinesische Käufer. Sie investierten in das Kernkraftwerk Hinkley
Point, in die öffentliche Gasversorgung, in die Reise-Plattform Skyscan-
ner (1,6 Milliarden Euro) und das Global Switch-Datenzentrum
(2,8 Milliarden Euro). In der Regierung May sind die Sicherheitsbedenken jedoch erheblich gewachsen, zumal manche chinesische Investoren verdächtig enge Beziehungen zur Regierung oder zum Militär
unterhalten. Im Juli 2018 zog das Vereinigte Königreich den Amerikanern, Deutschen und Franzosen nach und beschloss, ausländische
Übernahmen selbst von kleineren Unternehmen oder Beteiligungen
an ihnen künftig unter Sicherheitsaspekten schärfer unter die Lupe zu
nehmen.

Weltweite Schranken für chinesisches Geld

Bereits 2015 hat Kanada die Bestimmungen verschärft. Investoren
müssen seitdem angeben, ob ein ausländischer Staat finanzielle Interessen an ihrem Unternehmen hat oder sonstigen Einfluss darauf
nimmt. Selbst die Übernahme der Altenheim-Kette Retirement Con-
cepts wurde scharf unter die Lupe genommen.

In Australien haben es die Chinesen übertrieben. Dort müssen
Landkäufe für mehr als 15 Millionen nunmehr von den Behörden
genehmigt werden. Die Übernahme von riesigen Ländereien war auf
immer härteren Widerstand getroffen. So verweigerte die australische
Regierung dem chinesischen Agrarkonzern Dakang den Erwerb von
101 000 Quadratkilometern Weideland mit 180 000 Stück Milchvieh

des landwirtschaftlichen Großbetriebs Kidman – ungefähr die Fläche von Bayern und Baden-Württemberg und 1,1 Prozent der australischen Landmasse; Dakang musste sich am Ende mit 20 Prozent der Fläche begnügen. Acker- und Weideland soll hinfort stets zuerst Australiern angeboten werden.

Mit seinen Kohle-, Mineralien- und Erzlieferungen hat Australien Chinas industrielle Revolution vorangetrieben, es beglückt die Neureichen dort mit Rinderfilet, Hummer und Wein und erzielt im Handel mit der Volksrepublik regelmäßig hohe Überschüsse (Export nach China 2017: 78,6 Milliarden Dollar; Importe aus China: 50,5 Milliarden). Die Bodenschätze und Agrarprodukte der zwölftgrößten Volkswirtschaft der Welt saugen die Chinesen geradezu auf. Chinesische Konzerne sind mit 42 Milliarden Dollar schon der viertgrößte Investor nach den USA, England und Holland. Jedes Mal, wenn eine chinesische Firma versuchte, ein australisches Unternehmen zu kaufen, sei es ein Kraftwerk oder eine Viehfarm, wand sich die Regierung, ob sie zustimmen oder ablehnen sollte. Doch dann wurde es den Verantwortlichen allmählich zu viel. Mittlerweile sehen die Australier den chinesischen Kaufrausch mit großer Skepsis.

Der Aufkauf des Energieversorgers Ausgrid für 10 Milliarden Dollar traf aus sicherheitspolitischen Bedenken auf anschwellenden Gegenwind – Bedenken, die sich bei der Übernahme des Hafens von Port Darwin noch nicht hatten durchsetzen können. Huawei Marine Networks wurde die Verlegung eines 4000 Kilometer langen Unterseekabels zu den Salomon-Inseln untersagt. Berichte, dass Peking in Vanuatu, wo eine chinesische Firma auf der Insel Espiritu Santo eine der längsten Landungsbrücken im Südpazifik gebaut hat, einen Marinestützpunkt einzurichten plane, veranlasste den Premierminister zu einer ernsten Warnung. Nicht ohne Besorgnis beobachtet die Regierung, wie sich chinesische Unternehmen, vom Staat finanziert, in Mikronesien, auf Papua-Neuguinea, Samoa, Tonga und den Fidschis festsetzen. Seit 2011 haben sie 6 Milliarden Dollar in die Region investiert – ebenso viel wie die Australier. Die Entwicklungsministerin warf Peking vor, die pazifischen Inseln in Kreditabhängigkeit zu bringen und dort überall «nutzlose Gebäude» und «Straßen ins Nirgendwo» zu bauen, was eine gereizte chinesische Replik auslöste. Im jüngsten australischen Weißbuch zur Außenpolitik kommt unumwunden die Sorge zum Ausdruck, dass China seine ökonomische Stärke für strategische Ziele nutzt und damit eine wachsende Konkurrenz bei der wirtschaftlichen Integration der pazifischen Region wie bei der Finanzierung von Infrastrukturprojekten heraufbeschwört.

Auch im benachbarten Neuseeland werden Chinas Ambitionen immer skeptischer beurteilt. Die Chinesen sind dort Großinvestoren in der Milchwirtschaft, der Fleischindustrie und im Getreideanbau. Die Übernahme einer Großbank wurde HNA abgeschlagen. In einem Bericht warnte die Politikwissenschaftlerin Anne-Marie Brady : «Chinas verdeckte, korrumpierende, mit Zwang verbundene Einflussaktivitäten in Neuseeland haben jetzt ein kritisches Niveau erreicht.» Die Vermutung, dass China sich auch in der rohstoffreichen Antarktis festsetzen wolle, wo es inzwischen seine fünfte Forschungsstation eingerichtet hat, verstärkt die zunehmende Sensibilität ebenso wie die verstörende Entdeckung, dass der aus China zugewanderte Abgeordnete Yang Jian jahrelang an der chinesischen Luftwaffenakademie gelehrt hatte. Eine Untersuchung der Pekinger Aktivitäten ist im Gang – gründlich, doch behutsam, denn das bilaterale Handelsvolumen beläuft sich auf 23 Milliarden Dollar im Jahr, und unter den Touristen stellen die Chinesen die zweitgrößte Gruppe, unter den ausländischen Studierenden die größte.

In den Vereinigten Staaten ist schon lange die Klage zu hören, die chinesische Regierung sei offenbar entschlossen, die amerikanischen Hi-Tech-Firmen aus ihrer Führungsposition zu verdrängen. Seit 2000 haben chinesische Firmen nach Ermittlungen der Rhodium Group in den USA 136,5 Milliarden Dollar investiert, davon 26 Milliarden allein in den ersten neun Monaten des Jahres 2017. Aus Sicherheitsgründen wurde dem Netzwerkgiganten Huawei, dem drittgrößten Smartphone-Hersteller der Welt und Vorreiter des Mobilfunkstandards G5, bereits 2012 der Weg ins Land verbaut. Er galt schon deswegen als trojanisches Pferd, weil sein Gründer Ren Zhengfei seine Karriere als Nachrichtentechniker in einer Entwicklungsabteilung der Volksbefreiungsarmee begonnen hat. Obamas Verteidigungsminister Ashton Carter wies früh darauf hin, dass chinesische Firmen zunehmend in kleine Start-ups im Silicon Valley investieren, deren Innovationsergebnisse auch militärisch von Bedeutung sind. «Wir könnten nicht nur unsere technologische Überlegenheit verlieren», gab er zu bedenken, «wir könnten sogar Chinas technologische Überlegenheit ermöglichen.» Die Prüfkriterien des Committee on Foreign Investment in the United States (CFIUS) sind daraufhin verschärft worden, um zu verhindern, dass kritische Technologien wie Künstliche Intelligenz, Robotertechnik oder Biotechnologie in chinesische Hände fallen und zur Entwicklung eigener Produkte verwendet werden, mit denen dann den US-Firmen Konkurrenz gemacht wird. Doch die Klagen brechen nicht ab. Ende 2017 waren noch 25 Kaufanträge chinesischer Konzerne unentschieden anhängig, fast so viele wie in allen anderen G-7-Ländern zusammen.

Den Kongress beunruhigte auch der chinesische Versuch, die Börse von Chicago und den Versicherungsunternehmer Genworth Financial (Angebot von China Oceanwide Holdings: 2,7 Milliarden Dollar) zu übernehmen. Der Investitionsprüfungsausschuss CIFIUS ließ Chinas Ant Financial abblitzen, der für den Finanzdienstleister MoneyGram, den zweitgrößten Zahlungsabwickler in der Welt, 1,2 Milliarden Dollar geboten hatte. Ant Financial gehört zu Alibaba, dessen Chef Jack Ma sich im Januar 2017 mit Donald Trump noch vor dessen Amtsantritt getroffen und bei dieser Gelegenheit versprochen hatte, durch grenzüberschreitenden E-Kommerz eine Million amerikanische Arbeitsplätze zu schaffen. Er konnte Trump wohl nicht überzeugen, denn das Verbot kam bald danach. Als nächstes wurde dem weltweit größten Mobilfunkanbieter China Mobile das Etikett «potentielle Bedrohung der nationalen Sicherheit» aufgeklebt. Im Kapitol gibt es sogar Erwägungen, den Firmenverkauf an chinesische Staatsunternehmen ganz zu verbieten.

Trump stoppte auch die Übernahme des US-Halbleiterkonzerns Qualcomm durch dessen singapurischen Rivalen Broadcom. Weder das Gebot von 142 Milliarden Dollar für die in San Diego ansässige Qualcomm noch das Versprechen, deren Hauptsitz in die USA zu verlegen, konnten den Präsidenten umstimmen. Aus Gründen der nationalen Sicherheit ließ er den Kauf untersagen, und zwar für alle Zeiten. Bestimmend dafür war die Befürchtung, Broadcom werde weniger in Forschung und Entwicklung investieren als Qualcomm und damit Huawei den Ausbau des künftigen Supermobilfunkstandards 5G überlassen, der die Voraussetzung für vernetzte Industrieproduktion und autonomes Fahren ist. Es war erst das fünfte Mal in den letzten dreißig Jahren, dass ein Präsident den Verkauf eines Unternehmens an einen ausländischen Konzern verbot.

Der Diebstahl geistigen Eigentums verursache den Vereinigten Staaten jedes Jahr einen Schaden in Höhe von 600 Milliarden Dollar, wovon das meiste auf das Konto Chinas gehe, behaupten Dennis C. Blair und Keith Alexander, zwei ehemalige US-Geheimdienstchefs. Alles werde plagiiert und nachgemacht: Mode-Design, Filme, Videospiele, Patente, Technik, Software, Automobile und Autoreifen, Medikamente und Wärmebildkameras. «Dieser Sturmangriff», so das Resümee der beiden, «untergräbt das Wirtschaftswachstum, kostet Amerika Arbeitsplätze, schwächt unsere militärischen Fähigkeiten und höhlt einen entscheidend wichtigen amerikanischen Kompetenzvorteil aus – Innovation.» Niemand bleibe verschont, weder Unternehmen noch Universitäten, weder nationale Labore noch Rüstungskonzerne, weder Thinktanks noch die Regierung selbst. Das Cato-Institut berichtete, dass seit 2006 amerikanische Unternehmen unter Druck gesetzt würden, ihre Technologie in China zu entwickeln oder sie dorthin zu transferieren.

Donald Trump hatte schon als Präsidentschaftskandidat angekündigt, dass er daraus Konsequenzen ziehen werde. Seine Devise lautet: «Null Toleranz für den Diebstahl geistigen Eigentums und zwangsweisen Technologietransfer.» Sein Handelsminister Wilbur Ross spitzte die Botschaft noch zu: «Amerikas Genius wird von China attackiert.» Er fügte hinzu: «Einige US-Firmen haben sich zu weit aus dem Fenster gelehnt, als sie ihre Technologie mit Ländern teilten, die unsere potentiellen Feinde sind.» Ross hält es für *«ultimate short-termism»*, für ein paar Groschen oder ein paar Jahre verbesserter Verkäufe wertvolles Knowhow abzugeben. Als Canyon Bridge, eine in Silicon Valley angesiedelte Firma, hinter der eine Reihe chinesischer Investoren steht, den amerikanischen Chip-Hersteller Lattice übernehmen wollte, wurde ihr aus Gründen der nationalen Sicherheit die Genehmigung verwehrt; Donald Trump legte sein Veto ein. Blockiert wurde auch der Verkauf der Halbleiterprüffirma Xcerra an den halbstaatlichen Sino IC Fund und die Übernahme der Chicagoer Börse. Der Halbleiter-Konzern Fujian Jinhue wurde auf die «entity list» gesetzt, nach der alle Geschäfte mit der Firma genehmigungspflichtig sind. Zugleich nahm Trump die Tatsache, dass die Billigimporte von Stahl aus China – 26 Prozent des amerikanischen Bedarfs – fast ein Drittel der US-Produktionskapazität lahmgelegt hatten, zum Anlass, die Stahlzölle drastisch heraufzusetzen. «Stahl ist entscheidend für unsere Wirtschaft wie auch für unser Militär», begründete er die Maßnahme. «Dies ist kein Bereich, in dem wir uns erlauben können, von anderen Ländern abhängig zu werden» – wobei der Sicherheitsaspekt allerdings vernachlässigbar ist, denn nur 0,3 Prozent der US-Stahlproduktion gehen an das Pentagon.

Die Unstimmigkeiten im Bereich der Wirtschaft und des Handels werden ein Problem bleiben (siehe Kapitel 18 «Donald Trump»). Ende 2017 schlossen sich die EU, Japan und die USA zusammen, um den unliebsamen chinesischen Wirtschaftspraktiken Schranken zu setzen. Dies galt besonders dem Problem der Überkapazitäten bei Stahl, Aluminium, Zement und Papier, den illegalen Subventionen des Staates und der Staatskonzerne, dem Zwang zum Technologietransfer und der Auflage, Nutzdaten auf chinesischen Servern zu speichern. «China ist ein großer Sünder», erklärte die EU-Handelskommissarin Cecilia Malmström dazu. Überall wächst zugleich die Erkenntnis, dass der Kaufrausch der Chinesen keineswegs nur dem normalen kapitalistischen Ausdehnungsdrang entspricht, sondern Teil einer chinesischen Globalstrategie ist, die in erster Linie geopolitische Ziele verfolgt und nicht nur harmlosen handelspolitischen Zwecken dient. Xi Jinpings auftrumpfende Außenpolitik legt diesen Gedanken jedenfalls nahe.

Dritter Teil

CHINAS NEUE WELTPOLITIK

8

Außenpolitik:
Poltergeist oder Partisan der Besonnenheit?

Der wirtschaftliche Aufstieg Chinas wird unausweichlich weltpolitische Folgen haben. Ein neues Mächtemuster gewinnt Gestalt. Die Welt wird nicht länger dem weißen Mann gehören. Die Schwellenländer verlangen ihren Platz an der Sonne, und China marschiert dabei an der Spitze. Zwar versichert es Mal um Mal, dass «friedlicher Aufstieg» und «friedliche Entwicklung» seine Anliegen seien. Die Geschichte lehrt freilich, dass zunehmende Wirtschaftskraft gemeinhin politischen Machtehrgeiz auslöst. Sie lehrt zudem, dass aufstrebende Mächte fast immer nicht nur ihren Platz an der Sonne eingefordert, sondern zugleich auf die eine oder andere Weise versucht haben, den weltpolitischen Status quo aus den Angeln zu heben. Wozu dies führen kann, dafür liefert das wilhelminische Deutschland vor 1914 ein eindringliches Beispiel.

In meinem China-Buch schrieb ich vor sechsundvierzig Jahren: «Ein Poltergeist mag auf die Weltbühne treten oder ein Partisan der Besonnenheit. China kann ein Spannungserzeuger werden oder eine Kraft zum Ausgleich.» Vier Jahrzehnte später möchte ich sagen: *The jury is still out.*

Das Reich der Mitte, umgeben von fremden Teufeln

Viertausend Jahre lang hat China an der Weltgeschichte teilgenommen, nicht aber an der Weltpolitik. Das Reich der Mitte war nie Teil eines internationalen Systems, es war sich selbst stets System genug. Außenpolitik ist für China eher ein Novum, die alte Monarchie hatte so etwas nicht nötig. Da gab es die barbarischen kleinen Völker im Norden und Westen, die zurückgeschlagen oder erobert werden mussten, was eher ein militärisches als ein außenpolitisches Problem war. Im Laufe der Zeit hat sich das Reich dabei räumlich kräftig erweitert. Die Vorstellung ist falsch, dass China niemals eine expansionistische Macht gewesen sei. Unter der Qing-Dynastie (1644–1911) wurden Taiwan, Tibet und die Mongolei unterworfen, auch setzten sich die Chinesen in einem ansehnlichen, von verschiedenen Stämmen besiedelten Teil Zentralasiens fest, den sie Xinjiang nannten, Neumark: das Neue Grenzland im Westen, früher bekannt als Chinesisch-Turkestan. Sie alle waren dem Reich als Militärprotektorate eingegliedert, die von einheimischen Herrschern verwaltet wurden. Dann gab es einen Ring von ferneren, aber zivilisierten kleinen Nachbarn, die sich wie Korea mehr oder minder symbolisch Chinas Obrigkeit unterwarfen und ihm mit Tributzahlungen Vasallentreue bezeugten (was Koreaner, Himalaya-Fürsten, Malaysier, Laoten, Birmanen, Siamesen, Afghanen, Kasachen und die zentralasiatischen Khane in Kokand und Buchara bis in die zweite Hälfte des neunzehnten Jahrhunderts auch taten, wobei der Wert der Gegengeschenke, die sie mit nach Hause nahmen, den Wert der Tribute bei Weitem überstieg). Sämtliche Länder jenseits dieser Region galten als abgelegen, barbarisch, minderwertig und ohne Bedeutung für das Reich der Mitte, das sich allen überlegen wähnte.

«In Chinas Kosmologie», schreibt Henry Kissinger, «hatte die Menschheit nur einen Kaiser, und sein Thron stand in China.» Der Kaiser beherrschte *tianxia* – «alles unter dem Himmel», also die gesamte zivilisierte Welt, soweit sie den Chinesen bekannt war. Sie galt als identisch mit China und seinem Einflussbereich. Der Begriff *tianxia* beschrieb nicht nur Chinas politische Vormachtstellung im asiatisch-pazifischen Raum, sondern auch seine zivilisatorische Dominanz. Von Burma bis Japan erstreckte sich Chinas Welt, in der seine Kultur, seine Schrift, die Feinheiten seiner Kalligraphie, konfuzianisches Denken und oft auch seine Sprache den Standard setzten. Der übrigen Welt, den «fremden Teufeln», begegneten seine Herrscher mit herablassender Missachtung.

Als eine erste englische Gesandtschaft unter Lord Macartney 1793 mit großzügigen Gastgeschenken China erreichte, wurde das Ersuchen um Aufhebung der Handelsbeschränkungen von Kaiser Qianlong mit Bestimmtheit zurückgewiesen. Die «demütigen» Gaben des Königs seien nur aus Höflichkeit und Respekt angenommen worden, sagte er. Das Reich der Mitte, dem Könige sämtlicher Reiche ehrerbietig Tribut zollten, besitze alle Dinge und bedürfe in keiner Weise der Erzeugnisse Englands. Nicht besser erging es dem nächsten britischen Sondergesandten Lord Amherst, der dem Kaiser Jiaqing im Jahr 1816 eine Botschaft von König Georg III. überbrachte. Er wurde mit folgender Antwort nach Hause geschickt:

«Sie leben so weit vom Reich der Mitte entfernt, dass solche Botschaften Ihnen beträchtliche Ungelegenheiten bereiten müssen. Ihre Gesandten wissen im Übrigen gar nichts von unserem Protokoll und Zeremoniell, und die Zänkereien, die sich nach ihrer Ankunft ergaben, waren meinen Ohren sehr unangenehm. Meine Dynastie legt keinen Wert auf ausländische Produkte. Die raffiniert ausgeklügelten und seltsamen Erzeugnisse Ihres Volkes sprechen mich nicht an und interessieren mich überhaupt nicht. Wenn Sie, oh König, in Zukunft Ihre Untertanen in Gehorsam halten und Ihre nationale Verteidigung sichern, werde ich Ihnen Hochachtung entgegenbringen, obwohl Sie weit entfernt von uns leben. Aber in Zukunft brauchen Sie sich nicht mehr die Mühe zu machen, solche Botschaften über diese weite Entfernung zu Uns zu entsenden. Sie vergeuden Ihre Zeit, und die Reise ist umsonst. Wenn Sie loyal Unsere Oberhoheit anerkennen und pflichtgemäße Unterwerfung bezeigen, brauchen diese Gesandtschaften nicht alljährlich an Unserem Hofe zu erscheinen, um Ihre Vasallentreue zu beweisen. Wir erlassen Ihnen diese Auflage, auf dass Sie sich immerfort danach richten.»

Erst das Eindringen der europäischen Mächte im neunzehnten Jahrhundert zwang die Chinesen zur Außenpolitik, die sich freilich im Wesentlichen darauf beschränkte, die «Barbaren» gegeneinander auszuspielen – mit begrenztem Erfolg, wie Maos Wort bezeugt: «Von den Vierzigerjahren des neunzehnten Jahrhunderts an sind fast alle großen, mittleren und kleineren imperialistischen Staaten der Welt in unser Land eingefallen und gegen uns zu Felde gezogen.» Im Geschichtsmuseum auf dem Pekinger Tienanmen-Platz wird dies dem Besucher eindringlich klargemacht. Im neunzehnten Jahrhundert «fielen die imperialistischen Mächte wie ein Bienenschwarm über China her, plünderten unsere Schätze und töteten unsere Menschen», heißt es da. Viele Säle sind auch dem Angriffskrieg Japans gewidmet, in dem 1931–1945 über 15 Millionen Chinesen ums Leben kamen. Die Erinnerung daran bestimmt bis heute die Außenpolitik Chinas: Nie wieder will es solche Erniedrigung, Demütigung, Entmündigung erleben. Zugleich leitet es aus den hundert schmachvollen Jahren der Bevormundung und Zerstückelung das Recht ab, sich heutzutage keinerlei Einmischung, Einspruch oder Einrede von außen mehr gefallen lassen zu müssen.

Die Frage ist: Entwickelt Peking jetzt ein Konzept, das über die Bewahrung der Reichseinheit und die Verteidigung seines territorialen Besitzstandes in Tibet, Xinjiang und der Inneren Mongolei hinausgeht? Wird es nach der Heimführung Hongkongs 1997 und Macaos 1999 irgendwann das abtrünnige Taiwan gewaltsam heim ins Reich holen? Strebt es die Rolle eines Regionalhegemonen an? Wird es auftrumpfend Asien seinen Stempel aufdrücken? Ist es darauf aus, die Vereinigten Staaten als Führungsmacht aus der Pazifikregion zu verdrängen? Oder wird es sich als anerkannte Großmacht, seiner Ebenbürtigkeit gewiss, in Mäßigung und Verträglichkeit üben? Anders gefragt: Ist es eine revisionistische Macht, die Wandel anstrebt innerhalb der bestehenden Weltordnung, oder eine revolutionäre Macht, die das existierende System über den Haufen zu werfen gedenkt?

Windungen und Wendungen unter Mao

Zu Zeiten Mao Zedongs war eine geradezu phänomenale Unstetheit das prägende Merkmal der chinesischen Außenpolitik. Lauter Windungen und Wendungen bestimmten die Praxis – und lauter Purzelbäume und Hakenschläge die Theorie. Erst war Indien im Verbund der Blockfreien ein wertvoller Bundesgenosse, dann wurde es 1962 am Himalaya hinterrücks angegriffen. Vietnam erfuhr während des Krieges mit Amerika so gut wie keine Unterstützung, vielmehr wurde es schnöde auf das Volkskrieg-Rezept verwiesen: Macht's man selber. Die Chinesen sollen sogar den Transit der russischen Nachschublieferungen behindert haben – und Anfang 1979 fielen sie über den alten Erbfeind Vietnam her (wobei sie sich allerdings in dem dreiwöchigen Grenzkrieg eine blutige Nase holten und sich schmählich zurückziehen mussten). Ihre außenpolitischen Theorien jedoch – die Zwischenzonen-Theorie, die Dorf-Stadt-Theorie («Die Weltdörfer rüsten zum Sturm auf die Weltstädte») und die Drei-Welten-Theorie – waren reines Agitationsgebräu.

Mao war Weltrevolutionär, nicht Weltpolitiker. «Staaten wollen Unabhängigkeit, Nationen wollen Befreiung, und die Völker wollen Revolution», schwadronierte er. Seine absurde Losung war: «Es herrscht große Unordnung unter dem Himmel, und die Lage ist ausgezeichnet.» Die Volksrepublik sah er in erster Linie als «Arsenal der Weltrevolution». So trat sie als Unruhestifter auf den Plan, empfahl sich den Partisanenkämpfern Asiens und den Unabhängigkeitsbewegungen Afrikas als Vorbild und predigte Umsturz. Zugleich verknüpfte sie ihr Schicksal ideologisch, wirtschaftlich und außenpolitisch eng mit Stalins Sowjetunion. Dann trommelte Peking gegen den Hauptfeind USA, befürchtete es doch während des Koreakrieges 1950–1953 einen amerikanischen Vorstoß auf chinesisches Gebiet. Mitte der 1950er-Jahre wandte sich China der Dritten Welt zu, der es sich in Bandung als Verbündeter im Kampf gegen den Imperialismus anbot. Bald jedoch machten die Chinesen Front gegen die Sowjetunion – anfänglich, weil Moskau sich von 1959 an mit Washington zu arrangieren begann, dann nach dem russischen Eingreifen in der Tschechoslowakei im August 1968, weil sie argwöhnten, Breschnew könne versucht sein, auch China mit Gewalt wieder in die Botmäßigkeit des Kremls zu zwingen.

In den Wirren der Großen Proletarischen Kulturrevolution betrieb die Volksrepublik eine Zeitlang überhaupt keine Außenpolitik. Die Botschafter wurden nach Hause gerufen, und fremdenfeindliche Rüpeleien, Massenaufmärsche sowie Ausschreitungen gegen die Pekinger Botschaften ersetzten die Diplomatie. Doch nach dem chinesisch-sowjetischen Grenzkrieg am Ussuri 1969 erschien es Mao angebracht, sich wieder der Außenwelt zuzuwenden. Schließlich suchte er selbst noch den Ausgleich mit den Vereinigten Staaten, den Richard Nixon und Henry Kissinger 1971/72 einleiteten und den dann 1979 Präsident Carter und Deng Xiaoping mit der Aufnahme offizieller Beziehungen vollendeten.

Inzwischen war der sowjetische «Sozialimperialismus» zum Hauptfeind geworden, die Sowjetunion zur «bedrohlichsten Quelle eines Weltkriegs» aufgerückt. «Sie ist noch betrügerischer als die imperialistischen Mächte alten Stils und daher noch gefährlicher», schrieb die *Volkszeitung*. Hier klangen viele alte Ressentiments nach: dass Stalin bis 1946 Chiang Kai-shek unterstützte; dass er sich 1950 beim Abschluss des chinesisch-sowjetischen Freundschaftsvertrages hartnäckig weigerte, die noch aus der Zarenzeit stammenden russischen Positionen in Nordchina zu räumen; dass Chruschtschow 1958 Mao die nukleare Rückendeckung für seine Pläne verwehrte, Taiwan zurückzuerobern, und sich zugleich gegen jede Unterstützung beim Aufbau einer chinesischen Atomstreitmacht sperrte; und nicht zuletzt, dass Moskau 1960 abrupt sämtliche Entwicklungshilfe einstellte, was Chinas Industrialisierung um viele Jahre zurückwarf.

Die eigene Stärke verbergen, den richtigen Zeitpunkt abwarten:
Zurückhaltung unter Deng

Der Deng Xiaoping, den ich bei meinen ersten Chinareisen mehrmals erlebte, war noch voller Animosität gegen Russland. Entspannung sei Trug, ein Krieg unvermeidlich, und die Sowjets würden ihn anzetteln,

hielt er Bundeskanzler Schmidt 1975 entgegen. Die europäischen
Völker wünschten nach zwei Weltkriegen Frieden und Sicherheit?
Deng fand dazu nur mitleidige Worte: «Der Wind will nicht auf-
hören, auch wenn die Bäume Ruhe wünschen.» Sein Finanz-Vize Li
Xiannian formulierte denselben Gedanken deftiger: «Die Russen wol-
len allen einreden, dass ihre Scheiße duftet.».

Drei Jahre danach gab sich Deng im Gespräch mit deutschen Journalisten schon wesentlich moderater. Ein Schuss Pragmatismus ver-
wässerte nun die bis dato eifernd vorgetragene These von der Unvermeidlichkeit des Krieges. «Eines Tages werden den Russen die Hände
jucken», notierte ich mir damals Dengs Ausführungen. «Aber China
wünscht den Krieg nicht. Man muss sich bemühen, den Kriegsaus-
bruch um fünf bis zehn Jahre hinauszuzögern, am besten zweiundzwanzig Jahre, bis die Volksrepublik im Jahr 2000 ihre Modernisierung abgeschlossen hat.»

Die Geschichte hat dem chinesischen Volk die Zeit gelassen, sich
zu modernisieren und zur Welt hin zu öffnen. Es hat Deng vermutlich mit Genugtuung, aber auch mit Entsetzen erfüllt, mit anzusehen,
wie die Macht des Kommunismus im Moskauer Ostblock gleichsam
über Nacht ins Nichts verfiel, wie sich der Warschauer Pakt auflöste
und die Sowjetunion in fünfzehn Staaten zerbarst – mit Genugtuung,
weil damit der Hauptfeind verschwand, doch mit Entsetzen, weil er
darin ein böses Omen für China sah. Um eine ähnliche Entwicklung
im Reich der Mitte zu vermeiden, legte er die bis heute noch gültige
Linie fest: robuster, autoritärer Kapitalismus ja, indes keine Perestro-
ika, kein Glasnost, überhaupt nichts, was die Einheit des Reiches
gefährden und die Herrschaft der Partei untergraben könnte. Wachsender Reichtum sollte den Menschen ihr Unterworfensein versüßen.

Deng brauchte den Frieden, wenn er China voranbringen wollte.
Das aber wollte er ohne Wenn und Aber. «Gegenwärtig sind wir zu
rückständig», sagte er im Oktober 1978 zu unserer Journalistengruppe. «Das entspricht nicht einem Lande unserer Ausdehnung und
unserer Bevölkerungszahl. Es entspricht auch nicht der Rolle, die
unser Land in der Welt spielen sollte.»

Aus der Rückständigkeit wollte Deng mit aller Macht heraus. Als
ihm einer von uns Feuer reichte für die erste von unzähligen Ziga-
retten, die er in zwei Stunden paffte, kam er direkt zur Sache. Auf das

Feuerzeug tippend, sagte er: «Sie benutzen da sehr moderne Mittel. So etwas haben wir noch nicht. Darin spiegelt sich unsere Rückständigkeit.» Früher habe China vom Ausland gelernt: «Streichhölzer hießen einst bei uns fremde Hölzer. Wir sprachen von fremdem Öl, nicht von Erdöl. Und Baumwolle nannten wir fremden Stoff. Eine Zeitlang hieß es bei uns jedoch, vom Ausland zu lernen sei verwerfliche Anbetung alles Fremden. Jetzt begreifen alle, dass das dummes Geschwätz war. Das Tor zusperren, sich abkapseln und sich selbst als die Größten hinstellen – das ist Größenwahn. Auf diese Weise können wir uns nicht weiterentwickeln. Wir müssen hinausfahren und uns in der Welt umsehen. Wir müssen lernfähig sein, und deswegen brauchen wir auch die Hilfe der fortgeschrittenen Industrieländer.» Hatte Mao Zedong getönt: «Der Ostwind siegt über den Westwind», so handelte Deng Xiaoping nach der Devise: «Man muss den Westwind hereinlassen». *«Absorb everything of benefit to us»*, fasst Henry Kissinger die Strategie Dengs zusammen.

In einer großen Rede zur Kulturreform forderte der chinesische Staatschef Xi Jinping 2014 nichts anderes: «Damit unsere sozialistische Kultur sich weiterentwickeln kann, müssen wir sorgfältig die besten ausländischen Werke studieren. Wir müssen das Fremde für China nutzen, wir müssen innovativ sein, Westliches und Chinesisches verbinden.»

Anders als Xi war sich Deng Xiaoping einer Notwendigkeit sehr bewusst: Wenn China sich aus der Rückständigkeit herausarbeiten wollte, so musste es Ruhe halten auf dem auswärtigen Felde. Keine Streitereien, keine Friktionen und Konfrontationen. Gelassenheit, Umgänglichkeit, strategische Geduld waren Dengs Maximen. China sollte erst wirtschaftliche Größe erlangen, ehe es weltpolitischen Ehrgeiz entfaltete. An der Ein-China-Politik ließ er nicht rütteln, Taiwans Heimholung ins Reich blieb sein Ziel. Aber darüber hinaus übte er sich in Zurückhaltung. Den Streit mit Japan über die Senkaku-Inseln (chinesisch Diayutao) schob er beiseite. Man solle ihn der nächsten Generation überlassen, die zweifellos klüger sein würde, war seine Ansicht. China wolle, so erklärte er weiter, «vom amerikanischen Volk lernen, dem Schöpfer einer fortgeschrittenen Industriegesellschaft». Voller Lernwut bewunderte er auch Japans technische Zivilisation. In Tokio besuchte er den im Gefolge eines Korruptionsskandal gestürzten Ex-Premier Tanaka, der die ersten Ausgleichs-Fäden nach Peking geknüpft hatte. Kritik an seinem Besuch tat er souverän ab: «Wenn man das frische Wasser trinkt, muss man sich der Leute erinnern, die den Brunnen gegraben haben.»

Anfang der Neunzigerjahre gab Deng der Führung seinen vierundzwanzig Zeichen umfassenden Leitspruch mit auf den Weg: «Ruhig beobachten. Unsere Stellung sichern. Alle Angelegenheiten gelassen bewältigen. Unsere Fähigkeiten verbergen und unsere Zeit abwarten. Unauffällig bleiben und nie die Führung beanspruchen.» Meist wird dies auf die vier Zeichen *tao guang yang hui* (韬光养晦) verkürzt, *hide and bide* in der englischen Wiedergabe: Unsere Stärke verbergen und den richtigen Zeitpunkt abwarten.

Die tiefere Bedeutung dieses Leitspruchs ist in der Gelehrtenwelt heftig umstritten. Wörtlich bedeutet *tao* verstecken, *guang* Licht, Helligkeit, *yang* reifen, erwachsen werden, *hui* Dunkelheit, Nachteil. Eine eher harmlose Übersetzung heißt denn auch: Stelle dein Licht unter den Scheffel, nähre das Dunkel, mache dich klein; eine andere: Kümmere dich um deine eigenen Angelegenheiten, drängle dich nicht vor; eine dritte: Verbirg deine Fähigkeiten und warte ab; eine vierte: Haltet euch bedeckt und beansprucht niemals die Führungsrolle; eine fünfte: Verbirg deine Brillanz, pflege die Obskurität. Eine positive Lesart stammt von Lee Kuan Yew: Die Chinesen müssen um jeden Preis die Fehler vermeiden, die Deutschland und Japan als aufsteigende Mächte begingen, sie brauchen vierzig oder fünfzig Jahre, bis sie aufgeholt haben. Die negative Auslegung unterstellt hingegen ein großangelegtes Täuschungsmanöver: China soll sein Erstarken verbergen, bis es so weit ist, dass es losschlagen kann.

Wo selbst die Sinologen streiten, muss der Nicht-Sinologe schweigen. Doch auch, wenn Deng Xiaoping gemeint haben sollte: «Nicht auffallen, sein Licht unter den Scheffel stellen, den rechten Augenblick abwarten» – die chinesische Außenpolitik blieb zurückhaltend, solange er lebte. Er starb im Februar 1997. Es ist kein Zufall, dass seine Nachfolger um diese Zeit begannen, ihrer auswärtigen Politik ein schärferes Profil zu geben. Zwei Jahrzehnte lang bewerkstelligten sie Chinas geopolitischen Aufstieg jedoch in einer unverfänglichen Weise, sodass nirgendwo die Alarmsirenen schrillten. Präsident Hu Jintao gab noch 2006 die Losung aus, China müsse seinen Platz in einer «harmonischen Welt» sichern. Friedlich solle sich sein Aufstieg vollziehen, nicht durch «Invasion, Kolonisierung, Expansion oder gar Angriffskriege großen Stils», erläuterte Zheng Bijan, der Direktor der Zentralen Parteihochschule, 2005 in *Foreign Affairs*. «China wird nicht den Weg Deutschlands einschlagen, der zum Ersten Weltkrieg führte, auch nicht den Weg, der Deutschland und Japan in den Zweiten Weltkrieg führte», beteuerte er. Selbst der Begriff «friedlicher Aufstieg» erschien dem Regime damals unangebracht. Da das Wort «Aufstieg» in anderen Ländern als bedrohlich aufgefasst werden konnte, wurde der Terminus «friedlicher Aufstieg» fallen gelassen und durch «friedliche Entwicklung» ersetzt.

Xi und die «chinesische Lösung» der Menschheitsprobleme

Doch schon auf dem 18. Parteitag, auf dem Xi Jinping im November 2012 zum Generalsekretär der Partei gewählt wurde, erklangen ganz andere Töne. Der neue Mann, der im folgenden März Staatspräsident wurde, hielt die Zeit für gekommen, eine robustere Außenpolitik zu verfolgen. Mit Deng Xiaopings Kultur der Zurückhaltung hat er Schluss gemacht. «Heute ist deutlich mehr Auftrumpfen zu erleben», sagte die Bundeskanzlerin am Rande eines Arbeitsbesuchs in Peking. In der Tat: Aus einer Status-quo-Macht ist eine revisionistische, eine auftrumpfende, eine ausgreifende Macht geworden. Auch Xi will den Frieden, aber es ist ein Frieden, den China gestaltet und beherrscht.

Xi hat dem Reich der Mitte ehrgeizige Ziele gesetzt. Schon in den ersten Reden nach seinem Amtsantritt gab er zu erkennen: Sein «chinesischer Traum» dreht sich nicht nur um die «nationale Verjüngung» Chinas, er verknüpft diese auch mit der Wiedererlangung seiner verlorenen Größe. Peking müsse «Diplomatie als Großmacht» treiben. China müsse sich zur Führungsmacht in Asien aufschwingen und eine «asiatische Schicksalsgemeinschaft» aufbauen; inzwischen redet er sogar von einer «Schicksalsgemeinschaft der Menschheit». Auch müsse es zu den Vereinigten Staaten auf der Basis der Ebenbürtigkeit einen «neuen Typus von Großmachtbeziehung» suchen. Chinas Stimme müsse gehört werden, und es sei an der Zeit, «chinesische Elemente in die internationalen Regelwerke» einzubringen. Die Volksrepublik müsse ihre auswärtigen Interessen sichern und auch für den Schutz der eigenen Bürger im Ausland sorgen. In Trumpscher Manier könnte er sein Programm in vier Worten verdichten: «Make China great again». Oder in zwei Worten: «China First».

Wo Deng Xiaoping darauf bestand, dass China für niemanden ein Modell sei, preist die Führung heute ihr System als Vorbild für andere an. Ihre Strategie zielt uneingestanden darauf hin, die halbe Welt zu ihrer Einflusszone zu machen. Ihr schwebt jedoch noch weit mehr vor: eine klare Führungsrolle. *Zhongguo fang'an,* die «chinesische Lösung» der Menschheitsprobleme, beschwor Präsident Xi in seiner Rede zum fünfundneunzigsten Gründungstag der Chinesischen Kommunistischen Partei im Juli 2016. Das chinesische Volk sei voller Zuversicht, behauptete er, «dass es eine chinesische Lösung für die Suche der Menschheit nach besseren sozialen Institutionen bieten kann».

Auf dem 19. Parteitag im Oktober 2017 vertiefte und verstärkte Xi, strotzend vor Nationalstolz und Machtbewusstsein, seine Botschaft. Das Land nähere sich dem «Zentrum der Weltbühne». Die chinesische Nation werde «mit noch größerem Selbstbewusstsein unter den Völkern bestehen». Sie werde eine «Armee von Weltrang» haben. Die Kapazität ihrer gesellschaftlichen Produktivkräfte nehme «in weiten Bereichen eine weltweit führende Position» ein. Xis Ziel ist es, «die Oberhand über die internationale Konkurrenz zu gewinnen». Und während er sonst immer wieder betont, weder werde China ausländische Entwicklungsmodelle importieren noch beabsichtige es, sein Gesellschaftssystem und Entwicklungsmodell zu exportieren, ließ er sich auf dem Parteitag ganz anders vernehmen: Den Völkern, «die ihre Entwicklung beschleunigen und ihre Unabhängigkeit bewahren wollen», stelle China «eine völlig neue Wahlmöglichkeit zur Verfügung», der gesamten Menschheit aber «weise chinesische Ideen für Problemlösungen» – in verständlichem Deutsch: ein autoritäres Gegenmodell zur liberalen und demokratischen Staats- und Gesellschaftsordnung. In der Tat ist es zu einem nachgefragten, angesagten chinesischen Exportmodell geworden.

Bei einer Arbeitskonferenz der außenpolitischen Elite Chinas wurde im Juni 2018 das Xi-Jinping-Denken über die Diplomatie herausgestellt. Dessen Fundament ist die Überzeugung, dass die Weltordnung einen tiefgreifenden Wandel durchlaufe. Vor China liege eine Epoche beispielloser strategischer Gelegenheit, die Kräfte der Geschichte wirkten zu seinen Gunsten gegen Amerika wie überhaupt den Westen. «China hat Rückenwind», fasste der australische Chinakenner Kevin Rudd die vorherrschende Stimmung zusammen. Für die nächste Zeit sagt er einen gesteigerten außenpolitischen Aktivismus Pekings voraus. Dies werde sich auf drei Ebenen erweisen: in den bilateralen Beziehungen, im Umgang mit regionalen Organisationen und im Einwirken auf die multilateralen Institutionen. In der Tat sieht Xi ein Kernelement seiner «Diplomatie des Sozialismus mit chinesischer Prägung» darin, dass China «die Reform des *global governance*-Systems unter dem Aspekt der Fairness und der Gerechtigkeit anführt».

Die Nachrichtenagentur Xinhua sagt es eingängiger: «Zwei Jahrhunderte nach den Opiumkriegen, die das Reich der Mitte in eine Phase der Demütigung und der Schande stürzten, wird China an die Spitze der Welt zurückkehren.» Und die *Global Times,* das englischsprachige Weltblatt der Partei, warnt alle davor, den Aufstieg Chinas zu stoppen oder zu stören – sonst werde Peking nicht zögern, mit strategischer Wucht zurückzuschlagen oder sich, sollte es notwendig werden, auf eine entscheidende Machtprobe vorzubereiten.

Madame Fu Ying, die Vorsitzende des Auswärtigen Ausschusses im Nationalen Volkskongress und rund um die Welt die eloquenteste Vertreterin der chinesische Politik, wiegelt lieber ab. «China muss noch lernen», sagt sie. «Wir müssen uns schneller an den Status einer Großmacht anpassen und müssen lernen, der Welt unsere Ideen und Absichten besser und überzeugender zu erklären.» «Wir sind noch immer in der Phase des Lernens und Wachsens», sagte sie auch der Münchner Sicherheitskonferenz im Februar 2018. «China bietet Ländern, die nach rascher Entwicklung streben und gleichwohl ihre Unabhängigkeit bewahren wollen, eine neue Option. Das heißt aber nicht, dass Chinas Modell und Ideologie exportiert werden sollen. Chinas Erfolg beweist, dass es Alternativen zu dem vom Westen angebotenen Modell gibt. Doch China hat kein Interesse an dem sogenannten Wettbewerb der Systeme.»

Es hört sich gut an. Indes verrät Xi Jinpings praktische Außenpolitik, dass sein China wie noch alle großen Mächte der Geschichte

entschlossen und robust die eigenen Interessen verfolgt und durchzusetzen versucht.

Beschwichtigende Worte können das nicht übertünchen. China hat
sich, um Leopold von Rankes Formulierung über das nach Spaniens
Niederlage wiederauferstandene Holland aufzugreifen, «in dem Gefühle seines alten Ruhmes, seiner unvertilgbaren Bestimmung mutig
erhoben». Chinas neuer Kraft wird die Alte Welt ihre eigene Kraft entgegensetzen müssen, damit das Etikett «chinesisches Jahrhundert» in
der Ära Xi Jinpings nicht zum Inbegriff einer unausweichlichen chinesischen Welthegemonie wird.

9

Xi Jinping:
Make China great again!

Wer ist dieser Xi Jinping, der sechste Herrscher Chinas seit der Gründung der Volksrepublik? Der Mann, dem die Kommunistische Partei 2016 den Status des «core leader» (*hexin*) zuerkannte, des zentralen, alles entscheidenden «Führungskerns», und dem sie zwei Jahre später den an Mao erinnernden Titel «Nationaler Steuermann» verlieh? Den die 2300 Delegierten des 19. Volkskongresses im Oktober 2017 ins Pantheon der Partei hoben, indem sie das «Xi-Jinping-Denken für das neue Zeitalter des Sozialismus chinesischer Prägung» mit Nennung seines Namens erst in ihren Statuten verankerten und dann auch noch in der Verfassung der Volksrepublik, gleichsam für die Ewigkeit in konstitutionellen Stein gemeißelt? Dessen Machtfülle an die des Staatsgründers Mao Zedong heranreicht und sogar die des großen Reformers Deng Xiaoping übersteigt? Der einzige Staatsmann unserer Zeit, der über ein *grand design* einer neuen Weltordnung nicht nur daherredet, sondern der sie klug, zielbewusst und konsequent Wirklichkeit werden lässt? Den der *Economist* «the world's most powerful man» nennt?

Mao Zedong hat China befreit und die alte Ordnung zerschlagen. Deng Xiaoping legte das Fundament einer modernen Wirtschaft. Xi Jinping will die Volksrepublik zu einer weltpolitischen Supermacht erheben. Mao machte das Land unabhängig, Deng machte es reich, Xi will es stark machen. Er hat einen ehrgeizigen Traum von Chinas Zukunft: *zhonghua minzu weida fuxing*, den «chinesischen Traum vom großartigen Wiederaufleben der chinesischen Nation». Ihn setzt er beharrlich, ja geradezu besessen in die Wirklichkeit um. Dazu hat er sich eine Machtfülle verschafft, wie sie seit Mao kein chinesischer Führer mehr gehabt hat. Deng Xiaoping hatte einst gesagt: «Übermäßige Konzentration der Macht tendiert zur Willkürherrschaft von Einzelnen auf Kosten der kollektiven Führung.» Doch von dieser Einsicht hat sich Xi verabschiedet – die Partei ist das Volk, er ist die Partei. Wie Volker Stanzel, 2004 bis 2007 deutscher Botschafter in Peking, treffend angemerkt hat: Nur fünf Jahre hat Xi gebraucht, um sein Land von der Ein-Parteien-Herrschaft zur Ein-Mann-Herrschaft zu führen. Ähnliches sagt Chris Patten, Englands letzter Gouverneur in Hongkong und ehemaliger EU-Kommissar: Xi ermächtige nicht nur die Partei, er ermächtige auch sich selbst; seine Macht sei schlechterdings absolut.

Tatsächlich hat Xi in seinen ersten fünf Amtsjahren seine Stellung gefestigt, indem er sich von Deng Xiaopings Vermächtnis löste. Er rückte von der kollektiven Führung ab. Er machte die faktische Trennung von Partei und Regierung rückgängig. Staat und Wirtschaft sind wieder eins. Auch der Öffnung zur Welt zog er aufs Neue Grenzen. Was chinesische Investoren im Ausland, ausländische Investoren im Inland anlegen dürfen, unterliegt erneut der direkten Kontrolle der Partei. Außenpolitisch und sicherheitspolitisch hat er ebenfalls Dengs Kultur der Zurückhaltung aufgegeben. Xi will China nicht nur zur Supermacht erhöhen, sondern zur Weltführungsmacht. Auf dem 19. Parteitag hat er seinen absoluten Führungsanspruch untermauert, und im März 2018 hat die Kommunistische Partei den Halbsatz aus der Verfassung von 1982 gestrichen, der die Amtsdauer des Präsidenten auf zehn Jahre begrenzt. Große rote Straßenplakate zeigen ihn neben Mao Zedong. Es fehlt nur, dass er dessen Bildnis am Eingang zur Verbotenen Stadt durch das seine ersetzen lässt.

Wer ist dieser Xi Jinping?

Xi wurde am 15. Juni 1953 als drittes von vier Kindern geboren. Er stammt aus altem kommunistischem Hochadel; er ist *zilaihong*, wie die Chinesen sagen: «rot geboren». Sein Vater Xi Zhongxun war KP-

Mitglied seit 1928, ein Alt-Revolutionär. «Wir hörten so viel über die Revolution von ihm, dass wir Hornhaut auf den Ohren bekamen», sagte Xi in einem Interview, das Evan Osnos in seinem großartigen *New Yorker*-Porträt zitiert. Als der Junge fünf war, wurde der Vater stellvertretender Ministerpräsident, zuständig für Kultur; der Sohn besuchte ihn oft im Zhongnanhai, dem Regierungssitz in der Verbotenen Stadt. Er selbst kam in die Schule des 1. August, ein kommunistisches Elite-Internat à la Salem, das als «Wiege der künftigen Führer» galt.

Im Jahr 1962 wurde Vater Xi jedoch zu Fabrikarbeit verurteilt, die Mutter zu Schwerstarbeit auf dem Land. Der Grund: Xi Zhongxun war für einen Roman eingetreten, den Mao schlimm fand. Während der Großen Proletarischen Kulturrevolution wurde er vor eine grölende Gruppe von Studenten gezerrt. Unter anderem warfen sie ihm vor, dass er in Ostberlin durch ein Fernglas nach Westen geblickt habe. Mehrere Jahre lang wurde er in einer Kaserne eingesperrt, die Eliteschule des Jungen wurde geschlossen. Jinping überlebte auf der Straße, wo er mehrmals von den Rotgardisten verhört und mit Erschießen bedroht wurde. Schließlich flüchtete er sich in das Dorf Liangjiahe, wo ihn die Arbeit auf dem Acker, das Mist-Karren, Schafe-Hüten, Deiche-Bauen und Straßen-Reparieren fast umbrachten. Geplagt von Flöhen, lebte er in einer Lösshöhle und schlief dort auf einer harten, aus Backsteinen und Lehm zusammengemörtelten Pritsche. Sieben Jahre lang konnte er keine Schule besuchen.

Als der große Spuk vorüber war, wurde der Vater Gouverneur von Guangdong. Xi studierte von 1975 bis 1979 an der Tsinghua-Universität Chemieingenieurwesen (zwanzig Jahre später machte er auch noch einen Doktor in Jura). Während des Studiums las er viel; Lesen bezeichnet er als sein liebstes Hobby. Gern zitiert er chinesische Klassiker und rühmt bei seinen Reisen nach Russland oder Frankreich die Werke der großen Schriftsteller dieser Länder. Er hat Puschkin, Dostojewski und Tolstoi verschlungen (Letzterer war ihm lieber als der Autor von «Schuld und Sühne»), von den Amerikanern las er Walt Whitman, Mark Twain, Jack London und Hemingway, von den Franzosen Stendhal, Balzac und Victor Hugo, auch Shakespeare schlug ihn in seinen Bann. Goethes «Leiden des jungen Werther» faszinierten den Vierzehnjährigen, wohingegen er bei einem Deutschlandbesuch einräumte, dass er den «Faust» schwierig fand.

In jungen Jahren fasste Xi drei Beschlüsse, die für sein weiteres Fortkommen entscheidend waren. Erstens beschloss er, der Partei zu dienen, zweitens entschied er, sich in die Provinz versetzen zu lassen («das ist der einzige Weg zur Macht in der Zentrale»), und drittens heiratete er.

Ein roter Aktivist wollte er sein, sogar «roter als rot», trotz aller Unbill, die sein Vater und er selbst unter dem Regime erlitten hatten. Ein Bruder und eine Schwester wurden Geschäftsleute in Hongkong, eine andere Schwester ging wohl nach Kanada. Er aber blieb, denn ihm war klar, dass er anderswo «nichts Besonderes» werden könne. Mit einundzwanzig trat er der Partei bei, was wegen seiner Herkunft nicht ganz einfach war; zehnmal bemühte er sich um Aufnahme. Wer ihn wirklich begreifen wolle, sagt Kevin Rudd, Australiens Ex-Premier, der ihn gut kennt, der müsse seine Hingabe an die Partei als Institution sehen – trotz der Tatsache, dass er in seinem persönlichen wie in seinem politischen Leben das Schlimmste an der Partei ebenso erlebt hat wie das Beste an ihr.

Im Übrigen ging Xis Rechnung auf: Der Dienst in der Provinz wurde ihm zur Karriereleiter ganz an die Spitze. Kurze Zeit arbeitete er 1979–1982 in Peking in der Generalstabsabteilung des Staatsrates und in der Zentralen Militärkommission, ein Verteidigungsbürokrat in Uniform, kein Landser. Dann wurde er Vizebürgermeister von Xianmen in der Provinz Fujian gegenüber Taiwan, bald danach Mitglied der Provinzverwaltung und stellvertretender Parteisekretär, 2000 schließlich Gouverneur. Schon zwei Jahre später wechselte er ins gleiche Amt der Provinz Zhejian. Nach einem Skandal in Schanghai wurde er 2007 dorthin geschickt, um als Parteichef nach dem Rechten zu sehen. Gleichzeitig wurde er in den Ständigen Ausschuss des Politbüros berufen und schon im Jahr darauf zum Vizepräsidenten der Volksrepublik gewählt. Von da an galt er als nächster Partei- und Staatschef.

Doch wollen wir sein Privatleben nicht vergessen. Die erste Ehe mit Ke Xiaoming, der Tochter des chinesischen Botschafters in London, scheiterte nach kurzer Zeit; sie wollte nach England zurückkehren, er aber seine Karriere in China machen. Dann begegnete er 1986 der vierundzwanzig Jahre alten Peng Liyuang, die damals schon als Folklore- und Opernsängerin ein gefeierter Star war und seit 1980 im

Musikkorps der Volksbefreiungsarmee dem Gesangsensemble angehörte (zuletzt hatte sie einen Posten im Range eines Generalmajors inne). Ihre Soldatenlieder und die ländlichen Volkslieder waren populäre Hits und sind es weiterhin. Die beiden heirateten und sind bis heute zusammen. Ihre Tochter Xi Mingze, Jahrgang 1992, lernte in der Schule Französisch und studierte 2010 bis 2014 an der Harvard-Universität Englisch und Psychologie; seit ihrem Abschluss lebt sie wieder in Peking. Chinas First Lady aber, inzwischen Professorin am Pekinger Konservatorium, ist an der Seite ihres Mannes auf der Weltbühne eine blendende Erscheinung.

In seinen Provinzjahren machte Xi Jinping durch mehrere Eigenheiten und Eigenwilligkeiten auf sich aufmerksam, die einiges Licht auf seine Politik als Präsident werfen. So trug er am liebsten den Flecktarn der Armee, ehe ihn häufiger Kontakt mit ausländischen Investoren in dunkle Anzüge mit Krawatte zwang. Auch schenkte er den Militärs besondere Beachtung, verhalf pensionierten Offizieren zu Jobs, verbesserte die Ausrüstung und setzte sich für eine Solderhöhung ein. Seinen protzigen Dienstwagen stellte er dem Veteranenverband zur Verfügung, selbst fuhr er lieber einen alten Jeep. In Schanghai lehnte er die ihm zugedachte große Villa ab, man solle doch lieber ein Altenheim für ehemalige Soldaten daraus machen. «Für die Armee kann nichts zu viel sein», war seine Einstellung.

Als Gouverneur von Fujian tat er viel, um taiwanesische Investitionen einzuwerben. In der ökonomisch florierenden Nachbarprovinz Zhejiang war er der Privatwirtschaft behilflich, in die Gänge zu kommen. So forderte er die Taxiunternehmen auf, ihre Fahrzeuge von Geely zu kaufen, dem chinesischen Autobauer, der später Volvo übernahm. Kritikern hielt er entgegen: «Die Privatwirtschaft ist eine exotische Blume im Garten des Sozialismus chinesischer Prägung.»

Xi gilt als Fan amerikanischer Popkultur. Womöglich hat er sich damit angefreundet, als er 1985, damals zweiunddreißig Jahre alt, im mittelwestlichen Iowa zwei Wochen lang auf der Farm von Eleanor und Thomas Dworchak verbrachte. Er firmierte seinerzeit nicht als Parteisekretär, sondern reiste mit Papieren, die ihn als Angestellten des Viehfutterverbandes von Shijazhuang auswiesen. Siebzehn Jahre später, kurz bevor er Präsident wurde, stattete er den Dworchaks einen Dankesbesuch ab. Die waren nicht schlecht überrascht, was aus ihrem zeitweiligen Gast geworden war.

Hart arbeiten und einfach leben ist Xi Jinpings Devise. Einen Nimbus von Nobilität ist er nie ganz losgeworden. Extravaganz war ihm stets ein Gräuel, und früh beklagte er die alles durchdringende Kommerzialisierung der Gesellschaft, die Protz-Manieren der Neureichen, die Korruption im Funktionärs- und Beamtenapparat. Einmal soll er, wie 650 Jahre zuvor der erste Ming-Kaiser seine Höflinge, die Kader angewiesen haben, sich bei ihren Mahlzeiten auf vier Gänge und eine Suppe zu beschränken. In seinem brillanten *New Yorker*-Porträt zitiert Evan Osnos die Vorhersage eines mit Xi befreundeten Professors, wenn er je Präsident würde, dann werde er die Bonzen-Übel mit aller Kraft angehen. Tatsächlich hat er jetzt drakonische Maßnahmen gegen die Völlerei, Saufgelage und Karaoke-Sucht der Funktionäre und Beamten ergriffen. Osnos gibt auch die Geschichte über Breschnew wieder, die Xi nach Auskunft eines chinesischen Diplomaten höchst amüsant fand. Breschnew bringt seine Mutter nach Moskau. Stolz zeigt er ihr die goldüberladenen Wohnräume, seine Zil-Limousine, den ganzen ihn umgebenden Luxus. «Siehst du, Mama», sagt er. «Jetzt brauchst du dir nie wieder Sorgen zu machen. Was meinst du?» – «Ich bin so stolz auf dich, Leonid Iljitsch», sagt Mama. «Aber was passiert, wenn die Kommunisten dahinterkommen?»

Der Zusammenbruch der Sowjetunion hat Xi Jinping stark beschäftigt. Er gab Anweisung, ihn akribisch zu studieren. Das Ergebnis waren sechs Folgen eines Dokumentarfilms über den Untergang der Sowjetunion, den sich sämtliche Kader anzusehen hatten. Eine amerikanische Verschwörung, den Kommunismus durch «friedliche Evolution» zu stürzen, und das Eindringen subversiver westlicher Ideen wurden darin als Hauptursache des Ruins dargestellt. «Niemand war Manns genug, die Partei zu verteidigen», wird Xi zitiert. «Wir müssen daraus eine gründliche Lehre ziehen.» Die Farbrevolutionen im ehemaligen Sowjetblock, Unruhen in Tibet (2008), Xinjiang (2009) und Hongkong (2014), ferner der Verdacht, dass die Vereinigten Staaten hinter den taiwanesischen, tibetanischen und uigurischen Unabhängigkeitsbestrebungen steckten, bestärkten ihn in seiner Entschlossenheit, eine ähnliche Entwicklung wie in der Sowjetunion mit aller Macht zu verhindern. Dieses «mit aller Macht» ist durchaus wörtlich zu nehmen. Glasnost und Perestrojka hält er für unheilvolle Verirrungen; dagegen setzt er auf Kontrolle, Zensur und Repression. Xi Jinping will kein chinesischer Gorbatschow werden, er verachtet den Russen.

Die Partei ist er

Die Partei ist für Xi «die Vorhut des neuen Zeitalters, das Rückgrat der Nation». Sie sei «lax, locker und mild» geführt worden, monierte er. Er sieht es als seine Mission an, sie zu retten. Dafür braucht er die ganze Herrschaft, die Kontrolle über alles, die unangefochtene Richtlinienkompetenz. So hat er sich erst die Partei untertan gemacht, indem er Widersacher wie Bo Xilai ausschaltete, der Korruption den Kampf ansagte und seine eigenen Gefolgsleute in alle Weichensteller-Positionen hievte. Dann unterwarf er die Volksbefreiungsarmee erneut der Botmäßigkeit der Partei (siehe Kapitel 11 «China rüstet auf»). Zuletzt implantierte er Parteizellen wieder als mitentscheidendes, wo nicht letzlich allein entscheidendes Element in der Wirtschaft, auch im privaten Sektor einschließlich der Gemeinschaftsunternehmen mit Ausländern. So hat er die Partei erneut zur zentralen Instanz in sämtlichen Bereichen erhoben.

Dazu passt, dass es in den Schulen und an den 2500 Universitäten wieder verstärkt Ideologieunterricht gibt und dass die KPC-Mitglieder in einer Online-Kampagne aufgefordert wurden, das Parteistatut von Hand abzuschreiben. Die Kontrolle über Presse, Film und Verlage, die bisher von der staatlichen Zensurbehörde ausgeübt wurde, wird künftig von der Propagandaabteilung der Partei übernommen. Eine noch wirksamere «Anleitung der öffentlichen Meinung» wie des Auslands soll die Zusammenlegung der größten staatlichen Funk- und Fernsehsender zu einer «Voice of China» ermöglichen. Ihr Auftrag ist es laut *Volkszeitung*, den Theorien, den Richtlinien und der Politik der Kommunistischen Partei eine breitere Öffentlichkeit zu schaffen und die internationalen Funk- und Fernsehkapazitäten zu verstärken. Es gilt wieder der alte Satz Maos, den Xi Jinping gern anbringt: «Egal ob Partei, ob Regierung, ob Militär, zivile oder akademische Welt, egal ob Osten, Westen, Süden, Norden oder Zentrum – die Partei führt alles an.» Die Trennung von Staat und Partei ist Geschichte. Die Partei, sagt Xi, «hat die ultimative Führung eines jeden Aspekts unseres sozialen und politischen Lebens».

Xi diszipliniert alle. In den ersten sechs Jahren seiner Herrschaft errichtete er eine Mauer aus Vorschriften, die den freien Fluss von Ideen und Kapital zwischen China und dem Rest der Welt wieder unter Kontrolle brachte. Er fordert von allen Loyalität, fraglose und klaglose Unterordnung auch von den Wissenschaftlern und der Gesellschaft, den Medien («Kehle und Zunge der Partei») und dem Internet. Am «Tag der Journalisten» gab Xinhua die Parole aus, die dringlichste Aufgabe der Journalisten sei es, «die großartige neue Ära zu besingen». Die Erhaltung der Partei geht Xi allemal über die Unabhängigkeit der Justiz. «China muss ein Rechtswesen aufbauen, das der Partei loyal ist, dem Land loyal, dem Volk und den Gesetzen loyal», sagt er. Doch fügt er einen Satz über das «rechtsstaatliche System des Sozialismus chinesischer Prägung» hinzu, wie ihn Mao nicht brutaler hätte formulieren können: «Der Messergriff muss fest in der Hand der Partei und des Volkes liegen.» Ganz in diesem Sinne donnerte Zhou Qiang, der Präsident des Obersten Gerichts: «Zieht Eure Schwerter und richtet sie gegen westliche Ideale wie Unabhängigkeit der Justiz.» *Rule of Law?* Das Regime redet lieber von der Herrschaft des Gesetzes als von der Herrschaft des Rechts. Im Gespräch mit Francis Fukuyama, dem Autor des *The End of History*, erwiderte der neue Vizepräsident Wang Qishan auf dessen Anregung, doch einer unabhängigen Justiz Raum zu geben: «Unmöglich. Das Gesetz muss unter der Führung der Partei angewandt werden.»

Damit niemand auf falsche Ideen kommt, fügte Xi auf dem 19. Parteitag in aller Klarheit hinzu: «Die Führung durch die Partei ist die grundlegende Garantie für das Fungieren des Volks als Herr des Staates.» Dies ist der Kern des Begriffs «Volksdemokratie», ein Pleonasmus, der sich in der amtlichen deutschen Übersetzung seiner Parteitagsrede findet. An anderer Stelle drückte Xi sich unverblümter aus: «Der große Kampf, das große Projekt, die große Sache und der große Traum sind untrennbar miteinander verbunden ... Eine große Sache muss durch eine starke Partei geführt werden.» Deshalb müsse sie «den Kampfgeist entfalten und die Kampfkompetenz erhöhen, um unaufhörlich neue Siege zu erringen». Angesichts der Machtfülle, in der ihn der Parteitag und die Verfassungsänderung bestätigt haben, hätte er ehrlicherweise hinzufügen können: «Die Partei bin ich!»

Was an der Partei eigentlich noch kommunistisch oder marxistisch ist, lässt sich nur schwer beantworten. Der ursprüngliche Verfassungsartikel 6, der das «sozialistische Gemeineigentum an den Produktionsmitteln» zur Grundlage des Wirtschafssystems erhob, wurde schon 1999 durch einen Zusatz aufgeweicht: «Im Anfangsstadium des Sozialismus hält das Land an einem grundlegenden Wirtschaftssystem fest, in dem das Gemeineigentum dominiert, sich aber verschiedene Eigentumsformen nebeneinander entwickeln.» Sieht man genau hin, so ist der Kommunismus vom Konsumismus abgelöst worden und vom Marxismus-Sozialismus ist nur ein digital-kapitalistischer Leninismus geblieben. Von einer Weiterführung und Entwicklung des Marxismus-Leninismus als «leitender Position im ideologischen Bereich» spricht Xi Jinping, an anderer Stelle von einer «Sinisierung des Marxismus». Zum Sozialismus chinesischer Prägung im neuen Zeitalter zählt er daher auch die Mao-Zedong-Ideen, die Deng-Xiaoping-Theorie, Jiang Zemins Idee des Dreifachen Vertretens und Hu Jintaos Konzept der Wissenschaftlichen Entwicklung. Doch Marx und Mao, Engels und Lenin, Deng und Hu und Jiang sind nicht viel mehr als Fassade.

Patriotismus als Staatsräson

Nach dem Verebben der kommunistischen Ideologie ist neben den neuen Götzen Kommerz und Konsum vor allem eines geblieben: der Nationalismus. Er ist der Kitt, der die Volksrepublik verklammert und das Regime an der Macht hält. Da die Kommunistische Partei Chinas nicht mehr kommunistisch ist, muss sie umso ausgeprägter chinesisch sein.

Dies hat mich nicht wirklich überrascht. Im Oktober 1984 saß ich mit Helmut Schmidt auf der Tribüne am Tor des Himmlischen Friedens, das Mao-Porträt hinter uns, die gesamte Staatsführung auf der Galerie neben uns und vor uns – stehend in einer schwarzen Limousine die Front der Parade-Einheiten abnehmend – der Reformpatriarch Deng Xiaoping. Danach hielt er die einzige Rede zum 35. Gründungstag der Volksrepublik. «Das Land bietet heute einen neuen Anblick. Unser Volk ist voller Freude und Stolz.» Dann wandte er sich der auswärtigen Politik zu. Sie bleibe unverändert: «China wird offen bleiben gegenüber der Außenwelt.» Er trete ein für die schiedlich-friedliche Lösung internationaler Dispute, etwa die (damals eben unterzeichnete) Vereinbarung mit den Briten über die Rückgabe Hongkongs im Jahr 1997. Er strebe aber auch unwandelbar die friedliche Wiedervereinigung mit Taiwan an. Diese Politik werde sich niemals ändern: «Sie wurzelt in den Herzen aller Abkömmlinge des Gelben Kaisers.» Ein erstaunlicher Satz, dieser rassenstolze Hinweis auf den legendären «Gelben Kaiser» der Vorzeit. Er offenbarte, was die Feuerstürme von sieben Jahrzehnten Krieg, Bürgerkrieg und Revolutionswirren schadlos überdauert hatte: ein unbändiger chinesischer Reichspatriotismus. Im dreistündigen Gespräch nach der Zeremonie und beim anschließenden Essen (während dessen Deng Schmidts Fingerhaltung beim Hantieren mit den Stäbchen korrigierte und den Altkanzler auch zu einem Toast mit dem kloreinigerscharfen Hirseschnaps Mao Tai nötigte) kam er immer wieder auf seine Botschaft zurück.

Seitdem ist der Patriotismus zur Staatsräson geworden. Dies war schon in den Neunzigerjahren zu spüren. Nach einem Besuch im Jahr 1997 schrieb ich: «China denkt digital, wo es modern ist, und national, wo es politisch denkt.» Inzwischen hat sich das noch verstärkt. Auch das Wiederaufblühen des anti-individualistischen, gemeinschaftsorientierten Konfuzianismus gehört zu dieser Repatriotisierung. Er hat eine Auferstehung erlebt wie der orthodoxe Glaube in Russland. Wissend, dass der Mensch ein inneres Geländer braucht, baut der Staat ihm eines und gestattet ihm, ja ermuntert ihn, sich daran festzuhalten. Der Konfuzianismus soll, so Xi Jinping, tief greifend ausgeschöpft, fortgeführt und im Geist der neuen Zeit erneuert werden, «damit die chinesische Kultur in ewiger Pracht und Herrlichkeit erstrahlt». Zum Schluss seiner Parteitagsrede zollte Xi dem Weisen aus Shandong mit dem überraschenden Satz Tribut: «Wenn das Dao waltet [der rechte Weg des Konfuzius], herrscht der Gemeinsinn über alles unter dem Himmel.»

Das Zitat zeigt, dass China sich mit einem Blick zurück nach vorn bewegt. Es verankert sich «doppelt in Zukunft und Vergangenheit», wie es Jürgen Osterhammel formuliert, Deutschlands bedeutendster Globalhistoriker. Die viel beschworene «Verjüngung» geht mit der Rückbesinnung auf das uralte China einher. Die Lehren des Konfuzius (551–479 v. Chr.) und des Han Feizi (280–233 v. Chr.), einem Theoretiker des starken Staates, werden herangezogen zur Rechtfertigung und Legitimierung des gegenwärtigen Regimes.

Ich war dabei, als Helmut Schmidt 1984 zu Deng Xiaoping frotzelnd sagte: «Ihr nennt euch Kommunisten, aber in Wirklichkeit seid ihr Konfuzianer.» Deng zögerte einen Augenblick, dann antwortete er: *«So what?»* – Na und? Die Partei begreift den Konfuzianismus als identitätsstiftendes Kulturerbe. Auch wird nun hochgemut an die Glanzzeit des einst verfemten kaiserlichen Chinas angeknüpft. «Die heute relevante Tatsache ist die Instrumentalisierung der letzten großen Kaisergestalten für die Herrschaftsansprüche der Gegenwart», sagt Osterhammel. Die gegenwärtige Machtelite lässt sich von der Auffassung leiten, dass China zwischen etwa 600 und 1800 mit kürzeren Unterbrechungen an der Spitze der jeweiligen internationalen Hierarchie stand und daher das Recht hat, diesen «natürlichen» Platz als gleichberechtigte Großmacht und wohlmeinender Hegemon im asiatischen Umfeld erneut einzunehmen. Es war ihm nur vorübergehend geraubt worden.

Patriotismus ist denn die neue politische Ideologie: «Die patriotische Einheitsfront soll gefestigt und entwickelt werden», sagt Xi. Auch die Literatur und die Kunst müssen sich in ihren Dienst stellen; sie sollen «hervorragende Meisterwerke hervorbringen, welche die Partei, das Land, das Volk und die Helden besingen». Die verstärkte «Erziehung im Sinne des Patriotismus» soll die Menschen anleiten, «sich eine richtige Anschauung zu Geschichte, Nation, Staat und Kultur zu eigen zu machen». Die Historiker sollen der Welt Chinas Geschichte «gut erzählen». Was die richtige Anschauung ist, hat Xi in seinem Buch *China regieren* selbstbewusst dargetan: «Chinas dauerhafte Zivilisation hat nicht ihresgleichen auf Erden, sie ist eine in der Weltgeschichte einmalige Errungenschaft.» Die Partei ist nicht nur «Pionier und Praktiker der fortschrittlichen chinesischen Kultur», sie ist auch ein «treuer Bewahrer und Verbreiter der hervorragenden traditionellen chinesischen Kultur».

Eine unerwartete Folge dieser patriotischen Aufwallung ist es, dass reiche Chinesen in zunehmendem Maße chinesische Artefakte aus Europa und Amerika zurückkaufen: Gemälde, Druckstöcke, Bücher, Bronzegefäße, Porzellanvasen – «Beutekunst» gleichsam, die zum Teil schon vor Jahrhunderten nach Europa gelangt war, einiges nach der schändlichen Brandschatzung und Plünderung des Sommerpalastes bei Peking durch britische und französische Soldaten im Jahr 1860. Allein im ersten Halbjahr 2017 verkaufte Christies in London asiatische, zumeist chinesische Kunst im Wert von 431 Millionen Pfund, fast eine halbe Milliarde Euro. Inzwischen ruft der National Treasure Fund zu einem Boykott solch «verwerflicher» Auktionen auf. Fachleute schätzen, dass etwa 1,5 Millionen Artefakte auf illegale Weise ins Ausland kamen. Laut UNESCO haben über 200 Museen in 47 Ländern etwa 1,67 Millionen chinesische Kunstschätze in ihren Sammlungen; weitere Millionen werden in Privatsammlungen vermutet. Mit Bangen erwarten viele, dass China demnächst auf Rückgabe der geraubten Kulturgüter dringen wird. Es baut 3000 Museen und will seine Kunstschätze zurückhaben. Wobei sich vielfacher Raub, Plünderung und unfairer Tausch nicht leugnen lassen, aber die Anmerkung erlaubt sein muss, dass die Bestände im Westen wenigstens nicht der millionenfachen Zerstörungswut der Roten Garden zum Opfer fallen konnten. Die Große Proletarische Kulturrevolution hätten sie schwerlich überlebt.

Eine weitere Folge des neuen Hurra-Patriotismus ist offenkundig beabsichtigt: Die propagandistische Überhitzung der Liebe zu Volk und Vaterland nährt einen jederzeit abrufbaren, aufputschbaren Nationalismus. Mit ihren 90 Millionen Mitgliedern ist die Kommunistische Partei nicht länger die Speerspitze der proletarischen Revolution, sondern vielmehr die Kraft, die China erneuert und der Volksrepublik die ihr gebührende Stellung als Weltmacht verschafft.

Chinas autoritäre Demokratie

Demokratie? Xi hält nichts von westlichen Werten und vom demokratischen Mehrparteiensystem. In Brügge sagte er einmal vor Studenten, China habe die Monarchie und alle anderen Systeme erwogen und ausprobiert, aber keines habe funktioniert. Das politische
System anderer Staaten zu übernehmen, warnte er in Band 2 seiner
Gesammelten Werke, «könnte dem unabhängigen Schicksal unseres
Landes ein Ende setzen». Lieber baut er auf die Fähigkeit der Führung, notwendigen Wandel von oben zu vollziehen, als sich auf den
ungewissen Ausgang regelmäßiger demokratischer Wahlen einzulassen, wie sie im Westen Kurs und Kursänderungen bestimmen.
Überhaupt der Westen. In den Augen der Chinesen befindet er sich
im Niedergang, während sie selbst das «großartige Wiederaufleben»
der chinesischen Nation feiern. Der Westen hat abgewirtschaftet.
Erst hat die Weltfinanzkrise von 2008 den Gültigkeitsanspruch des
westlichen Kapitalismus und die Funktionsfähigkeit des unipolaren
Systems untergraben – im selben Jahr, in dem China mit den glanz-
voll verlaufenen Olympischen Spielen einen eindrucksvollen Erfolg
seiner *soft power* feiern durfte. Dann haben der Brexit, die Wahl Donald Trumps zum US-Präsidenten, das Zerfasern der Europäischen
Union, der globalisierungsfeindliche Populismus, der Anstieg demo-
kratiekritischer Tendenzen in Ungarn und Polen und die bis zur
Handlungsunfähigkeit gesteigerte Polarisierung etwa in den Vereinigten Staaten das westliche Modell erschüttert.

Wie einst Abraham Lincoln Amerika zur «letzten, besten Hoffnung der Erde» erklärte, so glaubt heute die Pekinger Führung, dass
ihr System das einzig zukunftsträchtige ist. Die staatliche Nachrichtenagentur Xinhua hat das im Oktober 2017 ohne Umschweife formuliert: «Die aufgeklärte chinesische Demokratie stellt den Westen
in den Schatten», schrieb sie. Dieser wanke und schlottere, Verleumdung, Gezänk und politische Schubumkehr seien die Kennzeichen
der liberalen Demokratie; sie sei moribund. Die Theorie-Zeitschrift
Qiushi hieb in dieselbe Kerbe: Die westlichen Demokratien hätten eine
«geldorientierte Politik und Populismus» hervorgebracht, die nicht
zu anderen Ländern passten. Chinas sozialistische Demokratie, spitzt

Xi Jinping diesen Gedanken zu, «ist die umfassendste, echteste und effizienteste Demokratie zur Wahrung der fundamentalen Interessen des Volkes». Und sie bietet allen Entwicklungsländern ein nachahmenswertes autoritäres Vorbild. Das ist Woodrow Wilsons Vorsatz «*to make the world safe for democracy*» auf den Kopf gestellt.

Man tut der Demokratie chinesischer Prägung nicht unrecht, wenn man sie autoritär nennt. Sie ist, da es ja Wahlen gibt, eine elektorale Autokratie. Weniger zimperlich ließe sie sich auch Diktatur nennen – im Einklang mit der chinesischen Verfassung, deren Artikel 1 lautet: «Die Volksrepublik China ist ein sozialistischer Staat unter der demokratischen Diktatur des Volkes.» Es ist eine Diktatur, der die ihr Unterworfenen zum größten Teil freudig zustimmen, solange sie den Stolz auf das Vaterland weckt und vor allem wachsenden Wohlstand verbürgt, letztlich die entscheidende Legitimationsquelle des Regimes. Auf Xi Jinpings Politik passt die Definition des Despotismus, die Alexis de Tocqueville vor bald zweihundert Jahren in einem ganz anderen Zusammenhang formuliert hat: als einen Zustand, in dem die Masse der Menschen «unablässig bemüht ist, sich die kleinen und dürftigen Vergnügungen zu verschaffen, die ihr Leben ausfüllen», und der Obrigkeit «immense bevormundende Macht einräumt». Die Obrigkeit «sorgt für die Sicherheit der Menschen, erfüllt ihre Bedürfnisse und lenkt die Wirtschaft. Sie tyrannisiert nicht, aber sie bedrückt, nervt, erstickt und betäubt das Volk, bis es nur noch eine Herde von zahmen und fleißigen Wesen wird, deren Hirte die Regierung ist». Und sie «ist es zufrieden, dass das Volk jubelt, vorausgesetzt, dass das Volk nur ans Jubeln denkt».

King of China: Ämterhäufung und Personenkult

Viele schildern Xi Jinping als einen anspruchslosen, bescheidenen, schlichten Menschen. So schätzt er sich wohl auch selbst ein. Dafür spricht jedenfalls eine aufschlussreiche Geschichte. Ein Journalist fragte ihn: «Wie würden Sie nach drei Jahrzehnten im öffentlichen Leben Ihre Leistung einschätzen? – 100 Prozent oder 90 Prozent zufriedenstellend?» Seine Antwort: «Weder noch. Die höhere Zahl

Xi Jinping bei einer Parade zum neunzigsten Jahrestag der Chinesischen Volksbefreiungsarmee am 30. Juli 2017.

würde prahlerisch wirken, die niedrige würde auf ein schwaches Selbstbewusstsein hindeuten.» Aber der «Anführer einer neuen Ära» (Xinhua) hat es zugelassen, ja: wohl sogar gewollt, dass um ihn herum ein Kult entstanden ist, der an die unterwürfige Verehrung Mao Zedongs erinnert. «Ich brauche niemanden, der mich schönredet, mir genügt es, dass meine Integrität das Universum erfüllt», sagte er mit den Worten eines alten Dichters über sich selbst. Was Kai Strittmatter von der *Süddeutschen Zeitung* zu dem Kommentar veranlasste: «Das klang schon verdammt nach Himmelssohn.»

Zunächst fällt einem seine beispiellose Ämterhäufung ins Auge. Xi hat nicht allein die drei wichtigsten Posten im Lande auf sich vereinigt, das Amt des Staatspräsidenten, das Generalsekretariat der Partei und den Vorsitz der Militärkommission. Zugleich ist er der Vorsitzende mehrerer informeller, doch mächtiger «Führungsgruppen»: Außen, Taiwan, Finanzen und Wirtschaft. Obendrein setzte er sich an die Spitze eines runden Dutzends von neuen Gremien zur Beaufsichtigung eines weitreichenden Umbaus der Regierungsorganisation, der nationalen Sicherheitsstruktur, der Armeereform und der Rechnungs-

prüfung. Auch auf die Geheimdienste, die Polizei und das Rechtswesen nimmt er direkten Einfluss. Wie die Armee, so wurde auch die
600 000 Mann starke Bewaffnete Polizei, zuständig für Grenzschutz,
Terrorismus- und Aufstandsbekämpfung und Katastropheneinsätze,
dem Verantwortungsbereich der Regierung entzogen und dem einheitlichen Kommando des Zentralkomitees und der Zentralen Militärkommission und damit letztlich dem Staatspräsidenten Xi Jinping
unterstellt. «Sei ein guter Soldat für den Vorsitzenden Xi», singen die
Soldaten, die vergattert wurden, Xis «Befehle zu befolgen und ihm
keinen Kummer zu machen». China hat wieder einen «Großen Steuermann», wie Mao Zedongs Ehrentitel lautete. «Alles hört auf sein
Kommando», befand die *Frankfurter Allgemeine*. Auch von «Putinimus
mit chinesischer Prägung» ist zuweilen die Rede.

Zum ersten Mal seit Mao Zedong erlebt China wieder einen Personenkult. Zwar gibt es für Xi nicht wie einst für Mao ein von allen
wild geschwenktes kleines rotes Büchlein mit den Worten des Großen
Vorsitzenden, doch existieren mehrere dicke Bände mit seinen wichtigsten Reden, Erklärungen und Zitaten, dazu das 452 Seiten dicke, in
einer Auflage von sieben Millionen erschienene Buch *Sieben Jahre als
gebildeter Jugendlicher*. Es beschreibt die sieben Jahre, die ihm die Partei
gestohlen hat, als er sich im Alter von fünfzehn Jahren aufs Land
flüchtete und dort knochenharte Arbeit leistete. Nachdem er tags-
über 50 Kilo schwere Lasten den Berg hochgeschleppt hatte, habe er
sich nachts dem Studium des Marxismus gewidmet. Auch wird erzählt, dass der junge Xi einmal das entlaufene Schwein einer armen
Familie aufgespürt und zurückgebracht habe. Das Zentralkomitee hat
zehn Forschungszentren eingerichtet, die sich dem Studium und der
Auslegung des Xi-Jinping-Denkens widmen sollen. Eine fünfteilige
Fernsehserie soll vor allem der Jugend das «Xi-Jinping-Denken in der
Neuen Ära» nahebringen. Er ist der Star einer Karikaturenserie, die
Kunststudenten müssen sich an seinem Porträt versuchen, und Funktionäre meditieren vor einem von ihm gepflanzten Blauglockenbaum
über die Sendung der Kommunistischen Partei und lauschen ge-
bannt einem von Xi geschriebenen Gedicht. Das Staatsfernsehen
zeigte eine sechsteilige Dokumentation über die Erfolge von Xis
«neuer Außenpolitik mit chinesischen Charakteristiken», die sich
alle Staatsbediensteten ansehen mussten. Robert Mugabe, der 2017

gestürzte Diktator Simbabwes, pries Xi darin als «gottgesandte Person», Donald Trump rühmte die *great chemistry* zwischen sich und seinem «Freund». Im Frühjahr 2018 veröffentlichte die Zentrale Parteischule in ihrem Journal einen Leitartikel unter dem Titel «Ein außergewöhnlicher Führer: Eine Studie des Internationalen Lobes für die superstarke Führung Xi Jinpings in der Neuen Ära». Außenminister Wang Yi verstieg sich zu der Behauptung, sein Chef habe «neue Schneisen geschlagen und ist weit über die herkömmlichen westlichen Außenpolitik-Theorien der zurückliegenden dreihundert Jahre hinausgegangen».

Das Dorf Liangjiahe, in das sich der junge Jinping einst vor der Kulturrevolution rettete, ist eine Touristenattraktion geworden. Die Nachrichtenagentur Xinhua hat dem Staats- und Parteichef den Spitznamen «Xi Dada» angehängt, «Großer Onkel». Ein Schlagerhit «Xi Dada liebt Peng Mama» enthält die Zeile: «Männer sollen von Xi lernen, Frauen von Peng.» Unvermutet taucht er gern an verschiedenen Orten auf, so 2013 an einem Dampfbrötchen-Kiosk, wo er die Rechnung höchstpersönlich zahlte und sein Tablett selbst an den Tisch bugsierte. Fotoaufnahmen zeigen, wie der treue Sohn Hand in Hand mit der Mutter spazieren geht oder seinen alten Vater im Rollstuhl schiebt und der liebevolle Vater mit seiner kleinen Tochter auf dem Gepäckträger durch die Stadt radelt.

Freilich: Er gibt sich nicht nur volkstümlich, er ist es. Er ist der *king of China*, hat Donald Trump ihn gerühmt; so würde der US-Immobilienpräsident am liebsten wohl selbst sein. Nun ist es zwar lange her, dass es in China Königreiche gab, *huangdi* war der Herrschertitel, Kaiser. Deng Xiaoping rief einst den «Gelben Kaiser» als historische Instanz des chinesischen Volkes an. Xi hat sich auf dem Marsch in die Zukunft dessen Krone aufgesetzt, alles im Zeichen des «Sozialismus chinesischer Prägung». Seine Botschaften zieren die ersten Seiten der Zeitungen, seine Reden beherrschen die Abendnachrichten. Ein PR-Team von ranghohen Parteikadern wurde durch das ganze Land geschickt, um seine Konzepte für Chinas Entwicklung vorzustellen. Und nach der jüngsten Neuwahl des Politbüros prangte ein großes Foto von ihm beherrschend auf der Titelseite der *Volkszeitung*, wohingegen früher regelmäßig alle sieben Mitglieder in gleicher Größe abgelichtet waren.

Konzentrierte Führung: Politbüro und absolute Macht

Eine Zeit lang wurde gerätselt, warum Wang Qishan, Xis engster Berater für Finanz-und Wirtschaftsfragen und als Chef der Zentralen Disziplinarkommission während der letzten Jahre oberster Korruptionsjäger, nicht wieder in den Ständigen Ausschuss des Politbüros aufgenommen wurde. Altershalber, hieß es, denn er hatte mit neunundsechzig das inoffizielle Pensionsalter von achtundsechzig Jahren erreicht. Er war zudem nicht unumstritten. Als Anti-Korruptions-Zar und Herr über die geheimen Kerker der Partei hat Wang viele eigenwillig Denkende eingeschüchtert, eingesperrt oder abgesetzt. was ihm nicht nur Freunde machte. Auch hatte der abtrünnige Milliardär Guo Wengui aus dem amerikanischen Asyl schwerste Vorwürfe gegen ihn erhoben: Er besitze in den USA Liegenschaften im Wert von 2 Milliarden Dollar und sei selbst durch und durch korrupt. Viele zweifelten an seiner Wiederkehr. Doch fünf Monate später holte Xi Jinping seinen Jugendfreund ins Zentrum der Macht zurück – als Vizepräsidenten. Der exzellente Amerika-Kenner soll sich wohl vor allem um die angespannten Beziehungen zu den Vereinigten Staaten und um Xis ehrgeizige außenpolitische Pläne kümmern.

Weiterhin wird Wang Qishan auch die führende Rolle der Kommunistischen Partei zementieren wollen. Er hatte seine Karriere einst zwar als Protegé des reformorientierten Helmut-Schmidt-Freundes Zhu Rongji begonnen, der als Ministerpräsident in den späten 1990ern das Wirtschaftsleben dem direkten Einfluss der Politik zu entziehen suchte, war aber in Xis ersten fünf Jahren maßgeblich daran beteiligt, die Partei-Herrschaft über die Regierung, das Militär, die Wirtschaft, die Medien und die Gesellschaft wiederherzustellen.

Neben Wang Qishan berief Xi einen weiteren Vertrauten in sein Führungsteam: den sechsundsechzigjährigen Wirtschaftsberater Liu He, den er zum Vize-Ministerpräsidenten erhob. Liu – Harvard-Absolvent und Politbüromitglied – übernahm die Kommission für Finanzstabilität und Entwicklung. Er soll das Risiko einer Schuldenkrise meistern und die Handelsgespräche mit den USA führen. Gleichzeitig wurde Yi Gang, ebenfalls in Amerika ausgebildet, zum Chef der Zentralbank berufen.

Eine der interessantesten Figuren unter den neuen Politbüro-Mitgliedern ist ein anderer Wang: der zweiundsechzigjährige Wang Huning, den viele für das «Hirn hinter dem Thron» halten, einen Denker, der in seinen Schriften den Weg Chinas in die Zukunft schon für die Präsidenten Jiang Zemin und Hu Jintao vorgezeichnet hat, der nun aber unter Xi Jinping zum Chefideologen avancierte. Wang Huning ist ein intellektueller Mandarin, der Amerika gut kennt, Sokrates, Augustin, Machiavelli und Hegel studiert hat und sich besonders mit den Begriffen Souveränität und Gewaltenteilung beschäftigt. Gelegentlich wird er schon «der Kissinger Chinas» genannt, doch ist er wohl eher ein chinesischer Tocqueville.

In den späten 1980er-Jahren gewann er, damals noch ein vielversprechender Jurastudent an der Schanghaier Fudan-Universität, ein Sechs-Monats-Stipendium für Amerika. Aus seinen Tagebüchern und Notizen stellte er 1991 das Buch *Amerika gegen Amerika* zusammen, das in der Tat an Alexis de Tocquevilles *Über die Demokratie in Amerika* erinnert. Darin kontrastierte er das wahre Amerika, wie er es erlebte, mit dem Idealbild, das die Amerikaner von sich selbst haben. Er schilderte die Gegensätze von Reichtum und Armut, genuiner Demokratie und dem Einfluss kapitalistischer Interessen und beleuchtete die Kommerzialisierung des Lebens, die sexuelle Emanzipation, die Arbeitsethik wie die Heldenverehrung, Lobbyismus, Drogensucht und Gangstertum sowie die Lage der Schwarzen und der indianischen Ureinwohner. Daneben kommentierte er Alan Blooms kurz zuvor erschienenes *The Closing of the American Mind*, worin der Chicagoer Philosoph argumentierte, die moderne Bildungspolitik habe die Demokratie unterminiert, weil sie ganzen Generationen nur ein relativistisches Wertesystem beigebracht und die Seele der Studenten verarmt habe. Bei seiner Rückkehr trieb Wang die Frage um, weshalb China mit seiner über zweitausend Jahre alten Zivilisation in den Schatten des Niedergangs geriet, während die zweihundert Jahre alten Vereinigten Staaten zur dominierenden Weltmacht aufstiegen. Jeder Intellektuelle müsse dieses Doppelphänomen studieren, verlangte er: «Das ist die Methode, um den Weg Chinas zu Macht und Wohlstand zu erforschen.»

Aus seiner amerikanischen Erfahrung zog Wang konkrete Schlussfolgerungen, die sich zu einem neo-autoritären Politikverständnis summieren: dem chinesischen System nicht die Demokratie westlichen Stils aufpfropfen; mit der Demokratisierung chinesischer Prägung nie dem Entwicklungsstand des Landes vorauseilen; keine Reformen auf Kosten der Stabilität; Reformen nur durch eine einheitliche zentrale Führung und nur durch Meinungsbildung innerhalb der Partei, nicht auf Druck von außen. Ein weiteres Buch Wangs befasste sich mit dem Thema *Anti-Korruption: Chinas Experiment* und mit Erziehung zur Moral. Früh erkannte er auch die Herausforderungen des Umweltschutzes und des Klimawandels. In Xi Jinpings Streben, die Kontrolle durch die Partei über alle Lebensbereiche zu verstärken, finden sich viele dieser Ideen wieder.

Von den sieben 2017 neu ins Politbüro Gewählten war keiner jung genug, um 2023 nach fünf weiteren Jahren Xi Jinpings Nachfolge anzutreten. Daher wurde schon früh spekuliert, dass Xi darauf aus sei, die nach Maos Tod 1982 von Deng Xiaoping eingeführte Begrenzung der Amtszeit des Präsidenten auf zwei aufeinanderfolgende Fünfjahresperioden aufzuheben. Nie wieder sollte nach Dengs Willen eine einzelne Person so viel Macht in Händen halten und derart uneingeschränkt regieren können wie der «Große Steuermann». Im März 2018 hat der Volkskongress diese Bestimmung aus der Verfassung gestrichen. Damit wurde der letzte Rest der kollektiven Führung beseitigt. Xis Regierungszeit ist nun unbegrenzt. Er kann regieren oder besser: herrschen auf Lebenszeit.

Dass dieser Maßnahme wirklich säkulare Bedeutung zukommt, mag man indes füglich bezweifeln. Das Amt des Staatspräsidenten, wiewohl protokollarisch herausgehoben, hat weit weniger Gewicht als die beiden Posten, die Xi außerdem noch innehat: die des Generalsekretärs der Kommunistischen Partei und des Vorsitzenden der Militärkommission. Beide kennen keine Befristung. Ganz unplausibel ist die Erklärung Xi Jinpings daher nicht, es handle sich alles um ein Missverständnis, er sei «persönlich gegen» lebenslange Herrschaft, man habe nur die Dauer der drei Amtszeiten angleichen wollen. Zusätzliche Macht bringt ihm die Fristaufhebung nicht; er hat sie schon zur Gänze in der Hand.

Westliche China-Beobachter bekommen in Peking von hochrangigen Gesprächspartnern oft zu hören, Xi Jinping habe 2012 eine schwere politische Krise abgewendet, indem er die Partei, das Land und das Militär vor einem drastischen Legitimationsverlust durch die alles verseuchende Korruption gerettet habe. Der angesehene Schanghaier Finanzier Eric C. Li, der Chinas totalitäres System gutheißt, argumentiert denn auch, die Konzentration aller Macht in einer Person schaffe eine effizientere und kohärentere Regierungsstruktur. Sie widerlege den Eindruck, dass Regierung und Partei nicht eins seien, was in diesem Stadium der Entwicklung des Landes unwahr, unnötig und kontraproduktiv sei. Überdies mache sie der Welt klar, wer die Entscheidungen trifft und wer das Sagen hat. Xi habe sich keineswegs über die Partei gesetzt, sondern habe deren Rolle zementiert, die heute pluralistischer sei als je zuvor und konstitutiv für Chinas politische DNA. Ohnehin gebe es mittlerweile Informationskanäle in Hülle und Fülle, was es der Führung ermögliche, wirksam auf die Bedürfnisse der Gesellschaft zu reagieren.

Wie auch immer – von weit größerer Tragweite als die Amtszeitverlängerung ist sicherlich die gleichzeitig beschlossene Verankerung des «Xi-Jinping-Denkens für das neue Zeitalter des Sozialismus chinesischer Prägung» in der Verfassung. Kritik daran ist fortan nicht nur Majestätsbeleidigung, sondern verfassungsfeindlich. Damit ist Xis Macht absolut geworden. Gegen ihn und ohne ihn geht nichts mehr im Reich der Mitte.

«Konzentrierte und einheitliche Führung der Partei», ist die Losung, und Xi Jinping ist die Partei. Es ist zu erwarten, dass er die Wirtschaftspolitik ganz an sich zieht, um die Probleme der Überschuldung, der Umweltzerstörung und der Bestechlichkeit mit eiserner Hand anzugehen und auch sein Seidenstraßenprojekt gegen Kritik abzusichern. Seine selbstbewusste Außenpolitik wird er unbeirrt verfolgen. In Hongkong und auf Taiwan wächst die Befürchtung, dass er die von ihm gern apostrophierten «Gezeiten der Geschichte» beschleunigen könnte, um «im größeren Interesse der Nation» die Selbstständigkeit Taiwans zu beenden und der demokratischen Bewegung in der halb autonomen Sonderverwaltungszone Hongkong am Perlfluss den Garaus zu machen. Der eindeutige Artikel 5 des Hongkonger Grundgesetzes von 1990 wird von den Machthabern in Peking schon jetzt immer weniger beachtet: «The socialist system and policies shall not be practised in the Hongkong Special Administrative Region, and the previous system and way of life shall remain unchanged for 50 years.»

Gewiss, dass «alle Chinesen» hinter dem neuen Machtzuschnitt stünden, wie es die *Global Times* behauptet, ist eine durchsichtige Propagandalüge. Dagegen spricht schon das Online-Gewitter, wenn man nicht sogar von Shitstorm sprechen darf, das auf Weibo losbrach, dem chinesischen Twitter, wo Kritiker die Aufhebung der Amtszeitbefristung auf zweimal fünf Jahre mit Häme, Besorgnis und Entsetzen kommentierten – Ausdruck der Befürchtung, dass sich da ein Rückfall in die Willkürherrschaft Mao Zedongs anbahne, und der Sorge, dass künftige Machtwechsel wieder weniger geordnet ablaufen könnten als nach Dengs alter Regelung. Die Zensur sah sich gezwungen, Begriffe wie «Nicht einverstanden», «Thronbesteigung», «Mein Kaiser», «Animal Farm» (George Orwell!) oder «Auswandern» zu sperren. Die städtischen Facheliten – Intellektuelle, Anwälte, Journalisten, Geschäftsleute, oft genug selbst Kommunisten, machten ihrem Unmut Luft. Daraufhin erklärte die Partei die Verfassungsänderung als einhelligen Wunsch der Massen. Der Volkskongress ließ sich dies nicht zweimal sagen: 2958 Delegierte stimmten für die Verlängerung, drei enthielten sich, eine Stimme war ungültig. Eine sprach sich auch in Washington dafür aus. «Es ist großartig», sagte Donald Trump. «Maybe we'll give that a shot some day», ließ sich der Oberdemokrat im Weißen Haus aus – vielleicht sollten wir das auch mal probieren. Man hätte es gern für einen Witz gehalten.

Indessen sahen nicht wenige – darunter eine Reihe ausländischer Fachleute – die Aufhebung der Amtszeitbegrenzung auch positiv. Sie gebe Xi die Möglichkeit, die Gegner der Reformen beiseitezuschieben – die großen Provinzherrscher, Staatskonzerne und Staatsbanken. Er hat einen eindrucksvollen Kreis von Wirtschaftssachverständigen um sich versammelt: den Vizepräsidenten Wang Qishan, Vizepremier Liu He, den Notenbank-Gouverneur Yi Gang und die Chefs der Banken- und Versicherungsaufsicht. Sie setzten unverzüglich Hunderte von Reformmaßnahmen ins Werk, um die Wirtschaft wieder ins Gleichgewicht zu bringen und das Wachstum zu stabilisieren. Sie wissen, was nottut: unproduktive Investitionen verhindern oder vermindern, Beschäftigung sichern, die Ungleichheit im Lande überwinden, Digitalisierung und Robotisierung vorantreiben. Für die Verwirklichung der großen Reformvorhaben brauche Xi jedoch mehr als fünf Jahre, argumentieren seine Befürworter; hätte er es bei der zeitlichen Begrenzung belassen, so wäre bald schon die Kungelei um seine Nachfolge losgegangen und der Reformprozess ins Stocken geraten.

Auch viele Arbeiter und Bauern begrüßten die Amtszeitverlängerung als Garantie für Kontinuität und Konsequenz. «Wir haben einen guten Kaiser. Wir wollen ihn so lange wie möglich behalten», ist ihre Meinung. Er hat sich, anders als seine Vorgänger, um sie gekümmert. Sie verdanken ihm viel. Und Xis Botschaften kommen bei ihnen an. Sein Kampf gegen die Korruption, der neue Patriotismus, Chinas Bedeutungszuwachs auf der Weltbühne («Wir sind wieder wer!») und der weiter steigende Wohlstand sichern ihm große Popularität; nach inoffiziellen Umfragen genießt er um die 80 Prozent Zustimmung. Für die meisten ist er eine Vaterfigur, die sich wacker abmüht, China seinen Platz an der Sonne zu verschaffen. Den chinesischen Traum träumt er nicht allein.

Doch grummelte es weiter in der Kommunistischen Partei. In der westlichen Presse mehrten sich die Berichte über Unzufriedenheit und Unmut vieler Parteimitglieder. Sie erregten sich über die Machtkonzentration in den Händen Xi Jinpings und den Personenkult um ihn, über sein großmächtiges Auftreten auf der Weltbühne, die Eskalation des Handelskriegs mit den USA und die hohen Ausgaben für die Seidenstraßen-Länder. Gebündelt fanden sich all diese Beanstandungen dann im Juli 2018 in einem kritischen Essay von Xu Zhangrun, einem Verfassungsrechtler der angesehenen Pekinger Tsinghua-Universität. Aus Japan, wo er zeitweise als Gastprofessor wirkte, schickte er seinen Aufsatz «Derzeitige Befürchtungen und unsere Hoffnungen» in die Heimat. Ohne den Staatspräsidenten beim Namen zu nennen, teilte er darin mächtig gegen die Politik des «Supremo» aus.

«Alle Bürger einschließlich der bürokratischen Klasse sind zutiefst verunsichert über die derzeitige Richtung des Landes», eröffnete Xu seine Kritik. Dann formulierte er vier Grundprinzipien: Sicherheit und Stabilität, Respekt vor Eigentumsrechten, Duldung persönlicher Freiheit und Amtszeitbegrenzung für politische Posteninhaber. Sie würden sämtlich verletzt. Die Methode, Stabilität zu erhalten, habe ganze Regionen unter Quasi-Kriegsrecht gestellt, zumal Tibet und Xinjiang. Unsicherheit verbreite sich, weil die Privatwirtschaft von der «Kaderokratie» wieder zurückgedrängt werde. Die Intelligenz werde aufs Neue unterdrückt. Die Furcht gehe um, «dass China auf einen

Schlag wieder in die schreckensvollen Tage [der Einmannherrschaft] Maos zurückfallen wird.» Im Einzelnen führte Xu acht Ängste auf: die Angst ums Eigentum, bedroht von Inflation und Abwertung; Befürchtungen wegen der Wiederkehr des Primats der Parteipolitik und der widerlichen Praxis ewiger Selbstkritik; Besorgnis auch wegen der Ausuferung des Handelsstreits mit Amerika, die der kleine Mann in seiner Tasche spüren werde, und wegen der maßlosen Auslandshilfe auf Kosten der Lösung vieler einheimischer Probleme; Ängste zudem aufgrund der Unterdrückung des freien Denkens, die China «kulturell zu einem toten Wasser intellektueller Zwerge» mache; nicht zuletzt die Furcht vor einem neuen Wettrüsten und vor der Möglichkeit, dass aus dem Handelskrieg mit den Vereinigten Staaten ein regelrechter Krieg wird, und schließlich die Angst vor einem Ende der Reform- und Öffnungspolitik.

Danach formulierte Xu Zhangrun acht «Hoffnungen», die in Wahrheit acht Forderungen sind: Hört auf mit den großen Gesten und der internationalen Freigiebigkeit! Macht Schluss mit der diplomatischen Großkotzigkeit und den teuren internationalen Konferenzen, einer «Politik der Eitelkeit», die nur Geld verschlingt! Wobei ihn besonders wurmt, dass der «fettärschige Nachbar» Kim Jong-un den teursten Maotai-Schnaps serviert bekam, Preis pro Flasche 1,2 Millionen Yuan (151 515 Euro). Streicht die kostspieligen Privilegien für den Partei-Adel! Beendet die «Sonderbedürfnis-Versorgung» der Nomenklatura, Max Webers «vornehme Staatspfründenschicht»! Verlangt von Beamten und Funktionären eine Vermögensaufstellung! Setzt unverzüglich dem neuen Personenkult ein Ende – der weltweiten Verteilung von Xi Jinpings Werken und der sklavenhaften Tätigkeit von Legionen von «Theoretikern» und «Forschern», die ihm «die Karfunkel lecken und die Flüssigkeit aus den Geschwüren saugen»! Führt wieder die Amtszeitbegrenzung ein! Und rehabilitiert die Demonstranten, die am 4. Juni 1989 auf dem Tienanmen-Platz niedergeknüppelt wurden!

«Ich setze hier mein Leben ein, um schlicht das zu sagen, was jeder weiß und denkt», beendet Xu sein Manifest. «Wir werden sehen, was uns das Schicksal beschert.» Xu fordere das politische Herz der Kommunistischen Partei aus dem intellektuellen und kulturellen Herzen Chinas heraus, sagt sein Übersetzer, der australische Sinologe Geremie Bramé. Was aus Xu Zhangrun wird, bleibt abzuwarten. Auch der Rest der Welt wird abwarten müssen, wie sich die Dinge weiterentwickeln. Nichts spricht gegenwärtig dafür, dass aus all der Kritik an Xi Jinping ein Überdruss wird, der ihm gefährlich werden könnte. Die Frage ist, ob er sich in seiner Innenpolitik klugerweise ein Stück zurücknimmt oder ob er die Schrauben nun noch fester anzieht. In seiner Außenpolitik aber muss sich zeigen, ob er seine geopolitischen Zielvorstellungen noch auftrumpfender vertritt und in seiner Rücksichtslosigkeit gegenüber den Interessen anderer noch brutaler wird. Oder entdeckt er, dass die von ihm ständig angepriesene *win-win*-Philosophie auch Kompromissbereitschaft erfordert, nicht nur Willfährigkeit der Partner? Könnte seine neue Machtfülle vielleicht sogar dazu führen, dass endlich Schluss ist mit Chinas Politik der ewig angekündigten und versprochenen, aber auch ewig nicht verwirklichten Weiterführung von Reform, Öffnung und Liberalisierung? Laut Weltbank steht China bei der *ease of making business* unter 183 Ländern noch immer lediglich an 78. Stelle. Wird er dies ändern oder belässt er es bei leeren Versprechungen?

Wie gesagt: Warten wir's ab. Wobei vielleicht auch einmal vermerkt werden muss, dass die Chinesen nicht von Liberalisierung sprechen: Schamhaft wird der Begriff mit «Befreiung des Denkens» umschrieben.

Xis großer Plan

Auf dem 19. Parteitag der Kommunistischen Partei Chinas hat Xi im Oktober 2017 sein Konzept ausführlich und detailliert dargestellt. Er sprach volle drei Stunden und dreiundzwanzig Minuten ohne Pause, die deutsche Fassung seiner Rede, verbreitet von der Berliner Botschaft, ist siebenundsiebzig Schreibmaschinenseiten lang. Gestelzt ist der Stil, voller Wiederholungen; nichts wird nur einmal gesagt. Es gibt sechs verschiedene, unzusammenhängende Abschnitte über die Partei, an gleich mehreren Stellen Aussagen über die Armee; im Exzess die Redewendung «sozialistischer Prägung», auf manchen Seiten neunmal. Die Zahlenkabbalistik muss auch vielen Parteitagsdelegierten rätselhaft gewesen sein: die Drei großen Berge (Imperialismus, Feudalismus, bürokratischer Kapitalismus); die Vier Formen der Umsetzung der Kontrolle und der Disziplin, die Vier umfassenden Handlungen (Aufbau einer Gesellschaft mit bescheidenem Wohlstand, Vertiefung der Reform, Vorantreiben der gesetzesgemäßen Staatsverwaltung, strenge Führung der Partei); das Vierfache Bewusstsein (politisches Bewusstsein, dazu Bewusstsein für die Gesamtlage, den Führungskern und für die richtige Ausrichtung) und die Vier Formen der Dekadenz, deren man sich erwehren muss; die Fünf Dimensionen der nationalen Kultur; die Acht Bestimmungen des Zentralkomitees für die Verbesserung des Arbeitsstils. Dauernd werden Banner hochgehalten; müssen «geistige Früchte» gefestigt, erweitert und umgesetzt sowie ungesunde Tendenzen korrigiert werden; ständig wird vorangetrieben, mobilisiert, kanalisiert, zusammengeschlossen oder intensiviert.

Gleich im ersten Absatz umreißt Xi die Mission der chinesischen Kommunisten: «Das große Banner des Sozialismus chinesischer Prägung hochhalten, den entscheidenden Sieg der umfassenden Vollendung des Aufbaus einer Gesellschaft mit bescheidenem Wohlstand erringen, um große Siege des Sozialismus chinesischer Prägung im neuen Zeitalter kämpfen und ununterbrochen nach Verwirklichung des Chinesischen Traums des großartigen Wiederauflebens der chinesischen Nation streben.» Das Ziel ist es, im Zeitraum 2020 bis 2035 die sozialistische Modernisierung im Wesentlichen zu vollenden und dann China bis zum hundertsten Gründungstag der Volksrepublik zu einem Land zu machen, das «reich, stark, demokratisch, kultiviert, harmonisch und schön» ist.

Die Führung verspricht vieles. Der wirtschaftliche Aufbau steht für sie laut Xi im Mittelpunkt. Es soll bei der Öffnung zur Welt bleiben: «Öffnung bringt Fortschritte». Ausländischen Investoren winkt die Regierung mit einer Erleichterung des Marktzugangs und verspricht ihnen «Inländerbehandlung», wörtlich: «Alle in China registrierten Unternehmen sind ohne Diskriminierung gleich zu behandeln.» Dienstleistungen, Industrie und Bergbau sollen für Auslandsinvestoren noch weiter geöffnet werden. (In der Tat wurde unmittelbar nach dem Parteitag die bisherige Anteilsschwelle für ausländische Beteiligungen an chinesischen Banken, Vermögensverwaltern und Versicherern auf 51 Prozent gesenkt; in drei beziehungsweise fünf Jahren sollen diese Grenzen ganz fallen.) «Wir werden daran arbeiten», versprach Xi, «China wieder zum attraktivsten Ziel für ausländische Investitionen zu machen.» Was die eigenen Investitionen im Ausland anbetrifft, so soll deren Art und Weise «erneuert» werden. Die staatlichen Konzerne – die «gemeineigene Wirtschaft» im Parteijargon – werden weiter konsolidiert, das heißt: zu mächtigen Großkonzernen zusammengeschmiedet, die «nicht-gemeineigene» Privatwirtschaft wird «unbeirrt» gefördert. Dabei sollen eine Reihe von weltweit bedeutenden «Clustern» der Fertigungsindustrie gebildet, Überkapazitäten abgebaut und die Netzwerke der Infrastruktur verstärkt werden. Es bleibt abzuwarten, was und wann etwas aus diesen Ankündigungen wird.

Dem eigenen Volk verspricht Xi viele soziale Wohltaten, etwa die Erhöhung des durchschnittlichen Pro-Kopf-Einkommens auf 12 000 Dollar und eine harmonische Gestaltung der Arbeitsverhältnisse; die Verlängerung der Pachtfrist für bäuerlichen Boden sowie ein Sozialabsicherungssystem, das alle abdeckt: Rentenversicherung, Krankenversicherung, Invalidenversicherung; Planung eines einheitlichen Sozialhilfesystems für Stadt und Land; Fürsorge für Behinderte und Senioren; bessere medizinische Betreuung. «Neue soziale Netze flechten», heißt dies. Die Partei holt da nach, was Bismarck vor 140 Jahren in Deutschland eingeführt hat.

Vor allem jedoch soll China grün werden: «Es gilt, eine Produktions- und Lebensweise herauszubilden, die auf Ressourceneinsparungen und Umweltschutz setzt, sowie eine ruhige, harmonische und schöne Natur wiederherzustellen.» Dies ist ein ziemlich neuer Akzent. Die Obrigkeit kündigt an, jede Zerstörung der Umwelt und der Ökosysteme entschieden einzudämmen und zu bestrafen. China, der größte Emittent von Treibhausgasen in der ganzen Welt, schickt sich an, die Schadstoffemissionen drastisch zu begrenzen. Die Führung will eine Modernisierung, in der Mensch und Natur wieder in harmonischem Miteinander leben – eine «ökologische Zivilisation». «Die Ökosysteme von Bergen, Gewässern, Wäldern, Äckern, Seen und Grasland müssen nach einem einheitlichen Plan saniert werden», forderte Xi Jinping. Fast poetisch beschwor er das Ziel eines sauberen China: «Die ganze Partei muss sich den Gedanken fest zu eigen machen, dass klare Flüsse und grüne Berge im Grunde so wertvoll sind wie Berge aus Gold und Silber.»

Es ist ein ehrgeiziges, fast visionäres Programm, das Xi Jinping seinen Landsleuten vor Augen hält. Er verspricht ihnen, dass niemand auf dem Marsch zum Wohlstand für alle zurückgelassen wird. Damit macht er sich allerdings zum Gefangenen ihrer Erwartungen. So hat China Millionäre und Milliardäre en masse hervorgebracht und eine riesige städtische Mittelklasse gebildet. Die Zahl der Haushalte mit einem Einkommen von 20 000 Dollar wird von 82 Millionen im Jahr 2015 bis auf 137 Millionen im Jahr 2020 steigen; Chinesen erwerben inzwischen 32 Prozent aller auf der Welt verkauften Luxusgüter. Freilich gibt es auf dem Land immer noch unzählige Arme, die Xi nicht enttäuschen darf. Professor Kerry Brown vom Londoner King's College hat recht: «Sein Problem sind nicht die Befürchtungen des Volkes, sondern die Hoffnungen des Volkes.»

Chinas Rolle beim Umweltschutz schätzt Xi Jinping hoch ein. «Wir müssen uns aktiv an der globalen Umweltsanierung beteiligen und unsere Verpflichtungen zur Emissionsreduzierung einhalten», sagt er. Doch will er höher hinaus: «Unser Land führt die internationale Zusammenarbeit zur Bewältigung des Klimawandels, fungiert als wichtiger Teilnehmer am Aufbau der globalen ökologischen Zivilisation, leistet zugleich große Beiträge dazu und leitet ihn an.» Angela Merkel mag dies so nicht unterschreiben, aber in puncto Klimaschutz sind Deutschland und China Bundesgenossen.

«Die chinesische Nation erhebt sich mit neuem Selbstbewusstsein im Osten der Weltkugel», stellte Xi Jinping auf dem 19. Parteitag fest. Der Chinesische Traum von künftiger Größe – Pekings Botschaft in Berlin schreibt in diesem Zusammenhang «Chinesisch» immer mit großem C – hat auch einen außenpolitischen Inhalt. Er ist keine hypnagogische Halluzination, sondern ein weltpolitisches Programm. Dabei geht es Xi nicht nur um einen Platz an der Sonne, auch nicht allein darum, Chinas Stimme Gehör zu verschaffen und mehr chinesische Elemente in die internationalen Regelwerke einzubringen. Er denkt inzwischen auch weit über eine asiatische Schicksalsgemeinschaft hinaus, ihm schwebt eine «Schicksalsgemeinschaft der Menschheit» vor, eine neue Weltordnung. Deren Aufbau ist das Ziel «neuartiger internationaler Beziehungen», charakterisiert durch «Harmonie in der Vielfalt», was nichts anderes heißt als die Anerkennung von Pekings politischen Positionen. Von Deng Xiaopings Mahnung, nicht auffällig zu werden und sich nicht vorzudrängeln – *tao guang yang hui* –, ist nichts mehr übrig geblieben.

Die Volksrepublik ist heute die einzige Großmacht, die ein weltpolitisches *grand design* hat und dies mit einer *grand strategy* unerbittlich zu verwirklichen sucht. Anknüpfend an die alten Seidenstraßen, die das Reich der Mitte schon zu Zeiten der Römer mit Europa verbanden, reklamiert Xi Jinping eine Einflusszone für China, in der es nicht nur um Seide und Gewürze geht, auch nicht nur um bloße Mitsprache, sondern um dominierende Gestaltungsmacht. Vom *rule taker* soll China zum *rule maker* werden. Wie Russland, will das Reich der Mitte von Pufferstaaten umgeben sein, aber anders als Russland hat es ihnen etwa zu bieten: Infrastruktur, Digitalität und Mobilität. Mit Geld, Schmeichelei, Verlockung, Bestechung und notfalls auch Einschüchterung oder Nötigung ist Xi dabei, der Volksrepublik durch das Angebot scheinbar selbstloser Kooperation einen Raum der Untertänigkeit zu verschaffen, der weit über den Ring der kaiserlichen Tributstaaten von einst hinausreicht.

10

Die neuen Seidenstraßen

«Es sind die Mutigen, die Geschichte machen», ist das Motto des chinesischen Staatspräsidenten Xi Jinping. Vor der Nasarbajew-Universität in Kasachstan enthüllte er im September 2013 sein ehrgeiziges Projekt; *yidai yilu* auf Chinesisch, *«One Belt, One Road»* (OBOR) auf Englisch. Es ging Xi um die Wiederbelebung der alten Seidenstraße und die Entwicklung der eurasischen Region zu einer Wirtschaftsgemeinschaft. Vermehrte Zusammenarbeit, Ausbau des Verkehrsnetzes, Förderung von Handel und Investitionen, Erleichterung des Währungsumtauschs und der menschlichen Begegnungen sollen eine «Straße des Friedens und des Aufschwungs» schaffen, war seine Botschaft. Wenige Wochen später, in einer Ansprache an das indonesische Parlament, erweiterte er dieses Konzept um den Vorschlag, eine «maritime Seidenstraße des einundzwanzigsten Jahrhunderts» von Chinas Küsten bis zum Mittelmeer und nach Ostafrika zu schaffen.

Ein geopolitisches Grand Design

Xi Jinpings Jahrhundertprojekt – inzwischen umgetauft in *Belt and Road Initiative*, abgekürzt BRI – knüpft zum einen an die alte Seidenstraße an, die Marco Polo berühmt machte, zum anderen an die sieben Expeditionen, die den chinesischen Admiral Zheng He und seine Armada Anfang des fünfzehnten Jahrhunderts bis an den Persischen Golf und nach Ostafrika brachten. Die beiden neuen Seidenstraßen will er zu Hauptverkehrsadern zwischen Ostasien und Europa samt

Afrika machen. Beim Ausbau der Verkehrswege will Xi es jedoch nicht belassen. Ihm schwebt die Verwandlung der Seidenstraßen-Routen in florierende Wirtschaftskorridore vor.

Die Grundidee wird mit dem Schlagwort *connectivity* beschrieben: Verbindung, Verbundenheit, Anschlussfähigkeit, Vernetzung, inzwischen als «Konnektivität» auch ins Deutsche eingebürgert. Auf dem Pekinger BRI-Gipfel hat Xi Jinping sein Konzept im Mai 2017 folgendermaßen beschrieben: «Infrastruktur-Konnektivität ist das Fundament der Entwicklung durch Zusammenarbeit. Wir sollten die Konnektivität zu Lande, zur See, in der Luft und im Cyberraum fördern, dabei unsere Anstrengungen auf entscheidende Verbindungsstrecken, Städte, Projekte konzentrieren und Straßen-, Bahn- und Hafen-Netzwerke verbinden. Das Ziel, das wir uns für die Straßen- und Gürtel-Initiative gesetzt haben, ist der Bau von sechs größeren Wirtschaftskorridoren, und wir sollten alles daran setzen, es zu erreichen. Wir müssen die Chance ergreifen, die uns die Veränderungen im Energiemix und die Revolution in der Energie-Technologie bieten, um einen weltweiten Energieverbund zu schaffen und eine grüne, kohlenstoffarme Entwicklung anzustoßen. Wir sollten das transnationale Logistik-Netzwerk verbessern und einen Zusammenklang der politischen Leitlinien, Regeln und Standards anbahnen.»

Für seine Grundidee hätte sich Xi Jinping ruhig auf Marx und Engels berufen können. Was sie in ihrem *Kommunistischen Manifest* 1848 über den Ausdehnungsdrang der Bourgeoisie des neunzehnten Jahrhunderts schrieben, trifft in vollem Maße auf das heutige China zu: «Das Bedürfnis nach einem stets ausgedehnteren Absatz für ihre Produkte jagt die Bourgeoisie über die ganze Erdkugel. Überall muss sie sich einnisten, überall anbauen, überall Verbindungen herstellen.» Nichts anderes tut das Pekinger Regime, nur dass es «Konnektivität» sagt, wo die roten Kirchenväter von «Verbindungen» sprachen. Es geht um Fühlungnahme, Kontaktherstellung, Vernetzung und Zusammenarbeit entlang zweier Hauptkorridore – einem nördlichen, der von dem pulsierenden Wirtschaftszentrum Ostasiens über Zentralasien zum Wirtschaftszentrum Westeuropas führt; und einem südlichen, der über Südostasien und den Indischen Ozean zum Mittelmeer und nach Afrika reicht. Schwerpunkte sind dabei gemeinsame Entwicklungsstrategien, der Bau von Brücken, Straßen, Schnellzugverbindungen, Kraftwerken, Staudämmen und Glasfasernetzen, die Schaffung eines großen Freihandelsraums, Völkerverständigung und Konvertibilität der Währungen (was, so darf man wohl vermuten, den Renminbi zum bevorzugten Zahlungsmittel erheben soll). In einem Netz bilateraler Beziehungen mit jedem einzelnen der beteiligten Länder will China Katalysator, Bindeglied und Gestaltungsmacht des eurasischen Großraums sein.

Es ist eine Ironie der Geschichte, dass die Idee, das Seidenstraßen-Projekt zur Leitlinie einer *grand strategy* zu machen, eigentlich amerikanischen Ursprungs ist. Inspiriert von einem Aufsatz, in dem Zbigniew Brzezinski, Jimmy Carters früherer Sicherheitsberater im Weißen Haus, 1997 schrieb, wer Eurasien beherrsche, der übe den entscheidenden Einfluss über zwei der drei wirtschaftlich produktivsten Regionen aus, nämlich Westeuropa und Ostasien, verabschiedete das Repräsentantenhaus im März 1999 eine Gesetzesvorlage, den Silk Road Strategy Act, auch *New Great Game* genannt, zur Gestaltung des postsowjetischen Raumes. Das Gesetz sollte die Administration ermächtigen, den Staaten Zentralasiens und des Südkaukasus wirtschaftliche und humanitäre Hilfe zu leisten. Ziel war die Einwurzelung von Unabhängigkeit und Souveränität, von Demokratie, Menschenrechten und Freihandel in den sogenannten Stan-Ländern. Ferner sollte die für Kommunikation, Energieversorgung, Gesundheitswesen, Handel und Transport nötige Infrastruktur entlang einer Ost-West-Achse aufgebaut werden – «um intensive Beziehungen und Handelsverbindungen zwischen den genannten Ländern und der euro-atlantischen Gemeinschaft zu schaffen» und so die Interessen und wirtschaftlichen Unternehmungen der Amerikaner zu fördern. Sieht man von der ideologischen und der geopolitischen Zielrichtung ab, nimmt sich die Vorlage aus wie ein Ur-Entwurf für Xi Jinpings Konzept. Indes wurde sie vom Senat nie ratifiziert. Wohl griff Hillary Clinton als US-Außenministerin im indischen Chennai den Gedanken einer engeren Zusammenarbeit mit und in Zentralasien einmal auf: «Turkmenisches Gas könnte Pakistans und Indiens wachsende Energienöte überwinden. Tadschikische Baumwolle könnte zu indischem Leinen verarbeitet werden. Möbel und Früchte aus Afghanistan könnten ihren Weg auf die Märkte in Astana oder Mumbai finden.» Doch blieb es bei vagen Worten.

Zbigniew Brzezinski ließ die Idee nie ganz los. Hellsichtig schrieb er 1992 ganz im Sinne des Geopolitikers Mackinder: «Eine Macht, die Eurasien beherrscht, würde entscheidenden Einfluss auf die drei wirtschaftlich produktivsten Regionen der Erde ausüben. Was mit der Machtverteilung auf der eurasischen Landmasse passiert, wird für Amerikas globale Vormachtstellung von entscheidender Bedeutung sein.» In seinem Buch *The Grand Chessboard* spitzte er diese These 1997 weiter zu: «Eurasien ist somit das Schachbrett, in dem sich auch in Zukunft der Kampf um die globale Vorherrschaft abspielen wird.»

In Xi Jinpings Seidenstraßen-Konzept baut der maritime Südstrang auf Mahans Vorstellungen auf, der nördliche Kontinentalstrang auf Mackinders Herzland-Theorem. Die geopolitische Herausforderung an den Westen ist dabei nicht zu übersehen.

Alte und neue Seidenstraßen

Die Bezeichnung Seidenstraße verdanken wir dem deutschen Forschungsreisenden und Geographen Ferdinand von Richthofen, der 1868 bis 1872 mehrere große Reisen durch China unternahm.

Die alte Seidenstraße gibt es etwa seit dem Jahr 100 christlicher Zeitrechnung. Die Han-Chinesen hatten damals nach jahrzehntelangen Feldzügen die aus dem Norden in den Gansu-Korridor eindringenden Barbarenstämme niedergezwungen. Bald danach gelangten wohl die ersten römischen Kaufleute bis China. Die Chinesen hatten ihrerseits schon früh zu Lande und zur See Kontakt mit den Randzonen des Römischen Reiches, regelmäßige Beziehungen und systematisch betriebenen Handel gab es jedoch nicht. Auch war die Seidenstraße nicht viel mehr als ein unmarkierter Pfad durch die Weiten der Wüsten und Gebirge. Römische Karawanen zogen nicht bis China, chinesische nicht bis Europa. Die Handelsware wurde vielmehr von Oase zu Oase, von Markt zu Markt gleichsam im Nahverkehr weitergereicht. Zum größten Teil ging es um einheimische Güter, die an die Nachbarn geliefert wurden. Der eigentliche Fernhandel war wohl die Ausnahme – und ein Geschäft mit Luxusgütern, nicht mit Massen- und Alltagsware wie heute. Sperrige und schwere Artikel konnten kaum transportiert

Neue Seidenstraße: Die Guozigou-Brücke in der Provinz Xinjiang wurde 2011 eröffnet. Sie ist Teil des Lianhuo Expressway, der längsten Autobahn der Welt, die vom Gelben Meer bis nach Kasachstan führt.

werden; die Tragkraft eines Kamels war das Maß der Dinge. Die Chinesen kauften gern Rinder und Pferde aus Fergana, dafür lieferten sie vor allem hochwertige Rohseide. In alten Urkunden ist eine Jahreslieferung von 30 000 Rollen vermerkt. Begehrt waren auch Papier, in China erfunden vor den Zeiten Julius Cäsars, Gewürze und, nicht zu vergessen, Sklaven.

Im Wirtschaftswunder des augusteischen Zeitalters nach der Eroberung Ägyptens durch die Römer war Seide hochbegehrt. Den Konservativen galt sie als modischer, erotisierender Tand. Seneca klagte, Seide könne weder die Kurven noch die Wollust der Frauen verhüllen, während Plinius sich über den hohen Preis erregte. Dreizehnhundert Jahre später wusste auch der Mongolenherrscher Timurlan chinesische Seide, Pfeffer und Porzellan, Rubine und Rhabarber zu schätzen; Karawanen von 800 Kamelen brachten sie nach Samarkand.

Der Handel entlang der Seidenstraße hat sich freilich nur nach und nach entwickelt. Auch wurde er, je weiter die Han-Chinesen nach Westen vordrangen, immer öfter von Aufständen in den neu besetzten Gebieten unterbrochen. Schließlich stellten ihn die Chinesen im vierzehnten Jahrhundert ganz ein, 1371 wurde der letzte europäische Kaufmann ausgewiesen.

Diese Selbstisolierung Chinas war umso überraschender, als das Reich der Mitte zuvor mehrere Jahrhunderte lang recht offen war, zugänglich für Händler, Missionare und westliche Forschungsreisende. Unter Letzteren war Marco Polo (1254–1324) der bedeutendste; Alexander von Humboldt nannte ihn den «größten Landreisenden aller Zeiten». Der Venezianer war schon 1271 als Siebzehnjähriger mit Vater und Onkel nach China gekommen, danach durchstreifte er jahrelang das Land. Seine Reisen führten ihn über Dunhuang und Xian bis Khanbalik, das heutige Peking. Auf dem Seeweg – um es in der neuzeitlichen Terminologie zu sagen: auf der maritimen Seidenstraße – kam er 1295 nach Venedig zurück und geriet 1298 im Krieg mit Genua in Gefangenschaft. Dort diktierte er seinen berühmten Reisebericht über China, durch den die Europäer zum ersten Mal von Papiergeld und Steinkohle, von Asbest und Schießpulver sowie von Nudeln erfuhren.

In dieser Ära der Offenheit strebten die Chinesen hinaus in die Welt. Unter dem dritten Ming-Kaiser Yongle, dem Erbauer des Pekinger Himmelstempels, besaßen sie im fünfzehnten Jahrhundert die gewaltigste und seetüchtigste Flotte der Welt. Mit 317 Schiffen war sie mehr als doppelt so groß wie 180 Jahre später die spanische Armada. Der Admiral Zheng He, ein muslimischer Eunuch mongolischer Herkunft, unternahm zwischen 1405 und 1433 sieben Expeditionen, die ihn über Malakka, Siam (das heutige Thailand), Ceylon (heute Sri Lanka) und Südindien bis Hormuz am Eingang des Persischen Golfs führten. Er kam sogar bis Dschidda und an die ostafrikanische Küste (von wo er Löwen, Leoparden, Strauße und – als größte Kostbarkeit – mehrere Giraffen mit nach Hause brachte). In seiner Flotte waren zweiundsechzig «Schatzschiffe», die 135 Meter lang und 55 Meter breit waren. (Die «Santa Maria» des Christoph Columbus hatte eine Länge von 23,6 Metern, eine Breite von 7,2 Metern und ganze 39 Mann Besatzung; mitsamt ihren kleineren Begleitschiffen «Pinta» und «Nina» hätte sie zweimal in eines der Schatzschiffe gepasst.) An Zheng Hes Unternehmungen waren Pferdetransportschiffe, fünfmastige Kriegsschiffe und Schnellsegler zur Piratenverfolgung beteiligt: jeweils vierzig bis hundert Schiffe und zwischen 20 000 und 30 000 Mann Besatzung. Heute wird sein Bild sehr geschönt, denn er war keineswegs nur ein großer Entdecker und Kulturbotschafter. In Sri Lanka und in Indonesien zwang er den einen oder anderen Herrscher, sich dem chinesischen Kaiser zu unterwerfen. Widerspenstige stürzte er oder brachte sie als Gefangene in die seinerzeitige Hauptstadt Nanjing.

Doch gab es schon früh Kritik an den kostspieligen Entdeckungsfahrten. 1426 wurde der neue Kaiser Hongxi, Yongles Sohn, in einer Denkschrift beschworen, «sich nicht zu kriegerischen Plänen und zu Ruhmgewinn durch Expeditionen herbeizulassen», sondern dem Volk lieber eine Periode der Ruhe zu schenken, «damit es sich dem Ackerbau und den Studien widmen kann». 1436 wurde die Zerstörung der Kriegsflotte eingeleitet. Wäre dies nicht geschehen, so wäre es durchaus denkbar, dass die Chinesen Amerika entdeckt hätten – sechzig Jahre vor Kolumbus.

Mit seiner Seidenstraßen-Initiative knüpft Präsident Xi Jinping sowohl an die maritime Seidenstraße des Admirals Zheng He im Süden an als auch an die Seidenstraße der Antike im Norden. Beide Routen verästeln sich in einer Vielfalt von sechs Korridoren. Die Nordroute beginnt in Xis Heimatstadt Xian, der alten Hauptstadt Chang'an, und führt dann über Xinjiang, Kasachstan, Usbekistan, Iran, Irak, Syrien und die Türkei nach Venedig, die Geburtsstadt Marco Polos; ein Korridor zweigt Richtung Teheran und Moskau ab, andere führen zu den Endstationen Duisburg, Rotterdam und Madrid. Als Ausgangspunkt werden manchmal jedoch auch Chongqing oder die alte Handelsstadt Yiwu genannt. Viele Orte bemühen sich um den Titel oder wollen doch wenigstens als Durchgangsstation anerkannt werden. Die maritime Seidenstraße nimmt ihren Anfang in der Provinz Fujian und führt über Guangzhou (Kanton), Malaysia und Singapur durch die Straße von Malakka, an Sri Lanka vorbei südwärts nach Kenia und nordwärts durch das Rote Meer ins Mittelmeer und hat gleichfalls Venedig als Ziel. In der großzügigsten geographischen Auslegung machen die 60 Anrainerstaaten von «Gürtel und Straße» 63 Prozent der Weltbevölkerung aus, 4,4 Milliarden Menschen, die 40 Prozent des Weltsozialprodukts erwirtschaften.

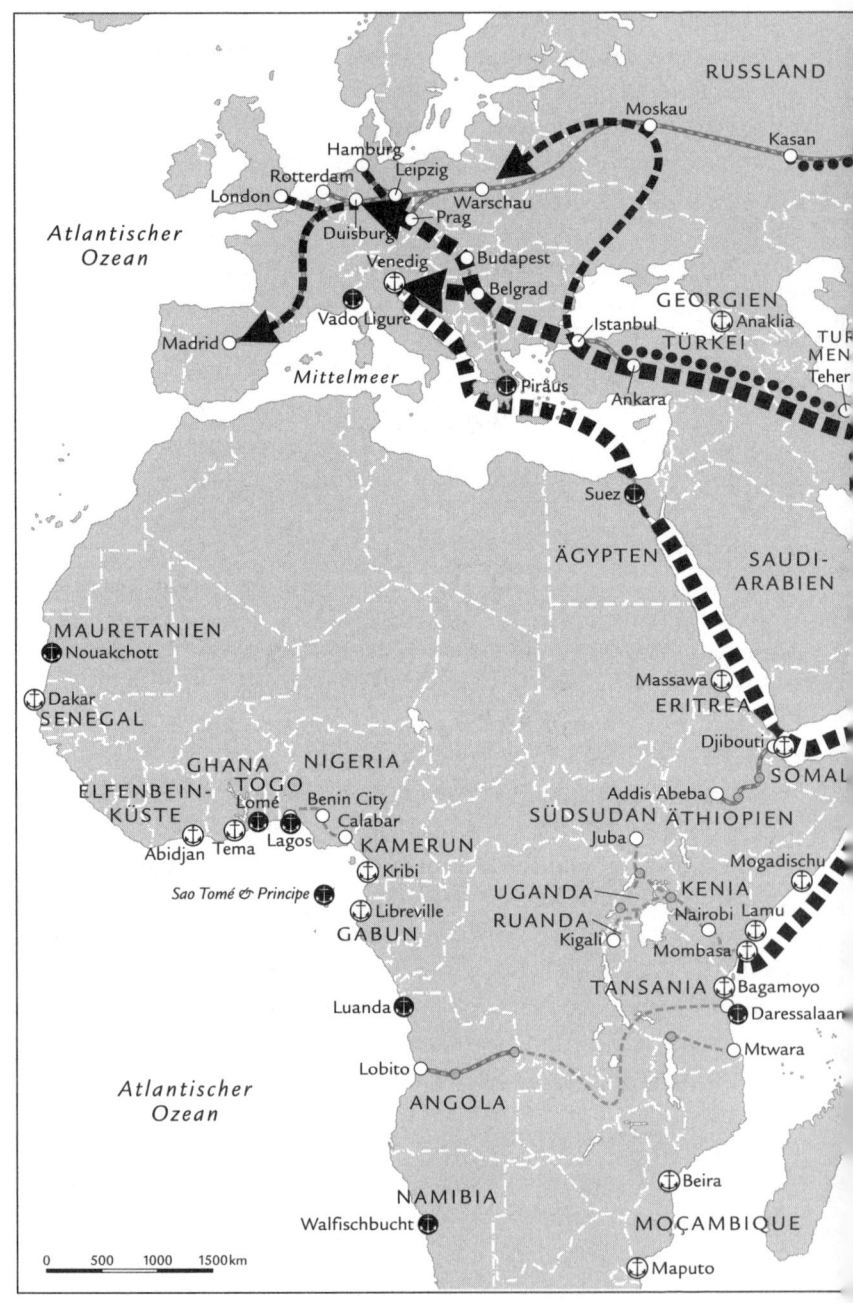

Chinas Seidenstraßenprojekt «One Belt, One Road»

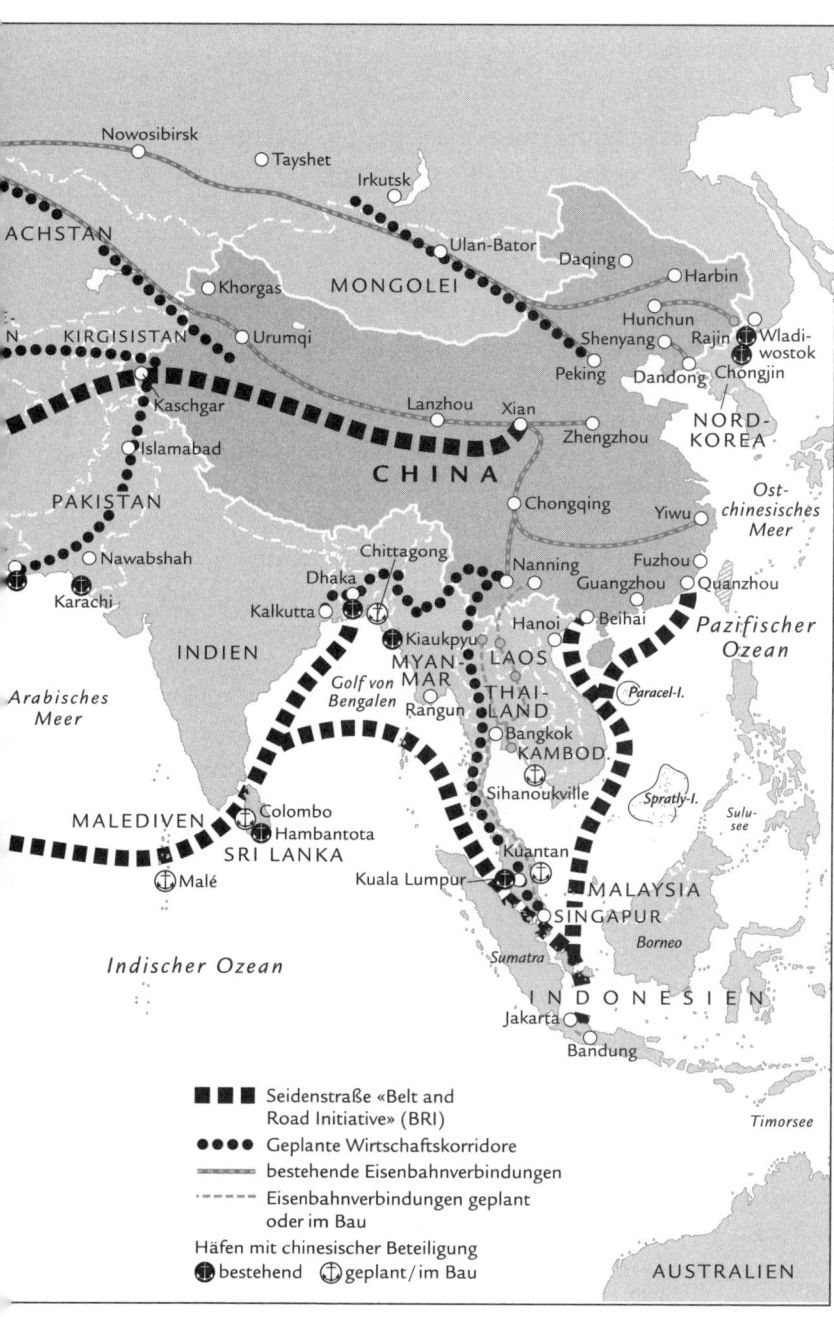

Nowosibirsk
Tayshet
Irkutsk
ACHSTAN
Khorgas
MONGOLEI
Ulan-Bator
Daqing
Harbin
Hunchun
N
KIRGISISTAN
Urumqi
Shenyang
Rajin
Wladi-
wostok
Peking
Dandong
Chongjin
Kaschgar
Lanzhou
Xian
Islamabad
Zhengzhou
NORD-
KOREA
C H I N A
PAKISTAN
Chongqing
Yiwu
Ost-
chinesisches
Meer
Nawabshah
Chittagong
Nanning
Fuzhou
Karachi
Dhaka
Guangzhou
Quanzhou
Kalkutta
Kiaukpyu
Hanoi
Beihai
Pazifischer
Ozean
INDIEN
Golf von
Bengalen
MYAN-
MAR
Rangun
LAOS
THAI-
LAND
Paracel-I.
Arabisches
Meer
Bangkok
KAMBOD.
Sihanoukville
Spratly-I.
Sulu-
see
MALEDIVEN
Colombo
Hambantota
Kuantan
SRI LANKA
Kuala Lumpur
Malé
Kuala Lumpur
MALAYSIA
SINGAPUR
Borneo
Indischer Ozean
Sumatra
I N D O N E S I E N
Jakarta
Bandung
Timorsee

■ ■ ■ Seidenstraße «Belt and
Road Initiative» (BRI)
●●●● Geplante Wirtschaftskorridore
━━━ bestehende Eisenbahnverbindungen
- - - - Eisenbahnverbindungen geplant
oder im Bau
Häfen mit chinesischer Beteiligung
⊕ bestehend ⊕ geplant / im Bau

AUSTRALIEN

Afrika als Versuchsgelände

In der Rückschau fällt es einem wie Schuppen von den Augen: Für ihr Seidenstraßen-Projekt war Afrika vor Jahrzehnten schon ein ideales Versuchsgelände. Die Motivation war anders, gewiss, das konzeptionelle Gerüst viel einfacher. Was die Chinesen damals antrieb, war ihr unersättlicher Hunger nach Rohstoffen. Dem Schwarzen Kontinent galt ihr besonderes Augenmerk, weil er über 60 Prozent der noch unerschlossenen Landwirtschaftsflächen und über 30 Prozent der Bodenschätze unserer Erde verfügt. Heute treibt sie die Suche nach Größe, nach Prestige, Macht und Einfluss. Doch vieles, was sie nun im weltweiten Rahmen praktizieren, haben sie auf dem kleineren afrikanischen Areal eingeübt.

Dabei konnten sie an die Bemühungen von Zhou Enlai anknüpfen, dem Mitstreiter Maos und Ministerpräsidenten der Volksrepublik von ihrer Gründung bis zu seinem Tode 1976. Mehrmals war er in den frühen 1960er-Jahren, in denen die afrikanischen Kolonien unabhängig wurden, durch den Schwarzen Kontinent gereist, hatte die Solidarität der Dritten Welt beschworen und den Afrikanern Hilfe angeboten. Damals schon bauten die Chinesen eine 1900 Kilometer lange Eisenbahn von Tansania nach Sambia. Einer der Grundsätze, die Zhou damals verkündete, lautete: «Die chinesische Regierung respektiert die Souveränität der Empfängerländer, stellt niemals irgendwelche Bedingungen und verlangt keine Privilegien.» Dies gilt bis heute. Anders als der Westen fragt China nicht nach Menschenrechten, Demokratie und Rechtsstaatlichkeit. Nichteinmischung in die inneren Angelegenheiten der Umworbenen ist das oberste Gebot. Im Umgang mit Schurkenstaaten kennt Peking keine Bedenken.

Damals schon gab es jene Probleme, die sich auch heute wieder stellen. So berichtete die *ZEIT*-Korrespondentin Nina Grunenberg im Mai 1978 aus Sierra Leone über die Chinesen: «Sie haben meist die schönsten und attraktivsten Entwicklungshilfsprojekte, aber sie bauen alles selbst und lassen von den Einheimischen niemand ran. Nicht nur die Arbeiter, selbst den Zement für das Fußballstadion in Freetown, so erzählt man sich, lassen sie noch aus China transportieren. Weil sie niemanden anlernen und sich von den Einheimischen abkapseln, verkommen ihre Projekte, sobald sie ihnen den Rücken kehren. Dieses Schicksal blühte in Freetown auch einem florierenden Reisanbauprojekt der Chinesen, jedenfalls sagten alle: In einem Jahr sieht man nichts mehr davon, dann ist alles wieder zugewachsen.» Als Grunenberg seinerzeit den dortigen Botschafter Pekings nach der Zukunft des Projektes fragte, antwortete er lächelnd : «*Terrible*».

In den Jahren 2005–2007 schwärmten die Spitzen des Regimes, Staatspräsident Jiang Zemin und Ministerpräsident Wen Jiabao, nach Schwarzafrika aus, und schon damals brachten sie reichlich Milliarden mit. Seitdem haben sich die Beziehungen zusehends verdichtet. Alle drei Jahre finden Gipfeltreffen des Chinesisch-Afrikanischen Kooperationsforums (FOCAC) mit rund fünfzig Teilnehmerstaaten statt. Xi Jinping nahm 2015 in Johannesburg an einem Gipfel der Afrikanischen Union teil, wobei er 60 Milliarden Dollar an Krediten, Investitionen und Hilfsgeldern zusagte und willkommenen Schuldenerlass gewährte. Seine Botschaft war Musik in den Ohren der anwesenden Staatschefs: «China unterstützt die Beilegung afrikanischer Probleme durch Afrikaner auf afrikanische Weise.» Seitdem reiste er weitere drei Mal in den Kontinent, dessen Staaten Donald Trump als *shitholes* – Drecslöcher – bezeichnet. Stets lobte er dabei die «ehrgeizigen Bemühungen» der Afrikaner um Entwicklung. Lag China auf der Rangliste der afrikanischen Handelspartner vor fünfundzwanzig Jahren noch an 83. Stelle, so zog es nacheinander an England (2005), an Frankreich (2006) und an den USA (2009) vorbei. Heute ist es die Nummer eins. Seit der Jahrtausendwende hat sich das Handelsvolumen verzwanzigfacht: von 10,6 auf 200 Milliarden Dollar jährlich. Bis 2020 soll es auf 400 Milliarden anwachsen. China kauft alles, was Afrika zu bieten hat: Eisenerz und Zink, Kupfer und Kobalt, Bauxit und Erdöl, Platin und Gold, zudem Zigtausende von Eselshäuten, die pulverisiert und zu dem Potenzmittel *ejiao* verarbeitet werden, das auch gegen Blutarmut und Altersbeschwerden helfen soll. Zwischen 2008 und 2017 hat sich die Zahl der Esel in Kenia von 1,8 Millionen auf 900 000 halbiert.

Rund 17 Prozent der chinesischen Auslandsinvestitionen gehen in den finanzhungrigen und infrastrukturarmen Erdteil, in dem nur die Hälfte aller Straßen asphaltiert ist und 600 Millionen Menschen keinen Zugang zu Strom haben. Dort sind die Chinesen inzwischen der größte Kapitalgeber. Seit 2000 flossen über 100 Milliarden Dollar an Krediten und Direktinvestitionen von China nach Afrika. Das China Africa Institute der John Hopkins University schätzt, dass chinesische Firmen jährlich an die 50 Milliarden Dollar in afrikanischen Straßen, Häfen und Flughäfen anlegen. (Die deutschen Direktinvestitionen in Afrika belaufen sich laut Afrikaverein der deutschen Wirtschaft auf insgesamt 10 Milliarden Euro.)

Besonders zu Ghana pflegen die Chinesen ein enges Verhältnis. Seit 1960 gibt es diplomatische Beziehungen zwischen den beiden Ländern. Ghana gewährte China während dessen Krieg mit Indien 1962 propagandistische Unterstützung, billigte Pekings Taiwan-Politik und verteidigte es auch gegen die Kritik nach dem Tienanmen-Massaker 1989. Heute ist es Chinas größter afrikanischer Handelspartner (Volumen: 5 Milliarden Dollar), 55 500 Ghanaer studieren in China, 30 000 Chinesen leben in Ghana, darunter viele illegale Goldgräber. Bei seinem jüngsten Besuch im Land stellte Xi Jinping den Ghanaern 15 bis 19 Milliarden Dollar an staatlichen wie privaten Krediten und Investitionen in Aussicht. Doch umwirbt er auch Südafrika, wo Pekings Eintreten gegen die Apartheid bis heute nicht vergessen ist. Das Handelsvolumen hat inzwischen jährlich 39 Milliarden Dollar erreicht. Nach Stippvisiten im Senegal und in Ruanda im Juli 2018 versprach Xi den Südafrikanern beim BRICS-Gipfel in Pretoria weitere 17 Milliarden an Direktinvestitionen und Krediten. Dies lege Zeugnis für die Vorteile ab, die «Chinas Weisheit» der Welt bringe, schrieb die chinesische Parteipresse. Dass Barack Obama kurz zuvor bei den Gedenkfeierlichkeiten für Mandela im Hinblick auf die Menschenrechte vor China gewarnt hatte, quittierte die Handelszeitung *Business Daily* mit dem Kommentar, es gebe Wichtigeres: Pragmatismus. Dies zeigt: Das chinesische Entwicklungsmodell macht auf dem Schwarzen Kontinent zusehends Schule.

Beim jüngsten China-Afrika-Gipfel im September 2018 waren 53 der 54 afrikanischen Staaten vertreten, nur Swaziland fehlte, der letzte Verbündete Taiwans in Afrika. Wiederum sagte Xi Jinping für die nächsten drei Jahre 60 Milliarden an Krediten, Investitionen und Finanzhilfen zu, davon 15 Milliarden als Schenkung, der Rest zinslos oder zu Vorzugszinsen. Darüber hinaus versprach er, Chinas Unternehmen zur Investition weiterer 10 Milliarden zu «ermutigen». Aufs

Neue stellte er einigen Ländern Schuldenerlass in Aussicht. Außerdem verkündete er einen Acht-Punkte-Aktionsplan, unter anderem zur Förderung der Industrialisierung auf dem afrikanischen Kontinent, zur Bekämpfung von Hungersnöten und zur Entwicklung der Landwirtschaft. Ferner soll es weitere 50 000 Stipendien für afrikanische Studenten geben. Eine Reihe von Ländern unterschrieb während des Gipfeltreffens das Memorandum of Understanding, mit dem sie die Unterstützung der Seidenstraßen-Initiative zusicherten und Chinas «Kerninteressen» absegneten. (Von den Staaten, die Pekings Gebietsansprüche im Südchinesischen Meer unterstützen, kommen laut *Volkszeitung* über die Hälfte aus Afrika.)

Die Kritik, China stoße Afrikas Länder in eine Schuldenfalle, wimmelte Xi mit der Bemerkung ab, China sei sich seiner Verantwortung für langfristige Stabilität sehr wohl bewusst – schon deswegen, weil massenhafte Kreditausfälle bei der chinesischen Bevölkerung nicht gut ankämen, die immer öfter frage, warum so viel Geld nach Afrika gehe, wo man doch im eigenen Land genug Probleme habe. In der Tat kam ein bitterer Aufschrei von Chinas Internetnutzern, als sie von den neuerlichen Hilfszusagen erfuhren. Der Betrag von 60 Milliarden Dollar entspreche den Steuereinnahmen von vier Provinzen und dem Dreijahresetat des Bildungsministeriums; man solle mit dem Geld lieber Anreize für Familien finanzieren, mehr Kinder zu bekommen. Einige Monate zuvor war auch die hohe Zahl der Stipendien für ausländische Studenten in die Kritik geraten. Die *Global Times* nahm Xi Jinping gegen die Kritik in Schutz: «Das chinesische Volk muss sich bewusst sein, dass Großmächte ihre Verpflichtungen erfüllen müssen, sonst bleiben sie nicht lange, wo sie sind, und können schon gar nicht voranschreiten.»

«Niemand kann die große Einheit Chinas unterwandern», erklärte Xi Jinping den Gipfelteilnehmern. Womit er recht hat. Der Westen kann es nicht, dafür ist er sich zu uneinig. Er sieht Afrika eher als einen «Hort von Schwierigkeiten und Instabilität» *(Financial Times)* denn als einen Kontinent der Zukunftschancen. Die Amerikaner haben vor allem den Kampf gegen den Terrorismus im Blick, die Europäer in erster Linie die Bekämpfung von Fluchtursachen zur Abwehr einer Massenmigration. Zwar gibt es reichlich schöne Pläne: deutsche wie den Marshallplan für Afrika, Pro!Afrika, Compact with Africa und

EU-Vorhaben wie die Economic Partnership Agreements. Aber es gibt eben nur Kleingeld – «viel Geblök, wenig Wolle», spottete der *Spiegel*. Und wo die Europäer mit Sparpredigten kommen, werfen die Chinesen mit Milliarden um sich. Zehntausend chinesische Firmen sind auf dem Kontinent tätig, doch nicht einmal tausend deutsche. Und die Investitionssummen sind kümmerlich; zum Beispiel lagen sie 2017 bei gerade mal 61 Millionen Euro in Ghana (29 Millionen Einwohner) und bei 257 Millionen Euro in Nigeria (190 Millionen Einwohner).

«China denkt nicht daran, sein Entwicklungsbudget für Afrika zurückzustutzen», sagte unlängst der frühere amerikanische Außenminister Colin Powell. «Es wächst und wächst – seit 2003 um 780 Prozent.» In zweieinhalb Jahrzehnten haben die Chinesen Afrika damit mehr verändert als der Westen in sechzig Jahren mit 600 Milliarden Dollar Entwicklungshilfe. China fragt dabei nicht nach Menschenrechten oder Sozialstandards und schließt erwiesenermaßen Bestechung als Schmiermittel nicht aus. Die werteorientierte europäische, zumal die deutsche Entwicklungspolitik gerät dadurch zusehends ins Hintertreffen. Den Chinesen wird ihre Führungsrolle nicht mehr abzunehmen sein, wobei ihr Handelsüberschuss von 40 Milliarden Dollar gegenüber den afrikanischen Ländern im Jahr 2017 sie ihre 60 Milliarden Kredite, Hilfsgelder und Investitionen leicht verschmerzen lässt.

Überall sind sie. Sie bauen riesige Fußballstadien, protzige Präsidentenpaläste, Ministerien wie das Verteidigungsministerium in Ghana, Kongresszentren, Krankenhäuser, Flughäfen, Staudämme, Straßen und Autobahnen, Ölraffinerien und Containerhäfen, alles in Dimensionen und zu Konditionen, die der Westen nicht bieten kann. Nach den Angaben von Außenminister Wang Yi finanzierte China bis 2017 6200 Kilometer Eisenbahn und 5000 Kilometer Fernstraßen. Mit Megaprojekten wie dem Bau von Bahnlinien zwischen Kairo und Kapstadt, Dschibuti und Addis Abeba, in Nigeria und Angola sichern sie sich Einfluss. Die neue Bahnverbindung zwischen dem Hafen Mombasa und der Hauptstadt Nairobi wurde im Mai 2017 eröffnet; dafür musste sich Kenia 3,6 Milliarden Dollar borgen. Es ist geplant, die Strecke über Uganda, Ruanda und die Republik Kongo bis zur Atlantikküste fortzuführen, Kostenpunkt 13,8 Milliarden Dollar. Den Bau der Strecke Dschibuti–Addis Abeba hat China zu 90 Prozent finanziert. Geflügelhöfe in Ghana, Bewässerungsanlagen in Mosambik und Kaffeeplantagen in Kenia sollen Afrikas landwirtschaftliches Potential erschließen. China Telecom plant ein Glasfibernetz von 150 000 Kilometern Länge, das 48 afrikanische Staaten verbinden wird.

Angela Köckritz schrieb Anfang Januar 2018 in der *ZEIT*: «Die chinesische Eroberung Afrikas beginnt das Gesicht des Kontinents zu verändern. Schätzungen zufolge sind es bereits mehr als eine Million Chinesen, die es aus unterschiedlichsten Motiven nach Afrika gezogen hat. Sie prägen an vielen Orten den Alltag, man sieht sie heute auf jedem innerafrikanischen Flug: Chinesen jeder Schicht und Provenienz – vom Chef des Staatsunternehmens über den Bauarbeiter, die Businessfrau, den Touristen bis zum Kugelschreiberverkäufer. Oft sind es Menschen von großem Pioniergeist. ... Die großen Geschäfte machen zwar immer noch der chinesische Staat und seine Betriebe. Daneben aber gibt es jetzt unzählige private Glücksritter. Die Unternehmensberatung McKinsey schätzt ihre Zahl bereits auf 10 000. Da gibt es solche, die Raubbau betreiben, illegal abholzen oder fischen. Aber auch solche, die ausbilden und Arbeitsplätze schaffen, neue Produkte anbieten und die Wirtschaft beleben.»

Chinas afrikanischer Großeinsatz hat indes nicht nur positive Auswirkungen. Auch diese Erfahrung mag sich in den Seidenstraßen-Korridoren wiederholen. Afrikas Staaten könnten nämlich in eine neue Schuldenfalle geraten. Die durchschnittliche Staatsverschuldung stieg laut IWF von 30 Prozent des Bruttoinlandsprodukts im Jahr 2012 auf 53 Prozent im Jahr 2017. Sechs Ländern droht danach der Staatsbankrott, elf weitere gelten als hochverschuldet. So zahlt zum Beispiel Nigeria ein Viertel des Steueraufkommens an seine Gläubiger; in Kenia machen die chinesische Kredite 72 Prozent der Auslandsverschuldung aus; Angola hat seit 2004 19 Milliarden Dollar aus dem Reich der Mitte erhalten. Ärger verursacht überdies, dass die meisten chinesischen Unternehmen ihre Bauprojekte mit Hunderttausenden von Arbeitskräften aus dem Heimatland verwirklichen; das hilft nicht gegen die örtliche Arbeitslosigkeit und bringt auch keinen Technologietransfer. Wo chinesische Investoren jedoch einheimische Arbeitskräfte beschäftigen, kommt es wegen der niedrigen Löhne und der hohen Arbeitsanforderungen häufig zu Spannungen. Die Umsiedlung von Menschen und Dörfern löst immer wieder Konflikte aus. Billige

Importware aus China, oft von schlechter Qualität, als Bezahlung für Afrikas Bodenschätze ruiniert die einheimische Industrie und zwingt sie zur Schließung von Fabriken. Kritiker bezeichnen Chinas Vorgehen deshalb auch gern als Neokolonialismus, obgleich es nicht als Eroberer kommt wie einst die westlichen Imperialisten, sondern als biederer Käufer und Verkäufer. Zudem verunsichert die Ansiedlung von ein oder zwei Millionen Chinesen, die teils als Angestellte ihrer Firmen kamen, teils sich auf eigene Faust niederließen; die *Washington Post* spricht sogar von vier Millionen.

Im Übrigen ist die Beobachtung, die Nina Grunenberg Ende der 1970er-Jahre machte, durchaus noch aktuell: Nicht immer funktionieren die chinesischen Projekte wie geplant. Für manche gilt: gut gedacht, schlecht gemacht. So steht die neue Straßenbahn in der äthiopischen Hauptstadt Addis Abeba zumeist still, weil die Züge schon nach drei Jahren nicht mehr fahren. Auf der Strecke Addis Abeba–Dschibuti kommt der Verkehr nicht in Gang, weil die Bahnhöfe schlecht platziert sind. Das kenianische Vorzeigeprojekt der Bahnverbindung zwischen Mombasa und Nairobi ist gleichfalls Opfer einer Fehlplanung; der Containerverkehr läuft daher weiter über die Straße. Und überall wachsen bald die Schlaglöcher.

Auch dies mag erklären, dass es neben der positiven Einschätzung der chinesischen Hilfe auch wachsende antichinesische Ressentiments gibt. In Kenia mehren sich die Übergriffe, in Äthiopien sind chinesische Arbeiter ermordet worden, selbst in Ghana wurden Chinesen überfallen (und umgekehrt auch ghanaische Studenten in China attackiert). In Westafrika wächst die Verbitterung darüber, dass Chinas hoch subventionierte Fangflotten – mit fast 2000 Fischdampfern, die im Jahr 2,3 Millionen Tonnen Fisch aus dem Meer ziehen und beinahe die Hälfte der weltweiten Hochseefischerei betreiben – den einheimischen Fischern den Fang wegschnappen, weil eines der hochmodernen chinesischen Schiffe in einer Woche so viel fängt wie ein senegalesischer Kutter in einem ganzen Jahr. «Doch fällt es schwer, den Chinesen Nein zu sagen, wenn sie Deine Straßen bauen», war dazu der nüchterne Kommentar eines senegalesischen Meeresbiologen. Vielerorts nimmt jedoch das Gefühl überhand, dass die Chinesen die Afrikaner überrollen. Präsident Uhuru Kenyatta verlieh diesem Gefühl Ausdruck, als er sagte, China müsse langsam begreifen, dass es, wenn seine *win-win*-Strategie funktionieren soll, sich Afrika ebenso öffnen muss, wie Afrika sich den Chinesen geöffnet hat.

Im Januar 2017 kam dann zutage, dass das 19-stöckige Hauptquartier, das die Chinesen der Afrikanischen Union in Addis Abeba für 200 Millionen Dollar hingestellt hatten, völlig verwanzt war. In ihrem teuren Geschenk hatten sie auch das Telefonsystem und die Abstimmungselektronik installiert, das gesamte Mobiliar eingerichtet und obendrein die Wartung übernommen. Wie sich herausstellte, luden sie nach der Einweihung des Gebäudes fünf Jahre lang jeden Abend sämtliche Daten auf einen Server in Schanghai herunter, was verständliche Aufregung auslöste. Peking dementierte zwar die Berichte darüber als «kompletten Unsinn», denn China würde sich nie in die inneren Angelegenheiten der afrikanischen Länder einmischen oder irgendetwas tun, was deren Interessen verletze. Doch die fünfzig Länder, denen Huawei und ZTE den größten Teil ihrer Telekommunikationsstruktur geliefert und eingebaut hatten, sind mit Sicherheit ins Grübeln gekommen. Den Ländern entlang der beiden Seidenstraßen könnte manche ähnliche Enttäuschung blühen.

Vordringen in der asiatischen Nachbarschaft

Naheliegende Ziele der raumgreifenden Pekinger Politik sind das benachbarte Südost- und Südasien, Zentralasien und Russland. Der Ausbau des Chinesisch Pakistanischen Wirtschaftskorridors (CPEC) zwischen Westchina und Pakistan, in dem Peking mindestens 62 Milliarden Dollar für ein Netzwerk von Bahnen, Straßen und Pipelines investieren will, ferner der Bau von Hochgeschwindigkeitsbahnstrecken zwischen China und Laos, China und Thailand sowie Djakarta und Bandung haben hohe Priorität. In Laos hat Peking 70 Prozent der Kosten für neue Straßen und Brücken aufgebracht, insgesamt 2 Milliarden Dollar. Für 20 Milliarden Dollar werden Infrastrukturprojekte in Kasachstan gefördert. Eine Hochgeschwindigkeits-Eisenbahn und eine Erdöl-Pipeline verbinden Westchina seit Februar 2016 mit Teheran; die Volksrepublik ist bereits der wichtigste Abnehmer iranischen Öls und rückte 2017 zum Handelspartner Nummer eins des Landes auf. Wie in Russland, so zeigt sich hier auch die unbedachte – und überaus bedauerliche – Auswirkung westlicher Sanktionen: Sie treiben Teheran wie Moskau zum Nachteil unserer Wirtschaft geradezu in die Arme Chinas.

Überhaupt ist im Iran deutlich zu erkennen, wie die Chinesen ihre Seidenstraßen-Ambitionen vorantreiben. Erich Follath hat es in der *ZEIT* beschrieben: «Nirgendwo lässt sich die fieberhafte Bautätigkeit so gut beobachten wie in und um Maschad, wo chinesische Arbeiter neue Schienen verlegen, die Transportzeiten sollen bald halbiert sein. Schon heute sind die Läden und Märkte von chinesischen Konsumgütern überflutet, die Straßen mit chinesischen Autos verstopft.» Ähnlich sieht es auch anderswo aus. So gibt es eine Öl-Pipeline von Kasachstan nach China, und überall in den ehemaligen Sowjetrepubliken Zentralasiens bauen Chinesen Zementfabriken, Kraftwerke, Stromleitungen. Eine Bahnlinie von Moskau nach Kasan (800 Kilometer) befindet sich im Bau und soll 2021 dem Verkehr übergeben werden; sie wird die Reisezeit von zwölf auf dreieinhalb Stunden verkürzen. Geplant ist, sie bis zur chinesischen Hauptstadt zu verlängern, was die Dauer der Fahrt von Moskau nach Peking (7000 Kilometer) von fünf auf nur noch zwei Tage verkürzen würde. Den ersten Teil einer Bahnlinie von Westchina über Kirgistan nach Usbekistan, die Strecke Ferghana-Tal–Taschkent, haben die Chinesen samt einem 19,2 Kilometer langen Tunnel vollendet: Kostenpunkt 1,6 Milliarden Dollar.

Der Ausbau des westpakistanischen Hafens Gwadar hat in erster Linie strategische Bedeutung. Auch anderwärts im Mittleren Osten zeigt Peking intensives Interesse. In Oman wird der Hafen Duqm modernisiert und die erste Eisenbahn des Landes gebaut. In Saudi-Arabien hat Sinopec in die Erdölraffinerie Yasref (Yanber Aramco Sinopec Refining Company) investiert, in Ägypten beglückte China, der größte Handelspartner des Landes, die Zentralbank und die National Bank of Egypt mit rund 1,7 Milliarden Dollar. Das Seidenstraßenprojekt und der ägyptische «Revitalisierungs»-Plan sollen im Rahmen einer gemeinsam etablierten Wirtschafts- und Handelszone aufeinander abgestimmt werden.

«Unentbehrlicher Partner»: Lateinamerika

Auch in Lateinamerika haben die Chinesen fast unbemerkt immer stärker Fuß gefasst. «Peking hat die Dynamik der Region verändert, von der Agenda seiner politischen Führer und Geschäftsleute, seiner Wirtschaftsstruktur wie seiner politischen Ausrichtung bis zu seiner Sicherheitpolitik», sagt E. Evan Ellis, Professor für Lateinamerikastudien am U. S. Army College.

In der Tat hat China den Handel mit Lateinamerika enorm ausgeweitet – auf 224 Milliarden Dollar im Jahr 2017, mehr als doppelt so viel wie zehn Jahre zuvor. Heute ist es der größte Handelspartner der Region, nicht mehr die USA. Es ist nicht nur Venezuela, Brasilien und Argentinien in staatlicher Finanznot rettend beigesprungen, sondern hat überall gewaltige Infrastrukturvorhaben angeschoben. Dabei koppelt es wie in Afrika Finanzierung und Investitionen mit rohstoffsichernden Absprachen. Soja, Eisenerz, Kupfer, Lithium gelten Pekings besonderes Interesse. Indes investierte es auch kräftig in den Dienstleistungssektor (2010–2016: 90 Milliarden Dollar) und erschloss sich gleichzeitig den Kredit- und Anleihemarkt. China hat der Region damit zum größten Wachstumsschub seit den 1970er-Jahren verholfen.

Seit 2005 haben die Chinesen in Lateinamerika 140 Milliarden Dollar angelegt. Davon ging fast die Hälfte, rund 60 Milliarden, an das marode Venezuela. Eine Zeit lang vergab Peking dorthin keine weiteren Kredite mehr, da die Venezolaner mit Rückzahlung und Tilgung in Höhe von 16 Milliarden in Verzug geraten waren. Nach der Wiederwahl von Staatspräsident Nicolás Maduro machten sie jedoch weitere 5 Milliarden für Direktinvestitionen in der Erdölindustrie locker – immerhin sind sie heute schon der zweitgrößte Ölabnehmer nach Amerika, und Venezuela verfügt über die größten Ölreserven der Erde.

Vor allem kümmert sich China um Brasilien, Argentinien, Chile, Peru, Ecuador und Bolivien. In Brasilien haben chinesische Investoren 2016 und 2017 über 23 Milliarden Dollar investiert, und nicht nur in Landwirtschaft und Energie, sondern auch in Industrie-Unternehmen. Überall finanzieren, errichten oder übernehmen sie Häfen und Flughäfen, bauen sie Straßen, Bahnlinien, Raffinerien. In vielen lateinamerikanischen Staaten hat China die Vereinigten Staaten als wichtigsten

Handelspartner verdrängt. Wo es sich zunächst nur für mineralische Rohstoffe und landwirtschaftliche Erzeugnisse interessierte, wird nun zusehends in die Infrastruktur sowie in den Dienstleistungssektor (2010–2016: 90 Milliarden Dollar) investiert und gleichzeitig der Kredit- und Absatzmarkt erschlossen. Der im Oktober 2018 gewählte brasilianische Präsident Jair Bolsonaro sieht darin allerdings eher eine Bedrohung. «Die Chinesen kaufen nicht in Brasilien», grollte er, «sie kaufen Brasilien.» Für 40 Prozent der brasilianischen Repsol-Tochter zahlte Sinopec 2010 rund 7 Milliarden Dollar, um an den Erdölvorkommen im Atlantik teilzuhaben. In Argentinien erneuern die Chinesen das verkommene Eisenbahnnetz. Im bolivianischen Hochland hat sich der Pekinger Mischkonzern CAMC den Zugang zu den größten Lithiumreserven der Welt gesichert, weiter im Süden bot Tianqi, Chinas größter Lithiumhersteller, 4,07 Milliarden Dollar für 24 Prozent der chilenischen SQM – ohne Lithium keine modernen Batterien und keine Elektroautos. Geographie hin, Geschichte her – die Seidenstraße reicht nun bis in die Anden. China erklärte Lateinamerika 2018 zum «unentbehrlichen Partner».

Auch die militärischen Beziehungen sind enger geworden. Die chinesische Marine führt mit der chilenischen und brasilianischen gemeinsame Manöver in deren Küstengewässern durch, und PLA-Truppen beteiligen sich an Übungen der Dschungelkriegsschule in Manaus. Vor allem jedoch erregt ein Projekt in Argentinien Aufsehen. In der patagonischen Provinz Neuquén baut das chinesische Militär für 50 Millionen Dollar eine Satelliten-Kontrollstation. Von dort wollen die Chinesen ihr spektakuläres Vorhaben einer Mondlandung auf der Rückseite des Erdtrabanten steuern und beobachten. Die amerikanische Weltraumbehörde NASA befürchtet jedoch, dass sie sich damit auch die Möglichkeit verschaffen, die Weltraumprogramme anderer Nationen zu stören und sogar deren Satelliten zu zerstören.

Chinas Einfluss in Lateinamerika wächst. Kolumbien, Amerikas engster Verbündeter in der Region, kauft neuerdings chinesische Waffen. Panama und die Dominikanische Republik sind dem Druck Pekings erlegen und haben die diplomatischen Beziehungen zu Taiwan abgebrochen. Die Aussicht, dass der Hinterhof der USA zum Vorhof Chinas wird, lässt in Washington bereits die Alarmglocken läuten. Als US-Außenminister warnte Rex Tillerson die Lateinamerikaner davor, sich «neuen imperialen Mächten» zu öffnen: «China nutzt seine Wirtschaftsstärke, um die Region in seinen Orbit zu ziehen. Die Frage ist, um welchen Preis.» Chinas Entwicklungsweg bedeute «oft den Tausch von kurzfristigen Gewinnen gegen langfristige Abhängigkeit». Pekings Vormarsch in Lateinamerika bedrohe die Grundpfeiler, auf denen Amerika ruhe: Prosperität, Sicherheit und Demokratie. Ebenso scharf kritisierte Tillerson Chinas Afrika-Politik: Mit «undurchsichtigen Verträgen, räuberischen Kreditangeboten und korrupten Deals stoße es die Völker in den Schuldenschlamm, untergrabe ihre Souveränität und versage ihnen ein langfristiges, sich selbst tragendes Wachstum», dabei schaffe es nur wenige Arbeitsplätze.

Singen im Chor der Seidenstraße

Die Chinesen haben über hundert Länder und Organisationen des eurasischen Kontinents angeregt, sich am Aufbau der neuen Seidenstraßen zu beteiligen, und mit über 80 von ihnen Kooperationsverträge unterzeichnet. Die China Development Bank hält für neunhundert Seidenstraßen-Projekte die gewaltige Summe von 890 Milliarden Dollar bereit. «Der Kreis unserer Freunde entlang von ‹Gürtel und Straße› wird immer größer», erklärte Xi in Davos. Beim Pekinger Seidenstraßen-Gipfel im Mai 2017 lieferte er dazu die Details. Danach sind chinesische Unternehmen dabei, in über 20 Ländern inzwischen mehr als 56 Handels-und Wirtschaftszonen einzurichten; dies schaffe 180 000 Arbeitsplätze und generiere ein Steueraufkommen von 1,1 Milliarden Dollar. Das klingt nicht schlecht, doch bei Licht betrachtet ist es angesichts des massiven Kapitaleinsatzes doch ein recht bescheidenes Ergebnis. Immerhin stellte Xi Jinping weitere 113 Milliarden Euro für sein ehrgeiziges Mammutprojekt in Aussicht.

An dem Gipfel nahmen über tausend Delegierte aus über hundert Ländern teil, auch Europäer und Amerikaner (Singapur war nicht eingeladen, Indien und Bhutan sagten ab). Dreißig Regierungschefs, darunter Wladimir Putin und Recep Tayyip Erdoğan, gaben China die Ehre, dazu der UN-Generalsekretär António Guterres, Vertreter der Weltbank und Christine Lagarde, die geschäftsführende Direktorin des Internationalen Währungsfonds. «Die Führer der Welt singen im Chor der Seidenstraße», jubelte Xinhua. Freilich endete der Gipfel mit einem wenig wahrgenommenen Eklat: Dem Abschlusskommuniqué versagten die meisten Europäer ihre Unterschrift, da sie kein klares Bekenntnis zu fairen Wettbewerbsbedingungen und dem Abbau von Markthemmnissen enthielt.

Peking unterstreicht, dass es nicht mehr als der Seidenstraßen-Initiator sein will, keineswegs der Beherrscher der Korridore. Nach Möglichkeit will China auch nicht der Alleinfinanzierer der geplanten Projekte sein, bei denen es um Kosten von vielen Tausend Milliarden Dollar geht. Die Asian Development Bank hält bis 2030 ein Investitionsvolumen von über 25 Billionen Dollar für nötig, falls die chinesische Regierung wirklich alles verwirklichen wolle, was ihr vorschwebt. Auch von einer Bildungs-Seidenstraße und einer Gesundheits-Seidenstraße ist ja die Rede. Die Chinesen haben daher keine Scheu, mit der Weltbank, dem Internationalen Währungsfonds, der Asian Development Bank (ADB) und der Europäischen Entwicklungsbank zusammenzuarbeiten. Sie lassen sich aber auch sonst nicht lumpen. Die Regierung vergibt 10 000 Stipendien an Studierende aus den beteiligten Ländern. Chinesische Unternehmen haben nach Xi Jinpings Darstellung bislang über 111 Milliarden Dollar für Investitionen entlang der Seidenstraßen zugesagt; nach einer Schätzung der Pekinger Bankenaufsicht waren es bis Frühjahr 2018 sogar an die 200 Milliarden Dollar. In einem großen China-Dossier kam die *New York Times* im November 2018 zu dem Schluss, dass die Volksrepublik bisher in 121 Ländern Infrastrukturprojekte finanziert habe, darunter 41 Öl- und Gas-Pipelines, 203 Straßen, Eisenbahnstrecken und Brücken und 191 Kraftwerke verschiedenster Art.

Chinas Motive für «Gürtel und Straße» entspringen nicht nur purem Altruismus. Zum einen hat das Megaprojekt wirtschaftlich viel Sinn, denn China findet neue Absatzmärkte und kann dort seine industrielle Überproduktion an Stahl, Aluminium, Zement und Maschinen abladen und so seine Arbeiter nach dem Abflauen des Exportbooms in Lohn und Arbeit halten. Die Orientierung in Richtung Westen überbrückt auch den Graben zwischen den weniger entwickelten Inlandsprovinzen und der prosperierenden Ostküste, was wiederum die soziale Stabilität erhöht. Zudem sichert die Entwicklung der Partnermärkte den künftigen Absatz chinesischer Güter und Dienstleistungen und stärkt die Marktmacht des Renminbi.

Der Yuan wurde im Oktober 2016 als fünfte Währung in den Währungskorb des IWF einbezogen und danach mit einem Gegenwert von 500 Millionen Euro auch in die Fremdwährungsreserve der Europäischen Zentralbank aufgenommen. Zur Enttäuschung Pekings machte er Anfang 2017 jedoch erst schmächtige 1,1 Prozent der internationalen Devisenreserven von 10,8 Billionen Dollar aus (Dollar: 64 Prozent, Euro: 19,7 Prozent, Britisches Pfund 4,4 Prozent). Die Musik spielt weiterhin im Dollar. Doch sind die Chinesen zielbewusst darauf aus, dessen Rolle als führende Weltwährung für Rohstoffgeschäfte zu schwächen: Sie treiben die Entdollarisierung voran. Rund 31 Prozent aller Exporte werden bereits in Renminbi fakturiert. Als größter Erdölimporteur der Welt will China seine Ölfuhren zunehmend in der eigenen Währung bezahlen. Mit dem «Petro-Yuan» für Öl aus Dubai, Oman und Iran wurde der Anfang gemacht. Moskau und China wickeln ihren gesamten bilateralen Handel bereits über Rubel oder Yuan ab, desgleichen China und Südkorea. Und seit Trumps USA den Dollar als Waffe im Sanktionskrieg verwenden, richten nicht nur Moskau und Peking eigene Zahlungssysteme ein, auf die Amerika keinen Zugriff hat. Auf jeden Fall hält es Peking für sinnvoller, Chinas gewaltige Devisenreserven zur Finanzierung auswärtiger Infrastrukturprojekte anzulegen und dafür bis zu 5 oder 6 Prozent Zinsen zu kassieren, anstatt US-Schatzbriefe zu kaufen, die nicht mehr als 2 oder 3 Prozent abwerfen.

Seidenstraße – Seitenhieb für den Westen?

Die Seidenstraßen-Offensive ist jedoch auch eine Herausforderung des Westens. Es handelt sich nicht nur um die Asphaltierung antiker Wüstenpfade. Vielmehr greift entlang der Seidenstraße, deren Verlauf die Chinesen bestimmen, ein Regelwerk von technischen Normen und ökonomischen Standards Platz, das in den betreffenden Regionen die Heraufkunft einer chinesisch gefärbten Wirtschaftsordnung

signalisiert. Die Entwicklungshilfe des Westens baut auf Freihandelsabkommen, auf politische und finanzielle Strukturreformen und auf
Unterstützung in den Bereichen Bildung und Gesundheit, ignoriert
aber weithin alle öffentlichen Infrastrukturvorhaben. China hingegen
setzt seine enormen Kapitalreserven, sein Ingenieurs-Knowhow, seine
Produktions- und Baukapazität ein, um der Globalisierung ein chinesisches Gesicht zu geben. Zu Recht ist gesagt worden, statt den Handel
durch den Abbau von Zöllen und nicht-tarifären Hemmnissen zu beflügeln, vereinfache China den Handel, indem es andere Länder durch
Straßen, Eisenbahnen und Häfen direkt an sich bindet. Strukturreformen unter moralischem Druck, die systemverändernd wirken, gegen
Infrastruktur-Investitionen, die Wachstum fördern – dieser Gegensatz
wird die Konkurrenz zwischen dem westlichen und dem chinesischen
Modell bestimmen.

Letztlich schafft sich Peking mit seinen Zuschüssen, Krediten und
kompletten Finanzierungspaketen geopolitischen Einfluss in weiten
Teilen der Welt – von Südostasien, Südasien und Zentralasien bis
nach Europa, Afrika und Lateinamerika. Lee Kuan Yew hat dies kurz
und bündig beschrieben: «China saugt die südostasiatischen Länder
mit seinem riesigen Markt und seiner wachsenden Kaufkraft in sein
Wirtschaftssystem auf. ... China absorbiert Länder, ohne Gewalt anwenden zu müssen. Gegen seine wachsende Wirtschaftsmacht ist nur
sehr schwer etwas zu machen.» Der Sog des chinesischen Geldes ist in
der Tat vielerorts unwiderstehlich.

Dabei machen die Chinesen allen etwas vor, wenn sie ständig behaupten, sie stellten keinerlei Bedingungen. Sie erwarten sehr wohl,
dass die Partner Chinas «Kerninteressen» beachten und international
unterstützen. Diese Kerninteressen sind in dem Weißbuch «China's
Peaceful Development 2011» und dann noch einmal 2015 in Chinas
Nationalem Sicherheitsgesetz definiert worden. Sie umfassen die
Souveränität des Staates, seine territoriale Integrität (die auch die relativ spät in den Reichsverband eingegliederten Gebiete Taiwan, Tibet
und Xinjiang einschließt), die nationale Wiedervereinigung mit der
abtrünnigen Insel Taiwan, das verfassungsgemäße politische System
und seine gesellschaftliche Stabilität, schließlich die grundlegende
Sicherung der nachhaltigen wirtschaftlichen und sozialen Entwicklung. Die Streitigkeiten mit den Anrainern des Südchinesischen Mee-

res wegen der Paracel- und Spratly-Inseln und im Ostchinesischen Meer mit Japan wegen der Senkaku/Diayutao-Inseln fallen gleichermaßen in die Kategorie der Kerninteressen, möglicherweise gehört auch der indische Himalaya-Staat Arunachal Pradesh dazu, den die chinesischen Medien «Süd-Tibet» nennen.

Die Seidenstraßen-Länder, postuliert Xi Jinping, müssten gegenseitig ihre Souveränität, Würde und territoriale Integrität respektieren. Wer von China etwas erwartet, von dem erwartet China, dass er die Pekinger Lesart unterschreibt. Wer da ausschert oder sich auf andere Weise missliebig macht, der muss harsche Sanktionen gewärtigen. In solchen Fällen scheut sich China nicht, den Knüppel seiner Wirtschaftsmacht niedersausen zu lassen. Mangelndes Wohlverhalten gilt als Majestätsbeleidigung.

Im Jahr 2009 zwang China BP zur Aufgabe eines Erdöl-Bohrprojekts nahe der vietnamesischen Küste mit der Drohung, andernfalls würden alle Geschäftsverträge des Konzerns mit der Volksrepublik neu bedacht, zudem könne auch die Sicherheit des Personals dann nicht mehr verbürgt werden. In der Senkaku-Krise verhängte Peking 2010 einen Exportstopp für Seltene Erden nach Japan (China produziert 85 Prozent der Seltenen Erden dieser Welt). Die Norweger mussten sechs Jahre lang dafür büßen, dass Liu Xiaobo 2010 den Friedensnobelpreis erhielt; dem bisherigen Hauptlieferanten wurde kein Lachs mehr abgenommen, die Gespräche über ein Handelsabkommen wurden abgebrochen, die diplomatischen Beziehungen sechs Jahre lang ausgesetzt. 2012 ließen die Chinesen wegen des Streits um Scarborough Shoal philippinische Bananen durch Verzögerung bei der Zollabnahme auf dem Hafenkai verfaulen, und nach dem Haager Schiedsspruch in Sachen Südchinesisches Meer zugunsten Manilas verkauften Online-Händler auch keine Trocken-Mangos mehr. Nachdem Irland im März 2016 eine EU-Kritik an Chinas Menschenrechtspraxis unterzeichnet hatte, musste es zwölf Monate auf die Freigabe von Rindfleischexporten nach China warten. Wegen der 2017 erlassenen australischen Gesetze gegen die Unterwanderung des Landes erteilten die Chinesen Canberras Ministern acht Monate lang keine Einreisevisen und drosselten in den Häfen die Zollabfertigung australischen Weins, immerhin ein Exportposten von einer Milliarde AU-Dollars.

Hart traf es im selben Jahr auch Südkorea. Lautstark riefen die chinesischen Medien zum Kaufverzicht auf südkoreanische Waren, Filme und Musik auf, weil Seoul die Aufstellung des amerikanischen Raketenabwehrsystems Thaad genehmigt hatte, das weit hinein nach China dessen strategische Waffen ausspionieren könne. Gruppenreisen, Charterflüge und Kreuzfahrten nach Korea wurden verboten. Auf 3,5 Millionen halbierte sich die Zahl der Besucher aus China, und der Kulturaustausch brach ab; Halliyu, die «Koreanische Welle», kam zum Erliegen. Vor allem die Erzeugnisse des Lotte-Konzerns wurden boykottiert, der den Amerikanern einen Golfplatz zur Aufstellung der Thaad-Raketen überlassen hatte. In China mussten über 80 Lotte-Märkte wegen angeblicher Brandschutzmängel schließen. Auch das Quartalsergebnis von Hyundai Motors schrumpfte auf die Hälfte. Im November 2017 einigten sich Seoul und Peking, die Streitaxt wieder zu begraben – doch erst, nachdem die Südkoreaner erklärt hatten, sie zögen keine weiteren Thaad-Aufstellungen in Betracht. Die Handelsbarrieren und Strafmaßnahmen wurden jedoch nur zum Teil gelockert. Charterflüge und Kreuzfahrten blieben weiter untersagt, und Gruppenreisende dürfen weder in Lotte-Läden einkaufen noch in Lotte-Hotels übernachten. So schnell vergisst und vergibt China nicht.

All diese Vorfälle zeigen eines: Wo das Regime mit Charme und guten Worten nichts ausrichten kann, greift es bedenkenlos zu Druck und massiver Einschüchterung – oder zu drakonischen Eingriffen, wie sie die Stadt Weimar erleben musste. Der Stadtrat hatte beschlossen, dem uigurischen Wirtschaftswissenschaftler Ilham Tohti, der seit Jahrzehnten für ein besseres Verhältnis und Verständnis zwischen Han-Chinesen und Uiguren kämpft und dafür zu lebenslanger Haft verurteilt wurde, den Weimarer Menschenrechtspreis 2016 zu verleihen. Darauf forderte die Berliner Botschaft der Volksrepublik in geharnischtem Ton, die Preiszuerkennung rückgängig zu machen. Als die Weimarer darauf nicht eingingen, verschwand mit einem Mal die gesamte Webseite «Menschenrechtspreis.de» aus dem Netz. Offensichtlich wurde die Seite gehackt. Im Rathaus, schrieb die *Thüringer Allgemeine*, spekuliere man nun über einen «gezielten Angriff aus China». Überhaupt können die Chinesen Kritik nicht gut vertragen. Berichte, die ihnen missfallen, nennen sie nicht Fake News, sie stellen sie als unzulässige Einmischung in ihre inneren Angelegenheiten hin.

So warf die *Global Times* westlichen Medien vor, sie setzten ihren «hegemonialen Machtdiskurs ein, um die Beurteilung sensibler Informationen über China zu manipulieren».

Container statt Containment

Ein untergeordnetes Ziel der Seidenstraßen-Initiative ist zumindest die teilweise Verlagerung des Güterverkehrs zwischen Ostasien und Europa vom Meer auf die Schiene. Von den zwei Routen führt die nördliche durch Sibirien, die südliche über Kasachstan, Russland, Weißrussland und Polen nach Westen. Da jubeln die Chinesen allerdings die Aussichten unrealistisch hoch.

Gewiss, die Strecke ist mit 10 000 bis 12 000 Kilometern viel kürzer, und der Verkehr ist viel dichter geworden. Der erste Trans-Eurasia-Express erreichte 2008 Hamburg. Von März 2011 bis Anfang 2018 haben nach Angaben von Botschafterin Fu Ying über 6000 China-Railway-Expresszüge Fahrten zwischen China und Europa unternommen und dabei 35 chinesische Städte auf 14 Routen mit 34 Städten in zwölf Staaten Europas verbunden. Laut *Chinawatch* waren es bis August schon 48 chinesische und 43 europäische Städte und insgesamt 10 000 Fahrten. Die «stählerne Seidenstraße» verbindet Zhengzhou, Wuhan, Hefei und Changshan mit Hamburg, Duisburg mit Chongqing, Shenyang mit Leipzig oder Wackersdorf, Chengdu mit Lodz, Prag und Nürnberg, Yiwu mit Madrid, Lyon und London. In Duisburg werden inzwischen pro Woche 25 bis 30 Züge aus China abgefertigt; dies hat den Umsatz im Hafen 2017 um 7 Prozent gesteigert. In Hamburg werden wöchentlich 235 Containerzugverbindungen nach 37 Zielorten in der Volksrepublik angeboten. Im Frühjahr 2018 traf auch der erste direkte Güterzug zwischen China und Österreich in Wien ein, jährlich sollen es 400 bis 600 werden.

Nach der viel zitierten Daumenregel ist die Bahnfracht halb so teuer wie die Luftfracht und doppelt so schnell wie die Seefracht (die allerdings nur die Hälfte kostet). Die Seefracht kann bis vierzig Tage brauchen, die Züge sind mittlerweile jedoch nur noch halb so lange unterwegs, viele bloß zwischen 14 und 16 Tagen. Probleme schaffen immer noch die mehrfachen Spurwechsel und die unterschiedlichen Zollformalitäten, auch sind die Güterzüge in Richtung China nach wie vor nicht verlässlich ausgelastet. Und man sollte die Relationen nicht außer Acht lassen.

Der chinesische Propaganda-Apparat bejubelte 2017 die achtzehntägige Fahrt eines Güterzuges vom ostchinesischen Yiwu nach London als Triumph für Xi Jinping. Im Jahr 2015 verkehrten nach Auskunft der chinesischen Botschaft in Berlin zwischen China und Europa 815 Güterzüge, davon kamen über die Hälfte nach Deutschland. Ende 2016 waren es zwanzig Züge pro Woche, im ganzen Jahr 2017 insgesamt 1127 Fahrten. 2018 sollten es 4000 werden. Das Frachtaufkommen der Deutschen Bahn zwischen Europa und China betrug im Jahr 2014 schon 30 000 Container, 2016: 51 500, 2017: 83 001; bis 2020 sollen es 100 000 werden (was auf anderen Verkehrsträgern kommt, ist schwer zu ermitteln). Das klingt ziemlich gewaltig, doch muss man den Blick aufs Ganze richten. Durchschnittlich wurden mit einem der in Westeuropa höchstens 600 Meter langen Güterzüge, von denen die schnellsten die Strecke in zwölf Tagen schaffen, die langsameren in knapp drei Wochen, maximal 41 Container transportiert. Ein einziges Frachtschiff kann jedoch in 24 Tagen 20 000 Container nach Europa bringen. Die kasachische Eisenbahnverwaltung will bis 2020 jährlich 1,7 Millionen Container durchschleusen können, doch wäre das laut *Economist* nur ein Zehntel der See- und Luftfrachtmenge. Selbst wenn sämtliche Eisenbahnlinien von China nach Europa modernisiert würden, überstiege die Transportkapazität nicht die drei Millionen. Im Übrigen: Wenn alle 25 Millionen Container, die jährlich aus China in die EU kommen und von dort zurückfahren, auf die Bahn verladen würden, dann bräuchte man dafür bei der heutigen Ladekapazität von 41 TEU pro Zug mehrere Hunderttausend Güterzüge. Überdies ist politische Stabilität entlang zusätzlicher Südrouten über den Balkan, die Türkei und Turkmenistan oder über den Kaukasus und Kasachstan alles andere als eine Selbstverständlichkeit.

Neben dem Traum von mehreren Europa und Ostasien verbindenden Hochgeschwindigkeits-Bahnstrecken steht auch der Plan für parallele Hochspannungsleitungen. Bei der Weiterleitung elektrischer Energie über große Entfernungen sind die Chinesen weltweit führend. Sie halten es für machbar, Elektrizität aus Westchina nicht nur nach Zentralasien zu exportieren, sondern bis hin nach Deutschland. Pekings Botschafter Shi Mingde wies gern darauf hin, dass die Luft-linien-Entfernung von Kaschgar nach Berlin nur 640 Kilometer länger ist als die von Kaschgar nach Schanghai. (Was er nicht hin-zufügte, war die hinderliche Tatsache, dass chinesischer Strom ent-weder Kohle- oder Atomstrom sein wird.)

«Gürtel und Straße»: Hält der Gürtel?

Das chinesische Jahrhundertprojekt «One Belt, One Road» stößt frei-lich auch auf einige Skepsis. Es gibt mancherlei Probleme. Viele Län-der entlang der beiden Seidenstraßen sind politisch und wirtschaft-lich alles andere als stabil, und die gesamte Region zwischen Pakistan und dem Mittelmeer ist ein brodelnder Hexenkessel zerfallender, in Bürgerkriegen versinkender Staaten, anfällig für Aufruhr und Terror-anschläge. So mehren sich die Meldungen, dass es bei den chinesi-schen Infrastrukturvorhaben an allen Ecken und Enden hakt. Nach einer Studie der Washingtoner RWR Advisory Group sind wegen Widerstands in der Öffentlichkeit, unfähiger örtlicher Verwaltungen, Nichteinhaltung von Terminen und mangelnder Transparenz von den bislang angekündigten 1674 BRI-Projekten 234 in Schwierigkei-ten geraten, etwa 14 Prozent. Dazu beigetragen hat auch die Tatsache, dass die chinesischen Manager oft die lokalen Umstände verkennen oder missachten. Was die – vielfach bestochenen – politischen und wirtschaftlichen Eliten begrüßen, erweckt häufig den Unmut der Be-völkerung.

Die fünf ex-sowjetischen «Stans» haben zusammen nur 70 Millio-nen Einwohner; nicht alle sind einander grün. Verschiedene Eisen-bahnspurweiten, zeitraubende Zollabfertigung und Grenzstreitigkei-ten schaffen weiterhin Probleme. So ist die aufstrebende Neustadt Khorgos an der chinesisch-kasachischen Grenze, die bis 2020 als «größter Trockenhafen der Welt» jährlich 4 Millionen Tonnen Güter sollte umschlagen können, statt zum Dreh- und Angelpunkt der neuen Seidenstraße vorerst zu einem regelrechten Flaschenhals gewor-

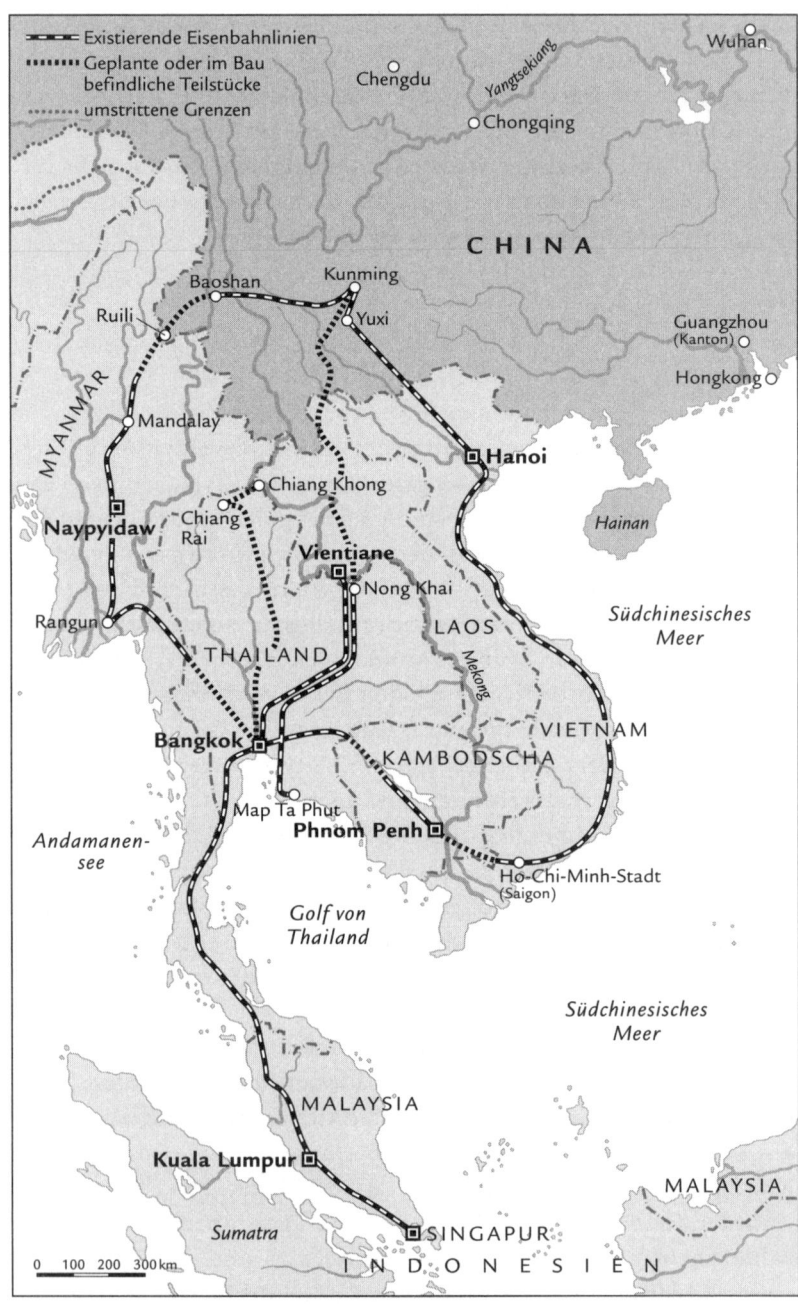

Chinas Eisenbahnstrategie in Asien

den. Zwar weist das kasachische Außenministerium stolz darauf hin, dass der Durchsatz 2017 auf 200 000 Container angewachsen sei; 70 Prozent des Güterverkehrs zu Lande zwischen China und Europa liefen durch Kasachstan. Bis 2020 sollen 500 000 Standardcontainer durch das Land befördert werden. Abgesehen davon, dass die meisten für Zentralasien oder den Iran bestimmt sind, wären 500 000 Container nicht viel mehr als 1 Prozent des Gütervolumens, das jährlich per Seefracht aus Asien nach Europa geht. Beim Aufbau der geplanten chinesisch-kasachischen Freihandelszone Khorgos bleiben die Kasachen ohnehin peinlich im Rückstand. Da hatten sich die Chinesen einiges mehr vorgestellt.

Und was in China Begeisterung weckt, die Möglichkeit etwa, in großem Stil Ackerland zu pachten oder Großprojekte von chinesischen Arbeitern bauen zu lassen, löst bei den Kasachen heftigen Unmut aus. Sie demonstrieren gegen die Pachtverträge und verprügeln chinesische Werkleute. So hat Kasachstan, wo Peking 20 Milliarden Dollar in Infrastrukturvorhaben stecken wollte, die chinesische Einwanderung und chinesische Investitionen begrenzt, um nicht überwältigt zu werden. Die Chinesen haben sich dort mit 5 Milliarden Dollar in das neu entdeckte Kaschagan-Ölfeld eingekauft. Die regierende Elite begrüßt zwar die Investoren aus China, doch das Volk, sprachlich und kulturell noch immer russisch geprägt, hegt keine sonderlich freundschaftlichen Empfindungen für die Nachbarn im Süden. Die *Financial Times* zitiert den kasachischen Universitätsprofessor Daniyar Kosnasarow mit dem Satz: «Je größer die chinesische Präsenz in Zentralasien wird, desto stärker werden die antichinesischen Gefühle; das Nationalbewusstsein und die Begeisterung für chinesische Investitionen leben in einer prekären Koexistenz nebeneinander, aber das Eis wird immer dünner.»

Auch anderwärts trifft das Seidenstraßen-Vorhaben auf tiefes Misstrauen. Eine Gegenreaktion ist in vielen Ländern entlang der BRI-Route zu spüren. Kirgistan hat als Gegengewicht zu China seine Beziehungen mit Moskau verstärkt, die Mongolei sogar chinesische Investitionen rückgängig gemacht. In Myanmar, wo chinesische Investoren Zehntausende Arbeiter und Händler ins Land brachten, wuchs ebenfalls das Gefühl, der Norden werde in eine chinesische Provinz verwandelt. Das Nachfolgeregime der Militärs setzte deshalb den Bau des gewaltigen Myitsone-Staudamms am Irawadi aus und strich mehrere andere Projekte, darunter eine Raffinerie für 3 Milliarden Dollar. Gleichwohl bleibt China der größte ausländische Investor. Doch überall in den fünf südostasiatischen Staaten am Mekong – Vietnam, Kambodscha, Laos, Myanmar und Thailand – haben riesige chinesische Staudamm-Projekte den Unmut nicht nur der Umweltschützer ausgelöst. Selbst Pakistan, wo Peking bis 2030 62 Milliarden Dollar in den China-Pakistan Economic Corridor (CPEC) investieren will, hat den Bau des geplanten Diamer-Bhasha-Staudamms, eines 14-Milliarden-Dollar-Vorzeigeprojekts, wegen der strengen chinesischen Auflagen gestoppt. Angesichts der hohen Verschuldung Pakistans, der Abwertung der pakistanischen Rupie und der strengen Auflagen, die der Internationale Währungsfonds mit neuen Krediten in Höhe von 12 Milliarden Dollar verbinden würde, könnte dem neuen Ministerpräsidenten Imran Khan nichts anderes übrigbleiben, als weitere CPEC-Vorhaben zu streichen. Um dies zu verhindern, hat China den Pakistanis weitere Finanzhilfe in Aussicht gestellt. Aus einem 2,5 Milliarden Dollar teuren Staudammbau ist auch Nepal wieder ausgestiegen, und in Thailand und Indonesien verursachen die Stop-and-go-Zyklen des Eisenbahnbaus gehörigen Unmut. Überall wurden Abmachungen eingemottet oder ganz abgebrochen. Eine genaue Übersicht ist indes schwer zu erlangen.

Was sich in Malaysia abspielte, war dafür nicht untypisch. Dort gab es im Frühjahr 2018 einen Machtwechsel, der einen politischen und wirtschaftlichen Richtungswechsel auslöste. Der lange Jahre kaltgestellte und verfolgte frühere Ministerpräsident Mahathir Mohamad hatte im Wahlkampf kritische Töne gegenüber China angeschlagen. Ihn besorgt Pekings Expansion im Südchinesischen Meer. Chinesische Investitionen bringen seiner Ansicht nach in vielen Fällen weder Kapital noch Technologie ins Land und schaffen keine Arbeitsplätze. Außerdem stürzten sie Malaysia – wohin im Rahmen der Seidenstraßen-Initiative 28 Milliarden Dollar geflossen sein sollen – in eine Schuldenfalle. Ein chinesisches Staatsunternehmen hatte dem in finanzielle Schwierigkeiten geratenen Staatsfonds IMDB dessen Kraftwerksanteile abgekauft, ein anderes hatte 1,5 Milliarden in ein Bauprojekt von IMDB investiert. Mahathir will den «Ausverkauf» an Peking beenden und hat zunächst das 13,4-Milliarden-Dollar-Projekt einer Eisenbahn von Kuala Lumpur nach Singapur und den Bau zweier Pipelines gestoppt; Letzteres, als er feststellte, dass 90 Prozent der Vertragssumme an die China National Petroleum Corporation überwiesen worden waren, die Erdölleitungen aber erst zu 13 Prozent fertiggestellt waren. Er will alle Investitionsverträge neu verhandeln. Dem 100-Milliarden-Vorhaben einer «Forest City» für 700 000 wohlhabende Chinesen an der Grenze zu Singapur hat er den Garaus gemacht; dorthin gehören seiner Ansicht nur Paviane und andere Affen. Mahathir scheute sich nicht, bei einem Staatsbesuch in China vor «einer neuen Version des Kolonialismus» zu warnen. Auch anderswo in Südostasien geht es mit den BRI-Projekten nur stockend voran.

Xi Jinping ist sich der Schwierigkeiten durchaus bewusst. In den Ländern der alten Seidenstraße, in denen einst Milch und Honig flossen, herrschten heute oft Konflikte, Turbulenzen und Krisen, räumt er ein. Dieser Zustand dürfe nicht andauern, deshalb müsse man ein Umfeld der Sicherheit für alle herstellen. Doch Sicherheit und Stabilität bleiben weithin prekär. Darüber hinaus verursachen unterschiedliche Rechtssysteme unerwartete Schwierigkeiten, ganz abgesehen von bürokratischen Hürden und korrupten Beamten. Außerdem stellt sich die Frage, wie und ob überhaupt die Kreditnehmer ihre Schulden tilgen können. Zum Beispiel kostet die neue zu zwei Dritteln von Peking vorfinanzierte Hochgeschwindigkeitsbahnstrecke vom südwestchinesischen Kunming zur laotischen Hauptstadt Vientiane 6 Milliarden Dollar, das Bruttoinlandsprodukt von Laos beträgt aber gerade 13 Milliarden Dollar. Da besteht wie anderswo durchaus die Gefahr, dass chinesische Kredite notleidend werden und die Schuldnerländer beim Weltwährungsfonds Unterstützung suchen, Insolvenz anmelden oder aber, wie in Sri Lanka, einen Teil der Projekte an China abtreten müssen. Ebenso steht dahin, wer eigentlich für Unterhaltung und Reparaturen der fertigen Projekte zahlt.

Zwar betont Peking immer wieder, dass es die Welt nicht dominieren will. «Wir wollen unsere Vorstellung von Entwicklung und sozialer Ordnung niemandem aufdrängen», sagt Xi Jinping. China erstrebe eine Weltordnung zu gegenseitigem Nutzen und Gewinn, heißt es offiziell. Selbst zu Wohlstand gelangt, fühle es sich verpflichtet, der Welt etwas Gutes zu tun und sein Geld, sein Knowhow, seine Erfahrung für die Entwicklung anderer Staaten einzusetzen. Dabei lasse es sich von Xi Jinpings «drei Nein» leiten: «Keine Hiwis *(agents)* suchen, sondern nur beraten und ehrlich makeln; keine Einflusssphären schaffen, sondern jedem die Teilnahme an der Gürtel-und-Straße-Initiative anbieten; nicht danach trachten, ein ‹Vakuum› zu füllen, sondern ein Netzwerk der *win-win*-Zusammenarbeit zu allseitigem Nutz und Frommen aufzubauen.»

Dennoch erscheint die neue Seidenstraße etlichen Anrainern nicht als harmloser Wirtschaftsgürtel, sondern in erster Linie als ein strategisches Instrument eigennütziger chinesischer Geopolitik, das die Weltmachtposition des Landes stärken soll. Nicht alle fühlen sich wohl im «Chiniversum», wie Jan Ross in der *ZEIT* Chinas neue Einflusssphäre tituliert hat. Xis Ziel, «den großen Zusammenhalt aller Chinesen im In- und Ausland zu stärken», trifft auch nicht überall auf Sympathie. *Zhonghua minzu*, die chinesische Nation, könnte man auch mit «chinesische Rasse» übersetzen, denn es sind alle Söhne und Töchter des Gelben Kaisers gemeint, auf den sich Xi Jinping ebenso beruft wie vierzig Jahre vor ihm Deng Xiaoping – jedermann, der chinesischen Blutes ist, ganz gleich, wie lange es her ist, dass seine Vorfahren auswanderten. Samuel Huntington hat in *Clash of Civilizations* völlig zu Recht gesagt, dass die Chinesen Identität rassisch definieren: «Chinesen sind alle derselben Rasse, desselben Bluts und derselben Kultur» – ein Konzept, das zugleich sehr eng und sehr umfassend sei, denn es bringe die Regierung dazu, alle «Menschen chinesischer Abstammung, selbst Bürger anderer Staaten, als Mitglieder des chinesischen Volkes zu betrachten, die in gewissem Maß der Hoheit der chinesischen Regierung unterstehen».

Den Beweis dafür hat Ministerpräsident Le Keqiang mit seiner Äußerung geliefert: «Die chinesische Rasse ist eine große Familie. Die Liebe zum Mutterland, die leidenschaftliche Anhänglichkeit an die Heimat steckt jedem und jeder im Blut, der chinesische Ahnen hat.» Diese Denkungsart könnte besonders in Südostasien die chinesische Diaspora, die oft genug schon Zielscheibe von Ressentiments und blutigen Pogromen geworden ist, in große Schwierigkeiten bringen; sie würde leicht wieder in den Geruch einer fünften Kolonne kommen. Im weiteren indo-pazifischen Raum könnte sie als Ansatz ausgelegt werden, eine chinesische Regionalhegemonie heraufzuführen,

in der China Konnektivität beschwört, aber vor allem seine Einflusssphäre vergrößern will und sich, wo nötig, mit seinen vollen Schatztruhen außenpolitische Gefolgschaft erkauft. Das chinesische Geld
verlockt, aber es schafft auch Abhängigkeit und erweckt unweigerlich
die Erinnerung an die einstige Tributvorherrschaft des kaiserlichen
Chinas.

Besonders Indien sieht das Projekt mit scheelen Augen an. «Chinas
Traum, unser Albtraum», titelte die *Hindustan Times*. Für Delhi sind
die Seidenstraßen Teil einer bedrohlichen chinesischen Einkreisungs-
strategie. «Es ist klar ersichtlich, wie Indien von China eingekreist
wird», sagt der indische Politologe Brahma Chellaney. «Die Neue Seidenstraße, der Ansatz ‹ein Gürtel, eine Straße› im Norden, die Maritime Seidenstraße im Süden, der Korridor durch Pakistan in den
Indischen Ozean – dahinter liegt Chinas Verlangen, seinen Einfluss
entlang der Hauptschlagadern seines Handels zu sichern. Dahinter
jedoch liegt das Bestreben, seinen Einfluss in großen Teilen der Welt
zu sichern.»

China ist der engste Bundesgenosse Pakistans, Indiens Erzfeind.
Peking hat dort ein gigantisches Infrastrukturprogramm im Umfang
von 62 Milliarden Dollar aufgelegt. Geplant sind unter anderem eine
Verdoppelung der Elektrizitätsproduktion zum guten Teil durch die
Erschließung der siebtgrößten Braunkohle-Vorkommen der Welt in
der Thar-Wüste, ferner der Ausbau moderner Straßen- und Bahnver-
bindungen im Lande bis zur chinesischen Grenze sowie mehrere Sonderwirtschaftszonen zur Ankurbelung der Ökonomie. China profitiert davon in erster Linie durch den direkten Zugang von Westchina
zur Arabischen See. Obendrein erhält es Anlaufrechte für seine Kriegsmarine in dem von ihm erbauten und finanzierten Hafen Gwadar in
Westpakistan. Indien ist davon so beunruhigt, dass es den Pekinger
Seidenstraßen-Gipfel im Mai 2017 demonstrativ boykottiert hat (siehe
Kapitel 14).

Auch für Japan wäre eine Beteiligung an dem Seidenstraßenprojekt nicht unproblematisch. Ministerpräsident Abe liebäugelt zwar
durchaus mit der Teilnahme, um Japan neue ökonomische Möglichkeiten zu eröffnen und bei der Festlegung von Standards und Normen mitzureden. Allerdings stellt er strikte Vorbedingungen: Der
Zugang zu den geplanten Infrastrukturkorridoren muss allen offen-

stehen, die Wirtschaftlichkeit der Projekte muss gewährleistet bleiben, und schließlich muss gesichert sein, dass die Schulden zurückbezahlt werden können. Ob sich China, käme es zu einem förmlichen japanischen Beitrittsangebot, darauf einlassen würde, mag man indes angesichts der gravierenden politischen Differenzen zwischen Peking und Tokio bezweifeln.

Europa und die Seidenstraßen

Die Frage ist freilich: Wie soll sich Europa zu dem Seidenstraßenprojekt verhalten? Anfangs hielten selbst China-Experten das Projekt für eine verschwommene Idee, bestenfalls Stoff für schöne Reden, Symposien und Seminare. Die EU brauchte eine Weile, bis sie erkannte, dass es sich bei dem Jahrhundertvorhaben Xi Jinpings nicht um wohlfeiles Geschwätz handelte, sondern um eine enorme strategische Machtprojektion der Chinesen. Xi Jinpings geopolitische Zielsetzung ließ sich am Ende nicht mehr ignorieren: eine Weltordnung, in deren Zentrum wiederum China steht – wie einst im Zeitalter des *tianxia*, als «alles unter dem Himmel» dem Kaiser huldigte. In manchen seiner Reden hat Xi Jinping darauf Bezug genommen. Die Seidenstraße stehe im Einklang mit dem *tianxia*-Konzept, das alle Nationen in Harmonie sehe, ist seine Ansicht. Was er nicht hinzusetzt, ist freilich, dass Harmonie Übereinstimmung mit Chinas Stellung und Einstellung bedingt – wie in kaiserlichen Zeiten.

Damals, kennzeichnet Konrad Seitz die seinerzeitige Lage, errichteten die Chinesen «keine Überseekolonien, sondern begnügten sich damit, dass die Mitglieder des chinesischen Handelsreiches die Oberhoheit des Universalkaisers anerkannten und den Handel mit China nach chinesischen Regeln führten. [Dies] war der Preis für den Zugang zum lukrativen Handel mit China und zur Teilnahme an seiner überlegenen Kultur.» So ähnlich soll es heute wieder werden. «Im Kern», sagt Tom Miller, «ist es das Ziel von Chinas Wirtschaftsdiplomatie, ein modernes Tributsystem zu schaffen, in dem alle Straßen buchstäblich nach Peking führen.» Nicht, dass es über das Südchinesische Meer hinaus auf territoriale Eroberungen aus sei, fügt er hinzu.

Sein neues «Reich» werde formlos und weithin ökonomisch bestimmt sein, auf Bares gebaut und durch harte Infrastruktur zusammengehalten. Auch der *New York Times*-Autor Howard French erkennt in seinem Buch *Everything under the Heavens* die Verwurzelung von Xi Jinpings Politik in der Kaiserzeit. China war bald größer und stärker, bald kleiner und schwächer – es blieb immer das Reich der Mitte. Und allzeit hat es versucht, die Anrainer der Mitte zu beeinflussen, durch Schmeichelei, Verlockung, Bedrängung oder auch Unterwerfung unter seinen eigenen Himmel zu ziehen. Die Seidenstraße ist die neuzeitliche Ausprägung dieses uralten Strategems.

Xi hat sein Mammutprojekt in der Verfassung verankern lassen. Allen Interessenten wird ein Wort für Wort vorgegebenes «Memorandum of Understanding» zur Unterzeichnung vorgelegt, in dem sie sich zur Substanz, der zugrundeliegenden Ideologie und den Zielen der Neuen Seidenstraße bekennen und sich auf die Respektierung der «Kerninteressen und Hauptanliegen» Chinas verpflichten sollen. Mehr als achtzig Nationen haben dies nach Pekinger Angaben bisher getan. Die meisten Europäer blieben jedoch standhaft.

Beim Pekinger «Gürtel-und Straße»-Gipfel im Mai 2017 brachte es der Vizepräsident der Europäischen Kommission fertig, den versammelten Staatsmännern in einem einzigen Absatz die Haltung der EU zu erläutern. Der Finne Jyrki Katainen formulierte acht Prinzipien, die bei «jeglichem ehrgeizigen Plan, Europa und Asien zu verbinden», beachtet werden müssten. Er tat dies nicht ohne den verschmitzten Hinweis, dass die Acht in China für Wohlstand steht. Dann schlug er den Gastgebern ihre Sünden um die Ohren, indem er in diplomatisch unangreifbarer Formulierung den Kontrast zwischen ihrem Handeln und den folgenden EU-Prinzipien aufscheinen ließ. Erstens: Transparenz bei Planung und Ausführung, samt offenen, regelbasierten öffentlichen Ausschreibungen und Marktzugang auf Gegenseitigkeit. Zweitens: gemeinsame Entscheidungen aller Länder und Beteiligten über die Prioritäten. Drittens: langfristiges Denken, kein unsystematisches Herangehen in Einzelschritten, sondern ordentliche Machbarkeitsstudien mit Fokus auf Wirtschaft und Umwelt. Viertens: Einbeziehung der Einheimischen. Fünftens: Nachdruck auf Nachhaltigkeit. Sechstens: Kosteneffizienz, Verhinderung von Fehlfinanzierung, Anwendung weltweiter Ausleihestandards und Risikoteilung. Siebtens: Heranziehung multilateraler Banken wie der Europäischen Investitionsbank, der Europäischen Bank für Wiederaufbau und Entwicklung, der Asian Development Bank oder der Weltbank. Achtens, das wichtigste Prinzip: gleicher Nutzen für alle, für Länder wie für Wirtschaftsakteure sämtlicher Seiten.

Die Chinesen vernahmen Katainens acht Prinzipien wie vom Donner gerührt. Sie erkannten, was hinter seiner Aufzählung steckte: der Versuch, Peking die alleinige Bestimmung über das Seidenstraßenprojekt zu entwinden und sein geopolitisches Vorhaben in ein rein wirtschaftliches, gemeinsames Entwicklungsvorhaben umzuwandeln. Aus Brüsseler Sicht ist es wichtig, dass China die EU-Standards beachtet und der europäischen Industrie gleichberechtigten Zugang zu den Projekten der Seidenstraßen-Initiative gewährt.

Verschnupft reagierten die Chinesen dann auf die Weigerung der EU, das Memorandum of Understanding zu unterzeichnen, das nichts anderes ist als ein uneingeschränktes Bekenntnis zu Chinas Mammutprojekt. Xi Jinpings Erklärung, dass dahinter «kein geopolitisches Kalkül» stehe, konnten die Europäer nicht ernstnehmen, nachdem sie den fünfseitigen Text eingesehen hatten, den die Chinesen als unveränderbar und vertraulich bezeichneten (der aber bald schon der *Frankfurter Allgemeinen* und anderen westlichen Medien vorlag). Von einem Kotau vor China und seiner Weltsicht war in Brüssel die Rede. Die Kritik richtete sich zunächst gegen Chinas Vorgehensweise. Warum ein ominöses Memorandum anstelle eines multilateralen Abkommens und eines institutionellen Strukturrahmens? Es gibt kein gemeinsames Sekretariat (das Generalsekretariat sitzt im chinesischen Außenministerium), keine Transparenz der Entscheidungsverfahren, keine Mitbestimmung der Beteiligten über das Gesamtprojekt. Der bilaterale Charakter der Initiative ermöglicht es China, «von Machtasymmetrien zu profitieren», heißt es in einem EU-Papier. Anstoß nahmen die Europäer auch an der begrifflichen Vagheit von Xis Konzept der «Schicksalsgemeinschaft der Menschheit», da es ganz andere Werte beinhalte als die in der UN-Charta festgehaltenen und zumal ein anderes als das westliche Verständnis der Menschenrechte widerspiegele. Vor allem jedoch fanden sie die Forderung nach gegenseitiger Achtung der «Kerninteressen» der Unterzeichner unzumutbar, mit der sie Pekings Haltung zur Taiwan-Frage übernommen, seine Gebietsansprüche im Südchinesischen und Ostchinesischen Meer bejaht und auch die Behandlung der tibetischen und uigurischen Minderheit gebilligt hätten. Aus demselben Grund hatten bei ihren Staatsbesuchen schon Frankreichs Staatspräsident Macron, die britische Premierministerin May, der niederländische Ministerpräsident Rutte und der österreichische Bundeskanzler Kurz ihre Unterschrift abgelehnt.

Im Frühjahr 2018 verständigten sich 27 der 28 EU-Botschafter in Peking auf eine gemeinsame Empfehlung zu dem Memorandum und überhaupt zur Seidenstraßen-Initiative, erstaunlicherweise außer Ungarn auch sämtliche Ost- und Südosteuropäer aus dem 16+1-Verbund, die zu den Unterzeichnern gehörten. Nach einem Bericht der *Frankfurter Allgemeinen* aus Brüssel waren sie «frustriert über nicht eingehaltene Versprechungen und das wenig partnerschaftliche Gebaren Chinas, das im Alleingang Termine, Agenden und einzuladende Beobachter festlegt». Auch das Positionspapier, das die Europäische Kommission im Juli 2018 dem EU-China-Gipfel vorlegte, fand die Billigung der meisten EU-Mitglieder. Wiederum scherte jedoch Griechenland aus. Im August unterschrieb Außenminister Nikos Kotzias das Memorandum of Understanding für Hellas – als «erste entwickelte westliche Nation», wie *China Daily* stolz vermeldete. In Italien erwog zugleich die Lega-Fünf-Sterne-Koalition die Unterzeichnung; sie hofft auf chinesische Ausbauhilfe für den Hafen von Triest.

Noch ist nicht zu erkennen, ob die Seidenstraßen geo-ökonomische Verbindungsstränge werden oder doch eher geopolitische Verwerfungslinien. Vorläufig müssen wir es dahingestellt sein lassen, ob sie wirklich ein Stück zum Weltfrieden beitragen oder ob sie doch nur die bestehenden Gegensätze weiter schüren. Indessen zeigt das Pekinger Großprojekt eines mit übergroßer Deutlichkeit: Die Chinesen haben ihre eigenen Weltordnungsvorstellungen und forcieren sie in einem historischen Augenblick, in dem die bisher tragenden westlichen und internationalen Institutionen – Atlantische Gemeinschaft, Europäische Union, Vereinte Nationen, Weltbank, IMF und WTO – an Geschlossenheit, Überzeugungskraft und Wirkmächtigkeit verlieren.

11

China rüstet auf

Weltpolitik ohne militärische Macht ist wie Gewichtheben ohne Muskeln. Jeder Staat braucht sie, allein oder im Verbund mit Alliierten, wenn er nicht unter Druck gesetzt werden will. Und er braucht sie erst recht, wenn er die Absicht hat, andere unter Druck zu setzen.

Nicht erst, seitdem Barack Obama 2011 seinen *pivot to Asia* verkündete, die Verlagerung des strategischen Schwerpunktes der USA in den asiatisch-pazifischen Raum, rüstet China entschlossen auf. Seit 1964 ist es eine Atomwaffenmacht, seit 1967 hat es die Wasserstoffbombe, seit Jahrzehnten verfügt es über Interkontinentalraketen mit einem Arsenal von heute schätzungsweise 250 bis 270 Nuklearsprengköpfen. Inzwischen ist es überdies eine formidable Weltraum-Macht.

Den ersten Erdsatelliten startete Peking 1970, 2003 flog zum ersten Mal ein chinesischer Raumfahrer ins All, 2008 wagte der erste einen Außeneinsatz. Im Jahr 2011 brachten die Chinesen dann mit der Tiangong 1 («Himmelspalast») ein achteinhalb Tonnen schweres und zehn Meter langes Raumlabor in eine Erdumlaufbahn, das nach sieben Jahren bei Tahiti ins Meer stürzte, 2016 folgte ihr die größere, bequemere und besser ausgerüstete Tiangong 2. Der «Jadehase» landete 2013 auf dem Mond und schickte einunddreißig Monate lang Fotos auf die Erde. Die jüngste und größte der chinesischen Raketen, «Langer Marsch 5», Nutzlast 25 Tonnen, leidet noch an Kinderkrankheiten; statt der geplanten dreißig Raketenstarts gelangen 2017 nur achtzehn. Doch wurde im selben Jahr der erste Kommunikationssatellit mit Quantentechnologie in Umlauf gebracht. Auf der sechsten Orbitalmission der Chinesen verbrachten zwei Mann dreiunddreißig Tage im Weltraum, ehe sie mit der Shenzhou 11 im November

2017 wieder auf einem der vier Weltraumbahnhöfe der Volksrepublik in der Inneren Mongolei landeten. Im Laufe des Jahres 2018 sollte ein Roboter auf die Rückseite des Mondes geschickt werden und die Montage einer ständig bemannten Weltraumstation beginnen. Mit der Entsendung eines Taikonauten, wie die chinesischen Astronauten heißen, auf den Mond wird ab 2024 gerechnet; danach stehen Missionen zum Mars und zum Jupiter auf dem Programm. Auch damit will sich China als Technologie-Großmacht positionieren. Drei Astronauten der europäischen Raumfahrtagentur ESA lernen bereits Chinesisch, darunter der Deutsche Matthias Maurer. Sie hoffen, 2023/24 zu Chinas neuer Raumstation mitfliegen zu dürfen.

Doch die Volksbefreiungsarmee war seit Langem keine sonderlich eindrucksvolle Streitkraft mehr. Die werdende Weltmacht China, wollte sie mithalten im Konzert der Großen, zumal im Wettbewerb mit den Vereinigten Staaten, konnte gar nicht anders, als ihr Militär völlig neu aufzustellen.

Die alte Volksbefreiungsarmee: Tofu-Kocher und Balletteusen

Noch ehe Deng Xiaoping die Modernisierung der Landesverteidigung ins Werk setzen konnte, besuchte ich im November 1978 mit einer deutschen Journalistengruppe die 196. Infanteriedivision, eine Vorzeige-Einheit in der Nähe von Tianjin. Die Soldaten strengten sich mächtig an, uns zu beeindrucken. Zum Beispiel wurde eine Hauswand an Bambusstangen erklommen – akrobatisch faszinierend, militärisch von zweifelhaftem Nutzen. Nicht anders die anschließende Schießübung («Schießen mit schwerem MG auf die Schießscharten der feindlichen Festung»): viel Spektakel, wenig Wirkung; darüber hinaus mit lautem Gebrüll untermalte Nahkampfübungen («Wir betrachten den Nahkampf als eine Maßnahme zum erfolgreichen Töten des Feindes»). Dann wurde uns eingebläut, dass das Militär auch noch ganz andere Aufträge habe als militärische. Zum einen Agitation: «Wir schicken Propagandateams in Fabriken und Kommunen, um den Massen die Parteilinie zu erläutern.» Zum anderen Produktion: «Der Produktionseinsatz erhöht auch die Kampfkraft.» Wir hörten: «Die Truppe hilft jährlich bei der Ernte und packt in Industriebetrieben mit an. Vor allem jedoch erzeugt die Division zu einem Drittel selbst, was sie braucht. Sie bewirtschaftet 250 Hektar Land, hält 4000 Schweine, baut Reis und Soja an. Die Frauen der Offiziere betreiben sieben Fabriken, in denen sie Arzneimittel, Schuhwichse, Putzmittel, Elektromotoren, Wecker und Wasserpumpen herstellen. Die Soldaten schälen Reis, rühren Tofu an und stellen Nudeln für die Kantine her.» Auch ein Ballett leistete sich die Einheit, lauter Mädchen, eines hübscher als das andere. Dass eine moderne Armee nicht Kohl züchten und ein Drittel ihrer Ausbildung der politischen Schulung widmen kann, noch jede Division unbedingt Chor, Orchester und Tanzgruppe braucht, vermochte sich der stellvertretende Divisionskommandeur nicht vorzustellen. Erst vier Jahrzehnte später hat Xi Jinping im Zuge seiner 2015 eingeleiteten Wehrstrukturreform verfügt, der Volksbefreiungsarmee ihre Tänzer, Sänger und Künstler wegzunehmen.

Damals verfügten die chinesischen Streitkräfte über fast fünf Millionen Mann. Wohl hatte die Volksbefreiungsarmee, als Bauern-Guerilla in den 1920er-Jahren entstanden, 1949 gesiegt, aber im Grunde blieb sie eine Bauernarmee. In den Jahrzehnten nach der Niederringung Chiang Kai-sheks wurde sie politisch mehrfach schwer gebeutelt. Kaum ein Verteidigungsminister und Generalstabschef entging der Brandmarkung als Konterrevolutionär. Immer wieder gab es Krisen, Absetzungen, erbitterte Linienkämpfe. Mao und die kommunistischen Traditionalisten propagierten den Volkskrieg, hoben auf die Massen ab und verkündeten, Menschen zählten mehr als Material. «Die Mobilisierung des gemeinen Mannes im ganzen Land muss ein riesiges Meer schaffen, in dem der Feind ertrinkt», lautete Maos Anweisung. In seinen 1965 an die Amerikaner gerichteten Worten griff der zeitweilige Verteidigungsminister und designierte Mao-Nachfolger Lin Biao diese Linie auf: «Der weite Ozean mehrerer Hundert Millionen Chinesen in Waffen wird mehr als genug sein, um eure wenigen Millionen Angreifertruppen zu verschlingen.» Professionell denkende Militärs und Parteifunktionäre strebten hingegen eine kleinere, hochmodern ausgerüstete Armee an. Erst nach Maos Tod erhielten die Modernisierer freie Bahn. Doch sie mussten sich Zeit lassen. Deng Xiaoping gab der wirtschaftlichen Entwicklung Vorrang, der Wehrstrukturreform wurde zunächst die geringste Dringlichkeit zugebilligt. Von 1979 bis 1989 sanken die Verteidigungsausgaben um jährlich 6 Prozent; erst von 1990 bis 1997 nahmen sie um 6,1 Prozent im Jahr wieder zu. Immerhin schickte Deng eine Million Soldaten nach Hause. Aber dann erlebte er ein Fiasko, als er im Herbst 1978 – um die gleiche Zeit, in der er seine Wirtschaftsreformen einleitete – 200 000 Infanteristen mit mehreren Hundert Panzern und 700 Kampfflugzeugen gegen Vietnam aufmarschieren ließ.

Vom Erbfeind Vietnam geschlagen

Der aktuelle Anlass waren die rüde Vertreibung von 240 000 Chinesen aus Vietnam und mehrfache Grenzverletzungen durch das Regime Ho Tschi Minhs. Dahinter stand jedoch die Absicht, die Entstehung einer Union Indochinas unter Führung Hanois zu verhindern, den Vietnamesen zu zeigen, dass auf die Hilfe Moskaus (mit dem es am 3. November einen Freundschaftspakt abgeschlossen hatte) kein Verlass war, und den gestaltenden Anspruch der Vormacht China auf ihrem südlichen Glacis in Erinnerung zu bringen. «Man muss ihnen eine Lehre erteilen», polterte Deng am 31. Januar in Washington. Am 17. Februar 1979 fielen die chinesischen Truppen in Vietnam ein. Peking sprach von einem «beschränkten Gegenangriff zur Selbstverteidigung». Das beabsichtigte Lehrstück geriet indes nicht zum Heldenstück. Die Schwächen der Volksbefreiungsarmee, die ein Vierteljahrhundert lang keinen Krieg mehr erlebt hatte, wurden allzu offenbar: fehlende Beweglichkeit, Schwerfälligkeit der Führung sowie Mängel der Ausrüstung und der Fernmeldetechnik. Die Truppe kämpfte in Sandalen und verständigte sich mit Signalflaggen. Auf der anderen Seite setzten die Vietnamesen nur Milizen und örtliche Verbände zur Verteidigung ein, ihre Hauptstreitkräfte hielten sie in Reserve. Anfang März zogen sich die Chinesen schmählich zurück. Experten wie Gerald Segal, Bruce Elleman und Carl Thayer sind sich einig, dass Chinas Angriff ein totaler Fehlschlag war. Den chinesischen Angreifern fügten die Vietnamesen hohe Verluste zu, 28 000 Gefallene und 43 000 Verwundete, während sie selbst weniger als 10 000 Tote zu beklagen hatten (die genauen Zahlen sind umstritten). Nach dem 27-Tage-Krieg klagte Deng, die Volksarmee sei «fett geworden».

Zufällig war ich mit einigen deutschen Kollegen genau drei Monate vor dem Angriff in dem Grenzgebiet gewesen, in dem die chinesischen Truppen aufmarschiert sein mussten. Auf der Fahrt von Nanning zum Freundschaftspass an der Grenze hatten wir nichts Militärisches bemerkt, nur einmal blitzten in einiger Entfernung die Rümpfe einer Staffel MIGs durch die Bäume. Sonst nichts, kein Militärverkehr an der Hauptstraße zur Grenze, keine Soldaten an den Bahnhöfen der Eisenbahnlinie nach Hanoi. Und im Revolutionskomitee von Ping Xiang schworen die Funktionäre: «China und Vietnam sind durch gemeinsame Berge und Flüsse so eng miteinander verbunden wie Lippen und Zähne. Seit jeher besteht Freundschaft zwischen den beiden Völkern.»

Aber der Freundschaftspass – «Yu Yi Kuan» (Youyiguan) – hieß nicht immer so. Ihre südliche Grenzbastion nannten die Chinesen zunächst Jinling, Chinesenberg. Später hatte sie den Namen «Bezwingerin der Fremden» und unter den Ming-Kaisern dann drohend «Beherrscherin des Südens». Das Freundschaftsetikett klebten erst 1962 die chinesischen Kommunisten dem alten Gemäuer auf. In Wahrheit jedoch gibt es zwischen China und Vietnam eine Erbfeindschaft, die zwanzig Jahrhunderte zurückreicht.

Die Vietnamesen standen lange Zeit unter chinesischer Kuratel: von III v. Chr. bis 939 unter direkter Herrschaft, von 939 bis 1884 als Tribut zahlende Vasallen unter indirekter, zeitweise allerdings nur zeremonieller Oberhoheit des Kolosses im Norden. Sie bezogen ihre Hochkultur aus China: ihre Schrift, ihr Denken, ihre Verwaltungspraxis, ja sogar ein Gutteil der Umgangssprache. Immer wieder war Vietnam das Ziel chinesischer Strafaktionen: im dreizehnten Jahrhundert unter Kublai Chan, im fünfzehnten unter den Ming-Kaisern, erneut 1788/89 unter den Mandschus. Die chinesischen Herrscher ließen in den Schulen nur Chinesisch als Unterrichtssprache zu, sie beschlagnahmten alle vietnamesische Literatur, verboten das Betel-Kauen und zwangen den Frauen chinesische Kleidung auf. Die antichinesischen Ressentiments der Vietnamesen wurden 1945 noch einmal aufgefrischt, als Chiang Kai-sheks Truppen die Japaner in Nordvietnam entwaffneten und sich vier Monate lang weniger als Befreier denn als

Besatzer aufführten. Vietnams Nationalhelden sind bis zum heutigen Tag die Schwestern Trung, die im Jahr 39 eine Erhebung gegen die chinesische Herrschaft anzettelten, die Han-Garnison aus dem Lande warfen und sich zu Königinnen eines freien Vietnam ausrufen ließen. Nach drei Jahren freilich kehrten die fremden Herren mit einer Übermacht zurück, worauf sich die tapferen Schwestern im Roten Fluss ertränkten.

Dengs Vietnam-Krieg war der siebzehnte, den die beiden Völker im Lauf zweier Jahrtausende gegeneinander führten, und nach der Zählung von Howard French in seinem Werk *Everything under the Heaven* der siebte, den die Vietnamesen gewannen. An 26 Orten überschritten die chinesischen Truppen die vietnamesische Grenze, drangen stellenweise bis zu vierzig Kilometer tief in das Gebiet des südlichen Nachbarn ein und richteten in vier oder fünf Grenzprovinzen schlimme Verwüstungen an, ehe die überraschten, aber kampferprobten Vietnamesen sie zurückschlugen.

Xi Jinpings Wehrstrukturreform

Danach war den Chinesen klar: Eine Wehrreform war überfällig. Allerdings zog sie sich lange Zeit hin. Im Grunde wurde sie erst richtig angepackt, als die Führung nach und nach die militärische Durchschlagskraft Amerikas erkannte: erst 1991 bei der Operation *Desert Storm* im Irak; dann 1996, als Präsident Clinton Peking durch die Entsendung von zwei Flugzeugträgern in die Region zwang, seine Raketendrohungen gegen Taiwan einzustellen; 1999 im Kosovo-Krieg der NATO gegen Serbien; 2001, nach *Nine-Eleven,* mit der Zerschlagung der Taliban in Afghanistan; schließlich 2003, als die Amerikaner Saddam Hussein binnen vier Wochen besiegten.

Noch 2006 erklärte Helmut Schmidt seinem Interviewer Frank Sieren, China stelle keine militärische Bedrohung für andere Nationen dar, der militärische Ehrgeiz sei erstaunlich gezügelt, und das Land habe ja auch keine Stützpunkte außerhalb Chinas. Gefragt, was die Chinesen denn bräuchten, um jenseits ihrer Grenzen mitspielen zu können, sagte er: «Ich denke, sie haben nicht die Absicht, dies zu tun. Aber wenn sie sie hätten, so müssten sie zunächst ihre Seestreit-kräfte ausbauen. Sie bräuchten mehrere Flugzeugträger mit Dutzen-den Geleitschiffen. Sie bräuchten U-Boote, die in der Lage sind, Mit-telstreckenraketen zielsicher abzuschießen. Und sie bräuchten eine satellitengesteuerte Globalaufklärung sowie eine moderne Flugabwehr. Solange China keine Flugzeugträger besitzt, muss seine militärische Potenz uns nicht beunruhigen.» Ihm schiene jedoch, schrieb er noch 2008, «dass China kaum sonderlich aufrüsten wird». Nach seiner Überzeugung gehe von China, wenn es nicht von Taiwan heraus-gefordert werde, «überhaupt keine Bedrohung für den Weltfrieden» aus. «Ansonsten haben die Chinesen keinerlei Interesse an einem Konflikt mit Amerika oder gar mit Indien und Japan.» In Anlehnung an seine alte Tradition, dass China Expansion und Eroberung nicht nötig hat, werde es vorsichtig bleiben. Vorausschauend konstatierte Schmidt, es werde die Kooperation mit Europa, Indien und Russland fortsetzen, und «es wird einen wachsenden Einfluss ausüben in Zen-tralasien und Afrika sowie in Lateinamerika».

Alles, was der Ex-Bundeskanzler damals als Voraussetzung einer Weltmachtrolle aufführte, haben sich die Chinesen inzwischen ver-schafft: Flugzeugträger, U-Boote, Satellitenaufklärung und Raketen-abwehr. Dies ist das Ergebnis der Reformen, die Xi Jinping seit seinem Amtsantritt mit großem Nachdruck betrieb. Helmut Schmidt müsste heute die Fähigkeiten des chinesischen Militärs ganz anders beurtei-len als 2006/2008, wobei dahingestellt bleiben darf, wie er die Inten-tionen der Führung einschätzen würde. Die zwei Faktoren, von denen er die künftige militärische Entwicklung der Volksrepublik abhängig machte, sind auch heute noch höchst bedenkenswert: «Wie aggressiv verhalten sich die Amerikaner im Pazifik? Und wie viel Macht haben die chinesischen Generäle?» Allerdings müsste er heute einen dritten Faktor in seine Analyse einbeziehen und sogar an die erste Stelle setzen: «Wie aggressiv verhalten sich die Chinesen im Pazifik?»

Bei den derzeitigen Reformen geht es Xi Jinping zunächst um die Verkleinerung, Modernisierung und Professionalisierung der Streit-kräfte. Laut *Military Balance* hatte die Volksbefreiungsarmee 2016 einen Umfang von 2,183 Millionen Mann: Heer 1,15 Millionen, Marine 235 000, Luftwaffe 398 000, Strategische Raketenstreitkraft 100 000, Strategischer Unterstützungsverband 150 000, Paramilitärs 660 000.

Eine weitere Reduzierung auf zwei Millionen Mann wurde seitdem vollzogen. Mit Kernwaffen bestückt sind vier atomgetriebene U-Boote, 62 Interkontinentalraketen und 80 Mittelstreckenraketen.

Zugleich kündigten zwei Weißbücher 2013 und 2015 einen Totalumbau der Streitkräfte an. Die bisher weithin dezentralisierte Kommandostruktur wurde danach in einer gemeinsamen Operationszentrale zusammengefasst. Erstmals erhielt das Heer ein eigenes Hauptquartier, die Zahl der Armeekorps wurde von 18 auf 13 vermindert, und die Divisionen wurden in kleinere und flexiblere Brigaden umgewandelt. Die Strategischen Raketentruppen, die bisher unter «Zweiter Artillerie» firmierten, wurden zu einer eigenständigen Teilstreitkraft erhoben. Die sieben bisherigen Wehrbezirke sind durch fünf neue «Theater Commands» (*zhangu*) ersetzt worden, «Bezirke für Kriegführung» in der amtlichen deutschen Übersetzung der Chinesen. Ihnen ist jeweils ein Kriegsschauplatz wie das Südchinesische Meer oder Tibet zugewiesen. Doch jenseits dieser organisatorischen Veränderungen sind vor allem die Grundlinien der Wehrstrukturreform bemerkenswert: «Informationskriegführung» wird nun großgeschrieben, der Cyberraum erfährt eine Aufwertung, «kosmische Kriegführung» erstmalige Aufmerksamkeit. Neben den Auftrag der Armee zur Landesverteidigung tritt die «Gewährleistung von Chinas Sicherheit und seiner Interessen» in ferner gelegenen Weltgegenden, auch durch «Kriegführung in lokalen Kriegen». Dazu müsse das Militär in der Lage sein, einen «Krieg zu führen und zu gewinnen».

Die weltweit größten Streitkräfte haben kräftig vom steigenden Wirtschaftswachstum profitiert. 1998 überstieg das Vereidigungsbudget zum ersten Mal das russische. Seit 1999 ist es verachtfacht worden. Bis vor drei Jahren nahm es jährlich um 10 bis 17 Prozent zu, dann 2016 nur um 7,2 Prozent, 2017 sogar nur um 7,6 Prozent. Der Wehretat 2018 wurde offiziell mit 1100 Milliarden Yuan oder 164 Milliarden Dollar angegeben, das entspricht einer Steigerung gegenüber dem Vorjahr um 8,1 Prozent und einem Anteil von 1,3 Prozent am Bruttoinlandsprodukt. Das ist eine geringere Steigerung als in früheren Jahren, doch eine höhere als die der Wirtschaftsleistung (2017: 6,9 Prozent). Westliche Fachleute glauben allerdings, dass die hohen Sozialausgaben für die Militärangehörigen und auch weitere Posten in den

Budgets anderer Ministerien versteckt sind, so Forschung und Entwicklung, Subventionen für Rüstungsproduktion, militärische Aspekte des Raumfahrtprogramms oder Wartung des Atomwaffenarsenals. Das Stockholmer Friedensinstitut SIPRI gibt daher die reale BIP-Quote für 2016 mit 1,9 Prozent an. Derlei Vertuschung ist freilich auch anderwärts gängige Praxis, zum Beispiel in den Vereinigten Staaten, wo 21,9 Milliarden Dollar für die Wartung, Instandhaltung und Modernisierung der Atomwaffen im Haushalt des Energieministeriums enthalten sind und weitere 200 Milliarden Dollar im Budget des Department of Veteran Affairs untergebracht werden. Andererseits sind in Chinas Wehretat ungewöhnlicherweise auch die Ausgaben für Katastrophenschutz enthalten. Nur am Rande sei vermerkt, dass die chinesischen Ausgaben für Innere Sicherheit um 20 Prozent höher sind als die Verteidigungsausgaben.

Das Wehrbudget Chinas ist das zweithöchste der Welt. Das International Institute for Strategic Studies (IISS) veröffentlicht in seiner *Military Balance* neben den amtlichen Etatzahlen auch seine eigene Kalkulation der tatsächlichen Gesamtausgaben für Verteidigung. Danach gab China im Jahr 2017 offiziell 151,5 Milliarden Dollar, insgesamt jedoch 197 Milliarden für sein Militär aus, nach dem Stockholmer Peace Research Institute, das in Kaufkraftparität rechnet, sogar 228 Milliarden. Nach den für 2017 vorliegenden Vergleichszahlen war das immer noch lediglich ein Drittel des Pentagon-Haushalts.* Der chinesische Verteidigungsetat war jedoch etwa dreimal so hoch wie der russische (Wehrbudget 47,6 Mrd., Gesamtausgaben 66,3 Mrd.) und der indische (63,9 Mrd.). Er betrug das Vierfache des japanischen Wehrhaushalts (45,7 Mrd.) und ein Vielfaches dessen, was die übrigen asiatisch-pazifischen Nationen für Verteidigung aufwenden.

Das Motto «Frieden durch Stärke» überlagert neuerdings die Parole vom friedlichen Aufstieg. Chinas militärische Transformation

---

* Das Nationale Verteidigungs-Rahmengesetz der USA sieht für 2019 617 Milliarden vor, wozu noch 69 Milliarden für Auslandseinsätze und 21,9 Milliarden für das Kernwaffenprogramm kommen; in seiner Rede vor den Vereinten Nationen im September 2018 nannte Präsident Trump 716 Milliarden.

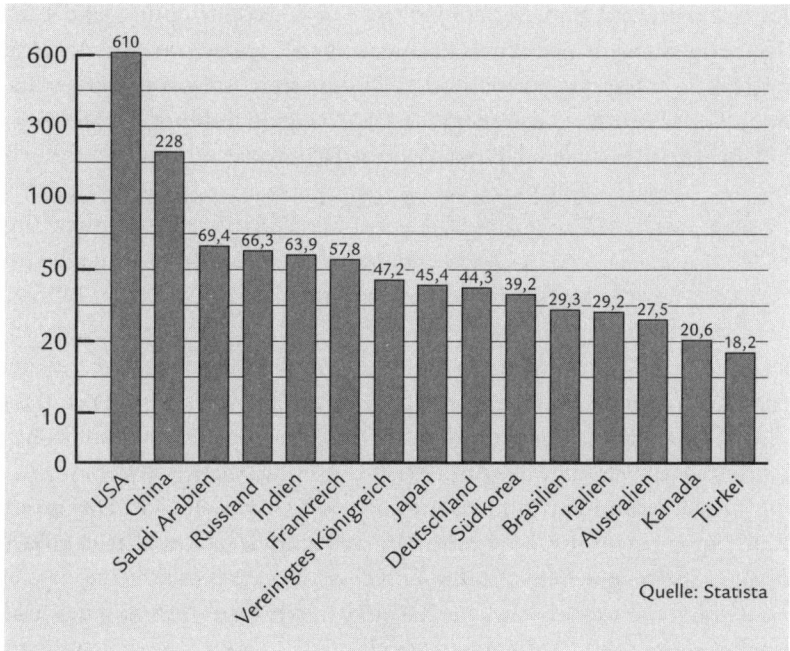

Verteigungsausgaben im Vergleich: Die fünfzehn Länder mit den weltweit höchsten Militärausgaben im Jahr 2017 in Milliarden US-Dollar

gehe zügig voran, heißt es in der *Military Balance 2018* des Londoner International Institute for Strategic Studies. «China ist mittlerweile ein weltweiter Verteidigungsinnovator geworden und holt nicht einfach nur gegenüber dem Westen auf.» Wenn sein J-20 im Jahr 2020 in den Geschwaderdienst gehe, verlören die USA ihr Monopol auf Tarnkappen-Kampflugzeuge. Die Luftüberlegenheit Amerikas und seiner Verbündeten könne nicht länger vorausgesetzt werden. Zur See verfolge China ebenfalls ehrgeizige Ziele. Seit 2000 habe es mehr U-Boote, Zerstörer, Fregatten und Korvetten gebaut als Japan, Südkorea und Indien zusammen. Mit dem Abschuss eines seiner alten Satelliten hat China 2007 auch die Verletzlichkeit anderer Satellitensysteme demonstriert. Im August 2018 erprobte es zudem erfolgreich die Überschallrakete «Sternenhimmel», die mit 6 Mach – 7344 Kilometern in der Stunde – kaum abzufangen ist; laut US-Admiral Harris ist es den

Amerikanern auf diesem Feld voraus. Die Vorstellung schreckt, dass der chinesische Wehretat weiterhin um 10 Prozent im Jahr wächst und bis 2025 knapp 300 Milliarden Dollar erreicht. Eine Debatte «Kanonen oder Butter» – zeitgemäßer: «Rüstung oder Rente» – scheint es in China nicht zu geben. Noch nicht jedenfalls.

Kampf gegen Korruption im Militär

Doch geht es Xi Jinping nicht nur um eine grundlegende Wehrstrukturreform. Gleichzeitig kommt es ihm darauf an, die Volksbefreiungsarmee wieder eindeutig dem Primat der Partei zu unterwerfen – besser: sie zu seiner politischen Machtbasis zu machen. «Wir müssen die Armee umfassend und streng führen», sagt er. Im Verlauf seiner Kampagne gegen die Korruption, die sich auch in den Streitkräften übel breitgemacht hatte, schlug er zu.

Anfang der 1990er-Jahre hatten sich die Militärs – die längst schon wieder schmucke Uniformen mit vielen goldenen Knöpfen, Biesen und Adjutantenschnüren trugen – massiv in der Wirtschaft engagiert. Sie betrieben 20 000 bis 30 000 Unternehmen, zu denen auch Hotels, Finanzdienstleister und Nachtklubs gehörten. Da floss viel Geld, das Schmiermittel der Korruption. Wohl hatte Präsident Jiang Zemin der Geschäftstätigkeit der Soldaten schon 1998 einen Riegel vorgeschoben, doch besserte sich die Lage nicht entscheidend. Nicht allein in der Logistikbranche und im Beschaffungswesen blühten weiter Bestechung und Bestechlichkeit – so schlimm, dass General Kun Lunya in der *Global Times* die Kampfkraft der Truppe als gefährdet bezeichnete. Die hohen Militärs nahmen Schmiergelder für Rüstungsaufträge, sie spekulierten mit Grundstücken und vereinnahmten staatliche Bauprojekte für ihre privaten Zwecke. Vor allem jedoch ließen sie sich für die Vergabe von Posten und für Beförderungen bezahlen. Xi nahm sie 2015 auf die Hörner und stürzte die mächtigsten unter ihnen. In den ersten fünf Jahren seiner Amtszeit wurde nach offiziellen Angaben gegen 13 000 Offiziere wegen Korruption ermittelt.

Mit zwei früheren stellvertretenden Vorsitzenden der Zentralen Militärkommission, den Generalen Xu Caihou und Guo Boxiong, ließ er kurzen Prozess machen. Auch der Leiter des Militärischen Auslandsgeheimdienstes, der stellvertretende PLA-Logistikchef General Gu Junshan, der Spionageabwehrchef im Staatssicherheitsministerium und drei Dutzend weitere hohe Offiziere mussten dran glauben; 2015 waren es schon 82 Generale. Bei Gu entdeckten die Fahnder vier Lastwagen voller Wein, Kunstgegenständen, Bargeld und Gold im Wert von fast 90 Millionen Euro, unter anderem ein Modell des Flugzeugträgers *Liaoning* aus purem Gold; er soll überdies zwölf Audis voller Goldbarren an Xu Caihou geliefert haben. Genau so schlimm sah es bei Guo Boxiong aus, der Bestechungsgelder in Höhe von 12 Millionen Dollar eingesackt hatte, die jedoch nur den kleinsten Teil des von ihm angesammelten Vermögens ausmachten. Bei ihm fand man nach einem Hongkonger Bericht jede Menge goldener Mao-Statuen und kistenweise teure Alkoholika, aufgestapelt bis zur Decke in versteckten Untergrundgewölben. General Zhang Yang, zuletzt zuständig für die Politische Abteilung, gegen den im Zusammenhang mit Xu und Guo ermittelt wurde, beging im November 2017 Selbstmord. Anfang 2018 wurde der Stabschef Fang Fenghui, der Xi ein Dreivierteljahr zuvor noch nach Florida zu Trump begleitet hatte, wegen Korruptionsverdachts der Militärjustiz übergeben.

Weltmacht durch Seemacht

Der Kampf gegen die Korruption in den Streitkräften ging einher mit einer revolutionären Revision der strategischen Doktrin. Die herkömmliche Auffassung, wonach das Land wichtiger sei als die See, wurde in den Weißbüchern aufgegeben, ja auf den Kopf gestellt. So ist die Marine der große Gewinner der Reform. Das hatte sich bereits früher abgezeichnet. Schon Xi Jinpings Vorgänger Hu Jintao hatte 2006 gesagt: «Wir sollten danach streben, eine mächtige Marine zu bauen, und uns den Erfordernissen der historischen Mission unseres Militärs in diesem neuen Jahrhundert anpassen.» Doch erst Xi machte Ernst damit. Bereits kurz nach seinem Amtsantritt gab er – frei nach Alfred Thayer Mahan – seine Auffassung zu Protokoll: «Die Geschichte und die Erfahrung sagen uns, dass ein Land aufsteigen wird, wenn es die Meere beherrscht, und fallen wird, wenn es sie aufgibt. Ein mächtiger Staat hat nachhaltige Rechte zur See, ein schwacher Staat hat verletzbare Seerechte.» Er setzte hinzu, die angrenzenden Meere, besonders das Südchinesische Meer, seien die Weltregionen mit den meisten Territorialstreitigkeiten, den schwierigsten Abgrenzungsproblemen und der komplexesten geopolitischen Lage. Dies erfordere eine modernisierte Flotte und einen höheren Budgetanteil der See- und Luftstreitkräfte.

In diesem Sinne wurde Chinas Kriegsmarine zur *blue water navy* aufgewertet, ihr Auftrag erweitert vom Küstenschutz zur *open seas protection*. Im Weißbuch 2015 heißt es unmissverständlich: «Die herkömmliche Auffassung, dass das Land wichtiger ist als die See, muss aufgegeben und größte Wichtigkeit den Meeren und Ozeanen sowie dem Schutz der maritimen Rechte und Interessen beigemessen werden.» Da 90 Prozent des chinesischen Außenhandels heutzutage auf dem Seeweg transportiert werden, erscheint diese Neubewertung nicht einmal unplausibel. Doch geht Chinas maritimer Ehrgeiz inzwischen weit über den bloßen Schutz der Handelsrouten hinaus.

Vorausgegangen war der geostrategischen Kehrtwende eine längere Diskussion in den chinesischen Fachzeitschriften. Dabei ging es, weit übertrieben, vor allem um die befürchtete und gefürchtete Dominanz Indiens im Indischen Ozean und um ein apokryphes Zitat Mahans: «Wer auch immer den Indischen Ozean beherrscht, der dominiert Asien. Der Indische Ozean ist das Einfallstor zu den Sieben Meeren. Das Schicksal der Welt wird im Indischen Ozean entschieden.» Den Indern unterstellten die chinesischen Seestrategen die Absicht, nach der reinen Küstenverteidigung die Kontrolle über den gesamten Indischen Ozean zu erlangen und sich darüber hinaus die Möglichkeit zu verschaffen, auch an den drei Nadelöhren des Seehandelsverkehrs – dem Suezkanal, der Straße von Hormuz und der Straße von Malakka – die Durchfahrt entweder zu erzwingen oder sie zu blockieren. Die 244 Inseln des indischen Andamanen-Nikobaren-Archipels sahen sie als «Metallkette», die den Zugang zur Malakka-Straße versperren könne. Indien erstrebe die absolute Herrschaft über alle Anrainerküsten und nicht zuletzt die Fähigkeit, «ostwärts» in das Südchinesische Meer vorzustoßen, «westwärts» übers Rote Meer und den Suezkanal bis ins Mittelmeer einzubrechen und «südwärts» bis zum Kap der

Guten Hoffnung operieren zu können. Ich will niemanden mit den Einzelheiten dieser Debatte langweilen, zumal sie, was die indische Seestrategie anbelangt, völlig abwegig war. Sie soll aber erwähnt sein, weil die Chinesen alles, was sie den Indern unterstellten, sich mittlerweile zu eigen gemacht haben.

Unverkennbar zielt die Wehrreform auf die Stärkung der für Machtprojektion tauglichen militärischen Instrumente. Sie soll «neuen Gefahren durch den Hegemonismus, durch Großmachtpolitik und Interventionismus» begegnen. Die wirksame Sicherung von Chinas Überseeinteressen ist der neue Auftrag. Der Marine kommt daher besondere Bedeutung zu, auf sie entfallen auch die größten Etatsteigerungen. Sie wird aufgerüstet und schafft sich Stützpunkte entlang der wichtigsten Seewege. Im Jahre 2017 ist Chinas Marine die größte der Welt geworden; sie hatte 317 Kriegsschiffe im aktiven Dienst, die U. S. Navy nur 283, darunter freilich elf Flugzeugträger-Verbände. An Kampfkraft und Qualität ist die amerikanische Marine weit überlegen, doch verteilt sie sich über alle sieben Weltmeere, während die chinesische sich vor allem auf das Südchinesische Meer und die Gewässer um Taiwan konzentriert. Dort stellen sie die Amerikaner vor bisher unbekannte Probleme, die durch die Einführung der Rakete DF-21D, eines «Träger-Killers», und des Antischiff-Marschflugkörpers YJ-12B zusätzlich verschärft werden.

Der Aufbau der chinesischen Marine schreitet in atemberaubendem Tempo voran. Über die Hälfte der 48 Kriegsschiffe, die im April 2018 neben 76 Kampfflugzeugen und 10 000 Soldaten im Südchinesischen Meer an der größten Flottenparade seit Gründung der Volksrepublik teilnahmen, war erst nach dem Parteitag 2012 in Auftrag gegeben worden. Allein 2014 legte China 50 neue Kriegsschiffe auf Kiel. Die Tonnage der in den letzten vier Jahren gebauten Einheiten übertrifft laut IISS die Gesamttonnage der französischen Marine. Inzwischen hat es den – gebraucht von der Ukraine gekauften, 1988 in der Sowjetunion gebauten – Flugzeugträger «Liaoning» in Dienst gestellt. Ein chinesischer Investor hatte ihn für 20 Millionen Dollar erworben – angeblich, um daraus ein schwimmendes Kasino zu machen, doch stand dahinter wohl von Anfang an die Absicht, ihn militärisch zu nutzen. Ein zweiter Träger wurde vor Kurzem in Dalian vom Stapel gelassen und ist in der Erprobung auf See, ein dritter ist bereits auf Kiel gelegt. Geplant ist der Bau einer ganzen Flotte von fünf oder sechs Trägern, auch atomgetriebenen. Die U-Boot-Flotte wird ebenfalls ausgebaut. Noch 1995 hatte China nur drei U-Boote, heute sind es sechzig. Ihre Qualität ist jedoch fraglich; Anfang 2018 wurde eines der neuesten Boote auf Geheimmission in der Nähe der umstrittenen Senkaku/Diayutao-Inseln entdeckt. Nun sollen alle stärkere und leisere Motoren erhalten. Die Verlegung eines Netzes von Unterseekabeln, wie sie im Rahmen der Seidenstraßen-Initiative angedacht ist, soll der Marine bei der Bekämpfung feindlicher U-Boote einen strategischen Vorteil verschaffen. Die Marineinfanterie wird von 12 000 auf 40 000 Mann aufgestockt. Außerdem wurde die 16 000 Mann starke Küstenwache, die bislang der Ozeanbehörde unterstand, dem Kommando der Militärs unterstellt. Sie spielte in den Auseinandersetzungen in den umstrittenen Seegebieten des Südchinesischen und des Ostchinesischen Meeres schon eine quasi-militärische Rolle. Nun ist sie nicht nur zuständig für Kriminalitätsbekämpfung auf See, für die Sicherung der Rohstoffausbeutung auf dem Meer und den Fischereischutz, sondern zudem verantwortlich für die Bewahrung der «maritimen Rechte» Chinas. In Zukunft soll sie eine größere Rolle in «Katastrophenfällen und Krisen inklusive Kriegen» spielen.

Abkehr von Maos Atomdoktrin: «300 Millionen Tote – na und?»

Dabei werden die anderen Teilstreitkräfte nicht vernachlässigt. China verstärkt sein Abschreckungsarsenal durch die Einführung treffgenauerer Flugkörper mit Mehrfachsprengköpfen (MIRVS). Doch muss man seinen Strategen eines lassen: Sie haben sich längst von Maos brutaler Einstellung abgewandt («Atomkrieg? Na und?») und sich nicht dem in Amerika lange Zeit vorherrschenden und unter Donald Trump wieder einreißenden Wahnglauben ergeben, dass immer mehr Atomwaffen immer mehr Sicherheit schaffen. Der Ausspruch des Großen Steuermanns, gefallen Mitte der 1950er-Jahre als Entgegnung auf Nikita Chruschtschows Appell zur friedlichen Koexistenz, lässt dem Leser noch heute das Blut gerinnen: «Wir sollten den Krieg nicht fürchten. Wir sollten keine Angst haben vor Atombomben und Raketen. Gleichgültig, ob ein konventioneller Krieg ausbricht oder ein thermonuklearer – wir werden gewinnen ... Wenn die Imperialisten einen Krieg gegen uns vom Zaun brechen, könnten wir über 300 Millionen Menschen verlieren. Na und? Krieg ist Krieg. Die Jahre werden verstreichen, und wir werden uns daran machen, mehr Babys zu produzieren denn je zuvor.»

Von solch unmenschlicher Hartherzigkeit ist das heutige China weit entfernt. Es ist eine verantwortungsvolle Nuklearmacht geworden. Sein Kernwaffenarsenal ist inzwischen durch Präventivschläge kaum mehr verwundbar, und seine Zweitschlagsfähigkeit ist gesichert, sodass es nicht aus Furcht vor einem Nuklearangriff vorzeitig auf den Knopf drücken muss.

Und es ist auch nicht dem wahnwitzigen Overkill-Denken verfallen, das während des Kalten Krieges ins Kraut geschossen war. Vielmehr bescheidet sich das Land, des abnehmenden Nutzens immer vollerer Arsenale eingedenk, mit einer atomaren Minimalabschreckung. Dies spiegelt sich auch in den neuen Reformplänen wider. Die Fähigkeit zur nuklearen Abschreckung und zu Vergeltungsangriffen soll weiter verstärkt werden, doch liegt der Nachdruck auf technischer Modernisierung, nicht auf zahlenmäßiger Erhöhung. Im Übrigen ist China die einzige der neun Atommächte, die auf den Ersteinsatz nuklearer Waffen verzichtet hat.

Der neue Strategische Unterstützungsverband baut die bereits vorhandenen Kapazitäten in den Bereichen Cyber und Weltraum, elektronische, Netzwerk- und Informationskriegführung kontinuierlich weiter aus. In puncto Hybrid-Krieg will China nicht zurückstehen. Die Luftwaffe rangiert Tausende alter Maschinen aus und führt neue Kampfjets und Lufttanker ein. Im Jahr 2016 wurde der tausendste Hubschrauber in Dienst gestellt (zwanzig Jahre zuvor waren es kaum mehr als hundert). Ausgerechnet während eines Besuchs des US-Verteidigungsministers wurde der Tarnkappenbomber Chengdu J-20 enthüllt, der seit Anfang 2018 im Dienst der Luftwaffe steht. Zuletzt wurde auch das Großraum-Transportflugzeug Y-20 Kunpeng vorgestellt, Spitzname «*Chubby*», Dickerchen. Dessen Frachtladung – 68 Tonnen – macht es zum größten derzeit produzierten Militärtransporter. Damit ist China die dritte Nation neben den USA und Russland, die über diese Fähigkeit verfügt; Airbus hinkte mit seiner

AM-400 weit hinterher. Gleichzeitig brachte die Aviation Industry Corporation die AG600 auf den Markt, der Welt größtes Wasserflugzeug mit einer Reichweite von 4500 Kilometern. Es kann zwölf Tonnen Wasser zur Waldbrandbekämpfung oder 50 Schiffbrüchige an Bord nehmen. Vor allem kann es im Südchinesischen Meer Verbindung schaffen zu abgelegenen Inseln ohne Landebahnen.

China als größter Truppensteller der UNO

Im Übrigen stellen die Weißbücher in Aussicht, dass Chinas Streitkräfte mit wachsender Stärke des Landes «noch intensiver an UN-Missionen teilnehmen» werden. Schon heute sind die Chinesen bei friedensstiftenden oder friedenserhaltenden Einsätzen der Weltorganisation der stärkste Truppensteller und der zweitgrößte Finanzier. In den sechundzwanzig Jahren von 1992 bis 2018 haben sie den Vereinten Nationen 33 000 *peacekeepers* zur Verfügung gestellt. Für die Peacekeeping Standby Force der Vereinten Nationen halten sie 8000 Mann im Notfall abrufbarer Truppen einschließlich Hubschrauber- und Drohneneinheiten, Transportflugzeugen und Kriegsschiffen bereit. Mitte 2018 standen 2515 chinesische Blauhelm-Soldaten, darunter 800 Soldatinnen, in zehn friedenserhaltenden Einsätzen, zumal in Afrika: am Horn von Afrika, in der Westsahara, in Mali und vor allem im Sudan, wo im August 2017 eine erste chinesische Hubschrauber-Einheit eintraf (und wo auch schon die ersten drei Friedenshüter aus der Volksrepublik den Tod fanden). Außer Unterstützungsverbänden sind neuerdings auch Kampfeinheiten beteiligt. Was die Finanzen anbelangt, so hat Peking der Bereitschaftstruppe der Afrikanischen Union 100 Millionen Dollar zugesagt, dem UN Peacekeeping and Development Trust Fund obendrein eine weitere Milliarde. Überdies bildet es insbesondere in Afrika ausländische Friedenshüter aus.

Für ein Land, das den UN-Militärmissionen jahrzehntelang ablehnend oder unverbindlich gegenüberstand, ist das eine erstaunliche Wandlung. Sie fügt sich in Xi Jinpings neue Globalstrategie. Er verknüpft seine Seidenstraßen-Initiative mit den UN-Entwicklungszielen und stellt zugleich der «R2P»-Doktrin von der Notwendigkeit humanitären Eingreifens («*Responsibility to Protect*») sein eigenes, Nichteinmischung betonendes Souveränitätskonzept entgegen. Ferner bringen die Peacekeeping-Einsätze der Volksbefreiungsarmee Felderfahrung und Prestige. Bo Zhou, der Zuständige im Pekinger Verteidigungsministerium, sagt dazu: «*Global governance* zu unterstützen, das verschafft uns, was das Land am meisten braucht: das Image einer verantwortungsvollen Nation im friedlichen Aufstieg.» Und nicht ganz absichtslos setzt er hinzu: «Weil die Vereinigten Staaten ihre Rolle in der UNO wohl zurückfahren werden, wird Chinas Einsatzbereitschaft in den kommenden Jahren besonders wichtig.» Trump wolle für Friedenseinsätze eine Milliarde Dollar weniger zahlen; das wäre ein Schlag für die Weltorganisation. China werde die USA als größter Zahler nicht ersetzen, aber: «Dank seiner *deep resources* [gemeint ist wohl: dank seiner vollen Schatztruhe] und seines überragenden Interesses an weltweiter Stabilität hat China das Potential, ein *peacekeeping leader* zu werden.»

Ein Staatspräsident im Flecktarn

Mao Zedongs Wort, dass politische Macht aus den Gewehrläufen kommt, hat sich Xi auf seine Weise zu eigen gemacht. Reichtum und Macht, Wohlstand und militärische Stärke gehören nach seiner Ansicht zusammen. Die größte Armee der Welt soll auch die stärkste sein – und eine verlässliche Basis seiner Herrschaft. So reformiert er die Volksbefreiungsarmee und unterwirft sie seinem Willen. Zugleich stellt er sie wie keiner seiner Vorgänger ins Rampenlicht. Schon im September 2015 hatte er auf dem Tienanmen-Platz eine große Militär-Show veranstaltet. Keine zwei Jahre später, Ende Juli 2017, zog er aufs Neue die Flecktarn-Uniform des Chefs der Zentralen Militärkommission an. Zur Feier des neunzigsten Gründungstages der Volksbefreiungsarmee nahm er auf dem staubigen Truppenübungsplatz Zhurihe in der Inneren Mongolei wiederum eine grandiose Militärparade ab. Zwölftausend Soldaten mit ihren Waffen samt Panzern und Langstreckenraketen marschierten an ihm vorbei, und die neuesten Kampfjets donnerten über ihn hinweg.

Worum ging es Xi wenige Monate vor dem 19. Parteikongress, auf dem seine künftige Führungsriege bestimmt und sein Regierungsprogramm für die zweiten fünf Jahre seiner Amtszeit festgelegt werden sollten? In seiner Ansprache nahm er kein Blatt vor den Mund. Noch nie habe China eine starke Armee nötiger gebraucht als heute, sagte er. Dann appellierte er an die Truppe: «Soldaten aller Waffengattungen, Ihr müsst unverbrüchlich an dem Fundamentalprinzip festhalten, dass die Partei das Militär absolut führt. Gehorcht und folgt der Partei immer. Geht und kämpft, wohin auch die Partei Euch schickt.» Wozu Ding Xueliang, Professor der Politischen Wissenschaften an der Hongkonger University of Science and Technology, der *New York Times* sagte: «Xi weiß genau, dass er, will er an der Macht bleiben und diese noch mehr auf seine Person konzentrieren, alles daran setzen muss, dass die Armee hinter ihm steht.»

Absolute Loyalität verlangt Xi von seinen Soldaten. Damit sie nicht unter den Einfluss «schädlicher Informationen» geraten und nicht durch Glückspiel- oder Pornographieseiten auf dumme Gedanken kommen, müssen sie neuerdings eine Software auf ihren Smartphones installieren, die «sensible Wörter und Websites» ausmacht. «Hochrisikopersonen» können dadurch erkannt und einer polit-ideologischen Nachschulung unterzogen werden. Wer mit einem Zweithandy ohne die Überwachungssoftware erwischt wird, bekommt eine Zahlung von umgerechnet 3700 Euro aufgebrummt.

Westliche China-Kenner unterstellen Xi auch, dass er der Unruhe oder gar dem Widerstand begegnen wollte, die sich anscheinend nicht nur im Heer breitgemacht hatten. Die Bodentruppen waren bis dahin stets die dominierende Teilstreitkraft gewesen, jetzt sehen sie auf einmal die Marine, die Luftwaffe und die Raketenverbände an sich vorbeiziehen. Auch die Herabstufung des Generalstabes, des Nachschub- und Rüstungswesens und der Polit-Abteilung stieß nicht bei allen auf Zustimmung. Da schien es Xi Jinping an der Zeit, in aller Deutlichkeit klarzumachen, wer im Lande das Sagen hat. Dem Parteitag meldete er denn auch, verklausuliert, aber unmissverständlich: «Die ruhmreiche Tradition und der hervorragende Arbeitsstil unserer Partei und Armee wurden wiederhergestellt und zur Entfaltung gebracht und das politische Umfeld der Volksarmee effektiv saniert.» Von den zehn Grundsätzen des «Xi-Jinping-Denkens», die im Herbst 2017 im Parteistatut verankert wurden, befassten sich fünf mit dem Militär.

Xi Jinping im Flecktarn: Im April 2016 besuchte der Staatspräsident die militärische Kommandozentrale in Peking, aber auch sonst trägt er gern immer wieder Tarnkleidung.

Auf dem Parteitag nahm Xi Jinping das Thema ein weiteres Mal auf. Das Ziel sei es, die Armee im neuen Zeitalter zu stärken, eine «Volksarmee, die dem Kommando der Partei folgt und im militärischen Einsatz siegt», eine «Armee von Weltrang». Die Kernsätze klangen sehr martialisch: «Die Armee muss sich auf Kämpfe vorbereiten. Die gesamte Arbeit muss sich an der Norm für die Kampffähigkeit orientieren und die Fähigkeit zum Kampfeinsatz sowie zum Gewinnen der Kämpfe in den Fokus rücken.» Man könnte dies in erster Linie als Absage an die alte Tofu-produzierende Armee auslegen, doch steckt mit Sicherheit mehr dahinter. Die Streitkräfte sollen sich auf «reale Gefechte» einstellen. Das Militärwesen soll mit Hilfe Künstlicher Intelligenz und «internetinformationssystembasierter Fähigkeiten» eine günstige Sicherheitslage gestalten, es soll Krisen kontrollieren sowie Kriege eindämmen beziehungsweise gewinnen. Zwar betonte Xi, dass die Verwirklichung seines chinesischen Traums «ohne ein friedliches internationales Umfeld undenkbar» sei, aber zugleich mahnte er: «Es gilt, den Fokus zunehmend auf echte Kriege zu richten. ... Es gilt, solide Vorbereitungen auf militärische Kämpfe in allen strategischen Richtungen zu treffen.» Charles de Gaulles Strategie *tous azimuts* lässt grüßen. In einer live übertragenen Rede, die in 4000 Kasernen dienstlich empfangen wurde, ermutigte Xi die Soldaten: «Habt keine Angst vor dem Tod!» In einem Kommentar schrieb die *Volkszeitung*, Krieg sei ein Weg, die nationale Sicherheit zu gewährleisten: «Je mehr du dich auf den Krieg vorbereitest, desto größer ist deine Fähigkeit, den Krieg zu führen – und deine Möglichkeit, den Krieg zu gewinnen.»

Bis zum hundertsten Gründungstag der Kommunistischen Partei Chinas im Jahr 2021 soll die erste Phase der Wehrreform abgeschlossen, bis 2035 die Modernisierung «im Grunde vollendet» werden. Bis zum 1. Oktober 2049, an dem die Volksrepublik hundert Jahre alt wird, ist die Volksbefreiungsarmee dann *«fully transformed into world class forces»*, so der Parteitagsbericht. Auch das ist ein Teil des chinesischen Traums.

Militärtechnisch aufholen, geographisch ausholen

Der Vorsprung der westlichen Streitkräfte verringert sich schon heute immer mehr, hat das Londoner Institute for Strategic Studies festgestellt. China schließt rüstungstechnisch auf und ist dem Westen in einigen Bereichen der Hochtechnologie offenbar schon ebenbürtig, in manchen sogar voraus. So ist das Land dabei, das Navigationssystem BeiDou-3 zu entwickeln, dessen dreißig Satelliten Bilder zur Erde senden, deren Millimeter-Genauigkeit GPS zehnmal übertreffen soll. Dazu zählen auch die Raketen- und Satellitentechnik sowie die Cyber-Kriegführung. Chinas Fortschritte auf diesen Gebieten, warnte der US-General John Hyten, Chef der amerikanischen Atomstreitkräfte, seien keineswegs reine Einbildung wie die zu Sowjetzeiten gehypte «Raketenlücke», vielmehr stellten sie eine direkte Bedrohung des gesamten amerikanischen Weltraum-Arsenals dar. So werden die neuen chinesischen Raketen als Bedrohung für die amerikanischen

Die erste und zweite Inselkette

Flugzeugträger gesehen. Auch die Entwicklung neuer Drohnen bildet einen Schwerpunkt der chinesischen Aufrüstung. Auf einer Flugschau wurde letzthin ein Schwarm von tausend Drohnen vorgeführt, den eine einzige Person mit einem einzigen Computer steuerte.

Peking argumentiert gern, dass es für China als größte Handelsnation der Erde ein natürliches Anliegen ist, die Seerouten schützen
zu können, auf denen es seine Exporte in die Welt schickt und über
die es die Rohstoffe für seine expandierende Wirtschaft ins Land holt.
Damit erklären und rechtfertigen die Chinesen ihre «Perlenketten-
strategie». In dem Seegebiet zwischen ihrer Küste und einer «ersten
Inselkette», die von Japan an den westlichen Philippinen vorbei bis an
die vietnamesische Küste reicht, streben sie die militärische Kontrolle
an; bis zu einer «zweiten Inselkette» in Ozeanien wollen sie sich militärische Operationsfähigkeit verschaffen und den Amerikanern den
Zugang verwehren. Noch ist es nicht so weit. Auch die Stützpunkte,
die Peking weiter westlich im Indischen Ozean eingerichtet hat, dienen nach der amtlichen Lesart diesem Zweck. Doch der chinesische
Ehrgeiz reicht weit darüber hinaus.

Im Oktober 2015 unterschrieb der chinesische Milliardär Ye Cheng
von der Landbridge Group einen neunundneunzigjährigen Pachtvertrag für den Hafen von Port Darwin in Australiens verarmten Northern Territories, Kostenpunkt 361 Millionen Dollar. Die Transaktion
verursachte beträchtliche Aufregung, denn der *«pissy little port»*, so ein
Einheimischer, dient der US-Marine sechs Monate im Jahr als Aus-
bildungsbasis für die Marines. Die Amerikaner befürchteten wohl
nicht zu Unrecht, dort ausspioniert zu werden.

Ihre Besorgnis wird sich noch gesteigert haben, als Peking im
November 2015 die Einrichtung des ersten Auslandsstützpunktes der
chinesischen Kriegsmarine in Dschibuti bekanntgab, wo die USA im
neun Kilometer entfernten Camp Lemonnier 4000 Soldaten postiert
haben und daneben die Franzosen, Italiener, Spanier, Japaner, nicht
zuletzt die deutsche Bundeswehr und neuerdings auch die Saudis
Unterstützungs- und Verbindungstruppen für den Kampf gegen die
somalischen Piraten unterhalten. Als siebtes Land eröffneten die Chinesen ihre Basis am 1. August 2017, als Gegenleistung finanzieren chinesische Firmen in dem kleinen Wüstenstaat Investitionen in Höhe
von 1,4 Milliarden Dollar. Der Pachtvertrag läuft bis 2026 und gestattet die Stationierung von bis zu 10 000 Soldaten. Die Kais des neuen
Außenpostens sind so bemessen, dass die meisten Schiffe der PLA-
Marine dort anlegen können. Von hier aus sollen die rund 2500 Soldaten versorgt werden, die im Süd-Sudan, in Mali und anderswo in

afrikanischen UN-Friedenseinsätzen stehen, außerdem die Anti-Piraterie-Verbände der chinesischen Marine am Horn von Afrika, die seit 2008 über 6000 Schiffen im Golf von Aden Geleitschutz gaben (zur Hälfte nicht-chinesischen Schiffen und Frachtern des Welternährungsprogramms der Vereinten Nationen). Die Basis liegt in der Nähe des Container-Hafens Doraleh, der nach der Verdrängung der in den Emiraten beheimateten DP World von der staatlichen China Merchants Holdings betrieben wird. In unmittelbarer Nachbarschaft richtet die China Merchants Group eine 48 Quadratkilometer große Freihandelszone ein – die größte Afrikas und Chinas Einfallstor zum Schwarzen Kontinent. Andere chinesische Staatsunternehmen haben die 756 Kilometer lange Eisenbahnstrecke und eine Wasserleitung zwischen Dschibuti und Äthiopien gebaut. Dort finanziert die Exim Bank auch den Bau des internationalen Flughafens Bole (345 Millionen Dollar) und für mehr als 700 Industrieprojekte chinesischer Firmen das Baumaterial, die Maschinen und die Kabel; laut *Le Monde* sind an die 165 000 Chinesen in dem kleinen Land beschäftigt.

Seiner strategischen «Perlenkette» fügt China damit eine weitere Perle an, die erste außerhalb seines traditionellen Einflussgebiets. Damit wird die Bekämpfung der Piraterie im Golf von Aden unterstützt, den 40 Prozent der chinesischen Einfuhren passieren; in Notfällen übernimmt der Stützpunkt die Evakuierung chinesischer Bürger. Überdies ist der Ort ein idealer Horchposten, um Informationen zu gewinnen, aber notfalls auch die ideale Startrampe für militärische Interventionen in Afrika oder dem Nahen Osten. Zur See wie in der Luft verschaffen sich die Chinesen so die Instrumente weltweiter Machtprojektion. Ständig nehmen sie an Manövern im Mittelmeer, im Pazifik oder sogar in der Ostsee teil. Flottenbesuche im Persischen Golf, in Madagaskar, Australien, Neuseeland und den westpazifischen Inseln wie Fidschi und Vanuatu, in England und in den zwanzig Staaten, die von den Philippinen bis Saudi-Arabien entlang der Maritimen Seidenstraße liegen, untermauern immer häufiger ihren globalen Seegeltungsanspruch.

Inzwischen ist China überdies zum drittgrößten Rüstungsexporteur der Welt geworden. Von 2010 bis 2015 hat Peking nach den Erkenntnissen des Stockholmer Friedensforschungsinstituts SIPRI die Rüstungsexporte um 88 Prozent gesteigert. Es liefert Düsenjäger,

Drohnen und U-Boote an Pakistan, wo es die USA als größten Waffenlieferanten abgelöst hat, Raketen an Saudi-Arabien, Indonesien und Myanmar, Kampfhubschrauber an Kambodscha und Laos, Korvetten an Algerien, Raketen und Patrouillenboote an Thailand, Radpanzer an Nepal, Tretminen an den Sudan, Drohnen an Nigeria, Mörser, Granatwerfer, Sturmgewehre und Munition an verschiedene asiatische und afrikanische Kunden, darunter auch der Bürgerkriegsstaat Süd-Sudan. Bisher verbleiben 75 Prozent der Rüstungsausfuhren in Asien, doch in Afrika setzen schon zwei Drittel aller Staaten chinesische Waffen ein. In vielen Fällen lässt sich China seine Lieferungen mit Rohstoffen bezahlen: Öl aus dem Sudan und aus Nigeria etwa, Kupfer aus Sambia, Zinn, Nickel, Bauxit oder Gold aus anderen rohstoffreichen Ländern. Die Rüstungsausfuhren sind ein integraler Bestandteil der Pekinger Außen- und Sicherheitspolitik geworden. Nicht selten folgen chinesische Soldaten chinesischen Waffen. Auch auf diese Weise erweitert das aufsteigende China seinen weltpolitischen Einfluss.

Allerdings löst es mit seiner Wehrreform und seinen Waffenexporten in ganz Asien und Ozeanien ein beunruhigendes Wettrüsten aus. Von Indien bis Japan werden die Verteidigungsbudgets erhöht; seit 2000 haben sie sich in Asien auf 450 Milliarden Dollar verdoppelt. Indien gab vor fünf Jahren noch 47 Milliarden Dollar für sein Militär aus, 2019 werden es 62 Milliarden. Vierzig Prozent der weltweiten Rüstungsexporte gingen 2004–2008 nach Asien. Gemäß dem Stockholm International Peace Research Institute (SIPRI) stiegen die Rüstungsimporte im asiatisch-pazifischen Raum 2011–2016 um 7,7 Prozent; in Vietnam, Chinas historischem Widersacher in Südostasien, um sage und schreibe 202 Prozent. Der chinesische Anteil am weltweiten Rüstungshandel wuchs im selben Zeitraum um 6,2 Prozent. Auf China entfielen 2016 laut IISS 39 Prozent aller asiatisch-pazifischen Verteidigungsausgaben (Indien 13,9, Japan 12,9, Südkorea 9,2, Australien 6,6 Prozent).

Bestimmend sind für den Aufbau der Streitkräfte neben der Landesverteidigung die geopolitischen Interessen Chinas. Längst geht es dem Regime nicht mehr bloß um den Schutz ihrer Handelsrouten. Seit sechs oder sieben Jahren verfolgt es weiter gehende Ziele. Das Militär soll in dem Wirtschaftsgürtel, der von Südchina über Südasien bis nach Afrika und Europa reicht, die Seidenstraßen-Initiative flankieren. Es gibt Chinas Territorialforderungen gegenüber den Nachbarn Deckung. Schließlich setzt es dem amerikanischen Führungsanspruch den eigenen Ehrgeiz entgegen, im Westpazifik die Übermacht zu erlangen. Letztlich geht es gerade den chinesischen Militärs darum, den Vereinigten Staaten ihre Rolle als alleinige pazifische Ordnungsmacht streitig zu machen.

Der Stille Ozean wird so zum brandgefährlichen Krisenherd. «Ein Krieg der Großmächte ist nicht unvermeidlich», befindet das International Institute for Strategic Studies, «aber die Staaten bereiten sich systematisch auf die Möglichkeit eines Konfliktes vor.» Öde und unbewohnte Inselgruppen wie das Mischief Reef oder Scarborough Shoal im Südchinesischen Meer und die Senkaku/Diayutao-Inselgruppe im Ostchinesischen Meer könnten sich, wenn nicht Staatskunst und Vernunft die Oberhand behalten, als die Sarajewos des einundzwanzigsten Jahrhunderts entpuppen.

12

Auftrumpfen im Südchinesischen Meer

Zwischen Hindukusch und Hokkaido gibt es seit der Mitte des zwanzigsten Jahrhunderts drei konfliktträchtige Krisenzonen: Kaschmir, Taiwan und Korea. Um Kaschmir haben Indien und Pakistan dreimal Krieg geführt, 1947/48, 1965 und 1971. Pekings Streben, die Insel Taiwan heim ins Reich zu holen, notfalls mit Gewalt, hat immer wieder internationale Beben ausgelöst. Bei Ausbruch des Koreakrieges entsandte der amerikanische Präsident Dwight D. Eisenhower die Siebte Flotte in die Taiwan-Straße, um eine Invasion der Insel zu verhindern, und Anfang der 1950er-Jahre erwog er deswegen sogar, Atomwaffen einzusetzen. Das geteilte Korea war 1950–1953 Schauplatz eines Vernichtungskrieges, in dem Nordkoreaner und Chinesen den angegriffenen Koreanern und den Amerikanern erbitterte Kämpfe lieferten. Bis heute ist kein Frieden geschlossen worden, und Pjöngjangs Atomwaffenprogramm schafft seit zwanzig Jahren ständig wiederkehrende Hochspannung. Schon diese drei Krisenherde reichten aus, die Befürchtung aufkommen zu lassen, Europas kriegerische Vergangenheit könne Asiens Zukunft werden. Diese Sorge hat sich verstärkt, seit zwei weitere Konflikt-Arenen neu aufgetaucht sind: das Südchinesische und das Ostchinesische Meer.

Superhighway der Meere

Das Südchinesische Meer verbindet den Indischen Ozean mit dem Westpazifik. Es erstreckt sich von Kaohsiung auf Taiwan im Nordosten bis Singapur im Südwesten und wird begrenzt von sieben Anrainern: Taiwan, China, Vietnam, Malaysia, Brunei, Indonesien und den Philippinen. In dem riesigen Seegebiet finden sich reiche Fischgründe, ungefähr zehn Prozent des weltweiten Fangs stammen von dort. Außerdem birgt es beträchtliche Erdöl- und Erdgasvorkommen. Diesen «Superhighway der Meere» nach und von China und Japan passieren jedes Jahr rund 80 000 Frachter mit einer Ladung von annähernd 4500 Milliarden Tonnen im Wert von schätzungsweise 5300 Milliarden, nach anderen Angaben sogar 7000 Milliarden Dollar. Er ist eine der wichtigsten Handelsrouten der Welt, und für China wohl die wichtigste. 40 Prozent des chinesischen Außenhandels werden auf dieser Route befördert, darunter 80 Prozent der chinesischen Ölimporte. Eine Sperrung wäre für die Volksrepublik verheerend. Doch ist dieser Wasserweg auch für andere von hoher Bedeutung. Seine Schließung, Unterbrechung oder Störung würde Taiwan, Südkorea, Japan und zugleich die europäische Wirtschaft schwer treffen.

Von dem 3,5 Millionen Quadratkilometer großen Seegebiet mit seinen Hunderten von Inseln, Inselchen, Atollen, Felsen, Korallenriffen und Sandbänken beansprucht China 2,6 Millionen: die Paracel-Inseln (chinesisch: Xisha), die Spratlys (Nansha) und eine dritte Inselgruppe, zu der die Scarborough Shoals gehören (Zhongsha). Als Xi Jinping 2012 Staatspräsident wurde, sei ihm, so berichtet er, ein klarer Auftrag erteilt worden: «Verliere kein Gebiet, das wir von unseren Vorfahren ererbt haben!» Die Inseln seien seit Urzeiten chinesisches Hoheitsgebiet, begründete er Pekings Anspruch; es habe unanfechtbar die Souveränität und die Jurisdiktion über sie und die umliegenden Gewässer.

Im Juli 2017 war in der *Study Times*, einem Informationsblatt für Parteifunktionäre, ein Porträt Xi Jinpings erschienen, das ihn für diese Einstellung in den höchsten Tönen pries. Er sei durch eine «rote» Erziehung gegangen, die seine Führungsqualitäten förderte. Gereift als Sohn eines Alt-Revolutionärs, den Mao verfolgt habe, wie

durch sieben Jahre Verbannung aufs Land während der Kulturrevolution, ernüchtert durch harsche Rückschläge und gestählt durch
komplizierte internationale Auseinandersetzungen, sei er der richtige
Mann in einer Zeit, da China, «umringt von Tigern und Wölfen im
Angesicht von strategischer Einkreisung, heftigen Zusammenstößen
und Einmischung von außen», vor gewaltigen Risiken stehe. Der
Autor rühmte Xi besonders dafür, dass er in seinen ersten fünf Amtsjahren schwierige und umstrittene Entscheidungen durchgesetzt habe,
darunter auch die, im Südchinesischen Meer künstliche Inseln zu
schaffen oder Riffe auszubauen und sie militärisch zu bestücken.
«Damit schuf er eine robuste strategische Basis, um in dem Verteidi-
gungskampf im Südchinesischen Meer zu obsiegen. Im Effekt hat er
damit eine Große Mauer zu See gebaut.»

Peking behauptet in der Tat, Chinesen hätten die Archipele des
Südchinesischen Meeres schon vor zweitausend Jahren entdeckt, er-
forscht und benannt, das Land hole sich also nur seine «verlorenen»
Gebiete zurück und könne deswegen nicht der «Invasion fremden
Territoriums» beschuldigt werden. Dies ist freilich eine Behauptung,
die nach Ansicht der westlichen Experten – unter anderem des Haager
Schiedsgerichtes – weder im Völkerrecht noch in der chinesischen
Geschichte eine Begründung findet.

Den Anspruch auf diese Inselwelt hatte 1947, also noch in vorkom-
munistischen Zeiten, als das besiegte Japan sie hatte räumen müssen,
schon das Kuomintang-Regime Chiang Kai-sheks erhoben und auf
einer, wie John Pomfret verrät, mit Hilfe der US Navy verfertigten Seekarte dokumentiert. Er spielte aber jahrzehntelang keinerlei Rolle.
Die Spannungen entstanden erst, als Peking 2009 den Vereinten
Nationen diese Seekarte überreichte, auf der mit neun Strichen – der
berühmten «Nine-Dash-Line» – die Gebietsforderung markiert war.
Das war wohl eine Reaktion auf den Antrag Malaysias und Vietnams,
ihr Kontinental-Shelf zu erweitern. Die neun Striche umreißen ein
riesiges Seegebiet, das weit über die Südspitze Vietnams bis an die
Küste von Malaysia und Borneo hinunterreicht und sich im Osten bis
dicht an die philippinische Küste erstreckt. Alle neun Striche liegen
innerhalb der 200 Seemeilen breiten Ausschließlichen Wirtschaftszone anderer Anrainer.

Bis dahin hatten die Amerikaner in dem Disput nicht weiter Partei

Chinas «Neun-Strich-Linie»
1 Von China kontrolliert, von Vietnam und Taiwan beansprucht
✈ Flugpisten

a *Subi Reef* ✈
b *Gaven Reefs*
c *Fiery Cross Reef* ✈
d *Mischief Reef* ✈

e *Hughes Reef*
f *Johnson South Reef*
g *Cuarteron Reef*

Chinas «Neun-Striche-Linie» im Südchinesischen Meer

ergriffen, sondern nur die Erwartung ausgesprochen, dass er im Einklang mit dem Völkerrecht friedlich gelöst werde. Doch nun wurden sie deutlicher. Wie alle Nationen, hätten die Vereinigten Staaten ein nationales Interesse an der Navigationsfreiheit der Meere und am ungehinderten Zugang zu Asiens maritimer Handelsader. Die Obama-Regierung gab 2010 zu Protokoll, dass sie die Neun-Strich-Linie nicht anerkenne. Im Jahr darauf verkündete der Präsident seinen *pivot to Asia,* den Schwenk in die asiatisch-pazifische Region. Am 7. November 2011 sagte er vor dem australischen Parlament: «Die Vereinigten Staaten sind eine pazifische Macht, und wir sind hier, um hierzubleiben.» Sie würden im einundzwanzigsten Jahrhundert «eine größere und langfristige Rolle bei der Gestaltung dieser Region und ihrer Zukunft» spielen. China könne ein Partner sein, fügte Obama hinzu, und die Amerikaner würden mehr Möglichkeiten der Zusammenarbeit suchen. Doch unterließ er nicht den Hinweis, dass er weiterhin Tacheles mit Peking reden werde über die Wichtigkeit der Einhaltung internationaler Normen und die Respektierung der universellen Menschenrechte des chinesischen Volkes. Und er machte sich nichts vor: «*China is not playing for second place.*» Zwei Jahre später, im September 2013, ordnete Xi Jinping die Aufschüttung von sieben Riffen und Atollen des Südchinesischen Meeres und deren Militarisierung an. War dies eine Antwort auf Obamas Hinwendung nach Asien?

In historischer Zeit waren die zumeist öden und wasserlosen Inseln unbewohnt. Gelegentlich nur suchten Fischer, Piraten, Schmuggler, Abenteurer oder Schiffbrüchige hier Zuflucht. Erst im zwanzigsten Jahrhundert begannen die Küstenstaaten, auf einigen von ihnen zu bauen.

Vor allem auf die Paracel-Inseln im Norden und die Spratly-Inseln im Süden haben es die Chinesen abgesehen. Auf erstere Inselgruppe hatte die Kolonialmacht Frankreich in den 1930ern schon einmal Anspruch erhoben, dann wurden sie von den Japanern besetzt, nach dem Zweiten Weltkrieg von Vietnam übernommen und schließlich 1974 von der Volksrepublik China erobert. Die Spratlys, vierzehn Inseln mit über hundert Riffen, sind nach ihrem Entdecker benannt, einem englischen Kapitän. Im neunzehnten Jahrhundert wurden sie zum Teil britische Kolonien, weswegen Brunei und Malaysia als Erben des Empire einige Inseln dieser Gruppe für sich reklamieren. Zu Französisch-Indochina gehörte ein anderer Teil, der nach dem Ende der Kolonialzeit an Vietnam fiel; einen weiteren Teil verleibten sich die Philippinen ein. In den 1980er-Jahren schließlich lieferten chinesische Militäreinheiten den Vietnamesen heftige Gefechte und setzten sich dauerhaft auf zehn Inseln fest, Hanoi blieben nur sechs. Im Jahr 1995 schon besetzten die Chinesen das höchst passend benannte Mischief Reef – Unheilsriff. Die Philippinen, in deren Hoheitsgebiet es liegt, nennen es Panganiban; nach dem Spruch des Haager Schiedsgerichts liegt es in philippinischen Territorialgewässern.

Doch China hat es nicht bei der Anmeldung seines Gebietsanspruchs bewenden lassen. Vielmehr hat es den gesamten Meeresraum, der zum großen Teil in den Wirtschaftszonen von Vietnam, Malaysia, Brunei, den Philippinen und Indonesien liegt, administrativ in die Provinz Hainan eingemeindet und dem Fischerdorf Shansha zugeschlagen, das erst zur Stadt, dann zur Präfektur erhoben wurde; das «Stadtgebiet» hat ungefähr die Größe Kasachstans. Von Shansha aus wird das umstrittene Meeresgebiet verwaltet.

Ständig entsenden die Chinesen Kriegsschiffe dorthin, um die Boote der vietnamesischen und philippinischen Küstenwache mit Wasserkanonen, aber auch mit gefährlichen Ramm-Manövern zu vertreiben, und im internationalen Luftraum fliegen sie immer wieder gefährlich nahe an US-Flugzeuge heran. Vorübergehend verlegten sie im Mai 2014 die gigantische Bohrinsel Hayang 981, geschützt von fünfzig Begleitschiffen, in die Nähe der Paracel-Inseln, wo reiche Erdöl- und Erdgasvorkommen vermutet werden, wohlgemerkt in Vietnams Wirtschaftszone. Es kam zu mehreren Schiffszusammenstößen und daraufhin zu regelrechten antichinesischen Pogromen in Vietnam, bei denen es Tote und Verletzte gab. Dies veranlasste die Pekinger Regierung, Tausende von Chinesen außer Landes in Sicherheit bringen zu lassen. Die Spannung zwischen beiden Staaten kocht aber immer wieder hoch. Zudem ist bis heute nicht vergessen, wie die chinesische Marine 1988 die Fahnen schwenkende winzige vietnamesische Garnison auf Johnson Reef bis auf den letzten Mann massakrierte. Im Sommer 2017 berichtete die BBC, dass China damit gedroht habe, vietnamesische Stützpunkte im Südchinesischen Meer anzugreifen, wenn die Ölbohrungen, welche die spanische Firma Repsol im Block 136–03 der umstrittenen Gewässer für Vietnam unternahm, nicht unverzüglich unterbrochen würden. Es ist nicht klar, ob Peking nur die Einstellung der Bohrarbeiten verlangte oder ob es tatsächlich eine Kriegsdrohung aussprach. Jedenfalls zog sich Repsol zurück.

Künstliche Inseln werden Meeresfestungen

Die administrative Eingemeindung des Südchinesischen Meeres war nur ein erster Schritt. Ende 2013 gab Staatspräsident Xi Jinping den Startschuss für Landgewinnung und bauliche Erschließung auf mehreren der umstrittenen Paracel-Inseln im Norden und der Spratlys im Süden. Inzwischen hatte sich China eine Armada von Nassbaggern zugelegt, deren Aushubkapazität Vince Beiser in seinem Werk über Sand in der Geschichte der Menschheit mit einer Million Kubikmeter angibt. Mit seiner industriellen Schlagkraft schuf China nun Fakten im Wasser. Es beließ es nicht bei harmloser Uferbefestigung und dem Bau von Rettungszentren und Leuchttürmen. Peking militarisierte eine Meereszone, die für die Weltwirtschaft von lebenswichtiger Bedeutung ist. Was bis dahin ein begrenzter Streitpunkt zwischen Regionalnachbarn gewesen war, weitete sich damit auf einen Schlag zur weltpolitischen Krisenzone aus.

Innerhalb der Nine-Dash-Line hat China seit 2015 im Südchinesischen Meer eine Reihe von Felsen, Atollen und Riffen, die normalerweise unter Wasser liegen, durch Aufschüttung von Sand und Gestein aus dem Meer zu künstlichen Inseln ausgebaut. Die Chinesen weisen routinemäßig darauf hin, dass auch andere Anrainerstaaten im Südchinesischen Meer mehrere Riffe besetzt und befestigt haben: Vietnam 48, davon 21 in den Spratlys, die Philippinen acht, Malaysia fünf, Taiwan eines. Doch an Größe und militärischer Nutzbarkeit sind diese mit den chinesischen Meeresfestungen nicht zu vergleichen. Vietnams größte, Spratly Island selbst, zählt ganze 150 000 Quadratmeter und verfügt, wie fünf andere, nur über einen einzigen Hubschrauber-Landeplatz. Fünfzehn vietnamesische Technik-Plattformen bestehen nur aus einer Bretterkonstruktion, die auf hölzernen Stelzen im Wasser steht. Die chinesischen Meeresfestungen hingegen – mit Kaimauern, Zementstraßen, mehrstöckigen Gebäuden, Landebahnen und Tiefseehäfen – sind unsinkbare Flugzeugträger. Stolz vermeldete Xi denn auch in seiner großen Parteitagsrede im Oktober 2017: «Der Aufbau auf Inseln und Riffen im Südchinesischen Meer wurde aktiv vorangetrieben.» In der Aufzählung der «bedeutendsten Errungenschaften» seiner bisherigen Amtszeit war dies ein wichtiger Punkt.

Die chinesischen Bautrupps trotzten der See fast 15 Quadratkilometer Neuland ab. Beträchtlich erweitert wurden dabei in den Spratlys das Fiery Cross Reef (auf 2,75 Quadratkilometer), Subi Reef (3,95) und Mischief Reef (5,58). Dort entstanden regelrechte militärische Außenposten, mit Häfen tief genug für Kriegsschiffe mit Artillerie- und Raketenstellungen, elektronischen Störsendern und Hochfrequenzantennen zur Fernüberwachung des Seeverkehrs. Auf Mischief Reef, Fiery Cross Rief und Subi Reef wurden drei Kilometer lange Landebahnen samt Hangars gebaut, die für Jagdflugzeuge und sogar für Kampfbomber nutzbar sind. Zugleich wurden in den Paracels Atolle und Inseln vergrößert. Auf Tree Island, Woody Island, Duncan, Cuarteron, Hughes, Johnson South und Gaven bauten die Chinesen Leuchttürme, Molen, Hubschrauber-Landeplätze, Treibstofftanks und Radaranlagen, darüber hinaus brachten sie Artilleriegeschütze und Raketenabschussrampen in Stellung. Die drei Stützpunkte auf den Spratlys und Woody Island in den Paracels erlauben der chinesischen Luftwaffe ungehindertes Operieren praktisch über dem gesamten Seegebiet. Im Mai 2018 meldete Peking, dass auf Woody Island zum ersten Mal Fernbomber landeten. Das Pentagon nahm das zum Anlass, erneut die Entmilitarisierung der Inseln zu fordern.

Jetzt will China zehn Satelliten in eine Weltraumposition schießen, von der aus der Verkehr, das Wetter und die Aktivitäten anderer Staaten in diesem Seegebiet in Echtzeit beobachtet und die Fangflotten zu den ergiebigsten Fischgründen geleitet werden können. Zudem ist ein schwimmendes Atomkraftwerk zur Energieversorgung der Festungsinseln geplant. Was mit der Besetzung von Mischief Reef 1995 begann, ist inzwischen zur Militarisierung der gesamten Meeresregion geworden Dem maritimen Vorherrschaftsanspruch der USA setzt Xi Jinping gleichsam eine chinesische Monroe-Doktrin entgegen: Was die Karibik für die Amerikaner, ist für ihn das Südchinesische Meer.

Admiral Harry Harris, damals Kommandeur der US-Pazifikflotte, sprach von einer «Großen Mauer aus Sand», die China da errichte,

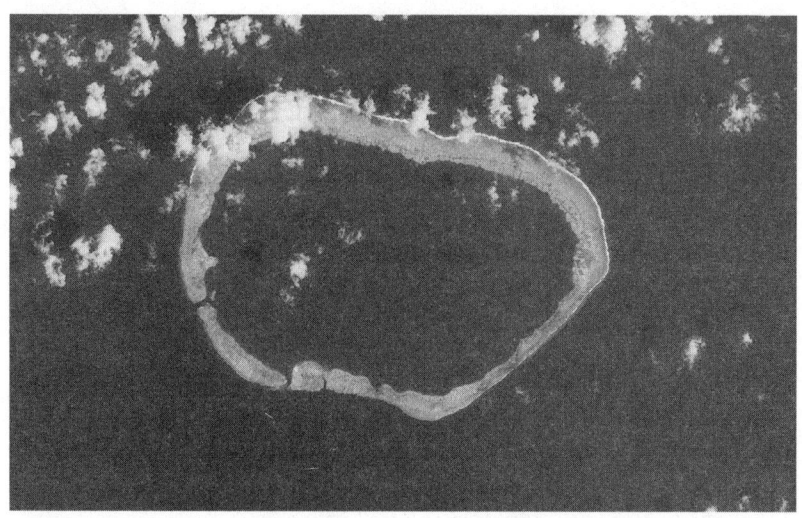

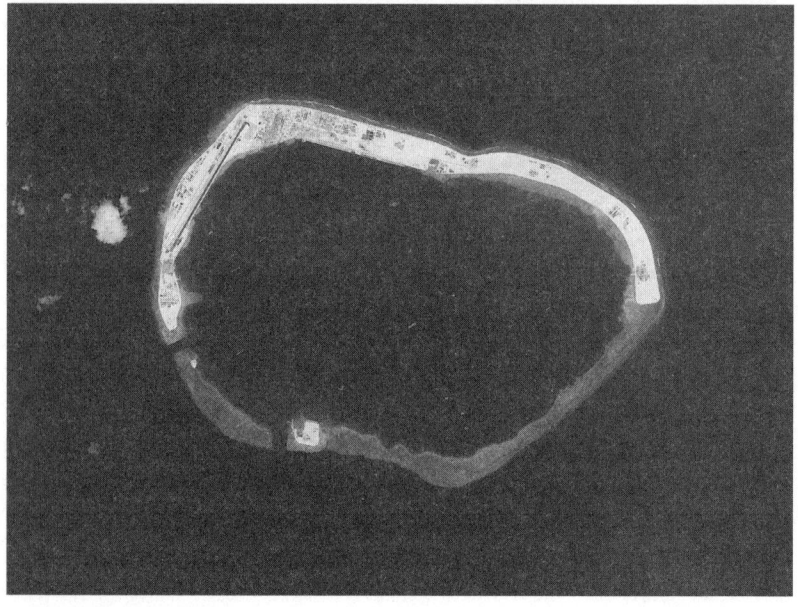

Landgewinnung im Südchinesischen Meer: Korallenriffe liegen meist unter der Wasseroberfläche und gelten nicht als Inseln. Satellitenaufnahmen zeigen, wie China das ebenfalls von Taiwan, den Philippinen und Vietnam beanspruchte Mischief-Reef innerhalb eines Jahres zu einem Luftwaffenstützpunkt ausgebaut hat. Links das ursprüngliche Atoll 2015, links unten und rechts oben (vergrößert) der Zustand 2016.

und Obamas Verteidigungsminister Ashton Carter warf Peking die Militarisierung der umstrittenen Inseln vor. «Als pazifische Nation, als Handelsnation und als Mitglied der internationalen Staatengemeinschaft haben die Vereinigten Staaten jedes Recht, besorgt und involviert zu sein», erklärte er. Die Amerikaner verstärkten dementsprechend ihre FONOPS-Aktivitäten *(Freedom of Navigation Operational Patrols)*: Sie entsandten Flugzeugträger, Zerstörer, U-Boote und Beobachtungsflugzeuge, aber auch B-52-Bomber, um ihr Recht auf freie Durchfahrt und freien Überflug zu demonstrieren, und dies auch innerhalb des Gebietes der von China beanspruchten künstlichen Inseln wie Scarborough Shoal. In ähnlicher Weise haben auch französische Kriegsschiffe, meist wachsam beäugt und eskortiert von der chinesischen Marine, seit 2015 mehrere Test- und Erkundungsfahrten in den umstrittenen Gewässern unternommen, zuletzt die Fregatte «Auvergne», die im Oktober 2017 von Singapur aus bis zu den nördlichen Paracel-Inseln fuhr. Die Briten schickten im März 2018 die U-Bootabwehr-Fregatte «Sutherland» auf dem Heimweg von Australien durch die umstrittenen Gewässer, die Australier entsandten im April drei Kriegsschiffe dorthin.

Das chinesische Verteidigungsministerium wies den Vorwurf der Militarisierung empört zurück: Es seien die Amerikaner, die durch Manöver, Patrouillenflüge, die Entsendung von Flugzeugträgern und U-Booten die Militarisierung der Region betrieben. Die chinesische Bautätigkeit habe damit nichts zu tun, sie entspreche der Notwendigkeit, sich zu verteidigen. Überdies richte sie sich gegen niemanden und schränke die Navigationsfreiheit anderer nicht ein. Im Übrigen warnen chinesische Sprecher die USA immer wieder davor, sich in ihre inneren Angelegenheiten einzumischen. Ob China militärisches Gerät ins Südchinesische Meer verlege oder nicht, sei einzig und allein seine Sache. Sie beharren auf ihrer Souveränität, ihrem Recht auf Selbstschutz und Selbstverteidigung, und argumentieren, auf dem «eigenen Staatsgebiet» dürfe man sehr wohl Waffen stationieren.

Daher hat Peking auch nach dem Mar-a-Lago-Treffen von Xi Jinping mit Donald Trump nicht aufgehört, seine maritimen Bastionen weiter auszubauen und zu bewaffnen. Satellitenaufnahmen ergaben im Frühjahr 2018, dass die Chinesen auf Fiery Cross, Mischief Reef und Subi Reef in den Spratlys Marschflugkörper mit einem Radius von 295 Seemeilen (595 Kilometer) installiert hatten, außerdem Boden-Luft-Raketen mit einer Reichweite von 160 Seemeilen. Damit können sie die Philippinen, aber auch Schiffe und Flugzeuge in dem von China beanspruchten Seegebiet erreichen. Ihre Luftwaffe trainiert Angriffe auf amerikanische Ziele. Admiral Philip Davidson, als Nachfolger von Harris US-Kommandeur im Pazifik, erklärte im US-Senat, die einst unauffälligen Felsen seien gespickt mit Radaranlagen, militärischer Elektronik, Hangars und Bunkern; alles, was fehle, seien dort postierte Truppen. China sei bereits in der Lage, das Südchinesische Meer *in all scenarios short of war with the United States* zu beherrschen. Würden auch noch Truppen dort stationiert, wäre dies eine Kampfansage an Amerikas Präsenz in der Region; alle anderen könnten sie sowieso «leicht überwältigen».

Im Konfliktfall wären die neuen Inselstützpunkte ein leichtes Ziel für die Amerikaner. Doch China will keinen Krieg mit Amerika, es will den übrigen Anrainern Respekt einflößen. Dies, die Einrichtung einer «militärischen Alarmzone» sowie die Vermutung, dass die neuen Stützpunkte der Etablierung einer Luftraum-Identifizierungszone (ADIZ, Air Defense Identification Zone) dienen könnten, vor deren Durchquerung alle Flugzeuge sich bei den Chinesen anmelden müssten, rät indessen zur Achtsamkeit.

Keine Einigung mit ASEAN

In dem ganzen Streit geht leicht der Blick auf die rein geographischen Fakten verloren. Hawaii ist dem Südchinesischen Meer näher als der Küste Kaliforniens. Chinas Stützpunkt auf Fiery Reef liegt 300 Meilen östlich des vietnamesischen Kriegshafens Camranh Bay. Die Basis auf Mischief Reef (Meiji auf Chinesisch) trennen nur 220 Meilen von der Antonio Bautista Air Base in den Philippinen, wo Amerika eine rotierende Militärpräsenz unterhält.

Das Problem liegt darin, dass zugleich fünf andere Anrainer Anspruch auf dieselben Eilande erheben. Ihre Hoheitsansprüche überlappen sich auf vielfältige Weise. Deswegen haben die ASEAN-Staaten schon 1992 einen Verhaltenskodex anvisiert, wonach sie ihre Territorialdispute «mit friedlichen Mitteln, ohne Androhung oder Ausübung von Gewalt, vermittels freundschaftlicher Konsultationen in direkten Verhandlungen der betroffenen Staaten» lösen wollten. Zuletzt beschlossen sie im Oktober 2017 zum x-ten Mal, gemeinsame Verhandlungsrichtlinien und einen generellen Verhaltenskodex für Schiffe und Flugzeuge in der umstrittenen Meeresregion festzulegen. Bisher zeigte China in den Gesprächen mit den ASEAN-Staaten zur Entschärfung der Streitigkeiten wenig Entgegenkommen. Peking zog bilaterale Gespräche vor, bei denen die kleineren Nachbarn unter Druck gesetzt werden konnten. Als diese 2010 beim ASEAN-Regional-Forum in Hanoi dagegen aufbegehrten, fauchte der damalige chinesische Außenminister Yang Jiechi sie kaltschnäuzig an: «China ist ein großes Land, und ihr seid kleine Länder, und das ist ein Faktum.» Den Historiker erinnert dieser Ausspruch an die hochfahrende Einstellung der Athener gegenüber den Meliern, wie sie uns Thukydides überliefert hat: «Die Großen tun, was sie können, die Kleinen tun, was sie müssen.» Er widerspricht auch Xi Jinpings Behauptung, China sei dagegen, «anderen den eigenen Willen aufzuzwingen und sich in die inneren Angelegenheiten anderer Staaten einzumischen». Viele Nachbarn in der Region befürchten freilich, dass Yang Jiechis grobe Wahrheit in Chinas praktischer Außenpolitik handlungsleitender ist als Xis hehre Beteuerung großmächtigen Wohlverhaltens.

Seine amerikanische Kollegin Hillary Clinton, die in Hanoi zum ersten Mal das nationale Interesse Amerikas an Navigationsfreiheit und Einhaltung des Völkerrechts im Südchinesischen Meer unterstrich, mahnte Yang Jiechi rüde, sich nicht in den Disput einzumischen. Auch aus dem jüngsten Versuch, über einen Verhaltenskodex Einigung zu erzielen, wollte China die USA unter allen Umständen heraushalten. Bei der Fünfzigjahrfeier der ASEAN im April 2017 war es Peking schon gelungen, die Forderung, mit dem Inselausbau im Südchinesischen Meer aufzuhören, aus dem Entwurf der Abschlusserklärung streichen zu lassen. Im August 2017 jedoch rief die Vereinigung der südostasiatischen Staaten ungewöhnlich deutlich zu «Nichtmilitarisierung und Selbstbeherrschung» in den umstrittenen Gewässern auf. Zugleich einigten sich China und ASEAN auf den Rohentwurf für einen Verhaltenskodex. Dabei blieb indessen Wesentliches offen. In erster Linie weigerte sich Peking, die Paracel- und Spratly-Inseln in den Geltungsbereich des Kodex einzubeziehen. Und auf den ASEAN-Konferenzen, in denen das Einstimmigkeitsprinzip gilt, haben Pekings getreue Satellitenstaaten Laos und Kambodscha jegliche Aussage zu Chinas Landgewinnung im Südchinesischen Meer, zur Verlegung von Waffen und militärischem Gerät auf die künstlichen Inseln sowie zur Achtung völkerrechtlicher und diplomatischer Prozesse abgeschmettert.

Es wäre naiv zu glauben, Peking werde jemals ein Schriftstück unterzeichnen, das die chinesische Landnahme verurteilt, rückgängig zu machen oder zur Verhandlung zu stellen sucht – eine Landnahme, die manche mit Putins Annexion der Krim oder gar mit Hitlers Besetzung der Tschechoslowakei verglichen haben. Xi Jinping hatte bei der Feier zum neunzigjährigen Bestehen der Volksbefreiungsarmee gepoltert, seine Regierung werde nicht zulassen, dass «irgendjemand einen Teil des chinesischen Territoriums aus dem Land heraustrennt». Das galt auch für das Südchinesische Meer. An dieser Einstellung wird sich nichts ändern.

Streit mit den Philippinen

Ein weiterer Streit in der Region war 2012 zwischen China und den Philippinen entbrannt. Seit der Unabhängigkeit im Jahr 1946 waren neun Inseln in der Westphilippinischen See, wie Manila sie nennt, in privater philippinischer Hand; sie hießen Kalayaan, Freiheitsland. Für eine minimale Summe wurden sie 1974 von der Republik der Philippinen gekauft. 470 Seemeilen südöstlich von Hainan, aber nur 150 Seemeilen westlich von Luzon gelegen, befinden sie sich eindeutig innerhalb der philippinischen Ausschließlichen Wirtschaftszone; außerdem gehören sie geographisch zum philippinischen Festlandssockel. Im April 2012 brachte die philippinische Küstenwache beim Scarborough Shoal 230 Kilometer westlich der Philippinen acht chinesische Fischkutter auf, die dort illegal auf Fang gingen, worauf die Chinesen kurzerhand die Kontrolle über das Eiland und seine fischreiche, 130 Quadratkilometer große Lagune übernahmen. Im Januar 2013 riefen die empörten Filipinos daraufhin den Ständigen Schiedgerichtshof in Den Haag an, um den Sachstand zu klären.

Die fünf Richter – darunter der Deutsche Rüdiger Wolfrum – ließen sich drei Jahre Zeit, um zu einem Urteil zu gelangen. Ihr 497 Seiten starkes Verdikt, verkündet im Juli 2016, erklärte Chinas Ansprüche auf die Neun-Strich-Linie rundheraus für illegal, es gebe dafür keinerlei historische oder rechtliche Grundlage. Dass chinesische Seereisende schon vor Hunderten von Jahren in dem Gebiet unterwegs gewesen seien, ließ das Gericht nicht als ausreichende Fundierung eines Rechtsanspruchs gelten, da arabische und indische Seeleute dort längst vor den Chinesen auf den Plan getreten seien. Es gebe keinen Nachweis, dass China je die exklusive Kontrolle über das gesamte Südchinesische Meer ausgeübt habe. Ohnehin seien etwaige «historische Rechte» durch die Seerechtskonvention von 1982 aufgehoben, die China neben 167 Staaten unterzeichnet hat; es räume allen jenseits der Zwölfmeilenzone des Küstenmeeres den Anspruch auf eine 200 Seemeilen breite Ausschließliche Wirtschaftszone zur Erforschung, Ausbeutung und Bewirtschaftung ein. Überdies seien Felsen und bei Ebbe trocken fallende Erhebungen des Meeresgrundes keine Inseln, die irgendeinen rechtlichen Territorialanspruch begründeten, also weder den auf die Ausschließliche Wirtschaftszone noch den auf die zwölf Meilen Territorialgewässer, ja noch nicht einmal den auf die Zugehörigkeit zum Festlandssockel.

Das war eine schallende internationale Ohrfeige für Peking. Das Regime lehnt es jedoch brüsk ab, den Gerichtsentscheid zu akzeptieren. Demonstrativ schossen chinesische Kriegsschiffe vor dem Haager Urteilsspruch bei Übungen in den umstrittenen Gewässern scharf, und tags darauf landete auf zwei der neuen Inseln eine Passagiermaschine aus dem 900 Kilometer entfernten Hainan. Pekings Wortführer nannten das Haager Verdikt einen «Fetzen Papier», «eine Farce», «null und nichtig» und keinesfalls bindend; es werde «die Spannung erhöhen und den Frieden in der Region unterminieren».

Für den philippinischen Präsidenten Benigno Acquino war der Haager Schiedsspruch ein großer Erfolg. Sein Nachfolger Rodrigo Duterte fährt allerdings seit seinem Amtsantritt im Juni 2016 einen unberechenbaren Zickzackkurs. Im Wahlkampf hatte er die chinesischen Ansprüche noch rundheraus abgelehnt; er werde mit Jet-Skis zu den bedrängten Inseln fahren, sagte er, und dort persönlich die Flagge seines Landes aufpflanzen. Seitdem jedoch finassiert und laviert er, nannte Barack Obama einen «Hurensohn» und verkündete, es sei Zeit, Amerika *Good-bye* zu sagen und eine «Trennung» zu vollziehen. Tatsächlich beorderte er amerikanische Spezialkräfte aus Mindanao zurück, wo sie gegen kommunistische Aufständische und die moslemischen Moro-Separatisten im Einsatz waren, blies die gemeinsamen Manöver seiner Marine mit der U.S. Navy ab und beschränkte die rotierende Präsenz des US-Militärs. Außerdem tat er den Haager Schiedsspruch ab als «ein bloßes Stück Papier mit vier Ecken». Er flog nach Peking und legte den Streit erst einmal auf Eis. Dies tat er wohl in der Hoffnung, dafür mit chinesischen Investitionen belohnt zu werden. Chinas Investitionen legten jedoch nicht zu, während die amerikanischen Investitionen um 70 Prozent sanken.

Zugleich deutete er indessen an, dass das Haager Urteil die Grundlage jedweden künftigen Abkommens mit China bilden müsse. Sein Verteidigungsminister Lorenza stellte obendrein klar, dass das Verhältnis zu den USA unverändert bleibe. Offenherzig räumte der Minister ein: «Wir werden für unsere Rechte einstehen, aber nicht jetzt. Wir haben ja nicht einmal ein Schiff, das groß genug wäre, um der chinesischen Küstenwache entgegenzutreten.» Inzwischen hat Duterte mehrmals unterstrichen, dass er grundsätzlich an dem philippinischen Besitzsanspruch festhält. Und er zeigte sich höchst verschnupft, als die Chinesen im Westphilippinischen Meer innerhalb der Ausschließlichen Wirtschaftszone Manilas Raketen stationierten. Verärgert erklärte er, China verletze damit die Seerechtskonvention der Vereinten Nationen. Die Opposition kritisierte ihn hart: «China nutzt das unterwürfige Verhalten der Regierung Duterte aus. Es arbeitet an der schleichenden Invasion der Philippinen.»

Ein Balanceakt auf schmalem Grat

Bei alledem geht es den Chinesen darum, die US-Vorherrschaft im Pazifik zu beenden und den amerikanisch-japanischen Sicherheitspakt zu unterminieren. Das Fernziel besteht darin, im asiatisch-pazifischen Raum eine eigene Sicherheitsarchitektur zu errichten. In diese Richtung deuten erste Angebote an ASEAN zu gemeinsamen Marine-Manövern, außerdem Waffenlieferungen an die Philippinen und Malaysia. Der Aufsteiger China sieht die Vereinigten Staaten als Absteiger und will sich zumindest regional an dessen Hegemonialstelle setzen. Dies ist die «Thukydides-Falle», vor der manche warnen. Schnappte sie zu, so könnten sich Amerika und China bald in einer erbitterten Konfrontation wiederfinden.

Mit ihrer rücksichtslosen Politik im Südchinesischen Meer rücken die Chinesen einem halben Dutzend ihrer Nachbarn massiv zu Leibe – Pekings *win-win*-Mantra enthüllt sich da als krasses propandistisches Gesäusel. Die harsche Annexionspolitik hat den verqueren Effekt, dass sich viele dieser Länder, obwohl ihre wirtschaftliche Verflechtung mit China immer enger wird, sich vorsichtshalber wieder unter den Sicherheitsschirm der Vereinigten Staaten drängen. Die Philippinen sind nur ein Beispiel. Das Abkommen bleibt in Kraft, das den Amerikanern über zwanzig Jahre nach ihrem Abzug aus den Philippinen im Jahr 1992 erlaubte, an fünf Stützpunkten wieder Soldaten, Waffen und Gerät zu stationieren. Vietnam, Amerikas Kriegsgegner in den Sechziger- und Siebzigerjahren, eröffnet der amerikanischen Marine Zugang zum Kriegshafen Camranh Bay, es hat in Japan sechs Patrouillenboote und in Russland eine ganze U-Boot-Flotte bestellt, und auf fünf seiner Spratly-Inseln wurden mobile Raketenrampen installiert. Das neutrale Indonesien, auf dessen Natuna-Inseln China ein Auge geworfen hat, sucht Anlehnung an Australien. Singapur – einer der größten Investoren in der Volksrepublik, die Singapurs zweitgrößter Exportmarkt ist – hat die militärischen Beziehungen mit den USA verstärkt. Auch Indien und Japan nehmen engere Fühlung auf. Der malaysische Verteidigungsminister meinte, ein «Zurückdrängen» Chinas könne notwendig werden. Die Frage ist, wie lange die asiatischen Nationen ihre janusköpfige Politik durchhalten können: sicherheitspolitisch mit Amerika, handelspolitisch mit China. Es ist ein Balanceakt auf schmalem Grat. Donald Trumps Rückzug auf die eigenen Gestade hat ihn nicht einfacher gemacht.

So oft und so laut Peking auch immer wieder versichert, China werde bei seinem Aufstieg die internationalen Regeln und Normen respektieren – sein praktisches Handeln im Südchinesischen Meer unterminiert seine Glaubwürdigkeit, verschärft die Spannungen in der Region und heizt im ganzen Pazifik ein fatales Wettrüsten an. Der Dauerstreit mit Japan verstärkt diese Wirkung noch.

Vierter Teil

GEFÄHRLICHE

SPANNUNGSFELDER

13

China und Japan:
Ewige Erbfeindschaft?

Die Vergangenheit vergeht nicht: Nirgendwo in Asien ist dieser Satz gültiger als im chinesisch-japanischen Verhältnis. Die Erniedrigungen, die China in den hundert Jahren nach dem ersten Opium-Krieg (1839–1842) durch die westlichen Mächte erfahren hat, dienen der Führung zur Motivation und Rechtfertigung ihres robusten Wiederaufstiegs-Ehrgeizes, doch auf die aktuelle Politik wirken sie sich nur noch rhetorisch aus. Die diplomatischen Demütigungen, die Eroberungsfeldzüge und Kriegsgräuel hingegen, die Japan den Chinesen in den fünf Jahrzehnten 1894–1945 angetan hat, vergiften bis heute die Beziehungen zwischen den beiden fernöstlichen Mächten. Eine in Peking wie in Tokio von weiten Kreisen gefühlte und gepflegte Erbfeindschaft hat Annäherung, Ausgleich und Aussöhnung nach dem deutsch-französischen Vorbild bisher immer wieder vereitelt. Die beiden Völker hegen keine Sympathie füreinander, obwohl sie doch seit über einem Jahrtausend über die koreanische Landbrücke durch Konfuzianismus, Buddhismus und die chinesische Schriftkultur aufs Engste miteinander verbunden sind. Allerdings war Japan nie ein Vasall Chinas. Schon im Jahr 600 überbrachte ein Sendbote des «Himmelssohnes im Land der aufgehenden Sonne» dem «Himmelssohn im Land der untergehenden Sonne» eine Botschaft, aus welcher der Anspruch auf Gleichrangigkeit und Ebenbürtigkeit hervorging. Die Erklärung für die Abneigung auf Gegenseitigkeit liefert die jüngere Geschichte.

Laut Pew Research beurteilen 81 Prozent der Chinesen Japan nega-

tiv, und nur 11 Prozent der Japaner haben eine positive Meinung von
China. Lediglich 14 Prozent der Chinesen sehen Japan in einem positiven Licht, nur 11 Prozent der Japaner den Nachbarn China. Sie halten einander für gewalttätig, für arrogant und für nationalistisch. Die
Hälfte der Japaner ist der Ansicht, dass sich ihr Land genug entschuldigt hat für sein brutales Vorgehen im Zweiten Weltkrieg, doch lediglich 10 Prozent der Chinesen teilen diese Einschätzung. Achtzig Prozent der Japaner und 59 Prozent der Chinesen sind besorgt, dass die
Territorialkonflikte zwischen China und seinen Nachbarn zu einem
bewaffneten Konflikt führen könnten.

Hundertfünfzig Jahre Krieg, Krise, Konfrontation

Drei Jahre nach der Meiji-Restauration von 1868 in Japan nahmen die
beiden Staaten diplomatische Beziehungen auf. Bald danach aber gab
es die ersten Streitigkeiten um Taiwan und die Ryukyu-Inseln mit der
Hauptinsel Okinawa, die Japan 1879 annektierte. Über den Status des
Kaiserreiches Korea kam es dann 1894 zum Krieg. Die Japaner, inzwischen nach europäischem Vorbild militärisch modernisiert, gewannen ihn haushoch. Im Frieden von Shimonoseki musste Peking nicht
nur die vollständige Unabhängigkeit Koreas anerkennen, sondern
darüber hinaus der Abtretung Taiwans, der Pescadoren-Inseln und
des Südzipfels der Mandschurei an Japan zustimmen. Dies war der
Beginn des japanischen Imperialismus, der sich 1904–1905 im Japa-
nisch-Russischen Krieg fortsetzte, in dem das Zarenreich eine verhee-
rende Niederlage erlitt, und sich 1905 steigerte zur Ausrufung eines
japanischen Protektorats über Korea und 1910 in dessen Annexion.
Zu Beginn des Ersten Weltkriegs eroberten die Japaner dann die
deutsche Kolonie Tsingtau. Während des Krieges richteten sie ulti-
mativ 21 Forderungen an China, die das Reich der Mitte zu einem
japanischen Vasallenstaat gemacht hätten, wäre Washington dem
Ansinnen Tokios nicht entgegengetreten. Die Amerikaner erreichten
allerdings nur eine Abmilderung und mussten dafür auch noch expli-
zit eine japanische Interessensphäre in China anerkennen.

Den nächsten Expansionsschritt tat Japan, wo radikale Militärs immer stärkeren Einfluss erlangten, in der internationalen Krise, die 1931 um die Mandschurei entbrannte. Die Kwantung-Armee, benannt nach der Provinz, in der sie seit dem Russisch-Japanischen Krieg stationiert war, okkupierte weite Teile der Mandschurei und setzte in Tokio durch, dass dieses Gebiet von China abgetrennt wurde und 1932 als Marionettenstaat Japans ins Leben trat: Mandschukuo, das 1934 unter dem letzten chinesischen Kaiser Pu Yi zum Kaiserreich erhoben wurde. Von da an drangen die Japaner immer tiefer in Nordostchina vor. Ihre Expansionswelle erreichte 1937 nach einem Zusammenstoß japanischer und chinesischer Truppen an der unweit der Hauptstadt gelegenen Marco-Polo-Brücke ihren ersten Höhepunkt. Im Juli 1937 stießen die Truppen des Tenno auf Tientsin (Tianjin) und Peking vor.

Es war dies der Beginn eines achtjährigen blutigen Krieges. Allein in den ersten anderthalb Jahren kostete er zwei Millionen chinesische und eine halbe Million japanische Soldaten das Leben. Schanghai und Nanking (Nanjing) fielen Ende 1937, Kanton 1938. Nach der Eroberung Nankings wüteten japanische Militäreinheiten in einem sechs Wochen langen Amoklauf von Mord, Vergewaltigung und Plünderung gegen die Bevölkerung; 200 000 bis 300 000 Zivilisten fielen ihren Untaten zum Opfer. Den «Rape of Nanking» können die Chinesen ebenso wenig vergessen und vergeben wie die Zwangseinweisung Zigtausender sogenannter «Trostfrauen» in die japanischen Militärbordelle (das Thema belastet bis heute auch die Beziehungen Japans zu Korea). Zwanzig Millionen Chinesen kamen in den acht Jahren des Krieges mit Japan ums Leben, nach chinesischen Schätzungen sogar 35 Millionen.

China und Japan normalisierten ihr offizielles Verhältnis im Jahr 1972, als sie – nach dem Geheimbesuch Henry Kissingers in Peking – diplomatische Beziehungen aufnahmen und 1978 sogar einen Friedens- und Freundschaftsvertrag abschlossen. Es gab einen Kaiserbesuch in China, und ein chinesischer Staatspräsident schwärmte beim Gegenbesuch von «warmem Frühling und ewigem Frieden». Überdies leistete Japan den Chinesen schon früh ein Stück Entwicklungshilfe. Indessen hörten die Kontroversen über Japans mangelnde Vergangenheitsbewältigung nie auf. Wohl entschuldigten sich mehrere Tokioter Premierminister für das Leid und den schweren Schaden, den

**Brandgefährlicher Streit um ödes Land: Die Senkaku-Inseln im Ost-
chinesischen Meer werden von der Volksrepublik China, Taiwan und
Japan beansprucht. Links ist ein japanisches Patrouillenboot zu sehen.**

Japan dem chinesischen Volk im Krieg zugefügt hat, als erster Kakuei
Tanaka bei der Aufnahme der Beziehungen. Den Chinesen gingen die
Reuebezeigungen jedoch nie weit genug, zumal in amtlich zugelasse-
nen Schulbüchern, in populären Geschichtsdarstellungen und selbst
in Äußerungen von Kabinettsmitgliedern bis in die jüngste Zeit vielfach behauptet wurde, Kriegsverbrechen habe es nie gegeben. Vor
einiger Zeit protestierten die Chinesen scharf, als der Eigentümer der
APA-Hotelkette in den Zimmern seiner 370 Häuser ein von ihm ver-
fasstes Buch auslegte, in dem er die Berichte über die Massaker von
1937 ein Lügenmärchen nannte.

Als Zeichen eines unausrottbaren japanischen Nationalismus sehen
die Chinesen auch die häufigen Besuche japanischer Politiker, darunter Regierungschefs wie Yasuhiro Nakasone, Junichiro Koizumi und
zuletzt Shenzo Abe, im Yasukuni-Schrein nördlich des Kaiserpalasts

in Tokio. Dort wird der «Heldenseelen» von 2,5 Millionen Kriegstoten seit 1868 gedacht, zu denen aus dem zwanzigsten Jahrhundert auch 1068 Kriegsverbrecher der Klasse B und C sowie die 14 Hauptkriegsverbrecher der Klasse A («Verbrechen gegen den Frieden») zählen. Gräber gibt es dort nicht, habe ich bei einem Rundgang durch den Gedenkpark gelernt; im Shinto-Glauben gelten Friedhöfe als unrein. Sechs Millionen Menschen besuchen den Schrein jedes Jahr, darunter Besucher eines populären Frühlingsfests, aber auch Hinterbliebene, Veteranenverbände und rechtsradikale Vereinigungen. Auf dem Gelände steht seit 2005 die Statue des indischen Juristen Radhabinod Pal, der im Tokioter Kriegsverbrecher-Prozess, dem japanischen Gegenstück zu den Nürnberger Prozessen, als Einziger von elf alliierten Richtern die A-Klasse-Angeklagten für «nicht schuldig» erklärte. In Japan verehren ihn viele bis heute. Bei einem Staatsbesuch in Indien zollte ihm Ministerpräsident Abe vor dem Parlament in Delhi Tribut und machte einen Abstecher nach Kalkutta, um Pals einundachtzigjährigem Sohn seine Ehre zu erweisen.

Im Museum des Yakusuni-Schreins ist nicht nur ein Jagdflugzeug vom Typ Zero ausgestellt, der japanischen Me-109, man kann dort auch Kaffeebecher mit dem Bildnis des Schlachtschiffs *Yamato* erwerben, dem Flaggschiff der Japaner während des Pazifik-Krieges. In dem Museum wird der Zweite Weltkrieg in der Tat nicht als Angriffskrieg bezeichnet, sondern als heiliger Krieg, der das Ziel hatte, Asien vom westlichen Kolonialismus zu befreien. Das ist nicht die einzige empörende Geschichtsklitterung: Das Massaker von Nanking wird im Museum ebenfalls geleugnet. Durch die Einnahme der Stadt, heißt es verharmlosend, sei der Frieden nach Nanking zurückgekehrt.

Streit um fünf öde Inseln

Vor diesem Hintergrund gegenseitiger Abneigung trotz immer engerer wirtschaftlicher Verflechtung entfaltete sich 2010 urplötzlich eine akute Auseinandersetzung über die acht Quadratkilometer einer öden Gruppe von fünf unbewohnten Inseln und drei Felsriffen im Ostchinesischen Meer, von den Japanern Senkaku genannt, von den

Chinesen Diayutao. Sie ist nicht minder gefahrenträchtig als der Inselstreit im Südchinesischen Meer.

Die Inselgruppe liegt in 330 Kilometer Entfernung von der chinesischen Festlandküste, 170 Kilometer östlich von Taiwan und 130 Kilometer nördlich der japanischen Yaeyama-Inseln. Chinesen und Japaner stützen sich beide auf alte Urkunden und Karten, um ihren Anspruch zu untermauern. Peking unterfüttert seinen Anspruch mit dem Hinweis, dass chinesische Seefahrer im vierzehnten Jahrhundert auf den Inseln landeten. Japan dagegen unterstreicht, dass es die Eilande während des Japanisch-Chinesischen Krieges 1895 als *terra nullius*, herrenloses Land, in Besitz genommen habe. Nach dem Zweiten Weltkrieg musste Tokio gemäß dem Friedensvertrag von San Francisco Taiwan wieder an China abtreten. Die Senkakus blieben allerdings unter der Verwaltung der Amerikaner, die dort seit dem Kriegsende Zielübungen abgehalten hatten; 1972 gaben sie die Felseneilande an Japan zurück.

Eine UN-Studie deutete 1968 an, dass in dem fischreichen Seegebiet größere Erdöl- und Erdgasvorkommen lagern könnten. Bis dahin hatten weder Chinesen noch Japaner Ansprüche auf die Inseln angemeldet; jetzt taten sie es. Mitte der 1990er-Jahre erklärten beide die Inseln zu ihrer Ausschließlichen Wirtschaftszone. Seitdem kriselt es in der Region. Wohl einigten sich Tokio und Peking 2008 darauf, potentielle Öl-und Gasfelder im Ostchinesischen Meer gemeinsam zu erschließen, doch hielten sich die Chinesen nicht daran, sondern explorierten auf eigene Faust. Japan sah in dem einseitigen Vorgehen einen Verstoß, zumal China auf einer seiner sechzehn Ölbohrinseln eine militärisch nutzbare Radaranlage installierte.

Im September 2010 rammte ein chinesischer Fischkutter zwei Schiffe der japanischen Küstenwache. Als die Japaner den Kapitän des Kutters festnahmen, kam es zu einer ersten Konfrontation. Die nächste folgte, als die Tokioter Regierung im September 2012 drei Inseln ihren japanischen Privatbesitzern abkaufte, um Shintaro Ishihara zuvorzukommen, dem rechtsextremen Gouverneur von Tokio. Damit sollte einer Verschlechterung der Beziehungen zu Peking vorgebeugt werden, doch ging der Plan nicht auf. Im Gegenteil: Peking protestierte scharf gegen «die ernstzunehmende Verletzung der chinesischen Souveränität». Überall in China kam es zu Ausschreitungen gegen japanische Unternehmen und zum Boykott japanischer Waren. Japanische Autos wurden demoliert, japanische Flaggen verbrannt. Seitdem schickt China immer wieder Patrouillenboote und sogar Kriegsschiffe in die umstrittenen Gewässer, und bei Manövern dort werden auch Flugzeuge und Hubschrauber eingesetzt, wogegen dann die Japaner jedes Mal militärische Gegenmaßnahmen treffen. Die Lage explodierte im August 2016, als 300 chinesische Fischkutter, eskortiert von fünf Patrouillenbooten der chinesischen Küstenwache, drei davon bewaffnet, in Japans Ausschließliche Wirtschaftszone eindrangen. Im Jahr 2016 stiegen nach den Angaben des Tokioter Verteidigungsministeriums japanische Abfangjäger 1168 Mal auf, weil sich Flugzeuge der chinesischen Luftwaffe dem japanischen Hoheitsgebiet näherten. Auch danach hörten die gefährlichen Zusammenstöße nicht auf. Die japanische Regierung gab in ihrem jüngsten Verteidigungsweißbuch ihrer tiefen Besorgnis über Chinas ständige Ausweitung seiner militärischen Präsenz Ausdruck und warnte vor «unbeabsichtigten Konsequenzen».

Nachdem China Ende 2013 die Einrichtung einer Air Defense Identification Zone bekannt gegeben hatte, sollen Überflüge seitdem vorher angemeldet werden. Da die Senkakus in einer ehemals amerikanischen, inzwischen von Japan übernommenen Luftüberwachungszone liegen, gibt es auch hier, sollten beide Seiten Ernst machen, eine gefährliche Überlappung. Japan und die USA erklärten, die von den Chinesen beanspruchte Zone nicht anzuerkennen, und entsandten wiederholt Militärflugzeuge in den dortigen Luftraum. Washington stellte überdies klar, dass die Senkaku-Inseln unter den amerikanisch-japanischen Sicherheitspakt fielen und ein Angriff auf sie den Beistand der Vereinigten Staaten auslösen würde. Daraufhin warf die «Volkszeitung», das Zentralorgan der Kommunistischen Partei, Ministerpräsident Abe vor, er mache einen Fetisch aus Japans Bündnis mit Amerika. Er übertreibe die Bedrohung aus China, damit Amerika und Japan sich die Hand reichten, Chinas Aufstieg zu stoppen.

Der weise Deng Xiaoping hatte seinerzeit beschlossen, Chinas Rückgabeanspruch nicht zu forcieren. Wörtlich sagte er: «Künftige Generationen werden gescheiter sein als wir heute, um einvernehmlich eine Lösung des Streits zu finden.» Lassen wir die Streitfrage beiseite und konzentrieren wir uns auf die gemeinsame Entwicklung, war Dengs Linie. Seine Nachfolger bringen nicht die gleiche Gelassenheit auf. Im März 2014 bekräftigte Außenminister Wang Yi den Willen Chinas, jeden Zentimeter seines Gebietes zu verteidigen: «In beiden Grundsatzfragen, Geschichte und Territorium, gibt es keine Kompromisse.» Chinesische Parteimedien verkündeten, ihr Land sei bereit, sich auf eine lange Konfrontation mit Japan einzulassen.

Umgekehrt besorgt es die Japaner zutiefst, dass manche Chinesen, darunter Generäle und politische Verantwortungsträger, von einem «chirurgischen Schlag» reden, mit dem die umstrittenen Senkaku-Inseln heimgeholt werden sollen. Tatsächlich beobachtete die US-Pazifik-Flotte schon 2013 chinesische Großmanöver, die auf die Erprobung eines «kurzen, scharfen Krieges» zur Einnahme der Senkakus schließen ließen. Derlei Übungen verraten freilich keinen aktuellen Eroberungsplan. Seit Jahrzehnten übt die Volksbefreiungsarmee die Invasion Taiwans, doch geschehen ist bisher nichts. Allerdings erhöht die Anwesenheit japanischer wie chinesischer Marine-Einheiten das Risiko eines Zusammenstoßes.

Das Tenno-Reich werde «ruhig und standhaft» reagieren, erwiderte Ministerpräsident Shinzo Abe auf die chinesischen Anwürfe und Drohreden. Die Reaktion bestand in der Einrichtung eines Nationalen Sicherheitsrates (zum ersten Mal), der Veröffentlichung einer Nationalen Sicherheitsstrategie (ebenfalls zum ersten Mal), der Erhöhung des Wehretats und der Ausrufung eines «pro-aktiven Pazifismus», der im Endeffekt auf eine Änderung der pazifistischen MacArthur-Verfassung hinausläuft. Die nordkoreanische Entwicklung von Atomwaffen und Fernraketen verlieh diesem Vorsatz zusätzliche Dringlichkeit. Bis zu Tokios olympischem Jahr 2020 will Abe Artikel 9 der Verfassung verändern. In dieser «Friedensklausel» verzichtete Japan «für alle Zeiten auf den Krieg als ein souveränes Recht der Nation und auf die Androhung oder Ausübung von Gewalt zur Beilegung internationaler Streitigkeiten». Zu diesem Zweck «werden keine Land-, See- und Luftstreitkräfte oder sonstige Kriegsmittel unterhalten». Künftig soll es jedoch keiner interpretatorischen Verrenkungen mehr bedürfen, um die Existenz der «Selbstverteidigungskräfte», wie sich die japanischen Streitkräfte nennen müssen, zu rechtfertigen. Die Verfassungsrevision bedarf der Zustimmung einer Zweidrittelmehrheit in beiden Häusern des Parlaments, außerdem der Mehrheit in einer Volksabstimmung. Nach den jüngsten Nikkei-Umfragen sind 46 Prozent der Befragten gegen die Verfassungsänderung, 45 Prozent dafür. Die wachsende Bedrohung aus Nordkorea und die zunehmende Spannung mit China mögen den Befürwortern jedoch Oberwasser geben.

Trostlose Aussichten für dauerhaften Frieden?

Die Japaner erkennen, dass China sich mit großer Selbstverständlichkeit als natürlicher Hegemon Asiens sieht. Im Weißbuch 2017 warf Tokio den Chinesen vor, den Status quo im Südchinesischen und im Ostchinesischen Meer gewaltsam verändern zu wollen. Peking reagierte mit Empörung: Japan versuche, mit unverantwortlichen Äußerungen eine Bedrohung durch China herbeizuschreiben, um eine Verfassungsänderung – laut *China Daily* eine «schamlose Kehrtwende» – durchzusetzen und sich den Vereinigten Staaten als Verbündeter zur Eindämmung Chinas anzudienen. Das gegenseitige Misstrauen ist gewaltig, die Spannung steigt, und mit ihr wächst die Gefahr einer Eskalation.

In vielen Berichten und Kommentaren klang hundert Jahre nach dem Ausbruch des Ersten Weltkrieges die Sorge an, die regionalen Großmächte China und Japan könnten schlafwandelnd – wie damals die europäischen Mächte – in einen verheerenden bewaffneten Konflikt hineinschlittern. Der ehemalige australische Premierminister Kevin Rudd, ein glänzender China-Kenner, erkennt in dem spannungsgeladenen Verhältnis zwischen China und Japan ebenfalls besorgniserregende Ähnlichkeiten mit der damaligen Lage: Der rasante wirtschaftliche Aufstieg einer neuen Macht mündet in ein Wettrüsten, womöglich in eine militärische Auseinandersetzung. Auch der holländische Asienhistoriker Henk Schulte Nordholt war pessimistisch: «Ohne einen grundlegenden Politikwechsel in China sind die Aussichten für einen dauerhaften Frieden und Sicherheit in Ostasien, und mittelbar für den Rest der Welt, ziemlich trostlos.»

Solchen Befürchtungen wird gern entgegengehalten, Japan und China würden wegen ihrer engen wirtschaftlichen Verflechtung alles daransetzen, es so weit nicht kommen zu lassen. In der Tat sind China und Japan füreinander die weltweit größten Absatzmärkte. Der bilaterale Handel belief sich laut Xinhua 2017 auf 297,28 Milliarden Dollar. Japanische Unternehmen haben Hunderte Milliarden in China investiert und Arbeitsplätze für zehn Millionen Chinesen geschaffen. Auch ist Chinas Seidenstraßen-Projekt nicht ohne Reiz für die Japaner. Dem ökonomischen Aufeinander-angewiesen-Sein ist es zu danken, dass sich das Klima zwischen Peking und Tokio immer wieder einmal erwärmt. So ließ auch Präsident Trumps Handelskrieg die beiden näher zusammenrücken. Doch bleiben die Vergangenheit und die Zukunft trennende Faktoren – die Vergangenheit des japanischen Brutal-Imperialismus und die Zukunft des chinesischen Vormachtstrebens in Asien.

Vor hundert Jahren waren auch England und Deutschland füreinander die wichtigsten Handelspartner. Das hat sie nicht daran gehindert, gegeneinander in den Krieg zu ziehen. Die wirtschaftliche Vernunft unterlag dem militärischen Ehrgeiz, politische Kurzsichtigkeit stürzte beide in den Abgrund. Das wird sich nicht wiederholen. Eine Aussöhnung zwischen China und Japan ist jedoch schwerlich zu erwarten. Die vielen gut gemeinten Vorschläge für Gespräche über eine langfristige strategische Koexistenz, über verstärkten kulturellen und gesellschaftlichen Austausch haben bisher alle nicht gefruchtet. Die Stimmung der Bevölkerung in beiden Ländern ist einem Ausgleich nicht gewogen. Sie lässt sich nach wie vor jederzeit gegen den anderen anstacheln. In China wie in Japan heizt Unversöhnlichkeit jedenfalls einen radikalen Nationalismus an, von dem nichts Gutes zu erwarten ist.

Das entscheidende Faktum ist jedoch auch hier, dass die Amerikaner im Ostchinesischen wie im Südchinesischen Meer in Streitigkeiten hineingezogen werden, die das Zeug haben, sich zu einer weltpolitischen Krise auszuwachsen. Steuern die Vereinigten Staaten und die Volksrepublik auf einen Konflikt zu? (Siehe Kapitel 16 «In der Thukydides-Falle»)

Im asiatischen Spannungsfeld:
China und Indien

In den Beziehungen zwischen China und Indien verbinden sich drei verschiedene Konfliktstränge zu einem gefährlichen Spannungsfeld: die kriegsträchtige Dauerkonfrontation zwischen Indern und Pakistanis wegen Kaschmir, der ständig fortschwelende chinesisch-indische Grenzstreit im Himalaya und das Vordringen der Chinesen in den Indischen Ozean, das in Indien als bedrohliche Einkreisung empfunden wird. Das gemeinsame Auftreten in der Führungsgruppe der 1955 gegründeten anti-imperialistischen Bewegung der Blockfreien, in der Jawaharlal Nehru und Zhou Enlai neben Jugoslawiens Marschall Tito, Indonesiens Präsident Sukarno und Ägyptens Staatschef Nasser eine herausragende Rolle spielten, ist nur noch eine ferne Erinnerung.

China dringt in indische Einflusssphären vor

Die Inder beunruhigt seit Langem Chinas «Perlenkette» von Stützpunkten entlang der wichtigsten Seewege, vor allem in der Nähe der beiden strategischen Flaschenhälse, der Straße von Malakka und der Straße von Hormuz. So hat die China Overseas Ports Holding Company im westpakistanischen Gwadar schon vor fast zehn Jahren einen großen Tiefsee-Hafen gebaut, der die Chinesen 248 Millionen Dollar kostete und wo sie sich die Kontrolle für vierzig Jahre gesichert haben. Bisher wurde er vor allem als elektronischer Horchposten benutzt, doch änderte sich dies Ende 2017, als eine Verbindungsstraße von Gwadar bis hinauf nach Kaschgar in Chinas Westprovinz Xinjiang dem Verkehr übergeben wurde; chinesische Arbeiter haben sie unter dem Schutz von Tausenden pakistanischer Soldaten durch Wüsten und Berge gebaut. Eine parallele Erdöl-Pipeline bringt eine wesentliche Verkürzung der Strecke vom Persischen Golf nach Westchina.

Zugleich haben die Chinesen in Sri Lanka Fuß gefasst, wo erst 2009 ein sechsundzwanzig Jahre andauernder Bürgerkrieg beendet wurde. Sie halfen schon bei der Modernisierung des Hafens von Colombo mit Krediten, bauten eine teure Autobahn, stellten den bislang so gut wie unbenutzten Hafen Hambantota im Süden der Insel fertig und setzten den Mattala Airport – den «leersten Großflughafen der Welt», der 2017 täglich nur 142 Passagiere abfertigte und inzwischen geschlossen wurde – für 282 Millionen Dollar in den Dschungel, um dem früheren Präsidenten Mahinda Rajapaksa einen Gefallen zu tun und einen Stützpunkt zur Sicherung ihrer «Seidenstraße der Meere» zu erlangen. Nach dem Regierungswechsel in Sri Lanka 2015 stellte sich allerdings heraus, dass die Ceylonesen sich übernommen hatten. Die Schulden drückten, da China nur zwei Prozent der 5,8 Milliarden Dollar, die es zwischen 2005 und 2014 überwiesen hatte, als kostenlose Entwicklungshilfe betrachtet, für zwei Drittel des Rests fielen Zinsen in Höhe von 4,6 oder mehr Prozent an. Das Resultat: Ein Drittel der Staatseinnahmen floss in die Bedienung der über 8 Milliarden Dollar China-Schulden. Schließlich konnten die Ceylonesen ihren Zahlungsverpflichtungen nicht mehr nachkommen und verpachteten 80 Prozent des neuen Hafens von Hambantota für 1,1 Milliarden Dollar auf neunundneunzig Jahre an China – neunundneunzig Jahre, genau der Zeitraum, für den die Briten einst Hongkong pachteten (sage keiner, die Chinesen hätten keinen Sinn für Geschichte). Es half nichts, dass buddhistische Mönche, aufgebrachte Dorfbewohner und besorgte Politiker gegen den Ausverkauf ihres Landes demonstrierten.

Das Washingtoner Center for Global Development hat jüngst in einer Studie darauf hingewiesen, dass 23 der damals noch 68 Länder, die an Chinas Seidenstraßenprojekt beteiligt sind, schon jetzt sehr hohe Schulden haben. Acht von ihnen stünden in Gefahr, in die chinesische Schuldenfalle zu geraten: Dschibuti, Kirgistan, Laos, die Malediven, die Mongolei, Montenegro, Pakistan und Tadschikistan.

International wachsen die Zweifel, ob Pakistan, das beim Pariser Club ständig um Aufschub seiner Rückzahlungen und um Schuldenerlass bittet, seine Verbindlichkeiten gegenüber China – mittlerweile 90 Milliarden Dollar – begleichen kann. Die Regierung appellierte daraufhin an die Landsleute im Ausland, mit Dollar-Darlehen auszuhelfen, und erwog die Ausgabe von «Panda Bonds», Anleihen in Renminbi. Der neue Premierminister Imran Khan stand vor der unguten Wahl, zum zwölften Mal seit 1980 beim Weltwährungsfonds betteln zu gehen oder die Chinesen zu bitten, ihm unter die Arme zu greifen (was durchaus angebracht wäre, denn China hat Pakistan in die Schuldenfalle getrieben und Amerika widersetzt sich einer neuerlichen IWF-Anleihe, durch die der amerikanische Steuerzahler genötigt würde, den chinesischen Gläubigern zu ihrem Geld zu verhelfen). In Dschibuti stieg die Verschuldung von 50 auf 85 Prozent des Bruttoinlandsprodukts. Zuweilen erlässt China die Tilgung, meist jedoch verlangt es die Überlassung der Infrastrukturprojekte.

Auf dem indischen Subkontinent dringen die Chinesen immer stärker in die Einflusssphäre des südlichen Nachbarn Indien ein. Sein Land «missbillige» das Konzept der Einflusssphären in der internationalen Politik, erklärte Außenminister Wang Yi bei einem Besuch in Neu Delhi. Doch offenbar wollen die Chinesen Indien seine Vorherrschaft in Südasien streitig machen. So haben sie 2016 in Bangladesch 3,7 Milliarden Dollar für eine Brücke über den Padma (in Indien «Ganges» genannt) bereitgestellt, die den Norden mit dem Süden des Landes verbindet; sie ist Teil eines 31-Milliarden-Plans für den Ausbau der Infrastruktur im Nachbarland Indiens. Auf indischen Druck nahm die Regierung Abstand von dem chinesischen Plan, in Sonadia bei Chittagong einen Tiefseehafen zu bauen, der sich auch militärisch hätte nutzen lassen; stattdessen investieren Firmen aus der Volksrepublik nun in einen Industriepark in der Nähe der Hafenstadt. Auf dem burmesischen Manday Island bei Kyaukpyu in der Bucht von Bengalen richtet der staatliche Konzern CITIC jedoch für 7,3 Milliarden Dollar einen solchen Tiefseehafen ein. In Nepal gewannen zwei kommunistische Parteien, die für engere Beziehungen mit China und losere mit Indien eintreten, die Parlamentswahlen.

Auf den Malediven – herkömmlichem indischem Einflussgebiet, in dem die Inder 1988 nach einem Putsch militärisch intervenierten

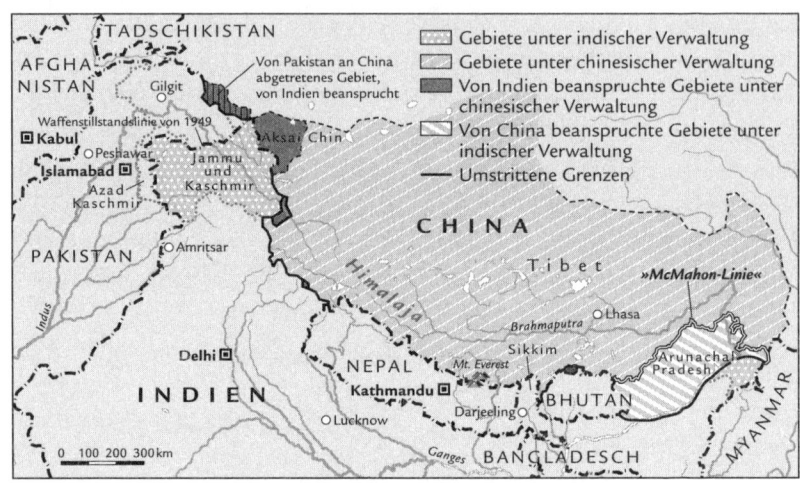

Die chinesisch-indische Grenze

und wo sie seit 2009 einen Marinestützpunkt unterhalten – hatten die Chinesen vor 2011 nicht einmal eine Botschaft, doch nach einem Besuch Xi Jinpings im Jahr 2014 wurden die wirtschaftlichen und außenpolitischen Beziehungen immer enger. Die Malediven traten aus dem Commonwealth aus und schlossen ein Freihandelsabkommen mit China. Überdies beteiligen sie sich an Pekings Seidenstraßenprojekt; der internationale Flughafen in Male, die Verbindungsstraße samt einer 1,4 Kilometer langen Brücke von dort in die Hauptstadt und andere Bauvorhaben werden von den Chinesen finanziert. Inzwischen halten sie etwa 75 Prozent der maledivischen Staatsschuld, was den Verdacht nährt, dass sie auch den Staat der 1196 Inseln in eine Schuldenfalle zu locken suchten, aus der er sich – wie Sri Lanka – durch die langfristige Abtretung der Bauobjekte befreien müsste. Doch Peking setzte offenbar aufs falsche Pferd. Bei den Wahlen im September 2018 schlug der Unmut der Wähler über den autoritären Führungsstil des Amtsinhabers Abdulla Yameen und die immer engere Bindung an China durch. Der von Indien unterstützte Oppositionsführer Ibrahim Mohamed Solih machte das Rennen – anscheinend kurz bevor eine Einigung über den Bau eines chinesischen Marinestützpunktes in trockenen Tüchern war.

Darüber hinaus halten sich die Gerüchte, dass Pekinger die Realisierung der alten Pläne für den Kra-Kanal erwägt, den Durchstich eines gut hundert Kilometer langen Kanals in Südthailand, der die Passage durch die gefährliche Straße von Malakka überflüssig machen würde Die Beunruhigung der Inder wird verständlich, wenn man weiß, dass der südlichste Punkt des Unionsterritoriums, Indira Point in der Inselgruppe der Nikobaren und Andamanen, nur 90 Kilometer von der Westspitze Indonesiens entfernt ist. Hier dringen die Chinesen in ein Seegebiet vor, das Indien als Nachfolger des britischen Raj bisher allein beherrschte.

Grenzstreitigkeiten im Himalaya

Das chinesische Ausgreifen lässt in New Delhi die Alarmglocken läuten. Dabei ist das indisch-chinesische Verhältnis ohnehin schon immer schwierig gewesen. Delhi und Peking streiten im Nordwesten über den durch die Johnson-Linie von 1865 und die Macartney-MacDonald-Linie von 1899 nur unscharf bestimmten Grenzverlauf der Region Aksai Chin, die China kontrolliert. Im Osten streiten sie über die von China nie anerkannte McMahon-Linie, die nach dem Außenminister von Britisch-Indien benannt ist, der sie 1914 mit Vertretern einer damals existierenden tibetischen Regierung festlegte. Insgesamt geht es an der 3225 Kilometer langen Himalaya-Grenze um 125 000 Quadratkilometer, das entspricht der Fläche von Bayern, Baden-Württemberg und Hessen. 1950 ließ Mao Zedong die Volksbefreiungsarmee in Tibet einmarschieren und annektierte es. Peking wie New Delhi glaubten sich mit ihrer Auslegung der alten Abmachungen im Recht. Beide untermauerten ihre Ansprüche durch die Entsendung von Militär an die umstrittene Grenze. Auf Nehrus «Forward Strategy» reagierte Mao mit seiner eigenen Konfliktstrategie. Im Oktober 1962, während die Kuba-Krise die Welt in Atem hielt, gab er den Befehl zum Angriff. In 33 Tagen Gebirgskrieg fügten die chinesischen Truppen den Indern eine schmachvolle Niederlage zu.

Die Ära des *Hindi Chini bhai bhai* – Inder und Chinesen sind Brüder – war damit vorbei. Die Chinesen wurden den Indern zum Feind, weil sie nicht im Geringsten geneigt waren, Aksai Chin und Ladakh im Nordwesten herauszurücken. Umgekehrt klagen die Chinesen darüber, dass Indien dem in Peking verhassten Dalai Lama seit seiner Flucht im Jahr 1959 Asyl gewährt. Gespräche über eine einvernehmliche Demarkierung der McMahon-Linie ziehen sich bis heute ergebnislos hin. Abmachungen über die Respektierung der aktuellen *Line of Control* (LOC), über Truppenrückzug, die Installation einer Hotline und die Einrichtung von Kontaktpunkten zwischen den Grenzeinheiten hat es ein halbes Dutzend gegeben, aber sie wurden immer wieder interpunktiert von heftigen Gefechten. Als Indien sich 1998 als Kernwaffenstaat outete, wurde Verteidigungsminister George Fernandes gefragt: Wozu denn Atomwaffen? Er antwortete mit einem Wort: «China!» Die Abschreckung Chinas war und ist der Hauptzweck des indischen Nukleararsenals.

So ist es kein Wunder, dass die Ansichten, die beide Völker voneinander haben, nicht sehr wohlwollend sind. Nur 26 Prozent der Chinesen haben laut PEW ein positives Bild von Indien, und nur ein knappes Drittel der Inder hat ein günstiges Bild von China, ein gutes Drittel hingegen ein ungünstiges. 61 Prozent der indischen College-Absolventen machen sich Sorgen über Chinas wirtschaftlichen Konkurrenzdruck und seine wachsende militärische Stärke, 69 Prozent halten die Grenzstreitigkeiten mit China für ein sehr ernstes Problem.

Die Furcht vor Einkreisung

Wie es ihre Art ist, haben Indiens Politiker die Differenzen zwischen den beiden Nationen gern bagatellisiert und lieber die Konvergenzen betont. Dies hat sich unter dem seit 2014 regierenden Narendra Modi geändert. Er lud den Dalai Lama ein, warnte offen vor «chinesischem Expansionismus», rückte näher an die Vereinigten Staaten heran, sicherte der indischen Marine Anlaufrechte in Singapurs Changi-Flottenbasis und verstärkte die militärische Zusammenarbeit mit Australien, Japan und Vietnam. Zudem sucht er Unterstützung bei Chinas Nachbarn Mongolei und Südkorea.

Die Furcht vor Einkreisung bestimmt in New Delhi die meisten Analysen. «Der Drache hat den Indischen Ozean erreicht», schrieb geschockt die *India Times*, als 2014 chinesische U-Boote in Sri Lanka andockten. Die chinesischen Baukräne in der Hauptstadt Colombo stimmen die Inder ebenso misstrauisch wie die Verpachtung von Hambantota an die Chinesen. Zwar schließt der Pachtvertrag eine militärische Nutzung des Hafens aus, doch befürchtet Delhi, gegen einen Schuldennachlass werde sich die bedrängte Regierung – die bei einem Steueraufkommen von 14,8 Milliarden Dollar im Jahr 2018 ihren verschiedenen Gläubigern 12,3 Milliarden an Zinsen und Tilgung zahlen musste – sich mit solcher Nutzung abfinden. In erster Linie jedoch stört sie das Gwadar-Projekt, mit dem die Chinesen am Eingang zur Straße von Hormuz den pakistanischen Hafen zur militärisch nutzbaren Drehscheibe zwischen Golf und Indischem Ozean ausbauen. Um es zu neutralisieren, investiert New Delhi jetzt eine halbe Milliarde Dollar 300 Kilometer weiter westlich im iranischen Chabahar. Von dort aus eröffnen sich die Inder mit einer neuen, teilweise schon fertigen Straßen- und Bahnverbindung nach Kabul eine eigene Route nach Zentralasien, Iran und Russland und machen sich damit unabhängig von Pakistan, das den grenzüberschreitenden Verkehr und Handel immer wieder behindert hat.

Der Indische Ozean, der ja bis an die Ostküste Afrikas reicht, ist einer der wichtigsten Wasserwege der Welt. Zwei Drittel aller Erdöltransporte passieren ihn, ein Drittel des Stückgut- und die Hälfte des Containerverkehrs. In der Region dringen die Chinesen weiter vor. Sie sitzen in Gwadar, haben in Dschibuti ihren ersten Auslandsstützpunkt eingerichtet und versuchten, sich auf den Malediven bestimmenden Einfluss zu verschaffen. Auch in der Inselwelt vor der afrikanischen Küste suchen sie Brückenköpfe. Doch die Inder werden ihnen den Indischen Ozean nicht freiwillig überlassen. Unter Ministerpräsident Modi wird ihm wieder größte Aufmerksamkeit zuteil.

Bald nach seinem Amtsantritt besuchte Modi nicht nur die Seychellen, Mauritius und Sri Lanka, sondern auch mehrere ostafrikanische Länder und Oman. Schon länger unterhält Indien auf den Seychellen, bei Madagaskar und auf Mauritius ein Netz von 32 Radarstationen und elektronischen Horchposten. Auf Assumption Island in den Seychellen soll jetzt für 550 Millionen Dollar ein Marine- und

Luftwaffenstützpunkt samt Landebahn für Flugzeuge und Mole für Kriegsschiffe gebaut werden. Auf den zwei winzigen, zu Mauritius gehörenden Alega-Inseln hat New Delhi sich Baurechte gesichert; in Oman wurde für die indische Marine der Zugang zum Hafen von Duqm erwirkt. Anlaufrechte genießt Indien ferner in der US-Militärbasis auf der (britischen) Insel Diego Garcia. Mit den Vereinigten Arabischen Emiraten hat es bereits erste gemeinsame Seemanöver durchgeführt. Obendrein entwickelt Indien jetzt zusammen mit Japan einen Hafen an Sri Lankas Ostküste, um in dem teils an China verpfändeten Inselstaat das strategische Gleichgewicht wiederherzustellen.

Der chinesischen «Perlenkette» setzt Delhi damit seine eigene entgegen, die von den Seychellen bis zu den Nikobaren reicht. Hier zeichnet sich neben der unruhigen Himalaya-Grenzregion eine geopolitische Verwerfungslinie ab, die in den kommenden Jahrzehnten bedrohliche Bedeutung erlangen könnte. Im Indischen Ozean und in Monsun-Asien verfolgen China und Indien, beides Atommächte, so gegenläufige Interessen, dass aus Konkurrenz leicht aufs Neue Gegnerschaft werden könnte. Zusätzliche Sorge bereiten den Indern die chinesische Wasserwirtschaft und Pekings gewaltige Dammbaupläne. Was, wenn China sich anschicken sollte, den Brahmaputra umzulenken?

Scharmützel auf 4000 Meter Höhe

Im Sommer 2017 gerieten chinesische und indische Truppen in der nordwestlichen Himalaya-Region Ladakh wieder einmal aneinander, wo sie sich am Pangong-See wild mit Steinen bewarfen. Von Juni bis August standen sie sich 1800 Kilometer weiter östlich auf dem Hochplateau von Doklam im Dreiländereck zwischen Indien, Bhutan und China mit entsicherten Gewehren gegenüber. Dort hatten die Chinesen begonnen, eine Schotterstraße durch ein Gebiet zu verlängern, auf das Bhutan und China gleichermaßen Anspruch erheben. Bhutan ist militärisch und wirtschaftlich eng mit seiner Schutzmacht Indien verbunden. Indische Truppen verhinderten den Weiterbau der Straße, die Soldaten der Volksbefreiungsarmee gruben sich einige Hundert Meter entfernt ein.

Die Inder sahen in dem chinesischen Projekt eine direkte Bedrohung, weil chinesische Truppen damit 50 Kilometer an den Siliguri-Korridor herangerückt wären, den schmalen, von den Indern «Hühnerhals» genannten Streifen Land zwischen Nepal, Bhutan und Bangladesch, der das indische Kernland mit den sieben Bundesstaaten im Nordosten verbindet. Einer von ihnen, Arunachal Pradesh, ist zwischen China und Indien seit Langem umstritten, die Chinesen nennen ihn «Süd-Tibet».

Die Konfrontation dauerte 71 Tage, in denen das Kriegsgeschrei vieler Medien und das Säbelrasseln der Politiker auf beiden Seiten das Schlimmste befürchten ließ. Generalmajor a. D. Xu Guangyu erklärte öffentlich, China sei bereit, die indischen Truppen zu vertreiben, und die *Global Times* teilte mit, die Regierung lasse Blutreserven an die Grenze schaffen. Im Fernsehen war zu hören, man müsse «Indien eine Lehre erteilen». Nicht minder martialisch äußerten sich indische Fernseh-Generäle. Selbst der besonnene Shashi Tharoor, einst bei den Vereinten Nationen Stellvertreter Kofi Annans und jetzt Vorsitzender des Auswärtigen Ausschusses im indischen Unterhaus, ermahnte seine Landsleute, Chinas auftrumpfende Politik nicht zu unterschätzen. Man solle keineswegs die Möglichkeit ausschließen, dass China Zuflucht nehme zum Krieg als letztem Instrument der Politik. Peking warnte die Inder davor, sich Illusionen über Chinas militärische Fähigkeiten zu machen. Das heutige Indien sei nicht mehr das Land von 1962, entgegnete der indische Verteidigungsminister.

Und dann wurde mit einem Mal Entwarnung gegeben. Auf dem Hamburger G-20-Gipfel hatten Xi Jinping und Narendra Modi sich auf Gespräche geeinigt, die binnen drei Wochen zum Abschluss führten: Die Truppen wurden zurückgenommen, der Straßenbau eingestellt. Acht Tage vor dem BRICS-Gipfel in Xiamen konnte es China nicht darauf ankommen lassen, dass sich die zwei größten Mitglieder in Gefechtsbereitschaft gegenüberstanden. Doch wird die Himalaya-Grenze wohl so umstritten bleiben wie nach den früheren Grenzabkommen von 2005, 2012 und 2013. Und die McMahon-Linie ist ja nicht der einzige Streitpunkt zwischen den beiden asiatischen Giganten.

Hürden gegen «Gürtel und Straße»

Immer tiefer gräbt sich China in Pakistan ein. Die beiden Staaten versichern sich gern ihrer Freundschaft. «Sie ist höher als der Himalaya, tiefer als alle Ozeane und süßer als Honig», ist das Motto. Von der «Kolonisierung Pakistans» durch China ist in New Delhi die Rede. Samir Saran, der weltkluge Präsident der Observer Research Foundation, Indiens führendem Thinktank, spricht von «China's search for *lebensraum*»; nicht von ungefähr verwendet er den Nazi-Begriff auf Deutsch. In einer Analyse für die *Times of India* zog er vom Leder: «China unternimmt einen unverfrorenen, konfrontativen und neokolonialen Raubzug in Südasien. Peking baut Inseln im Südchinesischen Meer, geht gegen Ansprüche der Nachbarn im Ostchinesischen Meer vor und strebt sogar nach größerer Kontrolle über die Straße von Malakka. Es hat sich den Weg zur politischen Vormacht in Zentralasien erkauft. Nun will es vor allem wirtschaftliche, aber auch militärische Bauten und Basen entlang des China-Pakistan Economic Corridor (CPEC) errichten – in Gwadar, aber auch in Gilgit-Baltistan (dem pakistanisch besetzten, doch von Indien beanspruchten Norden Kaschmirs).» Für Indien sei jedoch die Hinnahme einer Pax Sinica keine Option.

Saran war stets ein eloquenter Befürworter des BRICS-Verbundes, dem China wie Indien neben Russland, Brasilien und Südafrika angehören, übrigens auch der Shanghai Cooperation Organisation (SCO). Jetzt regte er an, «ernsthaft den Nutzen zu überprüfen, den Indien aus der Beteiligung an multilateralen Initiativen zieht, die China anführt». Für die BRICS sieht er keine große Zukunft mehr, falls China die Prinzipien der Nichteinmischung, der territorialen Integrität und der friedlichen Lösung von Streitigkeiten weiterhin missachte. Ohnehin gibt es auf internationaler Ebene immer wieder Differenzen. So hat Peking die Aufnahme Indiens in die Nuclear Suppliers Group blockiert, es sperrt sich gegen die Erhebung Indiens zum ständigen UN-Sicherheitsratsmitglied, und es weigert sich, pakistanische Extremisten, die für die Anschläge auf das Parlament in Delhi und das Taj-Mahal-Hotel in Mumbai verantwortlich sind, auf die Terroristenliste der Vereinten Nationen zu setzen. Andererseits verhinderten die Inder, dass sich die BRICS-Staaten kollektiv für die chinesische «Belt and Road»-Initiative aussprachen. Indien und Bhutan blieben auch dem Pekinger BRI-Gipfel im Mai 2017 demonstrativ fern. Wenige Tage danach stellten sie zusammen mit Japan ein Konkurrenzprojekt zu Pekings maritimer Seidenstraße vor, das die Seewege zwischen dem Subkontinent, Südostasien und dem Pazifik dynamisieren soll: die «Straße der Freiheit».

Die politischen Planer Chinas sollten nicht Indiens Fähigkeit auf den Prüfstand stellen, gegen Xi Jinpings «Gürtel und Straße» im Himalaya Hürden zu errichten, warnte Samir Saran. In der *Security Times 2018* nannte er das Seidenstraßenprojekt *«an exercise in hardwiring influence»*. China benutze seine Handelskontakte, um in den Partnerländern die politische Opposition zum Schweigen zu bringen, durch Bestechung verschaffe es sich engere diplomatische Beziehungen, und viele seiner Nachbarn setze das Land unter militärischen Druck. Die friedliche Koexistenz der Volksrepublik China und der Indischen Union sieht der indische Politikwissenschaftler durch Pekings *«smash-and-grab»*-Strategie gefährdet: «CPEC bedroht Indiens territoriale Integrität in einer Weise, wie man sie seit 1962 nicht mehr erlebt hat.» Dies aber, setzt er ominös hinzu, werde in Indien den innenpolitischen Druck wachsen lassen, «sub-konventionelle Unterstützung für die unterdrückten Völker in Gilgit, Tibet, Xinjiang und der Inneren Mongolei auszubrüten.» Dazu stellte freilich ein Blogger die Zweifelsfrage: «Glauben Sie wirklich, dass China stillhallten wird, *while we raise hell* – wenn wir loslegen – *in Tibet and Xinjiang*? Was wird dann aus unseren Bundesstaaten im Nordosten?» Das Gerangel auf dem Doklam-Plateau war möglicherweise nur der Vorbote weit gravierenderer Konflikte. Der indo-pazifische Raum, glaubt Saran, werde zum «Schlachtfeld im Ringen um die Zukunft der liberalen Weltordnung».

Zusammenarbeiten oder zusammenstoßen?

Ende April 2018 trafen sich die Präsidenten Xi Jinping und Narendra Modi im chinesischen Wuhan. Ihre Begegnung nach vier Jahren steigender Spannungen sollte im Verhältnis zwischen dem Drachen und dem Elefanten einen Neuanfang signalisieren. Tatsächlich einigten sie sich, an der umstrittenen Himalaya-Grenze Frieden und Ruhe zu bewahren, die strategische Kommunikation zu verbessern, ihren Militärs Anweisung zu geben, weitere Reibereien zu vermeiden und all ihre Differenzen in friedlichen Diskussionen zu lösen. Viele Fachleute blieben jedoch skeptisch, da sie hinter der Herzlichkeit, die beide Staatsmänner an den Tag legten, mehr unverbindliche Symbolik als handfeste Substanz ausmachten. Die Kluft des Misstrauens zwischen Indien und China ist tief. Die Inder sind alarmiert, weil Peking vermehrt in ihre Einflusssphäre eindringt, die Chinesen ärgert es, dass New Delhi die Seidenstraßen-Initiative im Wesentlichen als ein Einkreisungsmanöver begreift und im Rahmen der «Quad» engere militärische Anlehnung an die USA, Japan, Australien und Neuseeland sucht. Von einer einvernehmlichen Demarkation der Grenze im Himalaya ist noch immer keine Rede. Auch wenn wirklich Tauwetter angesagt sein sollte, wird das Eis des Misstrauens nur langsam schmelzen.

Indien hält sich dem Seidenstraßenprojekt Xi Jinpings fern, beteiligt sich jedoch an der von China gegründeten Asian Infrastructure Investment Bank (AIIB) und hat in deren ersten Jahren ein Viertel der von ihr ausgereichten Kredite an sich gezogen. Der Vollständigkeit halber muss auch erwähnt werden, dass die Haltung der indischen Geschäftswelt nicht unbedingt mit der China-kritischen offiziellen Politik übereinstimmt. Die Wirtschaft ist in weiten Teilen von China abhängig. Wenn die Sonnenenergie in Indien heute wettbewerbsfähig ist, so liegt dies daran, dass 90 Prozent der Paneele aus China kommen. Die indische Regierung konnte sich lange nicht entscheiden, ob sie deren Einfuhr nach amerikanischem Vorbild mit hohen Zöllen belegt, um den eigenen Herstellern zu helfen, oder ob sie sich der chinesischen Marktmacht beugt; 2018 erhob sie dann 70 Prozent, obwohl Indiens einheimische Paneel-Industrie kaum existiert. Ähnliches gilt für Windturbinen und Elektrofahrzeuge. Desgleichen ist die Telekom-Industrie abhängig von der Zulieferung chinesischer Mobiltelefone. Allein der Smartphone-Hersteller Xiaomi hat in Indien einen Marktanteil von 31 Prozent. Mehr und mehr Mittelstandsfirmen sind auf chinesisches Kapital angewiesen, und Start-ups bedienen sich für Wagniskapital bei Alibaba und Tencent. Zudem sind die Chinesen als Aufkäufer durchaus willkommen. So hat Fosun fast drei Viertel des indischen Pharmaherstellers Gland übernommen. Jack Ma verhandelte

mit Mukesh Ambani über die Übernahme eines Fünfzig-Prozent-An-
teils von Reliance Retail, dem mit 9000 Läden in mehr als 5000 Städten Indiens und einem Jahresumsatz von 10 Milliarden Dollar größten Einzelhändler des Subkontinents. «Unsere Unternehmen mussten
sich auf Kosten indischer Arbeitsplätze an China wenden», klagte
Oppositionsführer Rahul Gandhi. «Doch ehe Indiens Wirtschaft und
Finanzen in einem besseren Zustand sind, wird es nicht in der Lage
sein, chinesische Investitionen und Aufkäufe abzuweisen», sagte dazu
die *Financial Times*.

Die Fakten sprechen nicht unbedingt für Indien. Das Land hat
unbezweifelbar einen Freiheitsvorsprung und gehört ohne jeden
Zweifel in die Wertegemeinschaft der Demokratien. China jedoch hat
einen enormen Wohlstands- und Modernisierungsvorsprung. Die
Volksrepublik erwirtschaftete 2017 ein Bruttoinlandsprodukt von
11,97 Milliarden Dollar, Indien nur 2,6 Milliarden – mit 1,3 Milliarden
Menschen rund ein Fünftel. Das Pro-Kopf-Einkommen liegt in China
bei 8000 Dollar, in Indien bei 1800. Der Anteil der Chinesen am Welt-
export lag 2018 bei 13,2 Prozent, Indien kam lediglich auf einen Anteil
von 1,65 Prozent.

Auch in anderer Hinsicht kann Indien nicht mithalten. Dreißig
Prozent der Inder sind immer noch Analphabeten, in China sind es
weniger als fünf Prozent. Chinas Infrastruktur – Eisenbahnen, Straßen,
Häfen und Flughäfen, Abwassersysteme und Sanitäreinrichtungen –
ist der indischen bei Weitem überlegen. (Die Hälfte der Inder kennt
keine Toiletten.) Aufschlussreich ist auch eine Zahl, die Rahul Gandhi,
der Chef der Congress-Partei, unlängst in Hamburg nannte: China
schafft alle 24 Stunden 50 000 neue Arbeitsplätze, Indien bringt es
lediglich auf 450. Nur bei der Umweltverschmutzung haben die Inder
gleichgezogen, ansonsten hinken sie in ihrer Entwicklung weit hinter
den Chinesen her. Allenfalls können sie ihnen militärisch Paroli
bieten, schließlich ist Indien einer der größten Waffenimporteure der
Welt geworden.

Indes kann keine der beiden Seiten ein Interesse an einer militärischen Auseinandersetzung haben. Es wäre, wie eine Studie der Stiftung Wissenschaft und Politik festhält, das Aus für «Gürtel und
Straße»: «Ein Waffengang gegen Indien und Bhutan würde die Er-
zählung vom friedlichen Charakter des chinesischen Aufstiegs und

der BRI-Initiative abrupt beenden.» Zwar würde er sich auf die wirtschaftliche Dynamik in Indien auch negativ auswirken, doch zugleich würde er Indiens Annäherung an die USA, Japan und Australien erheblich beschleunigen.

Eine Lösung, bei der beide Seiten ihr Gesicht wahren, wird nicht einfach zu finden sein. Wenn aber die geopolitischen Rivalitäten das indisch-chinesische Verhältnis künftig noch stärker prägen sollten als die gemeinsamen Interessen, so die Schlussfolgerung der SWP-Studie, kann sich die Himalaya-Krise noch lange hinziehen. Auch könnten die Spannungen an der Konfliktfront, die Chinas Vordringen in den Indischen Ozean eröffnet, gefährliche Dimensionen erreichen. So ist denn sehr zu hoffen, dass die Möglichkeiten der Kooperation den beiden Kontrahenten einleuchtender erscheinen als die Verlockungen der Konfrontation. Sie würde die ganze Welt in Mitleidenschaft ziehen.

Die Entwicklung der chinesisch-russischen Grenze (siehe Kapitel 15)

15

Eine prekäre Entente:
China und Russland

Russland und China sind Nachbarn, ihre gemeinsame Grenze – die längste Staatsgrenze der Welt – ist 4300 Kilometer lang. Aber sie waren nicht immer Nachbarn, und die heutige Grenze ist eine andere als diejenige, die 1689 im Vertrag von Nertschinsk festgelegt wurde – dem ersten Vertrag, den das chinesische Kaiserreich mit einem europäischen Staat abschloss. Um es auf den Punkt zu bringen, der die Chinesen bis heute wurmt: Das Zarenreich hat China danach 1,7 Millionen Quadratkilometer abgeluchst, weit mehr, als sich die westeuropäischen Imperialisten unter den Nagel rissen. Von den Kolonien und Halbkolonien Deutschlands, Frankreichs und Englands in China ist nichts mehr übrig, Russland aber ist bis heute im Besitz der damals gewonnenen Gebiete. Das Verhältnis zwischen den beiden Ländern war kaum je konfliktfrei.

Auf ihrem Weg nach Sibirien hatten die Russen 1581 den Ural überschritten. Die Kosakentrupps der Salzhändler- und Kolonisatorenfamilie Stroganow (der die Menschheit das *bœuf Stroganoff* verdankt) erreichten 1619 den Jenissei, 1632 die Lena und 1639 das Ochotskische Meer. Den Mandschus ausweichend, die um diese Zeit China eroberten, hielten sie sich zunächst weit im Norden. Aber dann gerieten Russen und Chinesen unausweichlich aneinander.

Nach Jahrzehnten heftiger Territorialstreitigkeiten schlossen sie in Nertschinsk den Vertrag, der ihre Beziehungen und den Grenzverlauf für die nächsten 150 Jahre regelte. Gemäß dem Abkommen, vermittelt von den Jesuiten und ausgefertigt in Mandschurisch, Chinesisch, Mongolisch, Russisch und Latein, wurde China das gesamte, bis dahin unbesiedelte Amur-Becken überlassen. Eine präzise Demarkation der Grenze wurde nicht festgelegt, auch wurden keine Landkarten ausgetauscht, aber freier Handelsverkehr war erlaubt. Eingehalten wurde der Vertrag, bis der Kapitän G. P. Nevelskoj 1851 an der Mündung des Amur vertragswidrig die russische Flagge hisste und der Zar entschied: «Wo einmal die russische Flagge wehte, darf sie nicht wieder eingeholt werden.» Daraufhin eroberte Nikolai Murawjow, Generalgouverneur von Ostsibirien, die Gebiete nördlich des Amur. Im Vertrag von Aigun hatte das vielfach bedrängte China 1858 keine andere Wahl, als der Abtretung an das Zarenreich zuzustimmen, was dem Grafen Murawjow den Ehrennamen Amurskij eintrug. Das rechte Ufer bis zum Ussuri blieb im Besitz der Chinesen. Das 1600 Kilometer lange Küstengebiet vom Unterlauf des Ussuri bis zum Meer wurde als «gemeinsam nutzbar» eingestuft, doch schon zwei Jahre später, im Vertrag von Peking (1860), musste China es den Russen überlassen, die dort im selben Jahr Wladiwostok – die «Beherrscherin des Ostens» – gründeten. Die damals entstandene chinesisch-russische Grenze wurde erst 2008 nach jahrzehntelangen Verhandlungen endgültig festgeschrieben. Aber heute noch erinnern sich die Chinesen sehr wohl daran, dass ihr nördlicher Nachbar riesige Gebiete den «ungleichen Verträgen» verdankt, die in der Epoche des expandierenden Imperialismus dem Qing-Kaisertum aufgezwungen wurden.

Einhundertfünfzig Jahre geopolitische Achterbahnfahrt

Das Verhältnis zwischen Russland und China glich in den zurückliegenden anderthalb Jahrhunderten einer geopolitischen Achterbahnfahrt. Nach dem Krieg mit China griff sich Japan 1894 die Liaodong-Halbinsel. Dagegen erhoben Russland, Frankreich und das Deutsche Reich («Ostasiatischer Dreibund») Einspruch, woraufhin Tokio zurückstecken musste. Das Zarenreich schloss 1896 einen Freundschafts- und Beistandsvertrag mit den dankbaren Chinesen, die Russland dabei das Recht einräumten, eine an die Transsibirische Bahn anschließende Eisenbahnlinie von Tschita durch die Nordmandschurei nach Wladiwostok zu bauen – die Ostchinesische Eisenbahn, die von russischem Militär gesichert wurde. Das Verhältnis verschlechterte sich jedoch rapide, als die drei Mächte mehrere Häfen übernahmen.

Damals brachte Deutschland Kiautschou (Jiaozhou) in seinen Besitz, die Russen jedoch besetzten die Halbinsel Liaodong und zwangen die Chinesen, ihnen den Kriegshafen Port Arthur und den Handelshafen Dalian (damals Lüshun, im westlichen Sprachgebrauch Dairen) zu verpachten. Im Gegensatz zu Wladiwostok sind beide Häfen eisfrei. Die Spannungen verschärften sich noch, als sich das Zarenreich an der Niederschlagung des Boxer-Aufstandes beteiligte. Nach dem russisch-japanischen Krieg 1904/1905 musste Russland Liaodong samt Port Arthur und dem größten Teil des Eisenbahnabzweigs nach Port Arthur allerdings an Japan übergeben, das es dreißig Jahre später seinem Marionetten-Kaiserreich Mandschukuo einverleibte. Doch behielten die Russen die Kontrolle über die Bahn nach Wladiwostok und durften zu deren Schutz weiterhin Truppen in der Nordmandschurei stationieren.

Die chinesische Revolution (1911) und die russische Oktoberrevolution (1917) schufen eine neue Situation. Als kurz danach in China 1919 die Nationale Volkspartei (Kuomintang) und 1921 die Kommunistische Partei gegründet wurden, komplizierte sich die Lage noch weiter. Drei Jahrzehnte lang arbeiteten ihre Anführer, der konservative Militär Chiang Kai-shek und der Bauernsohn Mao Zedong, zeitweise in einer Einheitsfront zusammen, zumal im Kampf gegen die japanischen Eindringlinge, aber dann bekämpften sie sich immer wieder bis aufs Blut.

Stalin hielt wenig von Maos Bauernguerilla und nannte die chinesischen Kommunisten «Radieschen», nur außen rot, doch innen weiß. Gegenüber dem US-Botschafter Averell Harriman bezeichnete er sie als «Margarine-Kommunisten». Wohl hatte er den gelben Genossen in den Zwanziger- und Dreißigerjahren durch die Komintern Unterstützung angedeihen lassen, indem er ihnen Berater, Waffen und Geld schickte. Aber er erkannte das konservative Kuomintang-Regime stets als legitime Regierung an und ließ den Draht zu Chiang Kai-shek bis zuletzt nicht abreißen.

Im Februar 1945 versprach Stalin dem amerikanischen Präsidenten Franklin D. Roosevelt und dem britischen Premier Winston Churchill, er werde mit der Nationalregierung einen Vertrag abschließen, um Chiangs Stellung zu stärken. Das war auf der Jalta-Konferenz, auf der es eigentlich um Europa ging. Doch Roosevelt hatte ein anderes Ansinnen.

Noch war nicht abzusehen, wann oder ob überhaupt das Manhattan-Projekt in die Produktion einer Atombombe münden würde. Notgedrungen plante das Pentagon eine Invasion der japanischen Hauptinseln – ein Unternehmen, bei dem mit Hunderttausenden, vielleicht einer Million amerikanischer Gefallener zu rechnen war. Die Generäle George Marshall und Douglas MacArthur drängten den Präsidenten, Stalin für ein Eingreifen der Roten Armee in den Krieg gegen Japan zu gewinnen. Stalin ließ sich in Jalta darauf ein, aber er forderte einen hohen Preis: Er wollte alles wiederhaben, was das Zarenreich am Ende des Russisch-Japanischen Krieges 1905 im Friedensvertrag von Portsmouth verloren hatte: den Marinestützpunkt Port Arthur, ferner die Ostmandschurische und die Südmandschurische Eisenbahn. Außerdem verlangte er die fortdauernde Unabhängigkeit der Äußeren Mongolei, die sich wie Tibet und zum Teil Sinkiang (heute: Xinjiang) in den Jahrzehnten der Kriegswirren selbstständig gemacht hatte, und schließlich forderte er, dass die Nordhälfte Koreas nach Kriegsende von sowjetischen Truppen besetzt würde. Dafür war der rote Zar bereit, im August 1945 militärisch in den Krieg gegen Japan einzugreifen, mit dem es 1941 einen Neutralitätsvertrag abgeschlossen hatte.

Stalin hielt Wort. Am 8. August, zwei Tage nach dem Abwurf der ersten Atombombe auf Hiroshima und einen Tag, ehe das nukleare Unheil über Nagasaki hereinbrach, marschierte die Rote Armee, achtzig Divisionen und 1,5 Millionen Mann stark, blitzkriegsartig in Tokios Pseudo-Kaiserreich Mandschukuo ein und überwältigte die japanischen Streitkräfte. Am 15. August kapitulierte Japan. Tags zuvor hatten die Sowjets und die Nationalchinesen den in Jalta besprochenen Vertrag unterzeichnet. Russland übernahm die Kontrolle in der Mongolei und trat in der Mandschurei wieder in seine alten Rechte aus der Zeit des zaristischen Eisenbahnimperialismus ein. Zugleich versprach Stalin, jegliche Hilfe «gänzlich der Kuomintang-Regierung als der Zentralregierung Chinas» zukommen zu lassen.

Dennoch sah Mao dem Einrücken der Roten Armee mit großen Erwartungen entgegen. Tatsächlich blickten die Sowjets weg, als er über 100 000 kommunistische Kämpfer aus dem Süden in die Mandschurei einschleuste. Und nicht nur das: Die Russen lieferten seinen Truppen Waffen und Kriegsgerät und gestatteten ihnen zudem, sich der Beutewaffen aus den Zeughäusern der besiegten Japaner zu bedienen – nach Einschätzung eines chinesischen Historikers genug, um mehrere Hunderttausend Mann komplett auszustatten.

Die Freude hielt indes nicht allzu lange an. Als das Gros der Roten Armee im Frühjahr 1946 abzog, kam zutage, dass die russischen Soldaten Hunderte Frauen und Mädchen vergewaltigt hatten; überall machte sich die Empörung darüber Luft. Sie steigerte sich noch, als Maos Leute feststellten, dass die Russen die mandschurische Schwerindustrie zum großen Teil demontiert und Fabrikausrüstung im Wert von schätzungsweise 900 Millionen Dollar weggeschleppt hatten. «Sogar die Lichtschalter haben sie herausgerissen», erinnerte sich ein US-Offizier – was sehr glaubhaft klingt, denn als die Rote Armee 1994 aus Ostdeutschland abzog, ließ sie aus ihren Kasernen und Zivilunterkünften ebenfalls Türklinken, Wasserhähne und Lampen mitgehen.

Unbeirrt ging Mao seinen Weg. Zehn Jahre zuvor hatte er kaum noch 40 000 Mann befohlen, in jener Zeit lebte er in der nördlichen Provinz Shaanxi in einer Höhle und gebot nur über ein winziges Gebiet um Yan'an. Im Jahr 1945 hingegen zählte seine Armee 900 000 Mann und beherrschte ein Drittel des Landes. Und Mao kannte nur ein Ziel: das ganze Land unter seine Herrschaft zu bringen. Binnen vier Jahren kämpfte er sich durch zum Sieg über die Kuomintang. Chiang Kai-shek blieb nichts anderes übrig, als sich mit etwa zwei Millionen seiner Anhänger auf die Insel Taiwan zu flüchten.

Mao und Stalin: ungleiche kommunistische Brüder

In Moskau wie in Peking regierten nun Kommunisten, und in beiden Staaten hingen die Fotos von Marx und Engels an den Wänden. Doch ihr Verhältnis gestaltete sich von Anfang an recht schwierig. Trotz aller behaupteten ideologischen Wahlverwandtschaft waren ihre Interessen in keiner Weise deckungsgleich. Das zeigte sich, als Mao Zedong nur acht Wochen nach der Ausrufung der Volksrepublik China nach Moskau reiste, um mit der Sowjetunion ein Militärbündnis zu schließen. Ihn plagte die Sorge, das kommunistische China könne angegriffen werden.

In seinem ersten Gespräch mit Josef Stalin fragte Mao den Kremlherrscher beim Abendessen, wie lange der Frieden wohl anhalten werde, denn China brauche drei bis fünf Jahre Ruhe, um seine Wirtschaft auf Vorkriegsniveau zu bringen und das Land zu stabilisieren. Stalin beruhigte ihn. China werde von niemandem bedroht. Japan müsse erst wieder auf die Füße kommen, Amerika habe trotz seines Kriegsgeschreis Angst vor einem neuen Konflikt und Europa fürchte sich vor Krieg. Keiner wolle China angreifen – «es sei denn, Kim Il-sung beschließt, in China einzufallen», fügte er im Scherz hinzu. Die Erhaltung des Friedens hänge ganz von der eigenen Politik ab. «Wenn wir weiter eine freundschaftliche Politik treiben, kann der Frieden nicht nur fünf bis zehn, sondern zwanzig bis fünfundzwanzig Jahre dauern, und vielleicht sogar länger.» Aus diesem Grunde sei ein Militärbündnis gar nicht nötig, das alte Abkommen mit Chiang Kai-shek reiche völlig aus. Es habe fortdauernde Gültigkeit, wie auch die Zugeständnisse, die Chiang ihm in puncto Mandschurei gemacht habe. Dies lehnte Mao diplomatisch, aber unmissverständlich ab. Das alte Abkommen, formulierte er, entspreche insoweit chinesischen Interessen, als es den Chinesen die Gelegenheit gebe, Eisenbahn- und Industriefachleute auszubilden; bis diese ihre Ausbildung beendet hätten, könnten die sowjetischen Berater bleiben. Stalin verstand: Es war eine Ausladung.

Nach dem ersten Gespräch ließ der Kremlchef tagelang nichts mehr von sich hören. Er wollte keinen Vertrag, sondern versuchte Mao, der in einer eiskalten Datscha untergebracht war, auf eine Reise durch die Sowjetunion zu schicken. Der aber weigerte sich. Wie er später Stalins Nachfolger Nikita Chruschtschow erzählte: «Ich sagte ihnen, das ich nur drei Dinge tun muss: Essen, Schlafen und Scheißen. Ich bin nicht nach Moskau gekommen, nur um Stalin zum Geburtstag zu gratulieren. Wenn Ihr keinen Freundschaftsvertrag wollt, dann lassen wir's halt. Ich widme mich meinen drei Dingen.» Erst als

Mao nach Wochen mit Abreise drohte, gab Stalin ihm ein zweites Abendessen und nahm dann auch das Gespräch auf.

Mehrere Wochen lang feilschten die beiden miteinander. Schließlich bekam Mao seinen Wunsch nach einem verlässlichen Sicherheitsnetz doch erfüllt: Am 14. Februar 1950 wurde ein Freundschafts-, Bündnis- und Beistandspakt unterzeichnet. Danach musste Stalin ihm im Falle eines Konflikts beispringen (im umgekehrten Fall China auch den Russen, aber solch ein Szenario war schwer vorstellbar). Dafür musste Mao drei Kröten schlucken. Zum Ersten musste er in die Unabhängigkeit der Mongolei einwilligen. Zum Zweiten musste er für weitere zwei Jahre die russischen Eisenbahnrechte in der Mandschurei fortdauern lassen, desgleichen die Nutzung von Port Arthur durch die sowjetische Marine (erst Ende 1955 räumte Moskau den Kriegshafen an der Südspitze von Liaodong). Zum Dritten sollte eine endgültige Verständigung über den eisfreien Handelshafen Dairen erst nach Abschluss eines Friedensvertrages mit Japan geprüft werden. Später beschwerte sich Mao bei Chruschtschow, in Anbetracht der chinesischen Konzessionen habe Stalin versucht, russische «Halbkolonien» einzurichten.

Doch auch Stalin konnte mit dem Ausgang der Gespräche nicht glücklich sein. Mao hatte gezeigt, dass er einen eigenen Kopf und einen eigenen Willen hatte. Aus ihm konnte ein asiatischer Tito werden (der jugoslawische Marschall hatte im Jahr zuvor mit Moskau gebrochen). Zudem musste die Aussicht auf ein erstarkendes China dem Kremlherrn schon aus demographischen Gründen Albträume bereiten. Vierzig Millionen Russen in Sibirien sahen sich südlich der Grenze 500 Millionen Chinesen gegenüber. Was, wenn sie einmal ihre zahlenmäßige Überlegenheit ausspielen würden, um sich der sibirischen Bodenschätze zu bemächtigen?

Umgekehrt fürchtete Mao, der Kreml werde versuchen, Chinas nördliches Grenzgebiet an sich zu reißen. Der amerikanische Außenminister Dean Acheson tat sein Möglichstes, diese Furcht zu verstärken. Die Sowjetunion sei dabei, Chinas nördliche Provinzen abzuspalten und sich zuzuschlagen, sagte er in einer öffentlichen Rede, während Mao noch in Moskau war. In der Äußeren Mongolei sei das schon geschehen, in der Mandschurei fast vollzogen, in der Inneren Mongolei und Sinkiang in vollem Gange. Daraufhin sah sich Stalin veranlasst, Mao Zedong ausrichten zu lassen, dies sei pure «Verleumdung». Doch beide wussten, wie Henry Kissinger schreibt, dass Achesons «Verleumdung» eine akkurate Beschreibung des damaligen russisch-chinesischen Verhältnisses war.

Binnen fünf Monaten zeigte sich im Übrigen, dass Stalins Voraussage von zwanzig bis fünfundzwanzig Jahren Frieden eine gravierende Fehleinschätzung war. Am 25. Juni 1950 griff Kim Il-sung an – Südkorea, nicht China. Seit dem Abzug der US-Truppen von der Koreanischen Halbinsel im Juni 1949 hatte Kim in Moskau wie in Peking gebohrt und gedrängt; er wollte das geteilte Korea militärisch vereinigen, ehe Mao zum Sturm auf Formosa antrat. Stalin und Mao hatten zunächst Vorbehalte gegen seinen Invasionsplan, da sie ein amerikanisches Eingreifen fürchteten. Im Frühjahr 1950 gaben beide Kim jedoch grünes Licht. Allerdings machte Stalin klar, dass sowjetischer Beistand nicht erwartet werden dürfe, Moskau sei mit der Lage im Westen vollauf beschäftigt. Mao hingegen begann, die zum Sturm auf Formosa aufmarschierten Truppen an die koreanische Grenze zu verlegen. Sollten die USA intervenieren und ihre Truppen die innerkoreanische Grenze am 38. Breitengrad nach Norden überschreiten, war er entschlossen, mit 300 000 «Freiwilligen» auf breiter Front einzugreifen.

Stalin hatte sich getäuscht, als er eine amerikanische Intervention für unwahrscheinlich hielt, und auch der amerikanische Oberkommandierende MacArthur täuschte sich, als er Präsident Truman versicherte, die Chinesen würden nicht eingreifen, bis zum Thanksgiving-Tag wäre die Kampfkraft der Nordkoreaner erschöpft und bis Weihnachten sei die Achte US-Armee wieder zu Hause. Die Amerikaner, unterstützt von den Südkoreanern und Streitkräften der Vereinten Nationen, zerschlugen Kim Il-sungs Armee und stießen bis an die chinesische Grenze am Yalu vor. Dies brachte Mao zum Eingreifen.

Der Krieg dauerte drei Jahre. Seoul wurde zweimal überrannt und zweimal wieder befreit; Südkorea wie Nordkorea wurden völlig zerstört; 4,5 Millionen Menschen fanden den Tod, darunter auch Maos Sohn Anying, der einem amerikanischen Bombenangriff zum Opfer fiel – einer von 180 000 chinesischen Gefallenen und 38 000 Verwundeten unter den drei Millionen Soldaten, die Peking anstelle der ursprünglich geplanten 300 000 Mann in Korea einsetzte. Im Juli 1951 wurden in Kaesong Verhandlungen über ein Waffenstillstandsabkommen aufgenommen. Sie zogen sich zwei Jahre hin, was Stalin sehr begrüßte, denn es band Amerikas Kräfte in Asien. Währenddessen ging der Stellungskrieg am 38. Breitengrad weiter. Als Stalin am 5. März 1953 starb, hatten die Sowjets ihre Waffenlieferungen schon seit geraumer Zeit gedrosselt. Nikita Chruschtschow, der neue Mann im Kreml, ließ Peking wissen, dass es an der Zeit sei, den Konflikt zu beenden. Am 22. Juli 1953 wurde der Waffenstillstand in Panmunjom unterzeichnet.

Die Vereinigten Staaten hatten einen Erfolg der nordkoreanischen Aggression vereitelt, China hatte die Amerikaner vom Yalu auf den 38. Breitengrad zurückgeworfen und ihnen ein Patt aufgezwungen, und ohne die Chinesen gäbe es kein Nordkorea mehr. Die eigentlichen Verlierer waren die Sowjets. Stalin hatte Kim Il-sung zum Angriff ermuntert und die Chinesen zur Intervention gedrängt, aber dann nur zähneknirschend und gegen Rechnung Unterstützung geleistet. Mao vergaß das nie. Wie Henry Kissinger treffend bemerkte: «Binnen eines Jahrzehnts wurde die Sowjetunion Chinas Hauptgegner.»

Dies hatte mannigfache Gründe. Chruschtschow missbilligte Maos aggressive Politik gegen Taiwan. Die martialische Rhetorik Maos und dessen zynische Gedankenspiele über die positiven Auswirkungen eines Atomkrieges auf den Weltsozialismus entsetzten ihn. Ihm missfielen der Anspruch des selbstbewussten Chinesen auf ideologische Eigenständigkeit wie seine Missachtung der sowjetischen Prioritäten, besonders der Konzentration auf Europa, das Mao nur in zweiter Linie interessierte. Und schließlich ärgerte ihn Maos Weigerung, im Austausch für die Öffnung sowjetischer U-Boot-Basen im Arktischen Ozean für die chinesische Marine russischen U-Booten den Zugang zu Chinas eisfreien Häfen zu gewähren. (Mao: «Jedes Land sollte seine Streitkräfte auf seinem eigenen Gebiet halten. Wir hatten lange genug Briten und andere Fremde auf unserem Boden.»)

Mao seinerseits erregte sich über die herablassende Einstellung der Sowjets gegenüber China. Es war ein Schock für ihn, dass Chruschtschow ihm während der Krise des Jahres 1958 die nukleare Rückendeckung für seinen Plan, Taiwan zu erobern, verweigerte. Und er war wütend, als Moskau nach jahrelangen Verhandlungen 1959 Abstand

nahm von der Zusage, China den Prototyp einer Atombombe zu überlassen, und Peking jede Hilfe beim Aufbau einer Atomstreitmacht
verweigerte; die Chinesen schafften es dann 1964 aus eigener Kraft,
eine Kernwaffe zu bauen. Erst recht empörte ihn, dass Chruschtschow
nicht nur die nukleare Zusammenarbeit mit Peking einstellte, sondern darüber hinaus 1960 abrupt die russischen Techniker abzog und
sämtliche Hilfsprogramme abbrach, was Chinas Industrialisierung
um Jahrzehnte zurückwarf. Zudem ging ihm Chruschtschows Kritik
an Stalin gegen den Strich («von seinen zehn Fingern waren nur vier
verfault»). Von Chruschtschows Konzept der «friedlichen Koexistenz»
hielt er so wenig wie von der Entstalinisierung und der Verdammung
des Personenkults; da fühlte er sich wohl persönlich getroffen. Weitere Streitpunkte waren Moskaus Parteinahme für Indien während des
Himalaya-Krieges im Herbst 1962 und seine Unterstützung Hanois
im Vietnam-Krieg. Die brutale Niederschlagung des Prager Frühlings
im August 1968 nährte Maos Verdacht, dass die Sowjets versucht sein
könnten, auch China mit Gewalt wieder in die Botmäßigkeit des
Kremls zu zwingen. So empfand er die Breschnew-Doktrin von der
beschränkten Souveränität der sozialistischen Länder als Kampfansage. Auch kränkte es ihn, dass die Sowjets sein Drängen auf einen
Abbau der beiderseitigen Militärpräsenz an der gemeinsamen Grenze
schlicht ignorierten. Stattdessen gab es dort regelmäßig Scharmützel
und Gefechte.

Eiszeit zwischen Moskau und Peking

Die westliche Welt hat damals wenig von diesen tief greifenden Differenzen wahrgenommen. Man hielt sie für Familienstreitigkeiten im
kommunistischen Lager. In Wahrheit waren sie die Vorzeichen eines
radikalen Bruchs zwischen den beiden kommunistischen Großmächten. Die zunehmende Entfremdung zwischen ihnen kulminierte 1969
in einem regelrechten Grenzkrieg am Ussuri.

Als Präsident Richard Nixon und sein Nationaler Sicherheitsberater Henry Kissinger im Januar 1969 ins Weiße Haus einzogen, beunruhigte sie nichts mehr als die Aussicht auf einen bewaffneten Kon-

flikt zwischen der Sowjetunion und China. An deren Grenzen häuften sich die «Provokationen», wie beide Seiten die Zwischenfälle bezeichneten, immer öfter kam es zu militärischen Zusammenstößen. Entlang der gesamten Grenze zogen die Sowjets 42 Divisionen zusammen, über eine Million Mann, und auch die Chinesen ließen am Amur 28 Divisionen aufmarschieren. In den kommunistischen Ländern sondierten russische Diplomaten, wie die Regierungen wohl auf einen Präventivschlag gegen die chinesischen Nuklearanlagen reagieren würden. Mao wiederum schickte die Spitzenleute von Partei und Staat aus Peking hinaus aufs Land, und die Volksbefreiungsarmee wie Atomstreitkräfte wurden in Alarmbereitschaft versetzt.

Von März bis Oktober wurde in blutigen Kämpfen um den Besitz der von den Russen annektierten Amur-Insel Damanski (Zhenbao Dao auf Chinesisch) gerungen, wobei beide Seiten Verluste von mehreren Hundert Toten zu beklagen hatten. Dann entspannte sich die Situation. Auf dem Heimflug von Ho Chi Minhs Begräbnis in Hanoi nach Hause legte der sowjetische Ministerpräsident Kossygin im September in Peking einen Zwischenstopp für Gespräche mit Zhou Enlai ein. Die beiden einigten sich auf die Beilegung der Streitigkeiten, und nach vierwöchigen Verhandlungen wurde Waffenstillstand geschlossen. Eine endgültige Lösung des Grenzkonflikts kam freilich nicht zustande (die gab es erst 2005, als die Flussinsel den Chinesen zugesprochen wurde).

Das gegenseitige Misstrauen hielt an. Auf beiden Seiten der Grenze wurden die Verteidigungsanlagen verstärkt. Die Sowjets verlegten einen Teil ihrer Mittelstreckenraketen an die innerasiatische Front und arbeiteten mit Hochdruck am Bau der Baikal-Amur-Strecke, um die Transsibirische Eisenbahn aus der Reichweite der chinesischen Artillerie zu halten. Von sowjetischer Seite wurde gegen Chinas «hegemonistische Großmachtziele» polemisiert, während umgekehrt die Chinesen die russischen Genossen eines faschistischen und kolonialistischen «Sozialimperialismus» ziehen. Mit einem Mal war die Sowjetunion für China zu der «im Weltmaßstab gefährlicheren der beiden Supermächte» geworden. Auf der anderen Seite warfen die Sowjets Peking vor, es verbünde sich mit den reaktionären Kräften des Imperialismus und füge der Sache der Revolution Schaden zu. «In China entsteht ein neues Bedrohungspotential», erklärte mir damals in Moskau ein hoher Parteifunktionär. Zehntausend Jahre werde der sowjetisch-chinesische Gegensatz dauern, sagte Mao, allenfalls könne man über tausend oder zweitausend Jahre mit sich handeln lassen.

Ganz so lange dauerte er nicht. Aber zunächst einmal brach eine Eiszeit zwischen den beiden Nachbarn an. Demonstrativ verachtungsvoll ließ Peking 1980 den nach dreißig Jahren auslaufenden Freundschaftsvertrag mit Moskau verfallen. Zugleich vollzog sich eine Annäherung Chinas an die Vereinigten Staaten, die Henry Kissinger 1971 in seinem geheimen Erkundungsvorstoß nach Peking anbahnte und die im folgenden Jahr in dem Staatsbesuch Präsident Nixons in Peking einen ersten Höhepunkt fand (siehe Kapitel 16 «In der Thukydides-Falle»).

Weder der Tod Maos (1976) noch der Tod Breschnews (1982) brachte einen grundlegenden Wandel der Beziehungen mit sich. Noch in den 1980ern forderten die Chinesen 35 000 Quadratkilometer sowjetischen Landes. Die Grenze war auf beiden Seiten schwer militarisiert; die sowjetischen Bodentruppen im Fernen Osten wurden von 170 000 auf 500 000 Mann verstärkt. Doch dann begann das Eis zu schmelzen. Deng Xiaoping war zwar entsetzt über Michail Gorbatschows Perestroijka und Glasnost, denn nach seiner Ansicht hätte der neue, 1985 ins Amt gekommene Generalsekretär der KPdSU zuallererst die Wirtschaft in Schwung bringen müssen, anstatt mit politischen Reformen zu beginnen. Doch rief er 1989 dazu auf, «die Vergangenheit Vergangenheit sein zu lassen und sich der Zukunft zu öffnen». Da Russland Chinas einziger Waffenlieferant war, zeigte sich Deng begierig, den neuen Kremlherrn zu begrüßen.

Im Mai 1989 besuchte Gorbatschow als erster sowjetischer Staatschef seit dreißig Jahren Peking. Sein Pech – oder besser: das Pech Dengs – war es, dass ein glatter Ablauf seines Besuchs unmöglich war: Der sowjetische Generalsekretär musste die Halle des Volkes durch einen Nebeneingang betreten, weil Zigtausende Studierende auf dem Platz des Himmlischen Friedens für Freiheit und Demokratie demonstrierten. Für Deng Xiaoping, der die Demonstranten am 4. Juni niederknüppeln und niederschießen ließ, war das eine große Demütigung. Aber Gorbatschow hatte Dengs seit Jahren erhobene Forderungen erfüllt: Er war bereit, sich auf eine Truppenreduzierung in der

Grenzregion einzulassen, er hatte die sowjetischen Truppen aus Afghanistan nach Hause beordert, und die Besetzung Kambodschas durch die von Moskau unterstützten Vietnamesen war beendet. Einer weiteren Annäherung stand nichts mehr im Weg.

Danach ging es Schlag auf Schlag. Schon 1990 wurde vereinbart, die Truppenpräsenz an der Grenze zu reduzieren. Gleichzeitig bahnte der chinesische Marinekommandeur in Moskau den Kauf von SU-27-Düsenjägern an, womit das seit 2004 bestehende russische Waffenembargo aufgehoben wurde. 1993 begann die Demarkierung der Grenze, der abschließende Grenzvertrag konnte 2005 unterzeichnet werden; seitdem verläuft die Grenze entlang der Fahrrinne des Amur. 1994 gingen Moskau und Peking eine Partnerschaft ein, die sie 1996 zu einer strategischen Partnerschaft erhoben. 2001, im zweiten Jahr von Putins Präsidentschaft, wurde dann ein neuer russisch-chinesischer Freundschaftsvertrag geschlossen.

In den folgenden Jahren stieg auch das Handelsvolumen steil an: von 10,5 Milliarden Dollar 2004 auf 90 Milliarden 2014. Infolge des Schwächelns der chinesischen Wirtschaft sackte es 2015 auf 50 Milliarden Dollar ab, kletterte dann aber 2016 erneut auf 69,5 Milliarden empor, sollte 2017 wieder 80 Milliarden erreichen und bis 2020 auf 200 Milliarden Dollar steigen. Gleichwohl kann Russland sich als Handelspartner Chinas in keiner Weise mit den Vereinigten Staaten messen. Auf dem Feld der wirtschaftlichen Zusammenarbeit haben die Russen lange gezögert, chinesische Investitionen in Infrastrukturvorhaben wie Eisenbahn und Straßen, in Erdöl und Erdgas, in Forst- und Landwirtschaft zuzulassen. Sie wollten das chinesische Geld ohne die Chinesen. Zu stark waren die Bedenken, den dünn besiedelten Raum östlich des Baikalsees für Kapital und Arbeitskräfte aus China zu öffnen.

Inzwischen hat Moskau diese Bedenken fallen lassen, nun dürfen Chinesen sich mit Aktienbeteiligungen im Energiesektor engagieren. Die Annexion der Krim im März 2014 und die seitdem schwelende Ukraine-Krise hatten Putin international isoliert. Das Bestreben, diese Isolierung aufzubrechen, veranlasste ihn im Mai 2014 – parallel zu Barack Obamas *pivot to Asia* – zu seiner eigenen geopolitischen Achsendrehung Richtung Asien: nach Peking. Die russische Führung hatte damals einen prüfenden Blick auf ihre bisherige Chinapolitik geworfen. Das Resultat waren drei grundsätzliche Wenden. Erstens rückte sie von ihrer Zurückhaltung beim Waffenverkauf an China ab. Zweitens hob sie die Aussperrung Chinas von der Beteiligung an größeren Infrastrukturvorhaben und Rohstoffprojekten auf. Drittens unterzog sie die Rolle Chinas in Zentralasien einer Neueinschätzung. Das bis dahin vorherrschende Rivalitätsdenken wich, notgedrungen eher als aus eigenem Antrieb, einem kooperativen Ansatz.

Zum einen lag Putin daran, die westlichen Wirtschaftssanktionen ins Leere laufen zu lassen; der chinesische Markt sollte die verlorenen westlichen Märkte ersetzen. Zum anderen wollte er damit Russlands Abhängigkeit vom Öl- und Gasexport nach Europa verringern und für verstärkte Lieferungen nach China chinesische Kredite zur Entwicklung von Russisch-Fernost einhandeln. Tatsächlich löste Russland 2016 Saudi-Arabien und Angola als größte Erdöllieferanten Chinas ab. Doch die Hoffnung auf chinesische Kreditspritzen, gar eine groß angelegte Aufbauhilfe Fernost, hat sich bisher nicht erfüllt.

Anfang 2012, kurz bevor er zum dritten Mal ins Präsidentenamt gewählt wurde, hatte Putin in einem Zeitungsartikel geschrieben: «In unserer Nachbarschaft liegt ein sehr wichtiges Zentrum der globalen Wirtschaft – China. Das Wachstum der chinesischen Wirtschaft birgt die Chance, chinesischen Wind in den Segeln unserer Wirtschaft einzufangen. Wir müssen das chinesische Potential klug nutzen, um Sibirien und den Fernen Osten wirtschaftlich voranzubringen.» Drei Jahre später sagte er: «China ist heute unser strategischer, unser Schlüsselpartner.» Und im April 2017 rühmte er die «beispiellosen Höhen», die das russisch-chinesische Verhältnis erreicht habe.

Trotz aller politischen Annäherung machte Moskau anfangs nur zögerliche Anstalten, den russischen Markt für China zu öffnen. In der Eurasischen Union befürwortete es sogar eine Erhöhung der Zölle auf chinesische Importe. Erst im Februar 2015 verkündete der stellvertretende Ministerpräsident Arkadi Dworkowitsch, dass chinesische Firmen sich fortan in den Rohstoffsektor einkaufen und auch in Straßen und Eisenbahnen investieren dürfen. Die von Moskau erhofften chinesischen Investitionen und Kredite blieben zunächst jedoch weitgehend aus; 2014 waren es ganze 1,2 Milliarden Dollar, 2015 nur noch knapp die Hälfte. Seitdem sollen chinesische Banken und Konzerne allerdings etwa 40 Milliarden Dollar in Russland investiert haben.

Als Putin sich China zuwandte, wollte er nicht nur das politische Verhältnis enger gestalten. Sein Ziel war es, die russische Wirtschaft nach Osten auszurichten. China sollte zum großen Abnehmer sibirischen Erdöls und Erdgases werden, die Banken in Schanghai und Hongkong zur sprudelnden Kapitalquelle, chinesische Investoren sollten die überalterte Infrastruktur von Russisch-Fernost erneuern. Der große Nachbar wurde vor allem als Finanzquelle gesehen. Doch Putins Wende nach Asien hat sich bisher nur zum Teil ausgezahlt.

Seitdem haben Russen und Chinesen Dutzende von Verträgen, Vereinbarungen und Absichtserklärungen unterzeichnet. Das bedeutendste ist das Abkommen, das Russland und China im Mai 2014, drei Monate nach der Annexion der Krim, unter großem Trommelwirbel in Schanghai abschlossen. Zehn Jahre hatten sie ergebnislos darüber verhandelt, aber nun ließ sich Putin, isoliert durch die Krim-Krise, auf eine Preisabsprache ein, von der viele Energiefachleute sagen, sie könne sich niemals rechnen. Nach dem Liefervertrag mit dem chinesischen CNPG-Konzern soll Gazprom für insgesamt 400 Milliarden Dollar in den nächsten dreißig Jahren jährlich 40 Milliarden Kubikmeter Erdgas an China liefern (nach Europa gehen fast 200 Milliarden Kubikmeter im Jahr).

Das Gas wird über eine 3000 Kilometer lange neue Pipeline von den sibirischen Lagerstätten am Baikalsee bis zur chinesischen Grenze bei Blagoweschtschensk am Amur geleitet: «Sila Sibiria», die «Kraft Sibiriens». Ursprünglich sollten die Lieferungen 2018 beginnen. Der Bau – Kostenpunkt 55 Milliarden Dollar – stockte anfangs jedoch, da die Chinesen den zugesagten Kredit von 25 Milliarden Dollar zunächst zurückhielten und die Russen die Einbeziehung chinesischer Baufirmen ablehnten. Im Frühjahr 2018 hatte der 8500 Mann starke russische Bautrupp indes 1700 Kilometer fertiggestellt, und nach Plan soll das erste Gas im Dezember 2019 fließen.

Weniger gedeihlich ließ sich ein anderes russisch-chinesisches Energieabkommen an. Die private China Energy (CEFC) wollte für 9,1 Milliarden Dollar die Glencore- und Qatar-Anteile des russischen Mineralölkonzerns Rosneft übernehmen, insgesamt 14,2 Prozent, und sich auch an dessen Tankstellennetz beteiligen. Einflussreiche Kreise im russischen Establishment hätten lieber ein Abkommen mit Japan gesehen. Dann wurde Anfang 2018 der vierzigjährige CEFC-Gründer

Ye Jianming wegen der hochriskanten Finanzierung seiner Auslandskäufe und fälliger Schulden in Höhe von 20 Milliarden Dollar in Gewahrsam genommen und das Management der Firma einem Schanghaier Staatsbetrieb übertragen. Ob Citic oder Huarong für CEFC einspringen würden, stand zunächst dahin. Rosneft drängte jedenfalls auf zügige Abwicklung. Chinas staatliche Ölkonzerne hielten sich auffällig zurück.

Es sieht ganz so aus, als erwarte Russland mehr, als China liefern kann oder liefern will. Auch das Megaprojekt der Hochgeschwindigkeitsstrecke Moskau–Kasan kommt nicht voran. Die Gesamtkosten für die 770 Kilometer lange Strecke werden mit 15 Milliarden Euro veranschlagt. Mit einer Investition von 1 Milliarde Dollar und einem Darlehen der China Development Bank in Höhe von 6,5 Milliarden Euro will sich China daran beteiligen. Die Russische Eisenbahn verlangte jedoch eine Erhöhung des Investorenanteils und eine Senkung der Darlehenszinsen unter die vereinbarten 4 Prozent. Ende 2018 war mit dem Bau noch nicht begonnen worden.

Auch viele andere gemeinsam geplante Projekte sind nicht über die Ankündigung hinaus gediehen. Selbst der im Juli 2017 von der chinesischen Entwicklungsbank CDB und dem russischen Staatsfonds aufgelegte Zehn-Milliarden-Dollar-Fonds und die Zusage, in den nächsten fünfzehn Jahren weitere 850 Millionen Dollar zu investieren, machen den Braten nicht wirklich fett. Nur aus zwei Großprojekten ist bisher etwas Vorzeigbares geworden, und beide kamen nicht zufällig dem innersten Kreis Wladimir Putins zugute, darunter auch seiner Tochter. Das eine ist das Flüssiggasprojekt Yamal LNG in Nordwestsibirien, woran der Silk Road Fund mit 20 Prozent beteiligt ist. Bei dem anderen handelt es sich um Sibur, Russlands größten Petrochemiekonzern, an dem der Seidenstraßenfonds und die China National Petroleum Corporation sich mit je 10 Prozent beteiligt haben. An der Amur-Grenze zu China wollen sie für 6 bis 8 Milliarden Dollar ein Werk errichten, das jährlich 1,5 Millionen Polyäthylen herstellt (Baubeginn 2020, Produktionsaufnahme 2024).

Die Erwartungen haben sich als überzogen erwiesen. Von einer «strategischen Energieallianz» kann vorerst schwerlich die Rede sein. Dafür gibt es mehrere Gründe. So kostete die Antikorruptionskampagne in China viele Topmanager im Energiesektor den Job, die anderen wurden in ihrem Geschäftsgebaren vorsichtiger. Auch gingen die Preisvorstellungen bei fossilen Energieträgern weit auseinander, darüber wird jedes Mal endlos verhandelt. Schließlich machten der zeitweise Preisverfall bei Öl und Gas und die Rubelabwertung das Dollar-Geschäft für Rosneft weniger rentabel, weswegen neuerdings die Zahlung in Renminbi akzeptiert wird. Chinesische Investoren klagen über zu viel Regulierung und zu wenig Marktwirtschaft, über mangelhafte Infrastruktur, überhöhte Tarife der russischen Eisenbahn und unmoderne Häfen, über ungewisse Aussichten (Gazprom musste sein Budget für die Sibirien-Pipeline mehrmals kürzen) und mangelnde Liefersicherheit. Für chinesische Geschäftsleute lohnt es sich offenbar nicht, in Russisch-Fernost zu investieren, nur Kleinunternehmen und Landwirtschaftsbetriebe haben sich dorthin getraut.

Immerhin engagiert sich Huawei mit 60 Millionen Dollar beim Bau einer unterseeischen Telekommunikationsverbindung. Im Grenzland haben Chinesen auch Millionen Hektar Wald gepachtet, die sie nun abholzen; im Internet protestieren Hunderttausende Russen gegen den Raubbau an ihren Wäldern. Aber nur knapp 1 Prozent der chinesischen Auslandsinvestitionen geht nach Russland (die größten Investoren dort sind nach wir vor Zypern und die Bahamas, wobei es sich allerdings zumeist wohl um «gewaschenes» Geld, um Offshore-Kapital von Russen handelt). China ist nicht einmal unter den fünf Top-Investoren in Sibirien. *Joint ventures* werden akzeptiert, aber lieber in China und nur ungern in den neuen Sonderwirtschaftszonen von Russisch-Fernost. Dort zu produzieren, ist teurer und schwächt die Konkurrenzfähigkeit.

Wictor Wekselberg, einer der reichsten russischen Oligarchen, kann die Chinesen verstehen. «Es herrschte da ziemlicher Optimismus», sagte er im Frühjahr 2016. «Man dachte, sie würden auf den russischen Markt stürmen und viel Geld ausgeben. Aber die Chinesen erwiesen sich als sehr rationale und sehr gute Geschäftsleute. Sie geben kein Geld für nichts.» Sie investieren lieber in Europa und Amerika. Eine tiefe Freundschaft werde sich aus den Geschäftsbeziehungen nicht entwickeln, befindet auch Friederike Böge, die kenntnisreiche Pekinger Korrespondentin der *Frankfurter Allgemeinen Zeitung*: «Dafür ist Russland wirtschaftlich für China zu unbedeutend und die Verbindung nach Europa zu wichtig.»

Mehr Schwierigkeiten als Möglichkeiten?

So nimmt es nicht wunder, dass die Stimmung zwischen Moskau und Peking weit schlechter ist, als deren offizielle Bekundungen der Welt weismachen wollen. Ich habe das im Oktober 2017 bei der Herbsttagung des Valdai Discussion Club in Krasnaja Poljana erlebt. Der Club ist eine Art gehobener Bergedorfer Gesprächskreis, bei dem sich einmal im Jahr etwa 130 Teilnehmer aus dreißig Ländern zum Meinungsaustausch über die Weltlage mit Moskauer Politprominenz versammeln. Inmitten der kaukasischen Berge bei Sotschi, dem Skigelände der Olympischen Winterspiele 2014, trafen sich dort Russland-Experten, Politiker und Ex-Diplomaten, Akademiker und Journalisten. Wie jedes Jahr war der Auftritt von Russlands Präsident Wladimir Putin der Höhepunkt der viertägigen Konferenz, drei Stunden nahm er sich Zeit für die Diskussion nach seiner ausführlichen Ansprache. Dabei äußerte er sich auch zum russisch-chinesischen Verhältnis.

«Was halten Sie von Xi Jinping, dem Präsidenten der Volksrepublik China», wurde Putin von einem Chinesen gefragt. «Wir nennen uns öffentlich Freunde», gab er zur Antwort. «Daraus mögen Sie entnehmen, wie sich unsere Beziehung auf der menschlichen Ebene entwickelt hat. Indessen, das setze ich hinzu, vertreten wir die Interessen unserer Staaten. Oft sind sie einander sehr ähnlich, ja identisch. So ist eine erstaunliche Lage eingetreten, und so Gott will, wird sie noch lange anhalten. Wir erreichen bei jedem Thema einen Konsens, selbst bei anscheinend kontroversen Themen. Wir kommen immer zu Übereinstimmung, suchen einen Kompromiss und finden ihn auch. Letztendlich nutzt dies beiden Ländern, weil wir nach vorn blicken, nicht stehen bleiben, sondern strittige Fragen lösen. Wir sehen sowohl Schwierigkeiten als auch neue Möglichkeiten.»

Ein Meinungsaustausch zwischen Botschafterin Fu Ying, der Vorsitzenden des Auswärtigen Ausschusses im Pekinger Nationalen Volkskongress, und dem stellvertretenden russischen Ministerpräsidenten Igor Schuwalow vermittelte allerdings einen klareren Einblick in die Schwierigkeiten als in die Möglichkeiten. Die beiden gerieten hart aneinander. Zwei neue Brücken zwischen Chinas Nordosten und Russisch-Fernost, sagte Fu Ying, erweckten in China hohe Erwartun-

Die Nordostpassage: 5400 Kilometer kürzer als die Südpassage

gen auf einen gesteigerten Austausch. «Was für einen russischen Plan gibt es denn, um Ihre Politik zu verbessern?», fragte sie den Moskauer Minister. «Wir wollen, dass die Hindernisse abgebaut werden.» Der Minister giftete zurück: «Die Chinesen müssen unsere Gewohnheiten respektieren. Die örtlichen Sitten und Gebräuche müssen beachtet und geachtet werden. Die Chinesen benehmen sich manchmal recht gemein» (*with a bit of cruelty*, lautete die englische Übersetzung: mit ein bisschen Grausamkeit). Der Wortwechsel zwischen den beiden gab einen eher ernüchternden Einblick in das chinesisch-russische Verhältnis. Er bestätigte meine Ahnung: Die Entente zwischen Moskau und Peking, von Putin und Xi Jinping im Mai 2014 aus der Taufe gehoben, ächzt und lahmt unter mancherlei Belastungen. China ist nicht der erhoffte Wunschpartner geworden. Sigmar Gabriel hat das in einem Interview mit dem *stern* ganz richtig gesehen: «Wladimir Putin hatte die Hoffnung, in China einen Partner auf Augenhöhe zu finden. Das hat sich nicht bewahrheitet. Die Chinesen sagen sehr selbstbewusst: ‹Es gibt eigentlich nur zwei Supermächte, das sind wir und die Amerikaner.›.»

Der Hauptgrund, weshalb die chinesischen Unternehmen wegbleiben, liegt in dem deprimierenden Zustand des russischen Fernen Ostens. Er ist ihnen nicht attraktiv genug. In den zwanzig Jahren nach der Auflösung der Sowjetunion Ende 1991 hat die Bevölkerung um 16 Prozent abgenommen. Viele Menschen, die während der Sowjetzeit dorthin versetzt, verschleppt oder, im übelsten Wortsinne, in den Gulag «verlagert» worden waren, gingen wieder nach Hause. Nach der Finanzkrise von 1998 fiel die Wirtschaftsleistung der Region zurück auf das Niveau des Jahres 1970. Moskaus 2009 verabschiedete «Strategie für die sozio-ökonomische Entwicklung des Fernen Ostens und der Baikal-Region bis 2015» hat nichts daran geändert, dass Russland im Wesentlichen ein Lieferant von Energie und Rohstoffen geblieben ist: Seit 2016 ist es Chinas größter Erdöl-Lieferant, verstärkte Erdgaslieferungen durch die Yamal- und Sila-Sibiria-Projekte laufen langsam an. Die kooperative Ausbeutung seiner Bodenschätze steht jedoch weithin auf dem Papier. Auch fehlt der Anreiz, den Europa-Handel Chinas auf die Transsibirische Eisenbahn zu verlagern; dafür ist sie zu unmodern – wie die Häfen der Ostküste, die gerade einmal 1 Prozent des Güterverkehrs zwischen Nordostasien und Europa bewältigen könnten.

Die Seidenstraße auf Eis

Die Nordostpassage durch den Arktischen Ozean würde die Strecke Dalian–Hamburg auf 14 000 Kilometer verkürzen, das sind 5400 Kilometer weniger als durch den Suezkanal (die Nordwestpassage verkürzt die Strecke Tokio–New York von 18 000 auf 14 000 Kilometer). Dies regt zwar die Phantasie an, doch die Fakten werden noch lange den Erwartungen widersprechen.

China sieht sich, wie Xi Jinping 2014 bei einem Staatsbesuch in Australien fallen ließ, als «arktisnahen Staat», obwohl es dem Polarkreis nicht näher liegt als Berlin. Neben zwölf anderen Ländern hat es sich 2013 in dem 1996 gegründeten Arktis-Rat – Mitglieder: Dänemark, Finnland, Island, Kanada, Norwegen, Russland, Schweden und Vereinigte Staaten – den Beobachterstatus gesichert. Seitdem umwirbt Peking die skandinavischen Staaten und versucht, die Arktis in das Gürtel-und-Straße-Projekt einzubeziehen, von der «Seidenstraße im Eis» spricht Xi. Im nordwestlichen Europa wie im nordöstlichen Asien schieben die Chinesen sich leise an den Polarkreis heran. In Grönland scheiterte der Versuch, einen stillgelegten Marinestützpunkt zu erwerben, an sicherheitspolitischen Bedenken. Doch hat sich eine chinesische Firma Bergbaurechte in Grönland gesichert und will 150 Kilometer von der Hauptstadt Nuuk eine Mine eröffnen. Weitere chinesische Unternehmen sind scharf auf die Förderung von Zink, Blei, Uran und Seltenen Erden, und ein Konsortium aus der Volksrepublik interessiert sich für den Ausbau dreier Flughäfen. Da Grönland, immer noch halb dänisch, nur 55 000 Einwohner hat, war davon die Rede, 3000 chinesische Arbeiter ins Land zu holen. Regierungschef Kim Kielsen warb 2017 mit seinem ganzen Kabinett in Peking um Investoren. Die Amerikaner, die im Nordwesten der riesigen Eis-Insel die Thule-Airbase errichtet haben, sehen dies nicht ohne Besorgnis.

Ein exotisches Vorhaben ist der Bau einer Eisenbahn durch Finnland nach Norden, ein anderes, zusammen mit den Finnen eine transarktische «Daten-Seidenstraße» aus Glasfiber-Unterseekabeln zu schaffen, die London mit Tokio verbindet. Aber vor allem ist Peking an der Schiffsroute durch die Nordostpassage interessiert.

Bei einer internationalen Konferenz in Seoul habe ich im Herbst 2015 erlebt, wie erstaunlicherweise gerade die russischen Teilnehmer den chinesischen Traum von der «Seidenstraße im Eis» zerpflückten – und dies, obwohl Putin die Nordostpassage als «künftige Hauptverkehrsader» sieht. Ihre Argumente leuchteten mir ein: Das Abschmelzen des arktischen Eises erleichtert die Durchfahrt, doch nur von Juli bis Dezember, weshalb die Eisberg-Gefahr unübersehbar bleibt. Auf jeden Fall braucht man bislang sehr teure Eisklasse-Schiffe, und Rettungsmöglichkeiten bei Havarien gibt es nicht. Noch dazu sind die russischen Arktishäfen veraltet, und es gibt keine großen Städte entlang der Route, bei denen sich ein Zwischenstopp lohnen würde. Zwar finden sich in der Nähe der Küste reiche Rohstoffvorkommen, Metalle, Gold und Silber, doch ist die zu ihrer Erschließung nötige Infrastruktur noch nicht vorhanden. Die Dauer der Durchfahrt ist wetterabhängig, die erhoffte Verkürzung der Fahrzeit daher nicht garantiert; die Eislage ändert sich von Jahr zu Jahr. Seit die ersten vier Schiffe 2010 die Nördliche Seeroute durchfuhren, darunter der chinesische Eisbrecher «Schneedrache», war die Entwicklung höchst wechselhaft: 2012 schafften es 46 Schiffe, 2013 dann 71, darunter der COSCO-Frachter «Yong Sheng», doch 2014 nur 53 und 2015 noch weniger. Insgesamt gelang von 2011 bis 2016 nur 220 Schiffen die Durchfahrt. Das ist nichts im Vergleich mit dem Suezkanal, den jedes Jahr 17 000 Schiffe passieren.

Dass immer wieder einem Schiff die Passage gelingt, so dem Flüssiggasfrachter «Christophe de Margerie» der Sovcomflot, der die Strecke im August 2017 zum ersten Mal ohne Eisbrecher in neunzehn Tagen schaffte, besagt nichts über die in näherer Zukunft insgesamt mögliche Verkehrs- und Frachtleistung. Ein modernes Frachtschiff kann 18 000 Container aufnehmen, die größeren können sogar 20 000 oder 22 000 Container transportieren. Die «Venta Maersk» der dänischen Reederei, ein Schiff der Eisklasse, das im Spätsommer 2018 eine Testfahrt von Wladiwostok nach St. Petersburg unternahm, hatte 3596 Container an Bord; die kommerziellen Aussichten beurteilte Maersk nur zurückhaltend. Nach Putins Zielvorstellungen sollen bis 2024 über die Nordostpassage 80 Millionen Tonnen verschifft werden, Öl und Gas allerdings nur auf russischen Schiffen. Im Übrigen verlangt Russland hohe Durchfahrtsgebühren, und auch den Einsatz von Eisbrechern lässt es sich teuer bezahlen. Hochrechnungen, dass 2030 schon 2 Prozent des Asien-Europa-Handels – 25 Millionen Container im Jahr – über die Arktisroute kommen werden, sind daher vorläufig noch reine Zukunftsmusik. Sie basieren auf der Annahme, dass die Eisschicht bis dahin auf 1,20 Meter abschmilzt, was eisbrechenden Schiffen die Durchfahrt in durchschnittlich 22 Tagen erlauben würde. Bei fortgesetzter Erderwärmung und Eisschmelze könnten normale Frachter es sogar in kürzerer Zeit schaffen. Es gibt jedoch viele schwerwiegende Gründe, sich ein solch drastisches Abschmelzen des Polar-Eises lieber nicht zu wünschen.

Russlands Exportschlager: Rohstoffe und Rüstungsgüter

Nicht nur die chinesische Industrie hält sich mit Investitionen in Russland zurück. Auch Chinas Banken haben sich keineswegs auf russische Anlagegüter gestürzt. Selbst Staatsbanken verstoßen lieber nicht gegen die westlichen Sanktionen, da sie Schwierigkeiten auf den für sie weit wichtigeren globalen Finanzmärkten befürchten. Lediglich die China Development Bank und die China Exim Bank, die international weniger verflochten sind, haben verschiedene Anleihen ausgereicht, darunter 12 Milliarden Dollar in den nächsten fünfzehn Jahren für das Flüssiggasprojekt Yamal in der russischen Arktis (die ersten Lieferungen begannen im Winter 2017/18).

Das Muster des beiderseitigen Handels ist einfach: China importiert Rohstoffe aus Russland und exportiert Fertigprodukte nach Russland. Nur in der Rüstungsindustrie sieht es neuerdings anders aus. Moskau hatte 2004 seine Rüstungslieferungen an China abgebrochen, weil die Chinesen dreist kopierten, was ihnen geliefert wurde. Darunter war der sowjetische SU-27-Kampfjet, den sie als J11 nachbauten und an Drittländer verkauften. Doch nach zehn Jahren schluckten die Russen ihren Stolz hinunter. Dies fiel ihnen vergleichsweise leicht, als sie entdeckten, dass einige der von China abgekupferten Waffensysteme auf russische Ingenieure zurückgingen, die in den 1990ern mit chinesischen Rüstungsfirmen Verträge abgeschlossen hatten; in den Turbulenzen jener Umbruch-Jahre sicherte dies das Überleben mancher russischer Waffenfabriken. In aller Stille nahm Moskau 2014 den Rüstungsexport nach China wieder auf und schloss neue Lieferverträge im Wert von 8 Milliarden Dollar ab. Die Russen verkaufen nun sogar modernste Waffensysteme; so für 3 Milliarden Dollar vier bis sechs Einheiten der Luftabwehrrakete S-400 und für 2 Milliarden 24 Kampfjets des Typs SU-35. Beide sind von beträchtlicher strategischer Bedeutung, denn sie verschaffen China die Lufthoheit über Taiwan und über den Senkaku-Inseln. Doch auch U-Boote der Lada-Klasse stehen auf der Verkaufsliste.

Offensichtlich will der Kreml da noch mitnehmen, was irgend geht, ehe die Chinesen alles selbst produzieren. Die fortschrittlichste Rüstungstechnik behält Moskau allerdings für sich, etwa den Überschall-Marschflugkörper Iskander-M. Von diesem Typ finden sich auffälligerweise mehr im Östlichen Wehrbezirk, der an China und in einem 17 Kilometer schmalen Abschnitt an Nordkorea grenzt, als jeweils in den drei anderen Wehrbezirken Mitte, Kaukasus und West. Fachleute wie Alexei Arbatow, Politologe beim Carnegie Moscow Center, schließen daraus, dass die Iskander-Brigaden den doppelten Zweck haben, China abzuschrecken und auf koreanische Eventualfälle zu reagieren. Tatsächlich berichtet der frühere US-Verteidigungsminister Robert Gates in seinen Memoiren, sein damaliger russischer Kollege Sergei Iwanow habe ihm 2007 den russischen Wunsch mitgeteilt, sich aus dem INF-Vertrag von 1987 zurückzuziehen, der Mittelstreckenraketen mit einer Reichweite von 500 bis 5500 Kilometern verbietet, damit es solche Waffen aufstellen könne, «um Iran, Pakistan und China etwas Gleichwertiges entgegenzusetzen». Der stellvertretende russische Verteidigungsminister Anatoli Antonow erwähnte 2014 in einem Interview, dass fast dreißig Länder derlei Raketen in ihren Arsenalen hätten. Auch andere wiesen speziell darauf hin, dass dazu Nordkorea, Indien, Pakistan und wiederum China gehörten. Im Übrigen fällt auf, dass von den vier russischen Wehrbezirken – Ost, Mitte, Kaukasus und West – nur der fernöstliche über vier Armeen verfügt; die anderen haben weniger.

Nach Ansicht der meisten Wirtschaftsexperten hat Russland im geschäftlichen Tauziehen mit China bisher den Kürzeren gezogen. Putins politisches Interesse, die Isolierung Russlands zu durchbrechen, war so groß, dass er dies in Kauf nahm. Indessen ist die Unwucht zwischen dem wirtschaftlich, militärisch und zivilisatorisch ständig stärker werdenden China und einem demographisch und industriell im Niedergang befindlichen, im Wesentlichen auf Rohstoffexport reduzierten Russland nicht zu übersehen. Eine Partnerschaft «auf Augenhöhe» kann daraus schwerlich werden, zumal die Chinesen ganz auf ihren eigentlichen Rivalen, die Supermacht USA, gerichtet sind. Nur zum Vergleich: Die Bevölkerung der Volksrepublik ist zehnmal größer als die Russlands (1,42 Milliarden zu 143 Millionen), ihre Wirtschaftsleistung neunmal größer (2017: 12 Billionen Dollar zu 1,5 Billionen, 2017/18: 13,5 zu 1,72 Billionen). Moskau ist in jeder Hinsicht bis auf den militärischen Bereich der Juniorpartner, Peking der dominierende Akteur. Selbst auf dem militärischen Sektor bringt Moskau nur ein Drittel dessen auf die Beine, was China schafft: Der russische Wehretat lag 2017 offiziell bei 47,6 Milliarden Dollar, der chinesische bei 151 Milliarden. Von einer Machtsymmetrie kann also keine Rede sein. Auch wird es dem Kreml allerhand Diplomatie abverlangen, die Beziehungen zu China zu verbessern, ohne sein traditionell enges Verhältnis zu Indien und Vietnam zu beschädigen. Wenn Europa den Russen nicht nur die kalte Schulter zeigt und sie damit geradezu in die Arme der Chinesen treibt, wird sich Moskau zwangsläufig wieder Europa zuwenden.

Es ist die Frage, ob das enge persönliche Verhältnis von Wladimir Putin und Xi Jinping die bestehende Unwucht wettmachen kann. Die Chemie zwischen den beiden stimmt. Sie nennen einander Freund. Beim BRI-Gipfel in Peking setzte sich der Kremlherrscher an den Flügel und spielte die Volkslieder «Moskauer Nächte» von Wassili Solowjow-Sedoi und «Moskauer Fenster» von Tichon Chrennikow, in Wladiwostok backten die beiden gemeinsam Pfannkuchen. Inzwischen haben sie sich zwanzigmal getroffen, Xi war seit seinem Amtsantritt sechsmal in Moskau. Sie sind sich einig in der Ablehnung einer unipolaren Weltordnung, die Amerika dominiert. Freilich steht dahin, wie weit ihre eigenen Vorstellungen der künftigen multipolaren Weltordnung sich ergänzen oder einander widersprechen. Auch sind zwei Fragen durchaus offen. Erstens: Geht die enge Anlehnung an China und die Hinnahme einer Junior-Partnerschaft wirklich konform mit den tiefsten, historisch gewachsenen Gefühlen des russischen Volkes? Zweitens: Werden sie sich nicht zwangsläufig in Zentralasien ins Gehege kommen – im *Great Game* des einundzwanzigsten Jahrhunderts?

Die Russen haben auf China immer heruntergeblickt. Als Chruschtschow 1960 den Bruch mit Peking provozierte, indem er die sowjetischen Spezialisten aus China abzog, waren die Heimkehrer voller herabsetzender Geschichten über die Dummheit, Unwissenheit und Undankbarkeit der Chinesen. Zugleich haben die Russen stets Angst gehabt vor der zahlenmäßigen Überlegenheit des südlichen Nachbarn, und viele ängstigen sich noch heute. Putins Stabschef Sergei Iwanow antwortete 2015 auf die Frage, weswegen Russland in einem schmalen Grenzstreifen zu China keine ausländischen Investitionen zulasse: «Unser Bezirk Fernost ist dünn besiedelt, wir haben nicht genug Leute.» In Blagoweschtschensk sagte die Vorsitzende der Oppositionspartei Jabloko im Gespräch mit Gesine Domblüth vom Deutschlandfunk: «Die Einheimischen fühlen sich gegenüber den Chinesen benachteiligt. Sie haben das Gefühl, dass China sich zu sehr ausdehnt.» Die Rentnerin Olga zeigte sich in diesem Punkt unschlüssig: «Die Chinesen sind überall. Im ganzen Fernen Osten. In Wladiwostok, in Chabarowsk, in Ussurijsk. Aber wenn du sie in Ruhe lässt, lassen sie dich auch in Ruhe. Ich denke, unser Staat wird nicht zulassen, dass China den Fernen Osten vollständig besetzt. Oder doch?»

Angst vor chinesischer Überfremdung

Da klingen Töne an, die ich während des Kalten Krieges in Moskau oft genug zu hören bekam. «Betrachten Sie die Bedrohung durch China als wirklich akut?», fragte ich 1979 einmal Georgi Arbatow, den Chef des renommierten Nordamerika-Instituts der Akademie der Wissenschaften, oft der «Kissinger der Sowjetunion» genannt. «Heute nicht», antwortete er mir. «Wir fühlen uns militärisch sicher. Aber da fließt vieles zusammen, Emotionales und Rationales. Rational ist die Erwägung, dass man schon Besorgnis haben muss, wenn man ein Land solcher Dimension an seiner Grenze hat.» Das Emotionale – gefühlsmäßige Besorgnisse, ja Ängste vor dem bevölkerungsstarken chinesischen Nachbarn – trat mir damals in vielen Gesprächen entgegen. Sie sind seitdem nicht einfach dahingeschwunden. Selbst der Putin-Berater Sergei Karaganow gestand 2010 bei einer Konferenz des Valdai-Klubs in Schanghai ein, dass viele Russen angesichts des chinesischen Arbeitskräfteeinsatzes in Russisch-Fernost von der Sorge geplagt werden, China wolle sich auf lange Sicht die Gebiete zurückholen, die es in den «ungleichen Verträgen» verloren habe.

In einer Meinungsumfrage des staatlichen russischen Instituts WCIOM führte 2008 nicht wirtschaftlicher Absturz, ein Krieg mit dem Westen oder muslimischer Terror die Angstliste der Russen an, sondern «Überfremdung» – dass nämlich der Wanderungsdruck aus Chinas Nordosten die russische Bevölkerung verdrängen könnte. Im Allgemeinen beurteilen die Russen China freundlich (November

2013: 55 Prozent positiv, 31 Prozent negativ, Mai 2014: 77 Prozent positiv, 15 Prozent negativ). Nur 4 Prozent sehen in China einen Feind. Doch ergibt sich ein anderes Stimmungsbild, wenn nach spezifischen Einzelheiten gefragt wird. 66 Prozent waren zum Beispiel gegen die wirtschaftliche Tätigkeit chinesischer Firmen und Arbeitskräfte in Sibirien, 61 Prozent zeigten sich besorgt über die wachsende Gruppe der Chinesen in Russland, und weiteren 61 Prozent gibt es zu viele chinesische Einfuhren. Im Juli 2017 ergab eine PEW-Umfrage, dass Putins China-Politik mit 78 Prozent die höchste Zustimmung fand – aber das waren 12 Prozentpunkte weniger als 2015. Der Blick über die Grenze und die verstärkte chinesische Zuwanderung in den letzten Jahren lassen die alten Ängste eher wieder aufleben. In der jüngsten Umfrage des Meinungsinstituts Lewada nannten 31 Prozent der Russen die Chinesen «unerwünscht» und wollen ihnen die Einreise verbieten. In den sozialen Medien kursieren millionenfach abgerufene Videos: «Die Chinesen holen sich Sibirien und den Baikal».

Das Misstrauen gegenüber dem Nachbarn ist auch den Chinesen nicht fremd. Nur 51 Prozent der Chinesen haben ein positives Bild von Russland. Gewiss, die Grenze ist endgültig geregelt, aber in den Geschichtsbüchern nehmen die «ungleichen Verträge» des neunzehnten Jahrhunderts als Ausdruck der tiefsten historischen Erniedrigung Chinas noch immer breiten Raum ein. Und das weite, leere Russisch-Fernost erscheint vielen als höchst attraktiv – erst recht, wenn der Permafrost in der Tundra sich immer weiter nach Norden zurückzieht.

Nach konservativen Schätzungen leben heute bereits zwei Millionen Chinesen in Russland, und die *New York Times* zitierte das Moskauer Zentrum für Migrationsforschung mit der Vorhersage, dass diese Zahl bis 2050 auf 10 Millionen anwachsen werde, wodurch die Chinesen in Russisch-Fernost die stärkste Bevölkerungsgruppe würden. Dies wird von anderen heftig bestritten. So weist Alexander Gabuev vom Carnegie Moscow Center darauf hin, dass die russische Volkszählung von 2010 nur 30 000 chinesische Ortsansässige auswies und nach den Feldforschungen seines Instituts 2017 sich nur zwischen 400 000 und 550 000 chinesische Migranten in Russland aufhielten, davon mehr als die Hälfte westlich des Urals. In Moskau lebten mehr Chinesen als in Wladiwostok oder Chabarowsk, und die meisten seien Zeitarbeiter, nicht Ansiedler auf Dauer. Sie arbeiteten als Händler, am Bau oder in der Landwirtschaft. Als der Ölpreis fiel und der Rubel abgewertet wurde, hätten sich ihre Einkünfte halbiert, weshalb viele nach China heimkehrten, wo sie mehr verdienen könnten.

Gleichwohl wirken die Zahlen auf viele bedrohlich. Russlands Bevölkerung – 143,5 Millionen im Jahr 2015, mit der Einwohnerschaft der Krim 146,8 Millionen – wird, so heißt es, bis zur Jahrhundertmitte auf 130 oder gar 120 Millionen schrumpfen. In den neun Distrikten des Föderationskreises Fernost sehen sich 6,3 Millionen Russen 120 Millionen Chinesen in den drei mandschurischen Provinzen gegenüber. Im Oblast Blagoweschtschensk sind es 4,3 Millionen Russen, die 38 Millionen Chinesen in der angrenzenden Provinz Heilongjiang gegenüberstehen. Dieses Missverhältnis scheint im Westen als beunruhigender empfunden zu werden denn in Russisch-Fernost, zumal die vielen chinesischen Touristen in Moskau und St. Petersburg als Ärgernis empfunden werden. Schließlich wird in den drei fernöstlichen Grenzregionen Primorje, Chabarowsk und Amur über die Hälfte des Außenhandels mit China abgewickelt.

Im europäischen Russland hingegen befürchtet man eine chinesische Kolonialisierung. Dort brach, um ein Beispiel zu nennen, ein Sturm los, als 11 000 Hektar Ackerland an der transbaikalischen Grenze einer chinesischen Firma zur Getreideproduktion verpachtet werden sollten. In Listwjanka, einem verschlafenen Touristenstädtchen von 2000 Seelen am Baikalsee, gab es heftige Proteste, als chinesische Investoren dort ein Zehntel der besten Ufergrundstücke aufkauften. Sie bauten große Hotels, rissen die alten Fassaden ab, hängten ihre Reklame an die Zäune. Eine an Putin gerichtete Petition, die Chinesen verwandelten die Region in eine chinesische Provinz und er möge weitere Landverkäufe an sie gefälligst unterbinden, fand 55 000 Unterzeichner. Die Lokalzeitungen heizten die Stimmung mit Schlagzeilen wie «Invasion», «Eroberung» und «chinesisches Joch» noch an. «Wir haben die Ziege in den Garten gelassen», hieß es auf einer Website. Die Wogen der Erregung schlugen umso höher, als die chinesischen Fremdenführer sich nicht davon abhalten ließen, den Touristen aus ihrem Land zu erzählen, dass die Gegend unter der Tang- und Han-Dynastie ein Teil Chinas war. Tatsächlich warb das Reisebüro Cassia mit der

Erinnerung daran. Kein Wunder, dass viele Einheimische fürchten, die Chinesen wollten sich die Baikal-Region zurückholen.

Vor allem die Nationalisten in Moskau schäumen. Wladimir Schirinowski, Chef der rechtsextremistischen Liberaldemokraten, verlangt die Ausweisung aller Chinesen. Der Regisseur Stanislaw Goworuchin empört sich in einem Buch über die «massive Sinifizierung», bald werde der Ferne Osten chinesischer sein als russisch. Auch der Asien-Kenner Philip Bowring nennt die chinesisch-russische Freundschaft «unnatürlich» und meint, sie könne die Putin-Ära nicht überleben. Auf lange Sicht würde ihre Ostgrenze den Russen mehr Kopfzerbrechen bereiten als ihre Grenze zur Ukraine.

Angesichts solch weitverbreiteter China-Skepsis musste selbst Putin versuchen, die Bangemacherei zu dämpfen. Schon im Juli 2000 hatte er in Blagoweschtschensk, der Grenzstadt am Amur, gewarnt: «Wenn wir nicht bald reale Anstrengungen zur Entwicklung des Fernen Ostens machen, wird die alteingesessene russische Bevölkerung in einigen Jahren hauptsächlich Japanisch, Chinesisch und Koreanisch sprechen.» Im Mai 2012 richtete er ein Ministerium für Entwicklung ein, dessen Programm bis 2025 Ausgaben in Höhe von 312 Milliarden Dollar vorsieht. Die Entwicklung Sibiriens und des Fernen Ostens erklärte Putin zur «nationalen Priorität für das gesamte einundzwanzigste Jahrhundert». Bis 2030 sollen an die zwei Millionen Russen in die Region verpflanzt werden. Das Fernost-Ministerium zitierte eine Studie, wonach 20 Prozent der Russen nach Osten ziehen würden, wenn sie dort freies Land bekämen. Doch das Angebot von einem Hektar – hundert Ar oder 10 000 Quadratmeter – pro Person, in Kraft seit Mitte 2016, hat bisher nur wenige gereizt; 5000 Hektar wären für einen Landwirt wohl das Minimum (Amerikas *pioneers* erhielten nach dem Homestead Act von 1862 im «Wilden Westen» eine 65 Mal größere Fläche Freiland). Auch ein zehnfach höheres Familiengeld als westlich des Urals hat bislang nur geringe Zugkraft entfaltet. Wohl sind gleichzeitig die Bedingungen für ausländische Investoren verbessert worden, das große Echo ist aber ausgeblieben. So nimmt es nicht Wunder, dass Putin sich nun verstärkt um südkoreanische und japanische Entwicklungshilfe bemüht.

Joseph Nye, Harvards Polit-Denker, vertrat unlängst die Ansicht, mit seinem ökonomischen, seinem militärischen und vor allem seinem demographischen Gewicht schaffe China in Russland viel Unruhe. Alexander Gabuev argumentiert demgegenüber, dass man, schenke man den dramatischen «Märchen» über Chinas demographisches Vordringen nach Sibirien Glauben, ein ganz falsches Bild der chinesisch-russischen Beziehungen bekomme: «Wohl gibt es Grundspannungen in der Partnerschaft, doch die potentielle Eroberung von Russisch-Fernost gehört nicht dazu.»

Das russisch-chinesische «Great Game» in Zentralasien

Lässt sich über Chinas wirtschaftliches und politisches Vordringen in Zentralasien unter dem Banner seiner Seidenstraßen-Initiative dasselbe sagen? Unverkennbar blickt Moskau mit Sorge auf den wachsenden chinesischen Einfluss in dem riesigen Raum der ehemaligen Sowjetrepubliken. Mit ihnen verknüpft Russland jahrhundertealte Verbindungen, und bis heute hat Moskau dort schwerwiegende Sicherheits- und Wirtschaftsinteressen. Putin hat in diesem Gebiet sein eigenes Jahrhundertprojekt: die Eurasische Wirtschaftsunion (EEU), die am 1. Januar 2015 aus der Eurasischen Wirtschaftsgemeinschaft hervorging. Er spricht von *Russki mir*, der russischen Welt. Von Kaliningrad über den Kaukasus und Kasachstan bis Kamtschatka soll die EEU die ehemaligen Sowjetrepubliken Russland, Weißrussland, Armenien, Tadschikistan und Kirgistan zu einem supranationalen, doch russisch dominierten Binnenmarkt samt Zollunion zusammenschließen.

Es liegt auf der Hand, dass Putins Eurasien und Xi Jinpings Seidenstraßen-Gürtel in Zentralasien im Wettbewerb miteinander stehen. Sie könnten sich hart im Raume stoßen. Russland sieht sich als Teil Eurasiens, China nicht. Für die postsowjetischen «Stans» ist China der größte Handelspartner und zugleich der größte Investor. Russland ist jedoch nach wie vor die politisch, militärisch und kulturell dominierende Macht. Auch wirtschaftlich hält es weiter mit, zum Beispiel in Usbekistan. Dort investieren die Chinesen seit Längerem in die Infrastruktur, erst unlängst haben sie weitere 20 Milliarden Dollar für neue Projekte in Aussicht gestellt. Gleichzeitig jedoch ist Russland Investitionsverpflichtungen in Höhe von zwölf Milliarden Dollar eingegangen und hat im April 2017 zusätzlich Handelsabkommen im Wert von 3,8 Milliarden Dollar abgeschlossen. Gastarbeiter in Russland – darunter allein 1,9 Millionen Usbeken – stellen ein weiteres, nicht unwesentliches Bindeglied dar.

Flankiert wird die Eurasische Wirtschaftsunion von der Organisation des Vertrags über Kollektive Sicherheit, kurz: OVKS. Dem von Moskau geführten Militärbündnis gehören neben Russland Weißrussland, Armenien, Tadschikistan, Kasachstan und Kirgistan an (Usbekistan, mit China in einer dynamischen strategischen Partnerschaft verbunden, trat zweimal aus, zuletzt 2012). In Tadschikistan und Kirgistan, wo Moskau gerade eine zweite Militärbasis eingerichtet hat, stehen russische Truppen, in Kasachstan befindet sich nach wie vor Russlands Weltraum-Bahnhof Baikonur. Doch sagt selbst der russische Außenpolitiker Sergei Karaganow, ein Berater Putins und Befürworter engerer russisch-chinesischer Beziehungen, Nein zu einem Militärbündnis. Zugleich warnt er, Groß-Eurasien habe nur einen Sinn, wenn China sich in der Region nicht zum Hegemon aufwerfe.

Chinas Auftauchen in Zentralasien hat im Kreml nicht nur Interesse geweckt, sondern auch Unruhe und heftige Debatten ausgelöst. Der Wirtschaftsflügel befürwortete eine enge Zusammenarbeit, der Sicherheitsflügel blieb skeptisch. Xi Jinping hatte seine Seidenstraßen-Initiative ausgerechnet in Kasachstan verkündet, da schien Misstrauen angebracht. Am Ende entschied Putin, dass der Nutzen eines Zusammengehens mit China schwerer wiege als die Risiken. Im Mai 2015 unterzeichnete er mit Xi eine gemeinsame Erklärung, in der sie ihren Entschluss zu Koordination und Kooperation zwischen der Eurasischen Wirtschaftsunion (EEU) und dem Seidenstraßen-Gürtel (BRI) kundtaten. Das Fernziel ist ein Freihandelsabkommen mit China, doch wurde dies auf eine sehr lange Bank geschoben. Angestrebt wird eine Arbeitsteilung in dem Sinne, dass China die wirtschaftliche Entwicklung Zentralasiens vorantreibt, Russland jedoch nach wie vor die Sicherheit der Region verbürgt. Falls freilich Peking versuchen sollte, engere bilaterale Militärkontakte mit den zentralasiatischen Staaten anzuknüpfen und sich an die politisch dominierende Stelle Moskaus zu setzen, würde dies, in den Worten von Alexander Gabuev, «die gesamte Beziehung unterminieren und möglicherweise Missverständnisse, Fehlkalkulationen und die Wiederbelebung der Rivalitätsdenkens zur Folge haben».

Die International Crisis Group hat in der Studie *Central Asia's Silk Road Rivalries* die Mechanismen, die Ziele, die Schwierigkeiten und die Erfolgsaussichten des russisch-chinesischen Kooperationsprogramms analysiert. Danach haben Russland und China recht unterschiedliche, ja gegensätzliche Vorstellungen. Die EEU ist ein Verbund von Ländern, die ihre Wirtschaftspolitik nach Moskau ausrichten, Chinas Seidenstraße soll zur Achse eines Entwicklungskorridors werden, dessen Infrastruktur – Straßen, Eisenbahnen, Kraftwerke, Staudämme – die Volksrepublik mit Europa verbindet. Die Strecke, die China vorschwebt, führt durch politisch höchst unruhige, instabile Gebiete. In Pakistan müssen Tausende von Soldaten die chinesischen Investitionsprojekte schützen. Ethnische Spannungen, überbordender Nationalismus, unfähige und korrupte Regierungen könnten die Entwicklungsperspektiven beeinträchtigen. Die Spannungen zwischen Usbekistan und Kirgistan hat erst der neue usbekische Präsident Schawkat Mirsijojew überwunden; damit machte er den Weg frei zur Einbeziehung seines Landes in das Seidenstraßenprojekt.

Es bleibt jedoch eine Tatsache, dass überall die herrschende Nomenklatura den Zustrom chinesischer Investitionsgelder begrüßt, in der Bevölkerung aber ein anti-chinesischer Impetus vorherrscht. Der Unmut über Filz und Bestechlichkeit, mangelnde Rücksichtnahme auf die Umwelt, die Bevorzugung chinesischer Arbeiter und die schlechte Behandlung der einheimischen Arbeitskräfte durch chinesische Unternehmer machen sich immer wieder in Protestaktionen Luft. Vielfach werden die Chinesen als Gefahr gesehen, nicht als willkommene Partner. Und Russisch ist nach wie vor, wenngleich nicht mehr im selben Maße wie früher, die alle verbindende *lingua franca*. Die jahrhundertelange Prägung durch die russische Kultur wirkt bis heute nach.

Die russisch-chinesische Annäherung bleibt deshalb trotz des Schubes, den sie nach 2014 erhalten hat, reichlich fragil. Ihre Rivalität in Zentralasien werden Russland und China kaum ganz abschütteln können. Sollte sie in ein geopolitisches Ringen um Einflusszonen ausarten, wird dies dem partnerschaftlichen Zusammenwirken zwangsläufig ein Ende setzen. Dies könnte wohl auch schon dann passieren, wenn der amerikanische – und dadurch erzwungene europäische – Druck auf Moskau nachließe, der es den Chinesen geradezu in die Arme treibt. So tief, wie man immer denkt, sitzen die Klammern nicht, die Russland und China verbinden, und so unbedeutend, wie viele heute tun, sind die historischen Traditionen, die wirtschaftlichen Verbindungen und die kulturellen Gefühlsbande nicht, die uns mit Russland verknüpfen.

Dimitri Trenin, der Chef des Moskauer Carnegie-Instituts, sagt sehr realistisch, dass Russland mit dem viel stärkeren und dynamischeren China zurechtkommen muss; eine stabile und freundschaftliche Beziehung sei anzustreben, ohne Pekings Vasall zu werden. Er spricht nicht von einer strategischen Partnerschaft und schon gar nicht von einer Allianz. Seine Vorstellung ist eine «Entente», in der man «nie gegeneinander, aber nicht immer miteinander» handelt. In der Tat äußert sich China ja nicht zur Ukraine-Krise, und umgekehrt schweigt Russland zum Streitpunkt Südchinesisches Meer. Auf jeden Fall empfiehlt Trenin aber einen Ausgleich mit Japan, das in seinen Augen der wichtigste Partner bei der technischen Modernisierung von Russisch-Fernost ist. «Russland fehlt bisher eine langfristige Perspektive in Bezug auf China», meint er. «Wird Moskau zum Vasallen Pekings und wenn nicht, auf welcher Grundlage wird sich das chinesisch-russische Verhältnis entwickeln? Auf all diese Fragen gibt es bisher keine Antworten. Eines ist klar: [Russlands] Beziehungen zu Deutschland und der Europäischen Union werden nicht nur für die eigene Entwicklung des Landes wichtig sein, sondern auch für die Herstellung eines globalen Gleichgewichts in der Mitte des 21. Jahrhunderts, in dem die USA und China die Hauptrollen spielen werden.»

Im Sommer 2016 haben Chinesen und Russen mit dem Bau einer Brücke über den Amur begonnen, die 280 Millionen Dollar kosten und nach drei Jahren fertig sein und das russische Blagoweschtschensk mit dem chinesischen Heihe verbinden soll. Die beiden Städte bilden eine Freihandelszone, ihre Bürger können ohne Visum per Fähre übersetzen. Aber es trennen sie Welten. Blagoweschtschensk ist eine traditionsreiche Industrie- und Kaufmannsstadt. An der Uferstraße sind einige Wolkenkratzer in den Himmel gewachsen – «um den Chinesen eine lange Nase zu drehen», sagt der russische Schriftsteller Wiktor Jerofejew. Doch die alten Stadtteile sind verwahrlost, grau und verfallen die Holzhäuser aus den Gründerjahren, die Straßen heruntergekommen. Ganz anders Heihe: eine Handelsstadt, sauber die Wohngegenden mit modernen Hochhausbauten, gut beleuchtet und sorgfältig asphaltiert die Straßen; ein Riesenrad grüßt hinüber über den Fluss.

Viele Chinesen haben drüben Ackerland gepachtet und treiben dort Landwirtschaft. Die einheimischen Russen sind unentschieden. Einerseits heißen sie die Arbeitsplätze und die Löhne willkommen, die chinesische Pächter in das menschenleere Land bringen. Andererseits sorgen sie sich auch um die Zukunft. In landesweiten Umfragen geben die Russen an, China sei der engste Freund Russlands. Aber in den Grenzgebieten, wo sie es konkret mit den Nachbarn zu tun haben, fällt ihr Urteil oft weniger gnädig aus. Zwar werden chinesische Gastarbeiter gern gesehen, um nach Überschwemmungen die Deiche zu reparieren, aber die Händler aus dem Nachbarland dürfen ihre Waren nicht auf Freiluftmärkten anbieten. Gelegentlich sind in der Lokalpresse offenbar sogar Warnungen vor der «gelben Gefahr» zu lesen.

Die Geschichte ist in den beiden Amur-Städten noch ganz nah: Aigun, wo 1858 der im Kern bis heute gültige Grenzvertrag geschlossen wurde, liegt nur 31 Kilometer entfernt. In Blagoweschtschensk und in Heihe wird sich am ehesten und am deutlichsten zeigen, was die Zukunft für China und Russland in petto hält: friedliche Koexistenz, robustes Wettbewerbs-Miteinander oder am Ende doch entschiedene Konfrontation.

16

In der Thukydides-Falle:
Krieg zwischen den USA und China?

China und die Vereinigten Staaten sind beides Großmächte: Wirtschaftsgiganten, Militär- und Rüstungsriesen mit Atomwaffenarsenal und Staaten mit Weltgestaltungsambition. So wichtig wie ihr Verhältnis zueinander wird im ganzen einundzwanzigsten Jahrhundert kein anderes sein. Die *New York Times* hat es auf den Punkt gebracht: «Zusammen können sie eine friedlichere Welt schaffen; als Gegner können sie die Welt ins Unglück stürzen.» *Modus moriendi* oder *modus vivendi*, Krieg oder Frieden – es liegt in ihrer Hand.

Die neue Weltmacht und die alte Ordnung

In beiden Ländern gibt es Falken, die auf Konfrontation aus sind, und Tauben, die für Besonnenheit, Ausgleich und Kooperation eintreten. Dies gilt gleichermaßen für die handelspolitische Konkurrenz wie für die geopolitische Rivalität. Weder in dem einen noch in dem anderen Bereich fehlt es an Zunder. Wie immer, wenn eine Macht neu aufsteigt, weckt dies die Besorgnis der bisherigen Vormacht. Die Ablösung kann sich friedfertig vollziehen wie im zwanzigsten Jahrhundert zwischen Großbritannien und Amerika, aber sie kann auch zum Krieg führen wie nach 1900 zwischen Großbritannien und dem Deutschen Reich – oder vor zweieinhalbtausend Jahren zwischen Sparta und Athen. Der griechische Historiker Thukydides hat beschrieben, wie die beiden hellenischen Stadtstaaten schlafwandelnd in die Falle des Verderbens tappten. Nicht von ungefähr taucht sein Name in jüngster Zeit immer öfter in Leitartikeln und Kommentarspalten auf.

Können China und die Vereinigten Staaten der Thukydides-Falle entgehen? Diese Frage stellte der Harvard-Professor Graham Allison, Politikwissenschaftler, Zeitgeschichtler und zeitweiliger Unterstaatssekretär im Pentagon, in seinem im September 2015 in *The Atlantic* erschienenen Aufsatz «The Thukydides Trap: Are the US and China headed for war?». Inzwischen hat er seine Thesen erweitert und vertieft zu einem Buch, dem er den zugespitzten Titel gab *Destined for War*, zum Kriege bestimmt. Allison geht 2400 Jahre zurück und zitiert aus dem Thukydides-Werk über den Peloponnesischen Krieg den Satz: «Es waren der Aufstieg Athens und die Befürchtungen, die er in Sparta auslöste, die den Krieg unausweichlich machten.» Seine besorgte Frage: Könnten der Aufstieg Chinas und die Befürchtungen, die er in Amerika weckt, denselben unheilvollen Effekt haben?

Zwei Antriebskräfte erkannte Thukydides: zum einen die wachsenden Ansprüche, das gesteigerte Selbstwertgefühl und die immer nachdrücklicher erhobene Forderung nach Ebenbürtigkeit auf Seiten der aufsteigenden Macht Athen, zum anderen die Verunsicherung, der Trotz und die verbissene Entschlossenheit, den Status quo zu verteidigen, auf Seiten der etablierten Vormacht Sparta. In seinen Augen war Athens Einstellung nachvollziehbar. In dem Maße, in dem seine Schlagkraft zunahm, wuchsen auch das Gefühl, ungerecht behandelt zu werden, und damit der Vorsatz, die alte Ordnung den neuen Kräfteverhältnissen anzupassen. Genauso verständlich fand der griechische Historiker, dass Sparta die Haltung der Athener als unvernünftig betrachtete, als undankbar und bedrohlich für die eigene Machtordnung, in der das florierende Athen aufgestiegen war. Als ein Stellvertreterkrieg zwischen Korinth und Korkyra ausbrach, dem heutigen Korfu, eilte Sparta den verbündeten Korinthern zu Hilfe, sodass den Athenern nichts anderes übrig blieb, als den eigenen Bundesgenossen Korkyra zu unterstützen. So begann der Peloponnesische Krieg, der Dreißigjährige Krieg der Antike. Sparta siegte, aber beide Mächte waren am Ende ausgeblutet und geschwächt, als die Perser zu Lande und zur See anstürmten.

Könnte dieselbe Dynamik auch China und die Vereinigten Staaten in den großen Krieg treiben, etwa bei einem chinesischen Angriff auf Taiwan, einem Zugriff auf die Senkaku-Inseln oder nach einem Zusammenstoß im Südchinesischen Meer?

Allisons Forschungen münden in eine niederdrückende Erkenntnis: «In zwölf der sechzehn Fälle in den letzten fünfhundert Jahren, in denen es eine rasche Machtverschiebung zwischen einer aufsteigenden und einer vorherrschenden Nation gab, war Krieg das Resultat.» In diesen Hegemonialkriegen stürzte sich entweder die Vormacht in einen Präventivkrieg, oder aber der Aufsteiger schlug zu, wenn er sich der Parität näherte. Zwei dieser zwölf Fälle waren die Rivalität zwischen England und dem Deutschen Reich vor dem Ersten Weltkrieg sowie die japanische Herausforderung der Vereinigten Staaten, die den Zweiten Weltkrieg zum erdumspannenden Konflikt machte. Wohl hat Xi Jinping in Seattle einmal beteuert: «So etwas wie die sogenannte Thukydides-Falle gibt es nicht. Sollten indessen Großmächte Mal um Mal denselben Fehler strategischer Fehlkalkulation begehen, so könnten sie sich durchaus selbst solche Fallen stellen.» Ist Verlass darauf, dass die Chinesen diesen Fehler nicht begehen? Allison zitiert Lee Kuan Yew, den weisen, wiewohl autokratischen Staatsgründer Singapurs: «Warum sollten sie nicht darauf abheben, in Asien und schließlich in der Welt die Nummer 1 zu sein?» Lee setzte hinzu: «China will China sein und als solches akzeptiert werden, nicht nur als ein Ehrenmitglied des Westens.» Wenn es aber nicht wunschgemäß akzeptiert werden sollte, was ist dann?

Zwar glaubt der Harvard-Gelehrte nicht an die Unvermeidlichkeit eines Krieges zwischen China und den USA. In immerhin vier der sechzehn Fälle, die sein Team untersucht hat, führte die Rivalität nicht zum Krieg. Vernunft, Zurückhaltung und strategische Gelassenheit können den Konflikt verhindern. Auch ist zu bedenken, dass alle Kriege, die Allison in seiner Liste aufführt, vor der Erfindung der Atomwaffen ausbrachen, die das Kalkül der Mächte grundlegend verändern. Zudem ist China nicht darauf erpicht, ein Weltreich zu schaffen; sein Vormachtanspruch beschränkt sich auf die unmittelbare Nachbarschaft. Gleichwohl sitzt Allisons Skepsis tief. Sein Fazit ist ernüchternd: «Geht man von dem heutigen Verhältnis zwischen China und den USA aus und projiziert es in die nächsten Jahrzehnte, so ist ein Krieg nicht nur möglich, sondern viel wahrscheinlicher als derzeit angenommen. In Anbetracht der historischen Präzedenzfälle hat ein Krieg sogar mehr für sich als kein Krieg.» Allison brachte diesen Gedanken zu Papier, als noch niemand an eine Präsidentschaft Trump zu denken vermochte.

Der Gedanke ist auch anderen nicht fremd. Der ehemalige französische Verteidigungs- und Innenminister Jean-Pierre Chevènement schreibt in seinem Buch *1914–2014*: «Der Aufstieg Chinas in der Weltwirtschaft erinnert an den des deutschen Kaiserreichs um die Jahrhundertwende.» Genauso sieht es der deutsche Historiker Michael Stürmer: «Eine geopolitische Herausforderung nimmt im Fernen Osten Gestalt an, wo China, wie vor hundert Jahren das kaiserliche Deutschland, das bestehende Verhältnis zwischen den Mächten über den Haufen wirft, ohne dabei Zurückhaltung üben zu können oder zu wollen.» Auch Barack Obama, der Asien als das nächste große Konfliktfeld sah, dem sich Amerika gegenübersieht, hielt die amerikanisch-chinesischen Beziehungen für kritisch. In seinem berühmten Interview mit Jeffrey Goldberg sagte er: «Wenn China weiterhin friedlich aufsteigt, dann haben wir einen stärker werdenden Partner, der mit uns die Bürde und die Verantwortung teilt, die internationale Ordnung aufrechtzuerhalten. Wenn es nicht fähig ist, seine Entwicklungskurve so fortzusetzen, dass das Volk zufrieden ist, und sich deshalb dem Nationalismus ergibt, und wenn es die Welt nur noch aufgeteilt in Einflusssphären zu sehen vermag – dann sehe ich nicht bloß mögliche Konflikte mit China voraus, dann wird es uns auch schwerfallen, mit den anderen Herausforderungen der Zukunft fertigzuwerden.» Und schon auf der Münchner Sicherheitskonferenz 2014 bekundete auch Henry Kissinger seine Besorgnis: «Die Lage in Asien ähnelt mehr und mehr der Europas im späten neunzehnten Jahrhundert, und man kann einen bewaffneten Konflikt nicht ausschließen.»

Vor drei Jahrzehnten war es der Aufstieg Japans, der dem Westen Angst einjagte. Reihenweise erschienen Bücher mit Titeln wie *Bald werden sie die Ersten sein, Militärmacht Japan, The Emerging Japanese Superpower, Arms, Yen and Power*. Bald danach brach die Skepsis durch. Über *The Fragile Flower* schrieb Zbigniew Brzezinski, und der damalige *Economist*-Chefredakteur Bill Emmot verkündete in *The Sun also Sets*: «Why Japan will not be Number One». Heute lauten die Buchtitel über China ganz ähnlich. Schon 1997 schrieben Richard Bernstein und Ross H. Munro *The Coming Conflict with China*. *America's Coming War with China* beschwor Ted Galen Carpenter 2006. *Confronting the Dragon* lautete 2011 die Alarmschrift von Peter und Greg Autry, die im folgenden Jahr zu einer reißerischen Fernsehdokumentation ausgewalzt wurde. *When China Rules the World* betitelte Martin Jacques ein Werk (2009/2012), John Fenby fragte: *Will China Dominate the 21st Century?* (2014). In jüngster Zeit griffen einige andere das Thema Krieg auf, etwa David C. Gompert und einige Mitautoren von der Rand Corporation in ihrer 96 Seiten zählenden Studie *War with China. Thinking through the Unthinkable* (2016), Jon Davis, *How Would a War between the US and China Play out?* (2016), und T. L. Williams, *China's Cyber Wars* (2017). Zwar hat es auch schon wieder die ersten Kollaps-Ankündigungen gegeben, so das Buch *China: Fragile Superpower* von Susan L. Shirk. Doch selbst ihr, die in Clintons Amtszeit die Asien-Abteilung im State Department leitete, ist die Furcht vor einem bewaffneten Konflikt zwischen den beiden Atommächten nicht fremd. Einen Krieg mit dem aufsteigenden China zu vermeiden, schreibt sie, sei eine der größten Herausforderungen, denen sich Amerika gegenübersieht. Besorgt fragt sie: «*Are we up to it?*»

Was ist dran an diesen Hiobsbotschaften?

Die Vereinigten Staaten sind ein Spätankömmling im Pazifik. Wohl hat sich Donald Trump nicht entblödet, vor der APEC-Konferenz in Danang daran zu erinnern, dass der US-Kongress schon 1817 das erste Kriegsschiff in den Pazifik entsandte. Doch erst Mitte des neunzehnten Jahrhunderts erreichten die Amerikaner in Kalifornien ihr westliches Gestade, und erst 1898, nach dem Spanisch-Amerikanischen Krieg, wurden sie durch die Inbesitznahme der Philippinen, von Hawaii und Guam eine pazifische Macht. Allerdings gab es schon früher Handelskontakte. Die «Empress of China» segelte 1784 über das Kap der Guten Hoffnung nach Kanton. Im Jahr 1844 schloss der ehemalige Kongressabgeordnete Caleb Cushing aus Boston mit den Chinesen den Vertrag von Wanghsia ab, der den USA nach dem Prinzip der Meistbegünstigung die gleichen Rechte einräumte wie jene, die sich die Briten zwei Jahre zuvor nach dem Ersten Opiumkrieg im Vertrag von Nanking gesichert hatten. Nach dem Zweiten Opiumkrieg wurden diese Rechte 1858 im Vertrag von Tianjin bekräftigt und ausgeweitet; so erhielten etwa Missionare Bewegungsfreiheit im ganzen Land. Der Güteraustausch – Seide, Porzellan und Kunstgegenstände aus China gegen Pelze, Sandelholz und Ginseng aus Amerika und von den Inseln des Stillen Ozeans – entwickelte sich allerdings sehr mäßig. England wickelte 1890 noch 64 Prozent des gesamten Handels mit dem Reich der Mitte ab, Amerika nur 6 Prozent.

Um die gleiche Zeit überstieg die Zahl der Missionare, die seit 1830 ins Land gekommen waren, kaum viertausend, darunter viele Amerikaner. Die Evangelisierung hielt sich in Grenzen, um die Jahrhundertwende gab es ganze hunderttausend Bekehrte. Einerseits war die Missionsarbeit ein Faktor der Modernisierung, andererseits weckte sie auch viel Ressentiment und Widerstand. Der Taiping-Aufstand gegen die Qing-Dynastie (1850–1864) wurde ausgelöst von einer christlich beeinflussten Sekte, deren Anführer Hong Xiuquan sich als jüngerer Bruder von Jesus ausgab; er erschütterte das Land anderthalb Jahrzehnte lang und kostete Zigmillionen Menschen das Leben. Der Aufstand scheiterte am Ende auch, weil ihm – einem Sozialrevolutionär, inspiriert von einer fremden Religion – am Ende die Gefolgschaft entscheidender Machtgruppen versagt blieb. Dreißig Jahre später richtete sich auch der Hass der «Boxer» vornehmlich gegen die christlichen Missionare und ihre chinesischen Gemeinden. Einige hundert der «fremden Teufel» (*gwai lo*) wurden umgebracht, dazu Tausende chinesischer Konvertiten. Die Bedrängnis der Christen hielt jedoch das Interesse vor allem der einflussreichen amerikanischen Protestanten an China wach.

Die enttäuschende Entwicklung des Handels brachte zwei oder drei Generationen von Geschäftsleuten, Unternehmern und Diplomaten – viele von ihnen Nachfahren der frühen Missionare – nicht davon ab, weiterhin den Traum vom großen chinesischen Markt zu träumen. «Wenn jeder Chinese nur eine Flasche Cola in der Woche tränke…, wenn er sein Hemd nur um zwei Zentimeter länger trüge…, wenn die Chinesen überhaupt alle Hosen anzögen», hieß es früher – welche Aussichten für die Getränkewirtschaft, für die Textilindustrie, für Gürtel- und Hosenträger! Amerikanische Kosmetikfirmen schwärmten von «einer Milliarde Zahnbürsten und zwei Milliarden Achselhöhlen». Aber selbst achtzig oder gar hundert Jahre später hat sich der Traum nur zum Teil erfüllt. Vermutlich ergeht sich heute Donald Trump in der Wunschvorstellung, dass wenigstens ein Prozent der 1,4 Milliarden Chinesen auf seinen Plätzen Golf spielen möchten.

Politisch spielten die USA vor 1900 keine Rolle in China. Sie waren vollauf damit beschäftigt, ihr *manifest destiny* zu erfüllen, die Eroberung und Besiedlung des nordamerikanischen Raumes, als andere Mächte begannen, *die* asiatischen Tributarstaaten aus dem chinesischen Universalreich herauszuschießen: die Russen die Gebiete nördlich und östlich des Amur (durch die Verträge von Aigun 1858 und Peking 1860, die sie bis in die Gegend des heutigen Wladiwostok brachten), die Franzosen das nordvietnamesische Annam (1884), die Briten Burma (1886) und die Japaner Korea (1894). Und ihr Konflikt mit Spanien hielt die Amerikaner in Atem, als die Europäer darangingen, China in Konzessions- und Pachtgebiete, Stützpunkte und Einflusszonen aufzuteilen.

Gegen Ende des neunzehnten Jahrhunderts setzte die «Balgerei um China» ein, der *scramble for concessions*. Russland sicherte sich den Hafen Port Arthur an der Südspitze der Halbinsel Liaodong, das heutige Dalian, und das Recht, dorthin eine Abzweigung der Transsibirischen Eisenbahn zu bauen (1896/98); das Deutsche Reich besetzte die Hafenstadt Tsingtau (heute Qingdao) mitsamt der Bucht von Kiautschou (Jiaozhou) und machte die umliegende Shandong-Halbinsel zu seinem Protektorat (1897/98); England verschaffte sich die Marinebasis Weihaiwei gegenüber Port Arthur, dazu die New Territories in Hongkong (1889); Frankreich sicherte sich die Bucht von Guangzhou nördlich der Insel Hainan (1889/99). Japan, selbst gerade erst aus der Isolierung herausgetreten, führte 1894/95 wegen Korea Krieg gegen China und holte sich die Insel Formosa, das heutige Taiwan, das bis 1945 unter japanischer Hoheit verblieb. Wie die Russen, so ließen sich auch Briten und Franzosen weit ins Inland reichende Eisenbahn- und Bergbaurechte einräumen.

Konrad Seitz, von 1995 bis 1999 deutscher Botschafter in China, hat die damalige Lage zutreffend beschrieben: «Vom äußersten Süden und Südwesten bis hinauf zu den mandschurischen Häfen war Chinas Küste nun unter den imperialistischen Mächten aufgeteilt. Die offenen Vertragshäfen mit ihren extraterritorialen Enklaven zogen sich von der Jangtse-Mündung bis tief in das Innerste Chinas hinein. Ganze Provinzen wurden zu Einflussgebieten der einzelnen Mächte erklärt. Auslandskapital beherrschte die modernen Wirtschaftssektoren: Banken, Reedereien, Eisenbahnen, Bergwerke. In der Schifffahrt war nicht nur der Überseetransport in der Hand ausländischer Reedereien, sondern auch der Großteil der Küstenschifffahrt und der Binnenschifffahrt auf dem Jangtse. ... Selbst die Zollhoheit war verloren.»

Diese Umstände erweckten mit einem Mal Amerikas seit dem Bürgerkrieg kaum spürbares Interesse an China. Einerseits war dies auf wirtschaftliche Erwägungen zurückzuführen: Die Exporteure suchten neue Märkte, die Importeure neue Warenquellen; beide wollten ihren vollen Anteil am Fernosthandel. Andererseits standen strategische Überlegungen hinter dem Engagement. Der Frieden der Region, in der sich die Amerikaner 1898 plötzlich als Besitzer der Philippinen, Hawaiis und Guams gefunden hatten, musste gesichert werden. Mit einem Mal wuchs den Amerikanern eine Einsicht zu, die ihren allerersten *pivot to Asia* auslöste: «Das Mittelmeer ist der Ozean der Vergangenheit, der Atlantik ist der Ozean der Gegenwart, und der Pazifik ist der Ozean der Zukunft», so der damalige US-Außenminister John Hay. Schließlich schreckte auch die Vorstellung, dass sich die Europäer China untertan machen könnten, wie sie sich im *scramble for Africa* den Schwarzen Kontinent unterworfen und aufgeteilt hatten. Einen Moment lang dachte man in Washington daran, sich im Reich der Mitte eigene Halbkolonien zuzulegen, etwa einen Marinestützpunkt in Südchina, doch nahm man von dieser Idee bald wieder Abstand. Stattdessen sollten die Rivalen darauf verpflichtet werden, die Tür nach China für alle offen zu halten.

In diesem Sinne schickte Außenminister Hay im Herbst 1899 diplomatische Noten an Großbritannien, Deutschland, Russland, Frankreich, Italien und Japan. Darin wurden die Mächte aufgefordert, formell zuzusichern, in ihren chinesischen Einflusssphären und Pachtgebieten nichts zu unternehmen, was den Marktzugang, die Rechte und die Privilegien anderer Staaten beschränke. Dies war die Geburtsstunde von Washingtons *Open Door policy*. Nach dem Beginn des Boxer-Aufstandes im Juni 1900, an dessen Niederschlagung auch 2500 amerikanische Soldaten aus den Philippinen beteiligt waren, legte Hay in einer zweiten Note nach. Diese fügte dem *Open-Door*-Prinzip das Verlangen hinzu, Chinas territoriale Integrität und Unabhängigkeit zu bewahren. Zugleich setzte sich Hay dafür ein, die vorgeschlagene Reparationszahlung wegen des Boxer-Aufstandes von einer Milliarde Dollar auf ein Drittel zu reduzieren. Peking bedankte sich mit einem Handelsvertrag, der für die Vereinigten Staaten besonders günstig war. In späteren Jahren gab Washington seinen Anteil von 24,44 Millionen Dollar an China zurück; er wurde dann für Stipendien zum Studium begabter chinesischer Hochschüler an amerikanischen Universitäten verwendet.

Es ist eine Ironie der Geschichte, dass die Amerikaner die *Open-Door*-Politik nach China zu einem Zeitpunkt propagierten, in dem sie den chinesischen Arbeitsmigranten gerade die Tür vor der Nase zugeschlagen hatten. Die ersten Kulis waren Mitte des neunzehnten Jahrhunderts aus Kuba gekommen, wo sie seit 1847 in den Zuckerrohrplantagen arbeiteten. Nach dem Goldrausch, der 1849 in Kalifornien ausbrach, kamen binnen zwanzig Jahren über 100 000 von ihnen ins Land. Sie schufteten in den Bergwerken und beim Bau der Union-Pacific-Eisenbahn, die 1869 vollendet wurde. Damals entstanden die ersten Chinatowns, aber auch die ersten Ressentiments gegen die bezopften Einwanderer. Schon 1875 wurden Kulis und der Prostitution verdächtige Chinesinnen nicht mehr ins Land gelassen, und 1882 unterband der Chinese Exclusion Act auf zehn Jahre jegliche weitere chinesische Einwanderung. Er wurde fortan regelmäßig verlängert. Das Immigrationsverbot wurde erst 1943 aufgehoben, als Amerikaner und Chinesen im gemeinsamen Kampf gegen Japan standen. Nach dem Immigration and Naturalization Act von 1965 und erst recht nach der Öffnung Chinas durch Deng Xiaoping schwoll die Zahl der chinesischen Einwanderer dramatisch an. Im Jahr 2010 lebten in den Vereinigten Staaten 3,3 Millionen Menschen chinesischer Herkunft, etwa ein Prozent der Bevölkerung.

Aus der offenen Tür nach China ist nie viel geworden. Nach der Revolution von 1911, die der seit 1644 regierenden Qing-Dynastie ein Ende setzte, und der Ausrufung der Republik am 1. Januar 1912 durch Sun Yat-sen versank das Reich der Mitte schon bald im Chaos eines Bürgerkrieges zwischen streitenden Provinz-Kriegsherren und, schlimmer noch, der Auseinandersetzung zwischen der konservativen, 1919 gegründeten Kuomintang des Marschalls Chiang Kai-shek und der 1921 gegründeten Kommunistischen Partei und deren starkem Mann, Mao Zedong. Fast dreißig Jahre standen sie im Kampf gegeneinander. Im Dezember 1945 entsandte US-Präsident Truman General George C. Marshall nach China, um eine Einheitsregierung von Kuomintang und Kommunisten zustande zu bringen. Nach einem Jahr scheiterten seine Verhandlungen, worauf die Kämpfe zwischen den Rivalen unverzüglich wieder aufflammten. Sie endeten 1949 mit dem Sieg Mao Zedongs, der Ausrufung der Volksrepublik China und der Vertreibung Chiang Kai-sheks nach Taiwan. Mit Regierung, Armee, den Kunstschätzen des Nationalmuseums und rund dreieinhalb Millionen Anhängern des Marschalls Chiang Kai-sheks zog sich die Kuomintang auf die Insel zurück und etablierte sich dort als «Republik China». Seitdem betrachtet Peking Taiwan als abtrünnige Provinz, die «heim ins Reich» geholt werden muss.

Die Vereinigten Staaten hatten Chiang Kai-shek im Krieg gegen Japan mit ihrer Luftwaffe und erklecklichen Hilfszahlungen unterstützt, und sie erkannten ihn in seiner auf Taiwan zusammengeschrumpften «Republik China» weiterhin als legitime Regierung ganz Chinas an. Zwar hatten Präsident Truman und sein Außenminister Dean Acheson mehrfach durchscheinen lassen, einem Angriff Maos auf Formosa, wie es damals amtlich noch genannt wurde, nicht im Wege stehen zu wollen, und Chiangs Streitkräfte weder mit Rat noch Tat zu unterstützen, doch der nordkoreanische Angriff auf Südkorea am 25. Juni 1950 änderte alles. Präsident Truman entsandte die Siebte Flotte in die Taiwan-Straße und verlegte erneut US-Truppen nach Südkorea, das sie ein Jahr zuvor erst geräumt hatten. Mao empfand dies als «Invasion Asiens» und beorderte seinerseits die Verbände, die er in der Provinz Fujian bereits für die Invasion Taiwans zusammengezogen hatte, an die chinesisch-koreanische Grenze. Als MacArthurs Divisionen sich dieser Grenze näherten, griffen Ende Oktober 1950 starke chinesische «Freiwilligenverbände» auf Seiten Nordkoreas in das Kampfgeschehen ein und warfen die UN-Truppen bis auf den 38. Breitengrad zurück. Ein Jahr nach der Ausrufung der Volksrepublik China fanden sich Amerikaner und Chinesen im Krieg. Er endete am 27. Juli 1953 mit einem Waffenstillstandsabkommen; Frieden wurde bis heute nicht geschlossen. Seine Folge waren, in Henry Kissingers

Worten, «zwanzig Jahre der Entfremdung» und «zwanzig Jahre der Isolierung» zwischen Peking und Washington.

Es war dann Kissinger selbst, der als Nationaler Sicherheitsberater
von Präsident Richard Nixon mit einem ersten Sondierungsbesuch
im Juli 1971 und einem zweiten im Oktober desselben Jahres die Wiederanknüpfung der Beziehungen zu China anbahnte. Nixon besuchte
China im Februar 1972 und beendete damit zwei Jahrzehnte der Kon-
taktlosigkeit. Das Weiße Haus brachte China zurück ins weltpolitische Spiel und trieb damit einen weiteren Keil zwischen die beiden
kommunistischen Großmächte (die einander längst nicht mehr grün
waren). Im Folgenden entwickelten sich die Beziehungen prächtig,
Henry Kissinger sprach von einer «Quasi-Allianz». Eine Ständige Ver-
tretung, die der spätere Präsident George H. W. Bush leitete, leistete
vorzügliche Arbeit, bis sieben Jahre später eine reguläre Botschaft an
ihre Stelle treten konnte. Am 1. Januar 1979 erkannten die USA die
Volksrepublik China offiziell an und brachen die diplomatischen
Beziehungen zu Taipeh ab. Die UN-Vollversammlung hatte das kommunistische Regime auf Antrag Albaniens – seines einzigen Verbündeten weltweit – schon im Oktober 1971 als alleinige legitime Ver-
tretung Chinas anerkannt; damals bereits war China als Ständiges
Mitglied in den Sicherheitsrat eingezogen.

Die Taiwan-Frage ist allerdings bis heute eine Reibungsfläche
zwischen den Vereinigten Staaten und der Volksrepublik China geblieben. Solange alle Seiten sich in Zurückhaltung üben, ist sie nicht
mehr als eine Zeitlupen-Krise, deren Lösung man den Gezeiten der
Geschichte überlassen kann. Sollte indes einer der chinesischen Kontrahenten die Beherrschung verlieren und eine endgültige Bereini-
gung forcieren wollen – Peking durch eine Invasion der Insel oder
Taipeh durch eine endgültige Unabhängigkeitserklärung –, wäre eine
Weltkrise die Folge.

17

Die Taiwan-Frage:
Zeitlupenkrise oder Zeitbombe?

«Taiwan ist ein Teil des geheiligten Territoriums der Volksrepublik China», steht in der Präambel der chinesischen Verfassung. «Es ist die heilige Pflicht des ganzen chinesischen Volkes, einschließlich der Landsleute in Taiwan, die große Aufgabe der Wiedervereinigung des Vaterlandes zu vollbringen.» An diesen Sätzen lässt Xi Jinping nicht rütteln. Das hat er in seiner großen Rede beim 19. Parteitag klargemacht, und er hat es dem amerikanischen Verteidigungsminister James Mattis unerbittlich um die Ohren gehauen: «Wir können nicht einen Zoll des Territoriums verlieren, das uns unsere Ahnen hinterlassen haben.» Die Lösung des Taiwan-Problems könne man nicht von Generation zu Generation weiterreichen, ist seine Ansicht. So verstärkt er den Druck auf Taipeh. Wie weit wird er gehen? Und wie wird Washington reagieren?

Vorposten des Westens: Die Insel Quemoy

Dem Kuomintang-Regime auf Taiwan hatten die zwanzig Jahre Eiszeit zwischen Rotchina und den USA nach der Ausrufung der Volksrepublik China eine willkommene Gnadenfrist eingebracht. In der Formosa-Resolution von 1955 erteilte der Kongress dem Präsidenten Vollmacht, Taiwan und seine Inseln zu verteidigen. Zweimal drohte Präsident Dwight D. Eisenhower mit dem Einsatz von Kernwaffen, um eine Invasion abzuwehren. Wirklich gefährdet war jedoch in erster Linie die dem Festland vorgelagerte Insel Quemoy, damals in Asien ein Vorposten des Westens wie Berlin in Europa. Die Insel – Kinmen auf Chinesisch – stand jahrelang unter Artilleriebeschuss – und die Artillerie des Generalissimus Chiang Kai-shek schoss zurück. Als Eisenhower im Juni 1960 Taiwan besuchte, feuerten die Festlandchinesen binnen zwei Tagen 174 000 Schuss auf Quemoy ab, dann kehrte Ruhe ein, relative Ruhe jedenfalls. Danach wurde nur noch an ungeraden Tagen scharf geschossen und zurückgeschossen; an geraden Tagen beschallten beide Seiten einander mit Lautsprechern.

Bei meinem ersten Besuch auf Taiwan im Jahr 1967 habe ich das noch erlebt. Aus dem vordersten Schützengraben blickte ich durchs Scherenfernrohr über den 2300 Meter breiten Sund. Es war ein gerader Tag. Plötzlich brach drüben ein Höllenlärm los. «Der Ostwind siegt über den Westwind», dröhnte der kommunistische Hymnus über das Wasser. Danach meldete sich eine Frauenstimme, spitz und durchdringend, anklägerische Schärfe in dem chinesischen Singsang: «Ihr seid Lakaien des amerikanischen Monopolkapitalismus und Imperialismus!» Zehn Minuten spie der Lautsprecher wattstarke Propaganda, dann ertönte eine volksdemokratische Hurra-Symphonie. Danach Stille, nur der Wind schepperte im Stacheldraht vor mir.

Das Kuomintang-Regime hatte die Insel – 150 Kilometer von Taiwan entfernt, 18 Kilometer lang, 3,5 Kilometer breit – in eine militärische Bastion verwandelt, die mich an die Festungsbauten von Verdun erinnerte. Rund 90 000 Mann waren dort postiert. In den Granit des 300 Meter hohen Berges Beitaiwu war ein fünf Kilometer langer Tunnel gesprengt worden für die Mannschaftsunterkünfte, Munitionsbunker, Befehlsstände sowie ein Auditorium, das 1200 Menschen Platz bot und im Krieg in ein Hospital umgewandelt werden konnte. Die ganze Insel war ein einziges System aus Stollen, Kasematten, Unterständen, betonierten Maulwurfsgängen, einem Gewirr von Laufgräben, Stacheldrahtverhauen und Spanischen Reitern. Überall hingen Plakate mit vier Schriftzeichen, die sich auch dem Fremden bald einprägten: «Treue unserem Führer, dem Generalissimus!» Und in Strandnähe stand ein Riesen-Poster, zehn Meter breit und drei Meter hoch: Chiang Kai-shek in Feldherrnpose auf einem Schimmel sitzend, mit ausgestrecktem Arm voraus weisend übers Wasser gen Peking. Froschmänner steigen vor den Hufen seines Rosses in die Wellen; Flugzeuge und Raketen verdüstern den Plakathimmel, und hinter dem Feldherrn drängen Truppen aller Waffengattungen zur Entscheidungsschlacht. Heute kennt Quemoy im Westen niemand mehr. Um Kinmen ist es still geworden. Die ärmlichen Marktflecken der Insel wirken wie aus der Zeit gefallen. Die Stacheldrahtverhaue sind verschwunden, die Soldaten wurden 1992 abgezogen, über den Sund gibt es einen regen Fährverkehr, die Insel erhält ein Gutteil ihres Wassers über eine Pipeline und bald auch Elektrizität von drüben. Sie lebt von zwei Brennereien des hochprozentigen Hirseschnapses Gaoliang und von den Festland-Touristen. Vom Festland grüßen die Wolkenkratzer und die gewaltige Haicang-Brücke der Fünf-Millionen-Stadt Xiamen herüber. Die 137 000 Einwohner der Insel werden von der kommunistischen Einheitsfront heftig umworben; man bietet ihnen Steuererleichterung und Zuschüsse an, um sie zur Arbeit aufs Festland zu locken; zwei Parteien propagieren die baldige Wiedervereinigung. Hier hätte sich die west-östliche Spannung in einem Dritten Weltkrieg entladen können. Es ist nie so weit gekommen.

Kompromisse, Kontakte und rote Linien

Der Sohn des Generalissimus, General Chiang We-go (auch: Chiang Wei-kuo bzw. Jiang Weiguo), seinerzeit Kommandeur der Kriegsakademie, versicherte mir damals inbrünstig, noch zu Lebzeiten seines neunundsiebzigjährigen Vaters werde das Festland befreit. Er hatte 1938 bei den Gebirgsjägern in Garmisch gedient und war beim Anschluss Österreichs als Panzerkommandant in Wien mit eingerückt. In Taipeh lief er gern im Trachtenjanker herum. Im Laufe der Zeit traf ich Chiang We-go noch öfters, zum letzten Mal 1979, vier Jahre nach dem Tod seines Vaters. Inzwischen glaubte er nicht mehr an eine Masseninvasion: «Es genügt eine kleine symbolische Truppe, die ins Herz des kommunistischen Systems stößt.» Jetzt baute er darauf, dass die Festlandchinesen sich noch während der Präsidentschaft seines Bruders Chiang Ching-kuo (Jiang Jingguo) gegen das Regime erheben würden: «Binnen fünf Jahren wird es eine Revolution geben.»

Es gab sie nicht. Der Bruder starb 1988. Dessen vermessene Beteue-rung, die ich mir damals im Gespräch mit ihm notierte, war bald vergessen: «Unter keinen Umständen wird die Republik China je mit dem chinesischen Kommunistenregime verhandeln, noch werden wir jemals mit dem Kommunismus Kompromisse schließen.» Der Gebirgs-jäger und Panzergeneral Chiang We-go starb 1997 im Alter von einund-achtzig Jahren. Die Revolution ist bis heute ausgeblieben, und längst hat Taipeh auch Kompromisse mit den Kommunisten geschlossen.

Mao Zedong hatte Kissinger 1971 erklärt, er glaube nicht an eine friedliche Lösung des Taiwan-Konflikts. Später jedoch sagte er einmal zu ihm: «China kann hundert Jahre auf Taiwan warten.» Als Kissinger in den Neunzigerjahren den damaligen Generalsekretär der Kommu-nistischen Partei Jiang Zemin fragte, ob dieser Satz noch gelte, ant-wortete der: «Nein, das Versprechen wurde vor dreiundzwanzig Jah-ren gegeben. Jetzt sind es nur noch siebenundsiebzig Jahre.»

Der Kongress hinderte Präsident Jimmy Carter und seinen Sicher-heitsberater Brzezinski daran, Taiwan ganz den Rücken zu kehren. Vielmehr stellte der Senat im Taiwan Relations Act von 1979 aus-drücklich fest, dass die USA «jede Maßnahme, die Zukunft Taiwans anders als durch friedliche Methoden zu bestimmen, einschließlich Boykotten und Embargos, als Bedrohung für den westlichen pazifi-schen Raum und Anlass ernster Besorgnis ansehen werden». Ferner fordert das Gesetz von den USA, «Taiwan mit Waffen defensiven Charakters zu beliefern und die Fähigkeit aufrechtzuerhalten, jedem Rückgriff auf Gewalt oder auf andere Formen des Zwangs zu wider-stehen, welche die Sicherheit, das Gesellschaftssystem oder das Wirt-schaftssystem des Volkes von Taiwan gefährden würden». Quasi-diplo-matische Beziehungen erhält seitdem ein «Kulturinstitut» aufrecht, das American Institute in Taiwan. Alle vor 1979 eingegangenen Ver-pflichtungen gegenüber Taiwan, sechzig Verträge insgesamt, wurden eingehalten, nur das gegenseitige Verteidigungsabkommen wurde 1980 gekündigt. Daneben gab es einige ungeschriebene Regeln, die einzu-halten waren. So sollten die fünf höchsten Repräsentanten Taiwans – Präsident, Vizepräsident, Premier, Außen- und Verteidigungsminis-ter – nicht nach Amerika kommen, und hochrangige Vertreter der US-Administration durften sich nicht mit ihren taiwanesischen Amts-kollegen treffen.

Amerika hat in der Taiwan-Frage zwei rote Linien gezogen: eine gegenüber Festlandchina, die andere gegenüber Inselchina. Es tritt für die Ein-China-Politik ein, doch sollte Peking je die Einheit gewaltsam herbeizuführen suchen, wäre Washington gewiss zur Stelle, um Taiwans Selbstständigkeit zu verteidigen. (Als die USA dem damaligen Präsidenten Lee Teng-hui (Li Denghui) 1995 einmal ein Visum erteilten und die Volksbefreiungsarmee daraufhin die Taiwan-Straße unter Raketenbeschuss nahm, entsandten die Amerikaner zwei Flugzeugträger-Verbände, woraufhin Peking klein beigab.) Washington wird nicht zulassen, dass Taiwan auf seine Unabhängigkeit de jure zusteuert, doch werden ihm auch nach Auslaufen des alten Beistandspaktes weiterhin modernste Defensivwaffen geliefert. Es schuldet Taiwan nicht seine Unabhängigkeit, sondern nur die Chance, dass dessen endgültiger Status friedlich ausgehandelt wird. Das ist zwar eine Politik voller Widersprüche, beiderseits ausgerichtet auf unterschiedliche Ziele und gegründet auf unvereinbare strategische und moralische Prämissen. Aber sie hat nun fast schon ein halbes Jahrhundert funktioniert.

Ich war immer überzeugt, dass die Taiwan-Frage trotz allen gelegentlichen Säbelrasselns und Raketenfuchtelns über kurz oder eher lang eine sehr chinesische Lösung finden würde, und zwar eine friedliche Lösung. Vor achtunddreißig Jahren lehnte ich mich mit dieser Prognose sehr weit aus dem Fenster: «Allmählich werden die beiden chinesischen Republiken Fühlung suchen. National-Chinesisches, Chinesisch-Nationales wird da wieder zum Durchbruch kommen, das lange verschüttet lag im Graben der Ideologien.»

Genau so ist es gekommen. Inselchina und Festlandchina sind sich näher gerückt, weil Festlandchina sich – um es grob zu formulieren – auf das kapitalistische Wirtschaftsmodell Taiwans eingelassen hat. Je mehr der Rotstich verblasste, desto schmaler und flacher wurde der ideologische Graben. China ist noch immer geteilt, doch die beiden Teile sind nicht mehr getrennt.

Es gibt längst viele direkte Kontakte. Seit 1992 sind sich die beiden Kontrahenten einig, dass es nur «ein China» gibt, auch wenn jeder dies auf seine Weise auslegt. Im Jahr 2015 fand am Rande einer Konferenz in Singapur sogar ein erstes persönliches Zusammentreffen der Präsidenten statt. Wirtschaftlich sind Festlandchina und Inselchina aufs Engste miteinander verflochten; das Wirtschaftsrahmenabkommen von 2010 spiegelt nur die faktisch längst eingetretene Lage wider. Taiwan ist nach Hongkong der größte Investor in Festlandchina. 93 000 taiwanesische Firmen haben von 1991 bis 2013 etwa 134 Milliarden Dollar auf dem Festland investiert, das sind etwa 60 Prozent der taiwanesischen Auslandsinvestitionen. In umgekehrter Richtung sind 34 Milliarden nach Taiwan geflossen. Der Güteraustausch und die Investitionen sorgen für 20 Millionen Arbeitsplätze. Rund 198 Milliarden Dollar hat der Warenaustausch – 1978 ganze 46 Millionen – erreicht. (Zum Vergleich: Der Handelsaustausch zwischen China und Deutschland bezifferte sich 2016 auf 118 Milliarden.) Von den taiwanischen Exporten gehen 40 Prozent nach China (inklusive Hongkong). An die fünfhunderttausend Taiwanesen sind allein rund um Schanghai als Geschäftsleute oder Fachexperten tätig.

Auch gibt es wieder einen direkten Fährverkehr und täglich 890 Flugverbindungen. Neuerdings wollen Pekinger Ingenieure einen 135 Kilometer langen Tunnel zwischen dem Festland und Taiwan bauen. Vier Millionen Festlandchinesen besuchen jedes Jahr Taiwan, umgekehrt reisten 2015 3,5 Millionen Taiwanesen nach China und 2 Millionen nach Hongkong. Das waren 9000 täglich, eine Zahl, die 2016 als Reaktion auf die Wahl der Peking-kritischen Präsidentin Tsai Ing-wen (Cai Yingwen) vorübergehend auf 5000 heruntergesetzt wurde.

Frau Tsai gehört der Demokratischen Fortschrittspartei an, die aus der taiwanesischen Unabhängigkeitsbewegung stammt, nicht aus der mehr auf Ausgleich bedachten Kuomintang. Sie bekennt sich nicht offiziell zu dem «Konsens von 1992», in dem beide Seiten übereinkamen, dass es nur ein China gebe, wobei sie nicht näher definierten, was damit gemeint sei. Peking brach deswegen die hochrangigen Kontakte ab, erhöhte die Zahl der Militärübungen im Raum Taiwan und verstärkte seinen Druck auf die Staaten, die Taiwan noch als selbstständigen Staat anerkennen, darunter der Vatikan. In jüngster Zeit brachen Sao Tomé & Principe (2016), Panama (2017), Burkina Faso, die Dominikanische Republik und El Salvador (2018) mit Taiwan – wie zuvor schon Senegal (2005), Costa Rica (2007), Malawi (2008) und Gambia (2013). Derzeit pflegen nur noch siebzehn meist ärmliche, autokratisch regierte lateinamerikanische oder pazifische Inselstaaten und der Heilige Stuhl diplomatische Beziehungen mit Inselchina; in Afrika nur noch Swasiland. Indessen treibt Taiwan

Handel mit über 150 Ländern – und Rotchina ist der größte Handelspartner.

Bis zum Amtsantritt Donald Trumps war die Lage weitgehend entkrampft. Die Einheit vollzog sich trotz gelegentlicher Spannungen gleichsam an den Graswurzeln. Es schien durchaus vorstellbar, dass sie noch lange keiner formellen Besiegelung bedurfte wie im Falle Hongkongs oder Macaus. Wobei immer klar war: Ob die Taiwanesen sich zu einer formalen Einheits-Regelung verstehen, hängt entscheidend von Pekings Politik in Hongkong ab. Sollte sich das Prinzip «Ein Land, zwei Systeme» dort nur als Deckmantel einer immer brutaleren Gleichschaltung erweisen, werden sie auf jeden Fall lieber für sich bleiben. Die derzeitige Entwicklung Hongkongs von einer halbdemokratischen zu einer halbautoritären Sonderverwaltungszone kann ihnen wenig Mut machen.

Im Jahr 2005 verabschiedete Chinas Nationaler Volkskongress das Anti-Abspaltungsgesetz, das für den Fall, dass Taiwan sich formell für unabhängig erklärt, eine militärische Reaktion vorsieht. «Wir werden nicht erlauben, dass irgendein Stück chinesischen Territoriums von China abgespalten wird, von wem, welcher Organisation, welcher politischen Partei, wann und wie auch immer», unterstrich Xi Jinping auf dem 19. Parteitag. «Wir haben genügend Fähigkeiten, jede Form von Spaltungsversuchen zur ‹Unabhängigkeit Taiwans› zu vereiteln.» Indes setzte er beschwichtigend hinzu, solange das im «Konsens von 1992» verankerte Ein-China-Prinzip auf beiden Seiten der Taiwan-Straße anerkannt werde, könnten sie einen Dialog führen und Probleme durch Konsultationen lösen; auch für Kontakte der politischen Parteien Taiwans mit dem Festland gebe es dann keine Hindernisse. Beide Seiten seien «Angehörige einer Familie», Peking respektiere das bestehende Gesellschaftssystem auf Taiwan und die Lebensweise der dortigen Landsleute. Wer von ihnen auf dem Festland studiere, Existenzgründungen vornehme, arbeite und lebe, werde genauso behandelt wie Festlandchinesen. In der Tat hat Peking 31 Maßnahmen verkündet, mit denen die Gleichstellung rechtlich verankert wird. Dabei hat man in erster Linie die jungen Taiwanesen im Blick, die sich auf ihrer Heimatinsel unterbezahlt fühlen. Offenbar ist die Zugkraft dieses Angebots nicht unerheblich. Die Regierung in Taipeh ist jedenfalls dabei, sich gegen einen *brain drain* zu wappnen.

Trumps neue Taiwan-Politik

Das Verhältnis zwischen Festlandchina und Inselchina ist letztlich aber immer auch abhängig vom Zustand der chinesisch-amerikanischen Beziehungen. Um diese stand es zuletzt schon wegen der Handelsstreitigkeiten nicht zum Besten. Der Taiwan Travel Act, einstimmig verabschiedet in beiden Häusern des Kongresses und am 16. März 2018 von Präsident Trump unterzeichnet, hat das Potential, das Verhältnis der beiden Mächte nachhaltig zu verschlechtern. Taiwan wird darin – völlig zu Recht übrigens – als «Leuchtturm der Demokratie» gepriesen, seine demokratischen Errungenschaften seien eine Inspiration für viele Länder und Menschen. Doch Trump, der, ungewöhnlicherweise und viel kritisiert, nach seinem Wahlsieg schon einen Anruf der taiwanesischen Präsidentin Tsai Ing-wen entgegengenommen hatte, brach mit den Tabus, die eine Zuspitzung im chinesisch-amerikanischen Verhältnis bis dahin verhindert hatten. Seit dem Taiwan Relations Act von 1979 hätten die amerikanisch-taiwanesischen Beziehungen unter der unzureichenden hochrangigen Kommunikation infolge der von den USA verhängten Einschränkungen gelitten, heißt es in dem neuen Gesetz. Es erlaubt nun nicht nur, sondern «ermutigt» ausdrücklich zu gegenseitigen Besuchen von Regierungsvertretern aller Bereiche und Ränge bis hin zur Kabinettsebene.

Während die Taiwanesen dem Kongress und dem Präsidenten ihren Dank für den *friendly move* ausdrückten, protestierte Peking sofort scharf. Der Taiwan Travel Act sei eine grobe Verletzung des Ein-China-Prinzips, er sende die falschen Signale an die Unabhängigkeitsbefürworter auf Taiwan und sei geeignet, das beiderseitige Verhältnis «schwer zu beschädigen». Washington wurde aufgefordert, seinen «Fehler zu korrigieren». Die *Global Times*, martialisch wie sonst auch, plädierte für die Anwendung militärischen Drucks, um eine Korrektur zu erzwingen. Als weitere Provokation empfanden die Chinesen kurz danach die Erklärung des Weißen Hauses, es sei «Orwell'scher Nonsens», dass die amerikanischen Fluggesellschaften Taiwan, Hongkong und Macau auf ihren Websites als Teil Chinas darstellen müssten. Dies füge sich in den wachsenden Trend, «amerikanischen Bürgern und Unternehmen Chinas politische Anschauungen aufzuerlegen».

Schon am 20. März 2018 machte Alex Wong, Unterstaatssekretär für Ostasien und den Pazifik im US-Außenministerium, seine Aufwartung in Taipeh. Bei einem Bankett, an dem Präsidentin Tsai teilnahm, erklärte er: «Es ist das Ziel der amerikanischen Politik, dafür zu sorgen, dass das Volk von Taiwan den Weg fortsetzen kann, für den es sich frei und ohne Zwang entschieden hat.» Unmittelbar darauf kreuzte Chinas einziger Flugzeugträger «Liaoning» durch die Straße von Taiwan, und die Marine hielt vor der Insel Schießübungen ab. Drei Tage nach der Verabschiedung des Taiwan Travel Act wies Xi Jinping, beim 13. Volkskongress frisch gesalbt und zum «nationalen Steuermann» gekrönt, in seiner martialischen Abschlussrede das amerikanische Vorgehen heftig zurück. Den separatistischen Kräften auf Taiwan und in Hongkong sagte er in scharfen Worten den Kampf an: «Alle Handlungen und Tricks, die darauf abzielen, China zu spalten, werden mit Sicherheit scheitern. Sie werden vom Volk verdammt und von der Geschichte bestraft werden.»

Den Amerikanern rief er, ohne sie beim Namen zu nennen, warnend zu, das chinesische Volk sei entschlossen, seinen angemessenen Platz in der Welt einzunehmen, und dafür auch bereit, «die blutige Schlacht gegen unsere Feinde bis zum bitteren Ende zu kämpfen». Die beiden Seiten der Taiwan-Straße bildeten eine Nation, setzte Außenminister Wang Yi hinzu. Taiwan müsse zu dem Konsens von 1992 zurückkehren, in dem man sich darüber einig gewesen sei. Ministerpräsident Li Keqiang hatte eindeutig Washington im Sinn, als er sagte: «Wir werden niemals erlauben, dass eine fremde Macht die Taiwan-Karte spielt.» Zugleich lockte er die Taiwanesen aufs Neue mit einer patriotischen Einladung: Während man Unabhängigkeitsbestrebungen nicht toleriere, biete man allen Landsleuten auf der Insel in der Volksrepublik den gleichen Zugang zu Arbeit, Studium und Sozialversorgung wie allen anderen Chinesen, «denn wir sind eine Familie». Trump ließ sich dadurch nicht von seiner Linie abbringen. Auf dem Rückweg von Paraguay und Belize, die noch diplomatische Beziehungen zu Taipeh unterhalten, konnte Tsai Ing-wen einen Zwischenstopp in Houston einlegen, wo sie mit allen protokollarischen Ehren einer Staatspräsidentin behandelt wurde und das Johnson Space Center der Weltraumbehörde Nasa besichtigen durfte.

Wachsende Unsicherheiten

Die Wiedervereinigungsproblematik blieb bisher entschärft-unent-schärft in der Schwebe. Sensationelle Vorhersagen, wie sie das amerikanische Project 2049 Institute verbreitet, dass China für das Jahr 2020 eine Invasion der Insel plane, gehören nach meiner Ansicht ins Reich der politischen Fiktion. Die Frage ist indes, ob Xi Jinping die Geduld seiner Vorgänger aufbringen wird, um die Umstände eines Vollzugs der Einheit reifen zu lassen. Man könne die Taiwan-Frage nicht einfach «von Generation zu Generation» weiterreichen, ist seine Überzeugung. Wird er sich also an Maos hundert Jahre halten? Oder fühlt er sich unter Druck, bald eine Lösung zu forcieren, notfalls mit Gewalt? Er redet zwar ständig von der Richtlinie «friedliche Wiedervereinigung», doch die Ungewissheiten sind gewachsen. Ende Oktober 2018 erklärte er bei einer Inspektionstour im Wehrbezirk Süd, die Armee müsse sich verstärkt ihrem Auftrag widmen und sich «auf die Bereitschaft zur Kriegsführung» konzentrieren. Die Wiedervereinigung des Vaterlandes nennt Xi eine der drei großen historischen Aufgaben, deren Erfüllung er sich vorgenommen hat. Man geht schwerlich fehl in der Annahme, dass er als Einiger Chinas in die Geschichte eingehen will wie vor zweitausend Jahren Qin Shihuangdi, der erste erhabene Gottkaiser des Reiches.

Umgekehrt nährt freilich auch der sprunghafte Donald Trump die Ungewissheiten. «Im Einklang mit unserer Ein-China-Politik werden wir unsere starken Bande mit Taiwan aufrechterhalten», heißt es in der neuen Nationalen Sicherheitsstrategie – «einschließlich unserer Verpflichtungen zufolge des Taiwan Relations Act, Taiwans legitime Verteidigungsbedürfnisse zu befriedigen und es durch Abschreckung davor zu bewahren, dass es unter Druck gesetzt wird.» Gibt Trump seinen feindseligen Impulsen gegenüber China nach, könnte Taiwan aufs Neue zu einem gefährlichen Brennpunkt der Weltpolitik werden.

18

Donald Trump:
Wider die neue «Gelbe Gefahr»

Die Beziehungen Chinas zu den Vereinigten Staaten glichen im ausklingenden zwanzigsten Jahrhundert einer Berg-und-Tal-Bahn. Der Handel zwischen beiden wuchs von Jahr zu Jahr, von 5 Milliarden Dollar 1980 auf 10 Milliarden 1987 und 100 Milliarden 1999. Allerdings hatte die Niederschlagung der Studentenbewegung auf dem Pekinger Tienanmen-Platz eine mehrjährige Eiszeit zur Folge. So verhängte Washington Wirtschaftssanktionen gegen China und unterbrach seine Rüstungslieferungen. Das Verhältnis besserte sich aber allmählich wieder. 1997 kam Präsident Jiang Zemin auf Staatsbesuch in die USA, den Präsident Clinton im Jahr darauf erwiderte.

Doch schon 1999 gab es einen weiteren Rückschlag, als ein amerikanischer B-2-Bomber im NATO-Krieg gegen Slobodan Miloševićs Jugoslawien irrtümlich Chinas Belgrader Botschaft bombardierte. Drei Journalisten kamen ums Leben, einundzwanzig Personen wurden verletzt, das Botschaftsgebäude wurde zerstört. In ganz China kam es daraufhin zu wütenden Protest-Demonstrationen. Mehrere amerikanische Konsulate wurden massiv angegriffen (übrigens auch das deutsche Generalkonsulat in Guangzhou). Tagelang belagerten die Demonstranten die US-Botschaft in Peking und beschädigten sie zum Teil schwer. Kaum hatte sich die Erregung nach einer Einigung über Entschädigungszahlungen wieder gelegt (die Amerikaner zahlten 4,5 Millionen Dollar für die Familien der Getöteten sowie 28 Millionen für die Schäden an der Belgrader Botschaft und erhielten selbst 1,87 Millionen für die Beschädigung ihres Botschaftsgebäudes), stieß am 1. April 2001 ein chinesischer Kampfjet bei der Verfolgung eines amerikanischen Fernaufklärers mit diesem zusammen. Der Düsenjäger stürzte über Hainan ab, wobei der Pilot ums Leben kam. Erst nach und nach legte sich die Spannung wieder.

Dazu trug im Wesentlichen die Entwicklung im Wirtschaftsbereich bei. Zu Beginn der Neunzigerjahre war das Handelsvolumen Amerikas mit dem Festland nur halb so groß wie das des Handels mit Taiwan, doch schon zehn Jahre später hatte es sich vervierfacht, und die chinesischen Exporte in die USA hatten sich versiebenfacht. Im Oktober 2000 unterzeichnete Präsident Clinton den US-China Act, der den Chinesen normale Handelsbeziehungen samt Meistbegünstigungsklausel gewährte. Im September 2001 wurde China als 143. Mitglied in die Welthandelsorganisation WTO aufgenommen. 2006 richteten Washington und Peking einen hochrangigen Wirtschaftsdialog ein, und unter Präsident Obama handelten sie ein bilaterales Investitionsabkommen aus. Schon 2008 verdrängte China Japan vom Platz des größten Gläubigers der Vereinigten Staaten, heute hält Peking US-Schatzpapiere im Wert von knapp 1200 Milliarden Dollar. Seit 2010 ist die chinesische Volkswirtschaft die zweitgrößte der Welt nach den USA, die in den nächsten Jahren von ihrem Spitzenplatz verdrängt werden. Und seit 2012 ist China die größte Handelsnation der Welt. Das amerikanisch-chinesische Handelsvolumen belief sich 2017 auf 636 Milliarden (US-Exporte: nach China 130 Milliarden Dollar; Importe aus China: 505 Milliarden).

Ein neues Modell der Großmachtbeziehungen

Trotz dieser Verdichtung der wirtschaftlichen Beziehungen blieb das Verhältnis der beiden Staaten höchst schwankungsanfällig. Im Jahr 2009 kamen die Präsidenten Hu Jintao und Barack Obama überein, gemeinsam den «Aufbau einer positiven, kooperativen und umfassenden amerikanisch-chinesischen Beziehung für das einundzwanzigste Jahrhundert» zu verfolgen. Schon im Jahr darauf brachten die Chinesen zum ersten Mal die Idee eines «Neuen Modells der Großmachtbeziehungen» ins Gespräch. Als Vizepräsident besuchte Xi Jinping im

Februar 2012 die Vereinigten Staaten. In einer Rede vor dem State Department erklärte er, die USA und China hätten wenige kulturelle oder ideologische Ähnlichkeiten und es gebe «keine Präzedenzfälle und keine verfügbaren Erfahrungen, auf die sie sich bei der Frage beziehen könnten, wie die Beziehungen zwischen dem größten Entwicklungsland der Welt und dem größten entwickelten Land zu gestalten seien». Vor dem US-China Business Council gab er dann seine Auslegung des neuen Typs der Großmachtbeziehungen zu Protokoll: wachsendes gegenseitiges Verständnis und strategisches Vertrauen aufeinander, Respekt für die Kerninteressen und wichtigen Anliegen des anderen, vertiefte Zusammenarbeit zum gegenseitigen Nutzen, verstärkte Kooperation und Koordination in internationalen Angelegenheiten und bei globalen Themen.

Dabei führte er drei Kerninteressen auf: Taiwan, Tibet und Chinas eigenen Entwicklungsweg. Die damalige Außenministerin Hillary Clinton entgegnete ihm, die USA würden «mit einer aufsteigenden Macht zusammenarbeiten, um deren Aufstieg zu fördern, aber zugleich ihre *leadership* aufrechterhalten und sichern». Im Jahr darauf, nun als Staatspräsident zu Besuch bei Obama, ergänzte Xi seine Definition des neuen Modells der Großmachtbeziehungen um drei Prinzipien: keine Konfrontation und keinen Konflikt, gegenseitigen Respekt und *win-win*-Kooperation. Überdies sprach er von einer neuen Art der Beziehungen zwischen den Militärs beider Nationen.

Im September 2012 erläuterte Außenminister Wang Yi in der Brookings Institution die chinesischen Vorstellungen. Amerika und China seien zunehmend miteinander verflochten, weshalb ein Krieg keiner der beiden Seiten nützen würde und daher vermieden werden müsse. Gegenseitiger Respekt heiße Respekt für das politische System des anderen und für seine Kerninteressen. Ein Zusammenleben in Harmonie erfordere vielfältige *win-win*-Kooperation. Dafür nannte er fünf Bereiche: Terrorismus-Bekämpfung, Nichtverbreitung von Atomwaffen, Klimawandel, Frieden im Mittleren Osten und wirtschaftliche Entwicklung Afrikas. Tatsächlich bahnte sich in der Folge eine Zusammenarbeit auf mehreren Feldern an, so bei der Piratenbekämpfung am Horn von Afrika, in Sachen Nichtverbreitung von Atomwaffen gegenüber Iran und Nordkorea, aber auch, was die Punkte Klimawandel, Cybersicherheit und Bewältigung der Ebola-Epidemie betraf.

Doch stellte sich rasch heraus, dass Chinesen und Amerikaner höchst verschiedenen Auslegungen der Formel «Großmachtbeziehungen neuen Typs» anhingen. Als Obama im November 2014 Peking besuchte, meldeten die chinesischen Medien, der US-Präsident habe der Herstellung einer solchen Beziehung zugestimmt. Das Weiße Haus stellte klar, dass Obama den Terminus überhaupt nicht benutzt habe. Als dann Amerikas Verbündete ihrer Besorgnis Ausdruck gaben, die Formel könne auf «G2» hinauslaufen, ein amerikanisch-chinesisches Kondominium, sprach Washington nur noch von einem «neuen Beziehungsmodell», das niemanden ausschließe. Es störte die US-Administration, dass die Chinesen stets als vollzogen hinstellten, was die Amerikaner nüchtern lediglich als ein Ziel begriffen, auf das hinzuarbeiten sei. Noch mehr ärgerte sie, dass Peking die Liste der Kerninteressen ständig ausweitete – über die drei ursprünglich genannten (Taiwan, Tibet und Chinas Entwicklungsweg) hinaus auf Xinjiang, das Südchinesische Meer und die Senkaku/Diaoyutai-Inseln. Äußerungen chinesischer Beamter, der Pazifik sei «groß genug für beide» und Xi Jinpings Sicherheitskonzept «Asien für die Asiaten» (Mai 2014) wurden als Unterminierung des amerikanischen Bündnissystems und als Versuch empfunden, die USA aus dem westlichen Pazifik zu verdrängen. Hinzu kam nicht nur, dass die immer dreistere chinesische Cyberspionage – Ausspionierung des Verteidigungssektors, aber auch Wirtschaftsspionage – das Vertrauen zunehmend untergrub. In Chinas Inselbauerei und der damit einhergehenden Militarisierung des Südchinesischen Meers sah Washington eine Bedrohung der Navigationsfreiheit und des Rechts auf freien Überflug.

Scharfmacher und Beschwichtiger auf beiden Seiten

Schon Barack Obamas *pivot to Asia* (2011) und Xi Jinpings Auftakt zu einem «Großmächteverhältnis neuen Typs» (2012) hatten das geopolitische Umfeld verändert. Seitdem ist die Rivalität zwischen China und Amerika immer stärker in Erscheinung getreten. Die Chinesen wollen ihre Einflusssphäre im Pazifik erweitern, die Amerikaner Pekings Ausdehnungsdrang Schranken setzen. Ein winziger Zwischenfall könnte in der gespannten Atmosphäre einen größeren Konflikt auslösen. Und hitzköpfige Hardliner gibt es in Peking ebenso wie in Washington.

Unverkennbar ist der Wille der chinesischen Machthaber, sich nicht von den Vereinigten Staaten dauerhaft auf den zweiten Rang verweisen zu lassen. Strategen wie der pensionierte Generalstabsoberst Liu Mingfu sagten offen, Chinas großes Ziel müsse es sein, «die Nummer eins in der Welt zu werden»; das aber mache es nötig, Amerika zu verdrängen. In seinem 2010 erschienenen Buch *Der Chinesische Traum* lehnte er das Konzept des «friedlichen Aufstiegs» ab, da es nicht ausreiche, sich auf die alten Tugenden der Harmonie zu verlassen. Vielmehr müsse China den «kriegerischen Geist» pflegen, um seine Gegner abzuschrecken und notfalls zu besiegen. Nicht, dass China Amerika angreifen wolle, argumentierte er, aber es müsse sichergehen, dass es nicht von Amerika angegriffen werde. Vonnöten ist nach Liu neben dem ökonomischen ein militärischer Aufstieg.

Was einem zu denken geben mag, ist die Tatsache, dass Xi Jinping in seiner Antrittsrede als Präsident im März 2013 den Begriff *zhonguo meng* – der Traum von China – übernahm. Sein Konzept war weniger martialisch als das des Generals Liu. Es galt der Verjüngung der Nation, ihrem künftigen «maßvollen Wohlstand» für alle und der Wiederanknüpfung an ihre glorreiche Tradition, will sagen: der Rückkehr zur alten Größe. Wie weit er sich von Liu und der von ihm ausgelösten Diskussion hat inspirieren lassen, muss dahingestellt bleiben. Zuweilen ist sogar zu lesen, er habe sich seine Anregungen von dem Artikel «China needs its own dream» des amerikanischen Kolumnisten Thomas Friedman geholt, der im Oktober 2012 in der *New York Times* erschienen war.

Liu hatte wohl prominente Befürworter in der Partei, sonst wäre sein Buch nicht gedruckt worden. Aber er formulierte nicht die herrschende Meinung. Von anderen strategischen Denkern in China war Besonneneres zu hören. So wies Generalmajor Luo Yuan darauf hin, dass es eine große Kluft gebe zwischen dem gegenwärtigen Zustand der Volksbefreiungsarmee und demjenigen, der nötig wäre, um die Vision einer von China beherrschten Welt zu verwirklichen. Auch Zhang Weiwei, der einst Deng Xiaopings Englisch-Dolmetscher war und heute in Schanghai Internationale Beziehungen lehrt, wiegelte ab: «China hat keine missionarische Kultur und ist nicht darauf aus, andere zu bekehren», sagte er. «Es hat eine lange Tradition, lieber eine Große Mauer zu bauen, anstatt andere zu kolonisieren.» Zhang warnt jedoch: «Wenn die USA China als Feind behandeln, mag China in der Tat zu ihrem Feind werden.»

Ähnliche Debatten werden auch in Washington geführt. Um weltpolitisch die Nummer eins zu bleiben, verfechten die Neokonservativen eine durchaus bellizistische Konfrontationspolitik. Zu ihnen gehört Präsident Trumps zeitweiliger Chefstratege Steve Bannon, der vor seinem Eintritt ins Weiße Haus von sich gab: «Wir werden im Südchinesischen Meer in fünf oder zehn Jahren Krieg führen. Daran ist kein Zweifel.» Am Tag vor seiner Entlassung legte er noch einmal nach: «Wir stehen in einem Wirtschaftskrieg mit China. Der Wirtschaftskrieg mit China ist die Hauptsache, und wir müssen uns wie verrückt darauf fokussieren. Einer von uns wird in fünfundzwanzig oder dreißig Jahren ein Hegemon sein, und es werden die Chinesen sein, wenn wir so weiter machen wie bisher.» Bannon ist nicht mehr im Weißen Haus, aber seine Denkungsart ist in der Umgebung des Präsidenten weiterhin lebendig. Bannon selbst bleibt bei seiner Unheilsvision. «China ist die vorderste Frontlinie in dem neuen Kalten Krieg», ist seine Ansicht. «In hundert Jahren», sagte er im Herbst 2017 einem Reporter der *New York Times*, «wird man sich nur an eines erinnern – an das, was wir gegen Chinas Aufstieg zur Weltherrschaft getan haben.» Und wie er, so denken nicht alle nur an einen Wirtschaftskrieg.

Praktiker wie Admiral Harry Harris, bis vor Kurzem Kommandeur des U.S. Pacific Command, sehnen die Konfrontation nicht herbei, richten sich aber nüchtern darauf ein. Er hielt den Chinesen zu Recht vor, im Südchinesischen Meer «eine Große Mauer aus Sand» zu bauen und die umstrittene Inselwelt dort zu militarisieren. Unverblümter als Obamas Weißes Haus nannte er China daher «provokativ und expansionistisch». Peking unterminiere die internationale Ordnung in «globalem Maßstab». Seine Streitkräfte, sagte er der *New York Times*, müssten bereit sein, schon «heute Nacht zu kämpfen». Man müsse «planen, einen Krieg zu gewinnen, während man versucht, ihn zu verhindern». Nicht von ungefähr hat Präsident Trump den inzwischen pensionierten Admiral – den in Yokosuka geborenen Sohn eines US-

Soldaten und einer Japanerin – für den lange vakanten Botschafter-
posten in Seoul nominiert.

In der Tat wurde während Barack Obamas Amtszeit im Pentagon erwogen, am Scarborough Shoal einzugreifen, wenn diese Insel,
die China 2012 besetzte, in eine Festung verwandelt werden sollte.
Jeder weiteren Militarisierung, erklärte Verteidigungsminister Ashton Carter bei den Shangri-La-Gesprächen in Singapur, würden die
Vereinigten Staaten entgegentreten. Auch die Ausrufung einer Luft-
verteidigungszone, welche die zivile Luftfahrt zu weiten Umwegen
zwänge, würde die USA auf den Plan rufen. Der US-Generalstabschef
Joseph Dunfor warnte den Kongress, um das Jahr 2025 werde China
«die größte Bedrohung» der Nation sein. Und seit 2010 wird im Pentagon das AirLand-Battle-Konzept ständig verfeinert, das Kriegshand-
lungen «zur See, auf dem Land, im Weltraum und im Cyberspace bis
tief hinein ins chinesische Festland» vorsieht, was den Chinesen, so
befürchtet zum Beispiel Richard Burt, 1985–1989 US-Botschafter in
Deutschland, keine andere Wahl ließe als einen nuklearen Gegen-
schlag.

Aber es gibt auch Vertreter eines leidenschaftslosen Umgangs mit
China – Henry Kissinger etwa, der auf eine «Ko-Evolution» beider
Länder setzt. Nicht, dass er sich Illusionen machte. Im *Atlantic*-Inter-
view mit Jeffrey Goldberg sagte er zwei Sätze, die eine für beide Länder
völlig neue Lage beleuchten. Erstens: «In seiner jahrhundertelangen
Geschichte hat China fremde Nationen nie als etwas anderes wahrgenommen denn als Tributzahler an das Reich der Mitte.» Zweitens:
«Seit Amerika im Gefolge des Zweiten Weltkrieges zur erdumspannenden Weltmacht wurde, hatte es noch niemals mit einem geopoli-
tisch Ebenbürtigen zu tun.» Beide müssen mit dem eingetretenen
Wandel erst fertig werden. Kissinger fügte hinzu, in der internationalen Arena sei das amerikanische Verhältnis zu China bei Weitem das
Wichtigste. Wirtschaftlich sei dies bereits der Fall, politisch komme es
nun darauf an, sich darüber zu verständigen, wie gemeinsames sino-
amerikanisches Handeln die Welt stabilisieren könne. «Mindestens
sollten wir uns darauf einigen, unsere Meinungsverschiedenheiten zu
begrenzen. Noch besser wäre es freilich, wir würden Projekte finden,
die wir uns zusammen vornehmen können.»

Was die Menschenrechte angeht, so ist Kissinger der Ansicht, dass die Grundprinzipien der Menschenwürde und der Teilhabe des Volkes an der Regierung dank der modernen Technologie nicht auf ewig an Staatsgrenzen aufgehalten werden können. Doch müssten langfristige moralische Überzeugungen mit kurzfristigen Erfordernissen und Gelegenheiten zur Zusammenarbeit in Einklang gebracht werden. Kissinger warnt davor, dass China und die USA sich in düstere Prophezeiungen hinein analysieren, die sich dann von selbst erfüllen. Sie dürften nicht in einen neuen Kalten Krieg schlittern, sondern müssten gemeinsame Interessen entwickeln und darauf aufbauen, um eine neuerliche Blockbildung zu verhindern.

USA und China: Ineinander verhakelte Titanen

Amerika und China sind *Tangled Titans,* so der Buchtitel von David Shambaugh – ineinander verhakelte Titanen. Noch nie waren sie ökonomisch so eng verflochten wie heute. «China braucht die USA, die USA brauchen China», sagt Max Baucus, ein früherer amerikanischer Botschafter in Peking. «Wirtschaftlich sind wir an der Hüfte zusammengewachsen.» Doch hat dies die immer schärfere weltpolitische Rivalität zwischen den beiden nicht verhindern können. Im Gegenteil: Aus der wirtschaftlichen Verschachtelung sind in den USA ganz neue Probleme entstanden, bittere Ressentiments und böse Polemik – und nicht erst unter Donald Trump.

Als designierter Außenminister sagte Colin Powell im Kongress: «China ist kein Feind, und wir wollen alles tun, damit es dabei bleibt.» Das war 2001, Chinas Aufstieg steckte in den Anfängen. Und noch 2005 schrieb Zheng Bijian – manche nennen ihn Chinas Henry Kissinger – in *Foreign Affairs,* dass China weder dem Hegemonial-Pfad Deutschlands und Japans vor dem Zweiten Weltkrieg noch dem Streben der Großmächte im Kalten Krieg nach Weltherrschaft folgen werde. Auch liege es nicht in seinem Interesse, die Vereinigten Staaten aus dem Prozess des friedlichen Aufstiegs Gesamt-Asiens auszuschließen. Im gleichen Jahr hielt Robert Zoellick, damals stellvertretender US-Außenminister, eine Rede, in der er viele Probleme ansprach, die auch heute noch Schlagzeilen machen. «Der Drache ist wiedererstanden und hat sich der Welt angeschlossen», sagte er. «China ist ein Spieler am Tisch ... China ist groß, es wächst, und es wird in den kommenden Jahren die Welt beeinflussen.» Daher sei es an der Zeit, ihm nicht nur die Tore zum internationalen System zu öffnen: *«We need to urge China to become a responsible stakeholder in that system»* – es muss ein Verantwortungsträger werden. Dies könne es in der Nordkorea-Krise zeigen, in seiner Haltung zum iranischen Atomprogramm und in dem weltweiten Kampf gegen den Terrorismus. Doch dann zählte Zoellick auf, was Amerika schon damals Sorgen bereitete: dass China in Asien eine Vormachtstellung anstrebe, dass es sein Militär rapide modernisiere, dass es vielen Anzeichen nach Marktbeherrschung statt Marktöffnung anvisiere. Konkret kritisierte er den chinesischen Handelsüberschuss, damals erst 162 Milliarden Dollar («Welches andere Land würde das hinnehmen?»), und prangerte den Diebstahl intellektuellen Eigentums samt dem *counterfeiting* an, der Produktpiraterie, die ans Herz von Amerikas Wissensindustrie gingen. Die Botschaft war unmissverständlich: Der Drache China sollte kein *firebreather* werden, sondern ein *responsible stakeholder*. Sie wurde in Peking nicht gehört.

Es war dann Präsident Obama, der sich mit seinem *pivot to Asia*, der geopolitischen Achsendrehung nach Asien, dazu entschied, China in seine Schranken zu weisen und die eigene Dominanz im Pazifik nicht unterminieren zu lassen. Doch suchte er nicht mutwillig die Konfrontation. Militärisch hatte seine Hinwendung zum Pazifik keine umwerfenden Veränderungen zur Folge. Nicht mehr als 10 bis 15 Milliarden Dollar aus dem Verteidigungshaushalt von 600 Milliarden wurden dorthin verlagert, zudem arbeiteten in Obamas Nationalem Sicherheitsrat dreimal mehr Mittelost-Fachleute als Fernost-Spezialisten. Von erheblicher strategischer Bedeutung war indessen das Projekt der Transpazifischen Partnerschaft, das die USA und elf Staaten der Region in einem Freihandelsverbund zusammenschließen sollte, der weiterhin bei der Festsetzung der Normen und Standards des Welthandels die Führung hat. Obamas Nachfolger Donald Trump hat TPP törichterweise den Rücken gekehrt und damit China das Feld überlassen. «Das war ein geopolitisches Geschenk an China», urteilte Kishore Mahbubani, der singapurische Ex-Diplomat, Politikwissenschaftler und weltpolitische Kommentator. Angetrieben von

Japan, haben die elf übrigen Teilnehmer das Transpazifische Abkommen jedoch unter dem Namen Comprehensive Transpacific Partnership (CPTPP) ohne die Amerikaner verwirklicht. Dazu gehören neben Japan Australien, Neuseeland, Vietnam, Malaysia, Brunei, Singapur, Chile, Peru, Kanada und Mexiko.

Trump: «China ist nicht unser Freund»

Trumps Grundhaltung gegenüber asiatischen Aufsteigern ist ohne Zweifel schon seit ewigen Zeiten skeptisch bis feindselig. Dem *Playboy* erwiderte er 1990 auf die Frage, was er als Erstes tun würde, wenn er Präsident wäre: «Ich würde eine Steuer auf alle japanischen Produkte erheben, die ins Land kommen» (übrigens, damals schon, auch «auf jeden Mercedes-Benz»). Seine Ablehnung Japans und japanischer Erzeugnisse übertrug er seitdem mit Aplomb auf China und chinesische Fabrikate. «Damit das klar ist», schrieb er 2011 in dem wirtschaftspolitischen Manifest *Time to get tough*: «China ist nicht unser Freund. Es stiehlt unsere Arbeitsplätze, es treibt eine Abrissbirne durch unsere verarbeitende Industrie und kupfert in Überschallgeschwindigkeit unsere Technologie und unsere militärischen Fähigkeiten ab.» In einer Wahlkampfrede zur US-Außenpolitik sagte er im April 2016: «Unser Präsident [Obama] hat China erlaubt, seinen ökonomischen Angriff auf Amerikas Arbeitsplätze und seinen Reichtum fortzusetzen; er hat sich geweigert, die Einhaltung von Handelsabkommen durchzusetzen und Druck auszuüben, damit China Nordkorea zur Vernunft bringt. Wir haben die nötigen Hebel. Wir haben Macht über China, wirtschaftliche Macht, aber die Leute begreifen es nicht. Vermittels dieser wirtschaftlichen Macht können wir sie zur Vernunft bringen; dazu auch, das zu tun, was sie mit Korea machen müssen, das völlig außer Kontrolle geraten ist.» In der Verhängung von Einfuhrzöllen in Höhe von 45 Prozent sah er den wichtigsten Hebel. Seit er ins Weiße Haus einzog, liebäugelt er mit einem wirtschaftlichen Showdown.

Viele glaubten, auch bei Trump werde am Ende nichts so heiß gegessen wie gekocht. Das war eine Täuschung. Der twitternde Baulöwe im Weißen Haus mag historisch ungebildet, politisch unerfahren und auch ökonomisch relativ unbeleckt sein. Er finassiert, stellt die Fakten auf den Kopf und lügt, dass sich die Balken biegen, aber zugleich ist er auf hartnäckige Weise konsequent. Ob es die Begrenzung der Einwanderung ist, die Mauer an der mexikanischen Grenze, die Krankenversicherung oder die Steuererleichterung – er kommt immer wieder auf seine holzschnittartigen Grundüberzeugungen und die darin wurzelnden Wahlversprechen zurück. Auch im Falle China bleibt er sich treu. Wohl lässt er zeitweilig Flexibilität und Kompromissbereitschaft erkennen, aber die Phasen der Einsichtsfähigkeit dauern nie sehr lang, dann ist er – schwupps – wieder bei seinen alten Glaubenssätzen. Mal um Mal erklärt er Xi Jinping zu seinem *great friend* («Wir werden immer ein großartiges Verhältnis haben!»), doch nur, um dann jedes Mal wieder, von der behaupteten Freundschaft unbehelligt, über China herzuziehen. Typisch für ihn war in den beiden ersten Jahren seiner Amtszeit ein verwirrender Schlingerkurs. Dabei standen zwei Themen im Vordergrund: die Wirtschaftspolitik Pekings und die Nordkorea-Krise. Erstere verleitete den Präsidenten immer wieder zur Androhung eines Handelskrieges. Letztere nahm er mehrfach zum Anlass, seine Drohungen fürs Erste zurückzunehmen, um China dazu zu bringen, Kim Jong-un die Luft abzuschnüren.

China halte seine Währung künstlich niedrig, um seinen Export zu steigern, lamentierte Trump, und es subventioniere den Export aus Staatsmitteln; daher rühre Amerikas Handelsdefizit (2016: 347 Milliarden Dollar, 2017: 375 Milliarden). Null Toleranz für geistigen Diebstahl und zwangsweisen Technologietransfer war von Anfang an Trumps Motto. Als Erstes ordnete der neue US-Präsident denn auch eine Überprüfung der Stahlimporte aus China an. Im August 2017 gab er eine Untersuchung chinesischer Verstöße gegen den Schutz intellektuellen Eigentums in Auftrag. Das Ergebnis war absehbar. Trumps Handelsbeauftragter Robert Lighthizer, der die Untersuchung leitete, ist ein alter China-Fresser, desgleichen Peter Navarro, der Direktor für Handel und Industriepolitik im Nationalen Handelsrat und Autor des schrillen Buches *Death by China* und der darauf basierenden Fernsehdokumentation *The Coming Wars with China*. Darin schrieb er 2011, China sei für den «Abstieg» Amerikas verantwortlich, es strebe nach der Weltherrschaft, weshalb sein Aufstieg um jeden Preis zu stoppen sei.

In seinem zweihundert Seiten langen Untersuchungsbericht argumentierte Lighthizer, der amerikanischen Wirtschaft entstehe jedes Jahr ein Schaden von 50 Milliarden Dollar. Er schlug Trump 30 Milliarden Dollar Strafzölle vor. Trump erhöhte die Summe zunächst auf das Doppelte und blieb damit bei der harten Linie seines Ex-Chefstrategen Bannon. Daneben sperrte sich die Trump-Administration lange gegen eine Erhöhung des Kapitalstocks der Weltbank. Sie bemängelte, dass China trotz seiner enormen Devisenreserven und obwohl es selbst mehrere Entwicklungsbanken eingerichtet hat, der größte Kreditnehmer der Weltbank ist, 2017 erhielt es mit 2,4 Milliarden Dollar 11 Prozent der Darlehen. Washington billigte eine Erhöhung des Kapitalstocks um 13 Milliarden erst, nachdem Weltbank-Präsident Jim Yong Kim einer Verringerung und Verteuerung der Kredite an China zugestimmt hatte.

Schon kurz nach Trumps Wahl, aber noch vor seiner Amtseinführung überschattete ein Zwischenfall im Südchinesischen Meer das Verhältnis zu Peking. Im Dezember 2016 beschlagnahmten die Chinesen eine Unterwasserdrohne der US-Marine. Der designierte Außenminister Rex Tillerson reagierte darauf bei seiner Anhörung im Senat mit harten Worten. Man müsse Chinas Machtansprüchen mit «klaren Signalen» entgegentreten und den Zugang zu seinen künstlichen Inseln blockieren. Deren Nutzung stelle eine Bedrohung der USA und ihrer Verbündeten dar, deshalb «müssen die Vereinigten Staaten auch Risiken eingehen, um [Peking] von weiteren destabilisierende Handlungen abzuschrecken». Im Übrigen könne China keine Souveränität über internationale Gewässer beanspruchen. Amerikas FONOPS-Patrouillen hätten nur den Zweck, China zu zwingen, seine Territorialansprüche mit dem Völkerrecht in Einklang zu bringen. Verteidigungsminister Mattis ergänzte, China dürfe «kein Vetorecht über Territorialansprüche» eingeräumt werden, «Abschreckung ist entscheidend». Die chinesischen Staatsmedien schossen zurück: Amerika müsse «Krieg führen», wenn es China den Zugang zu seinen souveränen Hoheitsgebieten sperren wolle.

Dies war ein ominöser Auftakt. Beide Minister befleißigten sich bald einer gemäßigteren Sprache. Die China-Politik des neuen Präsidenten blieb jedoch undurchschaubar, unberechenbar und sprunghaft. Eine Strategie war in seinem Handeln und in seinen Twitter-Gewittern nicht zu erkennen. «Alles ist ein Gegenstand von Verhandlungen, auch die Ein-China-Politik», erklärte er im Januar 2017 dem *Wall Street Journal*. Im Telefonat mit dem chinesischen Staatspräsidenten gab er dann flugs klein bei und erkannte aufs Neue den Alleinvertretungsanspruch Pekings an. Xi Jinping ging er bei dessen Besuch in seinem Golfdomizil Mar-a-Lago in Florida um den Bart. Beim Nachtisch – Trump: «*the most beautiful piece of chocolate cake that you've ever seen*» – düpierte er ihn mit der Mitteilung, dass in diesem Augenblick 59 US-Marschflugkörper einen syrischen Fliegerhorst angriffen. «*He was eating his cake. He was silent*», erzählte Trump hinterher einer CNN-Korrespondentin, wobei er Syrien mit dem Irak verwechselte. Mit Raketen und Schokoladentorte glaubt er jedenfalls, eine «herausragende Beziehung» zu Chinas Präsidenten entwickelt zu haben. Xi sei «ein ganz besonderer Mann», sagte er vor seinem Asien-Besuch im November 2017. Und sein Stabschef John Kelly bemerkte, die Chinesen hätten offenbar ein Regime, das für sie funktioniere, woraus das chinesische Parteiorgan *Global Times* den richtigen Schluss zog: Es begrüßte Trump bei seiner Asienreise im Oktober 2017 als Pragmatiker, der «kein Interesse an ideologiegeleiteter Diplomatie» habe und nicht auf den Menschenrechten herumreite, «um China auf die Nerven zu gehen».

Bei seinem China-Besuch gab Trump denn auch den «zahmen Pudel, der freudig um den chinesischen Präsidenten herumschwänzelt», wie es die *Süddeutsche Zeitung* ausdrückte. Xi Jinping empfing ihn, so beschrieb der *Economist* die Szene, wie einen Barbaren-Potentaten – «mit einer Mischung aus Schmeichelei und Verachtung». Mit seiner Frau richtete er dem US-Präsidenten und der First Lady ein Festmahl im leer geräumten alten Kaiserpalast aus. Und Trump ließ sich einwickeln. Gute persönliche Kontakte für den Moment, und seien sie noch so oberflächlich, sind ihm wichtiger als politisches Einwirken auf Dauer. Xi nannte er seinen «tollen Freund», für den er «unglaublich warmherzige Gefühle» empfinde. Kein böses Wort, keine Erwähnung der Probleme im beiderseitigen Verhältnis, keine Erwähnung der Menschenrechte, keine säbelrasselnden Tweets mehr. Trump beließ es auch nicht dabei, China gleiche «Augenhöhe» zuzugestehen. Vielmehr redete er sich in die Vorstellung einer neuen Bilateralität hinein – einer

Art chinesisch-amerikanischen G2: «Ich glaube, wir könnten fast alle Probleme der Welt lösen, und wahrscheinlich sogar alle», sagte Trump. In typischer Selbstüberschätzung bot er auch gleich seine Vermittlung im Streit um das Südchinesische Meer an.

Die Idee eines amerikanisch-chinesischen Duopols – eben G2 – geisterte schon vor Jahren durch manche westliche Leitartikelspalten. Sie wurde seinerzeit auch in Chinas akademischen Kreisen heftig diskutiert. Die einen argumentierten, die Vereinigten Staaten und China könnten in einer neuen Art von Bipolarität gemeinsam die Führung in der Welt ausüben; andere wiesen darauf hin, dass sich die Welt auf eine multipolare Ordnung zubewege; wieder andere visierten ein primär auf China zentriertes System an – ein Gedankengang, der wohl eher der Auffassung Xi Jinpings entspricht als die Vorstellung einer amerikanisch-chinesischen Doppelherrschaft.

Die konkreten Ergebnisse der Begegnung in Peking waren eher mager. Beide Präsidenten unterzeichneten zwar einen Stapel von Wirtschaftsverträgen und Investitionsabkommen in Höhe von 260 Milliarden Dollar. Einige waren allerdings keineswegs neu, viele waren reine Absichtserklärungen, keines ist bindend.

Feuer und Zorn oder Frieden in Korea?

Auch in der Nordkorea-Frage gab es nichts wesentlich Neues. In der internationalen Krise, die Kim Jong-un mit seinem Kernwaffenprogramm auslöste, hatte Trump zunächst den an China gerichteten Vorwurf der Währungsmanipulation fallen lassen. Danach fragte er wiederholt, warum er China deswegen eigentlich bestrafen solle, wenn es doch mit ihm in der Korea-Politik zusammenarbeite. Peking bekäme einen besseren «Deal», wenn es das Nordkorea-Problem löse. Dann kasteite er die Chinesen wieder, sie täten nicht genug, um Nordkoreas feisten Jung-Diktator Kim Jong-un auf die Knie zu zwingen. («*they do nothing, just talk*».) Schließlich klagte und drohte er: Wenn sie das Problem nicht lösen könnten oder nicht lösen wollten, würden die USA es ohne sie tun, mit *fire and fury* und notfalls durch *total destruction*, die völlige Vernichtung Nordkoreas.

In Peking drängte Trump die Chinesen abermals, stärkeren Druck auf Pjöngjang auszuüben. China sei in der Lage, das Problem «einfach und schnell zu lösen». Doch gab ihm Xi keinerlei Zusicherungen, die über die UN-Resolutionen hinausgehen. China will kein atombewaffnetes Nordkorea. Kim gefährdet mit seinem nuklearen Säbelrasseln Pekings langfristiges Ziel, die USA aus ihrer Vormachtsposition in Asien zu verdrängen, da er Amerikas Rolle als Garant der Sicherheit Südkoreas und Japans und in beiden Ländern die Tendenz zur Aufrüstung stärkt. Auch will China keinen Krieg, der Millionen koreanischer Flüchtlinge über die Grenze treiben würde. (Für alle Fälle wurden insgeheim in Grenznähe die ersten Flüchtlingslager vorbereitet.) Doch wird Peking mit den Sanktionen nie so weit gehen, dass es zum Kollaps des Kim-Regimes und dem Vordringen Südkoreas – und mit ihm Amerikas – bis an die chinesische Grenze am Yalu kommt. Der einzige Fortschritt: Immerhin sprach Trump in Peking wieder von direkten Verhandlungen mit Pjöngjang. Schon früher hatte er ja einmal gesagt, es wäre ihm eine Freude und sogar eine Ehre, mit Kim einen Hamburger zu essen. Als jedoch Außenminister Tillerson im Dezember 2017 direkte Gespräche ohne Vorbedingungen anbot («Treffen wir uns doch einfach, wir können ja übers Wetter reden, wenn Ihr das wollt»), wiegelte das Weiße Haus ab; erst müsse Nordkorea seine Provokationen unterlassen und nennenswerte Schritte in Richtung Entnuklearisierung unternehmen.

Viele Beobachter erwarteten Anfang 2018, dass Trump nach den Olympischen Winterspielen in Pyeongchang einen Militärschlag anordnen werde. Die Vermutung wurde genährt von der Tatsache, dass das Weiße Haus urplötzlich die Ernennung des Asien-Wissenschaftlers Victor Cha zum US-Botschafter in Seoul zurückzog – eines beinharten Hardliners, der gleichwohl den Einsatz militärischer Gewalt öffentlich abgelehnt hatte. Militärische Gewalt sei gerechtfertigt, wenn Nordkorea angreife, argumentierte er, nicht jedoch ein Präventivschlag, der einen Atomkrieg auslösen könnte. Die unerwartete Entspannung zwischen den beiden Koreas vor und während der Winterspiele nötigte Trump, zunächst einmal abzuwarten. Dann nahm er überraschend und gegen den Rat engster Mitarbeiter die Einladung Kim Jong-uns zu einem Gipfeltreffen an. Die doppelte Frage war freilich, ob einerseits Kim tatsächlich bereit wäre, auf weitere Raketen- und Atomtests zum Ausbau seines Kernwaffenarsenals zu verzichten, und ob andererseits die USA bereit wären, von der Forderung nach sofortiger und kompletter Entnuklearisierung Nordkoreas abzugehen und sich stattdessen zunächst auf einen *double freeze* einzulassen: das Einfrieren des nordkoreanischen Atomprogramms, seines Kernwaffenarsenals und seiner Raketenerprobung unter schärfster internationaler Überwachung gegen das Einfrieren der gemeinsamen Militärmanöver Südkoreas und der Vereinigten Staaten, wie dies Chinesen und Russen vorschwebte.

Der Eintagesgipfel, zu dem sich Trump und Kim Jong-un am 12. Juni 2018 in Singapur trafen, endete mit einer überraschenden Verständigung. In der gemeinsamen Abschlusserklärung hieß es: «Präsident Trump verpflichtete sich zu Sicherheitsgarantien für die Demokratische Volksrepublik Korea, und der Vorsitzende Kim Jong-un bekräftigte sein festes und unerschütterliches Engagement für eine komplette Denuklearisierung der Koreanischen Halbinsel.» Fantastisch sei das Gespräch gewesen, sagte Trump, Kim sei ein «talentierter und ebenbürtiger Verhandler» – «*we fell in love*». Am nächsten Morgen twitterte er: «*There is no more a nuclear threat from North Korea*» – eine atomare Bedrohung aus Nordkorea gibt es nicht mehr.

Schon in der erste Runde der Folgeverhandlungen wurde allerdings klar, dass Washington und Pjöngyang höchst verschiedene Vorstellungen von der beiderseits angestrebten «neuen Zukunft» hatten: Die Amerikaner drängten auf einen sofortigen Beginn der nuklearen Abrüstung, während die Nordkoreaner konstruktive Vorschläge zu Sicherheitsgarantien, zur Aufhebung des Sanktionsregimes und zum Abschluss eines Friedensvertrages auf der Koreanischen Halbinsel vermissten. «Gangsterhafte Forderungen» warfen sie dem US-Außenminister Pompeo vor. Das Katz-und-Maus-Spiel begann von Neuem. Trump lag vor den Kongresswahlen im November verständlicherweise daran, die Hoffnung auf eine positive Entwicklung aufrechtzuerhalten. Trump-Skeptiker befürchteten jedoch, dass er, sollten die Gespräche weiter stagnieren, wieder zu seiner «Feuer-und-Zorn»-Strategie zurückkehrt.

Vom Zollstreit in den Handelskrieg?

Schon bei der APEC-Tagung in Danang hatte der US-Präsident wenige Tage nach dem Dinner in der Verbotenen Stadt wieder härtere Töne gegenüber China angeschlagen. Da ging es ihm nicht mehr um die Gemeinsamkeiten mit China, vielmehr geißelte er aufs Neue Pekings unfaire Wirtschafts- und Handelspolitik. Amerika werde dies nicht länger zulassen, sondern sich gegen Verletzungen der Regeln, gegen Betrug oder wirtschaftliche Aggression wehren. «Wir erwarten offene Märkte auf Gegenseitigkeit, auch dass die Privatunternehmen, nicht die Planer der Regierung oder die Staatskonzerne die Investitionen bestimmen.» Den Wirtschaftsdialog mit China setzte Washington Ende 2017 aus. Xi Jinping mahnte baldige Wiederaufnahme an, beide Seiten müssten sich «auf halber Strecke treffen und einander respektieren». Die Trump-Regierung machte jedoch klar, dass sie keine Verhandlungen will, sondern Handlungen.

Erst einmal sandte Trump den Chinesen mit der im Dezember 2017 veröffentlichten «National Security Strategy of the United States of America» ein Signal der Härte. Darin ging es nun nicht mehr um reine Handelspolitik, sondern um Geopolitik. Und anders denn als Kampfansage war das Grundsatzdokument kaum zu verstehen. China wird als «revisionistische Macht» bezeichnet, die darauf aus sei, «eine Welt zu schaffen, die den Werten und Interessen der USA entgegensteht». Die Großmachtkonkurrenz rückt danach wieder in den Fokus der Verteidigungsstrategie, nicht länger der Terrorismus. Im Einzelnen:

- «China sucht die Vereinigten Staaten aus der indo-pazifischen Region zu verdrängen, die Reichweite seines staatsbestimmten Wirtschaftsmodells zu erhöhen und die Region zu seinem Vorteil umzugestalten.»
- «Jahrzehntelang gründete die amerikanische Außenpolitik auf der Annahme, dass ihre Unterstützung von Chinas Aufstieg und seiner Einbindung in die internationale Nachkriegsordnung China liberalisieren werde. Doch im Gegensatz zu unseren Hoffnungen hat China seine Macht auf Kosten der Souveränität anderer ausgedehnt. China sammelt und verwertet Daten in unerhörtem Maß-

stab und verbreitet die Grundzüge seines autoritären Systems, darunter Korruption und staatliche Überwachung. Es baut die nach den unseren fähigsten und finanziell gut ausgestatteten Streitkräfte auf. Sein Kernwaffenbestand wächst und wird diversifizierter. Zum Teil sind die Modernisierung des chinesischen Militärs und das Wachstum der Wirtschaft dem Zugang zu der US-Innovationsökonomie geschuldet, ferner dem Zugang zu Amerikas Weltklasse-Universitäten.»

- «In der indo-pazifischen Region, die von der Westküste Indiens bis zum westliche Gestade der Vereinigten Staaten reicht, ist ein geopolitischer Konkurrenzkampf zwischen freien und unterdrückerischen Weltordnungsvorstellungen im Gang.»
- «Obwohl die Vereinigten Staaten weiterhin versuchen, mit China zusammenzuarbeiten, benutzt China wirtschaftliche Anreize, Strafmaßnahmen, Einfluss-Operationen und unausgesprochene militärische Drohungen, um andere Staaten dazu zu bringen, sich nach seiner politischen und sicherheitspolitischen Agenda zu richten.»
- «Chinas Infrastruktur-Investitionen und Handelsstrategien verstärken seine geopolitischen Bestrebungen. Der Bau von Inselposten im Südchinesischen Meer und deren Militarisierung gefährdet den freien Fluss des Handels, bedroht die Souveränität anderer Nationen und untergräbt die regionale Stabilität.»
- «China hat eine Kampagne für die rapide Modernisierung seines Militärs in Gang gesetzt, die den Zugang der USA zu der Region einschränken und China dort freie Hand verschaffen soll.»
- «China behauptet, seine Ambitionen seien vorteilhaft für alle, aber seine regionale Dominanz könnte die Souveränität vieler Staaten im Indo-Pazifik beeinträchtigen. Überall in der Region verlangen die Staaten nach dauerhafter amerikanischer Führung und einer kollektiven Reaktion, um eine Regionalordnung aufrechtzuerhalten, die Souveränität und Unabhängigkeit sichert.»
- «China fasst in Europa strategisch Fuß, indem es seine unfairen Handelspraktiken, seine Investitionen in Schlüsselindustrien, in sicherheitsrelevante Technologien und Infrastrukturvorhaben ausweitet.»

Wie ein Angebot zur Zusammenarbeit mit dem «Freund» klang das nicht, sondern eher wie ein Ultimatum – ein Nachhall des geschassten Beraters Bannon (der gleichzeitig mit der Veröffentlichung des neuen Sicherheitskonzepts in Tokio verkündete, man müsse Chinas «erschreckenden», «waghalsigen» und «globalen» Ehrgeiz zügeln). Die *Global Times,* laut *Economist* «the tabloid attack dog» der Partei, schoss in gleich scharfem Ton zurück: «Wenn Trump den Handel mit China schmälern und die militärische Konfrontation verschärfen will, dann soll er doch.» Und, nicht minder bedrohlich: «Wenn die Bannons dieser Welt entschlossen sind, Chinas Aufstieg aufzuhalten, werden sie China und Amerika mit großer Wahrscheinlichkeit in eine militärische Auseinandersetzung hineinstoßen.» Unverhohlen blies das Blatt zum Gegenangriff: «Es ist Zeit für China, darüber nachzudenken, wie es sich dem direkten Wettbewerb mit den Vereinigten Staaten stellen kann.» Nicht viel anders klang es in der *Volkszeitung.* Wenn Amerika «aus dem Nichts Konflikte heraufbeschwört und Spannungen verursacht», schrieb das offizielle Parteiorgan, werde China «seine Fähigkeiten im Südchinesischen Meer stärker und schneller ausbauen» müssen, um dort ernsthaft den Frieden zu schützen.

Ein verheerender Handelskonflikt

Gleichzeitig spitzte sich der Handelskonflikt aufs Neue zu. Am Jahresende 2017 verknüpfte Trump zum x-ten Mal chinesisches Wohlverhalten in der Nordkorea-Krise mit den Wirtschaftsstreitigkeiten: «Sie haben uns beim Handel über den Tisch gezogen, wie sonst noch niemand in der Welt über den Tisch gezogen worden ist. ... China hat uns beim Handel große Schmerzen zugefügt, aber ich habe von harten Maßnahmen abgesehen, weil es nur eine einzige Sache gibt, die mir wichtiger ist als der Handel: Krieg... Ich war sehr hart gegenüber China, was den Handel angeht. Wenn sie mir bei Nordkorea helfen, kann ich den Handel ein bisschen anders betrachten, jedenfalls für eine Weile. So habe ich es auch gehalten. Aber wenn Öl nach Korea geht, dann macht mich das nicht glücklich... China hat enorme Macht über Nordkorea... Sie helfen uns, aber sie helfen nicht genug...

Wenn sie uns indes nicht helfen, dann werde ich das tun, wovon ich immer gesagt habe, dass ich es tun werde.» Zu deutsch: Der Handelskrieg, den zu führen Trump angetreten war, war nur verschoben, nicht aufgehoben worden.

Die Erwartung, der wetterwendische Präsident werde, gebauchpinselt von dem grandiosen Empfang, den ihm Xi Jinping in der Verbotenen Stadt bereitet hatte, und in der Hoffnung, dass Xi Nordkoreas Diktator Kim Jong-un zur Vernunft bringen würde, das Thema erst einmal ruhen lassen, erwies sich als trügerisch. Vielmehr drohte Trump China noch vor seiner ersten State-of-the-Union-Rede Bußgelder in ungeahnter Größenordnung an: «Wir sprechen von Zahlen, über die Sie noch nicht einmal nachgedacht haben.» Von einer Billion Dollar – 1000 Milliarden – wurde in Washington gemunkelt. Noch ehe Trump am 22. Januar sprach, wurden die Schutzzölle auf Waschmaschinen und Solarpaneele drastisch erhöht, was China besonders bei Solarzellen traf. Kurz danach regte US-Handelsminister Ross die Einführung von Strafzöllen in Höhe von 24 Prozent oder aber von Einfuhrquoten an, welche die Stahlimporte auf 63 Prozent der Vorjahresmenge begrenzen.

Viele zeigten Verständnis für Trumps Kurs, sogar James Rubin, unter Clinton stellvertretender US-Außenminister, der auf CNBC erklärte: «China verletzt überall auf der Welt die internationalen Handelsregeln – jeder weiß das.» Myron Brilliant, der Vize-Vorsitzende der US-Handelskammer, merkte dazu bei dem Besuch einer hochkarätigen amerikanischen Wirtschaftsdelegation in Peking an, dass China sich nicht auf dem guten persönlichen Verhältnis zwischen Xi und Trump ausruhen dürfe. Die Botschaft war unüberhörbar: kein Dumping mehr, Chancengleichheit für ausländische Unternehmen und Schluss mit den Urheberrechtsverletzungen!

Im März 2018 schlug Donald Trump zu. Seinen Außenminister Tillerson hatte er entlassen, ebenso seinen Nationalen Sicherheitsberater McMaster und seinen Chef-Wirtschaftler Cohen. Kein Gemäßigter fiel ihm noch in den Arm. Nun ließ er seinen ursprünglichen antichinesischen Gefühlen freien Lauf. Anfang des Monats verhängte er die seit Langem von ihm angestrebten Zollerhöhungen, 25 Prozent auf Stahl und 10 Prozent auf Aluminium. Es war der Beginn eines Eskalationsprozesses, von dem noch Monate später unklar war, ob er nicht über kurz oder lang in einen verheerenden Handelskrieg münden würde.

Anfang April kündigte das Weiße Haus die Verhängung weiterer Strafzölle im Wert von 50 Milliarden Dollar auf 1300 chinesische Produkte an, für deren Einfuhr künftig eine Abgabe von 25 Prozent fällig werde. Betroffen waren unter anderem Autos, Fernseher, Spülmaschinen, Buchbindereimaschinen, Zahnzement, medizinische Geräte und kurioserweise Flammenwerfer. Dabei wurden vornehmlich die zehn Branchen anvisiert, die sich nach Chinas Masterplan 2025 in den nächsten sechs Jahren zur Weltspitze emporarbeiten und Amerikas ökonomische Überlegenheit beenden sollen. Die neuen Zölle würden Amerika zu einer «stärkeren, reicheren Nation» machen, erklärte Trump. Lighthizer erläuterte, die Zollerhöhungen sollten so ausgewählt werden, dass der Schaden für die amerikanischen Verbraucher möglichst minimiert, die Auswirkungen auf China indes maximiert würden. Und obwohl Trump die Welthandelsorganisation ständig der unfairen Behandlung Amerikas beschuldigt, ließ er in Genf ein Beschwerdeverfahren gegen China eröffnen. Ihrerseits haben sich auch die Chinesen an die Welthandelsorganisation gewandt.

Im März schlugen die Chinesen erst eine Woche nach Verhängung der US-Strafzölle auf Stahl und Aluminium zurück. Ihre Reaktion fiel zunächst erstaunlich verhalten aus. Peking belegte 128 amerikanische Importwaren mit Zöllen zwischen 15 und 25 Prozent, darunter Schweinefleisch, Früchte, Nüsse, Wein und amerikanischen Ginseng. Dies solle die Verluste in Höhe von drei Milliarden Dollar ausgleichen, die China durch die amerikanischen Maßnahmen entstünden. Sojabohnen und Mais blieben ausgespart, um höhere Lebenshaltungskosten – etwa für Speiseöl – zu vermeiden. Im April dauerte es jedoch keine elf Stunden, bis Peking unwirsch reagierte. Im Gegenzug veröffentlichte es eine Liste von 106 amerikanischen Erzeugnissen mit einem Importwert von 50 Milliarden Dollar, bei denen auf den bestehenden Einfuhrzoll ebenfalls 25 Prozent aufgeschlagen werden sollen. Dabei ging es um so verschiedene Dinge wie einige Flugzeugteile und Autos, um Baumwolle, und Bourbon-Whisky und Batterien, Rindfleisch, Orangensaft, getrocknete Preiselbeeren und Tabakabfälle. Der größte Brocken waren Sojabohnen, deren Ausfuhrwert 2017 immerhin 14 Milliarden Dollar ausmachte, zusammen mit Lebensmitteln und Getränken sogar 21 Milliarden. Die Artikel schienen alle bewusst so ausgewählt, dass sie gezielt jene Regionen treffen, die mehrheitlich für Trump gestimmt hatten. Zumal die Soja-Farmer und Schweinezüchter des Mittleren Westens und die Whisky-Brenner in Kentucky und Tennessee müssen seitdem um ihre Existenz bangen.

Zunächst blieb es bei einem Krieg der Worte. Präsident Trump erging sich in Twitter-Drohungen, die sich nicht wesentlich von seinem Ausbruch im Jahr 2013 unterschieden: «Sie wollen uns überholen, und wenn wir nicht bald *smart and tough* werden, dann schaffen sie es auch.» Nun machte er kein Hehl mehr daraus, worum es ihm wirklich ging: Chinas Aufstieg zur technologischen Führungsmacht nicht nur zu bremsen, sondern komplett zu verhindern. Dafür griff er jetzt zu dem Artikel 301 eines Notstandsgesetzes aus dem Jahr 1977, des International Emergency Economic Powers Act, der den Präsidenten befugt, auf eine «ungewöhnliche und außerordentliche Bedrohung» mit einer umfangreichen Palette von Maßnahmen zu reagieren. So kann er geschäftliche Abmachungen für nichtig erklären, Finanztransaktionen blockieren und ausländische Vermögenswerte sperren.

In Peking war die Aufregung groß. Man wolle keinen Handelskrieg, hieß es, aber man scheue ihn auch nicht. Wie immer, schlug die *Global Times* am kräftigsten auf die nationalistische Pauke: «Wenn es zum Handelskrieg kommt, wird es zwischen gleich Starken ein totaler Krieg zwischen China und der US-Volkswirtschaft sein, nicht bloß eine kleine Rempelei.»

Xi Jinping wollte es allerdings nicht zum Äußersten kommen lassen. Beim Boao-Wirtschaftsforum, «Asiens Davos», forderte er «Dialog statt Konfrontation». Mit Kalter-Kriegs-Mentalität, Nullsummen-Theorie und Isolationismus werde man gegen die Wand fahren, sagte er im Blick auf Trump. Zugleich kündigte er eine weitere Öffnung des chinesischen Marktes an, schärfere Bestimmungen zum Schutz individuellen Eigentums, die Genehmigung höherer ausländischer Anteile an chinesischen Unternehmen und, wie von Trump per Twitter verlangt, niedrigere Einfuhrzölle auf Automobile. Das meiste hatte die Regierung allerdings schon mehrmals zugesagt, ohne dass dem konkrete Schritte gefolgt wären. Die Reaktion blieb daher verhalten. Der US-Präsident twitterte zwar, er sei «sehr dankbar» für Xis «nette Worte», und zeigte sich zuversichtlich: «Wir werden gemeinsam große Fortschritte machen.» Die gegenseitigen Zölle würden angepasst, und ein Abkommen zum geistigen Eigentum werde erreicht. Die Sprecherin des Weißen Hauses stellte allerdings klar, die USA wollten mehr als nur Rhetorik sehen, nämlich «konkrete Schritte und konkrete Taten». Bis dies geschehe, würden die Vereinigten Staaten an ihren angekündigten Strafzöllen festhalten.

Eine Zeit lang schlugen beide Seiten versöhnlichere Töne an. Möglicherweise werde es gar nicht zu den angekündigten Strafzöllen kommen, sagte der neue Wirtschaftsberater Larry Kudlow. Es wurde verhandelt – auch über Trumps Aufforderung an China, konkrete Vorschläge zu machen, wie der chinesische Handelsüberschuss um 100 Milliarden Dollar im Jahr gesenkt werden könne. Die Frage war freilich: Was ist im Zeitalter der Globalisierung ein chinesisches Produkt? Handys, Computer und Computerzubehör im Wert von 148 Milliarden Dollar machten 2017 an die 29 Prozent der chinesischen Ausfuhren in die USA aus. In ihnen steckten aber zu 86 Prozent teure Teile, die aus Taiwan, Südkorea oder sonst woher kamen. Wer will das auseinanderrechnen?

Im April reiste Pekings Chefunterhändler, der Vizepremier Liu He, unverrichteter Dinge aus Washington ab. China wollte sich nur zu einer nicht näher konkretisierten «substantiellen Verringerung» seines Handelsüberschusses verpflichten, die Amerikaner verlangten eine kräftige Reduzierung ihres Defizits. Anfang Mai legte eine hochrangige amerikanische Wirtschaftsdelegation – Finanzminister Mnuchin, Wirtschaftsminister Ross, dazu der Handelsbeauftragte Lighthizer und die Wirtschaftsberater Kudlow und Navarro – in Peking die Latte der Forderungen höher denn je. Hatte Washington bis dahin nur verlangt, dass China seinen jährlichen Handelsüberschuss von 375 Milliarden Dollar bis 1. Juni 2019 um 100 Milliarden Dollar verringere, so forderte es jetzt obendrein eine weitere Reduzierung um 100 Milliarden bis 1. Juni 2020, also eine Schrumpfung des Überschusses um gut die Hälfte binnen zwei Jahren. Das war eine Forderung, der die Chinesen selbst beim besten Willen, wenn sie ihn denn gehabt hätten, nicht nachkommen konnten. Immerhin boten sie an, zusätzliche US-Waren im Wert von 70 Milliarden Dollar zu kaufen, doch Trump lehnte ab.

Aber dann geschah es wirklich: Unter Druck gab Peking ein Stück weit nach. Es kündigte die Öffnung des Marktes für ausländische Autobauer, die teilweise Abschaffung der Zwangspartnerschaften und den Wegfall der Beteiligungsgrenzen an – für Elektroautos sofort, für Nutzfahrzeuge ab 2020 und für den gesamten Pkw-Sektor ab 2022. Kurz darauf wurde ausländischen Investoren der Zugang zur Finanzindustrie erleichtert; chinesische Banken können seitdem zu 100 Prozent in ausländischen Besitz gehen. Indes blieb offen, wann entsprechende Reformen auf weitere Branchen ausgeweitet würden. Die Regierung öffne die Wirtschaft «in ihrer eigenen Geschwindigkeit und in ihrer eigenen Richtung», hieß es aus dem Pekinger Handelsministerium.

Doch damit gab Donald Trump sich mitnichten zufrieden. Martin Wolf von der *Financial Times* zitierte aus dem in die Öffentlichkeit gelangten «Rahmenentwurf» einer Übereinkunft, den das Trump-Team nach Peking mitgebracht hatte. Darin war aufgelistet, was den Chinesen alles zugemutet werden sollte: China erhebt keine höheren Zölle auf US-Produkte als die USA auf chinesische Produkte. Binnen acht Wochen wird der Zugang für ausländische Investoren gänzlich geöffnet. Alle «marktverzerrenden Subventionen, die zu Überschusskapazitäten führen», werden unverzüglich beendet. Peking verpflichtet sich, in *Joint ventures* keine Übergabe mehr von Technologie zu erzwingen und mit der Erschleichung fremden Knowhows «per Cyber-Hacking, Wirtschaftsspionage, Fälschung und Markenpiraterie» Schluss zu machen. Außerdem zieht es seine Beschwerden gegen Amerika in der Welthandelsorganisation zurück, ergreift «keine Vergeltungsmaßnahmen gegen neue amerikanische Handelsbarrieren» und wird gegen amerikanische Investitionsbeschränkungen in technologisch und sicherheitspolitisch kritischen Sektoren «weder opponieren noch sie infrage stellen oder dafür Vergeltung üben».

Dies war eine regelrechte Aufforderung zur Kapitulation – und es war noch nicht alles. Hinzu kam eine Forderung, die im Effekt darauf hinausläuft, dass China sein ehrgeiziges Förderprogramm «Made in China 2025» aufgibt. Im Gegenzug verlangte Peking, chinesische Investitionen in Amerika nicht länger zu behindern, die angekündigten Strafzölle nicht zu erheben und die Ermittlungen gegen China wegen des Diebstahls geistigen Eigentums nicht fortzusetzen.

Vielen der amerikanischen Forderungen werden sich die Europäer anschließen können, besonders was den Schutz geistigen Eigentums vor Ideenklau und den massiven Einsatz von Staatssubventionen zur Hochpäppelung künftiger Weltmarktführer angeht. Doch werden sie sich nicht dem Trump'schen Hauruck-Verfahren anschließen können. «Wiewohl wir viele der amerikanischen Anliegen teilen, finden wir es hochproblematisch, dass von all den Werkzeugen, mit denen man der Sache beikommen könnte, meist nur der Hammer eingesetzt wird», sagte Mats Harborn, der neue Präsident der Europäischen Handelskammer in China. Eine Lösung suchen die Europäer stattdessen in der Welthandelsorganisation WTO.

Das chinesische Entgegenkommen wird freilich auch dort Grenzen haben. Dass China ganz darauf verzichtet, seine Industrie zu modernisieren, dass es US-Investoren uneingeschränkten Marktzugang gewährt, während Amerika die Barrieren für chinesische Firmen aufrechterhält, und dass es sich klaglos in die Zumutungen der Trump-Equipe schickt – Martin Wolf hielt derlei Vorstellungen schlicht für *«crazy»*: «Kein souveräner Staat kann solch eine Demütigung hinnehmen. Für China wäre es eine moderne Version der ‹ungleichen› Verträge des neunzehnten Jahrhunderts.» Richtigerweise merkt Wolf auch an, dass eine geschlossene westliche Front gegen China schwerlich zustande kommen kann, solange Trump zugleich die Europäer und die asiatischen Verbündeten Japan und Südkorea unter merkantilistischen Druck setzt und selbst nicht die geringsten Zugeständnisse macht.

Weiter im Angriffsmodus

Die Frage blieb zunächst offen, ob der offensive Auftritt der Trump-Mannschaft reine Taktik war, um den Verhandlungsdruck zu erhöhen – getreu dem *art-of-the-deal*-Grundsatz des Präsidenten: «Manchmal ist Konfrontation die einzige Wahl.» Man verlangt Unmögliches, Unzumutbares, Unrealistisches, um dann, wenn es ernst wird, zurückzufallen aufs Verhandelbare. Donald Trump fuhr weiter den für ihn typischen Zickzackkurs und verfiel am Ende doch wieder in seinen Angriffsmodus.

Die Unberechenbarkeit seines ewigen Hin und Hers zeigte sich am

deutlichsten in dem Verwirrspiel um den chinesischen Telekom-Aus-
rüster und Smartphone-Hersteller ZTE. Der aus dem Ministerium für
Luft- und Raumfahrt hervorgegangene Staatskonzern aus Zheng-
shen – 80 000 Beschäftigte, Börsenwert 20 Milliarden Dollar – war 2017
wegen Umgehung der über Iran und Nordkorea verhängten Sanktionen zu einer Geldstrafe von 1,2 Milliarden Dollar verdonnert worden.
Weil er sich nicht an die Auflage hielt, die verantwortlichen Manager
zu bestrafen, und außerdem der Lüge überführt wurde, untersagte
ihm das US-Handelsministerium im April 2018 für die nächsten sieben
Jahre die Lieferung von Mikrochips, Festplatten und Softwareproduk-
ten an ZTE. Daraufhin sah sich das Unternehmen gezwungen, den Betrieb einzustellen, was in Peking enorme Unruhe auslöste. Am Ende
war es Xi Jinping selbst, der Trump telefonisch zu einer Kehrtwende
bewog. «Zu viele Jobs in China verloren», twitterte der US-Präsident,
und beauftragte das Handelsministerium, ZTE die Möglichkeit zu eröffnen, rasch wieder ins Geschäft zu kommen.

Über den Grund für den Salto rückwärts wurde viel gerätselt. Hatte
China sich verpflichtet, mehr aus den USA zu importieren – Automobile, Flüssiggas, andere Rohstoffe, landwirtschaftliche Erzeugnisse?
War es, wie die Demokraten argwöhnen, der Dank dafür, dass die chinesische Regierung einem Staatskonzern, der für die Trump-Gruppe
einen Vergnügungspark in Indonesien bauen soll, einen Kredit von
500 Millionen Dollar einräumte und der Präsidententochter Ivanka
neue Geschäftslizenzen gewährte? Bedrängten ihn die amerikanischen
Lieferanten von Hard- und Software, ihnen nicht den chinesischen
Markt zu verschließen? Gab er nach, weil ZTE USA laut *New York Times*
1,4 Millionen Lobby-Dollars aufgewendet hatte, um die Behörden und
den Kongress umzustimmen? Oder reichte es dem Präsidenten, den
Chinesen ihre fortdauernde Abhängigkeit von Amerika drastisch vor
Augen zu führen? Da könnte er sich verrechnet haben. Zu einem Zeitpunkt, in dem sich das Land in dem Propagandafilm «Erstaunliches
China» als Technologiegroßmacht bejubelte, mussten die Chinesen
den Vorfall als ihren Sputnik-Schock empfinden und als Anstoß, nun
erst recht auf technologische Autarkie zuzusteuern. Am Ende durfte
ZTE weiterarbeiten, nachdem es einer neuerlichen Strafzahlung von
1,3 Milliarden Dollar, einer Auswechslung des Managements und umfassenden Sicherheitsgarantien zugestimmt hatte.

Ansonsten zeigte Trump jedoch keine Milde. Chinas Direktinvestitionen in den USA – nicht zu Unrecht immer wieder der Ausspähung industriellen und technologischen Wissens verdächtigt – beliefen sich nach 46 Milliarden 2016 auf 30 Milliarden Dollar 2017. Im ersten Halbjahr 2018 gingen sie wegen des schärferen Screenings in Amerika und der strengeren Kapitalausfuhrkontrollen in China auf 1,8 Milliarden zurück. Das US-Finanzministerium hatte weiter die Anweisung, kurzfristig eine Prüfungsinstanz zur Begrenzung chinesischer Investitionen in Schlüsselsektoren einzurichten. Die Befugnisse des CIFIUS-Ausschusses, der ausländische Investitionen unter dem Aspekt der nationalen Sicherheit durchleuchtet, wurde durch den Foreign Investment Risk Review Modernization Act beträchtlich ausgeweitet. Der Ausschuss, 1975 aus Sorge über japanische Übernahmen gegründet, darf nun auch über Minderheitsbeteiligungen, die Bildung von Gemeinschaftsunternehmen und den Erwerb von Immobilien in der Nähe militärischer Anlagen entscheiden. Eines seiner drakonischen Entscheidungskriterien ist die Frage, ob amerikanische Firmen in denselben Sektoren der chinesischen Wirtschaft frei investieren können; ein anderes, wie weit die chinesischen Unternehmen unter staatlichem Einfluss stehen. Parallel zu den Beratungen in beiden Häusern lief im US-Kongress eine Untersuchung über den «langen Arm» Chinas und die «alles durchdringenden» Versuche Pekings, im westlichen Ausland «politischen Einfluss geltend zu machen, zu erkaufen oder zu erzwingen» und die kritische Diskussion heikler Themen wie die Geschichte der Volksrepublik, ihr Menschenrechtsverhalten und ihre Unterdrückung der Meinungsfreiheit zu verhindern. Dies stelle eine weltweite Bedrohung dar, zumal China modernste Technologie und die Verlockungen des chinesischen Marktes nutze, «um seine autoritären Praktiken im Ausland durchzusetzen».

Während diese Untersuchungen noch liefen, ließ Trump den Handelskonflikt mit China weiter eskalieren. Am 6. Juli 2018 traten die angekündigten Schutzzölle auf die ersten 50 Milliarden in Kraft. Sollte China dagegen Vergeltung üben, würden weitere Strafzölle in Höhe von 10 Prozent auf 6000 Einfuhrgüter im Gegenwert von 200 Milliarden Dollar folgen; das entsprach zwei Fünfteln der US-Importe aus China. Falls der Präsident seine Drohung wahr mache, erwiderten die Chinesen, würden sie amerikanische Produkte im Wert von 60 Milliarden Dollar, zwei Fünftel der Einfuhren aus den USA, mit Strafzöllen belegen. Der US-Präsident drohte, er könne sich dann sogar Zollerhöhungen auf Importgüter im Wert von 500 Milliarden vorstellen, fast auf die gesamte Einfuhr auf China also. Einen Handelskrieg könne Amerika gewinnen, tönte Trump. Peking warf den Amerikanern daraufhin Erpressung vor. Man werde nicht die andere Wange hinhalten, ließ sich Xi Jinping vernehmen, sondern mit Zollerhöhungen in gleicher Größenordnung kontern.

Gespräche auf der Ebene der stellvertretenden Handelsminister Wang Shouwen und David Malpasse brachten im August 2018 keine Annäherung, vielmehr setzte Washington die vier Wochen zuvor angekündigten Zollerhöhungen auf Güter im Wert von weiteren 16 Milliarden in Kraft – vermutlich auch, weil Trump inzwischen Peking wieder die Schuld daran zuschob, dass er im Nuklearpoker mit Nordkorea keinen Stich machen konnte. Es hintertreibe, monierte er, Fortschritte in den Verhandlungen mit Pjöngjang, indem es Nordkorea mit Geld, Benzin, Dünger und anderen Gütern «beträchtliche Hilfe» leiste. Das Pekinger Außenministerium nannte dies eine unverantwortliche Verdrehung von Fakten und Logik. «Trump hält uns das Messer an den Hals», hieß es in der Presse. In der *Volkszeitung* umriss Long Guoqiang, Vizepräsident des Entwicklungs- und Forschungszentrums beim Staatsrat und ein international angesehener Wirtschaftsberater, das Leitprinzip des Regimes: «Nicht kämpfen wollen, den Kampf nicht fürchten, doch wenn nötig kämpfen».

Ein Ausgleich war nicht in Sicht. Es verstärkte sich der Eindruck, dass da zwei Großmächte nicht nur um Zollsätze stritten, sondern dass sie um die Anwartschaft auf technologische Führung und weltpolitische Vorherrschaft im 21. Jahrhundert kämpfen. Die Zeichen standen auf Handelskrieg.

Im September ging Trump zum Großangriff über und setzte die angekündigten Strafzölle auf weitere Produkte im Wert von 200 Milliarden Dollar in Kraft. Zunächst beließ er es bei 10 Prozent, doch nur für drei Monate. Sollte China nicht einlenken, würde der Zollsatz am 1. Januar 2019 auf 25 Prozent erhöht. Damit waren nun Waren im Wert von 250 Milliarden Dollar mit unterschiedlich hohen Zöllen belegt, die Hälfte der amerikanischen Einfuhren aus China. Da die Chinesen 2017 nur US-Waren für 130 Milliarden Dollar eingeführt hatten,

konnten sie nicht in gleicher Höhe kontern. Immerhin erhöhten sie
die Zölle auf 5200 US-Importgüter im Wert von 60 Milliarden Dollar
um 5 bis 10 Prozent.

Im Herbst 2018 war nicht abzusehen, ob sich eine Eskalation zum
totalen Handelskrieg noch verhindern ließ. Es hatte eher den Anschein, als wolle der US-Präsident aus dem Zollstreit nicht nur einen
Handelskrieg, sondern eine geopolitische Konfrontation machen. Im
August erklärte er: «Als ich ins Amt kam, sah es so aus, als ob wir zu-
lassen würden, dass China in kurzer Zeit größer würde als wir. Das
wird nicht mehr passieren.» Am 25. September beschuldigte er die
Chinesen in der UN-Vollversammlung der Einmischung in den
amerikanischen Wahlkampf. Dann erklärte am 29. September Matt
Pottinger, der Asienreferent im Nationalen Sicherheitsrat, in Chinas
Washingtoner Botschaft: «Wir in der Regierung Trump haben unsere
China-Politik aktualisiert, um das Konzept der Konkurrenz in den
Vordergrund zu rücken.» Was dies bedeutete, machte am 4. Oktober
Vizepräsident Pence im Hudson Institute mit brutaler Direktheit
deutlich: nicht Konkurrenz, sondern strategische Gegnerschaft.

China gebe mehr als das gesamte übrige Asien für sein Militär aus
(was laut IISS nicht stimmt). Es setze seine Macht ein wie nie zuvor
und militarisiere die Inseln des Südchinesischen Meers, obwohl Xi
Jinping 2015 im Rosengarten des Weißen Hauses beteuert habe, China
verfolge keine derartigen Absichten. Es versuche, seinen Einfluss auf
die ganze Welt auszuweiten, auch mit seiner «Schuldendiplomatie».
Und es wolle «einen anderen Präsidenten». Peking mische sich auf
eine Weise in Amerikas Demokratie ein, im Vergleich zu der alles ver-
blasse, was die Russen veranstalteten. Der Kern von Pences Botschaft
lautete: «Dieser Präsident wird nicht klein beigeben.» Manche Beobachter hofften auf eine weniger harte Haltung Trumps nach den Zwi-
schenwahlen am 6. November, andere setzten auf Ausgleichsgesprä-
che mit Xi Jinping beim G20-Treffen in Buenos Aires. Doch ließ der
Mann im Oval Office kein Anzeichen von Kompromissbereitschaft
erkennen.

Der Alibaba-Magnat Jack Ma sieht schwere Zeiten voraus. «Sie
werden lange dauern, vielleicht zwanzig Jahre. Es wird ein Schla-
massel sein. Es ist kein Handelskrieg, es geht um die Rivalität zweier
Staaten». Er könnte recht behalten.

Wer hat mehr zu verlieren?

Das Tauziehen zwischen der alten und der neuen Supermacht wird weitergehen, das Schlingern Donald Trumps wohl auch. Womöglich hat es ja rein wirtschaftliche Gründe. Wie sehr der US-Präsident auch darauf brennen mag, China die Faust zu zeigen, er kommt an mehreren harten Tatsachen nicht vorbei. Erstens können die Chinesen amerikanischen Firmen in China das Leben noch schwerer machen, als es ohnehin schon ist. Zweitens könnten sie die Einfuhr amerikanischer Landwirtschaftserzeugnisse drastisch weiter beschränken oder ganz unterbinden, was gerade den Farmern, die Trump in großer Mehrheit gewählt haben, empfindliche Einbußen bescheren würde. Drittens aber könnten sie das Volk aufrufen, keine amerikanischen Waren mehr zu kaufen; ein solcher Boykott hat schon Japanern und Südkoreanern große Verluste beschert. Auch einen Importstopp für Boeing-Flugzeuge, amerikanische Autos und iPhones hat die *Global Times* bereits angedroht, dazu den Abzug der 430 000 chinesischen Studenten aus den USA. Letzteres würde allerdings die politischen und wirtschaftlichen Eliten Chinas schwer treffen, die ihre Kinder an westlichen Internaten und Hochschulen unterbringen wollen. Umgekehrt wäre die Lage jedoch auch für die Chinesen nicht einfach. In vielerlei Hinsicht hängen sie von amerikanischen Zulieferungen ab; das haben sie in der ZTE-Krise schmerzhaft erfahren. Die meisten iPhones werden in China gefertigt, doch die Chips kommen aus Amerika, und noch immer steht auf der Rückseite eines jeden *Designed by Apple in California. Assembled in China.* Ihrerseits erwogen die Amerikaner, keine Chinesen mehr zum Studium an ihren Technologiefakultäten oder zur Arbeit an «sensiblen» Forschungsinstituten zuzulassen, doch der Plan wurde fallen gelassen, da er einen Einnahmeausfall von 18 Milliarden Dollar verursachen und mehrere Bundesstaaten um ihren Überschuss im Dienstleistungssektor bringen würde.

Schließlich aber hält China rund 12 Prozent der amerikanischen Staatsanleihen und finanziert damit das Leben der Amerikaner auf Pump: 1,18 von 14,7 Billionen Dollar. So paradox, ja bizarr das auch ist: Um seinen 1,3-Billionen-Dollar-Haushalt zu finanzieren, zumal das vorgeblich wegen der auch von China ausgehenden Bedrohung um 12 Prozent erhöhte Verteidigungsbudget, borgt sich der Schuldenmacher-Präsident das nötige Geld zu einem beträchtlichen Teil ausgerechnet bei dem neuen Erzfeind. «China ist gleichsam die Bank von Uncle Sam», sagt Bernd Weidensteiner von der Commerzbank. Dem größten Gläubiger der Vereinigten Staaten droht Trump dennoch ständig mit Strafzöllen. Sollte Peking im Gegenzug den Anleihekauf entscheidend drosseln oder gar komplett einstellen, würde der Markt ins Taumeln geraten und Amerika müsste sich auf steigende Zinsen und eine Rezession einstellen. Allerdings wären die Verlustrisiken auch für China hoch. Würde es scheibchenweise US-Staatstitel abstoßen, sänke der Wert der Anleihen im eigenen Portfolio, der Yuan würde aufwerten und die chinesischen Exporte verteuern. Deswegen hat Peking wiederholt beteuert, es werde sich verantwortungsvoll verhalten und keine US-Staatsanleihen verkaufen. Tatsächlich hat es bisher davon abgesehen, seine Währung als Waffe zu verwenden.

Nach Trumps ersten zwei Jahren im Weißen Haus blieb unter dem Strich nur festzustellen, dass er, der doch versprochen hatte, Amerika wieder groß zu machen, mit seiner bisherigen Politik in erster Linie China groß gemacht hat. Durch die Aufkündigung der Transpazifischen Partnerschaft (TPP) schuf er, die indo-pazifischen Partner und Verbündeten im Stich lassend, ein klaffendes Vakuum, in das die Volksrepublik mit Geld und Geschick hineinstößt. «Chinas Einfluss in Afrika und Südostasien wächst seit geraumer Zeit stetig», sagt Anne-Marie Slaughter, die unter Hillary Clinton Chefin des Planungsstabes im State Department war. «Die USA aber rücken jetzt einfach beiseite und machen ihm Platz.» Den Auswärtigen Dienst lässt Trump am ausgestreckten Arm verhungern, während die Chinesen in aller Welt ihre Präsenz ausbauen. Und wo diese sich vorgenommen haben, auf dem möglicherweise zukunftsentscheidenden Forschungsgebiet der Künstlichen Intelligenz bis 2020 mit den USA gleichzuziehen, sie bis 2025 zu überholen und fünf Jahre später die führende KI-Macht der Welt zu sein, kürzte er das Bundesbudget für *«intelligent systems»* um 11 Prozent und die Gesamtausgaben für Forschung und Entwicklung um fast ein Fünftel. Das Ergebnis: *America alone, China first.*

Unterdessen ändert sich in Amerika im Blick auf China die Stimmung. Nach dem Urteil Mark Landlers in der *New York Times* glauben immer mehr Diplomaten, Gelehrte und Businessleute, dass ein Konflikt mit der Volksrepublik unvermeidlich sei. Chinas Säbelrasseln im Südchinesischen Meer, seine Wühlarbeit in amerikanischen Colleges, der Diebstahl von Unternehmensgeheimnissen und die Zensur im Internet hätten nacheinander die Militärs, die Presse, die Intellektuellen, die Zivilgesellschaft und die Geschäftswelt entfremdet. Eine Verschärfung der amerikanischen China-Politik könnte daher durchaus weitgehende Zustimmung finden. (Tatsächlich ist laut PEW die Zahl derjenigen Amerikaner zurückgegangen, die von China eine positive Meinung haben, wobei 58 Prozent seine Wirtschaftskraft für bedrohlicher halten als seine militärische Stärke.) Es ist kein Zufall, dass in dieser Lage gelentlich an Richard Nixon erinnert wird. Anfang der 1970er-Jahre hatte er das Reich der Mitte aus der selbst gewählten Isolierung auf die Weltbühne zurückgeholt. Als alter Mann soll er beim Blick auf die Volksrepublik seinem ehemaligen Redenschreiber William Safire anvertraut haben: «Wir haben da vielleicht ein Frankenstein-Monster geschaffen.»

Die amerikanisch-chinesische Rivalität wird, so viel lässt sich mit Gewissheit sagen, in der internationalen Politik das bestimmende Moment des einundzwanzigsten Jahrhunderts werden. Der Aufstieg Chinas fordert die Vereinigten Staaten heraus. Graham Allison, den Erfinder der Thukydides-Falle, bringt diese Definition in nachvollziehbares Grübeln. Er scheut sich nicht, unbequeme Fragen zu stellen: «Ist ein China, das größer und mächtiger ist als die USA, eine solch gravierende Herausforderung? Ist «militärische Vorherrschaft» wesentlich, um Amerikas vitale nationale Interessen zu sichern? Können die USA in einer Welt gedeihen, in der China die Regeln schreibt? In einer Welt, in der China die Weltordnung neu gestaltet?»

Allison zählt die möglichen Alternativen auf: diplomatischen Ausgleich, Unterminierung des Regimes, Aussetzen der Rivalität für ein Vierteljahrhundert zur Konzentration auf die Lösung der gewaltigen einheimischen Probleme beider Staaten. Am Ende empfiehlt er, sich auf Xi Jinpings Formel von einer «neuen Form der Großmachtbeziehungen» einzulassen – allerdings nicht auf Xis Auslegung. Sie bedeute lediglich eine gegenseitige Anerkennung der Einflusssphären beider Mächte. Darauf wollte schon Obama sich nicht einlassen. Dem Harvard-Gelehrten schwebt vielmehr, ganz im Sinne von Henry Kissingers Ko-Evolutions-Idee, ein gemeinsamer Kampf gegen die vier «Mega-Bedrohungen» der Menschheit vor: ein nukleares Armageddon, atomare Anarchie, bei der Kernwaffen in viele verantwortungslose Hände geraten, der globale, vor allem dschihadistische Terrorismus; schließlich der fortschreitende Klimawandel.

Die Entscheidung der amerikanischen Politik steht noch aus. Handelskrieg? Ein neuer Kalter Krieg? Militärische Konfrontation im Südchinesischen Meer, bei der aus einem Zusammenstoß von Kriegsschiffen oder Kampfflugzeugen ein Schießkrieg werden kann? Amerikanisches Beiseiterücken im Pazifik? Verständigung? Die Welt wartet auf die alles entscheidende Weichenstellung.

Bislang beschränkt sich Europa darauf, die geopolitische Rangelei distanziert zu beobachten, die sich zwischen China und Amerika in Asien anbahnt. Es sollte indes alles tun, um auf beide zügelnd und zur Vernunft mahnend einzuwirken. Die Hitzköpfe dürfen sich nicht durchsetzen. Von einem Handelskrieg hätte niemand etwas. Ein neuer Kalter Krieg, diesmal im Pazifik, wäre das Letzte, was die Welt braucht. Und schon gar nicht dürfen die alte und die neue Weltmacht schlafwandelnd in einen heißen Krieg hineinschlittern, wie er sich an unvorhergesehenen Zwischenfällen entzünden könnte.

Aus europäischer Sicht wäre eine kraftvolle Mischung aus kluger machtpolitischer Eindämmung Chinas und zielbewusster Kooperation mit ihm wohl die angemessenere Strategie – nach dem Motto *embrace and hedge*, umarmen und einhegen. China und Amerika sind Konkurrenten, Widersacher auch, aber Feinde sind sie nicht. Dazu dürfen auch tumbe Ideologen sie nicht machen. Zumal sie Bundesgenossen sein könnten, ja: sein müssten im Kampf gegen die vier säkularen Bedrohungen.

19

Die deutsch-chinesischen Beziehungen

Im Zeitalter des Barock und des Rokoko brüsteten sich alle deutschen Fürstenhöfe, die etwas auf sich hielten, mit ihren chinesischen Pagoden, Teehäusern oder Türmen. «Chinoiserien» waren die große Mode: Porzellane, Seiden, Papiertapeten und Lackarbeiten. Europa beschäftigte sich mit China. Von Leibniz bis zu Kant, Hegel und Goethe gaben die großen Geister in Deutschland ihrer weitverbreiteten Verehrung für China Ausdruck. Leibniz sah darin ein Reich, «das gleichsam wie ein Europa des Ostens das entgegengesetzte Ende der Erde ziert», und schwärmte vom «öffentlichen Frieden» und der «Ordnung des Zusammenlebens der Menschen» in China. In seiner Schrift *Novissima Sinica* empfahl er, chinesische Missionare nach Europa zu schicken, um die Bevölkerung in moralischen Dingen zu verbessern. Für Kant war China das «kultivierteste Reich der Welt». Goethe, der chinesische Liebesromane in Übersetzung las (sein Kommentar: «ohne große Leidenschaft und poetischen Schwung») und dessen *Leiden des jungen Werther* auch in China eine Selbstmordwelle auslöste, entdeckte gar eine Wesensverwandtschaft zwischen den beiden Völkern: «Die Chinesen sind ein Volk, das sehr viel Ähnlichkeiten mit den Deutschen hat», sagte er am 26. April 1823 zu Eckermann. Nur Johann Gottfried Herder tanzte da aus der Reihe, 1787 nannte er Chinas Hochkultur eine «balsamierte Mumie», erstarrt in ihren alten Konventionen.

Die Bewunderung, ja Verehrung alles Chinesischen hielt nicht lange an. Zum einen verblasste zusehends das Bild des aufgeklärten Mandarins. China wurde mehr und mehr zum Inbegriff von Despotie, Aufruhr und Rückständigkeit. In der Zeit der Ming- und Qing-Kaiser war das Reich der Mitte ein Reich des Stillstands. Herder und

Der Historienmaler Hermann Knackfuß zeichnete um 1895 nach einer Skizze von Kaiser Wilhelm II. den Erzengel Michael, der das christliche Europa zur Einigkeit gegen die «Gelbe Gefahr» aufruft.

Hegel monierten, es fehle den Chinesen am «Trieb zur Verbesserung», und beklagten ihre «Immobilität». Auch Max Weber, der sich intensiv mit Konfuzianismus und Taoismus befasste, stach in erster Linie die Entwicklungslosigkeit des Landes ins Auge. Zum anderen jedoch ging von China eine starke Beunruhigung aus. In Theodor Fontanes *Effie Briest* (1894/95) tritt ein Chinese auf, der «immer etwas Gruseliges» hat. Um diese Zeit grassierte die Furcht vor der «Gelben Gefahr», erst vor den Japanern, dann vor den Chinesen, übrigens in Frankreich *(Le peril jaune)* und Amerika *(The Yellow Peril)* ebenso wie in Deutschland. Ein von Wilhelm II. bei dem Historienmaler Hermann Knackfuß in Auftrag gegebenes Gemälde «Völker Europas, wahrt Eure heiligsten Güter» fing 1895 die vorherrschende Stimmung akkurat ein. Es war dann der Schriftsteller Stefan von Kotze, der um 1900 einem Buch den Titel *Die gelbe Gefahr* gab. Viele teilten seine Bedrohungsängste angesichts der «gelben Völkerwelt» (so der Philosoph Max Scheler). Ganz sind diese Ängste nie verschwunden. Der rasante Aufstieg Japans nach 1960 und Chinas nach 1980 hat bei vielen, denen noch die Hunnenangst vergangener Jahrhunderte in den Knochen steckte, die alten Befürchtungen geweckt. «Die umstrittene Vorherrschaft des weißen Mannes hat einen heftigen Stoß erhalten», schrieb Fritz Freiherr von der Goltz im Jahr 1907. Heutzutage ist sie endgültig dahin. Nicht alle haben sich schon daran gewöhnt.

Bewunderung, Angst und gute Geschäfte

Direkte Beziehungen der Deutschen zum Reich der Mitte hat es lange Zeit nicht gegeben. Über Sibirien liefen spärliche Handelskontakte vor allem der schlesischen und sächsischen Tuchhändler. Aber schon 1731 machte die unter preußischer Flagge segelnde «Apollon» – das erste deutsche Schiff, das sich auf die lange Reise nach China gemacht hatte – in Hamburg fest. Im Namen der britischen East India Company und der niederländischen Oostindische Compagnie suchten die Gesandten Englands und Hollands, die Beschlagnahme der Ladung von Tee und Porzellan zu erwirken, doch der Senat lehnte dies mit dem Hinweis auf die «Freyheit des hiesigen Hafens, seiner Schiffahrt und Handlung» ab.

Im Jahr 1750 gründete Friedrich der Große die «Königlich Preußisch-Asiatische Handlungs-Compagnie von Emden auf China», ein Versuch, in Asien mit den Holländern und Briten in Konkurrenz zu treten. Im Februar 1752 verließ die Fregatte «König von Preußen» Emden und erreichte nach einem halben Jahr Kanton. In den nächsten Jahren segelten wohl noch vierzehn Schiffe nach China, doch im Siebenjährigen Krieg schlief der Verkehr wieder ein; auch weitere Ansätze scheiterten. Es dauerte noch ein halbes Jahrhundert, bis hansische Kaufleute dauerhafte Kontakte nach China anknüpften. Die erste deutsche Konsulatsvertretung richtete die Freie und Hansestadt Hamburg 1829 in Kanton ein, wobei der Senat, skeptisch im Blick auf die Handelsaussichten, vorsichtshalber zu Protokoll gab, «irgendwelche jetzt oder künftig aus diesem Consulat erwachsenden Kosten» dürften nicht der Stadt Hamburg zur Last fallen. Doch sicherten die Zuständigen in Kanton dem ersten Konsul großzügig zu, «dass die

Flagge, der Handel und die Bürger Hamburgs auf alle Zeit die gleichen Privilegien genießen sollten wie die anderen Fremdmächte» (heute heißen derlei Zusicherungen «Meistbegünstigungsklausel»). Der Warenaustausch ließ sich gut an, zumal nachdem die Briten im Ersten Opiumkrieg 1839/41 die Chinesen gezwungen hatten, ihnen Hongkong «auf alle Ewigkeit» abzutreten, fünf Häfen zu öffnen und ihre Zollhoheit an die Fremden abzutreten. So wurde 1852 in Schanghai zusammen mit Bremen und Lübeck das zweite Konsulat eröffnet.

Der Opiumkrieg war ein schändlicher Krieg. Es war ein Rachefeldzug – die böse Quittung dafür, dass der chinesische Kaiser Daoguang aus Sorge um die Volksgesundheit im Hafen von Kanton 20 000 Kisten indischen Opiums hatte vernichten lassen und die weitere Einfuhr des Giftes verbot, mit dem die British East India Company Seide und Tee aus China zu bezahlen pflegte. Er endete mit dem Sieg der Briten und dem Friedensvertrag von Nanking – dem ersten jener «ungleichen Verträge», die China auf ein Jahrhundert hinaus der Willkür des Westens unterwarfen. Von ihm profitierten indes auch die Deutschen, besonders die Hansestädte. Bereits 1843 wurde in China das erste Hamburger Handelshaus eröffnet, die Firma Pustau, zum Teil finanziert von Salomon Heine, dem Onkel Heinrich Heines; 1846 folgten die Firmen Siemssen und Carlowitz. 1847 liefen drei Schiffe aus Hamburg und drei aus Bremen Kanton an, 1858 waren es bereits 180 deutsche Schiffe, davon die Hälfte aus Hamburg, und es wurden von Jahr zu Jahr mehr. Sie verfrachteten Wolltuche, Baumwollgarne, Eisenwaren, Nähnadeln (noch heute ein für Chinas Textilindustrie unentbehrlicher Ausfuhrartikel!) und später auch Anilinfarben nach China und brachten Tee und Seide, Porzellan und Perlmutt, Borsten und Felle, Gewürze und Bambusrohr für die Möbelherstellung zurück. Einige hanseatische Reedereien engagierten sich zugleich in der chinesischen Küstenschifffahrt, wobei sie Güter transportierten, aber auch Kulis fürs Ausland. 1913 entfielen neun Prozent des chinesischen Außenhandels auf Deutschland, ein Viertel von Chinas Export, und ein Fünftel seines Imports lag in den Händen deutscher Reeder. In den 1890ern nahmen der Norddeutsche Lloyd, Rickmers und Hapag einen monatlichen Liniendienst nach Hongkong und Schanghai auf.

Im Zweiten Opiumkrieg (1856–1860) raubten britische und französische Truppen in einer Orgie der Zerstörung den Sommerpalast

Die europäischen Mächte teilen sich die chinesische Torte und knebeln das Reich der Mitte mit «ungleichen Verträgen». Karikatur aus *Le Petit Journal*, 1898

bei Peking aus und brannten ihn nieder. Danach erhielten fremde Gesandtschaften Niederlassungsrecht in Peking, elf weitere Häfen wurden geöffnet, und der Jangtsekiang wurde für die Dampfschifffahrt freigegeben. England ließ sich zur Abrundung Hongkongs die gegenüberliegende Halbinsel Kowloon abtreten. Aber auch die anderen europäischen Mächte gingen nun daran, China durch «ungleiche Verträge» zu knebeln. Das Land wurde aufgeteilt wie eine Torte. Die Franzosen richteten sich im Südwesten, die Russen im Nordosten in halbkolonialen Einflusszonen ein; Russland knöpfte den Chinesen zudem riesige Gebiete nordöstlich des Amur ab. Auch Deutschland war interessiert. Noch 1859 war der zaghafte Versuch eines preußischen Expeditionskorps unter dem Grafen Friedrich Albrecht zu Eulenburg gescheitert, Formosa zu besetzen, das heutige Taiwan. Eulenburg verhandelte dann mit den Chinesen und schloss 1861 im Namen Preußens, des Deutschen Bundes und des Deutschen Zollvereins den Vertrag von Tianjin ab, der zur Grundlage der deutsch-chinesischen

Beziehungen bis zum Ersten Weltkrieg wurde. Allerdings gab es um die Jahrhundertwende eine schwierige Phase.

In den 1880er-Jahren, als die Franzosen einen mehrjährigen Seekrieg gegen China führten, lieferten die Deutschen, die Sieger von Sedan, den Chinesen noch hilfreich zwei Schlachtschiffe, die «Dingyuan» und die «Zhenyuan». Ermutigung empfing auch der greise chinesische Chefdiplomat Li Hongzhang, als er 1896 Fürst Bismarck in Schloss Friedrichsruh im Sachsenwald besuchte. «Wie sollen wir es machen, um China zu reformieren?», fragte der Chinese. Bismarck entgegnete wohlwollend: «Die Hauptsache ist: Wenn in der obersten Leitung Raketensatz ist, dann geht vieles; wenn er fehlt, geht nichts.» Doch zu dieser Zeit war Berlin längst auf einem anderen Trip.

Tsingtau-Bier und die Hunnenrede Wilhelms II.

Der junge Kaiser Wilhelm II. hielt es für eine «unerhörte Zumutung», mit Li Hongzhang, diesem «Erzhalunken und Lügner», Verhandlungen zu führen. Und wo die anderen europäischen Mächte sich Einflussgebiete sicherten, wollte auch das Deutsche Reich nicht länger zurückstehen. 1898 wurde Tsingtau (heute Qingdao geschrieben) in der Kiautschou-Bucht deutsche Kolonie, woran bis zum heutigen Tag das Tsingtau-Bier der damaligen Germania-Brauerei erinnert. Nach Angriffen auf westliche Missionare machte Berlin die umliegende Provinz Schantung (heute Shandong) auf neunundneunzig Jahre zum deutschen Pachtgebiet. Während des Boxeraufstandes, in dem sich der Geheimbund Yihe Quan («Faust für Recht und Einigkeit») 1900/1901 gegen die «fremden Teufel» erhob, spielten deutsche Truppen dann neben britischen, französischen, österreichisch-ungarischen, italienichen und japanischen Einheiten eine bedeutsame Rolle. Damals erscholl zum ersten Mal der Ruf «The Germans to the front!».

Als der deutsche Gesandte Clemens von Ketteler im Juni 1900 von einem chinesischen Soldaten in Peking auf offener Straße ermordet wurde, entsandten die Mächte ein internationales Militäraufgebot, um die im Pekinger Gesandtschaftsviertel belagerten Diplomaten zu befreien und der Kaiserinwitwe Cixi eine Lektion zu erteilen. Bei der

Verabschiedung des deutschen Expeditionskorps in Bremerhaven hielt Kaiser Wilhelm II. am 17. Juli 1900 seine berüchtigte Hunnenrede: «Kommt Ihr vor den Feind, so wird derselbe geschlagen! Pardon wird nicht gegeben! Gefangene werden nicht gemacht ... Wie die Hunnen unter ihrem König Etzel sich einen Namen gemacht haben, der sie noch jetzt ... gewaltig erscheinen lässt, so möge der Name Deutscher in China auf tausend Jahre durch Euch in einer Weise bestätigt werden, dass niemals wieder ein Chinese es wagt, einen Deutschen auch nur scheel anzusehen! ... Öffnet der Kultur den Weg ein für alle Mal!»

Als «Weltmarschall» übernahm Generalfeldmarschall Alfred von Waldersee den Oberbefehl über die europäischen Truppen (63 000 Mann, darunter 24 000 Deutsche). Rächend – das heißt strafend, köpfend, erschießend und plündernd – zogen sie durchs Land und verwüsteten auch die Verbotene Stadt. Dabei raubten die Deutschen die Instrumente der alten Jesuiten-Sternwarte und schafften sie nach Preußen, wo sie auf öffentlichen Plätzen ausgestellt wurden (in den 1920er-Jahren wurden sie zurückgegeben). Der Feldzug war kein Ruhmesblatt für die Europäer, die doch gegen die «Barbarei» ins Feld gezogen waren. Im Boxerprotokoll von 1901 wurden China Reparationszahlungen in der ungeheuren Höhe von 450 Millionen Silberunzen auferlegt, sodass die Zinszahlungen, zu deren Bedienung Peking ausländische Anleihen aufnehmen musste, in den Jahren bis zur Revolution von 1911 die Hälfte der Staatseinnahmen ausmachten. Der Bruder des chinesischen Kaisers, Prinz Chun, wurde als «Sühneprinz» nach Deutschland geschickt. In Potsdam trat er unter vielen Verbeugungen vor Wilhelm II. (ein Kotau war ihm nach langen Protokollverhandlungen erlassen worden) und übergab das Entschuldigungsschreiben des Kaisers Guangxu. Wilhelm, der ihn im Neuen Palais mit aufgesetztem Stahlhelm empfing, den Marschallstab in der Hand, mahnte den Prinzen, China müsse sich fortan gewissenhaft an «der Sitte zivilisierter Nationen» orientieren.

Schon vier Tage nach Ausbruch des Ersten Weltkrieges entsandten die Japaner Kriegsschiffe an die Küste von Shandong. Drei Wochen später erklärten sie dem Deutschen Reich den Krieg, und am 7. November 1914 erstürmten ihre Truppen die deutsche Tsingtau-Kolonie in der Kiautschou-Bucht. China erklärte dem Deutschen Reich 1917 den Krieg – in der Hoffnung, die deutschen Kolonialgebiete in China unverzüglich zurückzuerhalten. Sie blieben jedoch bis 1922 unter japanischer Verwaltung, was die Chinesen – seit 1912 eine Republik – erboste. In den 1920er- und 1930er-Jahren verbesserten sich die deutsch-chinesischen Beziehungen wieder. Das führte zu vermehrter Zusammenarbeit beim Eisenbahnbau, bei der industriellen Entwicklung und vor allem bei Aufbau und Aufrüstung des chinesischen Militärs – bis Hitler sich 1937 für eine Annäherung an Japan entschied und die deutschen Militärberater unter General Alexander von Falkenhausen aus dem Hauptquartier Chiang Kai-sheks abzog. Erst ein Vierteljahrhundert danach knüpften Deutschland und China, das seit 1949 von Mao Zedongs Kommunisten regiert wurde, den abgerissenen Draht wieder an.

Helmut Schmidt und China

In den Nachkriegsjahren war der deutsche Blick ganz auf die Sowjetunion gerichtet, die Deutschland und Europa geteilt hatte. Soweit China überhaupt interessierte, galt das Interesse seinem Verhältnis zu Moskau. Unterstützte Mao Zedong die Politik Stalins und Chruschtschows oder nicht? Der erste deutsche Politiker, der China im Bundestag erwähnte, war Herbert Wehner – ausgerechnet in seiner großen Rede vom 30. Juni 1960, in der er mit seinem Bekenntnis zur NATO und zur Marktwirtschaft die bisherige Politik der Sozialdemokraten auf den Kopf stellte. Unvermittelt sprach er vom «Ringen um die Großmachtansprüche des kommunistischen China, das, wie ich annehme, in ein entscheidendes Stadium getreten ist, das Verhältnis der traditionalen Weltmächte zueinander und zur übrigen Welt beeinflusst, sogar bewegt». Es war die Reaktion auf den kurz zuvor von Nikita Chruschtschow befohlenen Abbruch sämtlicher sowjetischer Hilfsprogramme und den Abzug der russischen Techniker aus China. Neun Jahre später, als Chinesen und Sowjets sich am Ussuri einen blutigen Grenzkrieg lieferten, stieß Bundeskanzler Kurt Georg Kiesinger während des Wahlkampfes 1969 in der Dortmunder Westfalenhalle den Ruf aus: «Ich sage nur China, China, China!», schwäbisch ausgesprochen: «Kina, Kina, Kina!» Wieder spielte die Hoffnung mit, dass chinesischer Druck im Osten die Sowjets im Westen zum Einlenken bringen könnte.

Nach dem Bonner Machtwechsel 1969 war es dann Helmut Schmidt, der die Initiative ergriff. Als Bundesminister der Verteidigung hatte er Ende 1971 eine Pazifikreise «rund um China» unternommen, um sich das Land «gewissermaßen von außen anzugucken». Er kam mit dem unabweisbaren Eindruck zurück, dass an dem Wiederaufstieg Chinas zur Weltmacht nicht zu zweifeln sei, und drängte Willy Brandt zur Aufnahme diplomatischer Beziehungen mit Peking. Dies geschah im Oktober 1972 – zwar wenige Monate nach dem Besuch Nixons in China, aber sieben Jahre, ehe die USA ihre Botschaft eröffneten. Als erster Bundeskanzler stattete Schmidt dann 1975 China einen Staatsbesuch ab.

In der Phase, da sich China zur Welt und zum Markt hin öffnete, trieb er die Annäherung entschlossen voran. Nach seiner Kanzlerzeit war ihm erst recht daran gelegen, und er erwarb sich den Ruf eines unverdrossenen China-Verstehers. Mehrmals besuchte er das Land; zu Zhu Rongji, Ministerpräsident 1993–2003, fand er dabei einen engen Kontakt. Stets warnte Schmidt davor, anderen Weltregionen die eigenen Vorstellungen überzustülpen, ohne sich über deren Geschichte Gedanken zu machen. Die landläufigen Urteile über China hielt er für besserwisserisch. Die deutsche Geschichte legitimiere uns am allerwenigsten, der chinesischen Kulturnation moralische Vorhaltungen zu machen. Er riet, China ohne Überheblichkeit, Herablassung und ständige Belehrung gegenüberzutreten, und ihm Respekt zu bezeigen, das Land in das kooperative Management der Weltwirtschaft und Weltpolitik einzubeziehen und den Aufstieg Chinas als einen *fact of life* hinzunehmen. Wenn es international mächtig genug sei, würden die anderen nicht umhin kommen, es mitspielen zu lassen, war seine Ansicht. Im Übrigen sah er wohl einen Zuwachs an freiheitlichen Spielräumen des einzelnen chinesischen Bürgers, doch glaubte er nicht, dass die Entwicklung jemals in die Staatsform einer Westminster-Demokratie münden werde: «Die Erziehung zur Freiheit hat in den Jahrtausenden der chinesischen Geschichte nie eine Rolle gespielt – bis heute nicht. Sie ist kein Teil der chinesischen Tradition.» Daraus folgerte er, dass China beim Aufstieg zur Weltmacht einen eigenen Weg gehen werde.

Für diese Einstellung hat Schmidt manche Kritik einstecken müssen. Doch blieb er dabei, dass wir «unsere eigenen Maßstäbe und Urteile an den jeweiligen Entwicklungsstand jedes Landes anpassen» müssten. Die Besorgnis vor künftiger chinesische Konkurrenz hielt er für verständlich, aber langfristig nicht für gerechtfertigt; der Erfindergeist und der Forscherdrang der Europäer werde nicht aufhören, und im Augenblick hätten die Chinesen andere Sorgen, als die Führung der technologischen Entwicklung der Welt an sich zu reißen.

Die Frage drängt sich indes auf, ob der Altbundeskanzler im Lichte der jüngsten Erkenntnisse über Chinas Ambitionen und Staatsziele nicht wenigstens in diesem Punkt seine Haltung hätte revidieren müssen. Überhaupt wirft seine Einstellung zu China auch in anderer Hinsicht Fragen auf.

Die Behauptung, dass China nie expansionistisch gewesen sei, widerlegt schon ein Blick auf die Landkarte. Das Reich der Mitte ist heute weit größer als vor zweitausend und selbst vor zweihundert Jahren. In Richtung Westen dehnte es sich so selbstverständlich bis an das Tienshan-Gebirge aus, wie die Amerikaner westwärts und die Russen ostwärts bis an den Pazifik vordrangen. Das kaiserliche China war nicht weniger kriegerisch als andere Staaten. Seine Dynastien, schreibt der Historiker Peter Purdue, schreckten nie vor dem Einsatz von Gewalt zurück, und auch nicht davor, rivalisierenden Staaten und Rebellen den Garaus zu machen. Unter den Qing-Kaisern (1644–1911) hat sich China flächenmäßig verdoppelt. Tibet war ursprünglich ein eigenes Staatswesen und geriet dann unter mongolischen Einfluss. Erst Anfang des achtzehnten Jahrhunderts traten die Chinesen auf den Plan, doch fast zweihundert Jahre lang genoss Tibet Souzeränität, eine Art von Selbstständigkeit im Schatten Chinas. Nach 1913 war er vierzig Jahre lang staatlich unabhängig, bis Mao es 1950/51 militärisch besetzen und in die Volksrepublik eingliedern ließ. 1959 wurde ein Volksaufstand der Tibeter blutig niedergeschlagen.

Bunter noch ist die Geschichte Sinkiangs, heute Xinjiang genannt und unseren Großeltern noch als Chinesisch-Turkestan geläufig. Um 100 v. Chr. wurde die Region zum ersten Mal für kurze Zeit chinesisch, doch wechselten sich in der Folge Uiguren, Mongolen und Dsungaren in der Herrschaft sporadisch ab. Erst Mitte des achtzehnten Jahrhunderts brachten die Chinesen Xinjiang unter ihre Kontrolle – allerdings nur partiell. Lange galt das Gebiet als Einflusszone der Russen, die dort noch nach dem Zweiten Weltkrieg mehrere Militärstützpunkte unterhielten. Ende 1949 schließlich, nach der Machtübernahme Maos, kam Sinkiang wieder ganz unter die Kontrolle Pekings. Seitdem wurde es planmäßig sinisiert.

Die Behauptung, die politische Kultur der Demokratie, der Gewaltenteilung und des Rechtsstaates sei «nur schwer zu verpflanzen», stimmt in dieser Pauschalität nicht; Japan, Korea und Taiwan widerlegen sie. Für China hat sie indes Geltung. Schmidts Freund Lee Kuan Yew, der Gründungspräsident Singapurs, selbst chinesischer Herkunft und ein intimer Kenner chinesischer Geschichte und chinesischen Wesens, hatte daran keinen Zweifel. China werde keine Demokratie werden, war seine Meinung: «Würde es eine, so würde es zusammenbrechen.»

Richtig an der Auffassung des Ex-Kanzlers bleibt, dass wer anderen Völkern Demokratie oktroyieren will, zwangsläufig Kriege in Kauf nehme. Richtig bleibt auch, dass man die geschichtlichen Voraussetzungen der Entwicklung anderer Staaten nicht außer Acht lassen darf; desgleichen die Erwägung, dass es uns Deutschen, deren Nazivergangenheit erst ein Dreivierteljahrhundert zurückliegt, am wenigsten anstehe, «Menschenrechtsstandards einzuklagen, die China noch nicht erreicht haben kann». Dass es sich «bei der Tienanmen-Tragödie mit vielen hundert Toten um kein herausragendes Ereignis handelte», werden allerdings die wenigsten Helmut Schmidt abnehmen, auch viele Chinesen nicht. Bei den Demonstranten handelte es sich ja nicht nur um Studenten, die für westliche, demokratische Freiheiten eintraten, sondern auch um Arbeiter, die damals die Ungleichheit unerträglich fanden, welche die kapitalistisch-inspirierten Reformen mit sich brachten. Gewiss aber hätte die Behandlung des sterbenskranken Nobelpreisträgers Liu Xiaobo und seiner Witwe Liu Xia auch Schmidt veranlasst, ein gutes Wort für sie einzulegen.

Auch seine Einschätzung des militärischen Potentials aus dem Jahre 2006 würde er heute angesichts der seitdem veränderten Umstände wohl revidieren müssen. «Ich bleibe dabei: China stellt keine militärischen Bedrohung für andere dar», sagte er Frank Sieren. Chinas Nachbarn in Südostasien sehen das weniger gelassen, vor allem Vietnam. «China hat keine Stützpunkte für sein Militär außerhalb

Chinas» – die chinesische «Perlenkette» von Marinestützpunkten im Südchinesischen Meer und im Indischen Ozean, zuletzt auch die Einrichtung einer Militärbasis in Dschibuti entwerten diese damals richtige Aussage. Das Gleiche gilt für den Satz: «Solange China keine Flugzeugträger besitzt, muss seine militärische Potenz uns nicht beunruhigen.» Inzwischen hat Peking den ersten Flugzeugträger in Dienst gestellt, der zweite ist bereits vom Stapel gelaufen, der dritte auf Kiel gelegt, weitere sind geplant.

Helmut Schmidt kannte die «ungeheure Produktivität wissenschaftlich begründeter technologischer Entwicklungen», welche die Chinesen vor Jahrhunderten zustande gebracht haben, Europa in vielem weit voraus, und er hielt es für «denkbar, dass dies wiederkommt». Aber er glaubte nicht daran: «Im Augenblick haben sie andere Sorgen, als die Führung der technologischen Entwicklung der Welt an sich zu reißen». Er war sogar der Meinung, Chinas Aufstieg werde Amerika und Europa beflügeln, die Führung der technologischen Entwicklung zu behalten. Xi Jinpings Pläne, das Vordringen der chinesischen Hightech-Unternehmen an die Spitze und die Unfähigkeit der Europäer, ihre Innovationskraft zu bündeln, könnten ihn da eines Besseren belehren.

Doch Schmidt war Realist, neue Fakten hätten sein Urteil verändert. «Schon morgen oder übermorgen kann die Welt ganz anders aussehen», sagte er einmal. Ohne Zweifel hätte er die Veränderung der internationalen Ordnung, zumal die veränderte Stellung und Einstellung Chinas einkalkuliert.

Seine Empfehlung für eine deutsche, ja europäische China-Politik, niedergeschrieben 2008 in *Vertiefungen,* ist indes auch heute noch bedenkenswert: «Zum einen Verzicht auf Überheblichkeit und Herablassung und Verzicht auf politische Belehrung. Stattdessen Respekt gegenüber der bei weitem ältesten heute lebenden Kulturnation ... Zweitens: Einbeziehung Chinas in das kooperative Management der Weltwirtschaft, des Klimas, der Abrüstung, Einbeziehung in alle Felder der internationalen Zivilisation als ein großer, den USA, Indien, Russland, der Europäischen Union gleichberechtigter Partner.»

Partnerschaft, Konkurrenz, Rivalität

Seit der Aufnahme der Beziehungen im Jahr 1972 hat sich das Verhältnis zwischen Deutschland und China ständig verbessert. Das gilt im politischen Bereich ebenso wie im wirtschaftlichen, obwohl es in beiden auch an Knirschpunkten nicht fehlt.

Seit 2004 gibt es eine «strategische Partnerschaft», die 2014 zu einer «umfassenden strategischen Partnerschaft» erhoben wurde, und seit 2011 finden zwischen den Kabinetten regelmäßige Regierungskonsultationen statt. In einem gemeinsamen Aktionsrahmen werden über 100 Projekte vorangetrieben, und es existieren laut Auswärtigem Amt über 70 Dialogmechanismen, darunter der Rechtsstaatsdialog, der Menschenrechtsdialog, Gespräche über Terrorismusbekämpfung, Dialoge der Außenminister über Außen- und Sicherheitspolitik und der Finanzminister und Notenbankchefs über Finanzpolitik, schließlich ein häufiger Meinungsaustausch über den Wiederaufbau Afghanistans, über Kooperation in Mali, nachhaltige Entwicklung oder Klimaschutz. Im Rechtsstaatsdialog geht es um Praktisches wie die Anwaltsausbildung, um Unverfänglich-Belangloses, etwa um «Rechtliche Regelungen und Mechanismen gegen häusliche Gewalt», aber auch um Grundsätzliches und Kontroverses. Unterfüttert werden diese Dialogmechanismen von vielerlei gesellschaftlichen Kontakten: 500 Partnerschaften zwischen Universitäten und Forschungsinstituten, Schüleraustausch zwischen den 300 deutschen Gymnasien, an denen Chinesisch unterrichtet wird, und Partnerschulen in China, dazu eine Fülle kultureller Begegnungen.

Fundamentale Meinungsverschiedenheiten bestehen gleichwohl weiterhin über Menschen- und Freiheitsrechte. Bei ihren China-Besuchen haben alle unsere Bundeskanzler nicht damit hinter dem Berg gehalten; die Chinesen haben dazu, wie zu seiner Zeit Helmut Schmidt einmal sagte, «chinesische Gesichter gemacht». Nicht anders reagieren sie auf Erklärungen, in denen unsere Botschafter die Verurteilung von Bürgerrechtlern und ihren Verteidigern öffentlich bedauern. Unbeirrt gehen sie ihren «Menschenrechts-Entwicklungspfad chinesischer Prägung».

Ähnlich sieht es auch im wirtschaftlichen Bereich aus. Der deutschchinesische Handel hat in den letzten vier Jahrzehnten einen enormen Aufstieg genommen. In Deng Xiaopings Reformjahr 1978 belief sich das Handelsvolumen auf magere 2,7 Milliarden D-Mark (deutsche Exporte: 1,99 Milliarden; deutsche Importe: 731 Millionen). Noch im Jahr 2000 lag der Güteraustausch lediglich bei 30 Milliarden Euro (deutsche Exporte: 9,4 Milliarden; deutsche Importe: 28,4 Milliarden). Seitdem hat sich unsere Ausfuhr in die zweitgrößte Volkswirtschaft der Welt fast verachtfacht. China ist unser viertgrößter Abnehmer nach Frankreich, den USA und England. Es ist der wichtigste Absatzmarkt für deutsche Maschinen. Deutsche Autos haben dort einen Marktanteil von 20 Prozent. 2016 belief sich das Handelsvolumen nach der Außenwirtschaftsstatistik der Bundesbank auf 170,1 Milliarden Euro (Importe aus China 94,1 Milliarden Euro, Exporte nach China 76,0 Milliarden) und stieg 2017 auf 186,7 Milliarden (Importe aus China 100,6 Milliarden, Exporte dorthin 86,1 Milliarden). Damit war China zum zweiten Mal Deutschlands wichtigster Handelspartner. Die deutschen Direktinvestitionen in China belaufen sich mittlerweile auf 76 Milliarden Euro, die chinesischen in Deutschland auf etwa ein Zehntel davon. Etwa 8000 deutsche Firmen sind in China tätig und 2000 chinesische in Deutschland.

Trotz dieser glänzenden Zahlen hat es in den Handelsbeziehungen immer wieder einmal geknirscht. Die Ursache waren dreiste chinesische Fälschungen deutscher Produkte, Markenpiraterie und Patentklau, Cyberspionage sowie begrenzter Marktzugang. In letzter Zeit haben nun zwei aktuelle Entwicklungen neue Besorgnisse ausgelöst: *erstens* die Tatsache, das Chinas Konzerne enorme Überkapazitäten aufgebaut haben und nun ihre Überproduktion an Stahl, Solarpaneelen, Aluminium und Zement zu staatlich subventionierten Schleuderpreisen auf den Weltmarkt werfen; *zweitens* der Kaufrausch, in dem die Chinesen bei uns immer mehr Firmen übernehmen, vorzugsweise Hochtechnologie-Konzerne und deren Wissen (zum chinesischen Kaufrausch siehe Kapitel 6 «Die Chinesen auf Einkaufstour»).

Soll man den Chinesen den Zugang zu unserer Spitzentechnik gewähren, erschweren oder ganz blockieren? Ihre Einkaufstour sorgt in Deutschland seit einiger Zeit für heftige Diskussionen. In Deutschland wie anderswo wird die Debatte darüber wohl weitergehen. Die einen begrüßen zwar Investitionen aus China und warnen davor, die

Chinesen zu verteufeln und zu vergraulen, zumal die meisten neuen Besitzer in aller Regel keinen Anlass zu Beschwerden geben. Die anderen beklagen jedoch, dass viele Beschränkungen, Auflagen und Verbote es unseren Firmen unmöglich machen, in ähnlichem Umfang frei in China zu investieren. Viele befürchten auch, dass die Chinesen Knowhow aus unseren Zukunftsbranchen absaugen könnten, um dann mit Hilfe staatlicher Aufträge und staatlicher Subventionen die deutsche Industrie aus dem chinesischen Markt wie aus dem Weltmarkt zu drängen. Noch vor Kurzem hing China ja beispielsweise in der Robotertechnik weit zurück: Pro 10 000 Fabrikarbeiter hatte das Land 2016 nur 68 Roboter, bei uns waren es 309 (189 in USA, 303 in Japan, 631 in Südkorea). Mittlerweile sind die Chinesen jedoch kräftig auf dem Vormarsch. Im Jahr 2016 haben sie 87 000 Einheiten neu installiert, fast so viele wie Europa und Amerika zusammen (97 000). Bis 2020 soll die Roboterdichte auf 150 Einheiten pro 10 000 Arbeiter steigen. Auch dabei bauen sie auf westliche Zuarbeit. Kuka investiert 400 Millionen Euro in einen Robotics-Park in China, der bis 2024 eine Produktionskapazität von 75 000 Robotern erreichen soll. Der Heidenheimer Maschinenbauer Voith, der vor dem Verkauf 25 Prozent an Kuka hielt, ging dagegen eine Partnerschaft mit dem Roboter-Start-up Franka Emika ein. Siemens indes verlegte sein Robotik-Forschungsinstitut unbeeindruckt von mancher Kritik nach China.

Dass die Furcht vor Abschöpfung nicht ganz unbegründet ist, sollte Siemens eigentlich aus der Zusammenarbeit beim Bau der Hochgeschwindigkeitszüge wissen, wo die Firma den Eisenbahnkonzern CRRC groß machte und dann an den Rand gedrängt wurde. Auch das Beispiel der Bundesdruckerei ernüchtert. Sechzehn Jahre lang hat sie mit dem Schanghaier Unternehmen Mite Specialty & Precision Printing, an dem sie 25 Prozent hielt, Millionen von fälschungssicheren Pässen und anderen Ausweisdokumenten hergestellt, dann wurde sie 2017 aufgrund neuer Rechtsvorschriften rüde ausgebootet: Betriebe mit ausländischer Beteiligung durften nicht mehr mit der Herstellung «sicherheitsrelevanter Erzeugnisse» betraut werden. Ursprünglich war das Gemeinschaftsunternehmen auf fünfundzwanzig Jahre angelegt. Die von der Bundesdruckerei eingebrachten modernsten deutschen Druckmaschinen blieben selbstverständlich in chinesischer Hand. Deutsche Medizintechnik-Firmen beklagen, dass chinesische Krankenhäuser angewiesen worden sind, ihnen ihre Geräte nicht mehr abzunehmen, sondern ausschließlich chinesische Produkte anzuschaffen. Auch das Schicksal der spanischen Schuhindustrie in Elche stimmt nachdenklich. Einst war das Städtchen an der Costa Blanca ein Zentrum der europäischen Schuhfertigung. In den 1980ern lagerten die Fabrikanten einen Teil ihrer Produktion nach China aus. Sie schulten die Chinesen, von denen sich dann die ersten 2001 in Elche niederließen. Seitdem haben 300 spanische Firmen dichtgemacht; 5000 Arbeitsplätze gingen verloren. Chinesen übernahmen 80 Prozent der Schuhlager, die Produktion wurde großenteils nach China verlagert.

Umfragen über die Haltung der Deutschen zu China spiegeln die vorherrschende Gespaltenheit wider. 54 Prozent der von der Deutschen Gesellschaft für Qualität Befragten sagen: «Die Konkurrenz aus China kann den deutschen Markt und die Innovationskraft deutscher Unternehmer beflügeln.» Hingegen sehen 82 Prozent Chinas Wirtschaft als ernstzunehmende Konkurrenz. Die Huawei-Studie 2016 «Deutschland und China. Wahrnehmung und Realität» bestätigt, dass 83 Prozent die Chinesen für fähig halten, Hightech-Produkte herzustellen. Jeder Zweite nutzt chinesische Erzeugnisse, 36 Prozent kannten Lenovo, 30 Prozent Huawei, doch von Alibaba hatten erst 15 Prozent gehört. Darüber hinaus wurde in einer Studie festgestellt, dass sich 44 Prozent der Deutschen angesichts der chinesischen Wirtschaftsstärke Sorgen machen, angesichts seiner militärischen Macht sogar 57 Prozent. Erstaunlicherweise wird Chinas politische Macht jedoch nur sehr gering bewertet.

Zwar isst die Hälfte der Deutschen häufiger chinesisch, die chinesische Kultur wird aber von 55 Prozent als «sehr fremd» empfunden. Umgekehrt geht es 47 Prozent der Chinesen genauso mit Deutschland, obwohl unsere Musik, deutsche Filme und Literatur von 65 Prozent geschätzt werden. Beethoven (16 %) ist ihnen fast so bekannt wie Bundeskanzlerin Merkel (19 %), Goethe (20 %) und Marx (25 %); nur Hitler schlägt sie alle mit 36 Prozent. Auf der deutschen Seite kennt man Mao Zedong (54 %), dann folgen Ai Weiwei (8 %), Deng Xiaoping und Konfuzius mit je 5 Prozent. Spontan fallen den Deutschen bei der Erwähnung von China die Wirtschaftsmacht (34 %), das Bevölkerungswachstum (16 %), der Menschenrechtsmissbrauch (14 %) und die

Chinesische Mauer (12 %) ein. Die Chinesen denken bei Deutschland ebenfalls an dessen Wirtschaftsmacht (66 %), seine Automobile (34 %) und Industrie (30 %). Beide Völker halten einander mehrheitlich für friedlich, pragmatisch und tolerant. Indes ist eine gewisse Distanz und Fremdheit auf deutscher Seite unverkennbar: Nur 24 Prozent der Deutschen sehen China positiv (Japan 52 %, USA 42 %, Russland 18 %). Laut Pew Research halten es nur 7 Prozent für den wichtigsten außenpolitischen Partner (Frankreich 63 %, USA 43 %, Russland 11 %, England 6 %). Bei den Chinesen sehen 74 Prozent die Deutschen positiv (Russland 61 %, USA 52 %, Japan 24 %). Die gegenseitige Wahrnehmung ist denn doch sehr unterschiedlich.

Dabei spielt sicher auch eine Rolle, dass die Deutschen die Chinesen nicht für sehr weltläufig halten. Die außenpolitisch Interessierten haben sich jedenfalls amüsiert, als sie in *Foreign Policy* über eine Baidu-Umfrage lasen, wie in China das Ausland gesehen wird. Dabei kamen die merkwürdigsten Vorstellungen zutage. Die Ukraine hat schöne Frauen, Russland kämpft gern, Litauer neigen zum Selbstmord, Bulgaren leben länger, weil sie Milch trinken, die Türken hassen China, weil sie für die muslimischen Uiguren in Xinjiang sind, das sie Ost-Turkestan nennen. Manche Fragen muteten reichlich naiv an: Warum hassen die Deutschen Hitler immer noch? Wieso können Franzosen und Polen Deutschland nicht schlagen? Weshalb vereinigen sich die Österreicher nicht mit den Deutschen? Weswegen annektiert Italien nicht den Vatikanstaat und Spanien nicht Portugal? Warum werden chinesische Reisende in Frankreich so oft betrogen?

Bundeskanzlerin Merkel hat immer wieder den Schulterschluss mit China gesucht, im Frühjahr 2018 führte sie ihr elfter Besuch in das Reich der Mitte. Grundsätzlich, sagt sie, stehe der deutsche Markt auch chinesischen Investoren offen. Indessen erwartet sie im Gegenzug gleiche Investitionsbedingungen für Deutsche in China. Auch Wirtschafts- und Außenminister fordern Gleichstellung bei öffentlichen Ausschreibungen, klare Regeln für Investitionen, effektiven Rechtsschutz, Verzicht auf Wirtschaftsspionage, dazu Vertragsfreiheit. Das ist zwar alles schon in zwei bilateralen Investitionsschutzabkommen (2005, 2013) vereinbart worden, doch die Umsetzung ließ auf sich warten. Nicht anders verhält es sich mit der bei Regierungskonsultationen 2016 getroffenen Vereinbarung, «böswilligen Cyberaktivitäten vorzubeugen» und «die Verletzung von geistigem Eigentum, Handels- oder Geschäftsgeheimnissen unter Verwendung des Cyberraums zur Erlangung von Wettbewerbsvorteilen für ihre Unternehmen oder kommerzielle Sektoren weder betreiben noch wissentlich unterstützen» zu wollen.

Vor dem Hamburger G-20-Gipfel sagte die Kanzlerin der *Wirtschaftswoche*, sie wünsche eine harmonische Entwicklung zum Vorteil aller. Sie äußerte jedoch Sorge darüber, dass deutsche Firmen in China relativ hart behindert würden. Die Möglichkeit eines Vetos gegen künftige chinesische Investitionen schloss sie nicht aus. Im Bereich der Mikrochips etwa und der Künstlichen Intelligenz soll der Verkauf technologisch bedeutsamer, strategisch wichtiger oder mit staatlichen Förderung aufgebauter Unternehmen künftig versagt werden können. «Wenn Länder wie China einfach aufkaufen wollen, was gerade mit viel Subventionen entstanden ist, müssen wir darauf reagieren», ist Merkels Ansicht. Die Firma Cotesa aus Mittweida bei Chemnitz, die für Airbus und Boeing, aber auch für die Autoindustrie hochwertige Leichtbauteile aus Faserverbundwerkstoffen herstellt, bekam die neue Zurückhaltung als Erste zu spüren. Das Angebot der China Iron & Steel Research Group – 100 bis 200 Millionen Euro – wurde im Wirtschaftsministerium einer besonders scharfen Prüfung unterworfen, da Cotesa auch für die Rüstungsindustrie arbeitet; am Ende wurde es zähneknirschend genehmigt.

Es ist nicht verwunderlich, dass die Chinesen sich gegen die Abwehrtendenzen im Westen und besonders gegen die neuen deutschen Bestimmungen aufbäumen. Von einer «verworrenen, negativen Botschaft» war im Falle von Cotesa die Rede. Chinas Botschafter Shi Mingde tat der *Stuttgarter Zeitung* seine Sorge kund, «dass sich das bereits geöffnete Deutschland wieder verschließt». China sehe eine protektionistische Tendenz in Deutschland, klagte er. Die Bundesregierung habe die Bestimmungen des Außenwirtschaftsgesetzes für Investoren verschärft und versuche nun, das auch auf der EU-Ebene durchzusetzen. Peking muss freilich weiterhin damit rechnen, dass die Bundesregierung und, wichtiger noch, die EU-Kommission chinesische Firmenaufkäufe schärfer beurteilen werden, solange es selbst hohe Hürden für Direktinvestitionen europäischer Firmen aufrechterhält oder diese nur unter diskriminierenden Auflagen erlaubt.

«Man stelle sich vor», kommentierte die *Welt am Sonntag*, «ein chinesischer Investor kauft die Mehrheit an Siemens mit Hilfe staatlicher Finanzmittel. Niemanden hierzulande könnte das kaltlassen.» Die Chinesen werden lernen müssen, nach den Regeln zu spielen, die für alle gelten.

Indes lässt sich auch nicht übersehen, dass trotz aller Friktionen auf dem wirtschaftlichen Feld der Bereich der deutsch-chinesischen Zusammenarbeit im politischen Sektor seit 1972 ständig größer geworden ist. In puncto Freihandel und Klimaschutz, beides Überlebensfragen der Menschheit, sind die Volksrepublik China und die Bundesrepublik Deutschland heute Bundesgenossen. Das überwiegt manche Meinungsunterschiede. Gemeinsam können sie trotz aller Differenzen entscheidend Wichtiges in der Weltpolitik, bei der Gestaltung der Globalisierung und der Ausrichtung der europäisch-chinesischen Beziehungen bewegen.

20

China und der Westen:

Keine Illusionen, keine Obsessionen

Die wachsende Macht Chinas verändert die Weltordnung – nicht minder epochemachend als der letzte geopolitische Zeitenbruch am Ende des Kalten Krieges in den Jahren 1989–1991. Die übrige Welt muss sich erst darauf einstellen. Aber auch China muss sich in seine neue Rolle als globale Großmacht erst noch hineinfinden. Will es sich einpassen in die seit 1945 westlich bestimmte internationale Ordnung, in deren Rahmen es seinen phänomenalen wirtschaftlichen Aufstieg bewerkstelligt hat? Begnügt es sich damit, Anerkennung und Berücksichtigung seines neuen Gewichts und der legitimen chinesischen Interessen innerhalb dieses Rahmens zu erwirken? Oder will es die alte Ordnung sprengen und durch eine von Peking entworfene und beherrschte Weltordnung ersetzen? In anderen Worten: Erstrebt es Ebenbürtigkeit oder Vorherrschaft?

Das China Xi Jinpings ist nicht auf militärische Eroberungen aus wie Adolf Hitler. Es verspürt keinen weltrevolutionären Missionsdrang wie Mao Zedong. Es ist nicht begierig wie Amerika unter George W. Bush, das eigene System gewaltsam dem Rest der Welt überzustülpen. Doch betreibt es unleugbar einen Imperialismus chinesischer Prägung, man könnte auch von ökonomischem Imperialismus sprechen. Diese Art von Imperialismus knüpft an das kaiserliche Tributarstaaten-Modell an: Die Vormacht erkauft sich Geneigtheit, Botmäßigkeit, Einflusssphären. Ihr Herrschaftsinstrument ist nicht das Schwert, sondern der Geldsack. Der ist heute freilich größer denn je, und der Kreis der in die Folgsamkeit verlockten, bestochenen oder gedrängten Staaten reicht weit über die Grenzen des einstigen *tianxia* hinaus. Dabei geht China nach der alten Go-Regel vor: «In der Nähe Riegel vorschieben, in der Ferne Dämme bauen.»

In Paris hat Xi Jinping einmal an Napoleons Wort über den schlafenden Löwen China erinnert. Der Löwe sei aufgewacht, setzte er hinzu, aber es sei ein friedlicher, freundlicher und zivilisierter Löwe. In der Tat will Xis China Krieg ebenso wenig wie das China Deng Xiaopings. «Die Verwirklichung des chinesischen Traumes ist ohne ein friedliches internationales Umfeld und ohne eine stabile internationale Ordnung undenkbar», sagte er auf dem 19. Parteitag. Nur in einem friedlichen Umfeld lasse sich das Ziel erreichen, den Außenhandel zu erweitern. In der Tat würden verschärfte Spannungen, gar ein Krieg, seine weitere Entwicklung zu Reichtum, Reputation und positiver Resonanz rüde beenden. «Erbauer des Weltfriedens» will China deshalb sein. Doch setzte Xi hinzu: «Wir müssen auch in Zeiten des Friedens die Gefahren bedenken.»

Dies freilich sind Gefahren, die zum Teil einer weiteren Zielsetzung des Xi-Regimes entspringen, nämlich der, «den Interessen des Staates den höchsten Stellenwert einzuräumen»: zum Beispiel in Bezug auf Taiwan, auf Chinas Landnahme im Südchinesischen Meer oder auf den Streit mit Japan um die Senkakus. Triebe Peking hier die Durchsetzung seiner Interessen ungestüm voran, könnte es um das friedliche Umfeld rasch geschehen sein. Allerdings hat die Führung allen Grund, es dahin nicht kommen zu lassen. Die Folgen selbst einer rein konventionellen Auseinandersetzung mit den USA wären katastrophal. Die Rand Corporation schätzt, dass sie Amerika 5 Prozent seines Bruttoinlandsprodukts kosten würden, China jedoch 25 Prozent. Allein diese fatale Aussicht müsste Peking davon abschrecken, zu robust vorzugehen. Deswegen setzt es auch alles daran, einen Krieg um Nordkorea zu vermeiden, denn daraus könnte ein Atomkrieg mit unvorstellbar zerstörerischer Wirkung werden. Daher übte Xi starken Druck auf Kim Jong-un aus, seine Atomwaffen aufzugeben. Einen Kollaps des Kim-Regimes will er jedoch nicht riskieren. Aber er hat nichts unversucht gelassen, um den Jungdiktator in Pjöngjang von kriegsträchtigen Provokationen Amerikas und Japans abzubringen. An der Entschärfung der Lage auf der Koreanischen Halbinsel im Frühjahr hat er neben dem entspannungsbereiten südkoreanischen Präsidenten Moon Jae-in und dem sprunghaften Donald Trump entscheidenden Anteil.

Der Blick auf die zurückliegenden Jahrzehnte gestattet den Schluss, dass China, solange es auf Wohlstand und Wachstum bedacht ist, in seinem praktischen außenpolitischen Handeln Mäßigung und strategische Geduld wird walten lassen. Noch ist das Land vom Westen abhängig. Es muss chinesische Produkte verkaufen, damit sein Wohlstand wächst, und westliche Produkte erwerben, um technologisch mitzuhalten. Damit der Westen kauft und verkauft, darf Peking nicht zu rabiat mit ihm umspringen. Immer noch sind die Computersysteme der Regierung, der Banken und Forschungslabore auf Chip-Zulieferer wie Intel oder Qualcomm angewiesen, auf Software auch von Microsoft oder Oracle. Trotz milliardenschwerer Förderung ist die eigene Halbleiterindustrie bisher keine ernsthafte Konkurrenz für die internationalen Marktführer. Aber das wird sich ändern. Die Frage ist, wie China auf der Weltbühne auftreten wird, wenn es seine «große Verjüngung» erst einmal vollendet glaubt. Welche Politik wird es dann gegenüber all jenen verfolgen, die nicht zu den «Söhnen des Gelben Kaisers» zählen? Sein Aufstieg zur Großmacht setzt Mäßigung, Stabilität, Friedlichkeit voraus. Wie aber wird es sich verhalten, wenn es erst einmal die Vorherrschaft erreicht hat?

Keine Illusionen

Es ist an der Zeit, dass wir vier Illusionen fahren lassen. Die *erste* ist die Fukuyama-Illusion. Als der Kalte Krieg endete, sah es so aus, als sei der Totalitarismus ein für allemal besiegt. Der amerikanische Polit-Philosoph Francis Fukuyama rief 1989 das «Ende der Geschichte» aus und zugleich die unumkehrbare Dauerhaftigkeit des erreichten Zielstadiums «Liberalismus», worunter er den Sieg der Demokratie und des freien Marktes verstand. Vor uns, behauptete er, lägen «Jahrhunderte der Langeweile». Doch der Siegeszug der Demokratie ist ausgeblieben. Vielmehr ist sie nach der Feststellung von Freedom House seit zwölf Jahren auf dem Rückzug. China hat an dieser Entwicklung einen erheblichen Anteil. Es hat ein Modell entworfen, das die Vorzüge kapitalistischen Wirtschaftens mit der harten Hand der Diktatur verbindet, und es wirbt nicht ohne Erfolg weltweit für seinen Gegenentwurf zum westlichen System. In Zentralasien, Afrika und Lateinamerika liebäugeln jedenfalls viele mit diesem Alternativmodell, in dem sie eine Blaupause für die eigene Staatsordnung sehen. Die Demokratien sind ihnen kein Vorbild mehr, weil sie ihren Bürgern nicht länger verlässlich bieten, was diese von ihren Regierungen erwarten: innere Sicherheit, ein fair verteiltes Wirtschaftswachstum, funktionierende Bildungssysteme, angemessene Gesundheitsversorgung sowie Alterssicherung und eine verlässliche, zukunftssichere öffentliche Infrastruktur.

Die *zweite* Illusion, von der wir ablassen müssen, ist die Harry-Rowen-Illusion. Rowen, damals Präsident der Rand Corporation, sagte 1996 voraus, China werde 2015 eine «teilweise freie» Demokratie sein, da es dann, nach Kaufkraftparität bemessen, ein Pro-Kopf-Einkommen von 8000 Dollar erreiche. Zehn Jahre später schob er die Prognose nach, 2025 werde das chinesische Sechstel der Menschheit mit einem Pro-Kopf-Einkommen von dann 14 000 Dollar in einem völlig freien Land leben. Ich fand Rowens These seinerzeit plausibel, denn Südkorea wie Taiwan hatten sich ziemlich genau nach seiner Regel entwickelt. Indessen hat sich Festland-China anders entschieden. Das nominale Pro-Kopf-Einkommen lag in der Volksrepublik 2016 bei 8000 Dollar, in Kaufkraft gemessen bei 15 500 Dollar. Doch hat sie nie den Schwenk zur Demokratie vollzogen. Das Gegenteil ist eingetreten: Je mehr der Wohlstand wuchs, desto stärker zog das Regime die Zügel an. Der Asienkenner James Mann hatte das schon früh vorausgesehen. Er prophezeite, dass China ein autoritärer Staat bleiben werde – und dass sein Erfolg andere autokratische Regime in ihrem Widerstand gegen westlichen Wandlungsdruck bestärken würde. Tatsächlich schlug Peking den Weg zu einem autoritären Kapitalismus ein, in dem die Bürger durch wirtschaftliche Betätigungsfreiheit und wachsenden Wohlstand bestochen werden, die kommunistische Einparteienherrschaft fraglos und klaglos, ja: größtenteils aus vollem Herzen zustimmend hinzunehmen. Auch das Rezept «Wandel durch Handel» wird in China nicht funktionieren. Im Gegenteil: Je mehr alle anderen wirtschaftlich mit der Volksrepublik verbunden und damit zu einem Gutteil von ihr abhängig sind, desto weniger werden sie geneigt sein, sich das Verhältnis mit politischen, menschenrechtlichen oder wirtschaftsliberalen Gardinenpredigten zu verderben. Die Möglichkeiten der Einflussnahme sinken mit der zunehmenden ökonomischen Verflechtung.

Die *dritte* Illusion, von der wir uns verabschieden sollten, ist die Vorstellung, dass die Volksrepublik für Belehrungen aus dem Westen empfänglich wäre. Die frühere amerikanische Außenministerin Madeleine Albright hat einmal formuliert, China sei eine Kategorie für sich: zu groß, um ignoriert zu werden; zu repressiv, um umarmt werden zu können; und sehr, sehr stolz und daher schwer zu beeinflussen. Ähnlich drückt sich Bernhard Zand aus, der Korrespondent des *Spiegel* in China: «Pekings Wirtschafts-und Außenpolitik ist zu herrisch, als dass man sich ihr einfach fügen könnte. Chinas Ingenieure sind zu innovativ und seine Unternehmen zu erfolgreich, als dass ihnen allein mit Handelsschranken beizukommen wäre. Und die chinesische Gesellschaft ist zu lebendig und dynamisch, als dass man sich von ihrem Regime abwenden sollte. China ist ... kein guter Adressat für die reine Lehre der parlamentarischen Demokratie und der Marktwirtschaft. In diesem Punkte hatten Chinarealisten wie Henry Kissinger und Helmut Schmidt recht.»

In der Tat: Die Chinesen werden gegen den Universalismus-Anspruch des Westens die eigenen Wertvorstellungen, Traditionen und geschichtlichen Lehren herauskehren. Das hat der Erzrealist Samuel Huntington richtig vorausgesehen, als er schrieb, schon die Idee, dass es eine «universelle Zivilisation» geben könne, sei eine westliche Idee, die dem Eigensinn der meisten asiatischen Gesellschaften direkt zuwiderlaufe. Das Gros der Chinesen wird sich weiterhin auf die Fähigkeit der Parteiführung verlassen, aus Erfahrung zu lernen, Fehler zu korrigieren und sich neu auftauchenden Umständen zügig anzupassen; die Fachwelt nennt dies *responsive authoritarianism*. Und die Führung wird an ihrer Überzeugung festhalten, dass die Legitimität des Regimes sich nicht ableitet aus demokratischen Wahlverfahren, sondern aus der Zustimmung der Regierten zu der von ihm erbrachten Leistung. Die letzte Rechtfertigung der Einparteienherrschaft liegt in ihrer Kompetenz.

Ihre Geschichte hat die Chinesen gelehrt, dass das Land friedlich und wohlhabend war, wann immer es eine starke Zentralgewalt gab.

War diese schwach, gingen die Provinzen ihrer eigenen Wege und das Reich stürzte ins Chaos, die Feinde stürmten über die Grenzen. *Nei luan, wai huan* – Chaos im Land und Invasion von draußen – sind seit ewigen Zeiten die schlimmsten Ängste der Chinesen. Der starke Staat, der starke Mann – sie waren stets die Garanten von Stabilität und Ordnung. Ordnung aber heißt in China Einordnung, Unterordnung des Individuums in das große Ganze. Diese Einsichten, erwachsen aus der bitteren Erfahrung einer fünftausend Jahre alten Zivilisation, sind ein Teil der chinesischen DNA. Sie wird sich nicht ändern. (Wobei man freilich hinzusetzen muss, dass auch revolutionäre Aufsässigkeit ein Teil ihrer DNA ist; man denke nur an den Taiping-Aufstand, an die Boxer-Rebellion, an Maos Bürgerkrieg und die Große Proletarische Kulturrevolution. Wenn das Mandat des Himmels erlischt, das Regime – ob kaiserlich oder kommunistisch – nicht mehr liefert, verliert es seine Legitimation.)

Der französische Sinologe Jean-Pierre Cabestan – kein Weihrauchschwenker des Regimes – sieht darin die Erklärung dafür, dass die große Mehrheit des Volkes Stabilität höher bewertet als Freiheit und dass sie, was immer der Westen denken mag, das Regime für demokratisch hält und seinen Medien vertraut. Die Zivilgesellschaft beschreibt er als «embryonisch, fragil und vorsichtig». Man halte sich von der Politik fern, sei aber der Regierung dankbar für die beträchtliche Verbesserung der Lebensumstände, teile ihre nationalistische Grundhaltung und sehe auch das Machtmonopol der Partei als «ewig» an. Dies alles werde sich allenfalls eines sehr, sehr fernen Tages ändern. Bis dahin solle Europa davon absehen, von «Freundschaft» mit den Chinesen zu sprechen; das schwäche nur seine Verhandlungsposition. Auch tue es gut daran, kein Vertrauen in sie zu setzen, vielmehr müsse man vor ihren Ambitionen auf der Hut sein. Ähnliches sagt auch Martin Wolf, der Wirtschaftsguru der *Financial Times*: «Für die Demokratien ist das autokratische China ein Partner, aber kein Freund.»

Noch einer *vierten* Illusion sollten wir uns entledigen: der Annahme, dass China sich anders benehmen werde als frühere aufsteigende Großmächte. Sein Seidenstraßenprojekt ist klassische Großmachtpolitik. Es erinnert an Napoleons Eroberungszüge von Lissabon bis Moskau, an den Ausdehnungsdrang der europäischen Kolonialmächte in Afrika und Asien, an die hegemoniale Interventionspolitik der USA in der Karibik und Lateinamerika, an Hitlers Lebensraum-Strategie wie an Japans «Großostasiatische Wohlstandssphäre». Einen bedeutsamen Unterschied gibt es da allerdings: China expandiert nicht militärisch. Es marschiert nicht mit Soldaten in seine Nachbarschaft ein, erpicht auf territoriale Kontrolle, – es schickt Ingenieure und Banker und schafft sich so einen Klientenstaat nach dem anderen. «Gewaltlose Absorption» hat Lee Kuan Yew dies genannt, von «kommerzieller Eroberung» sprechen andere, «Gläubiger-Imperialismus» sagt der indische Politologe Chellaney: Wer chinesische Kredite nicht abzahlen kann, muss auf Generationen hinaus die Nutzungsrechte an den von Peking finanzierten Infrastrukturvorhaben abtreten oder der Ausplünderung seiner Rohstoffe zustimmen.

Täuschen wir uns nicht: Was da als selbstlose Entwicklungspolitik daherkommt, ist nicht nur zielbewusste Wirtschaftspolitik und schon gar nicht eine völkerverbindende Nostalgieveranstaltung, es ist knallharte Geopolitik. Sigmar Gabriel traf den Nagel auf den Kopf: «Die Initiative für eine Neue Seidenstraße ist keine sentimentale Erinnerung an Marco Polo. Sie steht für den Versuch, ein umfassendes System zur Prägung der Welt im chinesischen Interesse zu etablieren.»

Keine Obsessionen

Wir sollten uns jedoch nicht nur von Illusionen über China verabschieden, wir sollten uns auch keinen Obsessionen hingeben. *Zum Ersten:* Die Volksrepublik wird im Konzert der Großmächte eine bedeutsame Rolle spielen, aber sie wird nicht zur alleinigen Weltordnungsmacht werden – es sei denn, die Vereinigten Staaten blieben auch nach Donald Trump in ihrem isolationistischen Schneckenhaus und die Europäische Union zerbräche im Ansturm des weltblinden Populismus. Indien, das andere Anderthalb-Milliarden-Volk der Erde, wird sich im Laufe der Zeit zur gegenhaltenden Kraft entwickeln, Russland wird nicht dauerhaft zum Hintersassen Chinas werden wollen, Indonesien und die Philippinen wachsen im Pazifik als Gegengewichte heran, und werdende Weltmächte wie Brasilien oder Nigeria wollen ihren Platz an der Sonne nicht von China verdunkeln lassen. Auch wird China, je mehr es sich aus der Einkrümmung auf sich selbst löst und sich hinausbegibt in die weite Welt, in lokale Händel verstrickt werden. Aus Libyen, von wo es 10 Prozent seines Erdöls bezog, musste es 2011 Hals über Kopf 30 000 chinesische Arbeiter per Flugzeug und Schiff aus der Gefahrenzone retten (und verlor nach dem Sturz Gaddafis 16,6 Milliarden Dollar an Investitionen und Krediten): In der Auseinandersetzung mit Vietnam sah Peking sich gezwungen, Tausende Landsleute über die Grenze in Sicherheit zu bringen. Im Sudan sind die Chinesen tief verstrickt in die Turbulenzen von Krieg und Bürgerkrieg, in Simbabwe wurden sie von den Militärs hineingezogen in die Entmachtung des Diktators Mugabe. Unweigerlich wird China auf Widerstände treffen und die Erfahrung machen, dass Geld allein auf die Dauer nicht Gefolgschaft und Fügsamkeit verbürgt. Die ersten Anzeichen dafür sind in Südost- und Zentralasien wie in Afrika bereits zu erkennen.

Auch einer *zweiten* Obsession sollten wir nicht verfallen: der Zwangsvorstellung, Chinas Entwicklung werde fatal an Schwung verlieren und in eine schwere Konjunkturkrise münden, die Immobilienblase werde platzen, der Schuldenberg die Wirtschaft erdrücken und die ganze Welt mit in den Abgrund reißen. Japan ist nach einem phänomenalen Aufstieg in die Stagnation abgeglitten. Könnte es China nicht ähnlich ergehen? Tatsächlich hat es sein Wirtschaftswachstum mit hohen, durch Schulden finanzierten Investitionen angekurbelt. Auch hat die Regierung in erster Linie auf Export gesetzt und dem Land damit eine riesige Industrie aufgesattelt, deren Erzeugnisse den eigenen Bedarf bei Weitem übersteigen. Nun steht die Wirtschaft unter Stress. Das Wachsum verlangsamt sich, wiewohl mäßig; die Zahl der Insolvenzen steigt; der Yuan fällt, was die Spannungen im Verhältnis zu Amerika erhöht. Jetzt muss die Führung auf den Binnenkonsum abheben, dessen Wachstumsbeitrag bisher erst bei 58 Prozent liegt. In der Produktion muss von Quantität auf Qualität umgesteuert werden, und überhaupt vom herstellenden Gewerbe auf den Dienstleistungssektor. Zudem muss Peking die Schuldenaufnahme eindämmen, das heißt: die Schattenbanken ausschalten, in denen 15,5 Prozent der Vermögenswerte des Finanzsektors liegen, und die

Kreditgier der Provinz- und Gemeindeverwaltungen zügeln. Und es wird sich, obwohl 2017 noch eine Steigerung der Wirtschaftsleistung um 6,9 Prozent erzielt wurde, auf weiter sinkende Wachstumsraten einstellen müssen. Doch selbst, wenn die Wirtschaftsleistung hinfort jährlich «nur noch» um 6 Prozent wachsen sollte, würde sich das Inlandsprodukt bis 2030 verdoppeln. Und bisher hat die Obrigkeit es noch immer verstanden, mit krisenhaften Erscheinungen fertigzuwerden, Probleme zu lösen und Fehlentwicklungen zu korrigieren. Sie wird auch die schwierige, jetzt fällige Transformation bewältigen. «Die Aussichten für die chinesische Wirtschaft bleiben grundsätzlich günstig», sagt die Deutsche Bundesbank.

Vor allem jedoch – *dritte* Obsession – sollten wir uns nicht einreden, dass ein Krieg mit China zwangsläufig ist und sich der Westen besser darauf vorbereite. Anders als die Sowjetunion im Kalten Krieg geht von China keine direkte militärische Bedrohung für uns aus. Es bietet allen Autokratien ein illiberales Gegenmodell zur politischen und wirtschaftlichen Regierungsführung der Demokratien, aber es versucht nicht, uns seine Ideologie – Kommunismus? Konfuzianismus? Digitaler Leninismus? – gewaltsam aufzupropfen.

China bleibt «weithin ein autoritärer, elitistischer, paternalistischer, imperialer und zweifelsfrei diktatorischer Staat», sagt der französische Sinologe Jean-Pierre Cabestan. Doch Diktaturen, Einparteien- oder Einmannherrschaften verursachen nicht zwangsläufig außenpolitische Konflikte. Wie abstoßend wir sie auch finden mögen – solange diktatorische Regime nicht unsere nationalen Interessen bedrohen, haben wir ideologische Differenzen und Divergenzen zu ertragen. Wir müssen nicht sympathisieren mit den Führern autokratischer Großmächte, aber wir müssen mit ihnen zurechtkommen. «Differenzen bedeuten nicht zwangsläufig Konflikt», sagt Samuel Huntington. Die Systemkonkurrenz wird bleiben, aber sie muss nicht zu Konfrontation oder Krieg führen.

Mit Blick auf China diskutiert der Westen zwei völlig verschiedene Leitlinien in die Zukunft. «Kommunikation-Kooperation-Koexistenz» ist die eine, «Konfrontation-Krise-Konflikt» die andere. Die Wahl sollte uns nicht schwerfallen. Koexistenz und Kooperation sind möglich, trotz Konkurrenz, trotz gelegentlicher Kollision und trotz grundsätzlich verschiedener Ideologien.

Für eine realistische China-Politik

Wir sollten mit der Volksrepublik umgehen wie mit anderen Mächten: ohne Obsessionen und ohne Illusionen. Wie könnte eine realistische, pragmatische, unsere Interessen wahrende China-Politik aussehen?

Zunächst einmal sollten wir nicht allzu viel auf die schönen Worte der Chinesen geben, wie sie uns die Sprecher des Regimes in gleichlautender Wiederholsamkeit verabreichen. Hinter all der *win-win*-Lyrik verbirgt sich eine krasse Interessenpolitik, die *hard power, soft power, smart power* und *sharp power* gleichermaßen zielstrebig einsetzt. Mit wirtschaftlichen Anreizen oder Strafmaßnahmen, propagandistischer Einflussnahme und dem Aufbau einer militärischen Druckkulisse sucht China andere dazu zu bringen, sich seiner weltpolitischen Agenda anzubequemen. Was als wechselseitig nützlich bezeichnet wird, läuft dabei oft auf regionale Destabilisierung (so im Südchinesischen Meer) oder auf verschärfte bilaterale Spannungen (so im Verhältnis zu den USA, Japan oder Indien) hinaus.

Auf das Argument, China sei ein Entwicklungsland, dem man eben manches nachsehen müsse, sollten wir nicht länger hereinfallen. Gewiss, es muss noch 500 oder 600 Millionen Menschen aus der Rückständigkeit in die Moderne holen. Doch ein Staat, der Hunderte von Milliarden im Verfolg seines Weltplans im Ausland investiert – und dessen Plutokratie Hunderte von Milliarden legal oder illegal über die Grenze schafft –, ist so wenig ein Entwicklungsland wie die Bundesrepublik, die in Ostdeutschland den gleichen Lebensstandard wie im Westen zu verwirklichen sucht. Der frühere WTO-Generaldirektor Pascal Lamy hat dies in einer Pekinger Diskussion dem stellvertretenden Wirtschaftsminister Wang Shouwen in aller Deutlichkeit klargemacht. China habe die zweitgrößte Volkswirtschaft, es sei der größte Hersteller von Stahl, Zement und Laptops und die größte Handelsmacht, da könne es sich nicht länger zum Entwicklungsland stilisieren: «So zu tun, als sei es wie Indien, wie Senegal oder Botswana, das geht wahrhaftig zu weit.» Lamy hat völlig Recht. Chinas Appell an unseren Wohltätigkeitssinn ist mehr als dreist.

Eine realistische China-Politik verbietet uns jeden Kotau vor

Peking. Vielmehr muss Europa seine Demokratie, seine Wirtschaft, seine Einheit und seine freiheitliche Fundierung vor schädlicher chinesischer Einwirkung schützen.

Was die Demokratie angeht, so liegt es in erster Linie an uns selbst, sie lebenskräftig zu halten. Wir müssen im eigenen Beritt die Prinzipien demokratischen Seins respektieren und praktizieren. Wobei wir uns bewusst bleiben müssen, dass es in dem unvermeidlichen Wertestreit mit den Autoritären am Ende darum geht, welches System die wirksameren Problemlösungen anbietet. Die hehre Ideologie wird es allein nicht bringen.

Auf dem Felde der Wirtschaft sollten wir unterscheiden zwischen dem, was wir von China erwarten, und dem, was wir selbst tun müssen. Zum Freihandel gehört untrennbar die Freiheit der Märkte und des Marktzugangs. Hier haben die Chinesen lange nur Versprechungen gemacht, sich aber mit deren Einlösung Zeit gelassen. Sie müssen endlich Ernst machen mit der weiteren Öffnung ihres Marktes – und Schluss machen mit der Benachteiligung ausländischer Unternehmen durch immer neue restriktive Gesetze. Wir können Chinas technischen Fortschritt nicht aufhalten (und sollten ihn auch gar nicht aufhalten wollen), aber wir sollten Peking zwingen, nach den Regeln zu spielen. Angesichts einer chinesischen Industriepolitik, die auf die Erlangung wichtigen Fertigungswissens und mittelfristig auf die Verdrängung der bisherigen ausländischen Technologieführer zielt, sollten wir uns, in der Formulierung des ehemaligen Merics-Direktors Sebastian Heilmann, in Europa für eine «wehrhafte Außenwirtschaftspolitik» einsetzen. Er hält es für völlig inakzeptabel, «dass ausländische Platzhirsche, die mit staatlichen Sonderfinanzierungen aus abgeschotteten heimischen Märkten heraus agieren, europäische Firmen vom europäischen Markt vertreiben können». Strikte Reziprozität muss das Motto sein, gleiche Bedingungen auf beiden Seiten. Gleiche Bedingungen heißt auch, dass Europa chinesische Investitionen, besonders die Übernahme von Hightech-Firmen, in Zukunft weit schärfer prüft – und sie unterbindet, wenn sie die eigene Konkurrenzfähigkeit gefährden könnten, wenn der chinesische Staat sie im Rahmen des Masterplans 2025 marktmanipulierend forciert und finanziert oder wenn ihre Übernahme sicherheitspolitisch unerwünschte Folgen hätte.

Zugleich jedoch muss sich Europa zusammenreißen und zusammentun, um den wirtschaftlich, technisch, innovatorisch voranpreschenden Chinesen nicht das Feld zu überlassen. Es hapert ja nicht nur am Ausbau der Glasfasernetze. Noch vor sechs Jahren standen vier der zehn leistungsfähigsten Rechner der Welt in der Europäischen Union, heute ist es kein einziger mehr. Die EU hinkt Amerikanern und Chinesen bei der Entwicklung von Quantencomputern, Künstlicher Intelligenz und des neuen Mobilfunkstandards 5G hinterher, bei Big Data, Elektromobilität und in der Batterieforschung hält es nicht mehr mit. Sogar in Deutschland sind nur wenige Vorzeigeunternehmen – Daimler, BASF, Bosch, Kion – im Rennen.

Nicht umsonst (und nicht ohne verhaltene Kritik an der deutschen Datenschutz-Orthodoxie) erklärte Bundeskanzlerin Merkel dem Bundestag: «Bei der Künstlichen Intelligenz drohen wir den Anschluss zu verlieren ... Zu glauben, wir könnten bei der Künstlichen Intelligenz vorn sein und bei Daten so restriktiv wie möglich, ist genauso, wie wenn man Kühe züchten will, ohne sie zu füttern.» Dem chinesischen Vorpreschen setzt sie am Ende ihrer Regierungszeit eine eigene Aufholjagd entgegen: beim Breitbandausbau, bei alternativen Auto-Antrieben, beim autonomen Fahren, bei der Produktion neuartiger Batterien. Ein neuer Digitalrat soll der Regierung Richtung weisen, ein Digitalfonds der Wirtschaft über die Anlaufschwierigkeiten hinweghelfen. Mit Emmanuel Macron ist sich die Kanzlerin darin einig, dass die Europäer auf diesem Felde ihre Anstrengungen bündeln müssen, wenn sie mithalten wollen. Ganz in ihrem Sinne legt die EU-Kommission ein milliardenschweres Förderprogramm für Künstliche Intelligenz auf. Mit dem ambitionierten EU-Digitalprojekt unter dem sperrigen Namen «EuroHPC» *(Euro High Performance Computer)* wollen Brüssel, zwölf EU-Staaten und die Schweiz bis 2023 Hochleistungsrechner entwickeln, die eine Trillion Rechenschritte in der Sekunde ausführen. Aber das ist nur der Anfang der Aufholjagd, und eine Milliarde Euro werden die EU noch nicht zur bahnbrechenden Kraft machen können. Viel Zeit dürfen die Europäer bei der Umsetzung dieser Pläne nicht mehr verlieren.

Außerdem ist eine europäische Industriepolitik überfällig, etwa die von Emmanuel Macron vorgeschlagene Digital-Union. Es ist höchste Zeit, das, was einmal mit der Einrichtung von Airbus und der

Europäischen Raumfahrtagentur (ESA) gelungen ist, nun in der IT-Welt zu wiederholen: mit staatlicher Förderung europäische Champions zu schaffen. Die EU muss sich da dringend eine Scheibe von Chinas Masterplan «Made in China 2025» abschneiden. Sie braucht ihren eigenen Entwicklungsplan, wenn sie sich in der globalisierten und digitalisierten Welt von morgen behaupten will. Peter Bofinger, einer der deutschen «Wirtschaftsweisen», lässt daran keinen Zweifel: «Wenn man sieht, mit welcher Energie und Konsequenz in China Industriepolitik betrieben wird, erscheint es geradezu fahrlässig, wenn Europa weiter darauf vertraut, dass es der Markt schon richten wird.»

Die Chinesen haben sich aufgemacht, uns einzuholen und zu überholen. Wir können ihnen nicht ihren innovatorischen Ehrgeiz austreiben. Aber wir müssen uns ihrer Herausforderung stellen, indem wir unsere technischen und wissenschaftlichen Talente, unsere Erfindergabe und alle unsere Entwicklungserfahrung aufbieten. Der «Verjüngung Chinas» muss Europa seine eigene Verjüngung entgegensetzen. Nur dann wird es in der Lage sein, ihm sowohl ernsthafte Konkurrenz als auch ersprießliche Partnerschaft zu bieten. Versagt es hier, dann könnte die Herausforderung in der Tat zur Bedrohung werden. Ein starkes Europa ist die einzig richtige Antwort auf ein starkes China. Macron hat ganz recht: «Wenn wir uns nicht einig sind, so ist das nicht Chinas Schuld, sondern unsere eigene.» Notfalls muss ein harter Kern der EU vorangehen und sich von der widerstrebenden Peripherie lösen, damit es nicht bei einer Politik des kleinsten gemeinsamen Nenners bleibt.

Und noch etwas verträgt keinen Aufschub: Die Europäische Union muss hart bleiben gegenüber allen Versuchen der Chinesen, Keile in die Brüsseler Gemeinschaft zu treiben, sie zu spalten oder zu schwächen. Dies gilt zumal im Blick auf den von ihnen initiierten und alimentierten 16+1-Zusammenschluss in Mittel-, Südost- und Osteuropa, wo sie mit Investitionen Abhängigkeiten zu schaffen trachten, für ihr Geld politisches Wohlverhalten erwarten und damit die europäischen Entscheidungsprozesse lahmlegen. Die Reaktion darauf muss doppelt ausfallen. Zum einen sollte die Aufhebung der Einstimmigkeitsregel und die Einführung von Mehrheitsvoten in der Außen- und Sicherheitspolitik beschleunigt werden. Zum anderen aber muss Peking in aller Deutlichkeit zu verstehen gegeben werden, dass wir hier eine rote Linie ziehen, deren Überschreitung nicht ohne Folgen bleiben kann. Sigmar Gabriel hat als Außenminister China ermahnt, unser Ein-Europa-Konzept zu respektieren, worauf Cui Hongjian vom Pekinger Institut für Internationale Beziehungen ihn rüde zurechtwies: Die Vorstellung des einen Europa sei ganz verkehrt; als geographischer Begriff sei «ein Europa» zulässig, nicht jedoch als politischer Begriff oder in der Wirtschaft. Das ist starker Tobak, und die Europäer – einschließlich derjenigen zwischen Balkan und Baltikum, die aus Brüssel reichlich mit Euros versorgt werden – dürfen sich nicht darauf einlassen. Sie sollten auch hier auf Reziprozität pochen: Wir erkennen Pekings Ein-China-Politik an, da dürfen wir gefälligst erwarten, dass unserer Ein-Europa-Politik Respekt erwiesen wird. Die Botschaft kam offenbar an. Jedenfalls unterstrich Li Keqiang beim siebten 16+1- Gipfel in Sofia im Juli 2018 mit Nachdruck, dass es China nicht darum gehe, einen Keil in die Europäische Union zu treiben. Trumps rabiate Handelspolitik ließ es Peking ratsam erscheinen, den Bogen nicht zu überspannen.

Ein weiteres Gebot kommt hinzu. Europa hat die sechs Staaten des westlichen Balkans in den letzten Jahrzehnten sträflich vernachlässigt. Die EU bietet ihnen vollmundig die Perspektive des Beitritts, der Serbien und Montenegro schon 2025 blühen soll. Doch die Verhandlungen mit ihnen stehen ganz am Anfang: Der Streit zwischen Serbien und Kosovo wirkt noch nach, der innere Zustand von Bosnien-Herzegowina ist hoffnungslos chaotisch und der des Kosovo regelrecht mafiös. Vor allem jedoch sind die Vorbehalte gegen eine weitere Ost-Erweiterung der Union überall enorm. Wie Frankreich, das unter Macron auf Vertiefung vor Vergrößerung der bestehenden EU pocht, können sich auch die meisten anderen Mitglieder keine neuen Beitritte vorstellen, ehe die Brüsseler Gemeinschaft sich nach dem Brexit neu sortiert und die überfälligen existenzsichernden Reformen ins Werk gesetzt hat. Die Beitrittskandidaten selbst stöhnen unter dem Brüsseler Papierkrieg, den 80 000 Seiten des sogenannten *acquis communitaire*, und dem quälend mühsamen Annäherungsprozess. Bei Licht betrachtet, erhalten sie schon jetzt weit mehr aus Brüsseler Kassen, als die Chinesen ihnen andienen. Doch ist die Verlockung offenbar unwiderstehlich, auf die Pekinger Angebote schnellen Geldes einzugehen.

Der Europäischen Union ging viel zu spät auf, dass es höchste Zeit ist für kreative Zwischenschritte in Richtung Beitritt. Beim EU-Westbalkan-Gipfel in Sofia bekräftigte sie im Mai 2018 ihre Entschlossenheit, das «Engagement zur Unterstützung des politischen, wirtschaftlichen und sozialen Wandels in der Region zu verstärken und zu intensivieren». In der «Sofia-Prioritäten-Agenda» wurden unter anderem bedeutsame Zuschüsse für ein dichtes Netz von Verbindungen innerhalb des Westbalkans und mit der EU zugesagt, vor allem für wichtige Autobahnen. Im September 2018 lieferte die EU-Außenbeauftragte Federica Mogherini die Einzelheiten der neuen Brüsseler «Konnektivitätsstrategie» nach. Die Kommission will für den Zeitraum 2021 bis 2027 rund 123 Milliarden für Infrastrukturvorhaben auf dem Balkan und in Zentralasien bereitstellen – ein Investitionsvolumen, das durch die Beteiligung europäischer Förderbanken und privater Investoren auf 180 bis 240 Milliarden Euro erhöht werden könnte. Es steht dahin, ob daraus anstelle punktueller Kreditvergabe ein umfassendes, aufeinander abgestimmtes Infrastruktur-Hilfsprogramm großen Stils wird, das zumal die Westbalkanstaaten aus ihrer Rückständigkeit befreit. Gelingt dies nicht, braucht sich die EU nicht zu wundern, wenn China sie mit vergleichsweise minimalen Summen propagandistisch aussticht.

Werte und Interessen

Was nun die Werte betrifft, die der Kitt der Europäischen Union sind (oder doch sein sollten), so kann es keinen Zweifel geben: China gehört nicht unserer Wertegemeinschaft an. Der gesamte Kanon demokratischer Grundrechte und Menschenrechte ist ihm fremd. Dies zu erkennen und sich notgedrungen damit abzufinden, heißt indes nicht, dass wir im Umgang mit den Chinesen über unsere Menschenrechtsvorstellungen Stillschweigen bewahren müssten. Michael Roth, SPD-Staatsminister im Auswärtigen Amt, hat mit seiner Mahnung, dass die Grundwerte für die Europäer nicht verhandelbar sein dürften, durchaus recht. Aber wir werden die Chinesen nicht dazu bringen, sie selbst zu übernehmen. Der 1995 ins Leben gerufene Menschenrechtsdialog zwischen der EU und China hat nichts erbracht. Eingeständnisse oder gar Zugeständnisse dürfen wir von den Chinesen nicht erwarten. Dies bedeutet jedoch nicht, dass wir unsere eigenen Wertebegriffe unter den Scheffel oder gar infrage stellen müssten. Im Gegenteil: Auch wir dürfen Respekt für unsere Vorstellungen einfordern.

Wenn etwa chinesische Fußballer es nicht ertragen können, dass bei Freundschaftstreffen in Deutschland friedliche Demonstranten die tibetische Flagge und antichinesische Transparente zeigen (so geschehen im Herbst 2017 beim TSV Schott Mainz), dann sollten sie sich überlegen, in Zukunft lieber wegzubleiben. Noch so heftige Proteste des Pekinger Außenministeriums können uns nicht davon abbringen, dass hierzulande die Meinungsfreiheit im öffentlichen Raum prinzipiell geschützt ist. Mehr Gelassenheit stünde der Großmacht China da gut zu Gesicht. Ganz in diesem Sinne zeigte der DFB-Präsident Reinhard Grindel Rückgrat. «Die Meinungsfreiheit gilt auf dem Fußballplatz und neben den vier Eckfahnen», sagte er. «Wenn man in Deutschland spielt, muss man sich auch damit auseinandersetzen, dass jeder seine Meinung frei sagen kann.»

Anders Daimler. Das Social-Media-Team des Untertürkheimer Konzerns hatte auf Instagram zu einem Bild der neuen Mercedes-C-Klasse eine Weisheit des Dalai Lama gestellt: «Betrachte eine Situation von allen Seiten, und Du wirst offener werden.» Harmlos genug, aber den Dalai Lama hält Peking für einen Staatsfeind, einen «Wolf in der Mönchskutte». Wer ihn zitiere, polterte die *Volkszeitung,* trage dessen «stinkende Füße auf beiden Händen». Die *Global Times* fragte: «Wie würden es die Deutschen wohl finden, wenn ein Konzern mit Hitler-Zitaten Werbung machen würde?» – als sei der Friedenspreisträger Dalai Lama mit dem Diktator, Kriegsverbrecher und Judenmörder aus Braunau vergleichbar. Daimler entschuldigte sich unverzüglich und löschte Bild und Spruch auf dem chinesischen Kurznachrichtendienst Weibo. «Wir werden uns bemühen, unser Verständnis von Chinas Kultur und seinen Wertevorstellungen zu vertiefen und so unser Verhalten den Normen anzupassen», schrieb die Sternen-Firma auf ihrer chinesischen Website. Als die *Volkszeitung* diesen Akt der Selbstzerknirschung «unaufrichtig» nannte, vollzogen Konzernchef Dieter Zetsche und China-Vorstand Hubertus Troika in einem Brief an Chinas Botschafter in Berlin einen weiteren unterwürfigen Kotau, indem sie um Vergebung baten «für das Leid und den Kummer», den der «fahrlässige und taktlose Fehler dem chinesischen Volk» verursacht habe. Gesinnungsethiker werden empört finden, so oft die Stirn beim Kotau auf den Boden zu schlagen, sei stil- und würdelos, so viel Servilität müsse nicht sein. Hingegen werden Verantwortungsethiker Verständnis dafür aufbringen, dass Daimler den chinesischen Markt nicht verlieren will, auf dem es jedes vierte Fahrzeug aus seiner weltweiten Produktion absetzt, 600 000 im Jahr. Es geht dabei ja nicht nur um Profit, sondern darum, wie weit deutsche Unbedingtheit deutsche Arbeitsplätze gefährden darf.

Es ist selbstverständlich, dass niemand, der in China Geschäfte machen will, die Souveränität, die territoriale Integrität und damit die Ein-China-Politik der Volksrepublik infrage stellt, das tun ja auch die westlichen Staaten nicht. Wie weit die einzelnen Unternehmen jedoch in der Anpassung an chinesische Normen gehen, liegt ganz in ihrer Hand, und sie tun es auf sehr verschiedene Weise. Der Anweisung des Pekinger Luftfahrtamtes, auf ihren Websites und Landkarten die Insel Taiwan nicht mehr als «Taiwan» zu bezeichnen, sondern als «Taiwan, China», fügten sich zunächst nur wenige Fluglinien. Einige blieben bei der alten Schreibweise, die Amerikaner verboten den ihren sogar, sich an die chinesische Anweisung zu halten. Doch schon binnen weniger Monate kamen ihr sämtliche 44 der aufgeforderten Fluggesellschaften nach.

Der Textilienhändler Gap sah sich ebenfalls zu einem Kniefall gezwungen, weil auf T-Shirts wegen eines «unbeabsichtigten Fehlers» eine chinesische Landkarte ohne Taiwan abgedruckt war; dabei waren sie in China gar nicht angeboten worden. Auch die Hotelkette Marriott hat sich dafür entschuldigt, dass sie die Gefühle des chinesischen Volkes verletzt habe. Apple ist zu Kreuze gekrochen und hat dem Staatsunternehmen Guizhon-Cloud Big Data alle Daten, Fotos, Videos, Kontakte, Kalender und iCloud-Mails seiner chinesischen Kunden überlassen. Vorstandschef Tim Cook verstieg sich dazu, Pekings Plan für ein weltweit überwachtes Internet zu verteidigen. Klammheimlich hat er auch die taiwanesische Flagge aus dem Emoji-Katalog seiner chinesischen Geräte entfernen lassen. Hingegen entschied sich Google anfänglich, sein Suchunternehmen in China vom Netz zu nehmen, nachdem die Zensur immer strenger geworden war und Hacker die Internetkonten chinesischer Dissidenten auf Google-Servern angegriffen hatten; es bemühte sich jedoch um Wiederzulassung und zeigte sich schließlich bereit, bei einer neuen App «Dragonfly» (Libelle) für die Einhaltung der Zensurvorschriften zu sorgen (wogegen 1400 Google-Mitarbeiter aus ethischen Gründen protestierten).

Twitter und Facebook sind in China nicht verfügbar, das Regime schützt den einheimischen Twitter-Klon Weibo und die Suchmaschine Baidu vor ausländischer Konkurrenz. Facebook war 2009 der Stecker gezogen worden, weil sich die aufständischen Uiguren angeblich auf dem amerikanischen sozialen Netzwerk verabredet hatten. Mehrfach suchte Mark Zuckerberg, dessen Frau Priscilla Chan chinesische Wurzeln hat, seitdem die Pekinger Machthaber milde zu stimmen. 2016 joggte er über den Platz des Himmlischen Friedens und bot, so die *New York Times*, dem Regime eine Software an, mit der es die Inhalte auf Facebook nach Belieben hätte zensieren können. Inzwischen erwarb er eine Lizenz zur Einrichtung eines Büros in Hangzhou, dem Sitz des Internet-Giganten Alibaba, um dort eine Innovationsplattform aufzubauen – eine Büßertür zur neuerlichen Zulassung?

Den westlichen Verlagen macht die Zensur ebenfalls zu schaffen. So werden ausländische Verlage und Internetbetreiber gezwungen, ihr Angebot zu zensieren und alle der chinesischen Obrigkeit unliebsamen Artikel für die Leser zu sperren. Nicht nur der Heidelberger Wissenschaftsverlag Springer Nature, die Cambridge University Press, der australische Verleger Allen & Unwin oder Apple sind unter Beschuss geraten, als sie sich diesem Zensur-Zwang fügten. Die britische University Press hatte wissenschaftliche China-Studien aus ihrem Angebot herausgenommen, weil die Stichwörter Tienanmen, Taiwan, Tibet, Hongkong, Xinjiang und Kulturrevolution der Parteilinie widersprachen. Nach lautstarker Empörung in der akademischen Welt nahm Europas ältester Buchverlag diesen Eingriff jedoch zurück. Ähnlich «säuberte» auch der deutsche Wissenschaftsverlag Springer Nature sein Internetangebot in China und löschte Hunderte von «politisch sensiblen» Fachartikeln. Die Heidelberger blieben auch dabei, um «wesentlich massivere Auswirkungen», nämlich die Totalsperre des Verlagsangebotes für Kunden und Autoren zu vermeiden. Der Zugang zu 99 Prozent aller Springer-Nature-Inhalte sei weiter gewährleistet; die Zugangsbeschränkung erstrecke sich nur auf China, nicht auf die übrigen 180 Märkte; hätte man anders verfahren, so hätte man sich «dem Risiko ausgesetzt, dass unsere Kunden auf all unsere Publikationen keinen Zugriff mehr haben». Unlogisch ist diese Argumentation nicht – und bei Licht betrachtet auch nicht unethisch.

Das Bemühen, Moral und Money, Einwirkungs- oder Geschäftsmöglichkeiten und die Leitlinien der Kommunistischen Partei, Werte und Interessen in ein Gleichgewicht zu bringen, ist im besten Falle ein Ritt auf der Rasierklinge. Selbst der Vatikan macht umstrittene Zugeständnisse. Im Bestreben, die seit 1951 bestehende Spaltung der katholischen Kirche in eine päpstliche und eine «patriotische» Kongregation zu überwinden, hat der Heilige Stuhl gegen den Protest des vatikantreuen Klerus in China mehrere Bischöfe anerkannt, die von der Partei ernannt worden waren, einige andere aber schnöde fallen lassen, die jahrzehntelang in unbeirrbarer Loyalität zur römischen Kurie Anfeindung und Unterdrückung ertragen hatten. Die Inder jedoch, die vor sechzig Jahren dem Dalai Lama Asyl gewährten, untersagten ihren Amtsträgern, an einer «Thank you India»-Versammlung und einer tibetischen Gebetsfeier in Delhi teilzunehmen. Die Begründung: Dazu seien die ohnehin schwierigen Beziehungen zu Peking zu heikel, man wolle die Spannungen nach dem Himalaya-Konflikt des Vorjahres abbauen. Der Zweck heiligt nicht nur im Big Business die Mittel. Geopolitik und Geschäftspolitik schlagen die Wertebindung.

Eindämmen oder Zurückdrängen?

Chinas rasanter Wiederaufstieg zu Reichtum und Macht hat die nach dem Zweiten Weltkrieg entstandene Weltordnung bereits fundamental verändert. Die Volksrepublik ist ein wirtschaftlicher, strategischer und politisch-ideologischer Wettbewerber geworden, den viele als bedrohlich empfinden. Überall wird über die Frage nachgedacht, wie wir ihm gegenübertreten sollen. In den Planungsstäben, Denkfabriken und Zentren der China-Studien rauchen die Köpfe. Dabei werden vor allem drei Optionen diskutiert: Eindämmung, Zurückdrängen oder Einbindung.

Der Begriff der Eindämmung geht auf das Containment-Konzept

zurück, das der amerikanische Diplomat George F. Kennan 1946 in seinem «Langen Telegramm» aus Moskau entwarf und 1947, inzwischen Leiter des Planungsstabes im State Department, unter dem Pseudonym «Mr. X» in *Foreign Affairs* veröffentlichte. Amerika werde es nicht zulassen, sollte Stalin damit klargemacht werden, dass Kommunismus und Sowjetherrschaft dominierenden Einfluss in Europa und Japan erlangten. Wobei es Kennan nicht in erster Linie darum ging, eine militärische Bedrohung abzuwehren; er hielt die Sowjetunion nach Kriegsende für zu geschwächt, um gefährlich zu werden. Was er eindämmen wollte, waren *ideological-political intrigue and penetration* – die Wühlarbeit der Komintern und das Erstarken der kommunistischen Parteien in Ländern wie Frankreich und Italien als Vorreiter des sowjetischen Imperialismus. Eindämmung war defensiv gedacht.

In der gegenwärtigen Debatte werden gern die Begriffe *containment* und *rollback* durcheinandergebracht, sogar von anerkannten Autoritäten. So sagt etwa Robin Nibblet, der hoch angesehene Chef von Chatham House: «Eindämmung wird dem Westen nichts bringen», und der renommierte deutsche China-Fachmann Eberhard Sandschneider befindet: «Konfrontationspolitik wird den Aufstieg Chinas nicht verhindern. Mit Sicherheit sind alle Eindämmungsversuche zum Scheitern verurteilt.» Was beide meinen, ist jedoch nicht *containment*, sondern *rollback,* die Politik des aktiven, notfalls gewaltsamen Zurückdrängens, wie sie John Foster Dulles als Außenminister des Präsidenten Eisenhower gegen die Sowjetunion verfocht, bis das atomare Patt zwischen Ost und West jeglichem Versuch des «Zurückrollens» bei Strafe des eigenen Untergangs einen Riegel vorschob.

China zurückdrängen? Da das Land für niemanden eine direkte militärische Bedrohung darstellt, gibt es, abgesehen von Bannon und seinem kriegerischen Umkreis, kaum einen, der solch drastisches Vorgehen fordert. John Mearsheimer, auf dem früheren Lehrstuhl Hans J. Morgenthaus der Sachwalter der realpolitischen Denkschule in Chicago, hält einerseits Chinas Politik für verständlich. Die Volksrepublik tue nur das, was die USA taten, als sie im neunzehnten Jahrhundert die Europäer aus der Karibik vertrieben. Wie die Amerikaner dort das Sagen hätten, wolle Peking auf gleiche Weise im Südchinesischen Meer den Ton angeben. Es sei «nur logisch, dass China Asien genauso dominieren will, wie die Vereinigten Staaten die westliche Hemisphäre dominieren». Andererseits jedoch sieht Mearsheimer ein ehernes Gesetz darin, dass alle Mächte Hegemonie suchen und Gleichgewichtspolitik verabscheuen, Amerika und China machten da keine Ausnahme. Schon 2001 schrieb er in seinem Buch «The Tragedy of Great Power Politics»: «Ein reiches China würde keine Status-quo-Macht sein, sondern ein aggressiver Staat, entschlossen, die regionale Vorherrschaft zu erlangen.» Dies liege nicht in Amerikas Interesse, das daher alles tun müsse, um den Aufstieg Chinas zu bremsen und zu konterkarieren. Auch fünfzehn Jahre später blieb er dabei. «Was die künftige Bedrohung aus China so besorgniserregend macht», schrieb er, «ist die Tatsache, dass sie weit stärker und bedrohlicher sein könnte als irgendeiner der früheren Hegemone, denen die USA im zwanzigsten Jahrhundert gegenüberstanden.»

Was genau Mearsheimer unter *impede and counter* versteht, bleibt freilich im Dunkeln. Überhaupt mutet die Annahme, Chinas technologischer und kommerzieller Fortschritt lasse sich aufhalten, angesichts der beispiellosen Verflechtung der amerikanischen und chinesischen Volkswirtschaften recht einfältig an. Von der Sowjetunion war der Westen nie wirtschaftlich abhängig, deshalb kostete es nichts, sie unter ökonomischen Druck zu setzen. Hingegen hängt von der störungsfreien Handelsbeziehung zur Volksrepublik in hohem Maße das eigene Wohlergehen ab. Im Zeitalter der Globalisierung liefe jeglicher Versuch eines ökonomischen *rollback* auf eine schmerzhafte Selbstverstümmelung hinaus. Anstatt *impede and counter* empfiehlt sich daher *counter and entice* – gegenhalten und umwerben.

Influencing, die neue Angriffsart

Gegenüber China hat *containment* im ursprünglichen Sinne Kennans auch heute seinen Platz und seinen Zweck: zur Abwehr von *ideological-political intrigue and penetration*. Der gängigere Ausdruck für diese Art der Durchdringung ist heute *Influencing*: die offene und verdeckte Einflussnahme durch Propaganda, Verlockung oder Einschüchterung; die Aufwiegelung der chinesischen Diaspora und Einbeziehung der chinesischen Studentenschaft im Ausland in die auf vielen Campussen eingerichteten Parteizellen; ferner die Umgarnung von Eliten und die Rekrutierung von arglosen Parlamentariern, Wissenschaftlern, journalistischen Meinungsbildnern als «China-Versteher»; und nicht zuletzt die klassische Spionage und Cyber-Hacking. Als Ziel der Einflussnahme definierte He Yafei vom Overseas Chinese Affairs Office 2015 in einer Rede vor Parteikadern, das Medienmonopol des Westens, seine Meinungshegemonie und Deutungshoheit zu zerschmettern und wichtige westliche Begriffe wie *soft power* und Kampf der Kulturen oder Ideen wie Freiheit, Demokratie und Menschenrechte durch Chinas Wertesystem zu ersetzen.

Ein Ausschuss des US-Kongresses hat enthüllt, wie die Chinesen planmäßig amerikanische Thinktanks mit finanziellen Zuwendungen zu beeinflussen suchen. Influencing betreiben auch die Konfuzius-Institute, die eigentlich dem intellektuellen und akademischen Austausch gewidmet sind. Von ihnen sind seit dem ersten – 2004 in Seoul gegründeten – in mehr als 142 Ländern über 500 entstanden, die im Ausland die Kenntnis der chinesischen Sprache und Kultur fördern sollen. In Deutschland gibt es inzwischen neunzehn Konfuzius-Institute. Sie sind nach dem philosophischen Fast-Zeitgenossen des Sokrates benannt, dessen Werk, Lehre und Ideengebäude vor einem Vierteljahrhundert in China noch tabuisiert waren und dessen Erwähnung damals Kopf und Kragen kosten konnte. Letztlich haben die Institute den Zweck, China – nach seiner Selbstbeschreibung die «weltweit größte Demokratie» – im internationalen Wertediskurs Gehör und Stimme zu verschaffen.

Freilich werden sie direkt aus Peking finanziert und gesteuert, und zwar von der Heimatbehörde Hanban, dem Büro für Sprachausbildung. Dessen Vorsitzende ist Liu Yandong, die frühere Chefin des United Front Work Department, einer Abteilung des Zentralkomitees. Hanbans Auftrag ist die Beeinflussung des Auslands und der chinesischen Diaspora. Aus dem gewaltigen neoklassizistischen Pekinger Hauptquartier wird Chinas Strategie dirigiert, «genau definierte Gruppen und Einzelpersonen zu charmieren, zu kooptieren oder zu attackieren». Dazu gehören chinesische Heimatvereine oder mit Vorliebe studentische Gruppierungen, die zum Protest gegen Chinakritische Äußerungen – im Klartext: gegen die Meinungsfreiheit –

und zur Unterstützung der regierungsamtlichen Position zu Taiwan, Tibet, Falun Gong und der Seidenstraßeninitiative angehalten werden. Allein in den Vereinigten Staaten gibt es 142 aus den diplomatischen Vertretungen gesteuerte Students and Scholars Associations (CSSA), die sich diesem Zweck widmen; in Deutschland ist es der Verein der chinesischen Studenten und Wissenschaftler. Den über 200 chinesischsprachigen Publikationen in aller Welt liefern die chinesischen Medien massenhaft Gratis-Material zur Verbreitung regierungsfrommer Ansichten. Xi spricht gern vom «großen Zusammenschluss aller Chinesen im In- und Ausland», der gestärkt werden müsse. Die 120 Millionen Auslandschinesen bleiben für ihn Söhne des Gelben Kaisers.

Hanban mischt sich bei den Konfuzius-Instituten in die Bestallung und Kontrolle der Mitarbeiter ein, in die Bestimmung der Lehrpläne, die Verwendung des Budgets und in die Festlegung des Korridors, in dem frei debattiert werden darf. Themen wie Tibet oder Dalai Lama dürfen nicht behandelt werden. Das hat mehrere Universitäten, darunter Lyon, Stockholm und Chicago, dazu gebracht, sich von ihnen zu trennen. Die American Association of University Professors empfiehlt wie ihr kanadisches Gegenstück ebenfalls die Trennung von ihnen. Sie sieht in ihnen eine «Bedrohung der akademischen Freiheit», da Geldschwierigkeiten manche Institute dazu bringen, finanzielle Unterstützung anzunehmen, aber dafür kritische Fragestellungen gänzlich auszublenden und Selbstzensur zu üben, damit die üppig sprudelnde Quelle nicht versiegt. Die Konfuzius-Institute gelten als «langer Arm Chinas». So haben die meisten den Tod des Nobelpreisträgers Liu Xiaobo ignoriert. Nicht von ungefähr warnte ein deutscher Professor vor den «chinesischen U-Booten». Mit dem Goethe-Institut und der Alliance Française haben sie jedenfalls nichts gemein.

Eigenständiges Denken schätzen die Chinesen nicht. In Deutschland schoss die *Global Times*, «ein Zwitterwesen zwischen Parteiblatt und nationalistisch gesinnter Boulevardzeitung» (Friederike Böge), in ganzseitigen Anzeigen Trommelfeuer gegen die Arbeit des Berliner Mercator Institute for China Studies (MERICS). Zugleich wurde der offene Austausch mit Thinktanks und Universitäten immer schwieriger; einzelnen Mitarbeitern wurden Forschungsreise-Visa in die Volksrepublik verweigert. Die «Dicke Berta» der chinesischen Auslandspropaganda warf den Mitarbeitern in Deutschlands renommiertestem China-Forschungsinstitut vor, dessen Veröffentlichungen seien zu politisch und zu wenig objektiv. In Wahrheit verhält es sich umgekehrt: Sie sind zu objektiv und daher für China politisch unerträglich. Die *Neue Zürcher Zeitung* kommentierte gelassen, für die *Global Times* «trägt bereits geringfügige Kritik blasphemische Züge». Zuweilen nimmt die Empfindlichkeit der Chinesen lachhafte Züge an, wenn sie etwa den Eurovision Song Contest nicht übertragen, weil zwei Iren während der Aufnahmen Händchen hielten oder andere Teilnehmer zu viele Tätowierungen zeigten.

Doch spielt sich Influencing nicht nur im akademischen Bereich ab. Es war wohl kein Zufall, dass die Geheimdienste Australiens und Neuseelands, aber auch das Bundesamt für Verfassungsschutz im Frühjahr 2018 gleichzeitig vor einer breit angelegten Kampagne Chinas zur Anwerbung von Spitzeln oder arglosen Informanten warnten, im Spätsommer dann auch die amerikanische Spionageabwehr. Laut dem damaligen Verfassungsschutzpräsidenten Hans-Georg Maaßen nutzen Pekings Geheimdienste – die nach Einschätzung des BND über eine Million Mitarbeiter haben – in Deutschland soziale Netzwerke wie LinkedIn, um «in großem Stil» Kontakte zu knüpfen, nichtsahnende Personen als Quellen abzuschöpfen oder auf den Tenor der öffentlichen Debatte über China und seine Politik manipulativ einzuwirken. Ihre Agenten, getarnt etwa als Headhunter, Vertreter chinesischer Forschungsinstitute, Wirtschaftsverbände oder Consulting-Firmen, böten Parlamentariern und Ministerialbeamten, Akademikern und Thinktank-Experten, Stiftungsvertretern und Lobbyisten – Menschen mit Einblick und Spezialkenntnissen – viel Geld für «Analysen» an. Zu weit über 10 000 Deutschen hätten sie auf diese Weise Fühlung aufgenommen. Wie nicht anders zu erwarten, erklärte ein Sprecher des chinesischen Außenministeriums, es handele sich um grundlose Anschuldigungen, für die es keine Beweise gebe; derlei Äußerungen seien den chinesisch-deutschen Beziehungen nicht zuträglich. Doch spionieren nun einmal alle Staaten, und den einfallsreichen Chinesen ist auch auf diesem Gebiet einiges zuzutrauen.

Gesteigerter Unmut in Australien

Zugleich versuchen Pekings Influenzer zu bestimmen, was im Internet, in Unternehmen, im Schulunterricht, an Hochschulen und in Parlamenten über China gesagt wird. «Hineinregieren» ist noch ein milder Ausdruck dafür. Dabei kommt den chinesischen Auslandsstudenten und Akademikern eine besondere Rolle zu, etwa wenn sie auftragsgemäß gegen den Auftritt einer Vertreterin der Hongkonger Regenschirm-Proteste demonstrieren oder einen Professor kritisieren, der schlichtweg von «Taiwan» sprach, ohne Pekings Wiedervereinigungsanspruch zu erwähnen. Die Dichte und die Dreistigkeit dieser Versuche hat der Australier Clive Hamilton in einem 356 Seiten dicken Buch nachgezeichnet: *Silent Invasion. China's Influence in Australia.* Drei große Verlage lehnten die Veröffentlichung ab, als wollten sie Hamiltons These bekräftigen, «dass Australiens Institutionen von einem komplexen Einfluss- und Kontrollsystem durchdrungen und verformt werden, das von Organen beaufsichtigt wird, die der Chinesischen Kommunistischen Partei dienen – von unseren Schulen, Universitäten und politischen Verbänden bis zu unseren Medien; von Geschäftsbranchen wie Bergbau, Landwirtschaft und Fremdenverkehr bis zu strategischen Anlagen wie Häfen und Stromnetzen; von Gemeinderäten und Landesregierungen bis hin zu den Parteien in Canberra.»

Das Buch bringt den wachsenden Unmut über den chinesischen Druck auf Presse und Fernsehen, Medien und Universitäten zum Ausdruck, über die Versuche, die chinesische Minderheit (4 Prozent der Bevölkerung), zumal die 200 000 Studierenden aus der Volksrepublik, zur Fünften Kolonne, zum Transmissionsriemen sino-nationalistischer Ideen zu machen, schließlich über das Hacken von Unternehmen und Behörden. Der aufstrebende Oppositionspolitiker Sam Dastyari musste seinen Senatorensitz aufgeben, weil er sich seine Schulden von chinesischen Geschäftsleuten hatte bezahlen lassen und danach nicht nur brav die Pekinger Positionen vertrat, sondern auch Geheimes an seine Geldgeber weitergab. Der spendabelste Einfluss-Agent war der Magnat Huang Xiangmo, der Millionen an die politischen Parteien und ein neu gegründetes Institut für China-

studien ausschüttete, um Chinas Weltsicht zu verbreiten. Ministerpräsident Turnbull nannte ihn einen «*foreign national with close links to
a foreign government*».

Strategische Partnerschaft (2013) hin, Freihandelsabkommen
(2015) her, nun wurden den chinesischen Influenzern per Gesetz rote
Linien gezogen: Geldspenden für Parteien oder Aktivistenverbände
aus dem Ausland werden verboten, Lobbyisten müssen ihre Auslands-
verbindungen deklarieren, und die Gesetze gegen Spionage, Landes-
verrat und politische Beeinflussung wurden verschärft. Premierminister Malcolm Turnbull gab sich gern als Freund Chinas, aber er ließ
sich von Peking weder drangsalieren noch manipulieren. Bei einer
Wahlkampfrede verfiel er ins Chinesische und rief das australische
Volk auf, «sich zu erheben» gegen unziemliche ausländische Einflussnahme. In den letzten Tagen seiner Amtszeit untersagte Canberra aus
Sicherheitsbedenken den chinesischen Telekommunikationskonzer-
nen Huawei und ZTE, sich am Aufbau des Netzwerkes der fünften
Generation (5G) zu beteiligen. Turnbulls Nachfolger Scott Morrison
blieb dabei: 5G müsse vor unautorisierten Zugriffen und Störungen
bewahrt werden. Es versteht sich, dass der chinesische Botschafter
den Vorwurf, China greife in die australische Innenpolitik ein, als
«schlicht falsch» bezeichnete. Weitere negative Kommentare, drohte
er unverblümt, könnten die Handelsbeziehungen negativ belasten.

Einbinden durch Einhegen

Die dritte Möglichkeit des Umgangs mit China nach Eindämmung
und Zurückdrängen ist die Einbindung in die bestehende Weltordnung. Robert J. Art, Professor für Internationale Beziehungen an der
Brandeis University, hat eine darauf zielende Politik schon 2010 ver-
fochten. Als Realist geht er von drei Grundannahmen aus. Erstens:
Wir können nicht mit Gewissheit vorhersagen, welche Absichten und
Ziele China in einigen Jahrzehnten verfolgen wird, aber sie werden
expansiver sein als heute, denn Pekings Ehrgeiz wird mit seinen Fähigkeiten wachsen. Zweitens: Da ein Präventivkrieg nicht praktikabel
wäre, können die USA den Aufstieg nicht stoppen, sondern allenfalls

durch eine feindselige Wirtschaftspolitik verlangsamen – was indes fatale Folgen hätte. Beifällig zitiert Art in diesem Zusammenhang den Satz von Joseph Nye: «Die beste Methode, sich China zum Feind zu machen, ist, es wie einen Feind zu behandeln. Wenn wir es als Freund behandeln, bleibt wenigstens die Möglichkeit eines glimpflicheren Ausgangs offen.» Ähnlich drückte es Eberhard Sandschneider aus: «Wer heute China zum Gegner erklärt, wird China morgen zum Gegner bekommen.» Drittens sollten wir nicht voraussetzen, dass die üble Vorgeschichte geopolitischer Zweikämpfe zwischen Vormächten und Aufsteigern – etwa England/Deutschland, USA/Japan, Vereinigte Staaten/Sowjetunion – sich im chinesisch-amerikanischen Verhältnis wiederholen müsse.

Wohl sah Art zunehmende politische und wirtschaftliche Reibereien zwischen den beiden Kontrahenten voraus, ein Stück Wettrüsten auch und sicherheitspolitische Konflikte über Taiwan wie über Amerikas maritime Vorherrschaft im Pazifik. Sogar einen Krieg – aus Dummheit, wegen eines Missverständnisses oder einer Fehlkalkulation im Streit um Taiwan – schloss er nicht kategorisch aus. Doch spricht nach seiner Ansicht alles dagegen: die enorme wirtschaftliche Verflechtung, das Fehlen eines militanten ideologischen Wettbewerbs, in erster Linie jedoch die gegenseitige atomare Abschreckung. Überdies hätten beide nicht unerhebliche gemeinsame Interessen, die zur Basis einer mittelfristigen und langfristigen Zusammenarbeit werden könnten. Ob sie allerdings ausreichen als Grundlage für einen «Deal», der nicht Twitter-anfällig ist, sondern einen langfristigen Ausgleich verbürgt, das bleibt wohl abzuwarten.

Donald Trump ist darauf aus, die Volksrepublik zu schwächen und den Aufstieg Chinas zu stoppen. Manche anderen hoffen, es werde ins Wackeln und Wanken kommen. Ein schwaches, ins Chaos verfallendes China wäre jedoch schlimmer als ein starkes. Der Singapurer Weltpolitiker Kishore Mahbubani geht noch weiter: Er warnt vor einem demokratischen China. Seine Begründung: Es wäre anfälliger für nationalistisch-chauvinistischen Stimmungsdruck; die Kommunistische Partei leiste der Welt einen Dienst, indem sie die nationalistischen Aufwallungen in Schach halte.

Verschiedene Träume im gleichen Bett

Eine China-Politik ohne Illusionen und ohne Obsessionen – darunter verstehe ich eine Politik, wie sie sich in unserer immer komplexeren und komplizierten Welt auch gegenüber anderen empfiehlt. Ich benütze dafür gern den Begriff «kompartmentalisierte Kooperation», den Thomas Bagger geprägt hat, der frühere Chef des Planungsstabs im Auswärtigen Amt – eine Methode, die sich gleichermaßen für den Umgang mit Freunden eignet wie für die Behandlung von Rivalen und Widersachern, etwa Russland oder China. Man könnte sie auch «selektives Engagement» nennen: Wo die Interessen divergieren, setzt man sich auseinander, wo sie übereinstimmen, arbeitet man zusammen. Wo es nicht sonderlich darauf ankommt, kann man sich auf das hilfreiche *agree to disagree* – «Einigung vorbehaltlich der Unterschiede» – verständigen, wo es aber um die Substanz geht, darf, ja muss ernstlich gestritten werden. Dies gilt im wirtschaftlichen wie im politischen Bereich. Da ist es höchste Zeit für eine einheitliche China-Politik und China-Strategie der Europäischen Union.

Donald Trump und den von ihm heraufbeschworenen Handelskonflikten ist es zuzuschreiben, dass China und Europa im Jahr 2018 ein gutes Stück aufeinander zugingen. Der 20. EU-China-Gipfel in Peking markierte einen Wendepunkt. Das Jahr zuvor hatten die Chinesen noch eine gemeinsame Abschlusserklärung verweigert, weil Brüssel ihnen den Status einer Marktwirtschaft nicht zuerkennen wollte; nun sprangen sie über ihren Schatten. China und Europa könnten nicht einfach zusehen, wie die alte Ordnung zerschlagen und ein Vakuum geschaffen werde, erklärte Xi Jinping den achtundzwanzig EU-Botschaftern in Peking. «Wir schlagen zurück», versicherte er zwanzig westlichen Top-Managern. Und zu Klaus Schwab, dem Gründer des Davoser Weltwirtschaftsforums, soll er laut der *Frankfurter Allgemeine* nach glaubhaften Berichten gesagt haben: «Ich schlage Trump die Zähne ein.» Auch wenn er seine Sprache danach milderte und Anweisung gab, nicht mehr über Trump zu berichten und den Ausdruck «Handelskrieg» zu meiden, ging er nun auf die Europäer zu. China sei an einem starken Europa interessiert, betonte er, die Europäische Union wolle er als «vereinigten und prosperierenden Partner» sehen und sich im Schulterschluss mit ihr für die Freiheit des Welthandels einsetzen. Das waren neue Töne.

In der Abschlusserklärung des Pekinger Gipfels verpflichteten sich die Partner auf Multilateralismus und eine regelbasierte internationale Ordnung. Als umfassende strategische Partner wollen sie gemeinsam «Frieden, Wachstum, Reform und Zivilisation» fördern, bei der Lösung der Konflikte in Syrien, Libyen und Afghanistan, der Heraufführung einer israelisch-palästinensischen Zweistaatenlösung, der Entnuklearisierung Nordkoreas und der Rettung des Nuklear-Abkommens mit Iran zusammenwirken, gegen den Klimawandel kämpfen und die Globalisierung offener, ausgewogener, inklusiver und zuträglicher für alle machen. Gemeinsam streben sie eine Reform der Welthandelsorganisation (WTO) an. Die sich schon ewig hinschleppenden Verhandlungen über ein Investitionsabkommen sollen in eine «neue Phase» geführt, die Synergiemöglichkeiten der chinesischen Seidenstraßen-Initiative und der europäischen Entwicklungsprogramme stärker genutzt werden.

Die dreizehn Seiten lange Abschlusserklärung geht in ihren 44 Punkten nervtötend ins Detail; zum Beispiel Punkt 15: «Die beiden Seiten kamen überein, eine gemeinsame Machbarkeitsstudie über die Vertiefung der Zusammenarbeit im Wein- und Spirituosensektor zu lancieren. Man war sich darüber einig, dass die Annäherung der Standards in diesen Sektoren den Handel erleichtern würde und nutzbringend für beide wäre.» Wo es um gewichtigere Themen ging, um gegenseitige Marktöffnung etwa, die staatliche Unterstützung von Unternehmen oder auch den Verhaltenskodex für das Südchinesische Meer und die Menschenrechte, wirkten die Formulierungen allerdings mehr wie Mahnungen an die Chinesen, nicht wie Manifestationen der Einmütigkeit.

In der Abwehr von Donald Trumps Handelsaggression stehen China und die EU auf derselben Seite, auch in manch anderer Hinsicht. Aber eine Schicksalsgemeinschaft – ein Begriff, den Xi Jinping gern im Munde führt – bilden sie nicht. Dazu trennt sie allzu vieles, zumal das chinesische Politik- und Herrschaftsmodell. Dies verbietet die Bildung einer engen Koalition, wie sie Europa und Amerika siebzig Jahre lang zusammengeklammert hat. In seinem neuen Buch *Welt in Gefahr* schreibt Wolfgang Ischinger sehr richtig: «Die EU mag sich mit China einig sein, dass eine neue Ära des Protektionismus schädlich wäre und Klimaschutz wichtig ist. Aber die darüber hinausgehenden Gemeinsamkeiten sind überschaubar.» Einem europäisch-chinesischen Bündnis erteilt Deutschlands prominentester Diplomat eine klare Absage: «Langfristig wird die liberale Weltordnung nur Bestand haben, wenn sie von beiden Pfeilern der transatlantischen Partnerschaft gestützt wird.»

Selbst wenn sich die USA zeitweilig aus dem transatlantischen Verbund verabschieden sollten – China könnte nicht an seine Stelle treten. Auf den unzähligen Dialogebenen, die zwischen Europäern und Chinesen bestehen – Gipfeltreffen, «Konnektivitätsplattformen» und Verhandlungsforen über praxisbezogene Themen wie Normung, Regulierung und Konformitätsbewertung – sind die Dinge bisher ja nicht viel weiter gediehen. Ein Freihandelsabkommen ist in ziemlicher Ferne. Es bleibt abzuwarten, ob die seit 2013 laufenden Verhandlungen über ein Investitionsabkommen, das die teils schon Jahrzehnte alten bilateralen Verträge ersetzen soll, nach der beim EU-China-Gipfel 2018 getroffenen Abmachung wirklich vorankommen. Da tut sich die EU selbst mit dem geplanten neuen System für die Überprüfung chinesischer Investitionsanträge recht schwer. Die Anregung zu einer Verschärfung der Screening-Methoden kam im Februar 2017 von Deutschland, Frankreich und Italien, indes gab es sowohl unter den nordeuropäischen Staaten wie auch in Griechenland, Portugal und Spanien Bedenken. Athen berief sich in seinen Einwänden ausdrücklich auf die chinesischen Investitionen im Lande. Es war bis zuletzt nicht klar, ob da noch 2018 etwas zustande käme. Doch wuchs anderwärts zusehends die Einsicht, dass Europa mit Dringlichkeit dem chinesischen Vorgehen entgegentreten muss, um das Abgreifen technischen Knowhows durch gezielte Aufkäufe zu verhindern.

Auch Xi Jinpings Seidenstraßen-Initiative ist in vielerlei Hinsicht eine wirtschaftliche und politische Herausforderung für Europa. Es sollte das Projekt weder reflexhaft ablehnen noch blindlings umarmen, sondern ihm mit konstruktiver Skepsis gegenübertreten. Skepsis ist geboten, denn es ist nicht sicher, dass sich die Erfinder der «Konnektivität» an die Weisheit Leopold von Rankes halten werden: «Die Verbindung aller beruht auf der Selbstständigkeit eines jeden.» Konnektivität bedeutet in den Augen Pekings primär: Konnex mit

China. Um Chinas Nutzen geht es, um nichts sonst. Auch steht dahin, ob sich die Chinesen auf eine selektive Beteiligung der Europäer
einlassen – ein fallweises Mittun bei einzelnen Projekten nach eingehender Prüfung, ohne Übernahme des ideologischen Gepäcks, das sie
dem ehrgeizigen Entwicklungsprogramm aufgesattelt haben, und auf
der Basis gemeinsamen Entscheidens und gleichberechtigten Handelns. Der Versuch, Einverständnis zu erreichen, ist jedoch jede An-
strengung wert. Im Fall der AIIB hat sich gezeigt, dass Mittun be-
grenzten Einfluss bringen kann. Die Commerzbank hat mit der
chinesischen Großbank Industrial and Commercial Bank of China
(ICBC) eine Zusammenarbeit vereinbart, binnen fünf Jahren Seiden-
straßenprojekte in Höhe von fünf Milliarden Dollar zu finanzieren.
Dies mag verhindern, dass aus rein ideologischen Gründen deutsche
Firmen, zumal unsere Mittelständler, um die Chance gebracht werden, an einzelnen interessanten Infrastrukturvorhaben teilzunehmen.

Dabei darf sich Europa nicht scheuen, ungeniert Realpolitik zu
treiben. Das heißt: die Wertefrage beiseitelassen und die eigenen Interessen zum einzigen Maßstab des Handelns machen. Wir haben gar
keine andere Wahl, als mit China zusammenzuarbeiten, wo immer
dies geht – um das Klima zu retten, die Globalisierung zu bändigen,
den Frieden zu erhalten und wirtschaftliche Stabilität zu bewahren.
Verschiedene Anliegen kann man durchaus mit verschiedenen Partnern verfolgen – mit China gegen Trump für das Klimaabkommen
und die Sicherung des freien Welthandels eintreten, aber mit Amerika
gemeinsam gegen Chinas Marktabschottung, Ideenklau, Überschuss-
Dumping und Benachteiligung westlicher Firmen agieren. Doch in
der Zusammenarbeit mit beiden sollte man des chinesischen Spruchs
eingedenk bleiben: *tong chuang yi meng* – «wir teilen zwar das gleiche
Bett, träumen aber verschiedene Träume».

Kann man, muss man den weiteren Aufstieg Chinas für unabwendbar halten? Gar seinen Aufstieg zur Weltführungsmacht? Jan
Ross, Korrespondent der *ZEIT* in New Delhi, schrieb 2016: «Chinas
langfristige Zukunft, mit einem politischen System ohne echte Legitimität, einer Menge Streit mit den Nachbarstaaten und einer künstlich stimulierten Wirtschaft, ist hochgradig ungewiss.» Der Oxford-
Historiker und *Guardian*-Kommentator Timothy Garton Ash ist um
einiges optimistischer: «Auf kurze und mittlere Sicht wird Xi mit sei-

nem smarten Autoritarismus nicht nur die Partei an der Macht, sondern den ganzen Laden am Laufen halten. Aber auf längere Sicht? Macht Euch auf schwierige 2020er-Jahre gefasst.» Dem kann ich nur zustimmen. Wobei ich von zweierlei fest überzeugt bin.

Erstens: China steht vor enormen inneren Problemen. Überschuldung, Überalterung, Verstädterung, Umweltverseuchung, wachsende soziale Ungleichheit und ein Wohlstandsgefälles zwischen Stadt und Land, Umsteuerung der Wirtschaft von der Werkbank der Welt zum Innovationschampion – das sind gewaltige Herausforderungen. Die Entwicklung der letzten Jahrzehnte berechtigt jedoch zu der Hoffnung, dass eine klug regierende und einfühlsam reagierende autoritäre Staatsführung mit ihnen fertig wird, auch wenn es zuweilen rappelt im Karton. Sie wird das Mandat des Himmels nicht verspielen wollen.

Zweitens: Chinas auftrumpfende, von einer Mischung aus Selbstgefälligkeit und Triumphalismus geprägte Außenpolitik wird den Zwängen der internationalen Politik nicht standhalten können – vorausgesetzt, Amerika und Europa können den Pekinger Machthabern glaubhaft machen, dass sie sehr wohl bereit sind, der Volksrepublik im multipolaren Konzert der Mächte den ihr gebührenden Platz einzuräumen, dass sie jedoch willens und fähig sind, jeglichem Streben nach Hegemonie entgegenzutreten. Erste Anzeichen reuiger Einsicht deuten darauf hin, dass Peking der Hybris der letzten Jahre abschwören könnte. Indes wäre es illusorisch zu erwarten, dass es jemals vollständige Übereinstimmung geben könnte. «Die Realität der Rivalität darf man nicht ignorieren», sagt Henry Kissinger.

Partner, Konkurrent, Rivale, Kontrahent?

Die alte Weltordnung ist dahin. In der heraufdämmernden neuen Weltordnung wird China eine herausragende Rolle spielen. Es wird, wie andere Großmächte auch, einesteils ein Konkurrent sein und anderenteils ein Partner – und zuweilen auch ein Kontrahent und Gegenspieler. Wir sollten uns darauf einstellen, dass unsere Beziehungen ambivalent bleiben, prekär und schwierig. Ambivalent, weil China die liberale Weltordnung ausnützt, um seine Entwicklungsziele zu erreichen, aber nicht wirklich daran denkt, sich uneingeschränkt auf deren Werte, Normen und Standards einzulassen. Prekär, weil es sich den Regeln des Freihandels nur unterwirft, sofern dies seinen eigenen Interessen förderlich ist. Schwierig aber, weil es zwar einen friedlichen Aufstieg will, seine Außenpolitik jedoch gern nach dem Prinzip der *brinkmanship* betreibt: scharf am Rande des Abgrunds. Eberhard Sandschneiders Urteil aus dem Jahr 2006 hat heute gesteigerte Gültigkeit: «Chinas Drang nach Geltung und Einfluss, Ressourcen und Märkten, Reichtum und Wohlstand wird zu globaler Rivalität mit dem Westen führen.»

Es muss jedoch ein Wettstreit in Grenzen bleiben, wenn ein neuer Kalter Krieg, gar ein Schießkrieg verhindert werden soll. Schritt für Schritt, sagt der australische Asien-Politiker Kevin Rudd, verwickeln sich die beiden Mächte, die das 21. Jahrhundert bestimmen werden, die Vereinigten Staaten und China, in einen ganz neuen Typ von Krieg: einen Handelskrieg, der im Begriff ist, zu einem Investitionskrieg und schließlich zu einem Technologiekrieg zu entarten. «Es ist eine offene Frage», setzt er besorgt hinzu, «ob die jetzt durch diesen neuartigen Wirtschaftskrieg entfesselten Kräfte sich am Ende in der einen oder anderen Art militärischer Konfrontation entladen. Bis vor Kurzem war dies kaum denkbar. Jetzt ist es denkbar geworden. Nicht wahrscheinlich. Nicht unabwendbar. Aber auf jeden Fall denkbar.»

Alle sollten sich daher auf die nicht wenigen gemeinsamen Interessen konzentrieren. Sie könnten die Konflikte abfedern, die unausweichlich entstehen werden. Chinesen, Amerikaner und Europäer täten daher gut daran, Kissingers Ratschlag zu beherzigen: «Sie müssen erkennen, dass ein gewisses Maß an Wettbewerb der Natur der Sache nach unausweichlich ist, aber dass er sich in bestimmten Grenzen abspielen kann. Sie sollten gemeinsam den Bereich markieren, in dem sich ihr friedlicher Wettbewerb vollzieht. Tun sie das weise, lassen sich sowohl militärische Konfrontation als auch schmähliche Kapitulation vermeiden. Es ist die Aufgabe der Diplomatie, diesen Bereich zu entdecken, ihn nach Möglichkeit auszuweiten und zu verhindern, dass ihr Verhältnis zueinander von taktischen Erwägungen oder innenpolitischen Zwängen überschattet wird.»

Das Ziel muss eine Machtbalance sein, die den Frieden und den Wohlstand aller sichert: *Together first*.

Dank

Vielen habe ich zu danken: akademischen Fachleuten, Diplomaten, Forschungsinstituten, nicht zu vergessen meinen Berufskollegen, den Korrespondenten der deutschen und der internationalen Presse. Grundlegende Einsichten verdanke ich meinem 2000 verstorbenen Professor Donald Lach, der mich vor bald sieben Jahrzehnten an der University of Chicago in die Geschichte Chinas und seines Verhältnisses zu Europa eingeführt hat, und den Größen des Fachs, denen ich Dank für viele Jahre Erkenntnisgewinn und Verständnis schulde: John Fairbank, David Shambaugh, Eberhard Sandschneider, Sebastian Heilmann, um nur wenige zu nennen. Von den Staatsmännern, deren Aussagen über China in ihren Schriften ich erhellend, anregend und zuweilen auch zu Widerspruch reizend fand, erwähne ich Helmut Schmidt und Henry Kissinger, beides alte Freunde, und den ehemaligen australischen Außenminister Kevin Rudd, inzwischen Chef des Asia Society Policy Institute in New York, einen guten Bekannten aus jüngerer Zeit. Auch einer Reihe kluger deutscher Botschafter in Peking verdanke ich bis heute gültige Erkenntnisse, darunter Erwin Wickert (1976-1980), Konrad Seitz (1995-1999) und Volker Stanzel (2004-2007).

Aufschlussreiche Quellen lieferten mir verschiedenene internationale Forschungsinstitute und außenpolitische Gesellschaften. Besonders erhellend fand ich die Veröffentlichungen des Berliner Mercator Institute for China Studies (Merics), vor allem seine *Papers on China*, der Deutschen Gesellschaft für Auswärtige Politik *(Internationale Politik)*, des European Council on Foreign Relations *(Serie China Analysis)* und des New Yorker Council on Foreign Affairs *(Foreign Affairs)*, des Atlantic Council in Washington, des Kissinger Institute on China and the United States, des Institut français des relations internationales (Ifri), der Deutschen Gesellschaft für Auswärtige Politik *(Internationale Politik)*, des German Institute of Global and Area Studies (GIGA), des Londoner International Institute for Strategic Studies *(Survival, The Military Balance)* sowie des Stockholm International Peace Research Institute *(SIPRI Yearbook)*.

Unentbehrlich waren mir die aktuellen Berichte, Analysen und Kommentare vieler Berufskolleginnen und Berufskollegen: Matthias Nass, Steffen

Richter, Felix Lee *(DIE ZEIT)*, Kai Strittmatter und Christoph Giesen *(Süddeutsche Zeitung)*, Petra Kolonko und Friederike Böge *(Frankfurter Allgemeine Zeitung)*, Johnny Erling *(Die Welt)*, Bernhard Zand *(Der Spiegel)*, Tom Mitchell und Lucy Hornby *(Financial Times)*, Keith Bradsher und Jane Perlez *(New York Times)*, François Bougon und Brice Petroletti *(Le Monde)*, ferner Philip Bowring *(New York Review Daily)*. Wie ihre Kolumnen und Kommentare zu anderen Themen der Weltpolitik, habe ich mit Gewinn stets auch gelesen, was Roger Cohen *(New York Times)*, Philip Stephens, Gideon Rachman und Martin Wolf (alle drei *Financial Times*) und Sylvie Kauffmann *(Le Monde)* über China schrieben. Der *Global Times* und der *Weibo International Edition* entnahm ich die Faktensicht und Einstellung der chinesischen Führung. Die Hongkonger *South China Morning Post* war mir ebenfalls eine wichtige Quelle, desgleichen *The Voice*, der Newsletter der European Chamber of Commerce in China, und das in Washington erscheinende Asien-Pazifik-Magazin *The Diplomat*. Wertvolle Erkenntnisse verdanke ich schließlich einer Reihe alter Bekannter: Ronny Chan in Hongkong, Carl Thayer in Canberra, Zhang Weiwei in Shanghai, Frank Sieren in Peking und Dmitri Trenin in Moskau. Zu etwaigen Stärken dieses Buches haben sie Entscheidendes beigetragen; für etwaige Schwächen stehe ich allein gerade.

Dank für Zuspruch und Ermunterung während der Arbeit an diesem Werk schulde ich vielen, ganz besonders aber meiner Sekretärin Eva Bontzas. Sie hat meinem Manuskript – dem ersten Buch, das ich nicht handschriftlich abgefasst, sondern gleich in den Laptop getippt habe – so duldsam wie geduldig und kompetent auf ihrem Computer Gesicht und Gestalt gegeben. Der *ZEIT* sage ich «Danke», da sie mir ermöglicht hat, mich bis auf meine diensttägliche Online-Kolumne ganz auf das China-Buch zu konzentrieren. Für sein einfühlsames, kenntnisreiches und langmütiges Lektorieren danke ich Ulrich Nolte vom Verlag C.H.Beck; er hat mich vor manchen stilistischen oder sachlichen Entgleisungen bewahrt. Schließlich weiß ich meinem Freundeskreis und meiner Familie tief empfundenen Dank für die Nachsicht, die sie gegenüber dem viel zu lange völlig im China-Tunnel verschwundenen Schreibtischtäter geübt haben.

Literatur

Allison, Graham, *Destined for War. Can America and China Escape Thukydides's Trap?* (London: Scribe, 2017); «How America and China Could Stumble to War», in: *The National Interest*, Mai/Juni 2017 «China vs. America. Managing the Next Clash of Civilizations», in: *Foreign Affairs*, September/October 2017, S. 80–89

Amenda, Lars, *China in Hamburg* (Hamburg: Eller&Richter, 2011)

Andersen, Lars Erslev, Anoush Ehteshami, Mamtimyn Sunuodula, Yang Jiang, *«‹One Belt, One Road› and China's Westward Pivot. Past, Present and Future»* (Kopenhagen: Danish Institute for International Studies, 2017)

Anderson, Jennifer, *The Limits of Sino-Russian Strategic Partnership* (Oxford: Oxford University Press for The International Institute, for Strategic Studies, Adelphi Paper 315, 1997)

Andrésy, Agnès, *Xi Jinping. Red China, the Next Generation* (Lanham: University Press of America, 2015)

Anheier, Helmut K. und Bernhard Lorentz (Hrsg.), *Bridging the Trust Divide. Cultural Diplomacy and Fostering Understanding Between China and the West* (Berlin: Stiftung Mercator, 2012)

Art, Robert J., «The United States and the Rise of China: Implications for the Long Haul», in: *Political Science Quarterly*, Band 125, Nr. 3/2010

Atkinson, Robert D., Nigel Cory und Stephen J. Ezell, *Stopping China's Mercantilism: A Doctrine of Constructive, Alliance-Backed Confrontation* (Washington: Information and Technology Foundation, März 2017)

Bader, Jeffrey A., *Obama and China's Rise. An Insiders Account of America's Asia Strategy* (Washington: Brookings Institution Press, 2012)

Baron, Stefan, und Guangyan Yin-Baron, *Die Chinesen. Psychogramm einer Weltmacht* (Düsseldorf: Econ, 2018)

Becker, Paul, «The ‹Indo-Pacific›: Redrawing the Map to Counter China», https://thecipherbrief.com/column/strategic-view/indo-pacific, 12. Januar 2018

Beiser, Vince, *The World in a Grain: The Story of Sand and How It Transformed Civilization* (New York: Penguin Random House, 2018)

Benner, Thorsten, Jan Gaspers, Mareike Ohlberg, Lucrezia Poggetti, Kristin Shi-Kupfer, *Authoritarian Advance. Responding to China's Growing Political Influence in Europe* (Berlin: Report, Global Public Policy Institute und Mercator Institute for China Studies, February 2018)

Bertelsmann Stiftung, *China 2030, Szenarien und Strategien für Deutschland*, 2017, https://china-szenarien. Bertelsmann-stiftung.de

Blackwill, Robert und Ashley J. Tellis, *Revising U. S. Grand Strategy Toward China* (New York: Council on Foreign Relations, Council Special Report No.72, March 2015); Blackwill und Kurt A. Campbell, *Xi Jinping on the Global Stage* (New York: Council on Foreign Relations, Council Special Report No. 74, February 2016)

Blume, Georg, *China ist kein Reich des Bösen. Trotz Tibet muss Berlin auf Peking setzen* (Hamburg: Koerber, 2008)

Böge, Friederike, «Lückenlose Überwachung», Reportage aus Xinjiang, in: *Frankfurter Allgemeine Zeitung*, 9. August 2018

Brady, Anne-Marie, *China's Thought Management* (London: Routledge, 2011); *China as a Polar Great Power* (Cambridge: Cambridge University Press, 2017); «Magic Weapons: China's Political Influence Activities Under Xi Jinping» (Washington: Wilson Center, September 2017, https://www.wilsoncenter.org/article/magic-weapons-chinas-political-influence-activities-under-xi-jinping)

Brattberg, Erik, *China's Relations with U. S. Allies and Partners in Europe*, Testimony U. S. China Economic and Security Review Commission, 5. April 2018 (Washington: Carnegie Endowment for International Peace, 2018)

Brown, Kerry, *Die Welt des Xi Jinping. Alles, was man über das neue China wissen muss* (Frankfurt: Fischer, 2018)

Brown, Warner, «This Map Shows China's Hilarious Stereotypes of Europe», in: *Foreign Policy*, 20. August 2015

Brzezinski, Zbigniew, *The Grand Chessboard. American Primacy and Its Geostrategic Imperatives* (New York: Basic Books, 1997); deutsch: *Die einzige Weltmacht. Amerikas Strategie der Vorherrschaft* (Weinheim und Berlin: Beltz Quadriga, 1997)

Cabestan, Jean-Pierre, *Demain la Chine, démocratie ou dictature?* (Paris: Gallimard, 2018); *Le Système politique chinois* (Paris: Les Presses de Sciences Po, 2014)

Callahan, William A., *China Dreams. 20 Visions of he Future* (New York: Oxford University Press, 2013)

Cameron, Fraser, «It's Asia, Stupid»: Time for the EU to Deepen Relations with Asia», in: *GIGA Focus*, Asia, No. 6, November 2017

Chellaney, Brahma, *Asian Juggernaut: The Rise of China, India and Japan* (New York: HarperCollins, 2011)

Clark, Duncan, *Alibaba. The House that Jack Ma Built* (New York: Harper Collins, 2018)

Deudney, Daniel, James Goldgeier, Steffen Kern, Soo Yeon Kim, Hanns W. Maull, *Global Shift. How the West Should Respond to the Rise of China* (Washington: The Transatlantic Academy, 2011)

Deutsche Bundesbank, *Monatsbericht Juli 2018*, S. 41–56, «Die Neuausrichtung der chinesischen Wirtschaft und ihre internationalen Folgen»

Dollar, David, *Is China's Development Finance a Challenge to the International Order?* (Washington: Brookings Institution Press, 2017)

European Chamber of Commerce in China (EUCCC), *China Position Paper 2018/2019, www.europeanchamber.com.cn*

Fischer, Joschka, *Der Abstieg des Westens. Europa in der neuen Weltordnung des 21. Jahrhunderts* (Köln: Kiepenheuer & Witsch, 2018)

Freedom House, *Freedom in the World 2018* (www.freedomhouse.org)

French, Howard W., *Everything under the Heaven: How the Past Helps Shape China's Push for Global Power* (New York: Alfred A. Knopf, 2017); *How a Million Migrants are Building a New Empire in Africa* (New York: Knopf, 2015)

Friedberg, Aaron, *A Contest for Supremacy. China, America, and the Struggle for Mastery in Asia* (New York: Norton, 2011); «Asia's Future is Europe's Past», in *Survival*, vol. 42/3, 2000

Fukuyama, Francis, *The End of History and the Last Man* (New York: The Free Press, 1992); deutsch: *Das Ende der Geschichte* (München: Kindler, 1992)

Fu Ying, «China in Globalization», Artikelentwurf *The Security Times*, Februar 2018

Gabuev, Alexander, *Friends with Benefits? Russian-Chinese Relations after the Ukraine Crisis* (Moscow: Carnegie Moscow Center, 2016)

Gewirtz, Julian, *Unlikely Partners: Chinese Reformers, Western Economicsts and the Making of Global China* (Cambridge: Harvard University Press, 2017)

Glaser, Bonnie und Jake Douglas, «*The Ascent and Demise of ‹New Type of Great Power Relations› Between the US and China*», Regional Security Outlook 2016 (Canberra: Paragon Printers Australasia, 2016)

Godehart, Nadine, *Chinas «neue» Seidenstraßeninitiative*. Regionale Nachbarschaft als Kern der chinesischen Außenpolitik unter Xi Jinping, (Berlin: Stiftung Wissenschaft und Politik, SWP-Studie, 9. Juni 2014)

Godement, François, «Neither Hegemon nor Soft Power: China's Rise at the Gates of the West», in *Facing China's Rise: Guideline for an EU Strategy* (Paris: Chailot Paper No. 94, Dezember 2006); Godement& Abigail Vasselier, «China at the Gates: A New Power Audit of EU–China Relations», European Council on Foreign Affairs, 1. Dezember 2017; http://www.ecfr.eu

publications: Godement, «The Trump Opportunity: Chinese Perceptions of the US Administration», 1. Juni 2018, ibid.

Hachigian, Nina, *Debating China. The US–China Relationship in Ten Conversations* (New York: Oxford University Press, 2014)

Hamilton, Clive, *Silent Invasion. China's Influence in Australia* (Melbourne: Hardie Grant, 2018)

Hansen, Sven (Hrsg.), *Chinas Aufstieg. Mit Kapital, Kontrolle und Konfuzius* (Berlin: Le Monde diplomatique No. 23, taz Verlag, 2018)

Hansen, Valery, *The Silk Road: A New History* (New York: Oxford University Press, 2012)

Harding, Harry, «Has US-China Policy Failed?», in: *The Washington Quarterly*, vol. 38, 2015, Issue 3, https://doi.org/10.1080/0163660X.2015.1099027

Hartmann, Wolf D., Wolfgang Maennig, Run Wang, *Chinas neue Seidenstraße: Kooperation statt Isolation – Der Rollentausch im Welthandel* (Frankfurt: Frankfurter Allgemeine Buch, 2017)

Hayton, Bill, *The South China Sea. The Struggle for Power in Asia* (New Haven: Yale University Press, 2014)

Hirn, Wolfgang, *Chinas Bosse. Unsere unbekannten Konkurrenten* (Frankfurt: Campus, 2018)

Holmes, James R. und Toshi Yoshihara, «China and the United States in the Indian Ocean. An Emerging Strategic Triangle?», U. S. Naval War College, China Maritime Studies Institute, Newport, RI, 02841, 2008

Holslag, Jonathan, *Frieden auf Chinesisch* (Hamburg: Körber, 2015)

Huang, Jing und Korolev, Alexander (Hrsg.), *International Cooperation in the Development of Russia's Far East and Siberia* (New York: Palgrave Macmillan, 2015)

Huawei, *Deutschland und China. Wahrnehmung und Realität* (Die Huawei-Studie, 2016)

Human Rights Watch, «Eradicating Ideological Viruses: China's Campaign of Repression against Xinjiang's Muslims», September 2018, www.hrw.org

Huntington, Samuel. P., *The Clash of Civilizations* (New York: Simon & Schuster, 1996); deutsch: *Kampf der Kulturen. Die Neugestaltung der Weltpolitik im 21. Jahrhundert* (München: Europaverlag, 1996)

Huotari, Mikko, Jan Gaspers, Thomas Eder, Helena Legarda, Sabine Mokry, *Chinas Emergence as a Global Security Actor* (Berlin: merics, Papers on China, 23. Juni 2017); Huotari und Thilo Hanemann, *Auf dem Weg zu mehr Gleichbehandlung in EU-China-Investitionsbeziehungen* (Berlin: merics, Papers on China, 17. April 2018)

International Crisis Group, *Old Scores and New Grudges: Evolving Sino-Japanese Tensions* (Brüssel: Asia Report No 258, 24. Juli 2014); *Central Asia's Silk*

Road: Rivalries (Brüssel: Europe and Central Asia Report No. 245, 27. July 2017)

Jaques, Martin, *When China Rules the World. The End of the Western World and the Birth of a New Global Order* (London: Penguin, 2009)

Kaplan, Robert D., «Center Stage for the Twenty-first Century. Power Plays in the Indian Ocean», in: *Foreign Affairs*, March/April 2009

Karlauf, Thomas, *Helmut Schmidt. Die späten Jahre* (München: Siedler, 2016), Kapitel 8 «Entdeckung einer Weltmacht», S. 250–279

Kerner, Charlotte, *Rote Sonne, Roter Mond. Rebell und Tyrann: Die Lebensgeschichte des Mao Zedong* (Weinheim Basel: Beltz, 2015)

Khan, Suleiman Wasif, *Haunted by Chaos. China's Grand Strategy from Mao Zedong to Xi Jinping* (Cambridge, Mass. und London: Harvard University Press, 2018)

Kindermann, Gottfried-Karl, *Der Aufstieg Ostasiens in der Weltpolitik 1840 bis 2000* (Stuttgart/München: Deutsche Verlagsanstalt, 2001)

Kissinger, Henry, *On China* (New York: Penguin, 2011)

Kneissl, Karin, *Wachablöse. Auf dem Weg in eine chinesische Weltordnung* (Wien: Frank&Frei, 2017)

Kostka, Genia, *China's Social Credit Systems and Public Opinion: Explaining High Levels of Approval*, July 23, 2018), https://ssrn.com/abstract=3215138

Krejsa, Harry, *Under Pressure. The Growing Reach of Chinese Influence Campaigns in Democratic Societies* (Washington: Center for a New American Security, 27. April 2018; https://www.cnas.org/publications/reports)

Kristof, Nicholas D. und Sheryl Wudunn, *China Wakes. The Struggle for the Soul of a Rising Power* (London: Nicholas Brealey Publishing, 1994)

Lange, Sabina Kajnc, mit Zoran Nechev und Florian Trauner, *Resilience in the Western Balkans* (European Union, Institute for Security Studies, Report No. 36 August 2017), Kapitel VIII, «The Impact of China»

Lardy, Nicholas, «The Changing Role of the Private Sector in China», in: *Conference Volume*, 2016

Le Corré, Philippe und Sepulchre, Alain, *China's Offensive in Europe* (Washington: Brookings Institution, 2016)

Lee, Kai-Fu, *AI Superpowers: China, Silicon Valley and the World* (Boston: Houghton Mifflin Harcourt, 2018)

Leonard, Mark, *What Does China Think?* (London: Fourth Estate, 2008); *China 3.0* (London: European Council on Foreign Relations, November 2012)

Liu Mingfu, *The China Dream: Great Power Thinking and Strategic Posture in the Post-American Era* (New York: CN Times Books, 2015)

Luft, Gal, *Silk Road 2.0: US Strategy towards China's Belt and Road Initiative* (Washington: Atlantic Council Strategy Paper No. 11, 2017)

Mahbubani, Kishore, *Can Asians think? Understanding the Divide between East and West* (Hanover NH: Steerforth Press, 2001); *Die Rückkehr Asiens. Das Ende der westlichen Dominanz* (Berlin: Ullstein, 2008); *The Great Convergence. Asia, the West and the Logic of the World* (New York: Public Affairs, 2013); «The Coming Renminbi Revolution», in: *Prospect*, 14. Mai 2018

Mann, James, *About Face. A History of America's Curious Relationship with China, from Nixon to Clinton* (New York: Knopf, 1999); *The China Fantasy* (New York: Penguin Random House, 2008)

Marks, Ramon, «Coming to Grips With a Rising China», in: RealClearDefense, 4. Januar 2018, http://www.realcleardefense.com

McGregor, Richard, *Asias's Reckoning* (London: Allen Lane, 2017)

Meijer, Hugo, *Trading with the Enemy* (New York: Oxford University Press, 2016)

Miller, Tom, *China's Asian Dream* (London: Zed Books Ltd, 2017)

Müller-Härlin, Bernhard, Jörn Zägel (Redaktion), *Global Governance: Wie können China und Europa zusammenarbeiten?* (147. Bergedorfer Gesprächskreis, Hamburg: Körber, 2011)

Naß, Matthias, «Die Erben des Gelben Kaisers. China: Weltmacht im 21. Jahrhundert. Partner oder Gegner» (Hamburg: *ZEITPunkte*, 3/1997); *Countdown in Korea. Der gefährlichste Konflikt der Welt und seine Hintergründe* (München: C.H.Beck, 2017)

Osnos, Evan, *Age of Ambition. Chasing Fortune, Truth and Faith in the New China* (New York: Farrar, Straus and Giroux, 2014); «Born Red. How Xi Jinping, an Unremarkable Provincial Administrator, Became China's Most Authoritarian Leader since Mao» in: *The New Yorker*, April 6, 2015

Paul, Michael, *Kriegsgefahr im Pazifik? Die maritime Bedeutung der sino-amerikanischen Rivalität* (Baden-Baden: Nomos, 2017)

PEW Research Center, *Global Attitudes &Trends*, Washington, D. C., http://pew.global.org

Pflüger, Friedbert, «Von der Pax Americana zur Pax Sinica?», in: *Internationale Politik*, März/April 2018

Pfreundschuh, Gerhard, *Kampf der Kulturen und Wirtschaftssysteme?* (Heidelberg: Verlag Pfreundschuh-Heidelberg, 2018)

Pillsbury, Michael, *The Hundred-Year Marathon. China's Secret Strategy to Replace America as the Global Superpower* (New York: Henry Holt, 2015)

Pomfret, John, *The Beautiful Country and the Middle Kingdom: America and China, 1776 to the Present* (New York: Henry Holt, 2016)

Purdue, Peter, *China Marches West: The Qing Conquest of Central Eurasia* (Cambridge: Harvard University Press, 2005)

Quek, Kai und Alastair Iain Johnson, «Can China Back Down? Crisis De-escalation in the Shadow of Popular Opposition», in: *International Security*, Vol. 42, Issue 3, Winter 2017/18

Rachman, Gideon, *Easternization. Asia's Rise and America's Decline* (New York: Other Press, 2016)

Rolland, Nadège, *China's Eurasian Century. Political and Strategic Implications of the Belt and Road Initiative* (Seattle: National Bureau of Asian Research, 2017)

Rowen, Henry S., «When will China Become a Democracy?», Vortrag am Hoover Institute, Stanford University, 14. Juli 1996

Rudd, Kevin, «When China Leads», *Project Syndicate*, 27. Oktober 2017; «A Mechanism to Manage Security Tensions in the Asia-Pacific Region», *The Security Times*, Februar 2018; «Xi Jinping, China and the Global Order: The significance of China's 2018 Central Foreign Policy Work Conference», Address to the Lee Kuan Yew School of Public Polica, National University of Singapore, 26. Juni 2018; «How Xi Jinping Views the World. The Core Interests that Shape China's Behavior», *Foreign Affairs*, 10. Mai 2018; «Jinping's Vision for Global Governance», *Project Syndicate*, 11. Juli 2018; «The United States and China – a Relationship Adrift», Address to the Asia Society Northern California, 13. September 2018

Salisbury, Harrison E., *The New Emperors. China in the Era of Mao and Deng* (Boston: Littlle, Brown & Company, 1992)

Sandschneider, Eberhard, *Globale Rivalen. Chinas unheimlicher Aufstieg und die Ohnmacht des Westens* (München: Hanser, 2007)

Scheuer, Stephan, *Der Masterplan. Chinas Weg zur Hightech-Weltherrschaft* (Freiburg: Herder, ²2018)

Schluchter, Wolfgang, *Max Webers Studie über Konfuzianismus und Taoismus. Interpretation und Kritik* (Frankfurt: Suhrkamp, 1983)

Schmidt, Helmut, *Nachbar China. Helmut Schmidt im Gespräch mit Frank Sieren* (Berlin: Econ, 2006); *Vertiefungen* (Müchen: Siedler, 2010), S. 291–305; Vortrag «Die aufsteigende Weltmacht China», 20. September 2008; *Ein letzter Besuch. Begegnungen mit der Weltmacht China* (München: Pantheon, 2013)

Schmidt-Glintzer, Helmut, «Die gelbe Gefahr», in: «Apokalypse gestern», Zeitschrift für Ideengeschichte, Heft VIII, Frühjahr 2014. Mit Angabe vieler zeitgenössischer Quellen vom Anfang des 20. Jahrhunderts

Seitz, Konrad, *China. Eine Weltmacht kehrt zurück* (Berlin: Siedler, 2000)

Senger, Harro von, *Supraplanung. Unerkannte Denkhorizonte aus dem Reich der Mitte* (München: Hanser, 2008); *Die Kunst der List, Stratageme durchschauen und anwenden* (München: C.H.Beck, 2016)

Shambaugh, David, «Growing Strong: China's Challenge to Asia», in: *Survival*, Summer 1994; *Tangled Titans* (Lanham: Rowman & Littlefield, 2012); (Hrsg.), *China Goes Global. The Partial Power* (Oxford: Oxford University Press, 2013; *China's Future* (Cambridge: Polity, 2016)

Shirk, Susan L., *China: Fragile Superpower* (New York: Oxford University, 2007)

Shi-Kupfer, Kristin, Mareike Ohlberg, Simon Lang, Bertram Lang, *Ideas and Ideologies Competing for Chinas Political Future. How Online Pluralism Challenges Social Orthodoxy* (Merics, Oktober 2017)

Sieren, Frank, *Der China Schock. Wie Peking sich die Welt gefügig macht* (Berlin: Econ, 2008); *Zukunft? China! Wie die neue Supermacht unser Leben, unsere Politik, unsere Wirtschaft verändert* (München: Penguin 2018)

Sommer, Theo, *Die chinesische Karte* (München: Piper, 1979); «Vom Chaos zur Weltmacht. Am Ende eines finsteren Jahrhunderts steht für China der Aufstieg zur weltpolitischen Spitze», in: *Die Erben das Gelben Kaisers. China: Weltmacht im 21. Jahrhundert. Partner oder Gegner?* (Hamburg: ZEITPunkte, 3/1997); «Das Land muss neu geformt werden. Mao Zedong – der große Einiger und Zerstörer Chinas im 20. Jahrhundert», in: *Alter Glanz und neue Macht. China* (Hamburg: ZEITGeschichte, 2/2012); dazu im Laufe der Jahrzehnte viele Berichte in der *ZEIT*

Staack, Michael und David Groten (Hrsg.), *China und Indien im regionalen und globalen Umfeld* (Opladen: Verlag Barbara Budrich, 2018)

Staiger, Brunhild u. a., *Das große China-Lexikon* (Darmstadt: WBG, 2003)

Stanzel, Angela, Nadège Rolland, Jabin Jacob, Melanie Hart, *Grand Designs: Does China have a ‹Grand Strategy›?* (European Council on Foreign Relations, 18. Oktober 2017, https://www.ecfr.eu/publications/summary/grands_designs_does_china_have_a_grand_strategy; Angela Stanzel, Heike Holbig, Jean Christopher Mittelstaedt, Yevgen Sautin & Jérôme Doyon, *China's «New Era» with Xi Jinping Characteristics* (European Council on Foreign Relations, 15. Dezember 2017)

Stanzel, Volker, *Danger on the High Seas. An East Asian Security Challenge for Europe* (European Council on Foreign Relations, 22. Januar 2016)

Stockholm International Peace Research Institute, *SIPRI Yearbook 2018* (Oxford: Oxford University Press, 2018)

Strittmatter, Kai, *Die Neuerfindung der Diktatur. Wie China den digitalen Überwachungsstaat aufbaut und uns damit herausfordert* (München: Piper, 2018)

Sun Tsu, *Die Kunst des Krieges* (Hamburg: Nikol, 1988)

Thayer, Carlyle A., «Australia, the ANZUS Alliance and U. S. Rebalancing to the Asia-Pacific», paper presented to the International Conference on Australia-Asia Relations, Cheng Chi University, Taipei, 31.3.–1.4.2015; «*The South China Sea: Lynchpin of the Shifting Strategic Balance*», presentation to the International Conference the on the South China Sea, University of Technology, Sydney, 10.–11. Februar 2017; «Framework on a Code of Conduct – Victory for China?», Thayer Consultancy Background Brief, 6. August, 2017; «South China Sea: China Threatens ‹Possible Consequences›»

Background Brief, 30. Juli 2018, https://www.scribd.com/document/
385149690/Thayer-South-China-Sea-China-Threatens-Possible-Conse-
quences; «A Closer Look at the ASEAN-China Single Draft South China
Sea Code of Conduct», in: *The Diplomat*, 3. August 2018, https://thediplo-
mat.com/2018/08/a-closer-look-at-the-asean-china-single-draft-south-
china-sea-code-of-conduct

The International Institute for Strategic Studies, *The Military Balance* (London: International Institute for Strategic Studies, 2018)

The World Bank and The Development Research Center of the State Council,
the People's Republic of China, *China 2030. Building a Modern, Harmonious
and Creative Society* (Washington, D. C.: The World Bank, 2013)

Trenin, Dmitri, «Russia's Evolving Grand Eurasia Strategy: Will It Work?»
(Moskau: Carnegie Moscow Center, 20. Juli 2017); «Deutschland und Russland: Von der Entfremdung zu einer neuen Nachbarschaft» (*ibid.*, Juni 2018)

Vu, Tuong, «Vietnam and China: Balancing Geography and History», 24. August 2017, http://yaleglobal.yale.edu/content/vietnam-and-china-balan-
cing-geography-and-history

Waldron, Arthur, «There is No Thucydides Trap», 12. Juni 2017, http://sup-
china.com/2017/06/12/no-thucydides-trap

Watkins, Derek, K. K. Rebecca Lai, Keith Bradsher, «The World, Built by China»,
New York Times, 18. November 2018, https://www.nytimes.com/interac-
tive/2018/11/18/world/asia/world-built-by-china

Wong, Senator (Penny), *Ten Questions on Could China Win the Next War? Insights
of the East and South China Seas Conflict from a China Watcher* (Singapur:
Rank Books, 2014)

Wübbecke, Jost, Mirjam Meissner, Max J. Zenglein, Jacqueline Ives, Björn Con-
rad, *Made in China 2025. The Making of a High-tech Superpower and Consequences
for Industrial Countries,* Merics Papers on China no. 2, Dezember 2016

Wuthnow, Joel, «China: Recentralizing Power in the PLA», in: *China Brief,*
Jamestown Foundation, 12. Mai 2017; http://www.realclear defense.com/
articles/2017/005//12/china_recentralizing_power-in_the_pla

Xi Jinping, *The Governance of China* (Beijing: ICP Intercultural Press, 2014);
deutsch: *China regieren* (Peking: Verlag für fremdsprachige Literatur, 2014);
The Governance of China II (Beijing: Foreign Languages Press, 2017); Rede
beim Weltwirtschaftsforum Davos, 17. Januar 2017, https://www.weforum.
org.agenda/2017/01/full-text-of-xi-jinping-keynote-at-the-world-econo-
mic-forum; Bericht auf dem XIX. Parteitag der Kommunistischen Partei
Chinas, 18. Oktober 2017, zitiert nach der Übersetzung der chinesischen
Botschaft Berlin, englisch http://www.xinhuanet.com/english/special/
2017-11/03/c_136725942.htm

Xu Zhangrun, *Imminent Fears, Immediate Hopes – a Beijing Jeremiad*, übersetzt von Geremie Barmé, The Wairapa Academy For New Sinology, Juli 2018, http://chinaheritage.net/journal/imminent-fears-immediate-hopes

Yan Xuetong, *Ancient Chinese Thought, Modern Chinese Power* (Princeton und Oxford: Princeton University Press, 2011)

Yang Jemian, Shao Yuqun and Wu Chunsi, *Coexploring and Coeolving. Constructing a New Model of Major Power Relationship between China and the United States* (NMMPR), Shanghai Institute for International Studies, Februar 2014, www.americanprogress.org

Zand, Bernhard, «Operation Mekong. Südostasien. Zwischen Laos und Thailand ist heute schon eine Welt zu besichtigen, in der China seine Regeln durchsetzt – politisch und wirtschaftlich», in: *Der Spiegel*, Nr. 41 / 6.10.2018, S. 94–97

Zhang Weiwei, *The China Wave. The Rise of the Civilizational State* (Hackensack, N.J.: World Century Publishing Corporation, 2012)

Zheng Bijian, «China's ‹Peaceful Rise› to Great-Power Status», in: *Foreign Affairs*, September/Oktober 2005

Bildnachweis

Register

Das Register enthält Namen von Personen, Orten und Unternehmen.
Kursive Seitenzahlen verweisen auf Bildunterschriften.

RUSSLAND

KASACHSTAN

Balchaschsee

MONGOLEI

◻ Bischkek ○ Almaty
KIRGISISTAN

● Urumqi
XINJIANG UIGUR [SINKIANG]
(Autonome Region)

TADSCHI-
KISTAN

Kaschgar

W Ü S T E
T A K L A M A K A N

GANSU

AFGHANISTAN

PAKISTAN

◻ Islamabad

Xining ●

QINGHAI

C H I N A

TIBET
(Autonome Region)

● Lhasa

Delhi ◻

NEPAL

Katmandu ◻

BHUTAN

◻ Thimpu

INDIEN

Dhaka
◻

BANGLA-
DESCH

Kalkutta ○

○ Mandalay

MYANMAR
(Burma)

Naypyidaw

THAI-
LAND

Golf von Bengalen

⬩⬩⬩⬩ Provinzgrenzen
▢ Autonome Gebiete
◻ Hauptstädte
■ Regierungsunmittelbare Städte
● Sonderverwaltungsregionen
◇ Sonderstatus

0 100 200 300 km